U0915488

2017

北京地税年鉴

BEIJING LOCAL TAXATION YEARBOOK

北京市地方税务局　编

CTP 中国税务出版社

图书在版编目(CIP)数据

北京地税年鉴.2017/北京市地方税务局编.
--北京:中国税务出版社,2017.11
ISBN 978-7-5678-0572-9

Ⅰ.①北… Ⅱ.①北… Ⅲ.①地方税收-北京-2017-年鉴
Ⅳ.①F812.710.42-54

中国版本图书馆CIP数据核字(2017)第167585号

书　　名: 北京地税年鉴(**2017**)
作　　者: 北京市地方税务局　编
责任编辑: 陈金艳　王　玥
责任校对: 于　玲
技术设计: 刘冬珂
出版发行: 中国税务出版社
北京市丰台区广安路9号国投财富广场1号楼11层
邮政编码:100055
http://www.taxation.cn
E-mail:swcb@taxation.cn
发行中心电话:(010)83362083/86/89
传真:(010)83362046/47/48/49
经　　销: 各地新华书店
印　　刷: 北京联兴盛业印刷股份有限公司
规　　格: 889毫米×1194毫米　1/16
印　　张: 33.25　彩插:3.25
字　　数: 756000字
版　　次: 2017年11月第1版　2017年11月第1次印刷
书　　号: ISBN 978-7-5678-0572-9
定　　价: 280.00元

《北京地税年鉴（2017）》编辑委员会

《北京地税年鉴（2017）》通讯员名单

（按姓氏笔画排序）

王元锋　王红艳　王志杰　王国军　王晶晶　尹佳奇

文德生　朱　宁　朱乐萌　刘　颖　刘更起　孙方芳

孙丽莉　杨　超　杨　頔　杨素珍　李　阳　李　勇

李　强　李冬莲　李兴宇　李运玲　李京宇　李春霞

李春澍　李钰瑾　李新文　吴　凡　邱春会　张　伟

张　鹏　张冬梅　张生堰　张朝晖　陈　阳　林丽丽

林尚佳　周　翊　周非平　郑薇薇　胡　琴　郝俊强

赵　博　赵为真　钟智钢　姜　喆　晋春辉　翁　联

郭　奇　郭永斌　高　红　高　翔　涂　珍　崔　犇

韩　波　彭　勃　葛　玮　程　鹏　翟　敏　黎　阳

魏　欣

《北京地税年鉴（2017）》编辑部

主　任　常海龙

副主任　宋勇军

编　辑　李　楠

2016年5月1日零点，北京市成功开具全面推开“营改增”后第一张，也是全国第一张生活服务业增值税专用发票。北京市委副书记、市长王安顺（前排右一），国家税务总局党组书记、局长王军（前排左一）等领导见证开具过程。

2016年5月3日，北京市委常委、常务副市长李士祥（前排中）在西城区第二税务所办税服务大厅调研“营改增”工作，北京市地方税务局局长杨志强（前排右一）、北京市国家税务局局长李亚民（前排左一）陪同调研。

2016年12月30日，国家税务总局副局长汪康（*右二*）、总经济师任荣发（*右三*）、总会计师王陆进（*左二*）到北京市地方税务局调研，北京市地方税务局局长杨志强（*左一*）陪同调研。

2016年6月20日，北京市人大常委会副主任、总工会主席牛有成（*左四*）带队到北京市地方税务局调研工会工作和工会经费税务代收工作。图为参观北京市地方税务局干部减压室。

2016年12月14日，中国地方志指导小组成员、北京市地方志编委会常务副主任、《北京志》主编段柄仁（二排中）和北京市地方志编委会办公室党组书记、主任陈玲（二排右四）一行到北京税务博物馆参观座谈，北京市地方税务局党组书记刘江平（二排左四）、副局长王炜（二排右三）陪同参观。

2016年3月3日，国家税务总局所得税司司长刘丽坚（左四）一行到北京市地方税务局调研，北京市地方税务局局长杨志强（右三）、副局长王炜（左三）陪同调研。图为参观北京市地税局发展陈列展。

2016年12月13日，北京市地方税务局全体领导班子成员参观国家税务总局办公厅与北京市地方税务局公文联合展。

2016年10月8日，北京市地方税务局局长杨志强（右二）视察北京地税82012366咨询服务平台运行情况。

2016年12月1日，北京市地方税务局党组书记刘江平（中）带队到房山区地方税务局调研，听取税务所关于基层规范化建设、党风廉政建设等方面的情况汇报。

2016年5月3日，北京市地方税务局党组副书记、副局长朱元广（左五）到怀柔区地方税务局调研“营改增”试点落实情况。

2016年7月21日，北京市地方税务局召开全系统半年工作会议。

2016年8月26日，北京市地方税务局召开全系统金税三期工程推广工作总结大会。

2016年9月2日，北京市地方税务局召开全系统组织收入工作动员部署会。

2016年9月6日，北京市地方税务局召开绩效管理工作推进会。

2016年12月15日，北京市地方税务局组织召开全系统人事工作专题会议，研究部署优秀年轻干部培养选拔和数字人事改革试点工作。

2016年12月16日，北京市地方税务局召开直属机关工会第四届会员代表大会。

2016年1月14日，北京市地方税务局与北京市国家税务局召开专题会议，研讨《北京市深化国税、地税征管体制改革方案（代拟稿）》有关内容和具体合作事项。

2016年2月3日，北京市地方税务局与北京市国家税务局召开第三次合作工作会议。

2016年2月18日，北京市地方税务局与北京市国家税务局联合举办讲座，邀请国家税务总局办公厅副主任黄运（正排右）解读《深化国税、地税征管体制改革方案》。

2016年3月18日，北京市地方税务局第一党支部到中国人民银行营业管理部、玉泉慧谷科技园开展“发挥税收职能作用服务创新创业”主题党日活动。

2016年6月16日，北京市地方税务局第一党支部在中国海关博物馆开展“深化两学一做，提升党性修养”主题党日活动。图为局领导在中国海关博物馆合影留念。

2016年3月18日，北京市地方税务局召开机关处级领导干部到基层蹲点调研部署会，局长杨志强（正排左）主持会议。

2016年7月28日，北京市地方税务局召开党组理论中心组扩大学习会，邀请中组部党建研究所副所长赵湘江（正排左）作“深入学习贯彻习近平总书记‘七一’重要讲话精神”专题辅导讲座。

2016年7月29日，北京市地方税务局召开军转干部座谈会，党组副书记、副局长朱元广（正排左三）到会并讲话。

2016年9月26日，北京市地方税务局召开党组中心组学习（扩大）会议，邀请中央党校党史部教授、博士生导师张太原（正排左）作《党委会的工作方法》专题辅导报告。

2016年10月19日，北京市地方税务局召开党组中心组扩大学习会，邀请国防大学战略教研部教授、少将、博士生导师徐焰（正排左）作“纪念红军长征胜利80周年”专题辅导报告。

2016年2月29日，北京市地方税务局召开远郊局干部到城区局调训锻炼工作动员会。

2016年4月5日，北京市地方税务局总法律顾问选拔培训班开班仪式在中国政法大学（昌平校区）举行。

2016年4月16日，北京市地方税务局金税三期推广办组织开展师资操作培训。

2016年5月16日，北京市地方税务局召开全系统局处级领导干部“两学一做”学习教育与更新知识培训班。

2016年5月25日，北京市地方税务局组织召开全系统练兵比武暨参加北京市第四届职业技能大赛活动布置动员会。

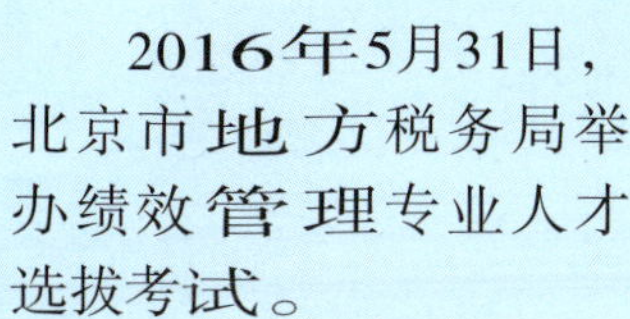

2016年5月31日，北京市地方税务局举办绩效管理专业人才选拔考试。

北京市地税系统第九届运动会

2016年2月3日，北京市地方税务局机关举办2016年春节联欢会。

编 辑 说 明

《北京地税年鉴》是记述北京市地方税收工作的资料性工具书。1996 年创办，按年编纂，逐年反映上一年度的情况。分篇目、分目、条目三个层次，条目为基本单元和表现形式，反映基本的工作信息。

《北京地税年鉴（2017）》记述北京市地方税务局 2016 年的工作情况和税收数据，设综合、领导讲话、税收政策、征收管理、税收法治、纳税服务、税务稽查、信息化建设、队伍建设、行政管理、税务博物馆建设、后勤工作、基层工作、社会团体、文选、统计资料、机构人员和大事记 18 个篇目，篇目下设分目，分别反映各个方面的工作。与往年相比，队伍建设篇中"党团建设"分目名称调整为"党团建设和思想政治工作"，"廉政建设"分目名称调整为"纪检监察"，增加"巡察工作"分目；行政管理篇中增加"保密工作"分目；基层工作篇中各区（分）局分目增加税收数据表格和图示；统计资料篇中不同口径税收数据更加丰富。

本年鉴稿件由北京市地方税务局各处室、直属单位，各区地方税务局、各地方税务分局提供，税收数据来源于北京市地方税务局收入规划核算部门。编纂工作得到了各方面的大力支持，在此表示衷心感谢！

《北京地税年鉴》编辑部

目 录

征收管理

税务稽查

信息化建设

社会团体

文选

综　合

2016 年北京市地方税收工作要点

根据中央经济工作会议、市委十一届九次全会会议精神，以及全国税务工作会议和北京市综合经济部门会议决策部署，2016 年全市地税工作的总体要求是：深入贯彻落实党的十八大、十八届三中、四中、五中全会和习近平总书记系列重要讲话精神，坚持改革创新，开放合作，加快推进税收征管改革、税收法治建设和税收现代化建设，严格落实党风廉政建设“两个责任”，努力完成全年各项税收任务，推动首都地方税收工作再上新台阶。

一、依法组织收入，确保任务完成

（一）坚持依法征税

2016 年，税务总局安排全局税收收入任务3790 亿元，同比增长 4.6%，其中，中央级税收收入增长 6.5%，地方级税收收入增长 4%。根据这一目标，市局初步安排 2016 年各项税费收入目标 4047 亿元，增长 4.6%；安排地方公共财政预算收入目标 2988 亿元，增长 4%。下一步，市局将按照市人代会审议通过的财政预算增长目标进行调整。各部门、各单位要高度重视组织收入工作，既要坚持依法征税、应收尽收，也要严格落实各项税收优惠政策，不收“过头税”、不越权减免税。要层层落实收入任务，完善工作应急机制，建立严格的考核制度，强化部门协同，增强工作合力，确保全年收入任务圆满完成。

（二）加强税收分析

要进一步完善税收分析工作机制，加强日常分析和专题分析，深入开展国地税联合分析，开展非首都功能疏解和构建高精尖经济结构税收分析，准确把握税收发展趋势，提高税收分析预测综合效能。

（三）强化税收征管责任

市局相关业务处室要主动创新执法方式，认真履行职责，完成 20 亿元税收任务。区局、直属分局业务科室也要适当承担税收收入任务。

二、加强党风廉政建设，强化组织纪律保障

（四）全面完成巡视整改工作

要对市委第八巡视组反馈的问题进一步剖析原因，深刻反思，立行立改。建立问题清单、任务清单、责任清单，逐条研究制定整改措施，分学习动员、集中整改、总结报告三个阶段开展整改。将整改工作列入市局督查督办事项，定期督促检查、跟踪问效，确保整改到位。

（五）严格落实“两个责任”

两级党组要以高度的政治责任感，切实担负起全面领导党风廉政建设的主体责任，坚持党要管党、从严治党，始终把纪律挺在前面，做到纪在法前，纪法分开，纪严于法。要从抓加强教

育、抓制度建设、抓“一把手”、抓问题查处、抓部署检查落实等方面入手，管好班子、带好队伍、当好表率，带动全系统党员干部坚定理想信念，严守政治规矩，自觉遵守纪律，模范遵守法律。坚持标本兼治，全面加强廉政风险防控工作，完善组织机构，加强制度建设，充实人员力量，推进科技控权，构建全面覆盖、重点预防、责任到位的预防和惩治腐败体系和长效机制。针对税收减免缓退、队伍建设、行政管理、信息化建设中风险易发、高发的重要事项、关键环节加强风险防控，坚持抓早抓小，确保廉政风险防控工作全覆盖、无死角。两级纪检监察部门要聚焦主责主业，深入落实党风廉政建设监督责任，严明政治纪律和政治规矩，坚持“一案双查”，对违反党纪党规和法律法规、“四风”问题突出等情况，严肃追究责任，绝不姑息迁就，始终保持惩治腐败的高压态势。督察内审部门要将任中审计与离任审计相结合，实行“双审兼顾，先审后离”的工作机制，实现监督关口前移。

（六）切实抓好思想政治建设

把“学党章党规，学系列讲话，做合格党员”学习教育活动作为今年党建工作的龙头任务，切实抓紧抓好抓出成效。组织全系统全体党员开展专题教育培训，提高党员干部政策理论水平，增强党员干部政治意识、纪律意识、责任意识。认真总结和巩固“三严三实”专题教育活动成果，以“三严三实”为基本遵循，提高党组织服务基层、服务群众的能力。进一步深化“三进两促”、地税系统志愿者服务活动和首都文明单位创建工作，打造作风过硬的地税机关。关心一线干部，疗休养机会向纳税服务窗口人员倾斜，试点开展税务干部心理疏解。

三、落实征管体制改革要求，确保改革顺利进行

（七）全面落实《深化国税、地税征管体制改革方案》

把落实《深化国税、地税征管体制改革方案》作为一号落实工程、一号督查事项、一号考核任务，切实把北京市4项专项试点工作打造成样板工程。联合市国税局研究改革的路线图和时间表，抓好具体方案的研究制定、贯彻推进和督促落实工作，确保2016年基本完成重点改革任务。根据改革进程适时调整机构设置和工作职责，优化征管资源配置，调整部分处室职能，研究成立西城区地税局金融分局以及大兴区地税局机场分局，开展专业化征管和服务工作。

（八）推进国地税相关工作深度融合

配合“营改增”工作进程，委托市国税局代征个体工商户个人所得税。联合开展反避税工作。扩大国地税共建办税服务厅数量。建设融合国地税业务，标识统一、流程统一、操作统一的电子税务局，实现纳税服务一体化。实现国地税税收数据全面共享。加强国地税处级和科级领导干部任职交流。

四、发挥税收调控调节作用，服务首都改革发展

（九）服务发展大局

落实税务总局要求，深化京津冀税收协作。进一步加强对列入北京市禁限目录产业的税收征管，通过暂停执行各项税收优惠政策等经济手段，助力非首都功能疏解。加强企业重组改制税收政策服务，促进国企改革发展。支持“大众创业、万众创新”，加大对创业创新投资的税收支持力度，促进“四众”健康发展。落实好非营利组织、养老产业、医疗产业、再就业、保障房

建设等税收优惠政策，促进民生事业发展。

（十）落实税制改革任务

进一步落实“营改增”改革举措，确保各项工作平稳过渡、有序衔接。积极落实国家各项减税政策及税务总局税制改革工作部署。配合开展房地产税、印花税、个人所得税税制改革研究，做好环境保护税开征各项准备工作。

五、加快推进税收现代化建设，提升税收征管效能

（十一）推进金税三期工程建设

按照科学规划、兼容并蓄的原则，统筹推进金税三期工程基础设施建设、数据迁移、特色业务改造对接、系统优化等工作。加强互联网地税局与金税三期工程对接，建立以金税三期工程系统为主、北京地税特色软件为辅的信息化支撑系统，实现2016年5月双轨运行，7月单轨运行。做好金税三期工程数据迁移工作，加强第三方信息应用管理，规范税务信息对外共享流程。

（十二）全面加强征管工作

在巩固、完善去年20项征管措施的基础上，全面落实新的20项加强征管、组织收入工作措施，从税种管理、申报征收、税源管理、数据管理、税务情报以及税务检查等工作入手，强化堵漏增收，提高税收增长质量。全面落实《全国税收征管规范》。进一步完善注销税务登记流程和要求。全面清理85万非正常纳税户。对近三年申报未入库户进行全面清理，将申报入库率提升至99%以上。制定大额退税管理办法，规范退税管理。落实滞纳金管理和减、免、缓、退税制度。通过试点行使代位权和撤销权等措施，加强欠税清理工作，实现欠税规模比去年缩减15%。对申报未入库、二手房交易、股权转让、注销税务登记等高风险环节加强过程管控。落实破产企业税收债权保护办法。加强对税务档案管理制度落实情况的监督检查。

（十三）加强税种税源管理

建立各项税费季度分析报告制度。加强对各税种减免税的管理。将市房产税改为由房产所在地税务机关征收，对出租房产按租金收入计征房产税。加强房地产税收一体化管理，落实个人存量房交易征收业务规范。对全市技术交易合同统一委托技术交易市场代征印花税。开展全市二手房分区域税收负担分析。建设企业和个人股权转让信息清分系统，制定股权转让个人所得税管理工作规程，实现市、区两级财政统发工资的个人所得税集中扣缴。扩大城镇土地使用税“以地控税”试点范围。

（十四）提升税务检查效能

全面落实稽查改革工作方案，充分发挥“市级全覆盖”模式作用，推行以随机抽查为主的全市统一选案制度，实现稽查案件当年结案率90%以上。全面清理2011—2014年未执行的案件，开展稽查案件复查工作，提高稽查办案质量。成立市、区两级重大案件审委会和直属稽查局及其分局集体审委会。加强重点企业、重点项目检查工作，查办一批有影响力、威慑力的重大案件。与市公安局、检察院、法院等部门加强信息共享、执法协助、司法移送、阻止出境以及税收保全合作，加强稽查宣传和案件曝光工作，提升打击涉税违法犯罪合力。开展个人所得税小额申报、外籍个人零申报、无税申报、不申报专项检查。加强对税务检查权的管理和整合，调整稽查、日常检查办案期限并进行试点。完善日常检查与税务稽查衔接机制，统筹推进市、区、所税务约谈工作。日常检查有问题率要达到70%以上。建立税务稽查和日常检查季度分析报告制度。

（十五）加强大企业和国际税收管理

建立新的大企业税收管理体制机制，开展大企业税收遵从风险管理和个性化服务工作。强化重点行业大企业税收风险管理。与50户大企业建立常态化联系机制，建立涉税诉求协调解决机制和重大事项报告机制。扎实开展外籍个人、非居民企业、“走出去”企业和个人风险管理。配合“一带一路”战略，研究建立境外税收服务与管理体系。加强税收情报交换和跨境税源信息管理；开展关联申报审核，推进反避税工作；做好冬奥会税收服务工作。

六、提高纳税服务水平，构建和谐征纳关系

（十六）加快纳税服务标准化建设

认真落实《全国税务机关纳税服务规范》，优化办税流程、窗口布局、人员调配，实行办税服务规范化管理。进一步完善纳税服务管理制度，研究建立纳税服务标准化指标体系。

（十七）加强税收宣传辅导

编制《首都公民税收手册（2017）》，深度解读税收政策，广泛宣传便民举措。积极拓展涉税宣传辅导渠道，与市国税局合作，进一步办好《税收天地》。规范、统筹、共享全系统纳税辅导师资资源，丰富完善网上纳税人学堂，提高宣传辅导专业化、个性化水平。

（十八）强化纳税人权益保护

坚持纳税人需求导向，多渠道征集纳税人意见建议，及时响应纳税人需求。强化纳税服务投诉的通报分析与追责约谈，定期做好纳税服务巡查。进一步整合资源，建立集需求响应、过程监控、数据展示于一体的纳税服务展示平台，对纳税服务工作进行全过程、不间断、立体化展示。

（十九）创新纳税服务方式方法

深入开展“便民办税春风行动”，推进涉税事项全市通办。成立北京地税网站编辑部，提升网站服务能力，推行预约服务。拓展自助办税终端功能和覆盖范围，有征收任务的税务所全面启动POS机刷卡服务，探索利用支付宝、微信支付等便捷缴税方式。2016年10月8日，北京地税正式开通启用82012366纳税服务热线，实现系统内服务电话集约化管理，提供规范的咨询服务。积极推动全市信用体系建设工作；扩大“银税互动”合作区域，拓展企业受惠面。

七、全面推进依法治税，切实防范执法风险

（二十）深入落实依法治税

积极为《北京市税收征收保障办法》出台服务，完善部门间数据交换准备预案，开展效果评价工作，继续推动《北京市税收征收保障办法》上升为政府规章。试行行政处罚裁量权基准，解决处罚裁量标准不明确、不统一等问题。加大数据利用和关联分析力度，提高税收执法督察的精准度。加大对不作为、不到位、乱作为、错作为等问题，特别是具有执法风险的苗头性、倾向性问题的督察工作力度。严格税收执法过错责任追究。开展代位权、撤销权及税收优先权研究，完善税收债权保护制度。充分发挥行政复议庭作用，落实行政复议委员会工作制度，做好复议、应诉工作；在城六区局试点实行总法律顾问制度。

八、加强干部队伍建设，提高机关行政效能

（二十一）着力推进干部队伍建设

严格落实《党政领导干部选拔任用工作条例》，围绕税收现代化建设和税收中心工作，细化完善处、科级领导干部选拔任用办法。进一步落实地税系统优秀年轻干部培养选拔工作实施意见，为优秀年轻干部搭建成长平台。建立市局机

关处级领导干部到一线税务所工作的机制。加强群团组织建设，发挥好系统团委凝聚青年、服务大局的作用。开展行政管理、纳税服务、征管评估、税务稽查、信息技术5大类别岗位大练兵活动。认真组织系统各层级干部的培训工作；开展注册会计师、税务师、司法考试培训；组织全系统英语大赛，培养输出国际税收人才。

（二十二）全面加强机关行政管理

推进办公现代化建设，狠抓督查督办工作，规范办文办会流程。提升政府信息公开和信访工作水平；严格落实保密工作规定；做好涉税舆情管理工作。围绕京津冀协同发展、非首都功能疏解、税收改革、金税三期工程等问题，扎实开展精品调研。加强财务和资产管理工作，严肃财经纪律。落实公车改革各项要求，加强公务用车管理。做好干部培训中心转制后续工作；有序开展机关后勤保障和安全保卫工作。落实两个待遇，关心服务退休干部。税务博物馆要做好世界税收征管论坛参观接待工作，5月正式向社会公众开放。

九、持续推进绩效管理，确保各项工作得到落实

（二十三）加强绩效管理

落实税务总局、市政府绩效管理工作整体部署，健全两级绩效组织机构，强化两级党组班子成员抓绩效的领导责任，加强人员配备，优化管理机制，推动绩效工作有效运行。围绕税收现代化“六大体系”和市政府绩效任务，优化指标编制，突出关键业务指标，改进考评方式，逐步形成科学合理的工作评价体系。建立绩效讲评会议制度，完善“督考合一”机制，加强过程管理，提高绩效考评与税收工作融合度。提升绩效管理信息化水平，大幅提高指标机考率，减轻基层负担。继续完善个人绩效管理，落实结果运用，保护和调动干部职工干事创业积极性，激发队伍活力。加强绩效宣传，开展绩效培训，搭建系统交流平台，培育税务绩效文化。

2016年北京市地方税务局税收工作完成情况

2016年，全市地税系统在北京市委、市政府和税务总局的坚强领导下，认真落实全面从严治党“两个责任”，深入推进税制改革和税收征管体制改革，积极发挥税收职能作用服务首都改革发展，较好地完成了各项工作任务，在全国税务系统绩效考评中获得省级地税部门第1名，在市政府绩效考核中名列前茅，得到省部级以上领导肯定性批示42次，获得省部级以上荣誉60项、通报表彰63项。一年来，重点抓了以下几件大事。

一是圆满完成税收收入任务。坚持依法征税，全面堵漏挖潜，自2016年初开始实施加强征管、组织收入新20项措施，带动增收165亿元。累计完成各项税费收入3912.1亿元，同口径增长21.6%；完成税收收入3587.8亿元，增长20.6%，税收收入规模在全国省级地税部门中位居第4位，同口径增速位居第3位；完成一般公共预算收入2686.2亿元，增长20.9%，占全市一般公共预算收入的52.9%，提前23天完成全年收入任务。

二是深入开展“两学一做”学习教育。组织广大党员干部认真学习党章党规和习近平总书记系列重要讲话精神，增强“四个意识”，坚持把纪律和规矩挺在前面，得到市直机关工委第4督导组充分肯定。举办局处级干部理论学习培训班，组织党组中心组专题学习研讨。开展党组书记讲党课、主题党日、志愿服务、警示教育等活动。认真落实巡视整改要求，开展思想、作风、工作、纪律整顿，查摆问题198条，制定整改措施241条。市局领导班子成员深入24个区（分）局和市局机关36个党支部开展督导检查，促进了学习教育的深入开展。

三是积极服务非首都功能疏解。立足首都城市战略定位，开展税收服务供给侧结构性改革、服务非首都功能疏解调查研究，联合市国税局出台疏解非首都功能产业税收支持政策，加强对低端市场、低端业态的税收征管。认真落实税务总局“一统三互”工作要求，积极参与和推动京津冀税收协作，《京津冀协同发展税收问题研究》获北京市优秀调研成果一等奖。

四是全力落实“营改增”试点改革任务。向市国税局推送33.89万户7大类1074万条涉税信息。做好二手房交易和个人出租房屋增值税代征工作，5—12月累计代征增值税44.6亿元。通过暂停税务检查、修改征期日历、加强纳税提示和告知等多种方式，提示相关纳税人及时向国税局申报缴纳增值税，确保不因政策调整而降低申报率，上述工作获得税务总局局长王军和市政府原常务副市长李士祥的充分肯定，并在全国税务系统推广。

五是深入推进国税、地税征管体制改革。认真落实《北京市深化国税、地税征管体制改革实施方案》，将实施方案细化分解为86项具体任务，全力抓好落实。积极应对全面“营改增”后地税征管范围调整带来的挑战，加快推进地方税费体系建设，做好社保费和非税收入征收准备工作。联合市国税局制定《落实国税、地税合作规范3.0版实施方案》，推出4大类90项合作事项。制定地税系统经费垂直管理工作方案，形成财政、地税联席会议沟通长效机制。同城通办、完善12366纳税服务平台、高风险纳税人定向稽查、深度参与国际税收合作四项专项试点改革取得阶段性成果。

六是成功上线金税三期工程系统。制定金税三期工程推广工作实施方案，成立领导小组和办公室。组建专业骨干团队，高效完成岗位职责和工作流程设定、差异分析、系统初始化、数据迁移、特色软件改造、基础环境构建、双轨运行等各项工作，保证了金税三期工程系统如期上线，平稳运行。

一年来，在两级党组的带领下，各部门、各单位敢于担当，扎实工作，广大税务干部恪尽职守，奋发有为，首都地税事业呈现出良好发展态势。

一、党的建设和干部队伍建设全面加强

严格落实全面从严治党“两个责任”。召开庆祝建党95周年大会，对系统先进基层党组织、优秀共产党员和优秀党务工作者进行表彰。召开市局机关第三次党代会和市局直属机关工会第四届会员代表大会，完成机关党委、纪委和工会换届工作。修改完善党组工作规则；落实意识形态工作责任制；加强第一党支部建设；编写领导干部理论学习手册；开通北京地税党建微信公众号；全面完成党费核查补缴工作。举办共产党员先进事迹巡回报告会和党风廉政警示教育案例展，完善税务所建设规范，编写税务人员文明手册。发挥系统团委作用，成立北京税务青年志愿者联合服务队。建成市局机关心理健康中心和职工书屋，有序开展先进职工疗休养工作。支持纪检监察部门深入推进纪检体制改革试点工作，建立区域监督协作机制，有效发挥联合纪检组的监督作用，在市局处室、部分区（分）局设立廉政监督员，成立巡察工作领导小组及办公室并开展巡察工作，提出3年内实现对各区（分）局巡察全覆盖。全面加强内控机制建设，有效防控基层执法风险。市局党组驻朝阳局工作组妥善解决相关问题，形成有效工作模式。建立经济责任审计“双审兼顾，先审后离”机制，对10名处级领导干部开展经济责任审计。加大监督执纪问责力度，探索实践“四种形态”，严肃查处违规违纪行为。

加强干部队伍建设。优化处级领导班子结构，加大优秀年轻干部培养选拔力度，选拔处级干部146人，推荐31名干部到系统外挂职、任职，与市国税局互派干部挂职锻炼。转变工作作风，组织市局处级领导干部到基层蹲点，加强市局与基层的联系，切实解决基层实际问题。调整优化部分区（分）局的职能和机构设置；有序开展公务员招录、军转干部安置及干部遴选工作；组织远郊局干部到城区局调训锻炼。开展岗位大练兵，举办税收英语口语大赛、税收英语沙龙和职业技能大赛。全系统抓党建、带队伍的合力有效发挥，为贯彻落实中央精神和税务总局、市委、市政府决策部署提供了坚强的政治、思想、组织保证。

二、服务大局成效显著

全面落实税收优惠政策，助力“大众创业、

万众创新”，支持国企重组改制，促进科技创新和文化创意产业、小微企业、民生事业发展，减免税费574.5亿元。会同市财政局、市国税局研究完善冬奥会相关税收优惠政策。开展个人所得税改革、房地产税改革、印花税立法、环保税立法等专题研究。推进资源税改革，全面实现从价计征。调整北京市房产税政策，实行属地征收和从租计征，同比增收46.2亿元，增长30.4%。积极服务中央在京单位，收到相关表扬信62封。配合税务总局完成第10届国际税收征管论坛大会选址、税务博物馆参观接待及服务保障工作，得到与会代表的高度肯定。政务信息工作在市政府委办局考评中位列第1位，为领导决策提供了有力参考。主动服务区域经济社会发展，得到各区党委、政府的高度认可，40名地税干部当选各区党代表、人大代表、政协委员，实现区级“两代表一委员”全覆盖。

三、税收征管效能不断提高

加强税种税源管理。建立税种税源季度分析工作制度。实现市级党政机关个人所得税集中扣缴，共涉及市级预算单位550家、统发人员6万余人，扣缴税款同比增长162.9%。部署上线股权转让清分系统，及时向51640户企业提示纳税义务。加强企业所得税后续管理工作；修订《土地增值税清算管理规程》；推进部门信息共享；开展契税申报未入库清查催缴工作。落实残保金新政策，转变征管方式。

加强税收风险管理。市局党组高度重视二手房交易税收风险防控，多次召开会议研究部署相关工作，全面排查执法风险点；加强基层关键岗位监督制约，启用二手房交易税收征管系统，制定完善相关管理制度；全面规范工作流程，建立税款追缴追征机制，最大限度追征税款，截至2016年底，共追征税款9600万元。制定完善延期纳税、欠税、减免税、退税管理制度。加强零申报、减免税申报、小额入库税款管理，完成2010—2014年申报未入库数据清理工作。深入开展风险应对、税务约谈等工作，补缴税款和滞纳金68亿元，清缴欠税9.5亿元。工商电子档案实现实时在线查询。强化大企业税收管理，带动增收5.2亿元。联合市国税局建立市、区两级“走出去”企业清册，研究建立跨境交易信息采集和跨境税源风险监管制度，协同开展非居民源泉扣缴管理，首次联合开展自动情报交换，首次利用外国税务当局情报追缴税款。加强外籍人员个人所得税零申报管理。向市政府报送9期《北京地税税务情报》，3次获得市领导批示。

强化税务稽查工作。深化稽查体制改革，实现税务稽查选案、立案、检查、定案、执行市级全覆盖，税收执法刚性显著增强，有力地维护了税收秩序。推进国税、地税联合惩戒工作。开展行业专项检查、高风险纳税人定向稽查、税务总局重点企业随机抽查和高收入人群个人所得税稽查，对2986户纳税人实施税务稽查，查补收入45.3亿元。其中，查处偷税案件47件，同比增长31%；移送公安机关涉税违法案件15件，同比增加13件；与市国税局联合开展税务稽查294件，查补税款12.45亿元。完成往年稽查未结案件清理，累计入库19.46亿元。

四、纳税服务水平持续提升

“便民办税春风行动”深入开展。与市国税局联合制定10类31项便民措施，通过共建办税服务厅、互设窗口等形式推进联合办税服务。免费发放“北京法人一证通”，已有110万纳税人使用数字证书。联合市国税局推进办税人员实名制，已完成36万户纳税人身份信息确认和采集。

提升办税便利化程度，84 个涉税事项实现网上通办，25 个事项实现实体厅通办，82 种表单实现免填单办理，97 项业务实现“二维码”一次性告知，在支付宝和微信公众号中开通 7 个移动办税功能，荣获“互联网 +”社会服务最佳创新政务机构奖。

税收宣传辅导成效显著。编写《首都公民税收手册》，开展集中辅导 1100 余场，累计推送微信 612 期，发布微博 3728 条，拍摄税收微动漫 21 集，在省部级以上新闻媒体发表税收宣传稿件近千篇，在北京人民广播电台播出《地税小贴士》261 期，在中央电视台播出《财税观察》14 期，在北京电视台播出《税收天地》28 期，《税收呵护美好生活》获得全国税收公益广告大赛一等奖，发放《北京地方税务公告》22.3 万册。上线北京地税咨询服务平台 82012366 服务热线。

纳税人权益保护切实加强。开展“问需求、优服务、促改革”专项活动，组织纳税人座谈会 257 场，走访 3 万余人次。纳税投诉办结时间缩短 30%。联合市国税局对 61.8 万户企业开展纳税信用等级评价，深化评价结果增值服务，推进“银税互动”，与 40 余家银行建立合作关系，为企业授信 380 笔，发放贷款 19.43 亿元。

五、税收法治建设深入推进

加大“放管服”改革力度，取消全部非许可行政审批事项，发布权力清单和责任清单，积极推进“五证合一”。推进税收协同共治，《北京市税收征收保障办法》获北京市政府审议通过。在全国税务系统率先试行总法律顾问制度；积极推进公职律师相关工作；联合市国税局修订完善税务行政处罚裁量基准。对 11 项督察项目开展执法督察和“回头看”，加大督促整改和责任追究力度。采取听证方式对行政复议案件进行公开审理；首次探索行使税收代位权；成功移送全市首例持有伪造发票案件。与公安部门配合，对 30 户欠税企业的法定代表人采取阻止出境措施，相关企业补缴税款、滞纳金 1.08 亿元，提供纳税担保 2.1 亿元。公安人员正式入驻税警联合办公室，与税务人员联合编写《涉税犯罪行刑衔接取证指引》，税警联络机制进入实体化运作阶段。

六、行政管理水平不断提升

加大督查督办工作力度，做好舆情事件处置工作。深化精品调研战略，组建税收调研团队，建成税收研究资料室，实现调研成果转化 500 余项，市局被评为全市调查研究工作先进单位。认真做好财务预算、决算工作，开发上线“三代”手续费信息管理系统。完成固定资产清查，推进资产精细化管理，进一步清理办公用房，完成车改后续工作，全面开展政府采购专项治理。完成干部培训中心转制工作。税务博物馆正式面向社会公众开放。完成《北京志·地方税务志》终审工作。落实首都综治工作要求，推进平安地税建设，市局获得全市“综治考核优秀单位”称号。后勤保障和离退休干部工作得到加强。

七、绩效管理作用有效发挥

结合税务总局和市政府重点工作确定绩效计划内容，确保重点工作全覆盖、无遗漏。制定市局组织绩效和个人绩效管理办法、细则和规则。组织绩效管理人才选拔。开展数字人事制度学习培训。强化过程管理，做到持续优化补短板。及时调整考评重心，确保与上级要求合拍同步。强化绩效沟通，及时反馈问题，促进改进落实。适时调整考评规则，深入挖掘特色亮点，注重绩效结果运用，发挥绩效正向激励作用，确保了各项重点工作有效落实。

2016年北京市地方税务局工作安排

根据市委、市政府和税务总局工作部署，市局2016年总体工作要求是：深入贯彻落实党的十八大、十八届三中、四中、五中全会和习近平总书记系列重要讲话精神，坚持改革创新，开放合作，加快推进税收征管改革、税收法治建设和税收现代化建设，严格落实党风廉政建设“两个责任”，努力完成全年各项税收任务，推动首都地方税收工作再上新台阶。应重点做好以下九个方面的工作。

一、依法组织收入，确保任务完成

2016年，税务总局安排全局税收收入任务3790亿元，同比增长4.6%。其中，中央级税收收入增长6.5%，地方级税收收入增长4%。根据这一目标，市局初步安排2016年各项税费收入目标4047亿元，增长4.6%；安排地方公共财政预算收入目标2988亿元，增长4%。下一步，市局将按照市人代会审议通过的财政预算增长目标进行调整。各部门、各单位要高度重视组织收入工作，既要坚持依法征税、应收尽收，也要严格落实各项税收优惠政策，不收“过头税”、不越权减免税。要层层落实收入任务，完善工作应急机制，建立严格的考核制度，强化部门协同，增强工作合力，确保全年收入任务圆满完成。

要进一步完善税收分析工作机制，加强日常分析和专题分析，深入开展国税、地税联合分析，开展非首都功能疏解和构建高精尖经济结构税收分析，准确把握税收发展趋势，提高税收分析预测综合效能。市局相关业务处室要主动创新执法方式，认真履行职责，完成20亿元税收任务。区局、直属分局业务科室也要适当承担税收收入任务。

二、加强党风廉政建设，强化组织纪律保障

全面完成巡视整改工作。要对市委第八巡视组反馈的问题进一步剖析原因，深刻反思，立行立改。建立问题清单、任务清单、责任清单，逐条研究制定整改措施，分学习动员、集中整改、总结报告三个阶段开展整改。将整改工作列入市局督查督办事项，定期督促检查、跟踪问效，确保整改到位。

严格落实“两个责任”。两级党组要以高度的政治责任感，切实担负起全面领导党风廉政建设的主体责任，坚持党要管党、从严治党，始终把纪律挺在前面，做到纪在法前，纪法分开，纪严于法。要从抓加强教育、抓制度建设、抓“一把手”、抓问题查处、抓部署检查落实等方面入手，管好班子、带好队伍、当好表率，带动全系统党员干部坚定理想信念，严守政治规矩，自觉遵守纪律，模范遵守法律。坚持标本兼治，全面加强廉政风险防控工作，完善组织机构，加强制

度建设，充实人员力量，推进科技控权，构建全面覆盖、重点预防、责任到位的预防和惩治腐败体系和长效机制。针对税收减免缓退、队伍建设、行政管理、信息化建设中风险易发、高发的重要事项、关键环节加强风险防控，坚持抓早抓小，确保廉政风险防控工作全覆盖、无死角。两级纪检监察部门要聚焦主责主业，深入落实党风廉政建设监督责任，严明政治纪律和政治规矩，坚持“一案双查”，对违反党纪党规和法律法规、“四风”问题突出等情况，严肃追究责任，绝不姑息迁就，始终保持惩治腐败的高压态势。督察内审部门要将任中审计与离任审计相结合，实行“双审兼顾，先审后离”的工作机制，实现监督关口前移。

切实抓好思想政治建设。把“学党章党规，学系列讲话，做合格党员”学习教育活动作为今年党建工作的龙头任务，切实抓紧抓好抓出成效。组织地税系统全体党员开展专题教育培训，提高党员干部政策理论水平，增强党员干部政治意识、纪律意识、责任意识。认真总结和巩固“三严三实”专题教育活动成果，以“三严三实”为基本遵循，提高党组织服务基层、服务群众的能力。进一步深化“三进两促”、地税系统志愿者服务活动和首都文明单位创建工作，打造作风过硬的地税机关。关心一线干部，疗休养机会向纳税服务窗口人员倾斜，试点开展税务干部心理疏解。

三、落实征管体制改革要求，确保改革顺利进行

全面落实《深化国税、地税征管体制改革方案》（以下简称《方案》）。把落实《方案》作为一号落实工程、一号督查事项、一号考核任务，切实把我市4项专项试点工作打造成样板工程。联合市国税局研究改革的路线图和时间表，抓好具体方案的研究制定、贯彻推进和督促落实工作，确保2016年基本完成重点改革任务。根据改革进程适时调整机构设置和工作职责，优化征管资源配置，调整部分处室职能，研究成立西城区地税局金融分局以及大兴区地税局机场分局，开展专业化征管和服务工作。

推进国地税相关工作深度融合。配合“营改增”工作进程，委托市国税局代征个体工商户个人所得税。联合开展反避税工作；扩大国税、地税共建办税服务厅数量。建设融合国税、地税业务，标识统一、流程统一、操作统一的电子税务局，实现纳税服务一体化。实现国税、地税税收数据全面共享；加强国税、地税处级和科级领导干部任职交流。

四、发挥税收调控调节作用，服务首都改革发展

服务发展大局。落实税务总局要求，深化京津冀税收协作。进一步加强对列入北京市禁限目录产业的税收征管，通过暂停执行各项税收优惠政策等经济手段，助力非首都功能疏解。加强企业重组改制税收政策服务，促进国企改革发展。支持“大众创业、万众创新”，加大对创业创新投资的税收支持力度，促进“四众”健康发展。落实好非营利组织、养老产业、医疗产业、再就业、保障房建设等税收优惠政策，促进民生事业发展。

落实税制改革任务。进一步落实“营改增”改革举措，确保各项工作平稳过渡、有序衔接。积极落实国家各项减税政策及税务总局税制改革工作部署。配合开展房地产税、印花税、个人所得税税制改革研究，做好环境保护税开征各项准备工作。

五、加快推进税收现代化建设，提升税收征管效能

推进金税三期工程建设。按照科学规划、兼容并蓄的原则，统筹推进金税三期工程基础设施建设、数据迁移、特色业务改造对接、系统优化等工作。加强互联网地税局与金税三期工程对接，建立以金税三期工程系统为主、北京地税特色软件为辅的信息化支撑系统，实现2016年5月双轨运行，7月单轨运行。做好金税三期工程数据迁移工作，加强第三方信息应用管理，规范税务信息对外共享流程。

全面加强征管工作。在巩固、完善去年20项征管措施的基础上，全面落实新的20项加强征管、组织收入工作措施，从税种管理、申报征收、税源管理、数据管理、税务情报以及税务检查等工作入手，强化堵漏增收，提高税收增长质量。全面落实《全国税收征管规范》；进一步完善注销税务登记流程和要求；全面清理85万非正常纳税户。对近三年申报未入库户进行全面清理，将申报入库率提升至99%以上。制定大额退税管理办法，规范退税管理。落实滞纳金管理和减免缓退税制度。通过试点行使代位权和撤销权等措施，加强欠税清理工作，实现欠税规模比去年缩减15%。对申报未入库、二手房交易、股权转让、注销税务登记等高风险环节加强过程管控；落实破产企业税收债权保护办法；加强对税务档案管理制度落实情况的监督检查。

加强税种税源管理。建立各项税费季度分析报告制度。加强对各税种减免税的管理。将市房产税改为由房产所在地税务机关征收，对出租房产按租金收入计征房产税。加强房地产税收一体化管理，落实个人存量房交易征收业务规范。对全市技术交易合同统一委托技术交易市场代征印花税。开展全市二手房分区域税收负担分析。建设企业和个人股权转让信息清分系统，制定股权转让个人所得税管理工作规程，实现市、区两级财政统发工资的个人所得税集中扣缴。扩大城镇土地使用税“以地控税”试点范围。

提升税务检查效能。全面落实稽查改革工作方案，充分发挥“市级全覆盖”模式作用，推行以随机抽查为主的全市统一选案制度，实现稽查案件当年结案率90%以上。全面清理2011—2014年未执行的案件，开展稽查案件复查工作，提高稽查办案质量。成立市、区两级重大案件审理委员会和直属稽查局及其分局集体审理委员会。加强重点企业、重点项目检查工作，查办一批有影响力、威慑力的重大案件。与市公安局、检察院、法院等部门加强信息共享、执法协助、司法移送、阻止出境以及税收保全合作，加强稽查宣传和案件曝光工作，提升打击涉税违法犯罪合力。开展个人所得税小额申报、外籍个人零申报、无税申报、不申报专项检查。加强对税务检查权的管理和整合，调整稽查、日常检查办案期限并进行试点。完善日常检查与税务稽查衔接机制，统筹推进市、区、所税务约谈工作。日常检查有问题率要达到70%以上。建立税务稽查和日常检查季度分析报告制度。

加强大企业和国际税收管理。建立新的大企业税收管理体制机制，开展大企业税收遵从风险管理和个性化服务工作。强化重点行业大企业税收风险管理。与50户大企业建立常态化联系机制，建立涉税诉求协调解决机制和重大事项报告机制。扎实开展外籍个人、非居民企业、“走出去”企业和个人风险管理。配合“一带一路”战略，研究建立境外税收服务与管理体系。加强税收情报交换和跨境税源信息管理；开展关联申报审核，推进反避税工作；做好冬奥会税收服务工作。

六、提高纳税服务水平，构建和谐征纳关系

加快纳税服务标准化建设。认真落实《纳税服务规范》，优化办税流程、窗口布局、人员调配，实行办税服务规范化管理。进一步完善纳税服务管理制度，研究建立纳税服务标准化指标体系。

加强税收宣传辅导。编制《首都公民税收手册》，深度解读税收政策，广泛宣传便民举措。积极拓展涉税宣传辅导渠道，与市国税局合作，进一步办好《税收天地》。规范、统筹、共享全系统纳税辅导师资资源，丰富完善网上纳税人学堂，提高宣传辅导专业化、个性化水平。

强化纳税人权益保护。坚持纳税人需求导向，多渠道征集纳税人意见建议，及时响应纳税人需求。强化纳税服务投诉的通报分析与追责约谈，定期做好纳税服务巡查。进一步整合资源，建立集需求响应、过程监控、数据展示于一体的纳税服务展示平台，对纳税服务工作进行全过程、不间断、立体化展示。

创新纳税服务方式方法。深入开展“便民办税春风行动”，推进涉税事项全市通办。成立北京地税网站编辑部，提升网站服务能力，推行预约服务。拓展自助办税终端功能和覆盖范围，有征收任务的税务所全面启动 POS 机刷卡服务，探索利用支付宝、微信支付等便捷缴税方式。2016 年 5 月 1 日，北京地税正式开通启用 82012366 纳税服务热线，实现系统内服务电话集约化管理，提供规范的咨询服务。积极推动全市信用体系建设工作；扩大“银税互动”合作区域，拓展企业受惠面。

七、全面推进依法治税，切实防范执法风险

积极为《北京市税收征收保障办法》出台服务，完善部门间数据交换准备预案，开展效果评价工作，继续推动《北京市税收征收保障办法》上升为政府规章。试行行政处罚裁量权基准，解决处罚裁量标准不明确、不统一等问题。加大数据利用和关联分析力度，提高税收执法督察的精准度。加大对不作为、不到位、乱作为、错作为等问题，特别是具有执法风险的苗头性、倾向性问题的督察工作力度。严格税收执法过错责任追究。开展代位权、撤销权及税收优先权研究，完善税收债权保护制度。充分发挥行政复议庭作用，落实行政复议委员会工作制度，做好复议、应诉工作。在城六区局试点实行总法律顾问制度。

八、加强干部队伍建设，提高机关行政效能

着力推进干部队伍建设。严格落实《党政领导干部选拔任用工作条例》，围绕税收现代化建设和税收中心工作，细化完善处级、科级领导干部选拔任用办法。进一步落实地税系统优秀年轻干部培养选拔工作实施意见，为优秀年轻干部搭建成长平台。建立市局机关处级领导干部到一线税务所工作的机制。加强群团组织建设，发挥好系统团委凝聚青年、服务大局的作用。开展行政管理、纳税服务、征管评估、税务稽查、信息技术 5 大类别岗位大练兵活动。认真组织系统各层级干部的培训工作；开展注册会计师、税务师、司法考试培训；组织全系统英语大赛，培养输出国际税收人才。

全面加强机关行政管理。推进办公现代化建设，狠抓督查督办工作，规范办文办会流程。提升政府信息公开和信访工作水平；严格落实保密工作规定；做好涉税舆情管理工作。围绕京津冀协同发展、非首都功能疏解、税收改革、金税三期工程等问题，扎实开展精品调研。加强财务和资产管理工作，严肃财经纪律。落实公车改革各

项要求，加强公务用车管理。做好干部培训中心转制后续工作，有序开展机关后勤保障和安全保卫工作。落实两个待遇，关心服务退休干部。税务博物馆要做好世界税收征管论坛参观接待工作，5月正式向社会公众开放。

九、持续推进绩效管理，确保各项工作得到落实

落实税务总局、市政府绩效管理工作整体部署，健全两级绩效组织机构，强化两级党组班子成员抓绩效的领导责任，加强人员配备，优化管理机制，推动绩效工作有效运行。围绕税收现代化“六大体系”和市政府绩效任务，优化指标编制，突出关键业务指标，改进考评方式，逐步形成科学合理的工作评价体系。建立绩效讲评会议制度，完善“督考合一”机制，加强过程管理，提高绩效考评与税收工作融合度。提升绩效管理信息化水平，大幅提高指标机考率，减轻基层负担。继续完善个人绩效管理，落实结果运用，保护和调动干部职工干事创业积极性，激发队伍活力。加强绩效宣传，开展绩效培训，搭建系统交流平台，培育税务绩效文化。

2016年北京市地方税收完成情况

2016年，首都经济平稳增长，供给侧结构性改革深入推进，税源基础进一步夯实，北京地税系统坚持改革创新，税源专业化管理有序推进；开放合作，京津冀区域税收协作高效运转；主动担当，各项基金的征收准备有序开展；积极作为，税收共治格局逐步形成。全年税收收入平稳较快增长，实现了“十三五”的良好开局，为首都经济社会发展做出积极的贡献。

一、税收总量再次实现跨越

收入总量创新高。北京地税收入规模2013年突破3000亿元，2015年达到3868亿元，2016年，伴随着5月1日“营改增”改革试点全面推开，营业税退出历史舞台，影响全年收入650亿元左右。北京地税通过加强征管、堵漏增收，累计完成各项税费收入3912.1亿元，不仅弥补“营改增”的影响，还进一步增收43.8亿元，其中，税收收入累计完成3587.8亿元，规模居全国地税系统第4位，较上年排名上升1位，占比7%，较上年提高0.4个百分点；一般公共预算收入累计完成2686.2亿元，占全市一般公共预算收入的比重为52.9%。

增长幅度远超全国。2016年，全国地税系统完成税收收入5.1万亿元，下降6.9%，北京地税税收收入原口径下降1%，高于全国平均增幅5.9个百分点。充分考虑“营改增”对地税收入的影响，剔除本同期营业税后，实现同口径20.6%的较高增长，高于全国平均增幅9.8个百分点，居全国地税系统第3位。

二、协同发展引领更加凸显

京津冀协同发展稳步推进。京津冀三地深入落实协同发展规划纲要，产业对接协作不断深入，经济发展新动能加快成长，税收增速高于全国平均增速。2016年，京津冀三地合计完成税收收入6373.6亿元，原口径下降3.7%，高于全国平均增速3.2个百分点，占全国地税税收收入的比重为12.5%，较上年占比提高0.4个百分点。北京市产业结构不断升级，税收结构不断优化，第三产业完成税收收入3212.5亿元，占总体税收的比重为89.5%，分别高于天津、河北10.6个和22.2个百分点，金融业、现代服务业贡献进一步凸显。

北京地税税收引领作用明显。北京坚持“四个中心”发展定位，深入实施创新驱动发展战略，加速形成具有国际影响力的竞争优势和增长动能，进一步发挥了示范引领和辐射带动作用。2016年，北京地税税收总量和增速继续领跑京津冀，税收总量是天津的2.9倍，是河北的2.3倍，增速分别高于天津和河北3个和4.5个百分点，占三地地税收入总量的比重为56.3%，较上年提高1.5个百分点，其中，天津市完成1239.1

亿元，增长 17.6%，占比为 19.4%，较上年下降0.4 个百分点；河北省完成 1546.7 亿元，增长 13.1%，占比为 24.3%，较上年下降 1.1 个百分点。

表 1　**2016 年京津冀分产业地税收入完成情况**　单位：亿元,%

项目		2014 年		2015 年		2016 年	
		收入	占比	收入	占比	收入	占比
北京	税收合计	3209.4	100.0	3622.7	100.0	3587.8	100.0
	第一产业	10.8	0.3	9.2	0.3	8.6	0.2
	第二产业	366.1	11.4	376.9	10.4	366.6	10.2
	第三产业	2832.5	88.3	3236.6	89.3	3212.5	89.5
天津	税收合计	1231.0	100.0	1312.9	100.0	1239.1	100.0
	第一产业	1.4	0.1	1.8	0.1	1.2	0.1
	第二产业	320.9	26.1	375.9	28.6	259.7	21.0
	第三产业	908.7	73.8	935.2	71.2	978.2	78.9
河北	税收合计	1613.7	100.0	1680.5	100.0	1546.7	100.0
	第一产业	2.5	0.2	2.2	0.1	3.2	0.2
	第二产业	590.4	36.6	583.4	34.7	502.4	32.5
	第三产业	1020.8	63.3	1094.9	65.2	1041.1	67.3

三、税收增长动力日益多元

从经济层面看，2016 年，伴随着供给侧结构性改革全面落实、非首都功能疏解不断推进、“大众创业、万众创新”持续活跃。从税收管理层面看，北京地税系统不断创新征管，堵漏挖潜，强化各项税收政策落实，为实现全市地税收入的持续稳定增长奠定了坚实基础。总体来看，经济增长贡献 5 成，加强征管贡献 3 成，政策落实贡献 2 成。

首都经济平稳发展是税收持续增长的基础，总体带动税收增长 11 个百分点。全市 2016 年 GDP 初步核算增长 6.7% 左右，CPI 初步核算增长 1.4% 左右，考虑到地税收入结构，总体带动税收增长 9 个百分点。供给侧结构性改革深入推进，改革红利逐步释放，企业效益增加，带动税收增长 2 个百分点。

全面加强征管是税收增长的重要保障，总体带动税收增长 4.5 个百分点。北京地税全面落实《北京市税收征收保障办法》和《北京市深化国税、地税征管体制改革实施方案》。全面推进加强征管、组织收入的新 20 条措施，着力提高征管效能，堵塞税收漏洞，震慑税收违法行为，提高税法遵从度，全年增收 165 亿元。其中，加大稽查力度增收 45.3 亿元，深入开展风险应对、税务约谈增收 68 亿元，加大清缴欠税力度增收 9.5 亿元，加强大企业、国际税收、税种税源管理增收 15 亿元。

严格落实税费新政是带动税收增长的重要原因，总体带动税收增长 3 个百分点。全面加强出租房产按租金计征房产税和属地征收，规范房产税纳税行为，全年入库 198.2 亿元，带动增收 46.2 亿元。残疾人就业保障金政策调整，北京地税积极做好政策宣传工作，全年征收100.6亿元，带动增收65.7亿元。

四、税收结构持续优化升级

2016年，全市坚决落实首都城市发展战略定位和供给侧结构性改革现阶段重点任务，加快构建高精尖经济结构，不断释放发展活力，北京地税税源结构持续优化、产业结构优势明显、区域结构更趋均衡。

税源结构加快升级，新增税源向优势行业聚集。北京地税税源户规模达到167.8万户，增长12.2%。新增税源23.2万户，逐步向优势产业聚集，第三产业新增税源户占比达91.8%，其中，科学研究技术服务业和商务服务业分别新增6.2万户和3.6万户，分别占比26.7%和15.5%。总部税源贡献突出，外资、私营税源贡献提高。总部企业有4917户，完成税收收入1210亿元，对总体税收的贡献达到30.9%，其中，金融业和房地产业贡献突出，分别完成356.1亿元和145.6亿元，占比29.4%和12%。外资企业完成575.4亿元，占比由15.9%提高至16.8%，私营企业完成471亿元，占比由11.7%提高至12.7%。

产业结构持续优化，行业发展呈现“一高一升一降”。第三产业完成各项税费3479.2亿元，同口径增长22.6%，增速快于第二产业增速8.7个百分点，占比由89.1%提高至89.3%。房地产业税收占比最高，完成1372.4亿元，同口径增长30.2%，占比35.1%，其中，开发环节完成153.6亿元，同口径下降6.6%，占比11.2%；交易环节完成963.7亿元，同口径增长37.3%，占比70.2%；保有环节完成255.1亿元，同口径增长28.8%，占比18.6%。“高精尖”产业税收增速和比重双提高。金融业、科技服务业、商务服务业和信息服务业继续领跑，合计完成1532.9亿元，占总体税收的比重近4成，分别完成610.5亿元、328.1亿元、418.9亿元和175.4亿元，分别同口径增长15.5%、32.2%、25.7%和26.3%。非首都功能疏解相关产业税收规模和比重双下降。采矿业完成税收收入6.6亿元，下降11.5%；纺织服装、石油加工等一般制造业完成税收收入14亿元，下降20.6%。

区域结构更加均衡，税收呈现外快内稳发展态势。城六区完成各项税费收入2898.6亿元，同口径增长20.7%，占比74.1%。郊区总体快速增长，全年完成1013.5亿元，同口径增长25.2%，快于城六区4.5个百分点，占比25.9%。从全市16个区看，15个区地税局税收正增长。其中，石景山、通州等6个区局同口径增速超过30%，朝阳等7个区局增速在10%～30%，东城局、西城局为个位数增长，延庆局受重大税源减收影响下降1%。

五、税种结构支撑有序转换

企业所得税和个人所得税合计占比近5成。个人所得税完成1428.1亿元，增长19.5%，占比为36.5%，成为地税收入中占比最高的税种。其中，工资、薪金所得和财产转让所得为个人所得税的主体，分别入库1109.7亿元和180.7亿元，分别增长19%和58.4%。企业经营状况较好，利润增加，企业所得税完成479.8亿元，增长28.2%，占比为12.3%，其中，预缴收入331亿元，增长24.5%；汇算清缴收入128.7亿元，增长42.2%。若全年收入剔除营业税后，企业所得税和个人所得税合计占比升至58.5%，成为地税收入的重要支撑。

财产和行为税平稳增长，非税收入比重提

高。财产和行为税共完成984.9亿元，增长13.6%，占比为25.2%。其中，房产税完成198.2亿元，在属地征收和从租计征的带动下增长30.4%；二手房交易持续活跃，契税完成254.3亿元，增长21%；印花税实现全面明细申报，完成80.5亿元，增长17.3%。非税收入完成324.3亿元，增长32.1%，占比由上年的6.4%提高至8.3%。其中，教育费附加和地方教育附加合计完成168.3亿元，增长5.5%；代收工会经费53.9亿元，增长9.5%。

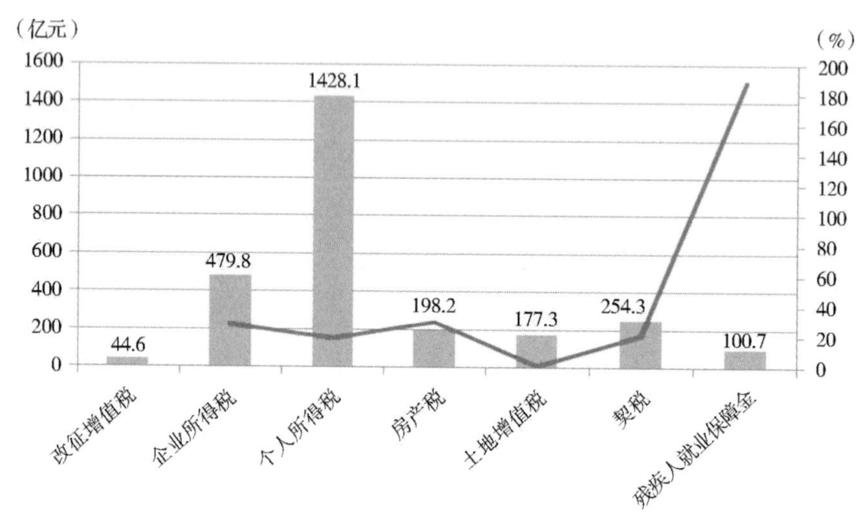

图1 北京地税税收收入完成情况（2016年）

六、精准施策效果更加显著

围绕首都“十三五”发展规划，北京市结合中央提出的供给侧结构性改革要求，出台全市供给侧结构性改革方案，部署“去”“治”“进”方面的重要任务。围绕“三去一降一补”精准发力，北京地税严格落实各项减免税政策，成效显著。

以改善民生为主体推动去库存。2016年2月，财税部门调整房地产交易环节契税、营业税优惠政策，取消非普通住宅和普通住宅的区别，增加家庭第二套改善性住房优惠，促进房地产交易持续活跃。2016年，住房减免税收309.6亿元，增长2.3倍。以降风险为主旨的税收政策辅助去杠杆。在“去杠杆”过程中，北京地税积极宣传扩大政策鼓励和扶持力度，为企业“去杠杆”提供更好的税收环境。2016年，支持资本市场减免税收达到169.4亿元，增长9.4%。以鼓励“大众创业、万众创新”和发展重点产业为目标的税收政策着重补短板。补短板方面的税收政策支持主要有以科技发展、技术转让为主体的鼓励高新技术、支持“三农”、节能环保、促进小微企业发展等方面。2016年，鼓励高新技术减免税收29.8亿元，支持“三农”减免税收1.1亿元，节能环保减免税收1.2亿元，促进小微企业发展减免税收5.2亿元。

2017年，北京地税将紧紧围绕税制改革、征管体制改革和税收现代化建设中心工作，进一步完善组织收入工作机制，全面加强税收征管，着力深化分析预测，持续巩固政策储备，强化税收风险管理，加强大企业管理和国际税收管理，深入推进稽查改革，进一步提高税收收入质量，砥砺奋进、攻坚克难，努力实现税收收入持续平稳增长。

（林　虎）

领导讲话

改革创新　攻坚克难
推动首都地方税收工作再上新台阶

——在北京市地方税务局系统工作会议上的讲话

北京市地方税务局局长　杨志强

（2016 年 2 月 1 日）

同志们：

这次会议的主要任务是：以党的十八大、十八届三中、四中、五中全会和习近平总书记系列重要讲话精神为指导，深入贯彻落实中央经济工作会议、市委十一届九次全会、全国税务工作会议和北京市综合经济部门会议决策部署，总结 2015 年工作，安排 2016 年任务，凝心聚力，振奋精神，推动首都地方税收工作再上新台阶。下面，我讲两方面内容。

一、2015 年工作回顾

2015 年，全市地税系统在市委、市政府和税务总局的正确领导下，坚持改革创新，开放合作，加快推进税收征管改革和税收现代化建设，积极发挥税收职能作用，服务首都改革发展和京津冀协同发展，较好地完成了各项工作任务，获得市委、市政府和税务总局领导肯定性批示 27 次。在税务总局 2015 年绩效考评中，工作任务指标得分在全国地税系统排名第 1，加分排名第 2，总成绩第 2 名。

（一）税收收入平稳较快增长

面对经济增速放缓、结构性减税力度加大、税务总局两次追加任务等多重考验，我局全面实施加强征管、组织收入 20 项措施，累计增收 155 亿元，拉动全市地方税收收入增长 5 个百分点，实现了挖潜堵漏，提质增效。全年共完成各项税费收入 3868.2 亿元，增长 12.7%。其中，地方公共财政预算收入 2872.9 亿元，增长 10.1%，对市级地方财政收入贡献率达 60.8%；税收收入 3622.7 亿元，增长 12.9%，完成税务总局两次追加 190 亿元后总任务的 100.9%。收入规模在全国省级地税局中位居第 4，增速位居第 3。个人所得税收入实现 1195.3 亿元，收入规模在我局征收税种中位居第 1。

（二）税收服务大局成效明显

全面落实税收优惠政策，支持“大众创业、万众创新”，促进科技创新产业、文化创意产业、小微企业和民生事业发展，全年减免税费 509.4 亿元，退税 53.6 亿元。牵头完成《京津冀协同发展税收问题研究》，提出相关政策建议，被税务总局评为优秀重点调研课题。牵头开展京津冀联合税收分析，得到税务总局王军局长充分肯定。认真开展服务非首都功能疏解和构建高精尖经济结构税收问题研究，主动为上级决策提供参考。梳理我市新增产业禁限目录涉及的税收优惠政策，提出在部分地区暂停执行相关优惠政策的建议。形成《运用税收手段调控产业发展的意见》，强化拟疏解商品交易市场税收征管工作，加强个体工商户税收定额核定管理。服务国企改革，开展“一对一”税收政策宣传辅导。

（三）税收征管效能显著提高

税收现代化建设和征管改革持续推进。完成三年行动计划中的32项改革任务。优化机构设置，明确部门职责，更名成立征管和科技发展处、大企业税收管理处、非税收入管理处，撤销区县局纳税评估科，6个区县局成立数据管理科。

税收征管基础工作不断改进。认真落实《全国税收征管规范》。加强税务登记管理，与相关部门联合推进“三证合一”改革。开展税务登记历史数据清理工作，疑点数据修正率达到96.2%。加强无税申报、减免税申报、申报未入库和小额入库税款管理，有税申报率从年初的41%提高到76.3%。加强欠税管理，清缴欠税8.96亿元。启用市局税务约谈室，开展三级税务约谈，全年约谈13770户，补缴收入28.5亿元。完善风险管理和日常检查制度体系，全年开展日常检查26566户，查补收入61.4亿元。在全国率先取消CA数字证书收费，免费发放证书39万张。完善二手房和税收减免档案制度，全面应用新税务档案管理系统。全年代征残疾人就业保障金34.91亿元，代收工会经费49.22亿元。

税种税源管控更加有力。推行地方各税种全面明细申报，实现税种精细化管理。配合开展“营改增”扩围测算工作，为后续试点方案评估提供数据支撑。加强企业所得税优惠事项后续管理。研究制定股权转让个人所得税工作流程，推进党政机关个人所得税集中扣缴工作。研提我市房产税施行细则的调整建议。调整城镇土地使用税土地级次。加强印花税税源管控，规范税票监督代售管理，在全国率先实现印花税网上申报纳税。

稽查工作有序开展。大力推进稽查体制改革，实现市级稽查全覆盖。着力清理以前年度积案，2010年以前积案已全部清理完毕。建立违法企业“黑名单”曝光系统。联合公安、边检部门对69户欠税企业法定代表人实施阻止出境，共拦截17人，追缴欠款1.15亿元。开展重大案件查处和专项检查工作。全年共实施检查4341户，有问题率99.6%，查补收入38.4亿元。其中，查补收入百万元以上案件241件，查补收入32.83亿元，同比增长60.9%。

大企业税收和国际税收管理不断强化。构建大企业税收管理体系，对中海油等6家税务总局定点联系企业开展风险管理，对北京银行等8家集团企业开展服务与监管试点工作。探索税企遵从合作协议管理模式，对首旅等3家集团公司开展专项风险管理。夯实国际税收基础工作。开展关联申报和反避税调查，加强外籍个人税务约谈和日常检查。开展跨境税源信息管理，查补税款2.18亿元。对“走出去”企业实施“一户一档”管理方式。首次开展对外自动情报交换，向税务总局提交涉及5个国家的1468条信息。

信息化建设和数据管理得到加强。互联网地税局上线运行。全面启动金税三期工程建设推广工作。研究制定数据管理制度，加强数据共享，同18个委办局建立信息共享工作机制，向相关单位提供税收数据1300余万条，获取第三方数据2300余万条。编制《税收数据手册》。完善信息系统数据字典。

（四）纳税服务水平稳步提升

服务平台更加优化。外出经营管理证明等74

个涉税事项实现网上全程办理。北京地税网站在全国税务网站普查工作及更新建设评估中排名第1。推进自助办税服务，设立自助办税终端设备162台，24小时自助服务网点19个。推进区县局咨询服务电话资源整合，全系统咨询服务电话接听总量达176万次，接通率超过80%。打造北京地税官方微信品牌，阅读量达153万余次，获得全国优秀政务新媒体“民生飞跃奖”。

服务手段更加便捷。推进134项涉税事项办理前移至办税服务厅，实现“一站式办结”。推行一次性告知服务和免填单服务。启动“办税服务通”试点工作。二手房交易涉税事项实现区域通办。试点建设国地税联合办税大厅，开展微信预约取号服务，实现纳税人“进一个大厅，办两家业务”。

服务方式更加规范。认真落实全国纳税服务规范，建立统一的服务标准和操作规程。编制北京地税版《纳税服务规范》电子指导手册。制定税收宣传、纳税辅导、需求分析响应、预约服务、投诉管理工作规程等5个专项制度。认真开展纳税服务标准化研究。

服务措施更加到位。开展分级分类纳税服务试点工作。加强纳税信用评价管理及结果应用，开展“银税互动”，助力中小企业发展。强化纳税人权益保护，办税服务厅全面实现实时监控。加强宣传辅导，制作播出《税收大讲堂》《地税小贴士》，开展集中辅导915场，辅导纳税人12万余人次。纳税人满意度从2014年的全国地税部门第27名升至第6名。

（五）税收法治工作持续推进

认真落实市政府办公厅关于加强税收保障工作的意见，积极为税收征收保障办法上升为政府规章建言献策。开展北京市房产税施行细则修订准备工作。编制税务行政处罚权力清单，修订《税务行政处罚裁量权实施办法》及执行标准，进一步规范税收执法权。制定《税收业务答复工作规程》。探索建立总法律顾问制度。在全国率先建立税务行政复议庭。成立行政复议委员会，研究解决重大疑难复杂案件。全年办理行政复议案件28件、应诉案件25件。着力建设法治税务示范基地。提出《税收征管法（修正案）》修订建议。加强执法监督，开展14项重点执法督察项目，发现执法问题27349户次，分阶段开展全市二手房交易税收征管情况专项执法督察，检查3万余份案卷，查出各类问题1230户次，追究执法过错责任61人次。开展完善国地税征管体制、印花税立法专题研究，积极参与环境保护税立法研究工作。与市高级人民法院加强税收破产债权保护问题研究，明确税务机关债权申报责任及程序。《税收法治通论》获全国税务系统优秀科研成果一等奖。

（六）部门合作成果丰硕

认真落实税务总局国地税合作工作规范。与市国税局联合召开全市税务工作会议，共同实施简政放权、优化服务15项举措。召开国地税合作工作会议，开展21类80项合作事项，并对督查落实情况进行联合通报。定期、定项开展国地税联合税收分析，得到市委、市政府和税务总局主要领导的肯定。在全国率先委托国税代征城市维护建设税、教育费附加、地方教育附加，全年代征183亿元，极大地提高了税收征管效率，方便了纳税人。在北京电视台联合推出《税收天地》节目30期，收到良好效果。与市国税局、公安局设立税警联合办公室，联手打击涉税违法犯罪活动。与市工商局联合落实商事登记制度改革要求。与市编办、工商局、司法局、民政局共同推进税源管理。与市财政局、人社局合作加强个人所得税代扣代缴管理。

（七）党的建设和干部队伍建设切实加强

党的建设深入推进。全力配合市委巡视组开展工作，对巡视过程中发现的问题立查立改，着力建设长效机制。党的群众路线教育实践活动整改工作得到市委检查组肯定。认真开展“三严三实”专题教育活动，通过党组中心组重点研讨、领导干部讲党课、集体参观学习等方式，切实增强党员干部严守党的纪律规矩的自觉性。召开民主生活会，深入查摆问题，制定整改方案，健全领导干部绩效管理和考核评价制度。推进第一党支部建设，开展系列党日活动，加强对“一把手”的教育管理监督。组织完成区县局、分局党组书记和市局机关基层党支部书记述职评议考核工作。成立系统团委，促进青年成长，凝聚青年力量。深入开展“送温暖、送文化、送健康”活动，做好劳模选树和服务工作，营造活跃职工、帮扶职工的良好氛围。

党风廉政建设得到强化。制定市局党组关于落实“两个责任”的意见和责任清单，加大对责任履行情况的监督检查力度。制定全系统纪检体制机制改革实施方案，选用6名纪检组长担任驻局纪检组成员。加强直属稽查局联合纪检工作。加大对办公用房、公车配备、公款吃喝等的监督检查，坚决纠正“四风”。强化执纪问责，认真查处违纪违法案件，给予8人党纪政纪处分，移送司法机关7人。深入开展行政监察，紧盯关键时间节点，加强廉政纪律要求。聘请特约监察员对办税服务场所进行明察暗访，对政府采购项目公开招标过程进行监督。充分发挥廉政警示教育基地作用，搭建内外网廉政教育平台。扎实开展经济责任审计。

干部队伍建设力度加大。严格落实干部任用条例，推进干部选拔调整，选拔任用处级干部50人，轮岗交流52人，对外推荐局、处级干部9人。加强年轻干部培养选拔工作，优化领导班子结构。扎实开展公务员招录、军转干部安置工作及干部遴选工作，改善干部学历、知识和年龄结构。选派市局机关干部赴基层锻炼，组织远郊区县局干部到城区局锻炼。组织市局机关92名处级领导干部听取了48个办税服务厅和集中办税服务场所的汇报。强化学习型机关建设，开设“地税大讲堂”。全系统共举办各类培训班397期，60630人次参训。举办全系统税收征管、税务稽查和纳税服务岗位技能大赛。加强全国税务领军人才培养，鼓励报考“三师”、研究生及职称考试。深入开展创先争优活动，全系统共获得省部级以上集体荣誉117项、个人荣誉30项，其中，国家级集体荣誉17项、个人荣誉2项。

（八）行政管理工作不断改进

加大重点事项督查督办力度。规范公文管理。稳步推进政府信息公开，全系统主动公开4707条信息，受理政府信息公开申请20件。完善舆情管理制度，及时监测并有效处置15起舆情事件。制定绩效管理办法，优化工作框架。推进调研精品战略，实现外部成果转化216项（次），省部级以上刊物刊登55项。规范财务管理，加强预算资金审批执行。提高资产管理精细化水平。严格执行政府采购程序。对会议费、政府购买服务和维修改造工程竣工结算进行专项审计。严格落实公车改革工作要求，完成市局机关及直属分局公车封存、处置和调配工作。建成北京税务博物馆和地税发展陈列室。做好干部培训中心转制工作。安全维稳、后勤保障和离退休干部工作得到加强。

同志们，过去的一年，全市地税系统积极进取，扎实工作，攻坚克难，取得来之不易的成绩，这是市委、市政府和税务总局正确领导的结果，也是全系统干部职工团结一心、努力拼搏的结果。

在此，我代表市局党组向大家表示衷心的感谢！

在看到成绩的同时，我们也必须清醒地认识到，全市地税工作还存在一些不容忽视的问题。一是服务大局的能力仍需提升。税收服务首都改革发展和京津冀协同发展的手段缺乏，特别是在服务非首都功能疏解和高精尖经济结构构建方面，成效还不够显著。二是税收征管工作亟待改进。在房屋交易、股权转让、注销税务登记、日常检查、减免税管理等环节，普遍存在执法风险，有的领域还比较严重，必须着力加强对税收执法权力的监督和制约。三是纳税服务水平有待提高。部分办税场所和干部业务水平不高、服务意识不强，不能主动及时为纳税人解决困难，纳税人投诉时有发生。四是“两个责任”落实不够严格。落实中央八项规定精神和市委实施意见精神的力度不够，有章不循、有制度不落实、廉政风险防控不到位等问题依然存在，部分党员干部不懂规矩、不讲规矩、不守规矩，违纪违规违法现象和“四风”问题仍有发生。五是干部队伍建设有待加强。干部奖惩激励机制不够健全，晋升空间小，部分干部工作积极性不高，职业荣誉感不强，影响干部队伍稳定。对于这些问题，我们要认真对待，深入研究，采取有力措施加以解决，为地税事业的长远健康发展提供有力保障。

二、2016 年工作安排

2016 年是实施“十三五”规划纲要、全面建成小康社会决胜阶段的开局之年，是推进结构性改革的攻坚之年，也是落实《深化国税、地税征管体制改革方案》（以下简称《方案》）、深入推进税收现代化的关键之年，地税工作既面临重大发展机遇，也面临着一系列严峻挑战。

中央经济工作会议提出，应坚持稳中求进工作总基调，着力加强结构性改革，增强持续增长动力。市委十一届九次全会提出，要按照“五位一体”总体布局和“四个全面”战略布局，牢固树立和贯彻落实创新、协调、绿色、开放、共享的发展理念，适应经济发展新常态，坚持改革开放，坚持稳中求进工作总基调，着力加强结构性改革，构建“高精尖”经济结构。全国税务工作会议强调，要认真落实推进结构性改革的各项举措，深刻认识、主动适应、积极引领税收新常态，完成好收入任务与《方案》改革任务，进一步增强税收在国家治理中的基础性、支柱性、保障性作用。北京市综合经济部门会议强调，要以五大发展理念推进发展方式的转变，强化科学统筹，突出改革创新，确保完成年度目标任务，实现“十三五”良好开局。

2016 年，首都经济长期向好的基本面没有改变，特别是随着五大发展理念的全面落实和供给侧结构性改革的不断推进，我市经济结构将逐步优化，经济增长动力将更趋持续，经济发展的质量和效益将继续提升，将为地方税收收入的持续增长提供坚实基础。但是必须认识到，2016 年组织收入工作将面临更多的困难和挑战。随着我市疏解非首都功能、构建“高精尖”经济结构等战略任务的推进，以及税制改革、征管体制改革步伐的加快，首都地方税源结构和征管职责面临重大调整，税收管理的理念和方式面临新挑战，地方税收工作面临的压力前所未有。我们要认真贯彻落实中央精神、市委、市政府和税务总局决策部署，发扬敢于担当、敢于碰硬的精神，创新理念，积极作为，确保“十三五”时期全市地税工作开好局、起好步。

根据市委、市政府和税务总局工作部署，我局 2016 年总体工作要求是：深入贯彻落实党的十八大、十八届三中、四中、五中全会和习近平总书记系列重要讲话精神，坚持改革创新，开放合作，加快推进税收征管改革、税收法治建设和税收现代化建设，严格落实党风廉政建设“两个责任”，努力完成全年各项税收任务，推动首都地方税收工作再上新台阶。要重点做好以下九个方面的工作。

（一）依法组织收入，确保任务完成

今年，税务总局安排我局税收收入任务3790亿元，同比增长4.6%。其中，中央级税收收入增长6.5%，地方级税收收入增长4%。根据这一目标，市局初步安排2016年各项税费收入目标4047亿元，增长4.6%；安排地方公共财政预算收入目标2988亿元，增长4%。下一步，我们将按照市人代会审议通过的财政预算增长目标进行调整。各部门、各单位要高度重视组织收入工作，既要坚持依法征税、应收尽收，也要严格落实各项税收优惠政策，不收“过头税”、不越权减免税。要层层落实收入任务，完善工作应急机制，建立严格的考核制度，强化部门协同，增强工作合力，确保全年收入任务圆满完成。

要进一步完善税收分析工作机制，加强日常分析和专题分析，深入开展国地税联合分析，开展非首都功能疏解和构建“高精尖”经济结构税收分析，准确把握税收发展趋势，提高税收分析预测综合效能。市局相关业务处室要主动创新执法方式，认真履行职责，完成20亿元税收任务。区局、直属分局业务科室也要适当承担税收收入任务。

（二）加强党风廉政建设，强化组织纪律保障

全面完成巡视整改工作。要对市委第八巡视组反馈的问题进一步剖析原因，深刻反思，立行立改。建立问题清单、任务清单、责任清单，逐条研究制定整改措施，分学习动员、集中整改、总结报告三个阶段开展整改。将整改工作列入市局督查督办事项，定期督促检查、跟踪问效，确保整改到位。

严格落实“两个责任”。两级党组要以高度的政治责任感，切实担负起全面领导党风廉政建设的主体责任，坚持党要管党、从严治党，始终把纪律挺在前面，做到纪在法前，纪法分开，纪严于法。要从抓加强教育、抓制度建设、抓“一把手”、抓问题查处、抓部署检查落实等方面入手，管好班子、带好队伍、当好表率，带动全系统党员干部坚定理想信念，严守政治规矩，自觉遵守纪律，模范遵守法律。坚持标本兼治，全面加强廉政风险防控工作，完善组织机构，加强制度建设，充实人员力量，推进科技控权，构建全面覆盖、重点预防、责任到位的预防和惩治腐败体系和长效机制。针对税收减免缓退、队伍建设、行政管理、信息化建设中风险易发、高发的重要事项、关键环节加强风险防控，坚持抓早抓小，确保廉政风险防控工作全覆盖、无死角。两级纪检监察部门要聚焦主责主业，深入落实党风廉政建设监督责任，严明政治纪律和政治规矩，坚持“一案双查”，对违反党纪党规和法律法规、“四风”问题突出等情况，严肃追究责任，绝不姑息迁就，始终保持惩治腐败的高压态势。督察内审部门要将任中审计与离任审计相结合，实行“双审兼顾，先审后离”的工作机制，实现监督关口前移。

切实抓好思想政治建设。把“学党章党规，学系列讲话，做合格党员”学习教育活动作为今年党建工作的龙头任务，切实抓紧抓好抓出成效。组织全系统全体党员开展专题教育培训，提高党员干部政策理论水平，增强党员干部政治意识、纪律意识、责任意识。认真总结和巩固“三严三实”专题教育活动成果，以“三严三实”为基本遵循，提高党组织服务基层、服务群众的能力。

进一步深化“三进两促”、地税系统志愿者服务活动和首都文明单位创建工作，打造作风过硬的地税机关。关心一线干部，疗休养机会向纳税服务窗口人员倾斜，试点开展税务干部心理疏解。

（三）落实征管体制改革要求，确保改革顺利进行

全面落实《深化国税、地税征管体制改革方案》。把落实《方案》作为一号落实工程、一号督查事项、一号考核任务，切实把我市4项专项试点工作打造成样板工程。联合市国税局研究改革的路线图和时间表，抓好具体方案的研究制定、贯彻推进和督促落实工作，确保2016年基本完成重点改革任务。根据改革进程适时调整机构设置和工作职责，优化征管资源配置，调整部分处室职能，研究成立西城地税局金融分局以及大兴区地税局机场分局，开展专业化征管和服务工作。

推进国地税相关工作深度融合。配合“营改增”工作进程，委托市国税局代征个体工商户个人所得税。联合开展反避税工作。扩大国地税共建办税服务厅数量。建设融合国地税业务，标识统一、流程统一、操作统一的电子税务局，实现纳税服务一体化。实现国地税税收数据全面共享。加强国地税处级和科级领导干部任职交流。

（四）发挥税收调控调节作用，服务首都改革发展

服务发展大局。落实税务总局要求，深化京津冀税收协作。进一步加强对列入我市禁限目录产业的税收征管，通过暂停执行各项税收优惠政策等经济手段，助力非首都功能疏解。加强企业重组改制税收政策服务，促进国企改革发展。支持“大众创业、万众创新”，加大对创业创新投资的税收支持力度，促进“四众”健康发展。落实好非营利组织、养老产业、医疗产业、再就业、保障房建设等税收优惠政策，促进民生事业发展。

落实税制改革任务。进一步落实“营改增”改革举措，确保各项工作平稳过渡、有序衔接。积极落实国家各项减税政策及税务总局税制改革工作部署。配合开展房地产税、印花税、个人所得税税制改革研究，做好环境保护税开征各项准备工作。

（五）加快推进税收现代化建设，提升税收征管效能

推进金税三期工程建设。按照科学规划、兼容并蓄的原则，统筹推进金税三期工程基础设施建设、数据迁移、特色业务改造对接、系统优化等工作。加强互联网地税局与金税三期工程对接，建立以金税三期工程系统为主、北京地税特色软件为辅的信息化支撑系统，实现2016年5月双轨运行，7月单轨运行。做好金税三期工程数据迁移工作，加强第三方信息应用管理，规范税务信息对外共享流程。

全面加强征管工作。在巩固、完善去年20项征管措施的基础上，全面落实新的20项加强征管、组织收入工作措施，从税种管理、申报征收、税源管理、数据管理、税务情报以及税务检查等工作入手，强化堵漏增收，提高税收增长质量。全面落实《全国税收征管规范》。进一步完善注销税务登记流程和要求。全面清理85万非正常纳税户。对近三年申报未入库户进行全面清理，将申报入库率提升至99%以上。制定大额退税管理办法，规范退税管理。落实滞纳金管理和减免缓退税制度。通过试点行使代位权和撤销权等措施，加强欠税清理工作，实现欠税规模比去年缩减15%。对申报未入库、二手房交易、股权转让、注销税务登记等高风险环节加强过程管控。落实破产企业税收债权保护办法。加强对税务档案管理制度落实情况的监督检查。

加强税种税源管理。建立各项税费季度分析

报告制度。加强对各税种减免税的管理。将我市房产税改为由房产所在地税务机关征收，对出租房产按租金收入计征房产税。加强房地产税收一体化管理，落实个人存量房交易征收业务规范。对全市技术交易合同统一委托技术交易市场代征印花税。开展全市二手房分区域税收负担分析。建设企业和个人股权转让信息清分系统，制定股权转让个人所得税管理工作规程，实现市、区两级财政统发工资的个人所得税集中扣缴。扩大城镇土地使用税“以地控税”试点范围。

提升税务检查效能。全面落实稽查改革工作方案，充分发挥“市级全覆盖”模式作用，推行以随机抽查为主的全市统一选案制度，实现稽查案件当年结案率 90% 以上。全面清理 2011—2014 年未执行的案件，开展稽查案件复查工作，提高稽查办案质量。成立市、区两级重大案件审委会和直属稽查局及其分局集体审委会。加强重点企业、重点项目检查工作，查办一批有影响力、威慑力的重大案件。与市公安局、检察院、法院等部门加强信息共享、执法协助、司法移送、阻止出境以及税收保全合作，加强稽查宣传和案件曝光工作，提升打击涉税违法犯罪合力。开展个人所得税小额申报、外籍个人零申报、无税申报、不申报专项检查。加强对税务检查权的管理和整合，调整稽查、日常检查办案期限并进行试点。完善日常检查与税务稽查衔接机制，统筹推进市、区、所税务约谈工作。日常检查有问题率要达到 70% 以上。建立税务稽查和日常检查季度分析报告制度。

加强大企业和国际税收管理。建立新的大企业税收管理体制机制，开展大企业税收遵从风险管理和个性化服务工作。强化重点行业大企业税收风险管理。与 50 户大企业建立常态化联系机制，建立涉税诉求协调解决机制和重大事项报告机制。扎实开展外籍个人、非居民企业、“走出去”企业和个人风险管理。配合“一带一路”战略，研究建立境外税收服务与管理体系。加强税收情报交换和跨境税源信息管理。开展关联申报审核，推进反避税工作。做好冬奥会税收服务工作。

（六）提高纳税服务水平，构建和谐征纳关系

加快纳税服务标准化建设。认真落实《纳税服务规范》，优化办税流程、窗口布局、人员调配，实行办税服务规范化管理。进一步完善纳税服务管理制度，研究建立纳税服务标准化指标体系。

加强税收宣传辅导。编制《首都公民税收手册》，深度解读税收政策，广泛宣传便民举措。积极拓展涉税宣传辅导渠道。与市国税局合作，进一步办好《税收天地》。规范、统筹、共享全系统纳税辅导师资资源。丰富完善网上纳税人学堂，提高宣传辅导专业化、个性化水平。

强化纳税人权益保护。坚持纳税人需求导向，多渠道征集纳税人意见建议，及时响应纳税人需求。强化纳税服务投诉的通报分析与追责约谈，定期做好纳税服务巡查。进一步整合资源，建立集需求响应、过程监控、数据展示于一体的纳税服务展示平台，对纳税服务工作进行全过程、不间断、立体化展示。

创新纳税服务方式方法。深入开展“便民办税春风行动”。推进涉税事项全市通办。成立北京地税网站编辑部，提升网站服务能力，推行预约服务。拓展自助办税终端功能和覆盖范围。有征收任务的税务所全面启动 POS 机刷卡服务，探索利用支付宝、微信支付等便捷缴税方式。2016 年 5 月 1 日正式开通启用北京地税 82012366 纳税服务热线，实现系统内服务电话集约化管理，

提供规范的咨询服务。积极推动全市信用体系建设工作。扩大“银税互动”合作区域，拓展企业受惠面。

（七）全面推进依法治税，切实防范执法风险

积极为北京市税收征收保障办法出台服务，完善部门间数据交换准备预案，开展效果评价工作，继续推动税收征收保障办法上升为政府规章。试行行政处罚裁量权基准，解决处罚裁量标准不明确、不统一等问题。加大数据利用和关联分析力度，提高税收执法督察的精准度。加大对不作为、不到位、乱作为、错作为等问题，特别是具有执法风险的苗头性、倾向性问题的督察工作力度。严格税收执法过错责任追究。开展代位权、撤销权及税收优先权研究，完善税收债权保护制度。充分发挥行政复议庭作用，落实行政复议委员会工作制度，做好复议、应诉工作。在城六区局试点实行总法律顾问制度。

（八）加强干部队伍建设，提高机关行政效能

着力推进干部队伍建设。严格落实《党政领导干部选拔任用工作条例》，围绕税收现代化建设和税收中心工作，细化完善处、科级领导干部选拔任用办法。进一步落实地税系统优秀年轻干部培养选拔工作实施意见，为优秀年轻干部搭建成长平台。建立市局机关处级领导干部到一线税务所工作的机制。加强群团组织建设，发挥好系统团委凝聚青年、服务大局的作用。开展行政管理、纳税服务、征管评估、税务稽查、信息技术5大类别岗位大练兵活动。认真组织系统各层级干部的培训工作。开展注册会计师、税务师、司法考试培训。组织全系统英语大赛，培养输出国际税收人才。

全面加强机关行政管理。推进办公现代化建设，狠抓督查督办工作，规范办文办会流程。提升政府信息公开和信访工作水平。严格落实保密工作规定。做好涉税舆情管理工作。围绕京津冀协同发展、非首都功能疏解、税收改革、金税三期工程等问题，扎实开展精品调研。加强财务和资产管理工作，严肃财经纪律。落实公车改革各项要求，加强公务用车管理。做好干部培训中心转制后续工作。有序开展机关后勤保障和安全保卫工作。落实两个待遇，关心服务退休干部。税务博物馆要做好世界税收征管论坛参观接待工作，5月正式向社会公众开放。

（九）持续推进绩效管理，确保各项工作得到落实

落实税务总局、市政府绩效管理工作整体部署，健全两级绩效组织机构，强化两级党组班子成员抓绩效的领导责任，加强人员配备，优化管理机制，推动绩效工作有效运行。围绕税收现代化“六大体系”和市政府绩效任务，优化指标编制，突出关键业务指标，改进考评方式，逐步形成科学合理的工作评价体系。建立绩效讲评会议制度，完善“督考合一”机制，加强过程管理，提高绩效考评与税收工作融合度。提升绩效管理信息化水平，大幅提高指标机考率，减轻基层负担。继续完善个人绩效管理，落实结果运用，保护和调动干部职工干事创业积极性，激发队伍活力。加强绩效宣传，开展绩效培训，搭建系统交流平台，培育税务绩效文化。

同志们，做好2016年各项工作，对于加快推进税收现代化建设、实现“十三五”时期地税事业的全面协调可持续发展意义重大。我们要在市委、市政府和税务总局的正确领导下，以改革促发展，以创新求实效，精心部署，狠抓落实，全力完成各项工作任务，为首都改革发展和京津冀协同发展做出新的更大贡献！

在北京市国家税务局、地方税务局“营改增”改革试点工作会议上的讲话

北京市地方税务局局长　杨志强

（2016 年 4 月 5 日）

同志们：

今天，我们在这里召开“营改增”改革试点工作会议，这标志着我市“营改增”工作的全面启动，也标志着我市国地税合作得到进一步深化。近期，在市委、市政府和税务总局的正确领导下，我市国地税两局深入开展合作，建立国地税协调合作机制，制定税制改革衔接工作方案，开展了大量卓有成效的工作，为全面实施“营改增”打下了良好的基础。下面，我就进一步加强国地税合作，顺利推进“营改增”改革试点工作讲四点意见。

一、进一步提高思想认识，加强组织领导

全面推开“营改增”试点是党中央、国务院深化财税体制改革和供给侧结构性改革，打造中国经济升级版的重大部署，对减轻企业税负、推动服务业发展和制造业转型升级、鼓励创新创业、增强经济活力具有重要意义。我市国地税两局都成立了全面推开“营改增”督促落实领导小组，切实加强了我市税务系统“营改增”工作的组织领导。在此基础上，我认为，两局还应建立更为密切的工作联系机制，定期召开会议，研究“营改增”试点工作的重大举措，通报双方的主要做法，交流经验体会，及时解决改革过程中出现的问题，共同指导各区局、分局加强合作，推动工作开展。地税系统各部门、各单位要牢固树立大局意识和责任意识，高度重视“营改增”试点工作，加强领导、明确责任、统筹协调、倒排工期、有力推进。要加强与国税部门的沟通配合，切实采取有效措施，做好各项准备工作，确保“营改增”试点 5 月 1 日顺利落地。

二、积极主动作为，保证“营改增”相关事项的顺利移交

本次“营改增”试点将有 33.8 万户纳税人实现营业税改征增值税，这是在推进“营改增”工作中移交户数最多、准备时间最短、工作难度最大的一次。地税部门要本着“服务不断、管理不乱、数据不丢”的原则，严格按照国税部门要求的时点和标准提供相关信息数据，确保移交数据的准确、完整、不留死角。目前，地税部门已向国税部门移交了 7 大类 1000 多万条数据信息，还有一些信息数据正在提供过程中。同时，地税部门还要做好地税发票的善后工作。要积极同国税部门研究“营改增”期间的发票过渡管理办

法，本着方便纳税人、有利于税收征管的原则实现发票管理权的顺利移交。针对办理领取发票和税控机具业务的新增税源户，要采取过渡服务管理措施，并着重做好发票、税控机具政策的宣传解释工作。

三、密切加强配合，实现“营改增”试点各项工作的有效衔接

一是要实现纳税服务工作的有效衔接。地税部门要加强与国税部门的沟通协调，统一纳税服务工作标准和问题解答口径，充分利用官方网站、微信平台、办税服务厅等渠道向纳税人传达“营改增”政策和工作安排。各区局要充分利用国地税联合办税模式，积极配合国税部门做好“营改增”纳税人的通知、认证、辅导工作。有条件的区局要主动将办税场所腾出一部分，给国税部门建立临时“营改增”办税服务厅，并全力做好各项保障工作。

二是要实现税收政策贯彻落实的有效衔接。本次“营改增”试点全面延续了营业税的税收优惠政策，因此地税部门要主动配合国税部门做好“营改增”税收政策的衔接过渡，积极介绍营业税优惠政策的执行口径及征管措施，保证“营改增”纳税人不因实行“营改增”而无法享受税收优惠政策，增加税收负担。

三是要实现税收管理相互协作的有效衔接。要强化税收管理和服务措施，保证对纳税人的管理不间断、不放松。特别是要做到欠税管理和税务稽查工作的无缝对接，加强信息共享和工作配合，防止国家税款流失。在全面实施“营改增”后，要主动邀请国税部门到地税部门指导委托代征工作，防止代征工作出现偏差。

四、加强深度合作，确保“营改增”试点工作全面落实

一是要注重交流和配合，做好委托代征工作。二手房和个人出租房屋的增值税由国税部门委托地税部门代征，这对地税部门来说是一项全新的工作。地税部门要向国税部门虚心学习增值税政策、业务和增值税发票工作流程，还要主动同国税部门就二手房税收征收系统的改造、个人出租房屋政策的落实、增值税发票税控机的提供和调试等进行交流。

二是要创新形式和内容，做好宣传和培训工作。在对外宣传上，国地税要加强合作，利用各自的优势，创新宣传形式，营造良好宣传氛围，使全社会对“营改增”的意义、目的及深远影响有正确的认识，加强舆情应对，防止负面舆情。在对内培训上，要在总局全面培训的基础上结合我市的具体情况开展有效培训，解决实际问题，特别是要做好委托代征的培训工作。

三是要完善机制和方法，做好税收分析工作。大规模的减税效应将会对国地税的税收收入带来严峻考验。我们两局要加强信息数据共享，在现在开展的联合税收分析的基础上，进一步完善数据口径，强化基础数据的应用，细化分工，密切合作，对改革的效应进行全面评估，为市委、市政府和税务总局提供全面的情况反馈和决策参考。

同志们，王军局长在“营改增”动员部署大会上强调，“兄弟同心，其利断金”。我市国地税两部门要按照上级领导的指示和要求，更加紧密地团结协作，相互支持，相互配合，以高度的责任感和使命感，努力完成“营改增”工作的各项任务。

在北京地税系统城六区局总法律顾问任命仪式上的讲话

北京市地方税务局局长 杨志强

（2016年7月7日）

自2015年3月我局启动试行总法律顾问制度工作以来，国家税务总局法规司、市委组织部、市政府法制办、市人力社保局、市编办等部门，给予了极大支持和具体指导，总法律顾问工作扎实推进，取得了很好效果。今天，6名同志走上了区局总法律顾问岗位，这标志着我局试行总法律顾问工作的重大进展。在此，我谨代表市局党组向这6名同志表示祝贺！下面，我围绕总法律顾问工作讲几点意见。

一、充分认识推行总法律顾问制度的重要意义

（一）推行总法律顾问制度是依法治税的重要举措

党的十八届三中全会《中共中央关于全面深化改革若干重大问题的决定》明确提出普遍建立法律顾问制度，党的十八届四中全会《中共中央关于全面推进依法治国若干重大问题的决定》进一步提出积极推行政府法律顾问制度，保证法律顾问在制定重大行政决策、推进依法行政中发挥积极作用。2016年，中共中央办公厅、国务院办公厅印发的《关于推行法律顾问制度和公职律师公司律师制度的意见》中明确指出“鼓励各地区各部门各单位综合考虑机构、人员情况和工作需要，选择符合实际的组织形式、工作模式和管理方式，积极稳妥实施”。积极推行总法律顾问制度，是贯彻落实党的十八届三中、四中全会精神和中共中央意见的重要举措，是完善税务机关法律顾问制度的有益尝试，更是顺应税收工作形势的有力作为。

当前，全面推开“营改增”工作已平稳运行，税制改革的重头戏将逐步转向直接税改革，地税部门的税费征管体系必将发生重大变革，征管工作将更多侧重于自然人管理，其征管难度和复杂程度都将大幅提升；随着税收政策的调整，地税业务涉及自然人切身利益的事项有增无减，自然人提起涉税法律争议的成本相对较低，且纳税人法律意识、维权意识日益增强，涉税法律事务日趋增多且敏感化。以总法律顾问制度强化、助推法治税务建设，是必然选择。

（二）建立总法律顾问制度有助于推进决策科学、规范

总法律顾问制度的建立有利于有效制约税务机关的行政权力和保障纳税人的权利。制约权力，保障权利，是法治的精髓，也是法治思维和法治方式的核心。要实现权力制约和权利保障，

必须要以法律约束权力，通过合理的权力配置模式和健全的权力监督机制，防止权力滥用，切实保护纳税人的权利。由于外部环境、内部因素和执法人员素质等多方面原因，北京地税系统内税收执法风险和不当运用职权的行为仍有存在。因此，通过建立总法律顾问制度，完善内部管理机制，明确总法律顾问通过参与重大决策，发挥专业性、权威性优势，构建法律风险防控机制，对违反法律、法规的行为提出纠正意见，有利于实现权力制约和权利保障之间的平衡，有效预防行政执法风险，树立税务机关公正透明的执法形象，全面提升依法行政水平。

（三）建立总法律顾问制度有利于充分发挥法治保障作用

目前，我局的法律事务主要由内部法制机构人员承担，外聘法律顾问发挥重要的辅助补充作用。自2000年起，全系统陆续在市、区两级设置专业法制机构并配备了专业法律人员。在市局层面，设置法制处；在区局层面，16个区局均单独设置法制科；8个直属分局分别明确一名干部专门从事法制工作。健全法制机构、充实专业人员，为北京地税税收法治建设发挥了重要保障作用。但是，随着经济社会的发展、税制改革的不断深化，对法制工作提出了更高的标准；尤其是党的十八届四中全会以来，依法治国战略被放在前所未有的高度，法制工作面临严峻挑战和重要机遇。目前，我国税收法律有4部，地税税收业务涉及的税收行政法规有21个、税收部门规章有31个，而执行的税收规范性文件则超过2000个。面对需要贯彻执行的数量繁多的税收业务法律法规规定，从政策适用层面、专业性层面，对税务机关依法行政提出了更高的要求。最近，市委、市政府决定，13种政府基金和收费由地税部门征收，这将会涉及更多相关法律、法规和规章，地税部门的执法业务会更加繁重。在当前依法治税和税制改革的大背景下，税收工作的方方面面都需要法律服务的保障和支持，法制工作的职责在不断拓展，税务机关在行政管理领域对依法合规办事的要求愈来愈广、愈来愈严，在预算管理、合同管理、政府采购、招投标、建设工程管理等方面，都需要专业的法律人员进行合法性审查，保证税务机关的行为合法合规。建立总法律顾问制度，正是充分、优质、高效地发挥法治保障作用的重要举措。

二、准确把握总法律顾问的定位

我局《试行总法律顾问制度工作方案》明确，区级税务机关总法律顾问是享受副处级待遇的一个行政职务，不增加职位编制。总法律顾问负责本级税务机关税收法治和法律事务，协助局长工作，直接对局长负责并报告工作，参加局长办公会，可根据工作需要列席党组会。我局将总法律顾问定位在这样一个高度，是全国税务系统第一家。该定位确立了总法律顾问在税务机关法律事务管理中的核心地位和作用，并突出其在法律风险防范与控制中的管理职能。特别是总法律顾问直接对局长负责并报告工作这一规定，既符合当前国际上（美国、新加坡、加拿大等国）总法律顾问设置的共通性，即总法律顾问具有较高的地位，直接对行政首长负责，依法规范地对相关事务提出意见、建议，保障决策科学规范；更是优化现有行政管理模式的一种尝试。在原有行政管理模式下，区局各部门之间有着明确职责分工，各主管局长之间也是以主管工作为主，在开展工作的过程中，有可能会从分管部门角度看待问题，缺乏横向和纵向协作机制，可能造成行政决策具有倾向性，而总法律顾问因其职务特点，统揽本单位法律事务，发挥法律专业优势，对“一把手”负责，其视角较为全面，能够从全局角度看待问题、提出意见建议，有利于强化横向和纵向协调，提升本单位整体法治能力和水平。

建立总法律顾问制度，能够有效整合各方面法治资源，解决现有法制机构职级较低、权威性不够，以及法制机构与外聘法律顾问之间存在职能交叉或缺位、未有效形成合力等问题，确保内部法制机构人员、公职律师和外聘法律顾问之间的有效衔接，提高法律意见的权威性，充分发挥法律顾问在重大行政决策和推进依法行政中的作用。

三、主动作为、认真履职，做好总法律顾问工作

对试点单位总法律顾问工作提几点要求：

一是履行好工作职责。我局《试行总法律顾问制度工作方案》中，对于总法律顾问的工作职责列明了九大项，基本涵盖了税收法治工作的各个领域。一方面，要负责行政复议、诉讼、提供法律意见等常规性法制工作，还要对信息公开、信访、投诉等涉及法律问题的行政争议进行处理；另一方面，要深度参与行政管理和税收执法过程，审查税务机关重大决策、重大经济项目、经济合同、重要的法律文书以及办理民事诉讼等。通俗地讲，凡是与本机关法制工作、法律事务有关的，均由总法律顾问来组织开展。这就需要总法律顾问发挥法律专业优势，明确提出自己的法律意见，确保行政机关决策科学规范，避免失职、渎职行为发生。可以说工作的担子很重，责任也很重大。希望每名总法律顾问对自己的工作要有高度责任感和使命感，变压力为动力，将本职工作做好。希望你们认真履职、勤于思考、善于总结。今年年底，市局将组织你们对开展工作情况进行总结和汇报。你们是全国税务系统第一批具有行政职务的总法律顾问，不仅市局对你们抱有很大期望，也将对全国税务系统试行总法律顾问制度工作提供借鉴，具有典型示范意义。

二是发挥专业性优势。本次选拔的总法律顾问，全部具有法学专业知识背景或法律职业资格证书。各试点单位的总法律顾问要主管法制部门，全面统领法制部门工作人员、外聘法律顾问和公职律师开展工作，充分发挥自身法律专业技能优势，统筹负责好本单位法律事务。充分发挥总法律顾问的法律保障作用，为税收中心工作服好务，确保试点工作收到成效。

三是形成工作合力。根据职责安排，总法律顾问对本单位的法治力量的统筹、协调职责更加明确，要发挥好作为法制工作的中心枢纽作用，避免各法治力量之间的交叉和缺位。同时，总法律顾问要在区局党组领导下、与班子成员一道形成合力，共同推进法治税务建设。在此，请各试点单位局领导支持本单位总法律顾问开展工作。尤其在开展工作的过程中，各试点单位的总法律顾问要充分与市局总法律顾问办公室进行沟通，将《试行总法律顾问制度工作方案》中规定的相关配套制度落实到位。

四是维护好集体荣誉。城六区局的总法律顾问，是北京地税系统第一批总法律顾问，我们将在试点的基础上逐步在全系统推开。在此，我想请6名同志要充分珍惜这个职位，热爱总法律顾问这项工作，在任何时候，都要维护总法律顾问的荣誉和形象；要以自身的工作和成效，去展现建立总法律顾问制度的重要性和必要性。只有你们从自身做起，维护这项工作、信赖这个制度，我们的总法律顾问工作才会越做越好。

五是强化沟通、协作。要加强与司法机关、国税机关及政府法制部门的沟通和联系，加强与外聘律师、公职律师的协作，运用各方面法治资源优势开展工作。通过与方方面面的沟通协调，形成合力，解决好实际工作中的问题，平衡好各方面的利益诉求，完成好各项工作，不断推进法治税务建设。

试行总法律顾问制度，是推进我局依法治税、加强依法行政、健全依法决策机制的重要举措。前期，法制处、人事处、宣教处在试行总法律顾问制度的过程中做了大量工作，在此给予肯定。现在，市局成立了总法律顾问办公室，请市局总法律顾问办公室组织协调好系统总法律顾问的各项工作，跟踪指导和督促检查试点工作情况，认真总结试行总法律顾问制度的经验，及时反映制度运行过程中遇到的问题，为全面推行总法律顾问制度积累典型经验。

在试行总法律顾问制度的过程中，我局得到了税务总局政策法规司、市政府法制办、市编办的大力指导和帮助，在此，表示衷心感谢！同时，希望税务总局法规司、市政府法制办、市编办继续关注、支持我局总法律顾问工作，力争将北京地税总法律顾问工作打造成全国税务系统总法律顾问工作的标杆！

开拓创新　奋发有为
谱写新时期首都地税事业新篇章

——在北京市地方税务系统半年工作会议上的讲话

北京市地方税务局局长　杨志强

（2016 年 7 月 21 日）

同志们：

这次会议是全面“营改增”后，地税事业发展处于关键节点的一次重要会议。此次会议前，全系统立足地税事业长期健康发展，围绕“七个怎么办”进行了认真研讨，特别是市局成立六个小组深入基层开展调查研究，形成了专项报告，为开好这次会议打下了坚实基础。下面，我讲三点意见。

一、上半年全市地税工作取得积极进展

今年以来，北京地税系统在市委、市政府和国家税务总局的正确领导下，认真落实中央《深化国税、地税征管体制改革方案》，顺利完成全面推开“营改增”试点改革，各项工作取得较好进展。

（一）税收收入较快增长

面对经济增速放缓、非首都功能疏解持续推进、“营改增”全面推开等多重考验，我局坚持依法征税，自年初开始实施加强征管、组织收入的新 20 条措施，实现了堵漏挖潜，提质增效。上半年，全系统累计完成各项税费收入 2423.6 亿元，剔除营业税后为 1774.4 亿元，同口径增收 208.9 亿元，增长 18.8%，其中，地方公共财政预算收入 1711.9 亿元，剔除营业税后为 1065.3 亿元，同口径增收 144.8 亿元，增长 15.7%，提前 44 天实现任务过半，为首都经济社会发展提供了坚实财力保障。

（二）税收职能有效发挥

立足首都城市战略定位，深入开展税收服务非首都功能疏解和供给侧结构性改革调查研究，提出暂停执行我市新增产业禁限目录涉及的税收优惠政策的建议。全面梳理相关税收政策，联合市国税局出台疏解非首都功能税收支持政策。积极落实各项税收优惠政策，助力“大众创业、万众创新”，促进科技创新和文化创意产业、小微企业、民生事业发展，共减免税费 375.1 亿元。

（三）国税、地税合作取得新进展

联合市国税局召开年度工作会议，推出 4 大类 83 项合作事项。按月联合开展税收分析。联合市国税局对 61.8 万户企业开展 2015 年度纳税信用等级评价。推进联合惩戒工作，有效震慑涉税违法行为。推进国税、地税反避税合作，首次

联合开展自动情报交换，联合办理首例专项情报案件。联合建立市、区两级“走出去”企业清册。强化国税、地税稽查协作机制，联合拟定高风险纳税人定向稽查工作方案。15个区、分局通过与国税局共建办税服务厅、互设窗口、共同进驻政府服务中心等形式，推进联合办税服务。

（四）税制改革稳步推进

成立全面推开“营改增”督促落实领导小组，联合市国税局制定征管业务衔接方案。向市国税局推送33.89万户7大类1074万条涉税信息，全力配合国税局做好“营改增”纳税申报，确保不因政策调整而降低申报率，获得王军局长和李士祥常务副市长充分肯定，并在全国税务系统推广。对“营改增”后地税发票使用、缴销和地税税控机具注销工作做出周密安排。全面做好二手房交易和个人出租房屋委托代征各项工作，截至6月30日，共办理个人二手房交易和个人出租房屋委托代征业务54956笔，代征增值税9.52亿元。与市财政局、市国土局共同做好资源税改革各项工作。推动《北京市关于贯彻落实〈中华人民共和国房产税暂行条例〉的意见》正式出台，调整我市房产税政策，实行属地征收和从租计征。

（五）税收征管得到强化

征管体制改革有序开展。《北京市深化国税、地税征管体制改革实施方案》获得市委、市政府审议通过。《方案》明确的7大类35项工作，以及推进同城通办、完善12366纳税服务平台、对高风险纳税人定向稽查和深度参与国际税收合作四个专项试点改革任务取得阶段性成果。

征管工作更加扎实。加强零申报管理。完成2010—2014年申报未入库数据清理工作。加大欠税清缴工作力度，清缴欠税8.69亿元。强化税收风险管理，开展风险应对工作，发现问题企业9268户，补缴税款和滞纳金31.7亿元。完善大企业税收管理制度，建立市局重点联系大企业的常态化管理服务机制。强化非居民企业管理，加强税收情报交换工作，制定自动情报交换指南。加强“走出去”企业基础信息管理。集中会审反避税案件5件，实现反避税税收收入1.08亿元。

税种税源管控更加有力。建立税种税源季度分析工作制度。加强企业所得税征收及后续管理。实现市级党政机关个人所得税集中扣缴。股权转让清分系统成功上线。加强外籍人员个人所得税风险管理，核查补缴税款4640万元。

存量房交易税收征管工作显著加强。市局党组高度重视存量房交易税收征管工作，自2015年8月至今，先后召开党组会、局长办公会、专题会20余次，研究部署加强税收征管及督察检查等工作举措。制定存量房交易业务征收工作规范、档案管理办法等12项相关工作制度，制定全市统一的业务流程和工作规范，推进区域通办，增设130处办理点和167个办理窗口，启用存量房交易税收征管系统。

金税三期工程建设加快推进。成立金税三期工程推广小组，设立推广工作办公室，组建推广建设团队。重新设定岗位职责和工作流程，高效开展差异化分析，完成特色软件改造和基础环境构建、模拟数据迁移演练和技术验证工作。编写系统操作手册，开展税务干部全员培训和纳税人应用培训。6月1日，金税三期工程实现双轨平稳运行。

数据管理得到加强。落实税收保障工作要求，制定我局税收情报管理工作方案和涉税信息报送工作机制，与18个单位签订了信息共享协议，有效运用税收数据服务税收中心工作。上半年，我局在强化数据分析的基础上，创新性地开展税收情报工作，编制15期《北京地税税收情报》，得到市领导高度重视。

稽查体制改革成效明显。全面实现税务稽查选案、立案、检查、定案、执行市级全覆盖。上半年，共立案检查1842户，查补收入29.16亿元，同比增长34.69%，其中，承办上级部门督办交办案件10件，查补收入百万元以上的重大税收违法案件137件，查补金额13.09亿元。开展“双随机”抽查工作。清理2011—2014年未结案件621件，占全部未结案件的84.15%。开展高风险纳税人定向稽查工作和房地产中介等行业专项检查。加大联合打击涉税违法犯罪力度，对25户欠税企业法定代表人采取阻止出境措施。首次对涉案纳税人申请法院强制执行。成功移送全市首例持有伪造发票案件，得到王军局长的肯定性批示。

（六）纳税服务不断提升

深入开展“便民办税春风行动”，与市国税局联合制定10类31项便民措施。落实纳税服务规范，实行办税服务厅分类管理。全面启用“一证通”数字证书，实现网上办税一证通行。发布97项地税业务二维码图标，实现相关业务“二维码”一次性告知。集中开展纳税辅导607场，辅导纳税人11.2万人次。完善音视频监控管理和纳税服务投诉管理。加强北京地税网站建设，成立网站编辑部，首页访问量同比增长291.7%。加强北京地税官方微信建设，累计推送微信148期，关注人数突破11万。加快推进市局咨询服务辅助平台建设。规范基层咨询服务电话管理，全市20个区、分局小呼中心累计接听咨询服务电话53.6万次。处理12366纳税服务热线咨询电话1.3万次。加强对外综合服务，购车、购房复核业务进驻北京市政务服务中心。

（七）税收法治深入推进

研究起草《北京市税收征收保障办法》，获市政府审议通过。率先在城区局试点总法律顾问工作，6名总法律顾问走上工作岗位。制定公职律师工作实施方案，为建立我局公职律师制度打好基础。落实税务行政审批制度改革，做好简政放权、放管结合、优化服务工作。发布权力清单和责任清单。联合市国税局修订完善税务行政处罚裁量基准。开庭审理4起行政复议案件。做好政府信息公开工作，受理申请29件。

（八）党建和干部队伍建设持续加强

党的建设成效显著。深入开展“两学一做”学习教育，开展全系统局处级领导干部培训和第一党支部主题党日活动，两级党组的领导核心作用得到加强。召开市局机关第三次党代会，完成机关党委、纪委换届工作。召开庆祝建党95周年大会，对系统先进基层党组织、优秀共产党员和优秀党务工作者进行表彰。强化基层党组织建设，有效发挥基层党组织战斗堡垒作用和党员先锋模范作用。深入开展“三进两促”活动。加强群团工作，成立北京税务青年志愿者联合服务队，建成市局机关心理健康中心和职工书屋，有序开展先进职工疗休养工作。

“两个责任”有效落实。认真落实巡视整改要求，着力开展思想、作风、工作、纪律整顿，切实把纪律和规矩挺在前面。召开机关党委书记和基层党支部书记述职评议会议。成立市局巡察工作领导小组及办公室。建立区域监督协作机制。继续发挥联合纪检组的监督作用。组建市局机关内部廉政监督员队伍。加强对清理办公用房、公车使用等情况的监督检查，组织特约监察员开展明察暗访，驰而不息纠正“四风”。组织开展跨地域交叉办案，加大执纪问责力度，严肃查处涉税违纪行为。建立经济责任审计“双审兼顾，先审后离”机制。

干部队伍建设稳步推进。落实领导干部个人

有关事项报告工作。选拔处级干部96人，轮岗交流17人。组织市局机关部分处级领导干部到基层蹲点工作。组织远郊局干部到城区局调训锻炼。与市国税局联合开展互派干部挂职锻炼。选拔48名干部充实至直属稽查分局。与高校合作举办税收分析、总法律顾问和法律专业人才培训班，举办英语口语大赛。开展“三师”、领军人才考前培训。组织全系统岗位大练兵。

行政管理水平不断提升。全面落实总局及市政府各项绩效管理任务，推进重点工作开展。加大督查督办工作力度，督办事项466件。规范公文管理，提升公文运转效率。提高信息质量，3篇信息被国务院办公厅采用。深化精品调研战略，建成税收研究资料室，组建税收调研团队，实现成果转化86项。严格规范预算执行和“三公”经费管理。开展资产清查工作。认真清理办公用房。落实车改后续工作。税务博物馆正式面向社会公众开放。完成《税务志》复审工作。配合税务总局完成第10届税收征管论坛大会选址、税务博物馆参观接待及服务保障工作，得到与会代表高度肯定。

上半年，全市地税工作取得显著成绩，绩效考评在全国省级地税部门中名列前茅，得到王安顺市长、李士祥常务副市长、税务总局王军局长等领导的充分肯定，成绩来之不易。在此，我代表市局党组向全系统干部职工表示衷心的感谢！

在肯定成绩的同时，也要清醒地认识到目前工作中还存在着一些突出问题：在队伍建设方面，基层党组织的战斗堡垒作用需要进一步发挥，对党员干部的日常教育、管理、监督不够到位，违纪违法和犯罪现象依然存在，基层廉政风险防控任务艰巨。在税收业务方面，税收征管基础工作还需进一步夯实，税源管控能力还需着力加强，税务稽查办案水平还有待提高，纳税服务投诉仍有发生，有的联合办税服务厅存在混岗混责现象。这些问题影响着地税事业的健康发展，必须引起我们的高度重视，在推进税收现代化的过程中统筹研究，采取有效措施加以解决。

二、正确认识地税工作面临的新形势

今年是实施分税制以来税收改革力度最大的一年。随着中央《深化国税、地税征管体制改革方案》的出台以及“营改增”试点的全面推开，地税部门的征管范围、征管职责发生重大调整，地税工作既面临新的挑战，也迎来新的机遇。作为首都地税部门，我们必须正确认识面临的新形势、新考验，做到讲大局、识大体、敢担当、有作为，确保中央精神和市委、市政府、国家税务总局的各项决策部署落地生根，努力实现首都地税事业的长期健康可持续发展。

第一，落实税制改革的任务依然艰巨。全面推开“营改增”作为财税体制改革的突破口，对于推进供给侧结构性改革，保持经济稳中向好势头，实现新常态下经济社会的可持续发展，具有重大而深远的现实意义。“营改增”的全面推行，对后续的税制改革举措具有引领示范作用。今后一个时期，资源税、环保税、消费税、个人所得税、房地产税等一系列改革将陆续跟进。这些改革大多涉及地方税种，直接关系到地方税体系的完善和地方财力的稳定，与地税工作高度相关，需要我们未雨绸缪，主动研究，积极应对。

第二，国税、地税征管格局发生重大调整。全面推开“营改增”后，地税部门税收收入规模大幅下降。在我市国税、地税机构和人员规模大致相当的情况下，税收收入规模的严重失衡将给我们带来一系列影响：一是地税部门组织的税收收入对地方财政的贡献度明显下降，如果没有新增税费来源，我们将失去地方财政收入主力军的地位，地方党委政府对地税部门的重视、保障和支持程度会有明显变化；二是由于流转税和企业所得税的缺失，地税税收数据失去与主要经济指标的关联关系，无法对区域财政收入的增减趋势作出准确判断，税收分析的作用受到极大影响；三是地税部门管理的税种数量多、收入规模小、税源分散、税收管理权限高度集中，客观上使地税部门发挥税收调控、调节作用、服务经济社会发展的能力有所弱化。

第三，地税征管模式产生重大变化。在税收收入锐减的同时，地税部门纳税户数量也将明显减少，我局的税收征管工作重心将由企业转向自然人。由于相关法律制度尚不健全、税源分布零散、基本数据缺失等原因，相关税种的管理还比较粗放，管理的深度、广度、精度还不到位。此外，全面“营改增”前，我局的发票管理工作量较大，日常管理各环节涉及干部职工 2000 多人，仅 2015 年就印制、发放发票 5 亿多份。全面“营改增”后，我局主要的发票管理职责转移到了国税部门，不仅使我们的工作量大幅减少，也导致地税传统的“以票控税”管理方式失去了存在的基础。在信息管税方式尚不成熟的情况下，由于对纳税人缺乏必要的管理手段和制约方法，部分纳税人不重视地税部门的情况将会出现，导致税法遵从度的降低和管理难度的加大。

第四，首都地税事业迎来前所未有的发展机遇。市委、市政府通过的《北京市深化国税、地税征管体制改革实施方案》提出，要发挥税务部门统征效率高的优势，将相关行政事业性收费、政府性基金等非税收入项目改由地税部门征收。目前已明确包括社保费在内的 14 个收入项目划归我局征收，今后新增的非税收入项目也将由我局征收。实施方案的通过，标志着地税工作迎来重大转折和机遇，我局征收的费种种类将超过税种，费额将超过税额，地税工作将由以税为主向税费并重转变，这在北京地税发展史上具有里程碑的意义，今后的工作天地广阔、大有可为。为此，我们必须做好各项准备工作，及时制定接收方案，加强相关领域业务培训，力争社保费和各项非税收入征收工作在 2017 年全部到位。

总之，面对新形势，我们要以改革创新、开放合作的思维，紧抓机遇，迎接挑战，把落实税制改革和征管体制改革结合起来，把做好税制改革准备工作和征收非税收入准备工作统筹起来，科学谋划，稳步推进，做到胸中有全局，工作有目标，行动有方向。

三、认真做好下半年各项工作

下半年，我们要按照市委、市政府和国家税务总局的工作部署，认真贯彻北京市 2016 年上半年经济形势分析会精神，坚定信心，迎难而上，在完成好全年任务的同时，为将来承接更多的征管职责打下坚实基础。重点做好以下工作：

（一）依法组织税费收入，确保完成全年任务

合理调整收入任务。全面“营改增”后，我局全年任务和下半年任务的调整方案已经明确，稍后，元广同志将做具体部署和安排，请各单位按照要求做好组织收入各项工作。各区、分局要严格落实调整后的收入任务，做好与同级财政、国税部门的沟通，充分阐明全面“营改增”对地税收入的重大影响。如果同级财政部门分解的任务高于市局分解的任务，要及时向市局报告。

加强国税、地税联合分析。继续做好国税、地税按月联合税收分析，以国税的流转税、企业所得税数据信息为主，辅之以财产和行为税、个人所得税等必要的地税数据信息，并大力采集第三方涉税信息，确保税收分析客观、全面、准确地反映首都经济社会发展状况，为领导决策提供

有力支撑。定期召开国税、地税税收形势分析研讨会。多领域开展税收专题分析，打造税收分析精品。

调整业务部门专项收入任务。年初工作会明确了8个业务处室共20亿元的专项收入任务，由于税源情况发生重大改变，各业务部门的专项任务需做相应调整。会后，请征科处提出具体的调整方案，各区、分局业务部门也要做出相应调整，各单位要采取有力措施确保任务落实。

（二）发挥税收调节作用，服务区域经济发展

配合相关部门制定完善2022年冬奥会相关税收政策，联合河北省税务部门研提相关政策建议。积极落实科技创新和文化创意产业、民生事业、环境保护以及小微企业相关税收政策，做好企业重组改制等政策服务。认真落实总局京津冀协同发展税收工作专题会要求及市政府京津冀协同发展2016年重点项目。完成税收服务供给侧结构性改革和个人所得税改革方案及征管条件等课题研究，为税制改革提供决策参考。

（三）深化征管体制改革，做好非税收入征收准备

稳步推进征管体制改革。全面落实《北京市深化国税、地税征管体制改革实施方案》，完成好总局确定的北京市四项专项改革试点任务，抓好抓实抓出成效，形成可复制、可推广的经验。根据税收改革需要，进一步优化机构设置。调整市局和区、分局内设机构，设立若干税政和非税收入管理部门；理顺区局下设分局的体制，研究设立二机场分局、燕山分局和金融分局。结合我局征管职责调整，整合现有征管资源，研究分级分类管理办法，实现征管力量向基层一线倾斜。

做好新承接的社保费和各项非税收入征收准备工作。全力争取市委、市政府支持，推动社保费和非税收入征缴相关规定的修订。研究社保费和非税收入征收体制，加强同有关部门的沟通协调，逐项接收市委、市政府确定由地税部门征收的收入项目。加强与市人社局、市编办的沟通协调，制定好社保费业务交接、人员接收和机构设置方案，力争自2017年1月1日起，由我局全面征收社保费。

提高国税、地税合作水平。认真落实《国家税务局　地方税务局合作工作规范（3.0版）》，按照职权法定、平等合作、征纳便利、促进遵从的原则，进一步深化国税、地税合作，避免混岗混责，防止新的执法风险。做好地税缴销发票汇总清理工作，并及时转交国税。扩大委托代征范围，研究个体工商户个人所得税征收率，自2017年1月1日起正式委托国税代征。共建标识统一、流程统一、操作统一的电子税务局。继续做好联合税收分析、联合税务稽查、联合惩戒，推进国税、地税税收数据共享。

（四）提升税收征管效能，推进税收管理现代化

确保金税三期工程顺利实现单轨运行。进一步梳理现有的岗位职责和工作流程，及时解决系统运行期间出现的问题，确保今年8月8日顺利实现金税三期工程单轨运行。加强互联网地税局与金税三期工程对接，逐步建立完善以金税三期工程系统为主、北京地税特色软件为辅的信息化支撑系统。

提升征管工作质效。认真执行《全国税收征管规范（1.2版）》，积极落实“五证合一”，加强登记申报管理，规范征管制度流程，夯实征管制度基础。改革迟报催缴的制度和方法。强化税收风险管理，建立以风险管理为中心的征管工作机制。积极探索加强欠税管理的措施，在实施税收保全、强制执行和行使代位权、撤销权方面力争有新的突破。进一步加强存量房税收征管工

作，今年9月1日前实现与市住建委、市国土局的信息实时共享，依法追征存量房涉税违法案件税款。全面改进日常检查工作，拓展检查覆盖面，建立和规范日常检查的约谈、调账、审理制度，提高日常检查针对性和有问题率。针对申报未入库、大额退税等高风险环节加强管控。提升大企业税源精细化管理水平。努力拓宽第三方信息数据采集渠道，健全信息共享工作机制，完善部门间数据交换准备预案。

提高税源管理水平。更新税源管理工作理念，对地税部门负有法定职责的税种和费种，无论规模大小，都要管深、管细、管好。对各税种税源分布情况的掌握要精细到每一个税目。试点开展区财政统发工资集中扣缴个人所得税，力争2017年在全市各区实行集中扣缴。调整对外国企业常设代表机构的征管职责，自2017年1月1日起实行属地管理。支持首都新农村建设，研究制定全市统一的“农家乐”税收政策和管理办法。做好资源税改革的贯彻落实。开展我市房产税计税依据及纳税地点调整工作。

强化国际税务管理。强化对外商投资企业和非居民企业的管理。服务“一带一路”战略，加强对“走出去”企业和个人的管理与服务，推进境外税收风险管理。规范中国居民身份证明开具管理工作。加强税收情报交换，做好国际反避税工作。扎实开展外籍个人风险管理，制定外籍个人税收管理办法，特别是要做好外籍个人在京出租房产税收征收管理。对未申报个人所得税的外籍个人实施专项核查。

加快推进税收数据管理和情报工作。进一步做好与相关部门的对接，全面收集涉税数据信息。深入开展税务情报工作，制定税务情报工作规程，积极利用税务情报，有效支撑税务稽查和日常检查工作，对社会关注的热点和焦点问题要及时向领导机关报告有关情况。各业务处室、各区、分局要充分发挥大数据服务税收管理的作用，做好数据分析应用，有效开展风险应对和专项检查。

加大稽查改革力度。修订现行稽查工作制度，梳理各环节工作流程，积极推进市级稽查全覆盖，着力构建与稽查工作规律相符合、与全面“营改增”后税源结构相适应、与重大案件查处相匹配的一级执法模式。剥离第五、第六稽查局的税源管理职能，逐步撤销区、分局稽查局，至2017年底前形成6个直属稽查局的市级执法模式。尽快完成以前年度未结案件的清理工作，通过建章立制强化案件日常管控。充分利用数据分析，开展定向稽查。以高收入人群为重点，深入研究对自然人的检查方法和手段。完善国税、地税稽查联合办案机制，做好联合检查审理、案件移送、联合打击发票违法犯罪活动等工作。完善税警协作、税检衔接、行刑衔接等工作制度，加大对税收违法犯罪的打击力度。

（五）优化纳税服务，切实提升服务质效

开展纳税服务标准化指标研究。大力整合纳税服务资源，稳步推进区域通办和全市通办，提升服务效率，降低办税成本。强化纳税信用评价动态管理，对纳税人实施基于信用级别的分类服务管理。建立纳税人信用信息共享交换平台，对纳税信用好的纳税人给予激励和便利，对进入税收违法“黑名单”的纳税人给予惩戒或资格限制。进一步整合纳税服务资源，建立纳税服务展示平台。做好纳税服务争议和投诉的应对处理工作。加快推进市局咨询服务辅助平台建设，确保10月8日正式上线。加强网站集约化建设。在全市推广微信预约办税功能，完善支付宝平台涉税查询功能。完成《首都公民税收手册》编印。建成市级纳税辅导师资库。做好《税收天地》

栏目周播改版工作。多渠道宣传报道征管改革重大举措。

（六）推进依法治税，提升税收法治水平

全面落实《北京市税收征收保障办法》，联合市国税局制定具体落实意见，构建社会协同、公众参与的税收共治格局。总结总法律顾问试点经验，力争2017年在各区、分局推广。进一步推动公职律师工作。落实总局和市政府行政审批要求，做好简政放权各项工作。加强行政处罚管理，强化税收执法督察，严格规范执法行为。开展好税收行政复议开庭审理工作，维护纳税人合法权益。

（七）深入开展“两学一做”，推进党建和干部队伍建设

加强党建和思想政治工作。深入开展“两学一做”学习教育和思想、作风、工作、纪律整顿，不断强化广大党员党的意识和党员意识，充分发挥党组领导核心作用、基层党组织战斗堡垒作用和党员先锋模范作用。加强第一党支部建设，强化对“一把手”的日常教育管理监督，编写《领导干部理论学习手册》。加强机关党委工作，健全系统党建工作机构设置。开展党员干部队伍思想状况调查和分析，提出改进和加强思想政治工作的具体措施。围绕纪念建党95周年、红军长征胜利80周年、烈士纪念日，开展多种形式的思想教育和主题活动。加大创先争优工作力度，集中宣传先进典型。加强党的群团工作，成立市局妇女工作委员会。

推进反腐倡廉建设。两级党组要认真落实党风廉政建设主体责任，进一步加强内控机制建设。纪检监察部门要严格履行监督、执纪、问责各项工作职责。推进纪检体制机制改革，规范直属分局纪检监察机构设置，确保市局联合纪检工作取得实效，探索在区地税局设置市局党组派驻纪检组。发挥巡察办公室作用，全方位加强对各单位党风廉政建设工作的检查指导。要对基层腐败案件进行深入分析和反思，积极配合检察机关开展工作，加强舆情应对，采取有效措施防止类似案件再次发生。完善更新市局廉政教育基地，筹划廉政案例展，开展全员警示教育。加强信访举报工作，加大案件查办力度，认真落实“一案双查”。深化“为官不为”“为官乱为”问题专项治理。深入开展领导干部经济责任审计。

推进干部队伍建设。推进系统处级干部选拔任用交流调整工作，加大优秀年轻干部选拔力度，进一步优化领导班子结构。选派干部到企业挂职，加大系统内干部轮岗交流力度。完成2016年公务员补录、军转干部安置工作。分层次开展干部培训与人才培养，开展岗位技能大赛和岗位大练兵。开展丰富多彩的文体活动，广泛开展“送温暖”活动。加强与文明办、工青妇等相关单位的沟通协调，力争在各种荣誉称号评比中取得更大突破。充分发挥区税务学会作用，委托其开展税收文物征集和地方志相关工作。

提升机关行政效能。认真落实税务总局、市政府绩效考评要求，提升绩效管理规范化水平。加强和改进内外网工作，进一步做好政府信息公开工作。从制度建设和制度落实着手，推进基层规范化建设。理顺地税系统经费管理体制机制，力争在2017年实现全系统经费垂直管理。完成市局机关资产清查工作，提升固定资产精细化管理水平。逐步更换执法用车，采用标准车型，满足执法需要。积极协调相关部门，推动北京税务博物馆易址扩建。

同志们，让我们坚定信心，振奋精神，积极作为，以时不我待的紧迫感和勇于担当的责任感完成好各项工作任务，奋力谱写地税事业发展新篇章，为首都改革发展做出新的更大的贡献。

凝心聚力 开拓进取
共同谱写深化改革新篇章

——在落实深化国税、地税征管体制改革实施方案推进会上的讲话

北京市地方税务局局长 杨志强

（2016年9月2日）

同志们：

《北京市深化国税、地税征管体制改革实施方案》（以下简称《实施方案》）的印发实施，为首都税收事业的改革发展指明了方向，使我们备感振奋、深受鼓舞。今天在这里召开《实施方案》推进会，目的就是要领会方案精神、凝聚改革共识、部署工作任务、增强工作合力，共同谱写深化国税、地税征管体制改革的新篇章。刚才，元广同志通报了《实施方案》的主要精神，永奇同志和瑞君同志分别代表地税局和国税局对《实施方案》的具体落实进行了部署。下面，我讲四点意见。

一、充分认识《实施方案》的重要意义

深化国税、地税征管体制改革是党中央、国务院作出的重大决策部署，是深化财税体制改革的重要内容，对于推进税收现代化建设、完善国家治理体系、促进经济社会发展具有重要战略意义。作为首都税务部门，我们应以高度的政治责任感和历史使命感抓好改革任务的贯彻落实，确保中央的决策部署在首善之区落地生根、开花结果。在中央《方案》精神的指引下，在市委、市政府和国家税务总局的正确领导下，经过认真研究和准备，我们两局共同起草了《实施方案》。经市委全面深化改革领导小组会议和市政府专题会议审议通过后，由市委、市政府办公厅联合印发。市委、市政府主要领导同志站在首都经济社会发展全局的高度，对税收工作进行全面系统的研究和部署，这在北京国税、地税建局以来尚属首次，充分体现了市委、市政府对税收工作的高度重视。

《实施方案》的印发，是北京税收发展史上一个重要的里程碑，将对我市税收工作产生重大而深远的影响。就地税工作而言，随着“营改增”试点的全面推开和个人所得税、房地产税等各项税制改革的加快推进，地税部门的征管服务对象将从以企业为主向以自然人为主转变。与此同时，随着国税、地税税费征管职责的调整，地税征管格局将从以税为主向税费并重转变，今后的工作天地广阔、大有可为。我们要把思想统一到《实施方案》的重要精神上来，以实际行动落实好一系列重要改革部署，努力向市委、市政

府交出满意的答卷。

二、落实《实施方案》应体现北京特色

北京作为首都，经济社会发展水平位居全国第一方阵，北京的国税、地税征管体制改革在全国税务系统具有重要的示范和引领作用。《实施方案》认真贯彻落实中央《方案》精神，紧密结合北京实际，部署了“分好工、合好作、服好务、征好税、治好队、聚好力、试好点”七大类32项改革任务，着力推进国税、地税服务深度融合、执法适度整合、信息高度聚合。特别是在“理顺征管职责划分”方面，明确了地税部门对社会保险费和有关非税收入的征管职责，新增的非税收入项目原则上也由地税部门统一征收；在“优化税务组织体系”方面，提出要“对地税系统经费实行垂直管理”；在“构建税收共治格局”方面，提出“出台《北京市税收征收保障办法》，建立统一规范的信息共享机制”。这些改革部署是对中央《方案》精神全面、深入地贯彻落实，充分体现了市委、市政府深化税收征管体制改革的魄力和决心。在具体执行过程中，我们要严格按照市委、市政府要求，既要不折不扣落实好改革任务，也要注重体现北京特色，做到“规定动作见实效、自选动作有亮点”，使改革落实成色十足、特色凸显。

三、努力打造深化征管体制改革的北京样板

《实施方案》明确北京市承担“全面推行同城通办”“完善全国12366纳税服务平台”“对高风险纳税人开展定向稽查”“深度参与国际税收合作”四项专项改革任务，这也是中央改革方案赋予我们的光荣使命。8月25日，我们两局召开了第四次国地税合作工作会议，双方就四项专项改革试点工作进行了深入交流，决定进一步加强协调会商、推进信息共享，切实把各项改革试点抓出成效，真正做到“同城通办”有亮点，“六能平台”有特色，“定向稽查”有创新，“深度参与国际税收合作”有突破，打造出具有北京特色的“四个样板”。下一步，我们应当在制度、规范、标准和流程上对具体做法进行认真总结，总结出亮点是什么、特色是什么、创新是什么、突破是什么，形成可复制、可推广的经验。样板经验既要体现高度，突出北京的先进性和优越性，也要凸显力度，呈现北京的创新性和主动性，还要展现广度，显示北京的典型性和示范性。

四、以深化国地税合作凝聚改革的强大合力

近年来，我们两局坚决贯彻落实党中央、国务院有关精神和市委、市政府、税务总局工作要求，积极主动地推进国地税合作。自2014年起，在全国范围内率先召开国地税合作工作会议、开展联合税收分析、实行“一税两费”委托代征、联合办理税务登记，取得了良好成效。特别是在全面推开“营改增”试点过程中，双方通力合作、无缝衔接，保证了改革目标如期落地，得到市委、市政府和税务总局主要领导的充分肯定。当前，两局的四大类90项合作事项已完成36项，其余事项也都在稳步推进。《实施方案》的印发，为双方开展深度合作提供了新的契机。改革方向需要双方共同把握，改革任务需要双方携手落实，改革过程需要双方加强沟通。在今后的合作过程中，我们应坚持职权法定、平等合作、征纳便利、促进遵从的原则，加大合作力度，理顺合作职责，完善业务流程，推进征管协同，既要做到有突破、有创新，又要做到有原则、有底线，在依法行政的前提下努力实现优势互补、合作共赢。我相信，随着改革的深入推进，我市国

税、地税合作水平将不断提升。地税部门将秉承开放合作、互惠互利的精神，主动担当，积极作为，密切配合国税部门，确保各项改革任务得到落实。

同志们，《实施方案》为我们绘就了深化国税、地税征管体制改革的蓝图。让我们在市委、市政府和税务总局的坚强领导下，凝心聚力，开拓进取，攻坚克难，全面贯彻落实各项改革任务，共同谱写首都税收事业改革发展的新篇章，为首都经济社会发展做出新的更大的贡献！

在北京市地税系统办公室主任培训会上的讲话

北京市地方税务局局长 杨志强

（2016年7月4日，根据录音整理）

这次系统办公室主任培训很重要，是近年来办公室系统的第一次培训，各单位主管办公室的局长和办公室主任脱产参加，很不容易。市局办公室专门邀请了市政府办公厅领导和市委党校的老师来授课，希望大家能够珍惜机会，认真学习，加强交流，努力通过培训，进一步开阔视野，提高业务水平，提升领导能力。

我自1985年起，从事办公室工作10余年，体会很深，对办公室工作一是有感情，二是甜酸苦辣有感受，三是通过办公室岗位的磨炼有进步、有提高。办公室工作要求严，综合素质要求高，协调能力要强，公务员的所有优点甚至能够浓缩到办公室主任的位置上。从中央到地方，对办公室工作都很重视。下面，我借这个机会和大家交流一下办公室工作的感想以及我们面临的新形势。

一、当前面临的新形势

第一，在国家、市委、市政府层面。习近平总书记到北京视察工作，把京津冀协同发展提升到了国家战略。当前，北京市落实京津冀协同发展的核心工作，就是疏解城市功能。在税收方面，我们按照首都经济发展布局，落实京津冀协同发展、疏解非首都功能、构建高精尖经济结构等重大战略任务要求，主动提出了税收政策上的具体办法，为促进北京的产业转型，积极做好配合性的支持工作。

第二，在税收工作层面。“营改增”、金税三期工程、国地税征管体制改革等对地税工作产生了深刻影响，特别是“营改增”，对地税影响深远。一是收入规模上减少1200亿元。地税第一大税种营业税取消后，我局组织的地方公共财政预算收入占全市财政收入的比重将从60.7%降至35.7%，收入下降同时将会带来地税部门影响力的下降。二是失去了“以票控税”的手段。“营改增”后，地税税种结构发生变化，管理手段弱化，征管难度加大，执法风险增加。

第三，“七个怎么办”提出的背景。北京市去年税收收入1.2万亿元，其中，国税8000多亿元，地税3868亿元。“营改增”后，特别是企业所得税划归国税以后，如果按照2015年的口径测算，国税税收将达到11000亿元左右，而且“一税两费”委托国税代征，如果扣除“一税两费”，我们将不足2000亿元。在这种背景下，我们提出全系统要思考“七个怎么办”。因为地税工作量将大幅减少，没事情做就是最大的事情，

队伍内部会产生非常大的心理和思想的变化，会有各种各样的想法，产生波动。这个时候，我们提出了“队伍怎么带”。市局以6月27日18点下班作为历史性标志，营业税退出地税的舞台，同时下发通知，全力配合国税完成第一个征期的申报工作，确保工作平稳衔接。王军局长专门批示地税，肯定了我们的做法。在落实国税、地税征管体制改革的工作中，按照国务院关于理顺地税部门与地方其他部门收费职能的关系，发挥税务部门征收效率高、征收成本低的优势的指示，我们就地税下一步工作，一个部委一个部委地沟通协调。在前期开展的工作务虚中，我们集中全系统的智慧，从不同的层面、不同的工作中发现地税的短板和问题，通过务虚进一步统一思想认识，不断改进我们的工作。今年，将开展岗位大练兵、业务培训、金税三期工程上线，都是为下一步工作做好准备。

二、办公室主任应抓好四项工作

办公室工作层级不同，但是共性相通，性质一样。市政府办公厅有一句话讲：“文出我手无差错，事交我办您放心。”这是对办公室办文、办会、办事工作的高度概括，很到位。如何让运转更顺畅、无差错、您放心，需要办公室主任组织好工作应对，抓好以下几个方面。

一要加强沟通。加强沟通，加强协调，与政府各部门、各区党委、政府保持良好关系，是提高地税整体站位的重要工作。近年，朝阳、海淀、丰台先后发生违纪违法案件，一些干部被处理，公安已经正式进入地税联合办公，有的工作我们比较被动。这方面，办公室主任在部门之间，横向、纵向的沟通就非常重要。到市局后，发现市局办公室与市委、市政府和税务总局等上级部门联系不多，这样如何协调工作？在区里，区办主任是必须要认识的，区里开会你们一定要去，区局的很多荣誉就产生在区里，比如文明办、共青团、工会等，劳模的评选、产生都是来自这里。这些不是工作，但是作为办公室主任，为了你的队伍、为了区局在区里的地位，加强沟通是你们必须做的，而且要做好。江平书记、元广局长今年走访了16个区政府。这次换届，所有的区政府、政协都加强了与地税的联系，有的区甚至推荐了地税部门的同志担任政协副主席。办公室主任要加强部门间的沟通，上下层级间的沟通，保证地税部门在区里工作的地位，这是提升地税部门站位很重要的一项工作。

二要加强服务。党组交给我们工作，办公室主任首先要找好定位。一是把握好工作进度。局党组的决策办公室要全程跟踪，按照年初工作会确定的目标要求和地税发展建设的布局调整，密切关注进程中的新情况、新变化，破解任务落实中的难点，及时反映基层和税务干部的实情，为决策部署的贯彻落实想点子、出建议。比如督查工作，建立了完善的督查系统，专门编制了软件，全系统在统一平台督查、统一步骤抓落实，效率比较高，情况了解和进度把握比较明晰。怎么看出服务能力？在绩效考评中，办公室排名不能跌出前6名。市政府办公厅在市里排名永远是第1名，为什么，因为办公室能力强、水平高、服务好，领导信任、各部门配合。这方面，各级办公室主任务必要关注。今年上半年，北京地税在全国地税评比中位居第1名。市局办公室的信息工作也给我们赢得了加分，在市政府信息评比中排名第1，这是历史性的。当然也有不太理想的，政府信息公开在市政府委办局排在第30名，环保局第1名，高出地税200多分。市局办公室针对这种情况，已经找第三方机构评估信息化工作，这对办公室工作应该有帮助，有利于推进工作。二是拿捏好工作力度。在提高服务能力、提高服务水平上，办公室要按照服务的最高标准、最严要求，提升办公室在全局工作中的站位，提高我们的服务水平。要紧扣税收中心工作把握着力点，在工作推进中，协助党组分阶段、有侧重地抓好税收如何分析、任务如何调整、征收管理如何干、稽查如何查等工作，围绕重大决策、重点任务、重要事项，实行点面结合、督导兼顾、奖惩并举。比如，内网建设，现在多是僵尸模块，有的长期处于建设中，有的内容几年甚至十几年不变，网络不维护就实现不了它的价值。办公室要发通报，认真研究对内网的管理和考核工作。我们管什么就应当到位，干什么就应当争第1，多发现自己的问题。这次巡视，外事工作是我们巡视中的主要问题，有的领导也挨了处分，在纪委影响很不好，办公室主管外事工作，有一定的责任。这些都说明，我们在工作管理的各个方面仍然有改进的空间。三是掌握好工作尺度。各级办公室主任要立足税收发展新常态，在准确领会领导决策意图的基础上，从调查研究、信息反馈、督查督办和综合协调等方面，快速掌握工作动态，加快信息交流，推进工作落实。对来自市委、市政府和税务总局的批办件、转办件，对市局党组作出的重大决策、提出的原则性要求，要一个一个跟踪问效，推动各项工作落到实处。另外，管理上要加强创新。在市政府开会时，很多局长使用手机批示非涉密的工作和文件。我们已经有了移动终端，在信息化建设方面还要加快脚步，植入管理模块，设置提醒功能，提升工作效率和水平。再就是内勤工作，市局各处室领办公用品、送文件、报销票据等都找他们，内勤成了一个对外跑腿的“专业人才”，对干部成长进步很不利。市局办公室正在研究建立文印服务中心，机关后勤中心也在研究建设干部服务站，分解内勤工作，加快机制创新，加强管理创新。

三要抓好落实。从中央到地方都在强调抓落实。李克强总理就落实小微企业政策成立督查组、就简政放权成立督查组，为什么，就是抓落实。市局办公室一年有上千个督查事项，各区（分）局也是，要区分轻重缓急，确认哪些需要列入督查，哪些要有督办措施。对区委、区政府领导交办的，要以最快速度，在一周内反馈、落实；对人大代表、政协委员的建议提案要有时限和质量要求，让人满意；对市委、市政府的督办件要马上进入程序抓落实，市长的批示件由市政府列入政府督办转办后，我们要立即抓落实。工作不落实的，必须向主管局长说明原因，为什么没办成，有什么措施，什么时候能够完成，要通过督办提高任务完成率，提高任务完成质量。另外，领导干部要学习施宏局长，最近他写了2篇文章，由市政协转给市委、市政府，市长、常务副市长都做了重要批示。一线的领导干部，不仅要干工作抓落实，还应该用一些时间来思考，要研究问题、解决问题。办公室工作虽然千篇一律，但是我们的工作有很多领域可以创新，有很大提升的空间。最近，我们在信息工作中创办了一个《税务情报》，通过新的形式将信息中不宜正式报送但又比较敏感的、不宜公开的事项呈报市里。市领导很重视。情报呈报后，马上进入风险评估系统、转入日常检查、转入稽查。所以，工作中要不断去研究、去变革，在讨论、研究、变革、创新中推动决策部署贯彻实施。

四要加强办公室自身建设。办公室选人很重要，办公室团队建设好了，就是给办公室领导班子配备了有力助手，如果办公室天天出事，办公室工作就干不好。很典型的例子，西城的纳税人支着帐篷排队缴税，事情很轰动，西城地税应对不及时，反应迟缓，社会影响很坏，这是不能允许的。给国家缴税还露宿街头、支上帐篷、还挨着中南海边上，敏感性不强，舆情应对不利。所以，办公室的自身建设、团队建设是一门领导艺术，怎么把你的团队带好，调动每个人的积极性，体现人文关怀，在各种工作生活中和大家沟通，这本身就是一种能力。办公室主任要从领导科学的高度有所认知，做一个善于工作、善于带队伍的领导干部。

三、对办公室主管局长的希望

主管办公室的局领导，第一，要亲力亲为。在班子里带头调查研究，带头分析问题，带头思考问题，不断地加强学习，为党组决策提供建议，只有这样我们才能有效地指导办公室工作。在学习上，领导干部应该有自己的读书积累，不能局限于“两学一做”，要涉猎更多的领域，研究税收历史，研究税收政策，特别是到税务博物馆学习，这样才知道自己知识的欠缺。这种学习是靠我们自身的、内在的动力。如果下班了就一走了之，混日子，时间长了，怎么领导队伍，指导工作。前一段时间，经侦总队负责税费的大队长在地税工作期间，把《税收法制通论》学习了一遍，他说用《税收法制通论》解决了几个刑事案件的侦查，但是在跟基层干部交流的时候，发现很多基层办案的同志不太了解相关内容。说明学习仍然不够，学无止境。第二，要支持办公室工作。分管办公室的局长要支持办公室工作，树立办公室的权威，确立办公室在工作中统领协调地位。要配齐配强办公室队伍，选择和培养好干部，使他们能够胜任工作，能够完成工作，能够完成好工作，这需要各位局领导的支持。我想，大家通过办公室岗位的磨炼，也会加快对办公室工作的感受，这段人生会是你们人生中比较重要的经历。

在2016年年终综合经济部门电视电话会议上的发言

北京市地方税务局局长　杨志强

（2016年12月30日）

下面，我代表市地税局作工作汇报。一年来，我局在市委、市政府和国家税务总局的坚强领导下，团结奋进，攻坚克难，以绩效考核促工作质效提高，较好地完成了各项工作任务，在全国省级地税部门绩效考核中名列第一，获得省部级以上荣誉55项，多次得到市委、市政府和税务总局领导的肯定和表扬。

一、税收收入实现较快增长

坚持依法征税，全面堵漏增收，实施加强征管、组织收入20项措施，带动增收165亿元。全年完成各项税费收入3912.1亿元，同口径增长21.6%；完成税收收入3587.8亿元，增长20.6%，收入规模在全国省级地税部门中位居第4，增速位居第3；完成地方公共财政预算收入2686.2亿元，增长20.9%，占全市地方公共财政预算收入的52.4%，提前23天完成全年收入任务。

二、党的建设得到全面加强

认真学习贯彻党的十八届三中、四中、五中、六中全会和习近平总书记系列重要讲话精神，增强“四个意识”。深入开展“两学一做”学习教育，开展思想、作风、工作、纪律整顿。加大党风廉政建设和反腐败工作力度，认真落实“两个责任”，修订党组工作规则，加强第一党支部建设，支持纪检监察部门加大纪检体制机制改革力度，成立巡察工作领导小组及办公室，加大监督执纪问责力度，严肃查处违规违纪行为。加大优秀年轻干部培养选拔力度，推荐39名干部到系统外挂职、任职。开展岗位大练兵，举办税收英语口语大赛和职业技能大赛。两级党组的领导核心作用得到加强，为贯彻落实中央精神和市委、市政府决策部署提供了坚强的政治、思想和组织保证。

三、服务大局取得明显成效

全面落实税收优惠政策，助力“大众创业、万众创新”，支持国企重组改制，促进科技创新产业、文化创意产业、小微企业、民生事业发展，减免税费550亿元。会同市财政局、国税局制定完善冬奥会税收政策。积极落实“一统三互”工作要求，推进京津冀税收协作，《京津冀协同发展税收问题研究》获北京市优秀调研成果一等奖。立足首都城市战略定位，开展税收服务供给侧结构性改革、非首都功能疏解调查研究，联合市国税局出台疏解非首都功能产业税收支持政策，加强对低端市场、业态的税收征管，主动服务区域经济社会发展。

四、税收改革持续深入推进

全力落实“营改增”试点改革，向国税局推送33.89万户1074万条涉税信息，配合国税局做好纳税申报，确保不因政策调整而降低申报率。做好二手房交易和个人出租房屋增值税代征工作，5—12月共代征增值税44.6亿元。推进资源税改革，全面实现从价计征。实行房产税属地征收和从租计征，同比增收46.2亿元，增长30.4%。推动出台《北京市深化国税、地税征管体制改革实施方案》，细化分解任务，全力抓好落实。“同城通办”、完善12366纳税服务平台、高风险纳税人定向稽查、深度参与国际税收合作等专项试点改革取得阶段性成果。积极推进社保费和非税收入征收准备工作。深化国税、地税合作，推出4大类90项合作事项。

五、税收征管效能不断提高

金税三期工程成功上线运行。建立税种税源季度分析制度。实现市级党政机关个人所得税集中扣缴。规范延期纳税、欠税、减免税和退税管理。深入开展风险应对、税务约谈等工作，查补税款和滞纳金68亿元，清缴欠税9.5亿元。强化大企业税收管理，带动增收5.2亿元。联合市国税局首次开展自动情报交换。加强外籍人员个人所得税零申报管理。税务稽查有效开展，检查2986户，查补收入45.3亿元。

六、纳税服务水平稳步提升

深入开展“便民办税春风行动”，联合市国税局制定10类31项便民措施，推进联合办税服务。84个涉税事项实现网上通办，22个事项实现实体厅通办，89种表单实现“免填单”，97项业务实现“二维码”一次性告知。咨询服务辅助平台82012366服务热线正式上线。编写《首都公民税收手册》，制作播出《税收天地》28期，开展集中纳税辅导993场，累计推送微信612期，发布微博3728条。联合市国税局对61.8万户企业开展纳税信用等级评价。开展“银税互动”试点，340家企业获得贷款14.6亿元。

七、税收法治建设深入推进

加大“放管服”改革力度，发布权力清单和责任清单，积极推进“五证合一”。推进税收协同共治，《北京市税收征收保障办法》获市政府审议通过。在全国税务系统率先试行总法律顾问制度。联合市国税局修订完善税务行政处罚裁量基准。开展个人所得税改革、房地产税改革、印花税立法、环保税立法专题研究。采取听证方式公开审理行政复议案件。首次探索行使税收代位权。首次向法院申请强制执行。成功移送全市首例持有伪造发票案件。公安人员入驻税警联合办公室。与出入境管理部门配合，对30户欠税企业的法定代表人采取阻止出境措施，相关企业补缴税款、滞纳金1.08亿元，提供纳税担保2.1亿元。

2017年，我局将以党的十八届六中全会和习近平总书记系列重要讲话精神为指引，坚决贯彻落实市委、市政府决策部署，增强“四个意识”，确保完成全年各项工作任务。一是全面从严治党，巩固“两学一做”学习教育成果，认真落实“两个责任”，进一步增强两级党组的领导核心作用。二是坚持依法征税，确保完成全年税收收入任务。三是落实改革任务，深入推进国税、地税合作，做好社保费和非税收入征收准备工作，不断提升税收征管和纳税服务水平。四是主动服务大局，落实供给侧结构性改革工作要求，积极发挥税收职能作用，服务京津冀协同发展、疏解非首都功能和构建高精尖经济结构，在“降成本”上有所作为，促进房地产市场平稳健康发展，为首都改革发展做出新的贡献。

在政府采购领域专项治理动员部署工作会议上的讲话

北京市地方税务局党组书记　刘江平

（2016年6月16日）

同志们：

今天，我们召开北京市地方税务局政府采购领域专项治理工作动员部署会。刚才，靖明同志通报了延庆地税局违反政府采购有关规定问题，王竺同志作了深刻检查，全君同志宣读了政府采购领域专项治理工作方案。各单位要按照专项治理要求，认真抓好落实。下面，我讲几点意见。

一、充分认识开展专项治理工作的重要性和必要性

去年，市委巡视组在反馈巡视意见中指出了全系统存在的问题和不足，其中一点就是两级党组在管党治党、执行纪律上仍然存在失之于宽、失之于松、失之于软的问题。今年以来，市局党组对深入推进全系统党风廉政建设和反腐败工作高度重视、旗帜鲜明、态度坚决，在落实全面从严治党，强化责任担当，严明纪律规矩，巩固巡视成果，深化标本兼治，规范“两权”运行等方面采取了一系列扎实有力的措施，取得了一定的成效。但这次延庆局发生违反政府采购有关规定的问题再次提醒我们，系统内有章不循、有禁不止的问题仍然存在，规矩意识、纪律意识、法律意识、责任意识仍需不断强化和提高。近年来对各单位“一把手”经济责任、离任审计都或多或少发现问题，反映出从严管党治党的要求还没有完全落到实处。延庆局发生的问题是系统内屡查屡犯、杜而未绝的老问题，各单位都要从中吸取教训，引以为戒，始终绷紧党要管党、从严治党这根弦，严格遵守财经制度规定，在遵规守纪上做好表率、带好头。开展政府采购领域专项治理工作，是市局党组根据巡视整改工作进展和自查自纠发现问题作出的一项重要决定，是贯彻党要管党，从严治党的一项重要举措，也是深入开展“两学一做”学习教育和思想、作风、工作、纪律整顿的一项重要内容。各单位一定要高度重视，进一步增强责任感、紧迫感、使命感，按照专项治理方案要求，不折不扣地抓好落实。

二、扎扎实实开展好专项治理工作

（一）以政府采购专项治理为契机，着力推进机制体制建设

一是要聚焦问题，弥补短板，推进政府采购规范化管理。严格落实采购单位的主体责任，积极自查自纠，深入查找问题，认真研究整改。相关责任部门要针对政府采购管理基础相对薄弱的环节，积极研究加强管理的思路和措施，进一步

夯实管理基础，防范和化解政府采购风险，推动政府采购工作规范化、标准化。对相关负责人员抓好业务培训，不断提高胜任本职工作的能力素质。二是要以此次专项治理工作为契机，健全内部监督制约长效机制。要强化纪检监察、督察内审等部门的监督职责，完善巡查制度，定期开展“两个责任”落实情况专项巡查，健全责任追究制度，在坚持中见常态、向制度要长效，形成有效的内部监督制约机制，织密党风廉政建设制度的“笼子”，提高制度的执行力，发挥制度管根本、管基础、管长远的作用，着力构建党风廉政建设长效机制。

（二）以“两学一做”为抓手，切实把依规依纪从严治党摆在突出位置

一是要结合“两学一做”学习教育，在加强《中国共产党廉洁自律准则》和《中国共产党纪律处分条例》教育培训的同时，把政府采购有关法律和政策规定纳入学习的重要内容，采取多种形式，开展专题培训，全面提升全系统各级领导干部和政府采购相关人员的规矩意识、纪律意识、法律意识和责任意识，做到守纪律、讲规矩、知敬畏、存戒惧，自觉在廉洁自律上追求高标准，在严守党纪上远离违纪“红线”，形成尊崇制度、遵守制度、捍卫制度的良好风尚。二是要进一步严明政治纪律和政治规矩，严明组织纪律、财经纪律和工作纪律，严格执行中央八项规定精神和北京市委、国家税务总局实施意见，坚决纠正任何形式的“四风”问题。对年度重大问题决策、重要干部任免、重大项目投资和大额资金使用情况等“三重一大”事项，规范决策行为、严格决策程序，确保所有“三重一大”事项都按规定程序和要求集体决策。三是要坚持党的组织制度和领导制度，按照《中国共产党党组工作条例》要求，认真贯彻落实民主集中制，健全科学高效的议事和决策机制。进一步完善党组会、局长办公会、局长专题会议事规则和决策程序，全面提高科学决策、民主决策、依法决策的水平。要认真落实“三会一课”等党内生活制度，加强党内监督，敢抓敢管、勇于担当，对班子成员出现的苗头性问题，及时提醒，敢于批评；对履行“一岗双责”的情况，敢于督办，善于督导，促进班子成员思想沟通、情感交融，增强班子的凝聚力和战斗力。

（三）严格按照规定要求，进一步开展好“两学一做”学习教育和思想、作风、工作、纪律整顿

市、区（分）局“第一党支部”要深入抓好学习教育，结合纪念建党95周年，党组书记要讲党课，班子成员要在一定范围内讲党课，领导干部要以普通党员身份参加所在党支部学习教育和党日活动，做到以上率下，发挥示范引领作用。全系统每个党支部要组织好专题党日活动，支部书记要讲好党课。要广泛开展“亮标准、亮身份、亮承诺”活动。窗口单位党员，要重点落实好党员挂牌上岗、亮明身份等制度，通过佩戴党徽、设立共产党员先锋岗、示范岗等方式，亮出党员身份，增强党员的荣誉感和责任感。要认真围绕思想、作风、工作、纪律整顿的重点内容，举一反三，深入查摆问题，完善制度措施，杜绝违规违纪问题发生。

强化政治担当　巩固巡视成果
坚定不移地把党风廉政建设主体责任落到实处

——在北京地税系统党风廉政建设工作会议上的报告

北京市地方税务局党组书记　刘江平

（2016年2月2日）

同志们：

今天，我们召开全系统党风廉政建设工作会议，是认真学习贯彻党的十八届历次全会及中央纪委六次全会精神，贯彻落实市委十一届八次、九次全会、市纪委十一届五次全会、全国税务系统党风廉政建设工作会议精神，深入推进全系统党风廉政建设和反腐败工作的一次重要会议。根据大会安排，我作市局党组落实党风廉政建设主体责任工作情况报告，一会儿靖明同志还将作驻局纪检组落实党风廉政建设监督责任工作情况报告。下面我主要讲三个方面的内容。

一、2015年工作回顾

2015年，全系统在市委、市政府和国家税务总局的领导下，深入学习贯彻党的十八届三中、四中、五中全会精神和习近平总书记系列重要讲话精神，全面贯彻落实市委、市政府和国家税务总局党组关于党风廉政建设和反腐败工作的部署、要求，坚决按照全面从严治党要求，依法治税、从严带队，不断强化惩治和预防腐败体系建设，巩固党的群众路线教育实践活动成果，推进巡视整改工作，严明工作纪律规矩，着力把党风廉政建设“两个责任”抓实抓好、抓出成效。

（一）紧跟中央和市委部署，不断加强党组对党风廉政建设的领导

市局党组把履行好管党治党的政治责任摆在重要位置，带头并组织全系统认真学习贯彻《中国共产党廉洁自律准则》《中国共产党纪律处分条例》《习近平总书记关于党风廉政建设和反腐败斗争重要论述摘编》等内容，深入领会全面从严治党的深刻内涵，教育引导广大干部特别是领导干部，深刻认识周永康、吕锡文等严重违纪违法案件的危害性，切实增强开展好党风廉政建设和反腐败工作的思想自觉和行动自觉。坚持把主体责任扛在肩上、抓在手上，把责任落实、落细，制定《北京市地方税务系统落实党风廉政建设主体责任实施办法》，明确党组在组织统筹、教育引导、选人用人、明纪纠风、预防监管、支持保障、管理示范7个方面24条具体责任，实行责任清单管理，做到党风廉政建设与税收业务工作“两不误、两促进”。加强对全系统落实党风廉政建设责任的指导、推动和监督，市局主要

领导和领导班子成员之间、班子成员和分管单位“一把手”之间逐级签订党风廉政建设责任书，形成党组书记负总责，分管局领导和责任单位“一岗双责”，层级联动、部门配合、齐抓共管的党风廉政建设工作机制。开展“两个责任”专项监督检查、“三重一大”专项检查、党风廉政建设责任制检查，市局领导带队对各区（分）局落实“两个责任”情况进行调研督导，领导班子成员按照分工，带队深入分管单位听取汇报、查阅资料、走访座谈，对区（分）局党组落实主体责任情况定期督导、跟踪问效。以推进基层党建工作述职评议考核为抓手，把落实主体责任情况作为各区（分）局党组书记述职评议考核的重要内容，把履行“一岗双责”作为市局机关党支部书记述职述党建的重要内容，促进了党风廉政建设与党建工作、税收工作的紧密融合。

（二）坚持把纪律规矩挺在前面，不断强化党风廉政建设教育引导

市局党组坚持把严明党的政治纪律放在各级领导班子建设首位，坚持从思想建设入手，以“三严三实”专题教育为契机，立足地税系统双管单位的实际，积极实践，大胆创新，着力提高各级领导干部的政治意识、大局意识和责任意识，确保中央和市委、市政府的决策部署贯彻落实。制定了市局党组加强和改进党组中心组学习实施办法，将党风廉政教育纳入两级党组学习型党组织建设。制定全系统处级以上领导干部“三严三实”专题教育实施方案，分2期组织230余名处级领导干部集中轮训，组织市局、区（分）局两级领导班子成员讲党课70余次，深入开展专题学习研讨，认真查摆、整治地税系统存在的“不严不实”问题。在“三严三实”专题教育中，梳理出北京地税工作中不守工作规矩的7个方面的主要表现，有针对性地提出严明纪律、严格规矩的工作要求。加大党风廉政建设宣传教育，通过“首都之窗”在线访谈，全面介绍市地税局近两年来在党风廉政建设领域，落实主体责任、深入开展工作的情况。邀请市纪委、党建专家举办3次党规党纪专题辅导报告，邀请知名律师以案说法，开展预防职业犯罪专题讲座，提升广大税务干部廉洁自律意识和法治观念。以廉政警示教育基地为依托，通过身边人、身边事加强教育和警示，筑牢广大干部拒腐防变的思想道德防线。

（三）积极配合市委巡视工作，狠抓巡视反馈意见的整改落实

根据市委巡视工作统一部署，今年7月20日—9月20日，市委第八巡视组对我局开展专项巡视，我局积极支持配合巡视组开展工作，组织完成19次会议安排，协调安排160人开展个别谈话共计206人次。提供巡视组所需的材料合计709项共计4000余份，协助调阅各类档案资料420余份。11月13日，巡视组向我局党组反馈巡视意见后，市局党组高度重视，成立由党组书记任组长、其他领导班子成员任副组长的巡视整改工作领导小组，制定巡视反馈意见集中整改方案，将巡视组反馈的3方面11类问题分解为32个具体问题，建立问题清单、任务清单、责任清单，层层传导压力、层层落实责任。在2个月的整改期内，各部门积极整改、加强协作，截至目前，32个具体问题已完成整改25个，7个正在整改（其中3个等待上级答复意见，2个等待公检法查案进展，2个影响面大需要一定时间），共制定整改措施96项，立行立改措施37项，制定完善制度25个。

在落实巡视要求的同时，我们注重举一反三，成立市局预防和惩治系统性腐败工作领导小

组，下设综合组、制度组、信息化组、宣教组、督查组、问责组6个小组，列出任务清单和责任清单，涵盖税收征管评查、减免缓退、行政管理、队伍建设、信息化支撑、追究问责等各领域、各环节，进一步健全完善制度、机制、措施，加强税收执法权和行政管理权运行监督制约，构建具有北京地税特色的预防和惩治系统性腐败长效机制。

（四）落实中央八项规定精神和市委实施意见，持之以恒纠正“四风”

深入贯彻中央八项规定、市委实施意见精神，开展办公用房清理整顿、公务用车改革，以上率下、示范带动，发挥了团结鼓劲的正向激励作用，形成稳中有进、扎实有序、奋发进取的工作氛围。开展“为官不为”“为官乱为”专项整治，加大治庸治懒治散力度，解决服务基层、服务纳税人工作中的“乱作为”“慢作为”“不作为”的问题，提升地税干部队伍的凝聚力和战斗力。开展党的群众路线教育实践活动整改工作重点互查，由市局领导带队，成立5个专项检查组，对市局机关、各区（分）局的整改任务逐项把关、逐项验收，并征集了对市局工作的意见建议79项。同时在全系统开展了“三公”经费自查工作，并对市局2014—2015年会议费使用情况进行专项审计。深入开展联系基层工作，市局机关处级领导干部组成24个工作小组，深入到28个办税服务厅、12个契税所和8个政务中心办税服务场所听取汇报，了解基层工作开展情况。积极发挥特约监督员、纳税服务热线等社会力量的监督作用，确保作风建设取得让人民群众满意的效果。2015年6月，市委教育实践活动检查组到我局检查教育实践活动整改情况，对近年来地税系统作风建设取得的突破和转变给予了高度肯定。

（五）抓住“关键少数”，加强对“一把手”的教育管理监督

以市局“第一党支部”建设为抓手，抓好“关键少数”，推动各区地税局、直属税务分局相继成立第一党支部，形成第一党支部体系，发挥了两级党组全面从严治党的联动作用。市局第一党支部进一步积累工作经验，开展“缅怀革命先烈　牢记税收使命”主题党日活动，参观北京市党员干部党性教育基地，不断提升党性修养和宗旨意识。同时坚持“三会一课”的组织生活制度，坚持“五必谈、四必讲”的组织生活会要求，建立健全了学习教育机制、评价监督机制、专家指导机制、组织保障机制，改善了在“一把手”的监督上“上级监督太远、同级监督太软、下级监督太难”的问题。各区（分）局“第一党支部”的引领示范作用不断增强，2015年各区（分）局领导班子和科所长共同参加的集体会议、活动次数共335次，相比2014年增加了67次，增长了20%，区（分）局“第一党支部”开展党小组活动累计362次，基层“一把手”的教育管理监督水平明显提升。坚持正确的用人导向，坚持五湖四海、任人唯贤的原则，配齐配强各级领导班子，不断加强对干部选拔任用工作的全过程监督。

（六）落实廉政风险防控措施，完善“两权”运行监督

与市纪委相关部门召开党风廉政建设座谈会，共同研究探讨建立“横向到边、纵向到底”的责任网络，形成合力，确保党风廉政建设各项任务落实到位。分层次召开党风廉政建设座谈会，召开行政管理、行政执法风险防控座谈会以及财产行为税征管风险防控座谈会，积极研究推进“两权”运行监督制约，从源头上、制度上、机制上扎牢“笼子”，预防违纪违规问题的发

生。制定财产行为税管理风险应对工作方案，按计划、分税种梳理执法风险和薄弱环节，及时制定应对措施，逐步完善管理制度和信息化系统，降低税收流失和执法风险。结合巡视工作，开展“两权”运行风险点自查，制定15项措施，内容涵盖加强学习、严明纪律、强化外事管理，加强税收征管和稽查案件管理、完善印花税票管理、完善减免税和退税管理，规范税收业务答复和纳税服务投诉管理、完善资产和财务管理、规范重大事项报告等方面，进一步堵塞廉政风险漏洞。

一年来，市局党组对深入推进全系统党风廉政建设和反腐败工作高度重视、旗帜鲜明、态度坚决。但我们也要清醒地认识到全系统党风廉政建设工作还存在许多问题和不足，特别是市委巡视组尖锐指出我局党组落实党风廉政建设主体责任不力、驻局纪检部门落实监督责任不力、没有很好地贯彻中央八项规定及市委实施意见精神、有章不循、有制度不落实、廉政风险防控不到位的问题，切中要害，给我们敲响了警钟。总体来看，全系统存在的问题和不足主要表现在以下几个方面：一是两级党组在管党治党、执行纪律上仍然存在失之于宽、失之于松、失之于软的问题。部分党员领导干部存在重业务工作、轻党建工作，一手硬、一手软的现象，落实“一岗双责”的力度还不够强，存在廉政教育习惯当“传话筒”、干部管理习惯当“老好人”的现象，少数党员领导干部缺乏必要的纪律意识。二是落实主体责任的职能还需要进一步增强。区（分）局责任划分界限不清晰，措施有待进一步细化；落实主体责任的机构和力量还需要进一步加强，廉政教育内容和形式还需要进一步丰富，落实主体责任的制度、体制和机制还有待进一步完善。三是基层税收执法风险防控水平有待提高。从近年来发生的案例看，廉政风险有从机关向基层、从领导干部向普通干部发展的趋势，基层廉政防控布局、防控体系、防控手段还很不完善。在房屋交易、股权转让、注销税务登记、日常检查、减免税管理等环节，还普遍存在着执法风险，有的领域情况还比较严重，需进一步加强对税收执法权力的监督和制约。

二、正确认识当前党风廉政建设和反腐败工作面临的形势

今年1月12日，习近平总书记在党的十八届中央纪委六次全会上发表了重要讲话，站在时代发展和战略全局的高度，充分肯定了深入推进党风廉政建设和反腐败斗争取得的新成效，深刻分析了依然严峻复杂的形势，明确提出了当前和今后一个时期的总体要求和目标任务。习总书记在讲话中提到，“全面从严治党永远在路上”，表明了党中央坚定不移反对腐败的决心没有变，坚决遏制腐败现象蔓延势头的目标没有变，全面从严治党任重而道远。

1月14日，市委郭金龙书记在市委常委班子专题集中学习贯彻习近平总书记在中央政治局“三严三实”专题民主生活会上的重要讲话时强调：北京作为首善之区，要在维护党中央权威、维护党的团结和集中统一方面发挥示范作用；要在服从大局、服务大局、维护大局方面发挥示范作用；要在遵守政治纪律、政治规矩和加强党风廉政建设方面发挥示范作用。

1月17日，总局党风廉政建设工作会上，王军局长提出要进一步推进税务系统党风廉政建设和反腐败工作取得新成效，在落实党风廉政建设主体责任、加强基层党风廉政建设、纪律建设、反对“四风”、加强监督上实现“五个突破”。

当前，全市地税系统党风廉政建设和反腐败斗争的形势依然严峻，党风廉政建设抓的力度怎

么样、效果怎么样，将直接关系到我们队伍的整体风貌和战斗力，关系到全面推进税收现代化建设和深化税收征管改革的任务能否按期完成。我们要始终绷紧党要管党、从严治党这根弦，深刻认识习近平总书记提出的两个“没有变”，牢固树立四个“足够自信”，找准工作着力点，不断巩固和深化党风廉政建设工作成果，着力构建作风建设长效机制，以党风促政风带税风，为北京地税各项事业健康发展提供坚强保障。

三、2016年工作部署

2016年党风廉政工作总体要求是：全面贯彻党的十八大、十八届历次全会和中央纪委六次全会精神，深入学习贯彻习近平总书记系列重要讲话精神，认真贯彻落实市委、市政府、市纪委和国家税务总局关于党风廉政建设的部署和要求，坚持全面从严治党，强化责任担当，严明纪律规矩，巩固巡视成果，深化标本兼治，规范“两权”运行，着力预防和解决基层腐败问题，坚定不移推进党风廉政建设主体责任落到实处，为推进税收现代化建设、深化税收征管改革提供有力保证。

具体来说，要重点抓好以下几个方面的工作。

（一）把依规依纪从严治党摆在突出位置

坚持以党章为根本遵循，认真学习贯彻十八届五中全会精神和习近平总书记系列重要讲话精神，深入学习、宣传、贯彻《中国共产党廉政自律准则》《中国共产党纪律处分条例》和《习近平总书记关于严明党的纪律和规矩论述摘编》，组织在全系统开展“学系列讲话、学党章党规、做合格党员”学习教育，强化党员党章和党规党纪意识，把各项要求刻印在全体党员心上，做到守纪律、讲规矩、知敬畏、存戒惧，自觉在廉洁自律上追求高标准，在严守党纪上远离违纪“红线”，形成尊崇制度、遵守制度、捍卫制度的良好风尚。严明政治纪律和政治规矩，严明组织纪律、财经纪律和工作纪律。严格执行中央八项规定精神和北京市委及国家税务总局实施意见，坚决纠正任何形式的“四风”问题。对违反规定的人和事，发现一起、查处一起、通报一起，绝不姑息迁就，造成严重影响和后果的，既追究当事人责任，又要追究上级领导的责任。对年度重大问题决策、重要干部任免、重大项目投资和大额资金使用情况等“三重一大”事项，规范决策行为、严格决策程序，确保所有“三重一大”事项都按规定程序和要求集体决策。针对廉政风险向基层蔓延的态势，推动全面从严治党向基层延伸，强化风险预警向一线部署，实现“预警前置、过程监控、实时处置”，以风险管理为导向，实行税源分类分级管理，规范减免缓退管理，提升税收一线执法人员的纪律意识和风险防控意识。

（二）全面深化“两个责任”落实

牢固树立“首都工作无小事”的思想意识，加强对党风廉政建设和反腐败工作的领导，定期分析党风廉政建设形势，研究制订工作计划、目标要求和具体措施，做到税收业务工作和党风廉政建设工作同谋划、同部署、同落实、同检查、同考核。抓好党组的主体责任，特别是突出党风廉政建设教育、预防和惩戒，主要负责人对重要工作亲自部署、重大问题亲自过问、重点环节亲自协调、重要案件亲自督办，坚持有腐必反、有贪必肃，以零容忍态度惩治腐败。制定党组落实“主体责任”任务分工表，层层签订责任书，强化领导班子成员抓“主体责任”落实的紧迫感和使命感。市局、区（分）局两级党组每年要2次听取班子成员落实“一岗双责”情况汇报，每年要至少听取1次下级“一把手”落实党风廉政建设责任情况的汇报，至少进行1次廉政谈话，并认真作评价、点问题、提要求。定期开展“两个责任”落实情况专项检查，利用绩效考核系统和督查督办系统，对各单位“两个责任”任务进行过程管理，明确要求、科学评价。进一步发挥市局惩治和预防系统性腐败工作领导小组作用，成立市局巡查办公室，全方位加强对各单位党风廉政建设工作的检查指导。进一步理顺北京地税系统党建体制机制，探索将地税系统党的组织关系归口到市局管理，争取有关部门支持成立党建组织机构，明确落实党风廉政建设主体责任的牵头职责；积极探索在区（分）局实行机关党办和基层工作科部门分设，加强全系统落实“两个责任”的领导力量和组织力量。市局、区（分）局两级党组要支持、推动纪检监察部门聚焦主业，发挥监督、执纪、问责的职能，要支持和保障纪检监察体制机制创新，加强纪检干部队伍建设，配齐配强各级纪检干部。

（三）切实加强领导班子和干部队伍建设

要坚持党的组织制度和领导制度，按照《中国共产党党组工作条例》要求，认真贯彻落实民主集中制，严格按照“集体领导、民主集中、个别酝酿、会议决定”的原则，健全科学高效的议事和决策机制。进一步完善党组会、局长办公会、局长专题会议事规则和决策程序，全面提高科学决策、民主决策、依法决策的水平。认真落实“三会一课”等党内生活制度，加强党内监督，敢抓敢管、勇于担当，对班子成员出现的苗头性问题，及时提醒，敢于批评；对履行“一岗双责”的情况，敢于督办，善于督导，促进班子成员思想沟通、情感交融，增强班子的凝聚力和战斗力。要深入研究落实第一党支部工作安排，突出抓好“关键少数”，加强对领导干部特别是“一把手”的教育管理监督，完善干部选拔、交流轮岗、任职回避制度，制定领导干部职务任期制度、个人有关事项报告制度，教育引导各级领导干部在讲党性、守纪律、懂规矩、拒腐蚀上发挥示范作用，积极营造克己奉公、廉洁自律的良好氛围。要继续坚持党管干部的原则，牢固树立正确的用人导向，严格执行《干部选拔任用条例》，从严从实加强干部队伍选拔任用和教育管理。要严格落实《干部教育培训工作条例》，健全完善干部教育培训实效考核评估制度，加强对广大干部的遵法、守法、用法教育，开展职工思想状况调查，提升依法治税、履职尽责的能力和水平。

（四）持之以恒加强作风建设

开展全系统思想、作风、纪律、工作大整顿，加强《中国共产党廉洁自律准则》和《中国共产党纪律处分条例》教育培训，用“好干部”的五个标准加强税务干部队伍建设。要坚决纠正损害纳税人利益的行为，以纳税人反映强烈的突出问题为重点，深入开展专项治理，对发现损害纳税人利益的问题要严肃处理并公开通报，着力解决“吃拿卡要报”和“为官不为、慢作为、乱作为”以及“庸懒散”等问题。要把反腐倡廉教育与干部思想教育、职业道德教育结合起来，以周永康、吕锡文等违法违纪案件为反面典型，深刻剖析根源，做到引以为戒；针对近几年系统内发生的违法违纪违规案例，特别是朝阳六所系统性基层腐败窝案，筹划地税系统党风廉政和反腐败工作案例展览，用身边事教育身边人，筑牢党员干部廉洁从政的思想防线。要坚持锲而不舍推进巡视组反馈意见后续整改工作，做到镜头不换、力度不减，确保全部整改到位。对于需要上级部门答复意见、公检法案件查办进展、稽查积案清理等需要一定时间整改到位的问题，建立台账，明确责任，定期通报进展、加强跟踪督查，确保见到实实在在的效果。要进一步巩固、深化党的群众路线教育实践活动和“三严三实”专题教育成果，在坚持中见常态、向制度要长效。要积极推进廉政文化建设、深化精神文明创建活动，发挥廉政教育基地作用，引导广大干部筑牢拒腐防变的思想防线；积极开展“弘扬良好家风家训”活动，推动领导干部带头廉洁齐家、引领风尚，积极挖掘、宣传党员干部公正无私的典型事迹，营造学榜样、做表率的浓厚氛围。

（五）积极构建党风廉政建设长效机制

要以强化监督问责促进主体责任落实，制定《北京地税系统党风廉政和反腐败责任追究办法》，量化责任目标、考核机制，加大问责力度，实行终身责任追究制。运用法治思维和“互联网+”推动党风廉政建设，以金税三期工程为依托，实现全税种、全流程信息化覆盖，健全预防和惩治腐败体系。要综合运用教育、制度、信息化等措施，严密防控廉政风险，紧紧围绕“两覆盖、两优化、两提升”的目标，按照总体设计、分类指导、分步实施的原则，全面搭建风险防控平台，用科技管税、管权、管人，形成“纵向到边、横向到底”的风险防控体系。要以落实中央《深化国税、地税征管体制改革方案》为契机，以风险管理为导向，强化税源分类分级管理，规范减免缓退管理，切实堵塞征管漏洞、提高征管水平。要强化督察内审职责和工作力量，坚持“先审后离”的经济责任审计原则，建立审计责任追究制度，形成有效的内部监督制约机制。织密党风廉政建设制度的“笼子”，提高制度的执行力，发挥制度管根本、管基础、管长远的作用，着力构建党风廉政建设长效机制。

潮平两岸阔，风正一帆悬。同志们，2016年是“十三五”规划的开局之年，是落实中央《深化国税、地税征管体制改革方案》的起步之年，是全面推进税收现代化建设的关键之年，我们将按照市委、市政府的要求，持之以恒推进党风廉政建设责任制落实，为税收现代化建设提供纪律保障和组织保障，为首都经济社会发展做出新的更大的贡献！

把纪律挺在前面　聚焦监督执纪问责 以改革创新精神持续推动北京地税系统纪检监察工作深入开展

——在北京地税系统党风廉政建设工作会议上的报告

北京市地方税务局党组成员、纪检组长　张靖明

（2016 年 2 月 2 日）

同志们：

根据会议安排，受市局党组委托，我向大会报告 2015 年党风廉政建设监督责任工作落实情况，部署 2016 年工作任务。

一、2015 年工作回顾

2015 年，驻局纪检组和各区（分）局纪检部门认真学习贯彻中央纪委、国家税务总局及北京市委关于党风廉政建设和反腐败工作的部署和要求，落实监督责任，强化纪律和规矩意识，抓好作风建设，坚决惩治违纪违法问题，着力构建不敢腐、不能腐、不想腐的工作机制，党风廉政建设和反腐败工作取得明显成效。

（一）积极履行监督责任，确保工作落实到位

2015 年初，驻局纪检组结合地税实际，制定出台了监督责任实施意见及清单，把监督责任明确为协助推动、教育预防、监督检查、执纪办案、问责追究五个方面 24 项，从而使工作的内容和要求更加清晰明确。同时，积极推动党组落实主体责任，协助市局党组制定了主体责任实施办法、清单及年度任务分工表，并会同主责部门做好相关工作的平稳衔接。全年驻局纪检组向市局党组会提交议题 14 项，制发文件 28 件，对 24 个区（分）局落实“两个责任”情况进行实地调研检查，年底前对各单位监督责任落实情况进行专项检查。《中国税务报》刊登了市地税局推进“两个责任”落实的工作经验，《是与非》杂志对驻局纪检组长进行专题访谈，宣传监督责任的落实举措。各区（分）局纪检监察部门通过明确工作任务、分清各自责任，主动推进本单位党风廉政建设和反腐败工作任务的层层落实。

（二）把纪律挺在前面，加大执纪审查问责力度

驻局纪检组坚持把严明党的政治纪律放在首位，强化纪律约束，加大执纪审查力度。2015 年，驻局纪检组共处置案件线索 133 件，立案 6 件，初步核实 107 件，谈话函询 12 件。给予 8

名违纪人员党纪政纪处分，移送司法机关7人，追究主体和监督责任7人，协助纪委和检察院等单位调查案件45件，通报违规违纪问题6起，谈话16人次。了结澄清反映失实的举报问题88件。在市纪委的领导下，积极配合朝阳区纪委和朝阳区检察院，严肃查处了朝阳地税局第六税务所的腐败窝案。组织开展跨地域交叉办案，提高办案质效。各区（分）局也充分运用警示谈话、函询、组织处理等手段严肃责任追究。如延庆局对经济责任审计中问题突出的4个税务所进行过错责任追究，对检查工作中问题突出的3名主要负责人取消年度评优资格；西城局对1名举报查实的领导干部进行诫勉谈话；海淀局对因酒后驾车、伤人的2名干部作出“双开”处理。

强化正风肃纪，坚决贯彻中央八项规定精神和市委十五条实施意见，驰而不息纠正“四风”。每逢重要节点，下发廉洁过节的通知，并向系统处级以上领导干部发送廉政提醒短信，防止节日期间出现违反纪律规定的问题。加强对厉行节约、办公用房、公车使用、机关食堂公款吃喝等情况的监督检查。搭建特约监督员工作微信平台，充分发挥全系统200余名特约监察员和第三方机构的社会监督作用，加大对区（分）局办税服务场所明察暗访力度，重点整治滥用职权、刁难群众、“吃拿卡要报”等问题。2015年驻局纪检组共查实违反中央八项规定精神的问题4起，严肃处理13人，其中给予党纪政纪处分5人。在坚决查处问题的同时，在一定范围内进行通报，发出执纪必严的强烈信号。

驻局纪检组认真查处了市委第八巡视组转办的34件信访件和巡视整改问题，按期完成了全部整改任务，共研究提出问责意见建议46条。各区（分）局纪检监察部门也对照巡视反馈问题，开展全面自查，积极反思警醒，制定具体措施，加大监督力度。

（三）以创新精神推进改革，有序落实各项举措

2015年初，驻局纪检组被确定为北京市纪委派驻机构改革的两个试点之一，我们以此为契机，紧密结合地税实际，本着精简高效的总体原则，在深入调研、广泛征求意见基础上，研究制定了《北京市地方税务系统深化纪检体制机制改革实施方案》。力求通过内涵式改革方式，内部挖潜、盘活存量、优化结构、整合力量、创新机制、完善制度，取得改革效益的最大化。此次改革方案提出了13项改革措施。已经启动的两项改革措施得到了市委常委、常务副市长李士祥同志的肯定。

改革从市局机关、区（分）局、基层税务所三个层面，分三个阶段循序渐进实施，由易到难逐项落实。联合纪检组对直属稽查局落实“三重一大”决策制度开展专项检查，发现存在问题45个，提出整改意见12条，进一步提升了纪检工作质效。选用6名区（分）局纪检组长为驻局纪检组成员，参与研究重要工作事项，增强了驻局纪检组决策的科学性，促进了市局机关与基层工作的有效衔接。筹建巡查工作领导小组办公室。

（四）突出“两权”运行关键环节，强化监管制约

驻局纪检组通过参加党组会、局务会和专题工作会及有关重要活动，了解全局工作情况，及时提出工作建议。注重加强对领导班子及其成员落实党的方针政策、贯彻民主集中制的监督，全年对提交党组会讨论的31项涉及“三重一大”事项的议题进行了监督。按照市纪委要求，开展“为官不为”问题专项治理工作，积极介入违规插手涉税中介经营活动专项整治活动。紧盯税收

执法权和行政管理权运行的重要领域和关键环节，加强对选人用人的监督。驻局纪检组全年参与党组会人事议题讨论28个，开展干部廉政会审1203件。全年共监督政府采购招标项目10个大项24个子项，节约金额318.001万元，节支率3.42%。继续拓展二级监察平台的风险处置、预警信息收集反馈、后台配置管理和查询统计等功能。

各区（分）局也不断加大执纪审查力度，巩固作风建设成果，如通州局制定了组织监督工作规则、监察联络员工作办法等五项具体制度；东城局起草了廉政约谈制度；密云局制定了党员领导干部诫勉谈话办法；门头沟局制定了“慵懒散奢”专项整治方案；11个区局制定了婚丧嫁娶申报备案制度；房山局加强廉政谈话结果运用，将谈话结果制作成监察建议，集中反馈主体责任科室；怀柔局、顺义局采取走访纳税人、座谈和问卷调查方式了解税务干部有无违规违纪问题；第一直属分局、大兴局把对干部任免工作的监督贯穿于干部选拔任用全过程；各直属稽查局积极查找涉权事项和廉政风险点，开展了税务稽查疑点数据专项核查。

（五）加强廉政警示教育，提高纪检干部综合素质

继续组织税务干部参观廉政警示教育基地，向各基层单位发放警示教育光盘。积极建设内外网廉政教育平台。2015年，内网平台发布稿件667篇，外网发布稿件44篇。各区（分）局纪检监察部门也采取多种形式督促开展廉政宣传教育，如西城局和海淀局邀请区纪委领导进行专题廉政党课讲座；燕山局联合国税举办“以廉促思，构建国地税合作新常态”廉政教育讲堂活动；延庆局联合国税、工商及崇礼国地税共同开展廉政教育活动；昌平局持续建设本局内部廉政教育网站；怀柔局、开发区分局以电子刊物为载体，开辟线上廉政教育渠道；朝阳局、石景山局、房山局、顺义局、平谷局、昌平局、延庆局、第二直属分局8个区（分）局积极参加市纪委、市宣传部联合开展的“廉洁颂——我身边的好规矩”征集宣传教育活动，上报了质量较高的作品；此外，丰台局、朝阳局针对各自特点开展了分层次的廉政提醒，营造了清廉为税、和谐向上的良好氛围。

驻局纪检组通过听取汇报、开展调研、纪检组长亲自授课等方式加强对基层纪检工作的业务指导。先后组织多名纪检干部参加中纪委、国家税务总局组织的纪检业务培训，抽调东城、西城、海淀局干部参与市纪委有关案件的调查，组织全系统纪检干部对廉洁自律准则和党纪处分条例集中脱产学习，通过以案代训、以干代训、集中辅导等方式，不断拓展纪检干部视野，提升纪检干部队伍的综合素质。

一年来，地税系统党风廉政建设取得了新的成效，但也存在一些问题和不足，主要表现在：一是有的纪检部门工作角度把握不够准确，手段不够灵活，协助推动作用不够明显，履行监督责任力度仍需加大；二是规章制度的建设尚有差距，有些规定要求缺乏具体化，工作措施不够细致，制度执行标准不统一；三是全系统纪检干部的整体素质和水平仍需进一步提升，教育培训及工作交流的力度还要进一步加大；等等。这些问题必须引起高度重视，在今后工作中认真加以解决。

回顾2015年全系统纪检工作，有以下四点体会。

党组全力支持为履行好监督责任提供了有力保证。市局党组充分发挥领导核心作用，从全面从严治党的高度，始终把党风廉政建设放在重要位置。2015年，市局党组制定了《关于支持加

强驻局纪检组建设的意见》、研究纪检议题 14 项、将 4 名干部编制划转市纪委。党政主要负责人以上率下，经常亲自听取汇报、提出明确要求、部署具体任务，将接到的信访举报件，第一时间批转驻局纪检组处理；亲自带队对 24 个区（分）局落实“两个责任”情况进行督促检查；亲自指导查处系统内腐败案件。班子成员亲自带队检查党风廉政建设责任制落实情况，亲自约谈考核排名靠后的区局党组书记、纪检组长。市局党组和驻局纪检组思想高度一致，坚决落实国家税务总局和市委、市纪委的各项工作安排，形成以首善工作标准，推动地税系统党风廉政建设和反腐败工作的强大动力和合力。各区（分）局党组压实“两个责任”，旗帜鲜明地支持纪检监察部门监督执纪问责，经过上下共同努力，构建了齐抓共管的工作格局。

准确职责定位是纪检工作凝神聚力的重要法宝。积极开展“三转”，是纪检工作思路的重大调整。此前，我们纪检部门以大量精力搞廉政教育、推廉政文化、抓工作纪律、忙各种检查，承担了很多不该管的工作。“三转”以来，全系统两级纪检部门把非主业职能交还给主责部门，走出“纪检部门包打天下”的惯性思维，进一步分清责任、厘清职能、整合优化资源，把该承担的责任担起来，把该做好的工作做到位，集中精力抓好监督执纪问责，形成了精准用力、重点突破的良好局面。

敢于碰硬是提高执纪审查工作质量的关键所在。纪检干部肩负两级党组和全系统党员干部的信任和重托，只有敢于触及矛盾、敢于碰硬，才能有效地推动监督责任的落实。去年市委第八巡视组反馈的很多都是历史遗留问题、都是难啃的“硬骨头”。广大纪检干部直面困难，勇于担当，圆满完成了组织和领导交办的整改任务，赢得了市局党组和全系统党员干部的信任与支持。

围绕大局是做好地税纪检工作的重要着力点。通过对朝阳六所问题的深刻反思，我们充分认识到，只有把纪检工作与地税业务工作相互紧贴、把落实上级精神与本单位实际相互结合，紧紧围绕“三重一大”重点事项、围绕党组重大部署、围绕关键少数，才能增强工作的针对性，有效地解决纪检工作与基层业务工作“两张皮”的倾向，从而在推进税收现代化和税收征管改革大局中更好地发挥监督作用。

二、2016 年主要工作任务

2016 年是全面实施“十三五”规划开局之年，是推进“四个全面”战略布局和持续全面从严治党的重要一年，也是推进税收现代化、深化国税、地税征管体制改革的攻坚之年，做好党风廉政建设工作意义重大。今年全系统纪检工作总体要求是：深入学习贯彻党的十八大、十八届历次中央全会精神和十八届中央纪委六次全会精神，深入学习贯彻习近平总书记系列重要讲话精神，按照国家税务总局党风廉政建设工作会和北京市纪委十一届五次全会工作部署，坚持全面从严治党，严明纪律规矩，认真履行监督责任，坚持围绕大局、聚焦主业，按照“四种形态”执纪问责，继续探索地税系统纪检体制机制改革，贴近工作实际，构建纪检工作责任链条，努力推进纪检工作在基层落实，加强纪检队伍建设，全力护航首都地税事业改革发展。

（一）坚持把纪律挺在前面，加强重点检查和专项检查

纪检部门要把纪律建设摆在更加突出位置，协助党组加强对党员干部的纪律教育，提高政治警觉性和政治鉴别力。加大对政治纪律、组织纪律，中央重大决策部署执行情况，国家税务总

局、市委以及市局党组重要工作部署执行情况的监督检查，保证中央政令畅通。要加强对落实《中国共产党党组工作条例》的监督检查，加强党组会程序、决策和落实情况的监督检查。要依纪监督、从严执纪，准确掌握和运用纪律处分条例的内容及规定，以纪律为“戒尺”，用严明的纪律管住全体党员，使纪律成为管党治党的“尺子”和不可逾越的“红线”。要重点加大对“一把手”的定期约谈力度。要结合中央最新精神和近年来系统内发生的违纪违法案例，进一步发挥北京地税廉政警示教育基地的重要作用。

（二）持续推进“三转”，强化责任担当

纪检部门要在全面从严治党中找准职责定位，强化监督执纪问责，协助推动党组落实主体责任。要处理好监督与融入、监督与依靠、监督与服务、监督与学习、监督与被监督的关系，在监督中参与，在参与中监督，努力做到高度负责不缺位、按章履职不越位、思路清晰不错位。要加强与党组的沟通协调，协助党组继续细化、深化责任，进一步加强配套制度建设。同时，今年要进一步加大问责力度，层层传导压力、层层压实责任。

稳步推进《北京市地方税务系统深化纪检体制机制改革实施方案》，将13项改革任务一项一项地、稳妥地落实到位。今年重点推进市局党组向区局派驻纪检组、组建区域监督协作组、建立北京地税机关清廉指数评价体系、构建风险评估机制等改革任务。继续高度重视对联合纪检组工作的领导，紧密联系直属稽查局的工作实际，不断总结推广有益经验，以此作为提高全系统纪检工作水平的重要突破口。

（三）坚决落实中央八项规定精神，严肃查处“四风”问题

认真领会习近平总书记“坚持坚持再坚持，把作风建设抓到底”的要求，深刻认识和理解抓好作风建设的重要性。纪检部门必须一丝不苟、一刻不松地加强对作风建设的监督。抓早抓小、抓出习惯。紧盯年节假期等重要时间节点，一个节点一个节点坚守，坚持以上率下，严肃查处违规使用公车、违规公款接待、滥发津贴补贴、违规收送礼品礼金等问题；紧盯重点环节，严肃查处借会议、培训之名公款旅游，大操大办婚丧喜庆等问题。对不收手、不知止，规避组织监督，出入私人会所，组织隐秘聚会的，一律从严查处。整治发生在群众身边的不正之风，大力查处基层税务人员滥用职权、以税谋私、“吃拿卡要”等侵害纳税人利益的问题。充分发挥特约监察员在整治“四风”方面的作用。

要遵从中央纪委六次全会提出的处理“四风”问题的原则：用铁的纪律整治违纪行为、有多少就查处多少的原则；问题线索要深挖细查、绝不放过的原则；越往后执纪越严的原则；言出纪随、从严执纪，点名道姓，公开曝光成常态的原则。这里需要指出，目前驻局纪检组已经接到多封反映基层税务干部收受纳税人礼金和购物卡的信访件，反映的线索清晰、内容具体。希望涉及的干部向本单位纪检部门，主动报告有关情况，主动上交收受所得。对刻意隐瞒、不主动如实报告的，纪检部门将在集中整治时从严从重处理。

要重点防范办公用房超标、公车私用、机关食堂公款吃喝、超标准接待等“四风”问题反弹。一方面，要号召全系统党员干部重点关注，严防死守；另一方面，要加大“一案双查”力度，对系统内发生顶风违纪、造成不良影响的违反中央八项规定精神的问题，要倒查追究相关责任人和有关领导的责任，以“零容忍”的态度惩治违纪违规行为。

（四）加强执纪审查，继续保持惩治腐败高压态势

加强问题线索管理，在日常信访渠道的基础上，通过督查内审、税务稽查和巡查拓宽线索渠道。加大问题线索核查力度，对反映各级领导干部的问题线索，严格按照拟立案、初核、谈话函询、暂存、了结等五类标准进行处置和管理。积极运用监督执纪“四种形态”，坚持纪在法前，扩大谈话、函询覆盖面；切实把纪律挺在前面，使“红脸出汗”成为常态，党纪轻处分、组织处理要经常使用。清理暂存线索，坚决把存量减下来。突出惩治重点，加强对党的十八大后不收敛、不收手、问题线索反映集中、群众反映强烈、在重要岗位且可能还要提拔使用的领导干部的违纪违法行为的惩处力度。加大税收违法案件“一案双查”力度，严肃查处发生在税收执法领域的，执法不公，收人情税、关系税，内外勾结骗取退税；违规插手涉税中介，强买强卖，经商办企业等违纪违法案件，继续保持住反腐败斗争压倒性态势正在形成的大趋势。提高问题线索分析质量，针对干部违纪违法特点，提出对策，每半年向党组汇报分析案件查办情况。加强对系统内典型案例的剖析，发挥查办案件的治本功能。通过查办案件、剖析案例，发现体制机制制度方面的漏洞和弊端，为党组决策提供参考。严格执纪审查程序，落实审查安全责任，坚决杜绝失密泄密、跑风漏气等问题。加大对区（分）局执纪审查的监督和管理，建立问题线索“下管一级”、向上级纪检组报告制度，加强跨区域联合办案，有效整合纪检工作资源，提升纪检工作合力。

（五）加强对权力运行监督，推动党风廉政建设向基层延伸

要监督各级领导干部认真执行《中国共产党廉洁自律准则》、税务系统领导干部廉洁从政“八不准”、市局党组《关于加强党政主要负责人监督管理工作的意见》、个人有关事项报告、防止利益冲突、领导干部婚丧喜庆事项报告等制度规定。

督促各职能部门认真履行职责，加强对管辖范围内各项工作的日常监控管理、廉政风险防控、信息科技支撑，强化对下级对口部门的业务层级监督。各部门在工作中发现的违法违纪线索和问题，要及时向党组汇报，并向纪检监察部门通报。继续督促党组和各职能部门落实内控机制建设主体责任，科学分解权力，健全岗责体系，优化业务流程，督促推进内控机制信息化建设，将“权力清单”转化为“责任清单”，建立健全权力运行监督制约机制，有效防控税收执法风险、行政管理风险和廉政风险。

要认真贯彻市纪委十一届五次全会精神，协助党组推动党风廉政建设向基层延伸。加快建立完善北京地税系统巡查机构，紧扣“六项纪律”，深化“四个着力”，紧盯重点人、重点事和重点问题，推动监督自上而下，向纵深发展。加强对基层科所的监督管理，推进基层科所领导班子和领导干部落实“一岗双责”。同时监督触角也要向机关处室延伸，实现监督的全覆盖。

（六）深化基础工作，建设忠诚干净担当的纪检干部队伍

加强教育培训和实践锻炼。重点组织学习《习近平关于党风廉政建设和反腐败斗争论述摘编》和《习近平关于严明党的纪律和规矩论述摘编》。通过以案代训、以干代训、集中辅导等方式，不断提升执纪监督的水平和能力，建立地税系统纪检干部人才库。积极争取党组支持，配齐配强各级纪检监察干部。探索建立区（分）

局纪检组长定期述职制度。进一步发挥驻局纪检组成员的作用，提升决策水平。各级纪检干部要自觉践行“三严三实”要求，大力培育“严细深实”工作作风，切实加强自身建设，自觉接受监督。对违规违纪违法的纪检干部，一经发现从严查处，用铁的纪律打造过硬的干部队伍。

同志们，党风廉政建设和反腐败工作责任重大，履行监督责任使命光荣。让我们保持政治定力，坚定立场方向，盯住目标任务，扎实工作，改革创新，锐意进取，协助党组不断把党风廉政建设和反腐败斗争引向深入，为全面推动北京地税税收现代化建设和税收征管改革发展提供坚强有力的保证。

砥砺奋进　攻坚克难
举全局之力确保完成全年收入任务

——在北京市地方税务系统工作会议上的讲话

北京市地方税务局党组副书记、副局长　朱元广

（2016年2月1日）

同志们：

刚才，杨志强局长代表市局党组作了工作报告，我们要认真贯彻落实。下面，我就组织收入工作讲几点意见。

一、2015年组织收入工作成绩来之不易

2015年，全系统上下在市局党组的坚强领导下，狠抓改革攻坚，凝心聚力、奋勇争先，全力以赴组织收入，圆满完成了市委、市政府和税务总局下达的收入任务。各项税费收入达到3868.2亿元，增长12.7%，地方公共财政预算收入2872.9亿元，增长10.1%，税收收入3622.7亿元，增长12.9%，为首都改革发展提供了有力的财力保障，为全国税收稳定增长做出了突出贡献。

2015年，我们整体统筹、有序推进，确保税收收入平稳增长。面对宏观经济下行压力增大、非首都功能疏解加快、结构性减税持续推进的形势，市局党组从服务首都经济社会发展的大局出发，高度重视组织收入工作，提前谋划、周密部署。经过共同努力，我们克服了“营改增”扩围、原有存量税源减少等诸多困难，贡献了全市六成的财政收入，完成了税务总局两次追加的190亿元收入任务。同时，不折不扣地落实各项税收优惠政策，全年共减免509.4亿元，为首都经济实现6.9%的增长发挥了积极促进作用。

2015年，我们主动作为、扎实工作，税收收入质量显著提高。在首都经济与全国经济增速基本持平的情况下，我局税收增速高于全国平均增速近一倍，充分体现出征管措施的成效。一年来，全系统向科学管理要效益，用创新机制谋发展，以协同作战保增长，认真落实20项组织收入措施，全年共增收155亿元，较上年增长了1.1倍，带动税收增长5个百分点，在保增长的同时，征管质量得到了显著改善和进一步加强。

二、2016年收入形势不容乐观

2016年是我国全面建成小康社会决胜阶段的开局之年，也是我市深入推进京津冀协同发展、加快经济转型升级的关键之年。当前，国际经济复苏仍然缓慢，国内经济下行压力还在增大，去年年底召开的中央经济工作会提出了“三

去一降一补”五大任务，刚刚结束的全国税务工作会议和我市“两会”也明确提出了今年的各项工作要求。因此，我们必须清醒地认识到，今年的组织收入工作将面对更多的困难和挑战，税收稳增长的压力前所未有，组织收入工作任务艰巨、使命光荣、意义重大。

从经济层面看，宏观经济换挡期减速压力较大。去产能、去库存、去杠杆、降成本、补短板的任务需要加快完成，房地产业、建筑业、制造业增长动力减弱，经济增长动力换挡期的新产品、新业态尚未形成有力支撑，税收持续增长的动力不足。非首都功能疏解形成税源空档期，我市对新增产业将实施更严格的准入标准，《禁限目录（2015 年版）》共涉及 2295 个条目，超过三成的行业将缺乏新增税源。同时，我市将制定实施产业、市场、公共服务、行政事业单位四类非首都功能疏解方案，完成 300 家一般制造和污染企业退出任务，推动部分市属高校和医院疏解。初步估算，将影响税收增速 2 个百分点左右。

从政策层面看，推进供给侧结构性改革将加大减税力度。近两年，税制改革日益加快，创业创新、小微企业等优惠政策持续扩围，促转型、惠民生的力度不断加大。今年，我国将大力发挥“大众创业、万众创新”和增加公共产品、公共服务供给两大“引擎”作用，需要更多的税收优惠支持。初步估算，全局税收减免将增加 50 亿元左右，影响税收增速 1.5 个百分点。此外，“营改增”预计在今年全面完成，对我局税收将产生重大影响。

从征管层面看，常规性措施增收的难度显著增大。2013 年以来，我局通过加强征管累计组织收入 281.6 亿元，对税收增长发挥了重大作用。目前，漏征漏管面逐步缩小，无税申报企业大幅减少，欠税规模也在逐年减小，常规性措施很难再实现大额增收，需要进一步创新征管方式，实施更有针对性、更强有力的措施。加上证券市场等一次性增收因素不再持续且抬高了收入基数，都增加了今年组织收入工作的难度。

从税收形势看，今年将是增收压力最大的一年。税务总局安排 2016 年全国税务部门税收收入目标 12.65 万亿元，增长 2.5%，这个增速是历年来最低的，其中，中央级增长 1.7%，地方级增长 3.3%。下达我局税收收入目标 3790 亿元，增长 4.6%，其中，中央级增长 6.5%，地方级增长 4%。我局收入目标增速高于全国 2.1 个百分点，反映出全国严峻的税收形势，也体现了税务总局对我局工作的充分肯定和信任。此外，我市安排 2016 年财政预算收入目标 5031 亿元，增长 6.5% 以上，我们面临的组织收入工作压力和难度前所未有。

在认真分析当前形势，充分认识困难的同时，也要看到，我市经济平稳发展的格局没有改变，深入贯彻创新、协调、绿色、开放、共享五大发展理念，将给经济和税收增长注入新的动力：一是积极稳健的宏观政策动力。2016 年，我国将继续实施积极的财政政策和稳健的货币政策，有效运用减税、清费、降息、降准等工具，精准服务实体经济建设。继续拓展国际经济合作，加快推进“一带一路”建设，催生新的经济增长点。二是京津冀协同发展的转型动力。全市将加快构建高精尖经济结构，发挥科技创新引领，全市经济预期增长目标为 6.5%，其中，信息、商务服务业预计增长 7.5%，金融业预计增长 6.5%，继续发挥首都经济的支柱作用。三是国税、地税工作的融合动力。全面落实《深化国税、地税征管体制改革方案》是今年的重要工作之一，是提高征管效能的重要抓手。通过推动服务深度融合、执法适度整合、信息高度聚合，能够进一步提高税款征收效率。

三、完成全年收入任务需举全局之力

按照税务总局下达我局的税收收入目标，经市局党组研究决定，初步安排全系统各项税费收入目标4047亿元，增长4.6%；地方公共财政预算收入目标2988亿元，增长4%；税收收入目标3790亿元，增长4.6%，其中，中央级1007亿元，增长6.5%。为确保中央和地方两级收入目标，安排营业税增长2.4%，个人所得税增长7.5%，企业所得税增长3.2%，财产和行为税增长4.2%，非税收入增长4.7%。结合区域经济实际，安排各区（分）局两个口径收入目标，其中，8个局目标增速超过全市平均水平，10个局目标增速低于全市平均水平，2个局安排收入负增长。

面对异常严峻的组织收入工作形势，全系统要全面落实税务总局提出的“三个增强”和“六要收入”的要求，进一步增强全局统筹性、增强征管精准性、增强考核严肃性，努力向创新机制、堵塞漏洞、科技手段、打击违法、国际合作和税收共治要收入。因此，我们要深刻认识、主动适应、积极引领税收新常态，从年初开始就抓紧抓实组织收入工作，着力提高协调性、灵敏性和精准性，通过深化税种税源管理摸清税源底数，通过采取有力征管措施提升税收收入质量，通过优化纳税服务提高纳税人满意度，通过加大稽查检查力度提高纳税人税法遵从度，通过全面落实税收优惠政策体现管理水平。重点做好以下5个方面。

一是坚持依法征税，严守组织收入红色底线。严格做到依法征税、应收尽收，不折不扣落实各项税收优惠政策这两个基本职责，坚决守住不收“过头税”这一底线，杜绝发生虚收和空转的现象，出现违规入库行为的要坚决追责，确保税收收入量增质优。不断创新组织收入工作机制、丰富组织收入工作方法、提高组织收入能力，确保在依法的前提下完成收入目标。

二是狠抓整体统筹，有序推进各项工作措施。市、区两级领导班子要高度重视，“一把手”要靠前指挥、深入一线，主动做好各项工作的统筹协调。强化“横纵联动”的组织收入工作模式，横向上将收入目标落实到各个职能部门，强化工作协同和信息共享，统筹把握好收入进度和工作进度；纵向上坚决落实市、区、所三级收入目标责任制，层层分解收入目标，建立收入动态反馈机制，强化对口工作指导和监督落实，确保各项工作上下一盘棋。

三是深化目标管理，牢牢把握组织收入主动权。认真落实税务总局提出的“客观地定、科学地分、合理地调、准确地考”的要求，强化税收收入目标动态管理，切实从算大账总账向算精账细账转变，注重税收收入从数量规模型向质量效能型转变。完善《税收收入应急保障预案》，及时作出预警并采取预案响应，同时也要妥善处理组织收入和干部休假之间的关系，提高干部的工作努力程度。强化分析监控，将收入目标细化到每个季度监控落实，将税收分析拓展至税源、征管和税改等领域，将征管措施渗透到每个税收风险点，努力提高组织收入的掌控力。

四是确保精准发力，着力加强税收征管稳增长。全面落实市局党组确定的20项征管措施，进一步发挥保增长、提质效、促转型的作用。市局各处室要创新执法和管理方式，主动开展约谈、评估、管理、信息和情报等工作，确保完成20亿元的征管措施任务，各处室的措施成效要单独统计和考核。各局要结合实际制定有针对性的实施方案，在保证存量税源征收的同时，注重努力挖掘新的税收增长点，为税收持续增长储备动力。

五是争取各方支持，形成税收共治的新局面。会后，各局要把本次会议精神和本局收入形势向当地党委政府汇报，争取党委政府对组织收入工作的支持。积极推动税收保障机制的落实，加强与各政府部门的协作，推进信息共享和工作衔接，构建强有力的协税护税网。建立与财政、国税部门的信息沟通机制，在年初协商分解好本级收入目标，力争市、区两级收入目标相协调，定期分析收入形势，共同推动税收收入平稳增长。

同志们，让我们在市局党组的坚强领导下，团结奋进、开拓创新，全力以赴做好组织收入工作，努力完成全年收入目标，确保实现“十三五”良好开局！

凝心聚力 坚定信心
举全局之力确保完成收入任务

——在北京市地方税务系统半年工作会议上的讲话

北京市地方税务局党组副书记、副局长 朱元广

（2016年7月21日）

同志们：

今年是“十三五”规划开局之年，我们提前1个半月实现收入任务过半，成绩来之不易，这得益于市委、市政府和国家税务总局的坚强领导，得益于首都经济的持续平稳发展，与全系统干部职工的辛苦付出和努力工作更是密不可分。下面，我就当前的收入形势和下半年的组织收入工作讲三点意见。

一、多措并举，上半年组织收入工作扎实推进

今年以来，市局党组团结带领全系统干部职工，一手抓深化改革保证税制顺利转换，一手抓税收征管确保税收“量增质优”，上半年，累计完成各项税费收入2423.6亿元，同口径收入（剔除今年入库的营业税和同期营业税）为1774.4亿元，增收280.9亿元，增长18.8%，其中，中央级收入683.8亿元，增长25%；地方公共财政预算收入1711.9亿元，同口径增长15.7%，为中央、地方两级财政收入都做出了积极贡献，为首都经济发展提供了充足的财力支持。回顾上半年，很多工作可圈可点，主要有4个方面经验值得总结。

（一）不断完善组收机制，凝聚税收增长之“力”

经过多年的摸索和积累，我们已经形成了一套行之有效的组织收入工作机制，并且不断地充实和完善。今年上半年，全系统严格落实市、区、所三级收入目标责任制，横向抓得紧、纵向督得严，工作合力进一步增强，特别是在面临重大任务时，各部门、各单位反应迅速、措施得力、成效显著，体现了地税系统的凝聚力和战斗力。同时，着手研究建立税种税源分析工作机制，以服务税制改革和征管改革为出发点，坚持问题导向和风险导向，把各税费细化到税目进行研究、分析和管理，逐步推进税种税源分析工作在各税费管理部门和各层级开展。

（二）全面加强税收征管，夯实税收增长之“源”

全系统以敢于担当的决心和精益求精的匠心不断加强税收征管，提升税收增长质效，扎实推进加强征管、组织收入的20项创新举措，税收

分析、税收情报、日常征管、风险防控、稽查检查、清理欠税等协同推进、陆续显效，牢牢抓住了税源。上半年，各项措施共增收105亿元以上，带动增长5个百分点左右。特别是市局各业务处室率先垂范，把自身业务挺到组收一线，共同分担了20亿元的专项收入任务。

（三）着力深化分析预测，把准税收增长之“脉”

按照税务总局王军局长对税收分析工作的一系列要求，切实把税收分析工作上升到关乎税收事业发展全局的高度。做优做强国地税联合分析，定期形势分析频率由每季度一篇提速至每月一篇，定向专题分析上多点开花，首都高精尖产业结构、服务业发展等多篇报告在市委、市政府和税务总局专期刊登，为上级领导提供了有力的决策支持。加快分析视角和分析范畴推陈出新，由一般性因素分析向深层次关联分析转变，由建筑、房地产等传统行业向“三板”“四板”市场等新兴领域延伸。围绕“营改增”改革试点，全面加强收入监控和预测，研究税制转换后地税收入发展的新规律，认真分析、准确把握税收发展趋势，各月税收预测准确率始终保持在98%以上，稳居全国地税系统前三位。

（四）持续巩固政策储备，积蓄税收增长之“势”

“不谋全局者，不足谋一域”，市局党组站在京津冀协同发展国家战略和提高政府治理能力的高度，在科学谋划和工作部署上放眼整个“十三五”。上半年，我们在深化国地税征管体制改革、加强地方税收征收保障、服务非首都功能疏解等方面，研究起草了一系列文件，在地方税费体系建设方面也开展了深入研究，得到了上级领导的充分认可。这不仅是为了促进今年的经济转型和税收增长，更是为将来的税收工作谋篇布局，积蓄税收收入平稳可持续发展的力量。

总体来说，我们通过一系列创新举措，牢牢抓住了组织收入主动权，克服了经济下行和结构性减税的压力，组织收入工作取得了阶段性胜利。感谢同志们夜以继日的工作和不懈努力！

二、清醒认识，组织收入工作形势依然严峻

从经济形势看，当前，全市经济发展的积极变化正在积累，疏功能、转方式、治环境、补短板、促协同步伐加快，上半年地区生产总值增长6.7%。但也要看到，国内外形势依然复杂严峻，经济企稳回升的基础不够牢固，改革红利有待进一步释放，完成全年增长目标存在较大压力。从财税形势看，6月全国税收收入增速仅为1.7%，我市财政收入下降5.7%。上半年，全国税务部门共完成税收收入7.11万亿元，增长7.9%，增速较1—5月回落1.4个百分点；我市完成财政收入2869.1亿元，增长12.8%，增速回落2.8个百分点。随着“营改增”减负效应的陆续显现，财政和税收增速会进一步回落。财政收入是全市各项改革攻坚和经济社会发展的重要支撑，需要保持平稳增长，但在结构性减税的大背景下，完成全年增长目标存在巨大压力。

此外，要统筹做好下半年的组织收入工作，保持地税收入的平稳可持续增长，还需要重点关注以下3个方面。

（一）全市部分重点领域发展仍需提速

供给侧结构性改革仍需加快，与居民需求相适应的有效供给不足。上半年，全市社会消费品零售总额增长3.8%，与年度目标相差2.7个百分点，首都创新和服务的优势还需持续激发。“高精尖”经济结构构建仍需加强，对整体经济的引领作用有待提高。1—5月，全市战略性新兴产业增加值下降2.3%，5月末人民币存贷款

余额增速为8.4%，比1季度回落3.4个百分点，其发展形势对税收收入的影响需密切关注。

（二）非首都功能疏解将形成长远影响

在落实京津冀协同发展战略和非首都功能疏解过程中，一大批优质税源在京外寻求发展，如首钢二期工程落户河北曹妃甸，北京现代汽车城落户河北邯郸等，传统批发市场整体外迁，如动物园批发市场、大红门批发市场等。今年，全市在控增量、去存量上效果明显，1—5月涉及禁限目录不予办理的登记业务达到1840件，关停退出一般制造业和污染企业174家，调整疏解市场22家，疏解商户1.2万户。

（三）组织收入工作的理念和方式亟待创新

刚才，杨志强局长在报告中对全面“营改增”后地税工作面临的形势和问题进行了全面、系统、深入的阐述，我们要认真学习领会。对于组织收入工作，我再补充一点。全面“营改增”后，靠一两个大户就能补缺口的日子已经不再有了，我们应主动顺应形势、融入改革，转变组织收入工作理念、模式和重心，从侧重“税”的管理向“税”“费”并重转变，紧跟改革步伐，关注地税收入结构的变化，做好拟接收的各项费、基金收入规模的测算。

三、坚定信心，举全局之力确保完成收入任务

为真实反映我局“营改增”后的组织收入工作成效，经市局党组研究决定，将剔除2015年营业税1186.1亿元作为基数，按照同口径分解收入任务。7月12日，市局与市财政局召开座谈会，就全年收入任务调整等事宜进行充分沟通，根据市人代会通过的全市一般公共预算收入增长6.5%的目标，结合首都经济税源和“营改增”试点的实际情况，调整同口径收入任务，各项税费收入任务调整为3690亿元，同口径增长13.3%，地方公共财政预算收入任务调整为2500亿元，同口径增长9.8%。市局将按照税务总局“定、分、调、考”的税收收入目标管理总体要求，充分考虑宏观经济运行、各区域税源差异、各行业发展趋势以及税制改革等因素，调整各税费、各局、各业务部门收入任务。同时，税务总局拟在8月调整全国各地全年收入任务，若有差异，市局将根据收入情况，再进行适当调整。

当前，宏观经济形势的不稳定性和不确定性依然较强，落实结构性减税的任务依然较重，“营改增”后税收征管的难度大幅增加。能否圆满完成收入任务是检验我们改革成效的重要标准，能否科学谋划、精准施策是我们工作水平的体现。因此，我们要充分利用有利条件和积极因素，但更要做好应对各种挑战和困难的准备，未雨绸缪、居安思危。为确保完成调整后的全年收入任务，我着重强调以下5个方面。

（一）守纪律、讲规矩，坚守依法组织收入底线

全系统要做到依法征税、应收尽收，坚决不收“过头税”，把组织收入工作和“两学一做”学习教育紧密结合起来，进一步强化纪律约束，强化规矩意识。各局要牢固树立大局观念，服从市局整体安排，不能只顾及局部利益，要先算大账、后算小账。今年，区党委、政府换届较为集中，个别区可能会对财政收入提出过高的增长目标。各局必须杜绝违规组织入库，出现违规入库、扰乱税收秩序的行为，对相关责任人要坚决追责。

（二）转思路、谋发展，促进税收与经济保持协调

要从服务供给侧改革的大局出发，突破传统的框架，立足基层、坚持创新，严格落实各项税

收优惠政策，特别是支持高新技术、小微企业、养老、就业等政策，大力发挥税收服务京津冀协同发展、调节经济结构和惠民生的积极作用。同时，也要杜绝越权减免税、违规减免税，尤其是不符合首都发展战略的疏解产业，要联合国税、工商等部门加强征管，服务好首都构建“高精尖”经济结构，促进优质税源落地生根。

（三）强机制、促协同，提高组织收入工作的合力

研究建立收入管理工作机制，通过加强收入目标管理、收入过程管理和收入质量评价，提高组织收入工作的整体效能。完善定期的会议机制，按月召开税收分析会，及时召开专题分析会，研究、调整和改进组织收入措施。建立信息反馈机制，切实做到各部门横向联动和各级纵向互动，及时解决组织收入中出现的重大问题。收入处要加强整体统筹，征科、稽查、税费管理等部门协同配合，结合收入形势变化调整组织收入工作重点。

（四）强税基、挖潜力，夯实税收持续增长的基础

要统筹兼顾，突出重点，打破惯性的工作思维。在固本强基方面，要由税收管理向税源、费源管理转变，着重加强业务学习，加大源泉管控的力度，加强对自然人和重点领域的税收征管。在风险防控方面，要大力推动数据共享和第三方的合作，拓展情报获取渠道，提高数据利用效能，通过评估、分析、约谈等手段，努力挖掘税收潜力。在税收分析方面，要加强国地税联合分析提升工作站位，按月开展形势分析，多角度开展专题分析，突出专业特点、税源特征和区域特色；加强税种税源分析提升征管效能，注重运用第三方数据，从税收征管流程入手，以印花税、房产税为突破口，查找税收征管的着力点，进一步堵漏增收。

（五）抓落实、提质效，确保完成全年收入任务

各部门、各单位主要负责同志要从提高政府治理能力的大局出发，紧密结合班子成员，进一步强化担当意识、责任意识、忧患意识和“紧迫感+”的意识，贯彻落实好市局党组的各项工作部署，因地制宜地制定工作方案，确保任务到岗、责任到人、措施到位。要积极争取各区政府及部门的支持，落实好税收征收保障办法，努力提高组织收入工作质效，确保税收平稳增长。

同志们，让我们在市局党组的领导下，科学谋划、精准施策、统筹推进、狠抓落实，圆满完成组织收入工作任务，为服务首都经济社会发展做出更大贡献！

统筹协调 扎实推进
确保全市税收征收保障工作不断取得新成效

——在北京市地方税务系统半年工作会议上的讲话

北京市地方税务局副局长 王 炜

（2016年7月21日）

同志们：

我就贯彻落实《北京市税收征收保障办法》（以下简称《保障办法》）、加强税收征收保障工作讲两点意见。

一、高度重视，认真学习，准确把握税收征收保障工作的重要意义

（一）税收征收保障工作是调动政府部门力量、积极助力税收征收工作、构建我市协税护税体系的重要抓手

《保障办法》于2016年6月21日经市政府第120次常务会议审议通过，9月1日起正式施行。该办法是北京市人民政府制定的第一个以服务税收征管、保障税收工作有序开展为目标的政府规章，明确规定了市、区两级人民政府及工商、住建、国土、交通、人力社保等部门的税收征收保障职责，以及相关部门向税务机关提供涉税信息和执法协助方面的具体要求。涉税信息范围不仅涉及与税收征管工作联系极为密切的纳税人生产、经营信息，也涉及存量房交易、外籍个人出入境等纳税人生活信息；向税务机关提供的执法协助内容则涵盖有关企业注销登记、不动产登记、车辆登记及协助阻止纳税人出境等。该办法的颁布，标志着我市“政府领导、部门负责、相互配合、社会参与”的税收征收保障工作格局已初步形成，对促进我市政府部门与税务机关之间的涉税信息共享和税收执法协助，提升我市综合治税水平，将发挥十分重要的作用，并为今后税务机关进一步拓展涉税信息来源，密切与政府相关部门的协作配合打下扎实基础。

（二）税收征收保障工作是健全税收征管制度体系、提高依法治税能力、保障税收收入的有效途径

近年来，我局一直高度重视税收征收保障工作。在2014年底，我局认真准备，积极推动，提请市政府办公厅印发了《北京市人民政府办公厅关于加强税收保障工作的意见》（以下简称《意见》），明确要求政府相关部门与税务机关共享涉税信息，协助税务机关依法开展征收工作，确保税款应收尽收。《意见》实施两年来，我局已先后与18个委办局签订了涉税信息共享协议，协议内容涉及个人户籍、婚姻记录、专利实施许

可合同备案等60大类信息，共采集信息3000余万条。我们利用这些信息，加强征管、堵漏增收，促进税收收入增长约1亿元。此外，我局与市公安局、市国土局等部门不断加强税收执法协助，特别是与公安、出入境边防检查机关建立了更为密切的税收执法协助机制，成功实现对71户企业法定代表人采取阻止出境措施，累计追缴税款1.63亿元。

《意见》的施行取得了良好成效。但是，由于《意见》法律层级不够高，约束力不够强，不利于推动税收征收保障工作向纵深开展。为进一步提升税收征收保障依据的法律层级、扩大影响力，我局多方采取措施，最终利用一年半时间，成功推动《意见》上升为政府规章，进一步健全了我市税收征管制度体系，为保障税收收入提供了有力支持。

（三）税收征收保障工作是顺应征管体制变革、强化税源管控、提高征管质效的重要举措

当前，随着“营改增”试点等税制改革工作的不断推进，地税部门的税费征管体系将发生重大变革，征管工作将更多地侧重于自然人管理，征管难度将大幅提升。与此同时，地税部门还将按照市政府有关部署，逐步接手社保费等相关政府收费项目的征收工作，管理内容将更加复杂多样，与政府相关部门、纳税人及缴费单位也将建立起更为密切的联系。新形势下，税务机关对政府相关部门的涉税信息、执法协助的需求，将比以往更为迫切。贯彻落实好《保障办法》，有利于进一步拓展税务机关涉税信息和执法协助的获取渠道，提高涉税信息的采集率和利用率，提升税收执法工作质量和效率。更为全面、丰富、有效的涉税信息和执法协助，将为助推税收征管工作再上新台阶创造有利条件，提供坚强保障。

二、统筹协调，密切配合，扎实推进税收征收保障工作

《保障办法》的施行，使税务机关能够站在更高的起点上，更为快速高效地获取所需的涉税信息和执法协助，强化税种税源管控，堵塞征管漏洞。我们要认真贯彻落实《保障办法》，充分利用办法出台的有利契机，乘势而上，顺势而为，积极推动全市税收征收保障工作不断取得新进展。要重点做好以下几方面的工作。

一是坚持依法推进，密切加强与政府及其部门之间的协调配合。《保障办法》明确规定，市、区两级政府应当加强对税收征收保障工作的领导，监督和考核工作完成情况；政府相关部门应当依照各自职责和办法规定，做好税收征收保障相关工作。这使得税收征收保障工作法定地成为政府及其部门的重要工作内容之一。我们应当借此机会，主动作为，认真履职，积极与市、区两级政府及其部门进行沟通联系，努力争取相关部门的理解、支持与配合，不断拓展涉税信息的领域和范围，为税收征管工作提供更加有力的数据支持。同时，在需要政府相关部门予以执法协助时，应当依据法律法规及《保障办法》规定，及时出具协助执行文书，积极推动案件移送、阻止出境等工作。在此基础上，进一步探索建立更为广泛、全面、高效的税收执法协助机制，密切与政府相关部门之间的协作配合，努力提升税收执法工作质效。

二是加强组织领导，明确各部门职责分工。税收征收保障工作不是任何一个部门能够独立完成的工作，需要统筹协调、密切配合，发挥整体合力。市局、区（分）局两级领导班子应当加强组织领导，研究谋划、安排部署，强有力地推动税收征收保障工作。数据、税政、征管、稽查等部门对税收征收保障工作实行部门牵头、归口

管理。其中，数据部门负责牵头开展涉税信息管理工作，包括组织本单位相关部门根据实际需要提出涉税信息需求，与政府相关部门协商确定涉税信息交换的具体范围、标准、口径、方式和时限，接收并对外提供涉税信息数据，将收到的涉税信息导入征管信息系统，并组织开展信息数据分析工作，利用相关信息，查找税收征管工作特别是房屋交易、股权转让、注销税务登记、减免税管理、跨境税源管理等工作中存在的问题，以及纳税人未缴或者少缴税款等违法行为，及时堵塞征管漏洞。税政部门负责提出涉税信息需求，并利用获取的信息进行税种税源分析，发现涉税疑点后，及时开展约谈核查，进一步规范税源管理，完善制度规定。征管、稽查部门负责按照风险管理有关规定，开展日常检查和专业稽查，查处涉税违法行为。稽查部门负责与政府相关部门建立税收执法协助机制，有效协调公安、出入境边检、工商、不动产及车辆登记管理等部门，依法办理阻止纳税人出境、停止注销税务登记、停止不动产和车辆过户登记等工作。市、区两级税务机关的其他部门应当积极配合上述部门开展工作，确保税收征收保障工作任务有效落到实处。

三是立足实际，稳步有序地开展各项工作。税政部门根据工作实际，向数据部门提出信息需求时，应遵循“现实需要、即时可用、循序渐进、逐步扩大”的原则，提出税种税源管理、税收统计分析等工作中迫切需要、现实可用的信息需求。既要避免给其他政府部门增加不必要的工作负担，减轻工作压力，又要防止出现涉税信息无法有效利用、闲置浪费的现象。在提出需求时，应明确信息内容、期间、频度、提供方式等事项。从2015年启动税收征收保障工作以来，我们已获取了大量的外部信息，并利用其中一部分信息，查办了一些案件，查补了巨额税款。但是，仍有大量的信息被搁置、被浪费，没能有效地加以利用和转化。实际工作中，不免出现了信息需求很急切、信息利用水平很低下，守着海量信息却不能有效利用的尴尬局面。这迫切要求我们提高搜集信息和使用信息的能力，要确保搜集来的信息是有用信息，防止出现“摸着石头过河、凭着感觉要信息”的现象。同时，要积极采取比对、汇总、加工等多种有效的技术手段，使用好搜集到的各类信息，让这些信息真的成为有用的信息。

四是加强后续管理，切实做好统计、总结、分析等工作。税收征收保障工作是一项重要的征管基础性工作，不单要建立机制、明确责任、强化部门职责，还要扎实地开展好数据统计、情况总结、问题分析、成果上报及档案资料管理等后续工作。市、区两级税务机关的数据管理部门、稽查部门作为归口管理部门，应当认真做好相关工作，及时总结税收征收保障工作的开展情况，全面客观地反映税收征收保障工作成效，定期向局长办公会进行专题汇报，推动研究解决工作中遇到的各类难题，全力确保税收征收保障工作的顺利开展。需要注意的是，市、区两级税务机关对于政府相关部门提供的涉税信息，应当依法使用和妥善保管，不得用于与税收征收工作无关的事项，不得向第三方披露。对于违反上述规定的，应当依法追究相关单位和人员的责任。

同志们，让我们在市局党组的坚强领导下，扎实开展好税收征收保障工作，有效地服务于税收中心工作，推动税收征管能力和征管质量不断迈上新台阶，为促进首都经济社会发展做出新贡献！

拓展加强征管新举措
全力实现征管新突破

——在北京市地方税务系统工作会议上的讲话

北京市地方税务局总经济师　沈永奇

（2016年2月1日）

同志们：

2015年，在市局党组的正确领导下，全系统积极应对经济下行和结构性减税影响，开拓创新，多措并举，狠抓20项具体措施的落实，取得显著效果，增收155亿元，拉动全市地方税收收入增长5个百分点。2016年，面对深化征管体制改革的新任务、新要求，我们要在进一步巩固深化2015年20条措施的基础上，积极推进2016年20条具体措施落实，深挖潜力，创新举措，实现突破。下面，我讲三点意见。

一、2015年落实20条征管措施取得的成效

（一）税收征管秩序进一步规范

规范非正常户认定管理措施，对非正常户认定依据、认定流程、工作要求进行明确。研究制定无照户管理措施，探索通州“画家村”无照户办理临时税务登记模式。制定对招商引资型异地纳税企业税收管理办法，加强对外地进京建筑安装企业的税收征管。加大欠税清缴力度。有力规范了税收征管秩序，累计增收11亿元。

（二）税收流失风险进一步降低

加强零申报管理，通过无税申报提示将19.5万户长期无税户转化为有税户，有税申报率提高到76%。研究加强小额申报管理措施。实行分税种明细申报，全面掌控和分析企业土地等级、房产原值、合同签订等基础信息。规范二手房缴税流程，加大信息共享力度，上线新版操作系统，实现区域通办。加强个人出租房屋管理，积极推进个人出租房屋委托代征。显著降低了税收流失风险，累计增收36亿元。

（三）税收增长质量进一步提高

制定税种税源管理办法，提高税种税源管理质量。探索房产税逐步调整为按租金计算。加强印花税管理，重点开展汽车销售4S店核定征收、金融机构同业拆借合同、企业资金账簿的印花税核查工作。强化大企业和总部企业税收管理与服务工作，对总局联系重点企业的二级公司进行专项稽查。研究完善外商投资企业土地使用费征管工作。进一步比对各类车辆车船税的征收情况。提高了重点税种、行业、企业的税收增长质量，累计增收8亿元。

（四）税收执法力度进一步加强

进一步加大税务稽查、检查的力度。制定完善《税收遵从风险管理暂行办法》《税收风险监控联席会议工作办法》《日常检查实施办法（试行）》等配套制度。加强日常检查力度，对半年以上零申报的企业进行专项检查。统筹推进市局、区局、税务所三级约谈工作，针对部分存在涉税疑点的纳税人开展国地税联合税务约谈。有力维护税收公平，累计增收95亿元。

（五）税收合作水平进一步提升

从2015年1月1日起，委托市国税局代征"一税两费"。全年委托代征92万户，代征相关税费183亿元，带动增收5亿元。联合发改委、国税、工商等部门，提出加强有形市场管理的措施。落实国务院"三证合一"要求，助力"大众创业、万众创新"。对新增税源户纳税情况开展专题分析研究。

2015年，加强税收征管、组织收入的20条措施是持续推动征管质效提升的有益尝试和探索，实现了中心聚焦和精准发力，效果值得肯定，经验值得推广。但也还存在一些不足：一是2015年的20条征管措施还不够全面；二是征收管理制度还需进一步完善；三是税收执法风险还需进一步防范。

二、2016年加强税收征管的20条创新举措

2016年是"十三五"规划的开局之年，是深化国税、地税征管体制改革的关键之年。根据市局党组的工作部署，在巩固2015年20条征管措施成效的基础上，全面推行2016年20条具体措施，努力实现"十三五"时期全市地方税收开门红。

（一）调整我市房产税纳税地点和出租房产的计税依据

配合市政府法制部门做好废止我市房产税施行细则、明确我市贯彻落实房产税暂行条例有关意见的文件起草工作。自2016年起，将我市房产税改为由房产所在地税务机关征收，同时，对房产出租的，改为以房产租金收入作为房产税的计税依据。

（二）扩大印花税委托代征范围

进一步加强印花税管理，堵塞征管漏洞，提高工作效率。与市科委相关部门进行接洽，推动委托技术交易市场代征印花税工作。同时，加强与海淀区政府的沟通协调，率先在海淀"中关村"技术交易市场开展委托代征印花税试点工作，及时总结、完善、解决试点过程中存在的问题。2016年6月30日前，全市完成委托代征协议签订工作；7月1日起，全市统一委托技术交易市场代征技术交易合同印花税。

（三）实现市级党政机关集中扣缴个人所得税

加强与市财政局、市人力社保局的沟通合作，制定数据传递、税款计算、申报缴纳的集中扣缴工作流程，明确集中扣缴个人所得税的计税规则；组织开发计税软件；开展宣传辅导，建立集中扣缴后续补退税管理制度；制定多部门协调配合的实施方案，确保此项工作有效开展；下半年推广复制到各区，实现规范计税口径、加强源泉扣缴、提高服务水平的工作目标。

（四）加强禁限产业税收管理

为深入贯彻落实《京津冀协同发展规划纲要》，有序疏解北京非首都功能，进一步加强对列入《北京市新增产业的禁止和限制目录》的单位和个人的税收征管，加强日常检查和税务稽查力度。积极争取国家层面支持，在全市对与首都功能定位不相适应的税收优惠政策暂停执行。

（五）市局业务处室税收任务具体化

税收业务处室要创新执法和管理方式，提升

执法层次，主动开展约谈、评估、管理、信息和情报等工作，完成税收任务 20 亿元。其中征科处 5 亿元，稽查处 4 亿元，国际税处 2 亿元，个人所得税处 2 亿元，大企业处 2 亿元，企业所得税处 2 亿元，财产行为税处 2 亿元，营业税处 1 亿元。

（六）加强申报未入库管理

采取多项措施加强申报未入库管理。2016 年 3 月底前对近三年申报未入库历史数据进行全面清理；完善信息系统申报未入库处理功能；健全长效管理机制，按月及时核实清理申报未入库数据；对确属申报未入库并符合欠税认定条件的，纳入欠税管理，并建立责任追究制；强化国地税联动，协调国税局联合对申报未入库纳税人采取限制性管理措施；加强绩效考核，将入库率纳入绩效考核指标，2016 年实现申报入库率达到 99% 以上。

（七）加强退税管理

修订退税管理办法，建立大额退税管理制度，对大额退税申请实行集体审议，以进一步防范退税过程中的执法风险；同时规范退税管理流程和文书表单，探索并逐步实现网上办理退税，以进一步便利纳税人，提高税务机关工作效率。

（八）试点行使代位权和撤销权

为加强税收征管，防止纳税人因怠于行使到期债权、放弃其到期债权或者无偿转让财产而损害国家税收利益，在我局试点行使代位权和撤销权制度，明确部门职责、工作程序等内容，为基层税务机关积极开展欠缴税款追缴工作提供明确、具体的制度依据，同时加强与人民法院的沟通，力争在欠税管理上实现新的突破。

（九）加强陈欠清理

加强欠税清理工作，定期开展清缴欠税能力分析，查明欠税人欠税原因，有针对性地分类采取清缴欠税措施，及时有效清缴欠税，欠税规模在 2015 年基础上缩减 15%。收规部门研究欠税统计的核算办法，进一步优化欠税统计工作。

（十）建立股权转让清分系统

为堵塞征管漏洞，防范税收风险，加强税源管理，制定实施股权转让税收管理办法。充分利用工商局传输的股权变更信息，开发股权转让清分系统，清分出发生股权变更企业的详细信息，提醒纳税人及时缴纳税款，提示税收干部及时催缴税款，同时为风险推送管理提供数据支撑。

（十一）全面清理非正常纳税户

进一步加强税源管理，全面清理历史累计的 85 万非正常纳税户。对于非正常纳税户，通过公告、列入市工商局企业信用信息系统、清缴欠税、收缴发票、与市工商局联合对失信企业进行惩处等措施，将其从纳税登记系统中剥离并纳入“黑名单”管理。

（十二）加强个体工商户税收管理

为加强个体工商户税收征管，进一步强化国地税合作，结合营业税改征增值税试点改革工作，委托市国税局代征缴纳增值税的个体工商户个人所得税及相关附加税费。

（十三）加强税收债权保护

落实企业破产案件税收债权保护工作规程要求，建立并落实市局与区县（分）局间企业破产案件税收债权保护工作信息传递反馈机制。区县（分）局依法及时确认并申报税收债权，做好与法院及破产管理人的沟通协调工作，防止税源流失。

（十四）建立税种定期分析制度

建立各税种税源和税收的定期分析制度，逐步掌握税源底数和发展变化，努力查找税源发展和税收征管的风险点，反映和评价税收政策调整及税收征管措施的成效，提出加强税收征管的建议。

（十五）开展存量房税收负担分析

开展全市二手房分区域税收负担分析，掌握全市二手房税源情况，分析区域二手房交易情况和税收政策执行情况，通过发现政策执行中的差异，查找存量房交易中的风险点，提出税源管理的工作建议。

（十六）规范注销登记管理

联合市国税局进一步完善注销税务登记流程和要求，制定完善工作规范。根据纳税人核算方式、登记注册类型等情形，强化税源管理，简化业务流程，将注销税务登记分为简易注销税务登记和一般注销税务登记。

（十七）建立联系大企业常态化机制

市局直接联系50户大企业，定期了解其生产经营情况，开展内控调查和风险分析，组织实施税收遵从风险管理。加强税企沟通，实施个性化服务，建立涉税诉求协调解决机制和重大事项报告机制，开展常态化走访和税企高层对话。

（十八）全面规范日常检查工作

划分不同层级工作职责，明确检查对象来源，进一步规范日常检查工作，日常检查有问题率要达到70%以上。市局、区局、税务所全面启动税务约谈工作，切实提高税法遵从度。

（十九）开展无税申报、不申报专项检查

加强无税申报、不申报纳税人管理，开展无税申报户、不申报户专项检查。对不申报户和连续6个月无税申报的，按照风险管理的要求，选取一定比例的纳税户实施税务约谈和日常检查。

（二十）开展个人所得税重点项目专项检查

深化税种征收管理，开展对全市个人所得税小额申报和外籍人员无税申报的专项检查。

一是开展对全市个人所得税小额申报专项检查。按照行业、区域等查询全市个人所得税明细申报数据；梳理个人所得税小额申报税收风险点；组织区局对个人所得税小额申报单位开展日常检查；建立个人所得税小额申报风险模型，开展风险识别；建立关于个人所得税小额申报的统计分析、定期通报、工作督导等工作机制，从而实现降低个人所得税小额申报比例，提高征管质效的目的。

二是开展对外籍人员无税申报专项检查。按照外籍个人类型、国别、行业查询全市外籍个人无税申报数据；选定具有较大涉税风险的外籍个人无税申报名单，由税务所开展日常检查；选取一定比例开展市局重点约谈；建立外籍个人无税申报风险模型，开展风险识别；加强与市公安局出入境管理部门的协作，完善信息共享、定期会商制度；建立关于外籍个人无税申报的统计分析、定期通报、工作督导、案例归集等工作机制；对切实无有效途径调查核实外籍个人涉税信息的，发起国际情报交换。摸清税源底数，提高征管质效。

三、工作要求

（一）统一思想，提高认识

20条措施是经市局党组研究确定的。全系统要从深化国税、地税征管体制改革和推进税收现代化的高度，充分认识到落实20条措施是深化征管体制改革的重要举措，是提升征管质效的实际行动，要统一思想，有组织、有计划、有步骤地抓好落实。

（二）统筹协调，形成合力

各责任处室要制定具体方案和措施，统筹指导各区（分）局相应科室细化落实；协办处室积极配合；各区（分）局要比照市局制定工作方案，做好任务承接，形成落实合力。市局各责任处室和各区（分）局落实20条措施的具体方案在2月底前报送市局征科处。

（三）精心部署，狠抓落实

要紧紧围绕落实20项措施精心部署，细化责任分解，明确任务分工，倒排时间步骤，确保有效推进。

（四）大胆实践，勇于创新

要深入落实“互联网+税务”理念，结合金税三期工程推广上线，不断创新工作方法，提升工作效率。要深入征管工作实际开展调查研究，发现和解决新情况、新问题，不断探索把握客观规律，提出推进工作的有效举措。

同志们，让我们在市局党组的正确领导下，齐心协力，积极创新，主动作为，进一步认识、适应、引领税收工作新常态，推动落实2016年加强税收征管20条措施，持续深化征管改革，推进地方税收现代化建设，谱写税收事业新篇章！

凝聚合力 强化担当
推进深化征管体制改革任务全面落实

——在北京市地方税务系统半年工作会议上的讲话

北京市地方税务局总经济师 沈永奇

（2016 年 7 月 21 日）

同志们：

2016 年 7 月 8 日，市委郭金龙书记主持召开市委全面深化改革领导小组第 10 次全体会议，审议并原则通过了《北京市深化国税、地税征管体制改革实施方案》（以下简称《实施方案》）。这是北京地税发展史上的重要里程碑，将为北京地税事业的长远发展掀开新的篇章。为进一步贯彻市委、市政府要求，深入推进改革任务全面落实，切实打造北京样板，在此，我讲三点意见。

一、统一思想，充分认识《实施方案》通过的重大意义

（一）《实施方案》的通过来之不易

中央《深化国税、地税征管体制改革方案》印发后，市委、市政府高度重视，王安顺市长、李士祥常务副市长专门作出了批示。市局将落实中央方案作为“一号落实工程、一号督查事项、一号考核任务”，自 2015 年 12 月 8 日启动《实施方案》起草工作，历经 7 个月时间，征求 7 个部门意见，经过 30 余次修改。3 月 3 日总局批复同意，6 月 15 日市政府专题会审议原则通过。7 月 8 日市委深改组审议原则通过。《实施方案》的通过凝聚了北京地税的智慧和心血，也饱含了税务总局和市委、市政府对北京地税改革事业的大力支持，将为北京地税的未来掀开新的篇章。

（二）《实施方案》充分体现了北京特色

《实施方案》分指导思想、改革目标、基本原则、主要任务、工作要求 5 大部分，其中主要任务共有 7 大类 35 项。结合我市实际，核心内容有三部分：“理顺征管职责划分”中，明确了地税部门对社会保险费收入等 7 项非税收收入的征管职责，新增的收费和基金项目原则上也由地税部门统一征收。“四项专项改革试点”中，承担“全面推行同城通办”“完善全国 12366 纳税服务平台”“对高风险纳税人开展定向稽查”“深度参与国际税收合作”四项专项改革任务。“国地税合作”中，对合作事项进行进一步细化和明确。我市《实施方案》在全国各省市中，贯彻落实中央改革方案精神最全面、最彻底、最具体，具有较大的示范意义。

（三）《实施方案》打造了北京地税发展的新格局

《实施方案》将对我局产生重大而深远的影响，税收征管工作将首次呈现出征收的费种数量超过税种数量、收费金额超过收税金额的格局。随着“营改增”全面完成和个人所得税、房地产税、资源税、环保税等税制改革进程加快，我局税收征管对象也将以企业管理为主向自然人管理为主转变。因此，《实施方案》必将成为北京地税发展历史上的一个重要分水岭，社保费的开征也将成为我局发展历史上的一个里程碑事件。

二、凝心聚力，推动改革任务全面落实

随着《实施方案》的通过，深化征管体制改革工作将进入全面落实阶段，主要开展以下几项工作。

（一）加强学习，激发改革内生动力

全系统上下要加大对中央改革方案和北京市《实施方案》的学习和培训，将学习方案纳入下半年公务员培训计划。要让全系统干部职工深刻领会改革的意义，正确掌握改革的方向，明确知晓改革的任务，努力营造浓厚的改革氛围，凝聚思想共识，不断激发改革的内生动力，让更多人能够了解改革、支持改革、参与改革，为改革出谋划策，为改革勇于担当，为改革身体力行，形成深化改革的强大合力。

（二）制定方案，周密部署全面落实

一是国税、地税联合印发贯彻落实《实施方案》的通知，明确改革目标、工作任务、组织保障和工作要求。二是根据实施方案，结合我局实际，制定《工作方案》，分解工作任务、明确牵头部门、制定工作措施、细化工作标准、确定完成时限。三是各区分局根据市局的《实施方案》和《工作方案》，制定各局的《工作方案》，确保各项改革任务要从市局层面向区（分）局层面拓展，实现系统上下联动。

（三）明确职责，实现改革重点突破

按照明确税费征管职责的要求，地税部门征收非税收收入项目要在2017年取得突破。企业所得税处要抓紧制定好我局征收社会保险费的具体工作方案，尽快与社保部门加强沟通、做好衔接，力争在2017年征收社会保险费。其余6项非税收收入项目，按照“成熟一项、接收一项”的原则，根据各费种的情况明确责任处室，确定征收方式，创造条件、逐步实现由我局统一征收。

（四）打造样板，确保试点改革成效

要继续推进我局承担的四项专项改革试点取得成效，2016年下半年提炼、总结在机制、体制、管理、技术等方面好的做法，形成可推广、可复制的经验，为全国其他省市提供“样板”。其他改革事项，也要按照“样板”标准，深入开展、落到实处，确保在2016年底基本完成重点改革事项，2017年把各项措施做实。

（五）调整机构，做好改革组织保障

按照“统筹兼顾、税费分开、科学合理、运行高效”的原则，根据征管改革整体进程和金税三期工程上线运行后的情况，调整市、区两级内部机构职责，为深化改革提供强有力的组织保障，进一步提升工作效能。一是围绕新的税费种类调整机构职责，成立新的税收管理机构，分别负责个人所得税、与房地产相关的税种和其他地方税种的征收。二是成立新的非税收收入管理机构，分别负责残保金、工会经费和社保费等行政事业性收费、政府性基金的征收。三是区局层面对应成立相应的税费管理机构。

（六）部门合作，凝聚改革强大合力

一是继续深化国地税合作。以国地税《合作

工作规范》3.0版和《征管规范》1.2版为指导，在明确双方法定职权的基础上，继续委托国税代征“一税两费”，按照年初确定的83项合作计划，加快推进国税局对个体工商户的代征代管工作。同时，继续做好我局对二手房和个人出租房屋的代征增值税工作。二是加强税收协同共治。加强与其他委办局的沟通协调，实现各部门管理互助、信用互认、信息共享，充分提升大数据的利用价值，服务经济社会管理和宏观决策，为增强税收治理能力提供有力支撑。三是加大宣传引导力度。加强对深化国地税征管体制改革的宣传和引导，争取社会各界的理解和支持，确保改革任务能够顺利推进。

三、明确要求，全力打造改革的北京样板

这份体现了中央改革要求，凝聚了纳税人和社会各界共识的改革方案，为首都财税体制和征管体制改革勾勒了美好蓝图。各单位、各部门要切实把思想和行动统一到市局的决策部署上来，增强责任感和使命感，以时不我待的精神抓好方案落实，力争在全国打造出改革的北京样板。

（一）加强领导，组织到位

征管体制改革工作在税收事业发展史上具有里程碑意义，市局专门成立了由“一把手”任组长的征管改革领导小组和各工作小组。各区（分）局也要进一步完善组织，统一思想，依据市局对《实施方案》的落实工作方案，抓紧制定本局落实工作方案，并报市局备案。

（二）分工配合，落实到位

市局各部门要统筹安排，明晰职责，针对《实施方案》涉及的具体改革事项，制订工作计划，健全相关机制。各区（分）局要按照市局的工作安排和要求积极推进，促进各项工作落实到位。全局上下形成一级抓一级，层层抓落实的工作格局，确保各项改革稳妥推进，见到成效。

（三）统筹协调，沟通到位

改革过程中，要注意沟通内外，协调左右，联动上下，调动各方积极性、主动性、创造性。各级要注重向上级单位请示汇报，增进与国税局和其他外部单位的沟通配合；市局各部门要紧密协作，有效衔接，加强对基层工作的部署指导；各区（分）局要认真落实重大事项报告制度，及时向市局反馈问题与建议。通过各方配合，最大限度地凝聚改革合力。

（四）舆论引导，宣传到位

市、区两级要充分利用多种渠道，做好宣传工作，回应社会关切。首都无小事，要建立舆情监控和处理机制，制定宣传应急预案，避免负面舆情，为征管改革营造良好的舆论氛围。

（五）定期检查，督导到位

市、区两级改革工作领导小组要加强检查指导，及时发现和解决问题。市局改革督促落实领导小组将适时对各工作小组和各区（分）局的工作落实情况进行检查。

同志们，当前，征管体制改革已进入攻坚期和深水期，我们要加强领导、统筹协调、密切配合，加强宣传培训、督促检查。在市局党组的正确领导下，在全系统干部职工的共同努力下，为圆满完成征管改革的各项任务而努力，谱写北京地税改革发展的新篇章！

鼓足干劲 周密部署 全力确保金税三期工程单轨上线成功

——在北京市地方税务系统半年工作会议上的讲话

北京市地方税务局总经济师 沈永奇

（2016年7月21日）

同志们：

按照国家税务总局关于金税三期工程推广上线工作的整体安排，我局已于6月1日开始进行金税三期工程双轨试运行工作，即将于8月8日开始金税三期工程系统的单轨运行。双轨运行以来，全系统各单位认真开展各项工作，为单轨上线运行做好了最后准备。下面，我对双轨运行的有关情况和下一步单轨运行的有关工作安排，讲三点意见。

一、平稳有序，双轨运行各项工作顺利开展

双轨试运行启动以来，系统上下迅速行动、加班加点、攻坚克难，历时近两个月，基本完成了双轨运行的各项工作任务。

（一）积极开展业务重做，全面测试金税三期工程系统

按照双轨运行方案，各单位重点对新办税务登记、纳税人资格认定、稽查业务、文书办理等20项涉税业务开展业务重做。逐日进行数据比对，开展差异分析并及时进行纠正。截至7月15日，共在金税三期工程系统受理文书21168笔，办结文书7539笔，完成申报36912笔，打印完税证4401份，缴款书7827份，完成税种认定12911户。同时，还完成了50家商业银行的税库银TIPS系统联调测试工作，为纳税人网上缴税奠定基础。7月16日，组织全系统各区局、各业务处室在同一时间登录金税三期工程系统进行人海压力测试，验证金税三期工程系统的正式生产环境和网络环境的可靠性及最大承载量。

（二）加强系统监控，及时解决双轨问题

通过前台和后台监控系统，统计分析各区分局的登录数量、问题数量、业务数量、人员比例等关键指标，找出薄弱环节，确保各区分局的双轨数量达到一定比例，达到熟练操作金税三期工程系统的目标。建立问题的搜集、解决和反馈机制，市局金税三期工程办成立问题处理中心，并组建了市局、区（分）局、税务所三级业务支持团队，搭建了问题管理平台、开辟了互联网地税局金税三期工程工作专栏、创建了税信通联系群，多渠道解决双轨运行期间各单位发现的问题，共搜集问题1664个，其中已解决1261个，正在解决的403个。

（三）加快特色软件改造，督促纳税人操作练习

尽量保持了特色软件与原有软件的一致。同时，采取了纳税提示、短信告知、微信公告、网站提示等多种渠道进行广泛宣传，并要求各税务所对重点纳税人进行电话告知，督促纳税人进行模拟报税，确保纳税人能够熟悉特色软件、操作特色软件，为单轨运行时能够顺利申报和缴款打下基础。

（四）及时发布提示公告，确保停止服务通知到位

按照国家税务总局的统一安排，我局与市国税局联合对外发布公告，告知纳税人我局将于2016年7月25日—8月7日停止对外办理税收业务。微信、微博、网站等载体同时转载，广泛告知相应事项，方便纳税人合理掌握办税时间。

双轨运行工作开展以来，全系统各单位有效完成了双轨运行各项工作部署与要求，基本达到了预期目标。但是，仍然存在一定的不足，主要表现在：一是纳税人练习数量仍然不足；二是部分区局金税三期工程推广办的核心指导作用有待加强，部分单位尚未完全实现全员登录金税三期工程系统；三是基础数据质量还需进一步加强，系统稳定性需进一步提升；四是问题处理速度仍需加快。上述问题的存在，将会对金税三期工程单轨运行带来不可预估的风险，需要我们在最后几天全力加以解决，请各单位针对上述四类问题进行逐项梳理，认真排查，及时解决。

二、全力以赴，确保金税三期工程成功上线

8月8日，金税三期工程将在北京地税单轨运行。为了确保金税三期工程平稳上线运行，请各单位按照职责分工，务必做好以下重点工作。

（一）加强金税三期工程上线保障指挥

市、区两级金税三期工程推广办要成立专项工作组，制定单轨切换工作方案。要明确具体责任人，负责金税三期工程单轨上线各项工作落实。8月8日上线当日，市局成立上线保障指挥小组，由志强局长亲自带队，财行税处、宣教处、征科处负责人、各开发商负责人作为成员于市局3层会议室对全市上线情况进行现场指挥。市局组织由局领导带队的督导小组到各局办税服务场所进行巡检。

（二）做好停服前后工作安排

各（区）分局组织纳税人提前完成业务办理，确保无遗留事项；制定本单位单轨上线应急预案，组织开展培训和应急演练；办结所有在途业务；停服期间，各（区）分局不能懈怠，要抓紧时间，根据金税三期工程业务指引、操作手册组织全体干部学习，各区（分）局的“一把手”要带头深入税务大厅，督促动员一线干部继续熟悉金税三期工程系统；8月7日，选定部分纳税人在金税三期工程正式生产环境中试运行办理关键业务，业务范围要涵盖大厅日常基本业务。各区（分）局要面向纳税人做好预告、解释工作，系统正式上线后做好人流测算，联合各区公安、交管、宣传部门做好安全保障，并安排好备用的接待场所、窗口、人员调配，避免出现排长队的情况。

（三）做好业务和技术支撑

市局金税三期工程业务决策小组要加强业务指导，为单轨运行奠定坚实基础。金税三期工程技术支持公司要专门成立单轨运行技术保障组，与市局金税三期工程业务决策部门密切配合，做好业务和技术的无缝衔接。明确具体业务和技术支持的联系人，详细记录所解决的业务和技术问题，便于总结经验、做法。

（四）强化问题处理与反馈

按照职责分工，加强沟通和协调，以最快速度解决上线期间的问题。要实行首问责任制，防止推诿扯皮。要做最坏的打算，制定好应急预案，早预判、早处理。由于各种原因，税费种认定信息不能实现100%准确。因此，一旦纳税人不能实现网上申报时，各主管税务机关要立即进行信息更正，要建立起与纳税人的快速沟通和反馈机制，梳理工作流程，明确工作岗位和职责。防止纳税人回流办税大厅，防止办税大厅拥堵。

（五）从政治的高度重视二手房征收工作

系统停止服务将导致二手房业务办理数量的积压，8月8日当天容易造成办税大厅拥堵，极易引发纳税人不满。要从维护首都安全稳定的层面出发，高度重视，提前部署，房地产一体化领导小组负责制定市局层面二手房应急预案，各区局也要分别制定二手房应急预案，并报市局财行税处备案。金税三期工程推广办要从技术上大力支持二手房业务办理，确保纳税人平稳办税。要充分考虑纳税人的特殊需求，合理分配征管资源，加强与房屋中介的沟通协调，充分发挥区域通办的作用，积极疏导，组织力量，尽快消除积压。

（六）加强宣传引导和舆情监控

国地税联合相关委办局召开新闻发布会，对金税三期工程的重要意义、双轨切换工作安排、涉及纳税人的具体工作措施向社会公众进行说明。同时充分利用网站、报纸、电台、电视台、微博、微信等媒体渠道，进行停服公告；将有关停服的公告，制作成大幅海报，张贴到全市每一个办税服务场所，对停服安排及相应事项向纳税人进行明确。金税三期工程系统对纳税人和税务干部而言，都是一个全新的系统。受停止服务、操作习惯、业务规则、系统稳定、功能缺陷等诸多因素的综合影响，上线初期肯定会存在这样那样的问题，纳税人的不满情绪势必会通过网络、媒体等渠道表达不满。市、区两级宣教部门要认真做好舆情监控和处理工作，做好舆情应对工作。

以上是我要强调的几项需要特别关注的工作。其他工作，市局金税三期工程推广办前期已做了安排和部署，请大家认真落实好。

三、把握要求，赢取金税三期工程上线攻坚战的最后胜利

金税三期工程自启动以来，已准备了8个月的时间，市局金税三期工程集中办公人员和各区分局做了大量卓有成效的工作，真正的大考即将来临，能不能经得起实战的检验，是衡量前期工作开展情况好与坏的主要标准。为了充分利用好这剩下的几天时间，确保金税三期工程平稳上线，确保金税三期工程上线后的稳定运行，我再提三个要求。

（一）再组织、再检查、再统一

金税三期工程涉及面广、影响力大，各单位主要负责人作为金税三期工程上线的第一责任人，务必要再次认真思考四问：一是组织领导是否到位？二是工作机制是否畅通？三是各项工作是否落实？四是干部思想是否统一？市局将组建督导组，由各位局领导带队，于8月8日—25日期间，到各区分局进行督导检查金税三期工程运行情况。

（二）勇于担当、主动作为

市局各处室、各区分局、各税务所，要顾大体、识大局，跳出部门圈子，心往一处想，劲往一处使。对上线过程中发生的问题，要积极主动，出谋划策，防止出现“事不关己、高高挂

起”的现象。各单位、各部门要勇于承担解决职责范围内的工作，积极配合解决协调范围内的工作。

（三）明确责任、强化担当

按照志强局长在两次动员会上提出的工作要求，哪个单位上不了线，哪个单位的“一把手”要负总责，要向市局党组做专项说明。各单位、各部门要再次明确责任，做到有责可追，有错必究，要把责任和压力层层传导下去，用责任将各项工作聚集起来，形成合力。

同志们，金税三期工程单轨运行的号角已经吹响，希望大家继续发扬吃苦耐劳、敢于拼搏的精神，继续绷紧神经、克服倦怠、查漏补缺、做好预案，全力以赴、聚精会神地做好上线工作，为夺取金税三期工程单轨运行的最后胜利而努力！

强化担当　狠抓落实
全力推进征管体制改革取得成效

——在落实深化国税、地税征管体制改革实施方案推进会上的讲话

北京市地方税务局总经济师　沈永奇

（2016 年 9 月 2 日）

各位领导、同志们：

2016 年 8 月 23 日，北京市委办公厅和市政府办公厅联合印发了《北京市深化征管体制改革实施方案》（以下简称《实施方案》）。这是北京税收发展史上的具有划时代意义的重要事件，将为北京税收发展掀开新的篇章。下面，我就地税系统如何落实好《实施方案》谈 4 点意见。

一、明确目标，准确把握主攻方向

全市地税系统结合深化征管体制改革进程，明确改革的路线图和时间表，目标是确保 2016 年基本完成重点改革任务，总结试点改革成效，形成可复制、可推广的经验做法；2017 年年底前努力把各项改革举措做实，到 2020 年建成与首都城市战略定位相匹配的现代地方税收征管体制，降低征纳成本，提高征管效率，增强税法遵从度和纳税人的满意度，确保地方税收职能作用有效发挥，促进经济健康发展和社会公平正义。

二、统筹部署，科学制定方法路径

（一）整体规划，统筹推进

依据《实施方案》的工作内容，结合北京地税实际情况，市局从全系统层面制定并下发落实任务的具体工作方案，作为落实《实施方案》的重要举措和抓手。将主要改革任务进行细化分解，明确责任分工和完成时限，有条不紊抓好各项具体措施的落实。

（二）加强领导，健全组织

市局成立深化征管体制改革领导小组，由杨志强局长和刘江平书记担任组长，统筹领导全系统深化征管体制改革各项工作，研究、部署和解决推进征管体制改革过程中的重大问题。领导小组下设办公室，负责协调落实具体改革任务。

（三）健全制度，完善机制

一是建立联席会议制度。领导小组与市国税局建立常态化沟通会商机制，定期通报、研讨工作，解决问题，推动改革。二是建立序时推进制度。领导小组在重要时间节点听取改革推进情况汇报，及时掌握进展情况。三是建立信息反馈制度。各单位、各部门要及时向领导小组及办公室反馈改革进程中的情况和问题，积极提出合理化工作建议。

（四）分工负责，各有侧重

市局主要负责整体工作规划部署，各处室、

各区（分）局要做好改革任务的细化落实，把改革事项向纵深推进。主责处室要根据承担的改革任务，确定好配合处室，制定细化落实的具体措施。

三、强化担当，有效落实改革任务

《实施方案》提出了7个方面重点任务32类改革事项。市局将在今天的动员会后下发贯彻落实工作方案，结合北京地税工作实际，根据各处室职责，将改革任务具体细化为85项，明确了牵头处室，具体工作任务如下。

（一）理顺征管职责划分

共2类改革事项，细分为9项具体任务，分别由个人所得税处、财行税处、企税处、非税处、法制处5个处室牵头负责。

（二）深化国税、地税合作

共3类改革事项，细分为9项具体任务，分别由征科处、纳服处、数据处、稽查处、法制处5个处室牵头负责。

（三）创新纳税服务机制

共4类改革事项，细分为16项具体任务，分别由法制处、纳服处、征科处、数据处、信息中心5个处室牵头负责。

（四）转变征收管理方式

共8类改革事项，细分为16项具体任务，分别由法制处、征科处、大企业处、个人所得税处、稽查处、数据处、收规处7个处室牵头负责。

（五）优化税务组织体系

共6类改革事项，细分为12项具体任务，分别由基层处、人事处、督察处、计财处、宣教处、监察处6个处室牵头负责。

（六）构建税收共治格局

共5类改革事项，细分为18项具体任务，分别由法制处、数据处、纳服处、个人所得税处、征科处、资产处、宣教处、稽查处、企税处9个处室牵头负责。

（七）扎实推进本市承担的国家税务总局税收征管体制改革专项试点工作

共4类改革事项，4项具体任务，分别由征科处、纳服中心、稽查处、国际处4个处室牵头负责。

四、把握要求，全力确保工作成效

（一）提高思想认识

各单位、各部门要从推进税收征管体制和税收治理能力现代化的高度深刻认识落实《实施方案》的重要意义，切实增强责任感和使命感。要高度重视抓好各项改革任务的实施工作，按照工作计划确定的路线图、时间表，结合职责分工，有条不紊地抓好各项具体措施的落实。

（二）强化责任担当

各单位、各部门领导切实负起领导责任，指导、督促、协调有关处室抓好实施工作。牵头处室要负起主体责任，根据任务分工确定的时间节点提前谋划改革措施，按时制发具体方案。参与处室要切实负起配合责任，积极主动协助牵头处室做好工作。

（三）抓好宣传引导

全系统上下要深入学习中央改革方案和北京市《实施方案》，明确知晓改革任务，努力营造改革氛围。要充分利用多种渠道，做好宣传引导，回应社会关切。要及报送改革信息，为上级部门准确掌握改革进展情况提供参考。

（四）加强督查考核

要将任务分工贯彻落实情况纳入绩效管理和督查督办的重点事项，按照时间节点开展经常性的督查，及时总结成功经验，发现和解决存在的问题，确保各项改革措施落到实处、见到成效。

税收政策

收入规划核算

【综述】2016年，收入规划核算部门深入贯彻党的十八大、十八届三中、四中、五中、六中全会精神，积极落实税务总局、市委、市政府各项工作要求，按照市局党组的总体部署，大力发挥部门职能作用，深刻认识、主动适应“十三五”期间税收新常态，坚持以组织收入为中心，以税收分析为抓手，以会统核算为支撑，以队伍建设为保障，有效服务首都经济发展，持续推进改革创新，不断提升自身工作质效，主动担当、积极作为，实现了“十三五”的良好开局。在市政府两次调整追加任务，税务总局一次调整任务后，2016年提前29天完成税务总局任务，提前23天完成市政府任务。全年累计完成各项税费收入3912.1亿元，同口径增收579.6亿元，增长21.6%；累计完成税收收入3587.8亿元，同口径增收500.9亿元，增长20.6%；累计完成地方公共财政预算收入2686.2亿元，同口径增收352.2亿元，增长20.9%，完成调整后收入进度的103%。全系统各项税费收入、一般公共预算收入、税收收入增速均超过20%，实现了税收总量的再次跨越。通过不断打造分析“拳头产品”，充分发挥决策服务作用。内外结合，完善全方位分析机制；深化合作，拓展联合分析格局；深入挖掘，打造税收分析精品并实现多个成果转化。全年完成各类信息、专报217篇，被市局报送至市委、市政府112篇，其中93篇被上级刊物采用，9篇获得市领导批示，为各级领导决策提供了有力支持。扎实开展会统核算工作，有效发挥监督反映职能。狠抓质量，强化报表管理，顺利完成年终对账、结账；攻坚克难，以减免税核算推动减免税管理，积极开展减免税申报核查；大力加强票证管理，组织开展印花税专项检查。全力参与各项改革工作，当好改革的“助推器”，落实“营改增”相关工作，保障金税三期工程上线运行，持续做好财税库银横向联网缴税工作。不断创新优化三项调查工作，努力为基层和纳税人减负。注重收入队伍人才培养，分析团队工作成效显著。不断强化内部建设，高度重视绩效管理工作，在2016年绩效考核中，收入规划核算处为全局贡献了4个项目的8分加分，在市局机关考评中加分排名第3位，总分排名第3位。

【税收收入】全年累计完成各项税费收入3912.1亿元，同口径增长21.6%；累计完成税收收入3587.8亿元，同口径增长20.6%，规模居全国地税系统第4位；一般公共预算收入累计完成2686.2亿元，同口径增长20.9%，占全市一般公共预算收入的比重为52.9%。

【税收特点】税收增长动力日益多元。2016年北京地税税收总量中，首都经济发展贡献5成，加强征管贡献3成，政策落实贡献2成。首都经济平稳发展总体带动税收增长11个百分点。全面加强征管总体带动税收增长4.5个百分点。严格落实税费新政总体带动税收增长3个百分点。产业结构持续优化，行业发展呈现“一高一升一降”。房地产业税收占比最高，完成1372.4亿元，同口径增长30.2%，占比35.1%。“高精尖”产业税收比重提高。金融业、科技服务业、商务服务业和信息服务业合计完成1532.9亿元，占总体税收的比重近4成。非首都功能疏解相关产业税收规模下降，采矿业下降11.5%，纺织服装等一般制造业下降20.6%。税种结构支撑有序转换。个人所得税完成1428.1亿元，增长19.5%，占比为36.5%，成为地税收入中占比最高的税种；企业所得税完成479.8亿元，增长28.2%，占比为12.3%。财产和行为税平稳增长，共完成984.9亿元，增长13.6%，占比为25.2%。严格落实各项减免税政策。北京地税全年减免各项税费574.5亿元，其中，住房交易环节减免309.6亿元，支持资本市场减免169.4亿元，鼓励高新技术减免29.8亿元，促进小微企业发展减免5.2亿元。

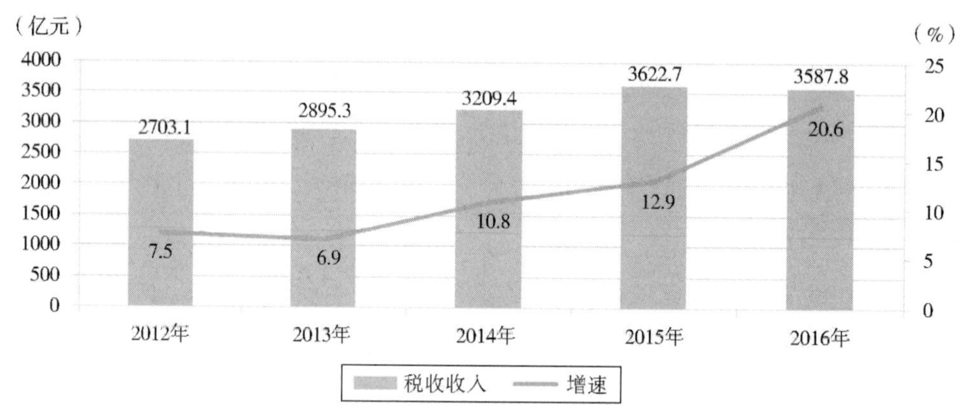

图1　北京地税税收收入情况（2012—2016年）

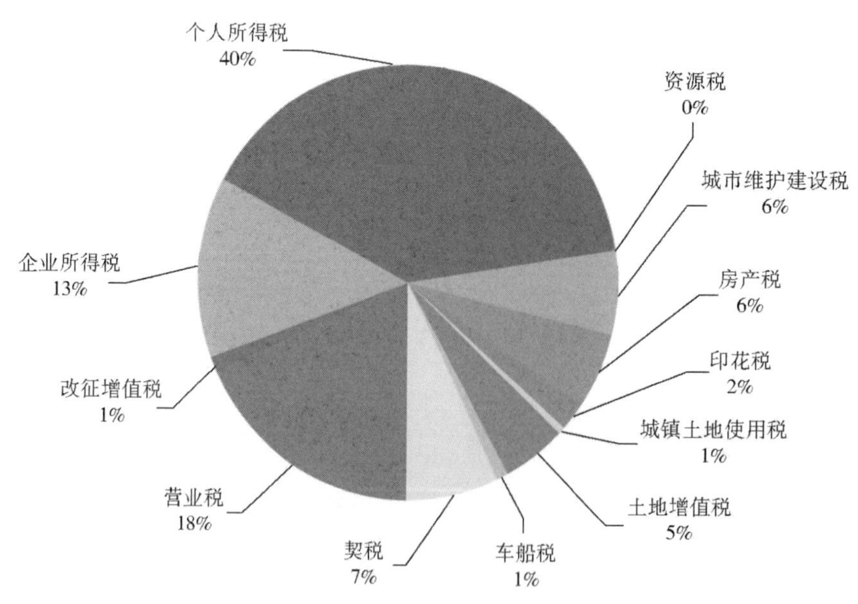

图2　北京地税税收收入分税种结构（2016年）

【组收机制】全面统筹协调组织收入工作，发挥组收机制作用，牵头全系统落实组收措施、监控收入进度、抓好重点环节、严守组收底线。逐区、逐税种进行摸底和测算，深入各区（分）局开展调研，多层次召开研讨会，拟定方案，动员部署，形成层层抓措施落实，人人有责任指标的格局。加强与各部门、各单位沟通协调，全年共召开4次系统收入形势分析会，6次组收工作专题会。2016年底专门成立组收工作督导小组，细化方案、倒排工期，专人督导组织收入工作。

【收入预测】全年收入预测准确率达到98.5%，中央级收入任务精准预测，误差率在1‰左右。

【税收分析】完善全方位分析机制，不断打造分析“拳头产品”，充分发挥决策服务作用。加强与财政、发改、统计等部门的信息沟通和数据共享，加强对税种税源的分析管理，印发《关于建立税种税源、费种费源分析工作机制的意见》。2016年，国地税联合形势分析由按季度开展调整为按月开展，共完成9篇，其中10月联合形势分析得到北京市委常委、常务副市长李士祥的肯定性批示。完成“新三板”“高精尖”、纳税百强、服务业方向共4篇国地税联合专题分析。深入挖掘数据，完成京津冀协同发展分析、北上广深津收入分析、非首都功能疏解分析等13项专题分析，均实现成果转化。

【报表管理】着重提高会统核算数据质量，完成2015年年报编制，在全国会审工作中再次获得优秀等级；部署落实2016年报表工作，完成统计局宏观数据库维护；做好与人行营管部、市财政局、市国税局等单位的协调配合，顺利完成年终对账、结账。2016年共组织编报各类报表76种14637张。

【减免税核算】制定下发《加强减免税核算工作方案》，明确工作职责，形成重点任务分工表，完成工作情况报告及分析；组织减免税申报核查，牵头各税政部门开展核查工作，推动减免税管理工作精细化、规范化。2016年共核查24.9万条申报数据，补缴税款264万元。

【票证管理】组织开展印花税专项检查，对已全部注销代售资格的56家监督代售单位进行清查，对清查出的1户存在假印花税票问题进行了处理，补缴税款9113元；按照税务总局要求完成1988—1989年版印花税票的停售上交工作，逐级回收、盘点、鉴定，完成上交任务。

【改革推进】积极参与落实“营改增”相关工作。配合做好全面推行改革的数据测算、任务调整、口径变更等工作；积极完成代征增值税工作中，核心征管系统内预算科目维护、报表需求调整等工作，共增加7种、修订23种税收报表。保障金税三期工程上线运行。从人才输送、业务支持、培训学习方面予以保障，确保金税三期工程收入核算业务的顺利上线运行。

【电子缴税】协调相关部门，为纳税人解决电子缴税过程中遇到的问题；配合做好代征增值税的财税库银横向联网商业银行系统测试；按期完成2015年度联网商业银行手续费支付工作，共支付手续费835万元。

【税收调查】2016年与国税局首次采取联合开展税收调查的方式，联合布置、联合选户、联合采集、联合汇审，国地税共用一个直报平台，做到纳税人一次填报，税务机关一次采集，国地税共计调查企业33228户。

【重点税源监控】2016年共负责2282户重点税源的监控工作，其中与国税局有718户重复企业，通过多次沟通协调，实现了重复企业只在国税局报送，数据共享，减轻了基层催报和审核工作量。

【减免税调查】改变调查方式，由纳税人填报、基层逐级上报，改变为由市局统一取数、审核、生成调查数据。2016年共计完成102.7万户企业，37.7万户个体工商户的减免税数据统计调查。

【分析团队建设】与中央财经大学合作开展脱产培训，开设了包含数据统计、税收知识、写作分析等的培训课程，提供更具针对性和专业性培训。围绕“集中力量出精品、深入培养造人才”的团队目标，按照“四类”分析的要求，组织完成8篇团队专题分析，并在《北京信息》《首都金融》等杂志实现成果转化。根据税收分析选题的需要，带领团队成员深入“新三板”、中央国债登记结算有限责任公司、中关村股权交易服务集团等单位进行实地考察调研，并与发改委、金融局等开展座谈和交流。

【绩效管理】坚持全员参与，对口负责，落实到人。在2016年绩效考核中，共为全局贡献了4个项目的8分加分，在市局机关考评中获得了50次42.18分的加分，加分排名第3位，总分排名第3位。

（周非平）

营业税管理

【综述】2016年，营业税管理处围绕市局党组的工作部署，落实党中央、国务院深化财税体制改革和供给侧结构性改革的决策，坚持稳中求进，深入推进税收现代化，从促进京津冀协同发展的大局出发，以减轻企业税负、推动服务业发展和制造业转型，升级、鼓励创新创业、增强经济活力为目的，积极投入到全面推开“营改增”试点工作之中。与此同时，营业税管理处进一步落实《深化国税、地税征管体制改革方案》，结合“两学一做”学习教育活动的开展，进一步解放思想，转变作风，加大调查研究的力度，积极进取、勇于担当，不断探索进取，在做好日常税收政策研究、指导、落实的同时，加强减免税管理，积极采取多种有效措施，做到小微企业营业税税收优惠政策落实到位，加大风险防控力度，甄别企业纳税不良信息，制订约谈计划，实施风险点监控，推动整体工作持续深入开展，使相关税政工作不断呈现出新的局面。2016年，中央全面推开“营改增”的重大举措，一方面为企业减负，另一方面不可避免成为地方税收减收的因素，面对实际问题，北京地税挖潜堵漏，提质增效，1—12月，共累计入库营业税650.3亿元，同比减收536亿元，减少45%，对地方公共财政收入贡献率为31.9%。同时积极推进“营改增”工作，与北京市国税部门密切合作，及时推送数据，交换工作进展信息，成立督促落实领导小组，由局领导亲自带队，深入各个区地税局督促指导基层“营改增”工作的开展，保证了“营改增”工作的顺利推进。营业税管理处高度重视“营改增”的后续管理工作，将政策推送，数据分析，风险管理相结合，实现“三位一体”的管理模式，为“营改增”的后续管理及其外延提供全方位保障。按照市局党组的整体工作布局，营业税管理处积极开展对环境保护税的调查研究工作，针对《中华人民共和国环境保护税法（征求意见稿）》召开座谈会，征求意见，及时将意见反馈到市人大常委会、税务总局，并派专人到德国学习环保税相关知识，形成《德国税收制度及环境税培训报告》。与税法研究机构友好合作共同完成环保税调研报告。一系列有序的基础工作，使 2016 年 12 月 25 日《中华人民共和国环境保护税法》出台时，营业税管理处能够做到从容应对，为环境保护税的顺利开征打下基础。

【税收政策调整】经国务院批准，自 2016 年 5 月 1 日起，在全国范围内全面推开营业税改征增值税试点，建筑业、房地产业、金融业、生活服务业等全部营业税纳税人，纳入试点范围，由缴纳营业税改为缴纳增值税。财政部、国家税务总局发布《关于全面推开营业税改征增值税试点的通知》（财税〔2016〕36 号），将《营业税改征增值税试点实施办法》《营业税改征增值税试点有关事项的规定》《营业税改征增值税试点过渡政策的规定》和《跨境应税行为适用增值税零税率和免税政策的规定》印发执行。2016 年 12 月 25 日，第十二届全国人民代表大会常务委员会第二十五次会议表决通过了《中华人民共和国环境保护税法》，为了保护和改善环境，减少污染物排放，推进生态文明建设，制定本法。在中华人民共和国领域和中华人民共和国管辖的其他海域，直接向环境排放应税污染物的企业事业单位和其他生产经营者为环境保护税的纳税人，应当依照本法规定缴纳环境保护税。《中华人民共和国环境保护税法》中明确规定，环境保护税由税务机关依照《中华人民共和国税收征收管理法》和《中华人民共和国环境保护税法》的有关规定征收管理。环境保护主管部门依照《中华人民共和国环境保护税法》和有关环境保护法律法规的规定负责对污染物的监测管理。县级以上地方人民政府应当建立税务机关、环境保护主管部门和其他相关单位分工协作的工作机制，加强环境保护税征收管理，保障税款及时足额入库。环境保护主管部门和税务机关应当建立涉税信息共享平台和工作配合机制。环境保护主管部门应当将排污单位的排污许可、污染物排放数据、环境违法和受行政处罚情况等环境保护相关信息，定期交送税务机关。税务机关应当将纳税人的纳税申报、税款入库、减免税额、欠缴税款以及风险疑点等环境保护税涉税信息，定期交送环境保护主管部门。纳税人和税务机关、环境保护主管部门及其工作人员违反本法规定的，依照《中华人民共和国税收征收管理法》《中华人民共和国环境保护法》和有关法律法规的规定追究法律责任。《中华人民共和国环境保护法》自 2018 年 1 月 1 日起施行。

【营业税改征增值税】2016 年 3 月 8 日，国家税务总局按照中央的部署，提出全面推开“营改增”改革试点的工作要求，为确保 5 月 1 日顺利实现税制转换，北京市地税局成立了全面推开“营改增”督促落实领导小组，与市国税局通力合作、密切配合，建立了国地税“营改增”工作周例会制度，先后召开例会 7 次；组织协调国税、地税职能部门联合制定工作方案，联合制定《全面推开“营改增”改革试点征管业务衔接方案》《联合培训工作方案》、试点工作计划任务分解表和国地税“营改增”部门分工联系表；公布最新税收政策、发布工作简报 14 期、提供培训教材 7 份、组织编印“营改增”办税指南等；配合宣教部门宣传税改政策、录制税收天地、接受电台采访、起草新闻发布会材料，与国税局合作在两局官方网站和官方微信上共同设置“营改增”专栏，联合发布信息；并成立由市局领导任组长的督导组，分两次开展全市性“营改增”试点改革督导检查工作。“营改增”期间，北京市地税局向市国税局推送33.9万户“营改增”基础信息1074万条；组织大范围培训4次，区域性培训52次，参训人员5000余人次。自5月1日“营改增”正式实施以来，北京地税承接二手房和个人出租房委托代征工作，经过全系统税务干部的共同努力，开展税源分析、组织调查摸底，5月1日第一张代开增值税发票顺利开出，二手房和个人出租房屋交易代征税款系统测试成功，全市18个区县局“营改增”委托代征业务进展顺利，代征系统运行平稳。截至12月31日，北京地税部门代征转让不动产和其他个人出租不动产42.4万套，征收税款44.8亿元，代开增值税发票34.6万份。其中转让不动产20.3万套，征收增值税税款42.5亿元；其他个人出租不动产22.1万笔，征收增值税税款2.3亿元。北京市委、市政府领导、国家税务总局主要领导都对北京市地税落实“营改增”工作予以充分肯定。

【营业税管理】 2016年，营业税管理处积极落实税务总局和市委、市政府的各项工作部署，在营业税减免税工作中，全面优化税种管理，切实提高减免税申报数据质量，正式上线了“营业税减免税备案、申报系统”，实现了减免税备案与申报之间的逻辑钩稽关系。据统计，1—4月共减免营业税93.56亿元，其中，7.3万户纳税人享受了二手房优惠政策，减免营业税68.24亿元；73家保险机构享受了一年期以上返还性人身保险优惠政策，减免营业税25.04亿元。开展了对部分区局一年期以上返还性人身保险产品营业税免税政策落实事项的税收执法督察工作，完成督查底稿19份，督促减免税备案资料不规范的企业尽快整改。在落实小微企业优惠政策工作中，不留死角，真正实现全覆盖。通过外网、电话、短信、QQ群、云盘服务等多种方式对企业进行全方位的政策宣传；在纳税服务大厅咨询台设置小微企业咨询岗，摆放小微企业优惠政策宣传资料，专人解答相关问题；印制《小微企业税收优惠政策宣传手册》，免费送达小微企业手中。针对小微企业数量多，政策变化快，流程变化幅度大等问题，以满足纳税人的正当需求为根本，制定落实导税服务、限时服务、延时服务、预约服务、提醒服务、开通办税“绿色通道”等措施，大力推进网上办税、自助办税终端应用，进一步简化办税程序，切实提高办税效率，确保政策准确落实到位。小微企业在繁荣市场、促进就业、改善民生、维护社会稳定等方面起着重要作用，同时也是当前释放改革红利、刺激经济发展的关键领域。北京市积极落实小微企业营业税税收优惠政策，促进就业的同时涵养税源，充分发挥税收调节经济的杠杆作用。2016年全市有50.84万户纳税人减免小微企业营业税2.96亿元，对中小企业发展、降低税收负担起到了积极的促进作用。在营业税政策管理上，严格把关，针对现行政策执行中与上位法相抵触的不规范问题，下文废止了有关教育机构征免政策和政府收回土地使用权有关营业税政策。在风险管理工作中，为加强税收风险管理，开展对相关企业涉税问题的约谈，涉及营业税近3000万元。根据管理需要，制定了本年度约谈工作方案，与各区地税局合作围绕金融商品转让等突出问题，确认风险点，明确主攻目标，为基层开展风险管理工作提供依据。2016年共约谈5户企业，实现营业税入库2.3亿元。

【环境保护税调研工作】 按照市局党组的统

筹安排，营业税管理处参加了国家税务总局组织的集中研究起草环境保护税法实施条例工作，以及市财政局、市法制办组织的环境保护税立法改革研讨会议；与北京国际税收研究会合作，开展环境保护税调研，针对目前排污费征管情况、运行效果进行分析，完成《北京环境保护税理论构建与征管研究》的调研报告。同时，组办环境保护税税收体系设计培训班，赴德学习。2016 年 12 月 18 日，唐学军副局长带领相关同志到国家税务总局就环保税草案交流意见，国家税务总局领导肯定了北京地税的做法，在调查研究，摸清情况，同环保部门协商，提出可行性工作建议等方面做出指示。2016 年 12 月 25 日，《中华人民共和国环境保护法》正式发布。据此北京地税制订初步工作计划：一是加强同北京市环保局的工作联系和工作交流。2017 年第 1 季度同市环保局开展工作交流，力争建立常态工作机制。二是开展调查研究，重点了解目前环保部门排污费的征收情况，排污企业的监控情况，排污数据的应用情况，以及全市排污企业的总体情况。认真研究税法精神，适时请国家税务总局领导来局宣讲和培训。三是积极配合国家税务总局财产和行为税司做好环保税开征前的各项工作。力争使市局干部参与到环保税的征管措施、申报方式和征收方式的制定工作中，有利于北京地税未来工作的开展。

（高　红）

企业所得税管理

【综述】2016 年度，全市地税系统共组织企业所得税收入 479.77 亿元，增加 105.67 亿元，增幅 28.2%，其中，预缴收入 331.02 亿元，增加 65.22 亿元，增幅 24.5%，汇缴收入 128.68 亿元，增加 38.18 亿元，增幅 42.2%，完成年度计划收入 470 亿元，增幅 102.1%。完成的主要工作：一是加强组织收入。对以前年度汇算清缴入库金额较大的企业加大监控力度，促其在预缴时足额入库，提高申报率。完善企业所得税申报及减免税备案系统，加强预缴及汇缴管理，对未申报企业开展迟报催缴工作。加强收入预测分析和税源监控，加强重点税源管理，对重点税源企业进行动态监控，确保重点税源数据的准确性和及时性，及时把握收入进度及增减变化情况。二是有效推进政策落实。采取有效措施落实软件和集成电路企业、高新技术企业、研发费加计扣除、企业重组改制、小型微利企业税收优惠政策，提高政策落实效果。三是加强征收管理。配合金税三期工程上线、加强国地税合作、组建企业所得税重点税源和高风险事项团队、加强企业所得税风险管理，全面提高企业所得税管理水平。四是提高政策服务水平。开展政策宣传辅导，提供税收政策服务，创新服务方式，牵头提出最新政策发布平台的业务需求并配合开发。

【税收政策调整】完善研究开发费用税前加计扣除政策。2015 年 12 月 10 日，北京市财政局、北京市国家税务局、北京市地方税务局、北京市科学技术委员会联合转发《财政部　国家税务总局关于完善研究开发费用税前加计扣除政策的通知》（财税〔2015〕119号），2015年12月29日，国家税务总局发布《关于研究开发费用税前加计扣除政策有关问题的公告》（国家税务总局公告2015年第97号），与原文件相比，此次研发费用加计扣除政策配套的调整完善主要体现在五个方面：一是放宽研发活动适用范围；二是进一步扩大研发费用加计扣除范围；三是明确企业为获得创新性、创意性、突破性的产品进行创意设计活动而发生的相关费用可以税前加计扣除。同时明确了创意设计活动的具体范围；四是简化对研发费用的归集和核算管理；五是减少审核程序。高新技术企业所得税优惠政策。1月29日，科技部、财政部、国家税务总局联合发布了修订后的《高新技术企业认定管理办法》（国科发火〔2016〕32号），6月22日，科技部、财政部、国家税务总局联合发布了修订后的《高新技术企业认定管理工作指引》（国科发火〔2016〕195号）。与原办法比较，高新技术企业认定标准及程序发生了变化，此次修订的内容主要有五个方面：一是调整“研发费用占销售收入比例”指标；二是调整“科技人员占比”指标；三是调整认定条件中对知识产权的要求；四是缩短公示时间；五是增加异地搬迁内容。软件和集成电路产业企业所得税优惠政策。5月31日，北京市财政局、北京市国家税务局、北京市地方税务局、北京市发展和改革委员会、北京市经济和信息化委员会联合转发《财政部　国家税务总局　国家发展改革委　工业和信息化部关于软件和集成电路产业企业所得税优惠政策有关问题的通知》（财税〔2016〕49号，以下简称《通知》）。《通知》在《财政部　国家税务总局关于进一步鼓励软件产业和集成电路产业发展企业所得税政策的通知》（财税〔2012〕27号）规定条件的基础上，对软件企业、集成电路设计企业、集成电路生产企业的条件进行了完善，关键指标保持不变，企业开发环境等要求得以简化，相关指标所属时间予以明确。调整后的条件规定更具有确定性和可操作性，便于企业自行判断和准确把握。公益股权捐赠企业所得税政策。6月3日，北京市财政局、北京市国家税务局、北京市地方税务局联合转发《财政部　国家税务总局关于公益股权捐赠企业所得税政策问题的通知》（财税〔2016〕45号），明确企业向公益性社会团体实施的股权捐赠，应按规定视同转让股权，以其股权历史成本为依据确定捐赠额，并依此按照《中华人民共和国企业所得税法》有关规定在所得税前予以扣除。科技企业孵化器和国家大学科技园税收政策。9月23日，北京市财政局、北京市地方税务局联合转发《财政部　国家税务总局关于科技企业孵化器税收政策的通知》（财税〔2016〕89号），明确符合非营利组织条件的孵化器的收入，按照《中华人民共和国企业所得税法》及其实施条例和有关税收政策规定享受企业所得税优惠政策。10月18日，北京市财政局、北京市地方税务局联合转发《财政部　国家税务总局关于国家大学科技园税收政策的通知》（财税〔2016〕98号），明确符合非营利组织条件的科技园的收入，按照《中华人民共和国企业所得税法》及其实施条例和有关税收政策规定享受企业所得税优惠政策。完善股权激励和技术入股有关所得税政策。10月24日，北京市财政局、北京市国家税务局、北京市地方税务局联合转发《财政部　国家税务总局关于完善股权激励和技术入股有关所得税政策的通知》（财税〔2016〕101号），9月28日，国家税务总局发布了《关于股权激励和技术入股所得税征管问题的公告》（国家税务总局公告2016年第62号），明确企业以技术成果投资入股到境内居民企业，被投资企业支付的对价全部为股票（权）的，企业可选择继续按现行有关税收政策执行，也可选择适用递延纳税优惠政策。企业选择适用上述任一项政策，均允许被投资企业按技术成果投资入股时的评估值入账并在企业所得税前摊销扣除。

【企业所得税管理】一是配合金税三期工程上线。配合市局金税三期工程工作领导小组办公室做好金税三期工程系统上线前的各项准备工作，整理企业所得税管理系统与金税三期工程系统的数据代码比对、业务差异分析、数据迁移规则，完成企业所得税相关模块与金税三期工程系统衔接，总结分析各项目变化要点，对区局开展针对性辅导和培训。二是加强国地税合作。落实国地税合作工作规范的实施方案，联合开展核定征收企业所得税工作，下发了《关于规范企业所得税核定征收工作的指导意见》；共同完成《关于个体网络借贷（P2P）纳税现状》的调研及北京市小微企业政策效应分析。三是加强后续管理。开展数据核查比对。通过核查工作发现申报入库数据存在应缴未缴、入库税种税目等各类错误，下发2016年第1、2季度申报疑点数据3420条，补缴税款2000余万元。市、区相互配合，实施风险管理。市、区两级上下联动加强后续管理，对约谈发现的涉及20亿元预售收入未及时结转销售收入按规定缴纳企业所得税问题，按照风控管理要求已通过征科处转稽查部门办理。组建专家团队，开展专项检查。制定了《关于全面开展企业所得税重点税源和高风险事项团队管理工作的通知》，明确主要工作目标；组建了包括税政管理人员、法制、征管科技等负责风控及计算机专业人员、稽查及税务所长等一线人员共55人的市级专家团队；组织专家团队开展对2015年度企业所得税优惠备案及高风险事项专项检查，核查企业2443户，其中督促189户企业完成了企业所得税优惠事项补备案，调整应纳税所得额16178.35万元，补缴税款854.07万元。

【企业所得税收入及特点】一是房地产、租赁商务服务、金融三大行业并驾齐驱，增幅明显。2016年，房地产业企业所得税收入193.66亿元，增收57.79亿元，增幅42.54%，占比40%；租赁和商务服务业企业所得税收入72.68亿元，增收17.46亿元，增幅31.62%，占比15.15%；金融业企业所得税收入43.91亿元，增收1.83亿元，增幅4.35%，占比9.15%。二是首都产业结构继续升级，企业所得税收入结构逐渐分化。近年来，北京市政府积极调整疏解非首都功能，构建高精尖经济结构，着力统筹促改革、调结构等各项工作。由于政府的相关政策倾斜，市局企业所得税分行业情况也逐渐发生了变化。如金融业在市局企业所得税收入占比逐年提高；同时原收入占比一直位居前3位的批发零售业收入占比逐年下降，2015年占比6.8%，2016年占比下降到5.49%，位居第6位。三是预缴收入占比保持稳定。2016年市局企业所得税预缴收入331.02亿元；汇算清缴入库128.68亿元，预缴收入占比（剔除缴纳以前年度欠税）72%，近年市局预缴率一直稳定在70%以上。

【小微企业政策效益分析】为小微企业优惠政策落实到位，采取以下措施：开展政策宣传，充分利用网站、微信、12366纳税服务热线等载体，多渠道、广维度地开展政策辅导，确保优惠政策应享尽知；优化纳税服务，在办税服务厅设立“小微企业优惠政策落实咨询服务岗”，实行首问责任制，对纳税人反映的应享未享情况接收当日转办，由专人全程负责，在3个工作日内调查核实；简化备案手续，对符合条件的小微企业通过填写申报表有关行次自动履行备案手续，无

须再另行报送备案材料，减轻纳税人负担；强化信息支撑，全面推行涉税优惠事项无纸化，完善信息化管理机制，及时、全面掌握小微企业优惠享受户数、减免税额等数据；加强效应分析，总结小微企业税收优惠政策落实情况，及时查找问题及差距。2016 年度享受小微减免税政策的企业 95075 户，受惠面为 100%，实际享受减免税额 3.61 亿元，增加 0.87 亿元，增幅 31.8%，主要分布在租赁和商务服务业、科研和技术服务业、批发和零售业。

【社会保险费筹备工作】8 月 23 日，市委、市政府印发了《北京市深化国税、地税征管体制改革实施方案》。北京市地方税务局高度重视，认真落实市委、市政府决策部署，积极创造条件，采取多项措施，全力推进社会保险费征收筹备工作。一是成立组织机构，积极开展工作。6 月 17 日，成立了社会保险费征收工作领导小组，并多次召开党组会、局长办公会议对社会保险费征收筹备工作进行专题研究和工作部署。8 月 10 日，下发《关于成立社会保险费征收筹备处的通知》（京地税发〔2016〕178 号），对职责界定、人员组成、工作方式等事项予以明确。二是组织考察学习，借鉴先进经验。7 月 6 日—15 日，派员赴社会保险费征收工作开展较好的黑龙江省、浙江省、广东省、厦门市地税局考察学习，借鉴先进经验；12 月 7 日—30 日，选派人员赴河南省地税局全程参与该省社会保险费开征前的准备工作。三是深入开展调研，掌握征收现状。联合北京税收法制建设研究会，开展社会保险费征收体制改革课题研究，完成《关于北京市社会保险费征收体制改革的研究》报告；先后与企业、银行、人才服务中心开展座谈，了解社会保险费征收现状和缴费流程、业务范围、征收系统使用情况等。四是加强业务学习，研究社会保险费政策。8 月 3 日，举办“北京地税大讲堂”，邀请中国人民大学财政金融学院学术委员会主任、教授朱青作“关于社会保险费若干问题的探讨”专题辅导讲座；梳理社会保险费现行政策文件汇编，了解征缴政策和相关业务流程。五是加强协调沟通，制定工作方案。8 月 17 日，市地税局局长杨志强带队，赴市人力资源和社会保障局就社会保险费征收移交工作情况进行交流座谈；9 月 5 日，市地税局副局长朱元广带队，赴市机构编制委员会就拟定的《关于社会保险费征收模式等相关问题的初步意见》进行沟通，研究了征收模式、职责划分、系统建设等事项；9 月 27 日，市地税局副局长唐学军带队，赴市人力资源和社会保障局就推进社会保险费征收移交的相关工作进行了交流；12 月 19 日，市地税局副局长唐学军带队，赴市财政局交流座谈，了解北京市社会保险基金的相关政策和收支情况，并就共同落实好市委、市政府决策部署达成一致。

（涂　珍）

个人所得税管理

【综述】2016 年，全系统个人所得税工作在北京市地方税务局党组的正确领导下，按照工作计划和部署，坚持改革创新，开放合作，积极落实税收政策，有效发挥税收职能作用，切实加强征收管理水平，持续优化纳税服务，不断深化国税、地税合作，扎实推进个人所得税各项工作，实现个人所得税收入平稳持续增长，圆满完成全年各项工作任务。

【税收政策调整】宣传推广股权激励和技术入股个人所得税新政，制定纳税人备案管理工作流程，会同中关村管委会、市科委等部门开展面向中关村一区十六园重点纳税人的新政宣讲，并通过微信等媒体渠道开展政策宣传，引导纳税人用好、用足税收优惠政策。在全国第一批试点商业健康险个人所得税政策，出台征管操作办法，规范具体操作流程，明确税前扣除凭据、纳税申报表的填写规范和申报方式，以便于基层税务机关执行政策。

【个人所得税管理】2016 年，个人所得税管理工作取得新成效。一是与北京市财政局、北京市人力资源和社会保障局开展沟通合作，自 2016 年 2 月起，实行市级党政机关集中扣缴，实现了“统一发放工资，统一计算税款，统一明细申报，统一扣缴税款”，共扣缴个人所得税 1.7 亿元。二是针对股权转让个人所得税管理中的问题，研究制定了股权转让所得个人所得税管理工作规程，统一规范了岗位设置、工作流程、涉税文书、审核要点、工作台账、法律责任，明确了后续风险管理的部门职责、工作流程，有效指导基层征管。三是开展个人所得税小额申报纳税人专项检查工作，通过将扣缴单位申报信息与人力资源和社会保障部门提供的第三方信息进行比对和交叉稽核，开展风险提示和税务稽查。四是针对外籍个人零申报、外籍个人享受八项补贴、股票期权等重要风险点，开展重点行业和人群约谈工作，全年共查补税款 2.1 亿元。

【个人所得税收入及特点】2016 年，北京市累计组织个人所得税收入 1428.1 亿元，同比增收 232.9 亿元，同比增长 19.5%，占北京市地税系统各项税费收入 3912.1 亿元的 36.5%，在各税种收入中位列第 1 位。个人所得税收入在全国居第 2 位，占全国总收入的 14.3%。从税目分布看，工资薪金所得实现税款 1109.7 亿元，占个人所得税总收入的 77.7%；同比增收 173.4 亿元，增长 18.5%。财产转让所得实现税款 180.7 亿元，同比增收 60.6 亿元，增长 50.5%，成为个人所得税收入增长的第二大来源。从行业分布看，全市个人所得税收入缴税额前 3 名的行业为金融业、租赁和商务服务业、科学研究和技术服务业，共缴纳税款 625.1 亿元，占比为 43.8%；其中，金融业缴纳税款 237.5 亿元，占比为 16.6%，居各行业之首。

【所得税优惠政策效益分析】2016 年，全市共 12 户企业 735 人享受股权激励和技术入股税收优惠政策，其中包括10户上市企业的726人，涉及税款1.38亿元；2户技术入股企业的9人。全市共有33家企业涉及1924人享受商业健康险税收优惠政策，“工资薪金所得项目”税前扣除共44.03万元。

【不断深化国地税合作】全面落实深化国税、地税征管体制改革工作要求，委托国税代征个体工商户个人所得税，合理划分征管职责，有效降低税款征收成本，简化办税流程，解决纳税人多头办税的问题，优化税务机关纳税服务。

【积极开展重点调研】按照税务总局要求，牵头天津、陕西、大连等省市地税局共同开展个人所得税年度综合所得自行申报研究，为税制改革建言献策。与首都经济贸易大学税收研究所共同开展了《自然人个人所得税税收征管体系研究》课题。针对网约车、信托业、律师业等热点、难点问题，开展个人所得税政策专项研究，并提出完善税收政策的具体建议。

（李京宇　宋　威）

非税收入管理

【综述】2016年，非税收入管理处认真学习贯彻中央重要会议精神以及税务总局、市委、市政府的各项工作部署，围绕市局党组年初提出的总体要求，重点推进残疾人就业保障金新征收使用管理办法，加强政策研究，夯实费源基础，加大征管力度，认真做好外商投资企业土地使用费、教育费附加、地方教育附加、文化事业建设费的各项管理工作。

【非税收入管理】2016年，非税收入管理处继续加强包括教育费附加、地方教育附加、外商投资企业土地使用费、文化事业建设费、残疾人就业保障金（以下简称残保金）在内的非税收入管理工作（以下简称“四费一金”）。主要有：继续做好相关政策研究工作，积极沟通协商确保落实残保金新出台政策，梳理汇总基层实际征管中存在的突出问题，采用发函、座谈会等形式，多次与市财政局、市残联进行沟通研究。配合做好金税三期工程系统上线工作，按照金税三期工程系统推广工作要求，做好人员保障和业务沟通，考虑到“四费一金”业务特殊性，非税收入管理处主动沟通协调，研提相关业务需求，及时跟进并研究解决业务问题，确保系统功能顺利上线运行。

【非税收入特点】2016年，“四费一金”非税收入共计完成270.09亿元，同比增收74亿元，增幅37.74%，完成年度计划222.26亿元的121.52%。其中：残保金出台新政策后，征收模式由税务机关代征变为征收，发挥税务机关专业化征收优势，提高了征收效率和质量，北京市申报缴纳残保金的用人单位户数和申报的职工人数比去年大幅增加。新政策对残保金征收标准进行调整，缴纳残保金的计算基数提高，职工年平均工资高于社会平均工资的用人单位的残保金负担增大，上述诸多因素使全市的残保金收入大幅增加。2016 年，残保金申报户数比去年残联审核户数增长 65.16%，收入同比增长近 2 倍。文化事业建设费自 2016 年 5 月 1 日起全面推开“营改增”试点后转到国税征收，2016 年计划为 1280 万元，实际入库 1129 万元，完成计划的 88.2%。

表 1　　北京地税“四费一金”完成情况（2016 年）　　单位：万元

项　目	年度计划	本年累计	同期累计	增减额	增减（%）	占计划（%）
教育费附加收入	966500	1010315	958134	52181	5.45	104.53
地方教育附加	644800	673159	637078	36081	5.66	104.40
残疾人就业保障金	600000	1006518	349124	657394	188.30	167.75
外商投资企业土地使用费	9970	9757	11176	-1419	-12.70	97.86
文化事业建设费	1280	1129	5381	-4252	-79.02	88.20
合　计	2222550	2700878	1960893	739985	37.74	121.52

【非税收入政策调整】 根据财政部、国家税务总局、中国残疾人联合会印发的《残疾人就业保障金征收使用管理办法》（财税〔2015〕72 号）要求，北京市财政局、北京市地方税务局、北京市残疾人联合会以京财税〔2016〕639 号文件进行转发，同时明确北京市自 2016 年 1 月 1 日起实施《北京市残疾人就业保障金征收使用办法》。主要政策为：本市行政区域内的用人单位，应当按照不少于本单位在职职工总数 1.7% 的比例安排残疾人就业，达不到上述规定比例的，应当缴纳残保金。残保金按上年用人单位安排残疾人就业未达到规定比例的差额人数和本单位在职职工年平均工资之积计算缴纳。残保金由地方税务机关负责征收。根据《财政部　国家税务总局关于扩大有关政府性基金免征范围的通知》（财税〔2016〕12 号）要求，北京市财政局、北京市国家税务局、北京市地方税务局以京财综〔2016〕317 号文件进行转发，明确自 2016 年 2 月 1 日起将免征教育费附加、地方教育附加的范围，由按月纳税的月销售额或营业额不超过 3 万元（按季度纳税的季度销售额或营业额不超过 9 万元）的缴纳义务人，扩大到按月纳税的月销售额或营业额不超过 10 万元（按季度纳税的季度销售额或营业额不超过 30 万元）的缴纳义务人。

【文化事业建设费管理】 根据《北京市财政局　北京市国家税务局　北京市地方税务局转发财政部　国家税务总局关于营业税改征增值税试点有关文化事业建设费政策及征收管理问题的通知》（京财综〔2016〕828 号）、《北京市财政局　北京市国家税务局　北京市地方税务局转发财政部　国家税务总局关于营业税改征增值税试点有关文化事业建设费政策及征收管理问题的补充通知》（京财综〔2016〕1118 号）等规定，自 2016 年 5 月 1 日起全面推开“营改增”试点工作后，文化事业建设费全部转由国家税务局征收。非税收入管理处积极配合做好交接工作，及时提供地税局征收文化事业建设费的缴费人清单，向上级请示明确政策执行口径，顺利实现向市国税局移交征收职能。

【教育费附加、地方教育附加管理】 落实两个附加费按季度做好收入和费源分析的工作机制，利用从系统后台查询的分区域、分行业、分税目等详细数据，加大分析力度，研究提出相应的征管措施。积极研究落实扩围免征两个附加费优惠政策，完善互联网地税局、国税局代征、二手房交易等系统功能，多渠道请示上级部门明确政策口径，快速向各局下发业务通知统一执行，加大对基层的业务指导力度，积极向缴费人做好宣传解答，确保扩围优惠政策贯彻落实。

【外商投资企业土地使用费管理】 由于2016年外商投资企业土地使用费征期面临推广运行金税三期工程系统的新情况，为加大力度做好组收，夯实费源基础，实现征管平稳衔接，非税收入管理处于9月7日、10月9日、11月21日多次下发工作通知，要求各局积极做好费种信息认定、征收入库、清理核实及比对分析等各环节相关工作，实时查询费种信息认定和申报缴费等情况，掌握收入进度，及早发现问题，做好沟通解决，加强征管力度。

【残疾人就业保障金管理】 非税收入管理处加大残疾人就业保障金政策研究和业务指导力度，及时做好数据测算工作，追踪政策执行情况，加强部门沟通和调研反馈等。主要包括：积极学习借鉴外省市残保金管理的先进经验，联系基层税务所实际测算实施新办法后残保金负担的增减情况，预判收入趋势。积极做好文件制发工作，3月会签市财政局转来的三部门联合上报市政府文件、三部门联合印发的京财税〔2016〕639号文件；7月1日印发了《北京市地方税务局关于残疾人就业保障金征缴有关事项的通告》（北京市地方税务局通告2016年第1号）和《北京市地方税务局关于贯彻落实〈北京市残疾人就业保障金征收使用管理办法〉的通知》（京地税非〔2016〕138号）；9月起草残保金催报催缴工作办法，并广泛征求市财政局、市地税局相关部门和区分局意见，加以修改完善。认真组织做好残保金培训辅导工作，7月21日组织开展了税务干部残保金征缴业务培训，会后下发培训材料，使基层熟悉新业务流程和新系统操作。加强与市财政局、市残联的沟通配合，多次召开残保金征缴工作协调会，研究协商残保金政策宣传、用人单位反馈残保金负担增加等各方面的情况。与市残联共同做好开征前期的各项准备工作，包括明确双方协作的工作流程、签订保密协议、协调双方数据交换以及金税三期系统上线后历史审核和退库问题、残联审核系统与地税残保金征收系统的衔接问题等相关事宜。积极利用各种传播媒介做好新政宣传，为基层一线服务，编发2016年《北京市残疾人就业保障金征缴指南》30万册，印发“残疾人就业保障金宣传海报”300张，缴销《一般缴款书（收据）》28万余份，在市地税局TAX861网站残保金专题栏目加载宣传内容并及时更新，北京地税官方微信发布残保金相关信息，BTV5北京电视台财经频道《税收天地》栏目播出残保金征缴工作资讯，北京人民广播电台FM100.6北京新闻广播《税收小贴士》中首播残疾人就业保障金征缴工作宣传稿，FM87.6北京文艺广播中重播，7月20日《北京日报》和7月26日《新京报·京税看点》栏目均刊登了残保金征缴通告，《北京地方税务公报》全文刊登京财税〔2016〕639号文件和北京市地方税务局通告2016年第1号等。优化完善系统功能，配合金税三期工程推广做好残保金申报特色软件的开发、测试、验收等工作，并针对互联网地税局缴费人相关操作内容向税务人员进行培训。积极向市局党组反映残保金新政策加重缴费人负担的相关情况，于8月、9月分别向市政府、市委报送专报；10月10日在税务总局所得税司和中残联教育与就业部联合召开的残保金征管情况集中调研会上，汇报了政策贯彻落实和征管情况，提出相关问题和建议。认真做好数据查询分析，11 月底按时完成收入分析工作。

【调研工作】按照非税收入管理处 2016 年调研计划安排，认真开展国地税相互委托代征工作实践与思考的调研，总结市局开展委托代征工作的主要情况，重点是“一税两费”委托国税代征工作的成效、问题及建议，进一步思考国地税之间相互委托代征的可行性范围及措施，为深化国税、地税征管体制改革建言献策。探索代征“彩票发行费”和“彩票公益金”的可行性，到北京市福利彩票发行中心、北京市体育彩票发行管理中心实地调研走访，撰写形成《关于北京市彩票发行管理情况的调研报告》呈报局领导。积极梳理和研究北京市目前适宜由地税机关征收的有关非税收入，与市财政局召开专题座谈会进行研讨。按照税务总局要求开展非税收入征管情况和改革推进情况等调查工作，与市财政局等相关单位加强沟通协商，获取北京市非税收入的相关情况和数据，向税务总局上报市局调查报告及调查统计表。对农村集体经营性建设用地土地增值收益调节金征收事项到大兴区进行实地座谈，研究提出可与市财政局沟通由地税局征收调节金的建议呈报局领导。积极完成其他调研和清查工作，包括按照税务总局要求开展集成电路企业期末留抵税额相关城市维护建设税及附加问题的调研工作、按照市财政局要求开展收费清理改革落实情况自查工作等。

（郑　奕　李晓源　王红艳）

城镇土地使用税、房产税、契税、土地增值税、车船税、印花税、耕地占用税、资源税、城市维护建设税（九税）管理

【综述】2016 年，在市局党组的正确领导下，市、区两级财产行为税干部共同努力，紧紧围绕税收中心工作，依法组织收入，落实税制改革，强化税种税源管理，深化信息管税，深入调查研究，加强队伍建设，较好地完成了各项工作任务。2016 年，主要完成了以下工作：贯彻落实资源税全面改革；实施房产税属地征收和出租房屋按租金计征；完善土地增值税管理规程及配套制度，引入中介服务和稽查力量加强土地增值税清算管理；推进“以地控税、以税节地”工作，扩大试点范围；改造车船税联网征收功能，开展交强险保单试点工作，推进外交车辆信息化、专业化管理；加强存量房交易税收征管，落实房地产宏观调控及“营改增”新政，推进“网络预审”限时办理征管新模式；深化信息管税，强化数据利用，开展核查比对。深入开展存量房交易税收、车船税、城镇土地使用税、土地增值税等政策调研。

【财产行为税税收收入】 2016年，全系统财产行为税干部积极落实组织收入各项措施，加强税源税基管理，完善征管薄弱环节，堵漏增收，确保税收收入稳定增长。全年累计完成“九税”收入984.92亿元，增收117.74亿元，增幅13.6%，完成年度计划974.49亿元的101.1%，占全局地方公共预算收入比重达37%。

表2　　北京地税“九税”收入完成情况（2016年）　　单位：万元

税种	年度目标	本年收入	占年度计划（%）	比上年同期累计		占“九税”比重（%）
				增减额	增减（%）	
资源税	6000	7472	124.5	-1658	-18.2	0.1
城市维护建设税	2100000	2208974	105.2	122176	5.9	22.4
房产税	1800000	1982211	110.1	461646	30.4	20.1
印花税	820000	805202	98.2	118784	17.3	8.2
城镇土地使用税	185000	191818	103.7	13052	7.3	1.9
土地增值税	2000000	1773451	88.7	24845	1.4	18.0
车船税	320000	303760	94.9	9882	3.4	3.1
耕地占用税	33900	33437	98.6	-11911	-26.3	0.3
契税	2480000	2542906	102.5	440587	21.0	25.8
合计	9744900	9849231	101.1	1177403	13.6	100

【财产行为税税收特点】 2016年，财产行为各税收入中与房地产相关的税收（契税、土地增值税、房产税、城镇土地使用税、耕地占用税）为652.38亿元，占财产行为税总收入的比重为66.24%。2016年，财产行为“九税”除资源税收入减幅18.16%和耕地占用税收入减幅26.27%外，其余各税收入保持平稳增长态势。其中：2016年北京市出租房屋全面调整为按租金计征房产税，入库税款198.22亿元，同比增收46.16亿元，增幅30.36%；契税受房地产宏观调控、“营改增”等政策刺激，入库税款254.29亿元，同比增收44.06亿元，增幅20.96%，其中，存量房交易量及交易价格保持增长态势，全市存量房办理总量为31.09万份，同比增加11.14万份，增幅55.8%，入库契税109.7亿元，同比增加40%；资源税全面从价计征改革后，税负总体平移并略有下降，加上北京市产业结构调整，资源开采量减少，同比减收1658万元，减幅18.16%。

【税收政策调整】 北京市财政局、北京市国家税务局、北京市地方税务局转发《财政部　国家税务总局关于保险保障基金有关税收政策问题的通知》（京财税〔2016〕496号）规定，对保险保障基金继续予以税收优惠政策，自2015年1月1日起至2017年12月31日止执行。北京市财政局、北京市地方税务局转发《财政部　国家税务总局关于融资租赁合同有关印花税政策的通知》（京财税〔2016〕195号）规定，明确了融资租赁合同（含融资性售后回租）统一按照其所载明的租金总额依照“借款合同”税目征收印花税，自2015年12月24日起执行。北京市财政局、北京市地方税务局转发《财政部　国家税务总局关于体育场馆房产税和城镇土地使用税政策的通知》（京财税〔2016〕211号）规定，明确了体育场馆自用的房产和土地有关房产税和城镇土地使用税优惠政策，自2016年1月1日起执行。北京市财政局、北京市国家税务局、北京市地方税务局转发《财政部　国家税务总局关于公共租赁住房税收优惠政策的通知》（京财税〔2016〕321号），继续对公共租赁住房建设和运营给予税收优惠，执行期限为2016年1月1日—2018年12月31日。北京市财政局、北京市地方税务局转发《财政部　国家税务总局关于继续实行农产品批发市场、农贸市场房产税、城镇土地使用税优惠政策的通知》（京财税〔2016〕352号），继续对农产品批发市场、农贸市场给予房产税和城镇土地使用税优惠，执行期限为2016年1月1日—2018年12月31日。北京市财政局、北京市地方税务局转发《财政部　国家税务总局关于城市公交站场、道路客运站场、城市轨道交通系统城镇土地使用税优惠政策的通知》（京财税〔2016〕498号）规定，明确城市公交站场、道路客运站场、城市轨道交通系统城镇土地使用税优惠政策，执行期限为2016年1月1日—2018年12月31日。北京市财政局、北京市国家税务局、北京市地方税务局转发《财政部　国家税务总局关于继续实行农村饮水安全工程建设运营税收优惠政策的通知》（京财税〔2016〕619号）规定，继续对饮水工程的建设、运营给予税收优惠，自2016年1月1日—2018年12月31日执行。北京市财政局、北京市地方税务局、北京市住房和城乡建设委员会、北京市国土资源局转发《财政部　国家税务总局　住房城乡建设部关于调整房地产交易环节契税、营业税优惠政策的通知》（京财税〔2016〕367号），明确北京市自2016年2月22日起执行对个人购买家庭唯一住房（家庭成员范围包括购房人、配偶以及未成年子女），面积为90平方米及以下的，减按1%的税率征收契税；面积为90平方米以上的，减按1.5%的税率征收契税。北京市财政局、北京市地方税务局转发《财政部　国家税务总局关于部分国家储备商品有关税收政策的通知》（京财税〔2016〕1203号），明确中央和地方部分商品储备政策性业务有关税收政策，执行时间为2016年1月1日—2018年12月31日。北京市财政局、北京市地方税务局转发《财政部　国家税务总局关于继续执行高校学生公寓和食堂有关税收政策的通知》（京财税〔2016〕1811号），继续对高校学生公寓和食堂给予税收优惠。北京市财政局、北京市地方税务局转发《财政部　国家税务总局关于科技企业孵化器税收政策的通知》（京财税〔2016〕1858号），明确科技企业孵化器（含众创空间）有关税收优惠政策。北京市财政局、北京市地方税务局转发《财政部　国家税务总局关于供热企业增值税　房产税　城镇土地使用税优惠政策的通知》（京财税〔2016〕2047号），明确“三北”地区供热企业增值税、房产税、城镇土地使用税相关优惠政策。北京市财政局、北京市地方税务局转发《财政部　国家税务总局关于国家大学科技园税收政策的通知》（京财税〔2016〕2110号），明确国家大学科技园有关税收优惠政策。为进一步规范和加强征收管理，提高耕地占用税管理水平，国家税务总局制发《关于发布〈耕地占用税管理规程（试行）〉的公告》（国家税务总局公告2016年第2号），自2016年1月15日起施行。北京市财政局、北京市国家税务局、北京市地方税务局转发《财政部　国家税务总局关于“营改增”后契税、房产税、土地增值税个人所得税计税依据问题的通知》（京财税〔2016〕866号）规定，明确计征契税的成交价格不含增值税，房产出租的计征房产税的租金收入不含增值税，土地增值税纳税人转让房地产取得的收入为不含增值税收入等内容，自2016年5月1日起执行。北京市财政局、北京市地方税务局转发《财政部 国家税务总局关于纳税人异地预缴增值税有关城市维护建设税和教育费附加政策问题的通知》（京财税〔2016〕1810号），明确纳税人异地预缴增值税涉及的城市维护建设税和教育费附加的计税依据、适用税率和纳税地点，自2016年5月1日起执行。北京市财政局、北京市地方税务局制发《关于调整我市资源税税率的通知》（京财税〔2016〕1130号）规定，自2016年7月1日起，铁矿、石灰石、大理岩、叶蜡石、石英岩和矿泉水资源税均由从量计征调整为从价计征，其资源税适用税率分别为：铁矿3.5%；石灰石5%；大理岩5%；叶蜡石3%；石英岩8.5%；矿泉水4%。地下热水继续从量计征，其中：一般用途地下热水资源税为8.5元/立方米；特殊行业地下热水资源税为30元/立方米。北京市人民政府制发《关于进一步落实〈中华人民共和国房产税暂行条例〉有关规定的通知》（京政发〔2016〕24号），明确了以房产余值作为计税依据的，房产税依照房产原值一次减除30%后的余值计算缴纳，以及房产税的减免税审批、纳税期限等内容，自2016年7月1日起执行。为加强土地增值税征收管理，规范土地增值税清算工作，北京市地方税务局制发《关于发布〈北京市地方税务局土地增值税清算管理规程〉的公告》（北京市地方税务局公告2016年第7号），自2016年7月1日起执行，《北京市地方税务局关于印发〈房地产开发企业土地增值税清算管理办法〉的通知》（京地税地〔2008〕92号）同时废止。北京市地方税务局制发《关于修订土地增值税纳税申报表的公告》（北京市地方税务局公告2016年第12号），对土地增值税纳税申报表进行了修订，自2016年8月9日起执行。为进一步做好“营改增”后土地增值税征收管理工作，国家税务总局制发《关于“营改增”后土地增值税若干征管规定的公告》（国家税务总局公告2016年第70号），自2016年11月10日起施行。为进一步规范印花税管理，便利纳税人，国家税务总局制发《关于发布〈印花税管理规程（试行）〉的公告》（国家税务总局公告2016年第77号），自2017年1月1日起施行。

【城镇土地使用税管理】 按照国家税务总局和国土资源部关于深化“以地控税、以税节地”工作要求，市地税局与市规划国土委密切配合，采取多种措施推进工作开展，将试点范围扩大至西城、海淀、通州、怀柔四个地区，范围涵盖北京市城镇土地使用税1～6级土地纳税等级。一是制定深化试点工作方案。市局与市规划国土委联合下发了《北京市深化以地控税、以税节地工作实施方案》，明确深化试点工作范围、目标任务和具体安排。二是深化信息共享机制。明确了部门间数据交换途径、方式、频次等，及时交换共享地籍数据、企业纳税情况等数据。三是赴外省进行学习考察。借鉴江苏省常州市、上海市先进工作经验，进一步强化税务与规划国土等部门的信息交换，整合房屋土地信息。四是加强数据比对核查。利用规划国土部门传递的宗地信息，与财产行为税明细申报系统中的税源信息进行比对筛查，下发疑点数据开展核实工作。2016年，西城局、海淀局、通州局、怀柔局四个试点单位通过财产行为税税源信息与地籍数据比对，查补城镇土地使用税收入1334.84万元，查补房产税及其他各税收入574.7万元。

【房产税管理】一是做好政策调整。针对北京市房产税施行细则有关纳税地点、计税依据、减免税审批等规定与上位法规定不一致的问题，报经市政府同意，5月15日市政府公告废止北京市原房产税施行细则，6月28日，北京市人民政府发布《关于进一步落实〈中华人民共和国房产税暂行条例〉有关规定的通知》，自2016年7月1日起执行。二是全面梳理税源。针对房产税政策调整情况，分行业对政策调整后税源情况及按租金收入计征税款情况进行摸底调查，掌握税源底数，为决策提供参考。三是制发征管文件。根据市政府关于房产税政策调整的相关文件，及时清理失效、废止的规范性文件，制发北京市地税局公告2016年第15号，进一步落实市政府文件精神，做好新老政策衔接。四是加强宣传辅导。采用点对点、面对面、一对一等方式对全市地税系统干部及房产税纳税人进行辅导。通过网络媒体、微信公众号等方式广泛宣传最新政策，防止负面舆情。五是完善申报系统。根据金税三期工程系统设置，调整房产税网上申报系统，确保纳税人网上申报顺利进行。政策调整后的首个征期，10月当月房产税入库93.2亿元，同比增收34.6亿元，增幅59.2%。其中，按租金收入计征税款51.2亿元，同比增收48.6亿元，增长17.7倍。房产税政策调整规范了税收政策执行，同时税收收入增幅显著。

【契税管理】一是与市规划国土委员会共享契税纳税、免税信息。北京市已于2016年8月实现了与权属登记部门的契税纳税、免税信息共享，有效落实“先税后证”“协税把关”的征管举措。同时，针对金税三期工程系统出具的文书中无房屋坐落、面积、合同编号等房源信息，不利于权属登记部门进行协税把关的情况，提出进一步完善本地保留特色软件需求，向权属登记部门提供完整的房源及纳免税信息，进一步提升协税工作质效。二是强化数据利用，开展核查比对。为堵塞房屋交易税收征管漏洞，从市规划国土委员会获取了2013—2015年间的权属登记数据近128万条，与契税征管系统数据进行了比对核查，筛查出无契税入库信息、契税计税价格小于权属登记部门成交价格、房屋权属转移类型不匹配、房屋类型不匹配共四类3410条疑点数据，将存在涉税风险的纳税人清册推送给基层，及时开展分析核实工作。各区（分）局通过系统查询、调阅档案、协调国土部门调取房屋交易档案等多种方式开展核实工作。截至2017年1月20日，3410条疑点数据全部核实完毕，共计发现问题243户，问题率7.13%，已追缴税款和滞纳金1230万元。

【土地增值税管理】一是加强土地增值税管理，完善规程及配套制度。重新修订《土地增值税清算管理规程》，研究制定《房地产开发企业土地增值税核定征收办法》《购买第三方服务土地增值税清算工作管理办法》《土地增值税清算审核工作指导意见》三个配套制度。进一步细化项目管理、清算程序、审核制度和审核内容，加强内部衔接和后续管理，为提高清算质效提供制度保障。二是针对土地增值税清算难点，引入中介服务和稽查力量。一方面与北京市注册税务师协会（以下简称“市税协”）开展合作，在清算工作中引入第三方中介，通过政府购买服务的方式，聘请“市税协”推荐的中介机构为土地增值税清算审核、核定征收等工作提供专业技术支持；另一方面，梳理业务流程，对于符合条件的清算项目移交税务稽查部门，借助稽查手段加大清算力度。三是强化存量房土地增值税税收征管。制定《北京市土地增值税扣除项目评估技术指引》，进一步细化评估内容，明确前期开发成本发生时间为土地取得时点，有效加强单位存量房转让环节的土地增值税管理，2016年存量房土地增值税同比增收5.5亿元。

【车船税管理】 一是改造联网征收功能，对接金税三期工程系统。为确保原车船税联网征收系统与金税三期工程系统顺利对接，对保留特色软件提出改造需求，以特色软件为媒介调用金税三期工程系统接口与车险平台实时对接，实现了地税、保险机构、车险平台三方系统互联互通。二是开展交强险保单试点工作。与市保监局、保险协会密切合作，基于互联网技术为保险部门推行电子保单研提意见，配合现代保险服务业推出创新举措，同时研究探索借助全国车险信息平台识别外地保单真伪的可行性，强化行业监管，规范税收秩序。三是推进外交车辆信息化、专业化管理。通过部署主管使团事务管理系统，与外交部实现车辆信息数据交换，设置专业办税点，办理外交车辆免税业务，精简办税提交资料，加强减免税后续管理。

【印花税管理】 一是贯彻落实财政部、税务总局关于地方税制改革的部署要求，配合做好印花税立法相关研究工作，服务上级决策。二是贯彻落实税务总局《印花税管理规程（试行）》，及时制发《北京市地方税务局关于贯彻落实〈印花税管理规程（试行）〉的通知》（京地税财行〔2016〕277号），从加强税源管理、强化征管措施、广泛宣传辅导等方面提出具体要求。三是注重宣传引导。制作《小小印花税不容忽视》专题节目，在中央电视台证券资讯频道播出。各区（分）局充分利用多种渠道和方式，广泛宣传印花税政策，强化纳税辅导，提高纳税人的纳税意识和税法遵从度。四是通过开展减免税申报核实工作，进一步加强印花税减免税的后续管理。

【耕地占用税管理】 贯彻落实财政部、税务总局关于地方税制改革的部署要求，配合做好耕地占用税立法相关研究工作，服务上级决策。

【资源税管理】 按照中央文件精神，北京市此次纳入改革范围的矿产资源品目包括：铁矿、石灰石、大理岩、叶蜡石、石英岩、矿泉水、地下热水，共七种。市局积极与市财政局、市规划国土委沟通协作，召开部门协调会4次，组织集中办公30余人次，共同制定工作方案。对全市资源开采企业进行摸查，与矿企面对面座谈听取意见，实地走访调研企业经营状况，共采集企业数据信息1500余条。确保确定的税额标准完全遵循中央的改革原则和要求，同时兼顾了各方诉求，有利于改革平稳过渡。经周密部署，精确测算，拟定的税率水平得到了市政府的充分肯定。报经财政部、税务总局批复后，市局与市财政局及时制发征管文件，在系统内开展各层级业务培训，对全市资源税纳税企业开展法规宣讲和纳税辅导，覆盖率达到100%。同步调整征管软件，确保资源税改革顺利实施。资源税改革实施后的8—12月，北京市资源税入库3677.31万元，与改革前“资源税”和“矿产资源补偿费”合计负担水平相比，减轻企业税费负担345.33万元，有效调节资源收益，促进资源行业持续健康发展。北京市地方税务局资源税改革工作获税务总局通报表彰。

【城市维护建设税管理】 一是不断深化国地税合作，配合推进城市维护建设税委托代征工作，做好“营改增”后税收服务和管理，实现源头控管，提高征管质效。二是贯彻落实《财政部　国家税务总局关于纳税人异地预缴增值税有关城市维护建设税和教育费附加政策问题的通知》（财税〔2016〕74号）等，加强政策宣传和纳税辅导，确保将相关政策落实到位。三是开展集成电路企业期末留抵税额相关城市维护建设税问题调研。

【存量房交易税收征管】 一是强化国地配合，保障“营改增”平稳落实。“营改增”工作部署后，按照税务总局相关税收政策执行口径，一方面做好内部工作协调，另一方面密切与国税部门配合，上下联动、横向协调，在短时间内迅速对房屋交易征管系统进行调整，开展内部政策培训，完成代征点税控器具准备、税控盘发行、增值税普通发票发放等保障工作。各区（分）局按照市局工作部署，利用假期对信息系统进行了多轮测试，并于 4 月 30 日在全市范围内正式进行了“营改增”存量房交易税收征管试运行。当天共办理个人存量房税收业务 85 笔，征收税款 638. 55 万元，税负降低 16. 03 万元，下降幅度 2. 45%，平均单笔业务税负下降 1885. 88 元。市、区两级共同努力，确保新政顺利实施，北京市房屋交易税收征管工作平稳有序运行。二是做好房地产交易税收服务及管理措施督导工作。税务总局督导工作方案下发后，市局立即成立了由局长任组长、分管副局长任副组长的房地产交易税收服务及管理措施落实情况督导工作领导小组，明确了目标要求、主要任务。税政、纳服、征管、稽查等部门组成督导工作组，开展实地督导。各区（分）局及时有效开展房地产交易税收征管工作自查整改、警示教育等工作，以督导工作为契机，在加强征管、防控风险、优化服务等方面进一步提升房地产交易税收征管及纳税服务工作质效。三是有效落实《房地产交易税收服务和管理指引》。结合北京市征管实际，细化提出了强化组织领导、加强税收管理、优化办税服务、规范预约管理、加强行业管理、完善风险防控六项具体要求，拟定了转发文件。推进“网络预审”限时办理征管新模式。2016 年 1 月，个人存量房征管系统上线应用后，已经实现了个人存量房交易业务初审、复审分岗操作，系统权限分别设置的业务办理模式。按照《房地产交易税收服务和管理指引》第十六条提出的对涉税金额较大且难以当场核对成本费用等复杂事项，可以出具预受理文书限时办结的工作要求，确定“网上提交、随机分配、信息共享、同城通办”的工作目标，实现个人存量房“网络预审”系统测试运行，并于 2017 年 1 月起在全市推广。纳税人可通过外网提交涉税信息及图片资料，税务机关随机分配审核，由纳税人自主选择办理地点，有效落实“让纳税人多走网路、少走马路”的“便民办税春风行动”精神，缓解大厅排队现象。重新修订个人存量房交易税收征管工作规范。针对实施“网络预审”模式后给税务机关征管流程带来的变化，按照《房地产交易税收服务和管理指引》要求，对原有个人存量房交易税收征管业务规范进行调整，对业务范围、征管流程、岗位职责进行重新梳理。进一步明确岗位职责和管理权限，通过岗位间的协作配合与相互制约，优化纳税服务与严格内部管理。

【政策研究】 一是开展政策问题研究。开展《我国一线城市存量住房交易税收政策的效应分析研究》和《关于进一步完善内部车辆车船税优惠政策的思考——以北京市为例》，为上级决策提供参考。二是结合业务工作，开展征管问题研究。开展《关于转让旧房及建筑物土地增值税涉税评估问题的研究》和《铁路运输企业城镇土地使用税有关问题研究》，为加强征管提供依据。

（杨　嶼）

工会经费等非税收入税务代收管理

【综述】2016年，全市工会经费费源户5.6万户，代收金额53.9亿元，完成2016年初代收任务52亿元的103.7%，同比增收4.7亿元、增长9.5%，圆满完成2016年度代收收入任务。

【税收政策调整】按照北京市地方税务局征管体制改革实施方案的任务分工，工会经费管理处负责接收部分非税收入工作。自2016年11月起，在局领导带领下，经协调市财政局、市发展改革委、市无线电管理局、市民防局、市住房城乡建设委、市体彩中心和市福彩中心等相关非税收入现行执管部门，分别就地税部门接收无线电频率占用费、城市基础设施建设费、防空地下室易地建设费、彩票公益金和彩票发行费等多项非税收入进行沟通，确定按照先易后难的原则，积极创造条件，逐步推进接收工作。

【收入特点】2016年工会经费代收收入呈现以下两个特点，一是自2010年开展代收试点至2016年7月11日累计代收收入200.25亿元，代收总额突破200亿元；二是年代收收入规模首次超过50亿元，完成53.9亿元。

【工会经费税务代收管理】积极组织全市工会经费税务代收系统开展工会经费税务代收工作，顺利完成全年收入工作任务；研究修订代收工作管理办法和工作流程；做好金税三期工程自有特色软件涉及缴费单位申报链接和数据库结构改造工作；研究解决工会经费代收系统TIPS端口问题；研提小型微利企业拨缴工会经费优惠政策建议。

（李春霞）

国 际 税 收

【综述】2016年，国际税收工作紧紧围绕税收中心任务，加强非居民风险管理，积极开展风险分析、风险推送、税务约谈和日常检查。加强对外支付管理，落实非居民享受协定待遇管理要求，大力推进反避税和境外税收服务与管理，参与国别税收研究，服务“一带一路”建设，积极开展与协定缔约方的税收情报交换管理。

【反避税工作】通过关联申报审核初筛股权转让、资本弱化、成本分摊、受控外国企业等避税线索，结合“走出去”企业对外投资情况，筛选并确定房地产、金融、互联网行业等95户反避税调查疑点企业。自行补税企业4户，补缴税款共计1.08亿元，平均个案补税金额达到2700万元，其中国、地税联合开展预约定价安排谈判，补缴以前年度营业税及附加1425.93万元。

【非居民税收管理】非居民企业管理不断强化。完成非居民季度、年度税收分析报告。加强对各局工作指导，针对多个特许权使用费、股权转让等问题，请示国家税务总局明确处理意见。加强与市国税局信息共享，我局向市国税局提供非居民源泉扣缴税款信息1102条，通过协同开展非居民源泉扣缴管理增加税款2930.5万元。2016年，全系统非居民企业实现税收收入44亿元，其中外国企业常驻代表机构税收收入16.3亿元。

【税收协定执行】落实国家税务总局印发的《非居民纳税人享受税收协定待遇管理办法》和《非居民纳税人享受税收协定待遇管理规程》要求，明确具体程序和要求，加强事中事后风险管理。组织全市开展税收协定待遇后续管理抽查，开展政策培训，加强问题整改，统一政策执行口径，规避执法风险。全面梳理我国与有关国家、地区签订税收协定中的教师条款，分析差异，结合我局征管实际，积极向总局提出完善税收协定教师条款的意见建议。全年非居民享受税收协定待遇共58件。

【外籍个人管理】2016年，市局将加强外籍人员个人所得税零申报管理作为全系统国际税收重点工作，对全市2015年个人所得税零申报的近2万名外籍人员加强风险管理，通过集中辅导、集体约谈、重点约谈、日常检查等方式开展专项核查，共发现有问题企业409户，涉及补税外籍人员1831人，查补税款、滞纳金及罚款合计20091.69万元。

【境外税收服务与管理】积极落实各项服务措施，综合利用北京地税微信平台、北京地税官网、北京电视台等多种媒体渠道，加大“走出去”税收宣传力度。全面启动对全市“走出去”企业的走访问需活动，举办宣传活动，走访重点企业，编写税收服务指南。编写《企业外派员工取得所得税收风险管理操作指引》和《加拿大投资税收指南》，主动服务“一带一路”建设。多措并举强化管理，做好居民身份证明开具工作的管理，联合市国税局对本市“走出去”企业开展基础信息摸底工作，完善“走出去”清册统计口径、统计要求，共同组织普查培训，如期完成北京市“走出去”企业清册建设，覆盖全市403户“走出去”企业和545户境外设立的企业。建立走出去企业税收动态监控机制，组织全市开展境外税收风险管理工作，查补税款、滞纳金286万元。

【国际税收征管协作】情报交换工作持续稳步推进。不断加强对外发出情报工作，全年向美国、加拿大、日本、韩国、新加坡、中国香港等国家（地区）发出10份专项情报，同比增长900%。首次利用外国税务当局回复的情报信息获取了欠税企业外籍法定代表人身份信息，通过边检部门成功阻止欠税人出境，追缴税款及滞纳金232.69万元。完成2016年度自动情报交换工作，向美国、加拿大、澳大利亚、德国、意大利、日本、韩国、俄罗斯、法国、印度尼西亚等10个G20国家提供自动情报2262条，发送国家数量同比增长100%，发送自动情报数量同比增长54.1%。全年核查外来情报28件，同比增长367%。推动与市国税局在税收情报交换工作中的合作，将“联合开展税收情报案件调查”作为北京创新项目列入北京国税、地税落实深化征管改革方案合作事项目录，创新两局国际税收合作新领域。办理首例联合情报核查案件，查补个人所得税及滞纳金56.75万元。情报交换工作全年共查补税款及滞纳金291.48万元，同比增长365%。

【2022年冬季奥运会税务服务】积极服务2022年冬奥会。与石景山局联合走访首钢集团了解冬奥会办公场地建设情况，了解企业诉求。积极联系冬奥会组委会财务部，及时跟进组建情况和工作进展。根据国家税务总局意见，将2022年冬奥会税收服务工作作为特定征管事项纳入京津冀协同战略相关工作中。向冬奥组委、税务总局反馈涉奥税收政策建议。联合河北省国税局、地税局向冬奥组委反馈意见建议。

【深化国地税征管体制改革】一是创新情报交换工作，深度参与国际税收合作。开展国税、地税联合部署自动情报交换、联合检查外来情报工作。创新外来情报管理机制，建立情报中间报告制度。二是加强跨国企业和个人风险管理，严厉打击国际逃避税。建立反避税案件集中会审及国地税反避税合作机制；与相关部门建立信息共享机制；建立外籍个人风险模型，开展风险识别。三是持续开展税收服务“一带一路”工作，编制《加拿大投资税收指南》。联合国税局建立“走出去”企业清册，加强“走出去”纳税人基础信息管理。联合举办基础建设行业“走出去”企业政策宣讲会。四是组织编写《服务“一带一路”战略　助力企业“走出去”税收指南》。主动研究并宣传G20杭州峰会涉税议题达成的共识和成果，指导我市地税系统国际税收具体工作。

【加强部门协作】继续加强外部协作，完善与国税、出入境、商务委、投促、外汇等部门的合作机制。明确合作内容，共同实施管理，协调出入境管理部门查询外籍个人出入境信息、签证信息及居留许可情况共94人次。

（张清松　李运玲　韩培培）

征收管理

税收征管

【综述】截至2016年12月31日，市局共有税源户1678423户。2016年，市局新增税源231632户，扣除非正常注销、注销47829户，税源户户数比上年度1494620户净增加183803户，净增长12.29%。市局税源户中正常户数为1636040户，占总户数的97.48%；非正常户数为41662户，占总户数的2.48%；停业户数为721户，占总户数的0.04%。2016年，通过采取20条征管堵漏措施，带动增收165亿元。

【深化征管体制改革】组织起草《北京市深化国税、地税征管体制改革实施方案》（以下简称《实施方案》）。8月23日以市委、市政府的名义正式印发，掀开了北京地税发展新篇章。组织北京国地税落实《实施方案》推进会，制定具体落实方案，将《实施方案》提出的7个重点方面32类改革事项细化为85项措施。加快推进地方税费体系建设，全力做好社会保险费和非税收入征收准备工作。实现了84个涉税事项网上通办和22个涉税事项实体厅通办。基于北京纳税人网的“六能”平台已完成上线。对10户已清算完毕的房地产开发项目开展定向稽查，部署“三定三限”定向安置房项目调查核实工作，对15户高风险纳税人开展定向稽查。严厉打击国际逃避税，与市国税研究合作建立跨境交易信息采集和跨境税源风险监管制度。积极总结提炼出可复制、可推广的经验。

【营业税改征增值税】2016年5月1日前，向市国税局移交33.9万户纳税人数据，确保移交数据“一户不差、一页不丢、一天不误”。新增办税窗口44个，新增办税人员116人，操作培训1341人，安装调试510台税控设备。全力配合国税做好纳税申报工作，通过暂停税务检查、修改征期日历、加强纳税提示和告知等多种方式，提示“营改增”纳税人及时向国税申报缴纳增值税，确保不因“营改增”政策调整而降低申报率。集中为符合跨区迁移条件的1869户企业办理跨区迁移手续，将纳税人地税主管税务机关调整至国税主管税务机关所在地区，便利跨区迁移。

【金税三期工程】抽调108名业务骨干，历时8个月完成了差异分析、系统初始化、数据迁移、特色软件改造、双轨运行等多项关键任务，实现金税三期工程和特色软件深度融合，建成了具有北京地税特色的金税三期工程系统。8月8日，北京地税金税三期工程系统完美上线、平稳运行。上线首日，通过金税三期工程系统办理17类363794笔业务，实现了“零舆情、零投诉”。

【国地税合作】落实《国家税务局　地方税务局合作工作规范》，组织3次国地税合作会议，与市国税局联合制发《落实国地税合作工作规范3.0版的实施方案》，制定了《国地税合作事项情况一览表》，细化落实为4大类90个具体合作事项。委托代征“一税两费”。继续委托国税局代征“一税两费”，1—12 月，全市委托代征“一税两费”户数共 40.8 万户，代征相关税费 227.2 亿元，入库金额同比增长了 24.13%。联合推进办税人员实名制。通过网上采集、手机验证、一方登记、双方共享等方式，联合推行了办税人员实名制，截至目前，已有 39 万户纳税人登录北京国地税网上申报系统，完成身份信息确认和采集。深化“三证合一”后续管理。与工商部门共同推进“五证合一”和“两证整合”登记制度改革工作。全市累计新增市场主体 174769 户，累计补充信息户 130093 户。

【征管基础工作】加强零申报管理，继续实施纳税提示等方式，严格落实加强零申报纳税人管理工作措施，提高无税申报纳税人的税法遵从度，共计带动了 21 亿元税款的入库。开展申报未入库数据清理，加强税源基础数据管理，完成 2010—2014 年申报未入库数据清理工作，共清理完成 16323 户次，金额 1.2 亿元。规范税务登记属地管理，切实加强异地经营管理，方便纳税人办理涉税事项。直属一局、直属二局（西站分局）积极落实，对所辖税源户进行了集中调整。服务京津冀跨省迁移。积极落实京津冀范围内纳税人办理跨省（市）迁移要求，积极协调三地对口部门，稳步做好工作衔接，已有 11 户纳税人顺利完成迁移工作。

【税收风险管理】建立风险管理联席会议制度，按季度组织召开工作会议，发挥市、区两级风险管理工作领导小组办公室职能作用，统筹 35 项风险监控需求。开展税务总局风险管理系统初始化、岗位权限配置和操作培训，实现各成员单位风险监控事项的统一扎口管理。开展户籍风险、发票风险、股权转让风险、非学历教育培训风险、金融企业中间业务风险、零申报户风险、国地税关联税种风险、建筑工程项目风险、欠税风险、企业所得税汇算清缴、房产税与企业所得税申报信息关联比对、建筑工程项目等风险事项的识别和应对工作，完成风险应对 17426 户，发现有问题户 13767 户，补缴税款及滞纳金 54.13 亿元，其中纳税评估补缴税款及滞纳金 28.61 亿元；市、区、所三级税务约谈补缴税款及滞纳金 17.68 亿元；日常检查补缴税款及滞纳金 7.84 亿元，有问题率 81.61%。召开国地税风险管理联合会议，沟通税收风险管理工作开展情况及风险管理系统情况，共享房地产、建筑业风险分析识别结果，联合开展风险应对及反馈工作。按照税务总局和市政府打击非法集资办公室要求，完成 8 户纳税人的风险分析及分析报告报送工作。

【欠税管理】建立健全《欠税管理办法》《阻止欠税人出境管理办法》《进一步加强欠缴税款管理工作的通知》。修订了《退税管理办法》《税收减免管理实施办法》《延期缴纳税款管理办法》。制定欠税清缴工作方案，分类型制定 18 项清欠措施。发布欠税公告，2016 年共发布欠税公告 4 期，联合国税发布 2 期，公告国地税欠税企业 75 户。采取与国资委、工商、公安和银行等部门深入合作、开展欠税约谈、阻止欠税人出境等多项清欠措施。共提交 20 户阻止欠税人出境申请，成功拦截 5 户欠税企业，其中某房地产公司提供 2.8 亿元房产进行抵押担保，3 户入库税款、滞纳金 66.99 万元。截至 12 月底清缴往年陈欠 5.37 亿元，陈欠清缴率 23.3%，超额完成年初计划任务，累计清理欠税 9.5 亿元，清陈控新欠税成效显著。

【信息管税】部署上线股权转让清分系统，对通过数据交换获取的股权转让信息进行清分加工处理，告知提示纳税人及时申报纳税，展示查询股权转让信息。开发部署工商电子档案查询系统，实现了登记档案资料的高效利用，避免了纸质资料重复报送。实现便捷缴税，免费发放“北京一证通”，已有113.9万纳税人使用数字证书。在全市98个税务所配备227台POS机，实现纳税人直接在办税服务厅刷卡缴税。

（王志杰）

大企业税收管理

【综述】2016年，北京市地税局全系统大企业税收管理部门认真贯彻《深化国税、地税征管体制改革方案》（中办发〔2015〕56号）和《深化大企业税收服务与管理改革实施方案》（税总发〔2015〕157号），落实税务总局、北京市政府、北京市地税局党组工作部署，按照各项工作要求，结合北京市大企业征管现状，持续推进工作模式创新，完善专业化管理机制体制，探索个性化服务举措，推动大企业税收服务与管理深度融合。

【大企业税收服务与管理】一是健全管理制度。制定《关于进一步加强大企业税收管理工作的指导意见》《重点联系企业工作方案》（京地税大企〔2016〕213号）和《关于加强战略合作企业管理与服务的意见》（京地税大企〔2016〕273号）等，指导大企业服务与管理工作规范开展。二是强化专业机构。调整第二直属税务分局机构职能，扩充人员力量，配备专业设备，建立职能专一、人员专业、设备专业的“三专”型省级大企业税收管理机构。在承担多项大企业重点工作任务的基础上，编写完成《大企业税收风险管理工作规范》和5项具体管理办法。

【大企业税收风险管理】一是落实千户集团各项工作。积极落实税务总局、北京市地税局各项重点工作任务，推进专业化团队工作模式，开展千户集团数据采集、名册核实、问卷调查、风险指标研发、专项调查、风险管理等工作，落实税务总局推送的5批风险应对任务。2016年风险管理工作入库税款3.7亿元。第二直属税务分局和海淀区地税局积极解决各方面问题，辅导督促87户企业集团报送了2011—2015年度的财务数据和资料，为税务总局团队的经济分析和风险分析提供了有力的数据保障。二是建立北京市地税局重点联系企业机制。综合考虑经营规模、税收贡献、行业典型、新型业态等因素，确定50户市局重点联系企业，建立涉税诉求协调解决和重大事项报告机制。2016年5月12日，与北京市国家税务局和北京市商务委员会联合召开了重点联系企业税企见面会。以风险分析、风险自查、重点核实的方式，分2批对其中22户企业开展省级风险分析和风险应对，深入企业开展个性化税收政策和风险排查辅导。

【大企业个性化纳税服务】推进税企税收遵从合作。在原有4户协议企业基础上进一步拓展合作范围，分别于2016年9月19日和2016年11月7日，与中国北京同仁堂（集团）有限责任公司和北京市政路桥集团有限公司签订了《合作框架协议》和《税收遵从合作协议》。开展协议企业政策培训、风险排查，协助企业解决涉税诉求和历史遗留问题。探索税源适度集中的管理模式，将协议企业同一辖区内的在京成员单位，集中调整到同一个税务所进行管理，促进税企双方在政策执行、服务内容、工作要求方面实行统一化管理，方便企业集中办理涉税事宜，有效降低税企征纳成本。应对企业复杂涉税诉求。充分发挥北京市地税局总部企业联席会议机制和国地税大企业涉税诉求联办机制的作用，由省级大企业税收管理部门直接受理企业集团跨区域、跨层级、跨部门、跨税种的复杂涉税诉求。特别是与北京市国家税务局联合帮助企业集团解决国企改革过程中涉及的历史遗留问题和上市筹备过程中遇到的政策适用问题。2016 年，共处理历史遗留问题、重组上市问题、日常经营问题、“营改增”问题、首都功能疏解问题和其他问题 6 大类数十项涉税诉求。开展专题政策座谈研讨。组织召开企业参与的新中德税收协定相关政策座谈会和服务“走出去”企业税收研讨会。邀请国家税务总局、北京市国家税务局、北京市发展和改革委员会、北京市商务委员会等部门相关人员就文件政策出台背景和主要内容进行讲解，对税收风险进行提示，税企共同就执行中的具体问题进行交流，解决了企业的实际困难，为新协定的顺利实施奠定了基础，提升了“走出去”企业的风险防范能力，增强了大企业的国际竞争力。组织“营改增”分行业培训。积极服务大企业“营改增”税制改革，2016 年 6 月 21 日—24 日，与北京市国家税务局联合举办了建筑业、房地产业、生活服务业、金融业“营改增”政策培训，共 182 个大型企业集团参加培训。对“营改增”分行业税收政策、增值税发票领购开具、地税发票缴销等规定进行了梳理和讲解，解答了企业“营改增”涉税热点、难点。举办分行业“营改增”培训，精准回应了企业诉求，有效落实国家税制改革中心工作，保障企业“营改增”顺利实施。

【大企业工作交流】深化大企业国地税合作。与北京市国家税务局大企业税收管理部门密切配合，建立联合工作机制和“一方受理、两方联办、统一回复”的诉求应对工作模式。共同起草了《深化大企业税收服务与管理工作合作实施方案（试行）》《大企业联合走访工作管理办法》和《大企业涉税诉求联合应对工作管理办法》，已于 2017 年 1 月正式联合印发。共同拟订工作计划和实施方案，对大企业开展走访座谈、调查研究、风险管理等工作，实现北京市大企业工作的一致性，充分发挥国地税大企业部门工作合力，减轻纳税人负担。支持总部企业在京发展。积极响应北京市政府关于研究首都经济结构特征、有效巩固总部税源的相关决策，与北京市商务委员会联合开展首都总部经济相关工作调研，及时关注总部税源波动情况和发展趋势。通过座谈、走访等形式，征集和解决总部企业涉税诉求，跟踪重大事项进展，开展专题政策辅导培训，引导企业完善内控机制，支持国有企业升级转型。作为北京市发展总部经济工作部门联席会议成员单位，参与印发了《关于鼓励跨国公司在京设立地区总部的若干规定实施办法》（京商务总部字〔2016〕3 号）、《关于促进总部企业在京发展的若干规定实施办法》（京商务总部字〔2016〕4 号）和修订总部企业名单工作。向北京市商务委员会提供了 2013—2015 年度总部企业及企业高管纳税数据，配合其完成对在京总部企业年度奖励申报的审核工作，发放奖励 2.89 亿元。

【大企业人才培养】选派干部参与、配合税务总局开展大企业经济分析和风险分析模型建设；组建专业化团队开展企业集团风险分析与应对；与北京市国家税务局联合邀请专家开展行业知识与税务风险培训以及数据采集培训，以实战锻炼与业务培训相结合的方式培养大企业管理业务骨干力量。部分业务骨干已经具备带队开展大型企业集团风险管理工作的能力。

（张冬梅）

发票管理

【综述】 2016年，票证管理中心认真贯彻市局党组的整体部署，与全系统征管系列的广大干部共同努力，紧紧围绕全面推开“营改增”试点改革，努力发挥职能作用，圆满完成发票核销、发票缴销和税控注销等各项工作任务，受到2016年第31次市局党组会议的充分肯定和表扬。主要体现在：一是票证中心自觉服从、服务于国家税制改革大局，在市局全面推开“营改增”督促落实领导小组正确领导下，克服2016年5月1日全面推开“营改增”带来的时间紧、任务重的困难，积极、稳妥、安全地做好“营改增”过程中涉及发票核销、缴销和税控注销三项后续管理的工作，打好“收官战”，为地税发票管理工作画上了圆满的句号。二是票证管理中心全体工作人员牢固树立大局意识，根据市局征管改革总体部署，结合全面推开“营改增”后票证中心职能调整，服从组织分配，按照“人随业务走”原则分流到市局相关处室。

【票证印刷供应商确定工作】 按照政府采购竞价程序，会同市局资产管理处和市政府采购中心共同对市局2016年度税收票证印刷供应商进行竞价，经过三轮共27次，最终确定北京中融安全印务公司等6家公司为普通发票印制企业；北京印刷集团有限责任公等3家公司为税收票证印刷企业，组织完成中标供应商签订合同、颁发《发票准印证》以及行政许可事项等工作。

【发票缴销和税控注销工作】 一是2016年5月1日前，积极与市国税局沟通，提供27万户（其中非正常近15万户）使用地税发票纳税人发票核定种类、印制数量等基础信息。二是4月27日，根据总局23号公告，与市国税局共同制定《关于营业税改征增值税发票管理有关事项的公告》，通过多种渠道广泛宣传。三是4月28日，召开全系统全面推开“营改增”发票税控工作部署会，布置发票缴销、税控注销和发票盘库工作。四是5月19日，与市国税局共同印发《关于“营改增”后发票管理衔接有关事项的公告》。各区（分）局自此与同级国税局共同开展发票缴销工作。五是6月下旬，召开两次片会，听取各区（分）局“营改增”发票后续管理工作报告。针对所提问题和建议，给予政策解答和业务指导。六是采取有效措施，加快税控注销。8月，市局向税务总局报送了《关于批量注销税控收款机问题的请示》，提出由单台逐一办理改为分次批量注销的申请，相关司局口头同意。七是加快缴销进度，与市国税局先后印发京国税函〔2016〕168号和京国税函〔2016〕361号文件，提出缴销工作具体要求。据统计，截至2016年12月31日，全系统共缴销109106户36908965份发票，注销172126台税控机具，占应注销机具的70%。

【金税三期工程相关业务工作】 落实金税三期工程账户管理要求，调整《印花税票销售凭证》管理职责。税收票证模块省局级只能设立一个账户，管理包括《印花税票销售凭证》在内的所有税收票证，市局现行将《印花税票销售凭证》视同发票管理的模式不符合此项要求。为此，经商市局收入规划核算处和人事处，拟借金税三期工程上线契机调整市局《印花税票销售凭证》管理职责。根据2016年第31次市局党组会议要求，《印花税票销售凭证》管理职责由票证中心调整至收入规划核算处。

【普通发票、税收票证印制和供应工作】 2016年共安排机关普通印刷品60.3万份，税收票证172万份，各类申报表395.6万份。2016年度共备案冠名发票印制90批次，印制冠名发票2.13亿份，比去年同期的6.21亿份，同比下降192%。主要原因是：根据全面推开“营改增”工作要求，自2016年5月1日起，地税机关不得再印制发票，地税机关不再向试点纳税人发放发票。因此自5月1日起，冠名发票业务转由国税机关管理，与去年同期相比，冠名发票印制大幅度下降。

【库存发票销毁工作】 完成各区（分）局库存发票统计，截至2016年5月1日零时，全市区（分）局库存发票6099.45万份。完成市局库存发票的盘库，于2016年5月17日—19日连续3天对市局已印制尚未出库的发票进行盘点、核对并封存，市局库存普通发票共计5906.9万份。并于2016年9月27日—12月2日，圆满完成全市地税系统“营改增”后库存发票销毁工作。

【有奖发票兑奖和发票鉴定工作】 按照“营改增”工作的实施，结合市局有奖发票兑奖管理规定，在“营改增”后，积极做好有奖发票兑奖相关政策的宣传工作，发布《北京市地方税务局关于停止有奖发票兑奖事项的公告》，对地方税务机关印制的刮开式有奖发票兑奖工作停止时间加以明确，刮开式有奖发票的兑奖工作最终结束时点在“营改增”结束后90日，即2016年9月29日起全面停止有奖发票兑奖工作。继续配合公、检、法、司等部门做好地税发票鉴别工作，全年共接待85家单位，查验各类普通发票3473份，涉及开票金额9.8亿元，为申请鉴别单位提供开展发票协查提供了有力的保障。

（朱　宁）

业务档案管理

【综述】 2016年，档案处着力加强档案干部队伍建设，努力推进各项制度的落实，以强化落实和监督检查为抓手，继续做好税务档案的立卷归档、接收入库、借阅服务、库房管理、系统建设与维护和业务培训等工作，各项工作有序开展，较好地完成了全年任务。

【完善管理制度】 北京地税市、区两级档案管理部门能够将基层日常工作中反映的问题加以整理、研究、归纳和总结，提出合理的办法和意见，充实档案管理内容，提高了工作质效。市局先后发布了四个工作专刊，与机关业务处室就退税管理办法、二手房税款追征管理办法、稽查案卷归档工作以及互联网地税局建设等涉及档案管理要求的工作进行研究，提出了相关档案的管理意见，丰富了档案管理的内容。与市人社局、海淀区人社局、门头沟区人社局档案部门沟通交流，调研现行社保档案的管理办法，为将来制定北京地税社保金征收档案管理办法打下良好的基础。

【制度落实情况检查】针对近年来个别单位在管理中出现的制度落实不到位、归档材料保管不善、归档不及时等现象，结合二手房交易档案管理中出现的问题，在认真调研、广泛听取基层意见和建议的基础上，制定了《2016 年度税务档案管理检查工作方案》，档案处根据市局总体部署，联合内审处，认真筹划，积极行动，在各局对本单位落实情况进行自查后，对海淀、石景山等 10 个区局进行了实地抽查，深入到一线税务所就二手房交易档案的日清月结、移交手续及管理制度的落实情况进行了检查，较好地完成了监督检查工作。

【立卷归档与鉴定销毁】2016 年，区（分）局在市局统一部署下，结合本局实际，统筹安排，有效开展了 2015 年、2016 年两个年度税务档案的归档工作。全年北京地税系统共完成立卷归档 159695 卷，顺利完成了归档工作。西城局、密云局、平谷局、延庆局及时开展了保管到期档案的鉴定销毁工作，全年共销毁区局自存档案 850 卷。

【档案入库及利用服务】开展了 2006—2012 年度扫描方式归档档案的接收工作。全年共完成 20 个区（分）局，10.8 万卷档案的接收入库工作，市局档案馆馆藏量达到 278 万卷。全年接收工作秩序井然，手续交接清晰、账实相符、档案入库、上架程序规范、采集数据与档案案卷数量一致，圆满地完成档案移交入馆工作。2016 年税务档案的借阅工作具有时间紧、任务重、借阅量大的特点，市、区两级档案管理部门严格按照制度和程序，积极开展档案利用工作。市局档案馆全年因协助北京税务博物馆办展、公检法调查取证、纳税人查阅等工作接待借阅 35 批次，出库档案 3800 箱（盒），提供“500 强”“老字号”等重点企业案卷共 4736 卷，复印档案 4529 页。各区（分）局严格按照档案借阅的要求，提供利用服务，全年共接待借阅 1765 批次，借阅档案 45059 卷，为各项工作的开展提供了重要的凭证和依据。

【库房管理】市局档案馆严格履行档案出入库、巡查、保密等制度要求，定期对库房进行消毒、检查库房设备设施，确保设备正常运转。各区（分）局严格落实相关管理规章制度，对本局保管税务档案的实体及信息内容采取有效保护措施，确保了档案安全。

【信息系统建设】完成税务档案管理系统与税务总局金税三期工程的对接。编制税务档案管理系统按金税三期工程标准改造及与金税三期工程对接的业务需求，配合完成两个系统对接测试，及时解决系统使用中出现的各种问题。做好税务档案管理系统的日常维护，全年解决区（分）局问题 30 余个，提出接收、鉴定销毁、库房管理模块修改意见，确认了电子文件归档需求分析。完成税务档案管理系统功能的集中优化和新增功能的开发。组织开发稽查案卷归档模块并上线运行，解决了稽查档案的归档问题。

【档案人员业务培训】组织完成“地税大讲堂”活动，邀请档案学方面的专家给全系统相关干部、职工授课，普及档案知识，增强法制观念，提高全系统工作人员自觉学习档案、自觉保护档案的积极性和主动性。组织完成全系统档案管理人员的业务培训，对82名专、兼职档案员进行档案法知识、档案管理系统使用辅导，提升工作能力。

【印花税票缴销出库】根据市局相关工作会议精神和《地方版印花税票册销毁实施方案》，从2016年8—11月，档案处联合办公室、收入规划核算处、资产管理处、票证中心共同监督完成印花税票出库出馆工作，圆满完成市局赋予的票册出库工作任务。

（刘更起）

《公告》编辑发行

【综述】2016年，《北京地方税务公报》编辑部认真贯彻市局年初税务工作会议精神，以党的十八大及十八届三中、四中、五中、六中全会精神为指导，认真落实市局党组确定的各项工作思路、要求、措施，坚持以宣传、服务纳税人为中心的原则，做好《北京地方税务公告》（以下简称《公告》）编辑、赠阅、发行工作。2016年共出刊12期，共编辑法规性文件42件，完成了年度出刊任务。全年累计向纳税人免费赠阅发行《公告》22.25万册，印刷《公告》合订本3330册，发布电子版《公告》12期，为市级重点税源单位免费投递《公告》2.73万册。在税法宣传、服务纳税人、服务基层方面发挥了重要作用。

【《公告》编辑情况】2016年《公告》全年出刊12期，编辑税收法规性文件42件。其中刊登总局公告3件、市局公告24件、市局通告1件，市局规范性文件1件、联合发文13件，基本完成了全年出刊任务。截至2016年5月底，向纳税人免费赠阅发行《公告》“‘营改增’专刊”1.85万册，累计向纳税人免费赠阅发行《公告》月刊20.4万册，在市局TAX861外网发布电子版《公告》12期。印制2016年合订本《公告》3330册。《公告》的发行，在税法宣传、服务纳税人、服务基层方面发挥了应有的作用。在出刊质量上，坚持按照编辑工作规程和编辑出版物“三校一读”工作制度，认真做好筛选、编辑、审核、校对工作，做到保质保量按时出刊。

【《公告》赠阅发行】为加强《公告》赠阅发行管理工作，更好地服务基层，公报编辑部开展了调研工作，落实了各区局、直属分局对免费索取《公告》数量的需求工作。每期印刷1.7万册，全年累计向纳税人免费赠阅发行20.4万册，其中，全年为市级重点税源单位2275户免费投递《公告》2.73万册；发布电子版《公告》12期；根据基层的实际需求，今年合订本印制3330本。赠阅工作基本满足了纳税人和税务干部的需要，为他们提供了税收政策支持和服务。

（王国军）

税收法治

税收法治工作

【综述】在市、区两级党组的坚强领导下，法制部门以全面推进依法治税为根本遵循，以服务税收中心工作为目标，不断推进落实税收法定原则，加强税收法治建设。推动北京市政府出台《北京市税收征收保障办法》，并做好贯彻落实工作。推进《中华人民共和国房产税暂行条例》在北京市的正确落实，完成法律和政府规章征求意见工作。与北京市国税局联合发布公告，进一步规范国地税行政处罚裁量基准。组织召开推进依法行政领导小组会议，加强学法、用法工作，开展全国法治税务示范基地建设。试点推行总法律顾问制度，使其成为全国首创的依法行政示范模式。做好简政放权、放管结合、优化服务工作，依法规范行政审批行为，深入开展行政审批“回头看”工作。组织编制“权力清单”和“责任清单”及其流程图。组织召开行政复议委员会会议，充分发挥税务行政复议庭作用。积极履行复议应诉职能，依法办理行政复议和应诉案件。认真参与重大事项研究和相关法律支持工作。依法开展税收规范性文件审查和备案，专项开展税收规范性文件清理工作。建立行政处罚定期通报制度。督察内审部门紧紧围绕市局党组关于“深入贯彻落实党的十八大、十八届三中、四中、五中全会和习近平总书记系列重要讲话精神，坚持改革创新，开放合作，加快推进税收征管改革、税收法治建设和税收现代化建设，严格落实党风廉政建设‘两个责任’，努力完成全年各项税收任务，推动首都地方税收工作再上新台阶”的工作部署，突出重点，求真务实，加大执法督察工作力度，推进执法责任制，落实过错责任追究，督促问题整改落实，进一步规范税收执法权。

【地方立法】一是推动出台《北京市税收征收保障办法》。在前期起草完成《北京市税收征收保障办法（草案送审稿）》的基础上，协助北京市政府做好立法咨询、论证工作，配合其修改完善。9 月 1 日，《北京市税收征收保障办法》正式施行。该办法是北京市制定的第一个以服务税收征管、保障税收征收工作有序开展为目标的政府规章，也是市局近 10 年来第一部由本局起草、主导推动出台的政府规章。二是严格落实《中华人民共和国房产税暂行条例》。市局提请北京市政府废止《北京市施行〈中华人民共和国房产税暂行条例〉的细则》。同时，推动出台相应文件，明确房产税计税依据、减征免征、纳税期限等内容，由从价计征改为从租计征，落实属地征收管理，切实践行税收法定原则。三是认真做好立法建议反馈工作。结合税收征管工作实际，配合立法机关做好《中华人民共和国环境保护税法》立法修订工作。积极向北京市政府法制办、全国人大预算工委等部门反馈《环境保护税法》立法建议，认真参与环境保护税实施条例的制定工作。认真做好《北京市人力资源市场条例（草案送审稿）》《北京市行政机关归集和使用公共信用信息管理办法（草案送审稿）》《北京市社会救助实施办法（草案送审稿）》等6部规章的意见反馈工作。

【依法行政】一是组织召开推进依法行政会议。落实推进依法行政领导小组工作制度，组织召开4次推进依法行政领导小组会议，研究12项议题，有效指导推进了全系统的依法行政工作。二是认真落实学法、用法工作。贯彻落实学法、用法制度，组织领导干部集体学法，加强税务干部日常学法，深入推进税收法治实践。2016年，共组织7次领导干部法治学习和培训，5次普通干部学习和培训，参与“12·4”宪法宣传日法治活动。三是积极推进法治税务示范基地建设。积极向税务总局申报全国法治税务示范基地。经评审小组审核，顺义局成功入选全国首批税务系统法治基地。

【总法律顾问制度】积极探索，在城六区局推行总法律顾问制度。在前期充分调研的基础上，印发《试行总法律顾问制度工作方案》。经过规范有序的人事程序，市局党组决定在市局成立总法律顾问办公室并通过了6名总法律顾问的任命。定期组织召开总法律顾问工作例会和专题研究会，及时跟进试点单位工作情况，集体研究税收法律相关问题，解决实际工作中的难题。6名总法律顾问结合各局工作实际，统筹管理处罚、复议、应诉和合同审查等工作。东城局总法律顾问主动与区信访办、公检法等部门沟通联系，组织落实二手房税款追征工作。西城局总法律顾问参与研究个人所得税立法改革战略课题、撰写印花税政协提案，探索采取实现税收担保物权、强制执行等手段开展欠税清缴工作。朝阳局总法律顾问妥善化解政府信息公开引起的复议案件，强化案例指导作用。海淀局总法律顾问探索建立法制员制度，切实做好税收法治宣传工作。丰台局总法律顾问主持公开审理行政复议案件，积极出庭应诉、妥善化解因房产交易产生的涉税争议。石景山局总法律顾问探索建立“纪法结合”工作机制和法律意见反馈工作机制，组织成立税收案例写作小组并亲自指导编写工作。

【行政审批】优化行政审批流程，改进行政审批服务，提高行政审批效能，切实做好简政放权、放管结合、优化服务工作。完成全部非行政许可审批事项的清理工作。制定《深化行政审批制度改革切实加强事中事后管理的任务分工安排》，明确市局各部门的主要职责、工作内容和完成时限，提升管理水平，提高纳税遵从度。组织编制行政审批服务指南和审查细则，全面、翔实整理行政许可事项的工作流程，整合服务资源，最大限度方便纳税人。深入开展实地检查，取消、下放行政审批事项的落实情况和保留事项的对外公布情况，认真开展行政审批制度改革“回头看”工作。按照职权法定、权责一致、公开透明的原则，组织编制“权力清单”“责任清单”及其流程图。健全动态调整机制，确保权责清单有效落实。现有130项行政权力，8类行政责任。

【行政处罚】一是认真调研目前税务行政处罚裁量工作中存在的问题，与市国税局联合修订《税务行政处罚裁量权办法》并发布公告，进一步规范行政处罚裁量行为。二是建立行政处罚定期通报制度，提升基层执法效能。三是按照监管执法岗和政务服务岗的分类标准，梳理全系统所有执法岗位和人员，明晰职责和权限。四是市局完成金税三期工程行政处罚岗位职责和工作流程设定，开展专项调研培训，确保系统如期上线、平稳运行。各区（分）局均高度重视行政处罚工作，设置处罚专岗，指定专人负责。五是通力完成处罚考核工作。在北京市政府的8项考核指标全部达到一档要求。2016年，全系统人均处罚量达24.96件，职权履行率达54.24%。

【合法性审查】一是认真做好对税收规范性文件合法性审查与合规性评估工作，并及时向北京市政府和税务总局备案。2016年，市局共制发税收规范性文件14件，15个区（分）局在市局授权下分别制发税收规范性文件1件。开展税收规范性文件专项清理工作，市、区两级法制部门历经6个多月，对3580件税收规范性文件进行了清理，依法予以废止或明确失效的税收规范性文件683件，部分条款废止或失效的税收规范性文件96件，修订完善的税收规范性文件4件。二是认真开展合同合法性审核。召开合同管理工作协调会，解读《合同管理办法》，通报合法性审查中存在的普遍、典型问题，努力规范合同管理工作程序。2016年，市局共审核各类合同、协议和招标文件403件。

【税收法治研究】完成《政府机关建立总法律顾问制度的思考》调研，并积极推动成果转化，试点推行总法律顾问制度。完成《税收撤销权研究》和《税收代位权研究》。在充分调研和协调沟通的基础上，市局法制处与征科、稽查处一道，推动稽查二局依法行使代位权，向法院提起诉讼，切实履行税务机关的法定权利，保护税收债权。完成《税务机关申请企业破产清算相关法律问题研究》并获市局领导表扬性批示。对全系统近期发生的税收执法案例进行收集整理，针对30个典型案例进行法理分析，编写税收案例集。组织开展《税收征管制度国际发展趋势及比较研究》。

【税收法律救济】切实履行工作职责，认真办理复议、应诉案件。2016年，全系统共办理行政复议案件41件、应诉案件34件。一是落实行政复议委员会制度。组织召开行政复议委员会会议，集体研究讨论3起疑难复杂的复议案件。各区（分）局也相应成立行政复议委员会，充分发挥作用，保障案件公正办理。二是充分发挥税务行政复议庭作用，大力推行听证审理，使申请人充分行使陈述申辩的权利，增强复议结果的公信力和可接受性。2016年，共对5起税务行政复议案件采取听证方式进行公开审理。三是开展“以案代训”工作。部分区（分）局相继派出业务骨干到市局法制处参与办理复议、应诉案件。

【综合税政和京津冀工作】一是按照全面推进依法治税相关要求，做好综合税政工作，努力完善税收综合管理体系。参与财政部、税务总局税政综合问题研究。组织对市级相关委办局的涉税综合文件、意见和制度提出意见、建议。4个月共办理各类来件62件。二是落实京津冀和疏解非首都功能各项工作要求。与市发改委建立工作联系，召开专题会议，梳理相关政策，配合开展京津冀协同发展和疏解非首都功能工作。4个月共办理各类来件27件。

【税收执法督察工作】2016年，根据税收执法督察工作方案，对11个项目开展督察，其中税务总局规定必查项目4个，市局重点督察项目7个，采用全面自查与集中评查相结合、案卷检查与实地核查相结合的方法实施督察。全系统共发现执法问题405项次，涉及税款27377.36万元。截至12月底，补缴税款26991.89万元，加收滞纳金5772.78万元，罚款4.67万元，退还税款87万元，问题整改率为98.6%。通过开展执法督察，各级税务机关税收执法水平得到了进一步提高。

【落实过错责任追究】2016年，全系统共对98人次追究执法过错责任，对4个科室、29个税务所及稽查局进行责任追究共53次，追究数量较以往年度提升42.45%，追究力度有所增强，通过开展责任追究工作，提高了执法人员的责任意识和税收征管质量。

（李钰瑾　晋春辉）

案 例 举 要

案例 1　税务机关向法院提出某企业破产案

【摘要】税务机关运用公权力履行税收管理职责，破产程序的启动和运行则需要遵守民法规则，税务机关在特殊情况下能否主动对欠税企业向人民法院申请破产，即能否用民法规则处理税收管理事项，值得探讨。本案，甲公司长期欠缴税款及滞纳金 835 万余元，且甲公司未正常经营无法缴纳税款，为此税务机关向法院提交了对甲公司的破产申请。在此以该破产案例为背景，对税务机关向法院提出破产申请进行较为深入的分析，认为税务机关运用民法（私法领域）规则处理税收（公法领域）事项应由法律、法规明确授权且加以严格限制。

【基本案情】2010 年，北京市某区地方税务局稽查局（以下简称稽查局）对甲公司 2008 年度、2009 年度纳税情况进行检查。经查，甲公司存在未缴纳营业税及附加、未申报缴纳房产税、城镇土地使用税的违法事实。该区地税局针对甲公司的欠税，多次催告企业缴纳，并协调区法院协助执行税款入库，但因甲公司未正常开展经营，至 2014 年甲公司的各项欠税仍未能缴纳。为此，该区地税局向区法院提交了对甲公司的破产申请。该区法院受理了甲公司破产清算一案。2016 年 4 月，甲公司向该区地税局提出和解意向，该区地税局同意甲公司在缴纳稽查欠税、日常征管欠税及滞纳金的前提下依法和解。至 2016 年 7 月底，甲公司依然未向该区地税局缴纳所欠税款。之后，该区法院指定破产管理人对该区地税局的债权进行了确认，并就甲公司的资产进行了拍卖。

【争议焦点】本案争议焦点主要有以下三个：（1）地税局能否作为债权人向法院提起破产申请？（2）破产程序中税款及滞纳金是否具有优先受偿权？（3）本案破产程序中能否启动和解程序？

【法理分析】（1）本案中地税局能否作为债权人向法院提起破产申请？从法理角度讲，税务机关并不适宜作为债权人向法院提起破产申请，进入破产程序非但影响了税务机关本身公权力的行使，同时也违反了税务机关保护税源的原则。

第一，税务机关向法院申请破产，行政机关的征缴欠税行为就介入了私法领域，必须适用私法规范，属于公法规范与私法规范竞合。此处如直接适用私法领域的规则，则不利于行政机关严格受公法规范约束，有“公法向私法逃逸”的风险。

第二，本案中虽然该区法院已受理此破产申请，但处理进度由于甲公司的不配合而停滞。且在破产程序中，税务机关失去了寻求单独受偿的权利，所有的行政救济手段已不再适用，必须严格按照破产程序获得清偿，而最终能否顺利受偿、受偿金额的多少，均受各方面因素影响，与利用行政手段追缴税款的结果，高下难判。

第三，穷尽行政救济原则已经逐渐发展为行

政法的重要原则。《税收征收管理法》赋予了税务机关各种征收与追征税款的行政手段，在未穷尽这些行政手段时，不宜简单将追征税款的职责推给法院。

根据上述分析，税务机关不宜向法院提起破产申请。但根据各地司法实践情况来看，外地亦有法院受理税务机关破产申请的先例。根据《中华人民共和国企业破产法》（以下简称《企业破产法》）第七条规定，债务人不能清偿到期债务，债权人可以向人民法院提出对债务人进行重整或者破产清算的申请。税务机关能否当然成为此条规定中的“债权人”，相关法律与司法解释均无明确规定。但在《企业破产法》第八十二条中的债权分类，包括债务人所欠税款。可见《企业破产法》从侧面肯定了税务机关债权人的性质，“所欠税款”就是破产人所欠的债务。另外，《税收征收管理法》第五十条规定了税务机关所享有的代位权和撤销权，关于代位权与撤销权的规定直接移用了《合同法》中的相关内容，从立法精神来说，可以理解为其赋予了税务机关一定程度上的民事法律权利，可以参与一定的债权债务关系。

综上所述，在司法实践中，有部分法院受理了税务机关的破产申请，此类破产诉讼在某种程度上亦属于法有据。但由于破产申请一旦受理不可撤回，不利影响难以消除，故在相关的案件中，不建议税务机关随意发起破产申请。

（2）关于破产程序中税款及滞纳金是否具有优先受偿权的相关分析。根据《企业破产法》第一百一十三条中清偿顺序的规定，破产人所欠税款的顺位在普通破产债权之前，具有优先受偿权，根据此顺位，进入破产程序后，欠缴税款获得清偿的可能性较大，具体以企业实际破产财产的清偿能力为准。但即使如此，与非破产程序中，税款和滞纳金的清偿顺序相比，仍然不利于税款和滞纳金的追征。因为在破产程序中，具有担保债权的清偿顺序优于税收债权，但在非破产程序中，只有在欠税之前设定的担保债权才能优先于税收债权得到清偿。税务机关在未穷尽行政救济手段之前申请破产，相当于放弃了税收债权对在欠税之后设定的担保债权的优先受偿权。

除此以外，在破产程序中享有优先权的“税款”是否包括滞纳金，税务总局的批复与相关司法解释的规定有所区别，具体如下。

按照《国家税务总局关于税收优先权包括滞纳金问题的批复》（国税函〔2008〕1084号）规定，税款滞纳金在征缴时视同税款管理，享受税收优先权，可见税务总局将滞纳金与税款视为同等地位。

但根据《最高人民法院关于税务机关就破产企业欠缴税款产生的滞纳金提起的债权确认之诉应否受理问题的批复》（法释〔2012〕9号）及《最高人民法院关于审理企业破产案件若干问题的规定》（法释〔2002〕23号）的相关规定，破产企业在破产案件受理前因欠缴税款产生的滞纳金属于普通破产债权，而破产案件受理后因欠缴税款产生的滞纳金则不属于破产债权，不能通过破产程序受偿。

本案中，于破产申请受理之前产生的滞纳金在破产程序中只能作为普通债权进行受偿，其顺位靠后，清偿可能性较税款大大降低，而破产申请受理之后继续计算的滞纳金则不能作为破产债权，无法在破产程序中得到清偿。

（3）启动和解程序的可能性分析。根据《企业破产法》第九十五条、第一百零五条规定，债务人甲公司可以向人民法院申请和解，也可与全体债权人就债权债务的处理自行达成协

议，但这两种方式都需要经过法院的裁定认可方能成立，且和解必须由债务人提起。本案中，甲公司虽向该区地税局提出了和解意愿，但其并未按照《企业破产法》有关规定向该区法院提出和解协议草案，和解程序尚未启动。

【点评】本案共有以下4方面值得税务人员在今后的工作中加以注意。

一是税务机关在税收征收管理工作中，应在自身公权力范围内开展工作，慎用破产申请等私权利。破产申请行为属于私法范畴，受民商事规范的调整，如果税务机采用民事中的破产申请方式，必然要接受民事行为规范的调整。因此，税务机关应多从发挥税收管理职能的角度出发，实现税收利益。

二是税务机关要注重发挥税收保障制度的作用。《税收征收管理法》从法律层面对税收保障有了提纲挈领的规范，2016年9月1日开始实施的《北京市税收征收保障办法》则从具体工作入手对北京市税收保障工作进行了详细规定，税务机关应抓住此次《北京市税收征收保障办法》出台的契机，多与相关部门沟通协调，共同促进协税、护税体系的建立。

三是税务机关应深入研究税收强制等税收征管制度。重视在强制执行措施实际适用中的难点，深入研究执行中的手段运用方式，使《税收征收管理法》中赋予税务机关的强制执行手段能够尽数落实，使税务机关可穷尽手段追征税款，掌握欠税征收的主动权，更好地实现税收。

四是在已提出破产申请的情况下要把握好破产程序。法院受理破产申请后，税务机关作为债权人，需严格遵循《企业破产法》及其司法解释的规定，税款清偿依照法定清偿顺序，及时掌握、跟进破产清算进程。

（黄丽明　范可欣）

案例2　某公司申请政府信息公开案

【摘要】近年来在税务系统中，因申请政府信息公开而引发的行政复议或行政诉讼案件具有逐年增多的趋势。在众多政府信息公开案件中，某公司申请政府信息公开案件非常具有典型性。该案件经历了行政复议、行政诉讼等若干程序。在办理此案过程中，税务机关遇到了程序、实体、法律适用等诸多方面的复杂、疑难问题，引人深思。该案件的办理，为税务机关政府信息公开工作积累了宝贵经验，促进了税务机关政府信息公开工作水平的提升。

【基本案情】（1）北京市地方税务局第一次作出政府信息公开答复情况。2013年，甲公司向北京市地方税务局（以下简称北京市地税局）邮寄《关于该公司的举报信及政府信息公开申请书》，要求书面邮寄公开："企业不进行税务登记、偷税漏税、伪造发票、违规税务登记、违规开具发票的法律法规内容；北京乙公司的税务登记资料、年检资料及从2009年以来开具的培训费的数额；对该公司的查处结果。"

北京市地税局就甲公司的政府信息公开申请事项逐项进行了答复。

第一，关于甲公司要求公开"企业不进行税务登记、偷税漏税、伪造发票、违规税务登记、违规开具发票的法律法规内容"的事项属于主动公开信息，北京市地税局告知甲公司到北京市地税局的官方网站法规政策栏目下进行查询。

第二，关于甲公司举报涉税违法行为并要求公开查处结果的事项，由于被举报公司的主管税务机关为某区地方税务局，已将举报信转该区地税局进行处理。

第三，关于甲公司要求公开"乙公司的年检资料"的事项，由于税务机关对纳税人不进行年检，因此没有年检资料。

第四，关于甲公司要求公开“该公司的税务登记资料以及从2009年以来开具的培训费的数额”的事项，北京市地税局认为：税务登记资料是纳税人办理税务登记时提交的全部资料，除企业基础信息以外，均涉及纳税人的商业秘密。该纳税人2009年以来开具的培训费数额涉及其生产经营情况，也属于纳税人商业秘密。根据《政府信息公开条例》相关规定，北京市地税局向乙公司征求是否同意公开其涉及商业秘密的信息。乙公司书面回复表示不同意公开。北京市地税局对上述信息未予公开。后北京市地税局对甲公司进行了补充告知，公开了乙公司税务登记的相关基础信息。

（2）甲公司不服政府信息公开答复提起行政诉讼。甲公司以不服北京市地税局的政府信息公开告知为由向北京市西城区人民法院（以下简称西城区法院）提起行政诉讼。

西城区法院作出一审判决。①认定北京市地税局不予公开乙公司的税务登记资料违法，但北京市地税局后续已补充告知，故作出确认违法判决；②认定北京市地税局仅告知将甲公司的举报交某区地税局举报中心处理，未告知相关行政机关的名称、联系方式，作出确认违法判决；③认定北京市地税局以甲公司申请公开的“2009年以来开具的培训费数额”信息涉及第三方信息，且第三方不同意公开为由不予公开，属于认定事实不清，故作出撤销判决，责令北京市地税局在判决书生效之日起15个工作日内重新作出处理；④驳回原告其他诉讼请求。

【争议焦点】本案的争议焦点主要有以下四个：（1）税务登记资料是否属于政府信息公开的范围？（2）商业秘密应如何进行认定？（3）不属于本机关公开或信息不存在应如何告知？（4）北京市地税局是否为甲公司申请政府信息公开的主体？

【法理分析】（1）税务登记资料是否属于政府信息公开的范围。《税收征收管理法实施细则》第二十条规定：“纳税人应当将税务登记证件正本在其生产、经营场所或者办公场所公开悬挂。”因此，乙公司税务登记证上登载的相关信息为公开信息，不属于商业秘密。北京市地税局告知书中以其涉及第三方信息为由不予公开，违反了《政府信息公开条例》的上述规定，此做法确有不当之处。虽然北京市地税局后续进行了补充告知，但根据《最高人民法院关于执行〈中华人民共和国行政诉讼法〉若干问题的解释》（法释〔2000〕8号）第五十条规定，被告改变原具体行政行为，人民法院经审查认为原具体行政行为违法的，应当作出确认其违法的判决。因此，法院就北京市地税局此前的告知行为作出确认违法判决是正确的。

（2）商业秘密应如何进行认定。北京市地税局在庭审答辩中主张培训费数额为商业秘密，但法院认为告知书并未将此作为理由，故判定北京市地税局认定事实不清，予以撤销，并责令重新作出处理。根据《政府信息公开条例》第二十三条“政府信息涉及商业秘密、个人隐私，公开后可能损害第三方合法权益的，应当书面征求第三方意见；第三方不同意公开的，不得公开”的规定，北京市地税局在政府信息公开征求意见及答复中，应经过“四步法”：首先，应对相关政府信息进行审查，如果认定为“商业秘密”，再行征求第三方的意见，征求完第三方意见后应进行是否影响公共利益的判定，最后作出是否公开的决定。本案中，北京市地税局未先行认定，而是直接征求第三方意见，该做法存在程序性问题。

（3）不属于本机关公开或信息不存在应如何告知。本案中，甲公司将举报信和政府信息公开申请写在一起，要求公开对其举报案件的查处情况。北京市地税局对政府信息公开申请进行答复时，举报案件查处情况的信息尚未形成，因此，可根据《政府信息公开条例》第二十一条第三项作出政府信息公开不存在的答复。但北京市地税局实际做法是告知甲公司，已将其举报交某区地税局举报中心处理，但未告知该区地税局举报中心的联系方式，该做法不符合《政府信息公开条例》第二十一条第三项的规定，故被法院确认违法。

【点评】（1）准确认定申请公开政府信息的性质，是做好政府信息公开工作的前提。对信息的性质作出准确认定，是行政机关正确作出政府信息公开答复或告知的前提。申请人所申请的信息属于政府信息的，才能纳入政府信息公开法律法规调整的范围。在收到政府信息公开申请后，首先要准确界定信息的性质，不属于政府信息的及时告知申请人；属于政府信息的，要严格依照《政府信息公开条例》第二十一条的规定，根据不同的情况分别作出答复。

（2）政府信息公开与纳税人信息保护之间的冲突亟待解决。在税务实践中，税务机关如何平衡涉税信息公开与第三方信息保护之间的关系，需要立足我国基本国情，注重政府信息公开制度的价值，扩大主动公开范围，严格申请公开范围；建立统一兼容的法律体系，对可能引起争议焦点的概念进行进一步界定；同时，提升政府信息公开水平。政府信息公开制度的完善与实施必将是一个漫长的过程，不会一蹴而就，也不会停止不前，需要各方面积极主动配合与探索，为我国政府公开化进程、国家法治化推进而不懈努力。

（3）做好政府信息公开工作的建议。一是加强组织领导。税务机关要把做好政府信息公开、提高信息公开实效摆上重要工作日程。成立由多方面人员参加的、类似于复议委员会的常设机构，建立快速研究和答复机制，及时指导政府信息公开工作。

二是强化业务培训。建立培训工作常态化机制，组织开展面向信息公开工作人员的专业培训，及时总结交流经验，提高相关人员的政策把握能力、舆情研判能力、解疑释惑能力。

三是改进政府信息主动公开机制。针对公众关切的问题，主动、及时、全面、准确地发布权威的政府信息，增进公众对税收工作的了解和理解。

四是认真做好政府信息依申请公开工作。探索建立涉税信息分类公开管理制度；及时总结经验，切实做好案情分析。

五是积极主动做好与各级人民法院、各级人民政府及上级税务机关之间的沟通与协调，及时就政府信息公开工作涉及的有关重大问题开展专题研究，力争就关键性问题达成一致意见，尽量减少税务机关与其他部门之间的认识差异，尽量避免出现案件败诉现象。

（杜　鹃　范可欣）

案例3　外籍教师补缴个人所得税案

【摘要】随着经济全球化的全面覆盖和我国改革开放的不断深入，我国已经与100多个国家、地区签订了税收协定、安排或协议，以协调相互之间的税收管辖关系。我国在与大多数国家和地区签订的双边税收协定中均有关于“教师”和“研究人员”依据税收协定享受免税待遇的条款。同时，这些条款中的“教师”和“研究人员”概念的适用范围在我国税法中有明确限定。我国《个人所得税法》及相关税收规范性文件对外籍员工取得来源于中国境内的保险等费用如何纳税也做了详细规定。本案中，涉税外籍教师所在单位为开展幼儿园、小学、中学教育活动的机构，所以此部分外籍教师不符合税收协定教师条款的相关规定，其最终补缴相关保险费税款800余万元。因此，税务人员通过加强对不同国籍外籍人员常规福利待遇的归纳总结，加强对外籍人员缴税情况的核实分析，对于强化外籍个人税收管理具有非常重要的参考价值和现实意义。

【基本案情】北京某学校注册登记类型为其他组织，注册资本为130万元，主要经营项目是招收常驻北京的外国人子女，开展幼儿园、小学、中学的教育活动，教师全部为外籍人员。税务机关通过调取学校签订的劳动合同、工资、薪金明细账以及给外籍人员报销机票的记账凭证获知，除正常的工资、薪金外，学校还通过其境外总公司为员工及其家属购买商业保险，每季度支付保险费9000～11000元不等。学校在代扣代缴外籍员工个人所得税时未将境外商业保险费以及给员工及家属报销的机票费用并入工资、薪金缴纳个人所得税。

鉴于该学校从事教育行业，涉税人员为多个国家的外籍个人，所以税务机关查阅了我国与其他国家签订的国际税收协定，并积极向上级税务机关请示，最终明确了以下两个问题。

第一，该学校虽然从事教育工作，但是不属于享受税收协定的教师条款规定范畴，不能享受免税待遇。第二，该学校代扣代缴的个人所得税计算有误。商业保险费不在扣除范围内，学校代替个人缴纳的商业保险费应计入当月的“工资、薪金所得”项目缴纳个人所得税。

按照以上规定，该学校补缴个人所得税和滞纳金共计802.4万元。

【争议焦点】本案争议的焦点问题主要有以下两个：（1）该学校的外籍教师是否可以适用税收协定“教师和研究人员”条款中所规定的税收优惠政策？（2）该学校的境外公司为外籍教师支付的商业保险费是否应并入外籍教师的“工资、薪金所得”项目缴纳个人所得税？

【法理分析】（1）税收协定教师和研究人员条款的适用。我国在与大多数国家和地区签订的双边税收协定中均有关于“教师和研究人员”的条款。如《中华人民共和国政府和美利坚合众国政府关于对所得避免双重征税和防止偷漏税的协定》第十九条[①]、《中华人民共和国政府和南非共和国政府关于对所得避免双重征税和防止偷漏税的协定》第二十条[②]。

双边税收协定中的“教师和研究人员”条款给予教师2～3年的免税待遇。《国家税务总局关于明确我国对外签订税收协定中教师和研究人员条款适用范围的通知》（国税函〔1999〕37号）规定：“税收协定该条文中提及的大学、学院、学校或有关教育机构，在我国是指经国家外国专家局批准具有聘请外籍教师和研究人员资格，并由教育部承认学历的大专以上全日制高等院校。”本案所涉及的学校不符合规定，该学校

---

① 该协定的签署日期为1984年4月30日，生效日期为1986年11月21日，执行日期为1987年1月1日。第十九条的标题为“教师和研究人员”，该条规定：“任何个人是、或者在直接前往缔约国一方之前曾是缔约国另一方居民，主要由于在该缔约国一方的大学、学院、学校或其他公认的教育机构和科研机构从事教学、讲学或研究的目的暂时停留在该缔约国一方，其停留时间累计不超过三年的，该缔约国一方应对其由于教学、讲学或研究取得的报酬，免予征税。”

② 该协定的签署日期为2000年4月25日，生效日期为2001年1月7日，执行日期为2002年1月1日。第二十条的标题为“教师和研究人员”，该条规定：“一、任何个人是、或者在紧接前往缔约国一方之前曾是缔约国另一方居民，主要是为了在该缔约国一方的大学、学院、学校或为该缔约国一方政府承认的教育机构和科研机构从事教学、讲学或研究的目的，停留在该缔约国一方。对其由于教学、讲学或研究取得的报酬，该缔约国一方应自其第一次到达之日起，两年内免予征税。二、本条第一款的规定不适用于不是为了公共利益而主要是为某个人或某些人的私利从事研究取得的所得。”

仅从事幼儿园、小学、中学教育，不属于国税函〔1999〕37号文件明确的范围，所以其外籍教师不能享受双边税收协定中的“教师和研究人员”条款给予教师2~3年的免税待遇。

需要注意的是，《国家税务总局关于执行税收协定“教师和研究人员”条款有关问题的公告》（国家税务总局公告2011年第42号）对执行税收协定“教师和研究人员”条款还额外作出了以下两点规定：第一，除税收协定另有明确规定外，税收协定“教师和研究人员”条款仅适用于与中国境内的学校或研究机构（简称境内机构）有聘用关系①的教师和研究人员。凡与境内机构没有上述聘用关系，而以独立身份或者以非境内机构的雇员身份在中国境内从事教学、讲学或研究活动的人员，以及受境外教育机构的指派为该境外教育机构与境内机构的合作项目②开展相关教学活动的人员，不适用税收协定“教师和研究人员”条款的规定。第二，税收协定“教师和研究人员”条款规定的教学、讲学或研究包括按照聘用单位要求在境内外进行的各种教学、讲学或研究活动，以及在承担教学、讲学或研究活动的同时，承担的相关规划、咨询和行政管理等活动。该公告第三条规定：“上述境内机构应限于《国家税务总局关于明确我国对外签订税收协定中教师和研究人员条款适用范围的通知》（国税函〔1999〕37号）规定的范围。”再次确认了国税函〔1999〕37号文件的效力。

（2）境外公司支付的商业保险费是否应并入“工资、薪金所得”项目。我国个人所得税同时实行居民管辖权和来源地管辖权。《个人所得税法实施条例》第五条规定：“下列所得，不论支付地点是否在中国境内，均为来源于中国境内的所得：（一）因任职、受雇、履约等而在中国境内提供劳务取得的所得；……”本案外籍个人是由于任职、受雇、履约等而在中国境内提供劳务取得的所得。因此，其所得来源于中国境内，无论其属于中国居民纳税人还是非居民纳税人，支付该商业保险费的是不是境外公司，该笔所得都应当在中国缴纳个人所得税，无法享受《个人所得税法实施条例》第六条规定的优惠政策。③根据《个人所得税法实施条例》第二十五条规定：“按照国家规定，单位为个人缴付和个人缴付的基本养老保险费、基本医疗保险费、失业保险费、住房公积金，从纳税义务人的应纳税所得额中扣除。”商业保险费不在扣除范围内，北京某学校通过境外公司为外籍教师及其家属支付的商业保险费应并入“工资、薪金所得”项目，缴纳个人所得税。

【点评】在本案例中，外籍个人核查涉及的以下两个问题很具有代表性。

一是在办理外籍个人、企业涉税案件时，要充分重视税收协定。目前，我国已经与104个国家、地区签订了税收协定、安排或协议，协调相互之间的税收管辖关系。税务人员在开展对外籍个人税收核查时，要认真研究国际税收协定相关

① 聘用关系是指相关教师或研究人员与境内机构间签有聘用合同，或虽未有明确的聘用合同，但其在境内机构担任职务并且实际从事的教学、讲学或研究活动的内容、方式、时间等均由境内机构安排或控制的情况。

② 合作项目指境外教育机构与境内机构以各自名义合作开展的相关教学活动项目，不包括中外教育机构联合在中国境内成立的独立教育机构。

③ 《国家税务总局关于在中国境内无住所的个人取得工资、薪金所得纳税义务问题的通知》（国税发〔1994〕148号）第一条规定：“根据实施条例第五条第（一）项的规定，属于来源于中国境内的工资、薪金所得应为个人实际在中国境内工作期间取得的工资、薪金，即：个人实际在中国境内工作期间取得的工资、薪金，不论是由中国境内还是境外企业或个人雇主支付的，均属来源于中国境内的所得；个人实际在中国境外工作期间取得的工资、薪金，不论是由中国境内还是境外企业或个人雇主支付的，均属于来源于中国境外的所得。”

条款规定，确保政策执行无偏差。

二是劳动合同是个人所得税核查的关键。外籍个人所得税核查的目的是发现涉税风险点，及时追缴税款，维护我国税收权益。个人福利待遇漏缴税款是主要的易发风险点。在核查中要以劳动合同为切入点，了解外籍人员福利待遇的种类和特点，询问各项福利的税务处理方法。如税务机关在对该学校财务人员进行约谈时询问该单位是否有商业保险、是否缴纳个人所得税。财务人员确认该单位有商业保险并提供了相应的票据。劳动合同中明确注明的两类商业保险，一类是中华人民共和国境内的商业保险，已经完税；另一类是通过其境外总公司为员工购买的全球性商业保险，未缴纳税款。

从本案例带给我们的两点启示来看，国际税收协定是开展涉外税收业务必须要慎重考虑的重要因素。劳动合同是获取外籍人员薪酬待遇的重要途径。因此，在一线税收征管工作中，税务人员应加强对不同国籍外籍人员常规福利待遇的归纳总结，加强对外籍人员缴税情况的核实分析，对于强化外籍个人税收管理，监控税收风险，具有非常重要的参考价值和现实意义。

（范可欣　周　松）

纳税服务

概　况

2016年，在市局党组的正确领导下，全系统各级纳税服务部门按照深化征管体制改革和纳税服务现代化的要求，以满足纳税人合理需求为导向，积极开展“便民办税春风行动”，推进标准化建设，完善制度体系，拓展平台功能，创新服务机制，圆满完成各项工作任务，在税务总局开展的2016年纳税人满意度专项调查中，北京市地税局在全国地税系统中排名第13位。

“便民办税春风行动”

【综述】 2016年，北京市地税局积极贯彻落实税务总局2016年“便民办税春风行动”部署，围绕服务中心工作，以“改革·合作”为主题，与北京市国税局联合制定《2016年“便民办税春风行动”实施方案》。聚焦解决首都纳税人关心、关注的问题，北京地税进一步探索创新纳税服务机制，在国税、地税服务深度融合、执法适度整合、信息高度聚合上发力，针对税务总局10类31项便民措施，共推出细化措施135条，有效推动税收工作向规范化、标准化时代迈进。2016年全系统共收到纳税人感谢信、锦旗246封（件）。

【密切国税、地税合作】 落实《国家税务局地方税务局合作工作规范（3.0版）》，建立国税、地税联席会议、文件会签、序时推进和督察考核四项制度，健全工作机制，与市国税局联合印发《国地税合作工作规范3.0版落实方案》，细化具体合作事项，共同推进试点改革。推进国税、地税业务一厅办理，4月22日，北京国地税共同发文规范国地税办税服务厅合作共建，强化制度保障、明确办税内容、规范合作模式。2016年，全市18个区（分）局均已至少实现1种合作共建形式，有效提升了国税、地税涉税事项办理融合的深度和广度。

【提高办税服务效率】 一是推进办税事项全市通办，研究制定办税事项全市通办工作方案，加快完成技术改造升级，实现84个事项网上通办，25个事项实体办税服务厅通办。二是开展办税服务厅分类管理，制定办税服务厅分类管理工作实施方案，将全市办税服务厅纳入分类管理范围，推动服务资源供需均衡。三是推行“二维码”一次性告知，将税务总局编制的110项全国统一办税事项二维码对外公布，进一步梳理地税业务服务事项，制作97项地方事项二维码，在北京地税网站首页发布。四是保障“营改增”工作，北京国地税在双方办税服务厅互设宣传资料，互派咨询员，并增设办税网点保障委托代征。五是推广微信预约叫号，纳税人通过国地税任一官方微信平台，即可实现共建办税服务厅全部窗口业务的预约办理和微信在线取号，节约排队等候时间。六是深化商事登记制度改革，成立推进“三证合一”工作领导小组，建立工作协调机制，制定实施方案，与国税局联合对现有税务登记管理模式进行调整，确保“五证合一、一照一码”登记制度改革工作落实到位。

【服务区域发展】一是扩大区域税收合作范围。拓展稽查合作，在京津冀国税稽查部门案件协查协作机制的基础上，由三地三局拓展到三地六局，由案件协查拓展到税务稽查的全面合作。创新纳税人在京津冀范围内跨省市迁移管理模式，方便京津冀纳税人跨区迁移。加大协同发展税收问题研究，梳理京津冀三地税收政策差异情况、税收分配和共享、税收征管差异等情况，为税务总局政策制定提供参考。二是服务“一带一路”战略。落实税务总局工作部署，收集整理加拿大基本情况、税收制度、征收管理体制、我国与加拿大间经贸往来和税收合作信息及赴加拿大投资风险提示，形成《中国居民赴加拿大投资税收指南》。积极配合税务总局完成税收征管论坛（FTA）各项服务工作。三是服务企业“走出去”。编写《助力境外投资　服务一带一路税收指南》，帮助纳税人了解对外投资风险及其防范措施。在全系统推动开展“走出去”企业走访问需活动，并联合市商务委、投促局、国税局与30余家基建企业召开专题研讨会，帮助“走出去”企业提高风险防控意识，明确税收遵从义务。

【规范税收执法】一是强化风险管理。组织召开国地税风险管理联席会，国地税共同制订风险管理工作计划，统筹开展风险识别及应对工作。实施分级分类管理，区分不同风险等级，分别进行风险提示、约谈评估、日常检查。密切税企沟通，国地税联合搭建“北京税务大企业”微信平台。二是推进权责公开。落实《北京市人民政府关于建立市政府部门权力清单责任清单制度的通知》（京政发〔2015〕62号）要求，于2月29日制发《北京市地方税务局关于公布权力清单责任清单的公告》，公布了行政强制、行政确认、行政征收、行政检查、行政奖励以及其他类权力事项共计77项及相关流程图。三是规范进户执法。推进联合进户稽查，国地税联合制定检查方案，共对294户企业开展国地税联合稽查。统一执法尺度，严格落实合作工作规范，在共同确认案源、联合下达任务、联合实施检查等方面加强沟通合作，提升稽查工作质效。联合开展重点税源集团企业随机抽查，按照税务总局部署，定向抽取重点检查对象实施国地税联合稽查。

【推进信息化建设】一是拓宽信息查询。实现缴税信息可查询，通过网站、自助终端和微信等渠道，为纳税人提供个人纳税信息查询服务，实现纳税信用A级企业名单网上查询打印。申办事项可跟踪，通过北京互联网地税局为纳税人提供办税事项办理进度网上查询，实现纳税人延期缴纳税款的核准、对纳税人延期申报的核准、对纳税人变更纳税定额的核准3项行政许可事项办理进度网上查询。发票信息可查验，实现北京地税官方网站、自助服务终端和微信等多渠道的发票查验服务。二是推进信息共享。推进国地税涉税信息一次采集、共用共享，建立数据后台查询联合工作机制和“营改增”协调机制，实现数据平稳衔接。三是完善电子税务局建设。持续推进北京互联网地税局建设，完成金税三期工程系统的上线切换工作。积极推动主要涉税事项无纸化办理，优化改造个人存量房交易征收系统，推动实现办税服务厅POS机刷卡缴税，提高办税服务效率。

【打造宣传品牌】 围绕纳税人办税热点问题，与北京电视台合作拍摄21集税收微动漫，通过北京地税网站登载。与北京电台合作“地税小贴士”，2016年累计播出261期，听众覆盖人群达200万。举办“立足岗位　放飞梦想”办税服务厅干部座谈会，新闻稿件被《中国税务报》整版刊发，宣传北京地税便民办税服务措施。以“便民办税春风行动”、国地税服务深度融合为主题，参与中央电视台《我要理财》、北京电视台《税收天地》节目录制，广泛宣传北京地税便利化改革措施。充分发挥税务微博、微信等新媒体平台优势，广泛宣传北京地税便民办税举措成效，及时跟进税收新政宣传，做到专项活动有专栏，重大活动开直播，试点图文有解读。

【加强督查考核】 将2016年“便民办税春风行动”纳入绩效考核，按照进度安排，量化考核任务完成情况。加强服务检查，依据《北京市地方税务局关于开展纳税服务巡查工作的意见》（京地税纳〔2014〕57号）规定，借助市局音视频监控系统，每天开展巡查，督导指导各区（分）局落实“便民办税春风行动”，确保各项便民举措落到实处。

（王小虎　程　鹂　夏天下　薛　青
于　宁　林　娜　李　莉）

网站建设情况

【综述】 北京市地方税务局网站是面向社会为纳税人提供服务的重要窗口，加强网站建设对于推动北京市地方税务局电子政务的开展，提高税收征管质量和效率，降低征纳成本，保障纳税人合法权益，创建良好税收秩序，起到了十分重要的作用。在“互联网+”与政务服务深度融合的背景下，北京地税网站不断应用网络新技术，构建新的工作形态。2016年，北京地税网站以纳税人需求建议为导向，完善网站相关制度，实现网站与纳税人的密切沟通；协调各方，积极完善网站服务功能，为纳税人提供方便、快捷的网上服务，网站首页全年访问量达到3907万人次，各项工作得到了纳税人和社会各界的广泛认可。自2002年起，北京地税网站连续多年被北京市政府评为“优秀政府网站”，近年来在全国税务系统网站评比中始终名列前茅。

【组建税务网站编辑部】 为贯彻落实好《国家税务总局关于加强税务网站建设的实施意见》，进一步做好税务网站等平台的统筹管理工作，纳税服务中心协调市局相关处室成立税务网站编辑部，提升了各渠道发布信息、解读政策、回应关切、引导舆论的能力和水平。

【优化栏目设计加强内容建设】与“首都之窗”共建“营改增”专题，运用文字、图解等多种方式向社会广泛宣传改革试点的重要意义，针对政策变化对多行业作出办税指引，对网站首页及“纳税人学堂”“税务要闻”等栏目增添内容展示效果，新增了“网上税务博物馆”“行政许可和行政处罚公示”等栏目，获得市民广泛好评。

【及时更新网站内容】2016 年度发布各类信息、公告 19395 条。3907 万人次访问北京地税网站首页，累计访问量突破 2.2 亿人次。

【积极开展网络互动】注重加强与纳税人的日常交流互动，网站设立了“局长信箱”“网上咨询”“网上投诉”“网上举报”等多个与纳税人进行互动交流的栏目，为纳税人排忧解难。2016 年，共受理局长信箱 496 件，网上咨询 20682 件，网上举报 1241 件，网上投诉 105 件。

【及时回复政风热线信件】积极贯彻落实北京市“政风行风热线”工作要求，全年共接收政风热线来件 69 件，全部信件均在规定时限内办理完毕，并做到每个信件答复详尽、清晰、公开、透明。根据纳税人的意见，及时向有关部门反馈并提出改进建议，力争从根本上解决纳税人反映强烈的热点、难点问题，解决损害群众利益的问题。

【税务总局互联网站内容保障工作】对税务总局网站内容保障工作高度重视，2016 年共受理税务总局转办咨询问题 1057 件，全部按规定进行了回复。

【积极开展网站内容检查工作】2016 年，运用第三方专业检测软件，开展网站日常运行监测，定期就网站内容建设和运行维护情况进行抽查监测。根据检测结果，组织召开了网站建设专题会，通报网站存在问题、分析问题原因、督促各部门及时整改。

【保障国庆期间网站安全平稳运行】在国庆前夕，认真总结并分析当前市局网络系统的安全形势以及存在的安全隐患，制定应急预案，提高工作人员安全意识，做好防范和日常检查工作；加强对网站操作人员及电子邮箱用户的安全使用教育，严格落实网站邮箱、网站后台操作管理等工作制度，对网站后台操作权限和电子邮件系统用户进行清理，删除长期不使用的权限及用户，明确各权限管理人员及各邮箱使用人员，采用实名制登录，确保北京地税网站信息的安全发布以及电子邮箱的安全使用；网站工作人员实行 24 小时值班制度，对通过网站发布信息的准确性进行监控检查，避免出现网路中断或信息发布错误等情况。“两会”及国庆期间北京市地方税务局网站运行正常，未发生安全事故。

（杨建宁）

12366 纳税服务热线情况

【搭建北京地税咨询服务平台】2016 年，先后完成了咨询服务平台项目评审、采购招标、人事招聘及业务培训、职场设计施工、话务系统招标调试等一系列工作，并于 10 月 8 日正式上线运行，逐步形成市级平台“一号对外，统一口径”的规范化管理。截至 12 月 31 日，12366 纳税服务热线呼入总量 75252 件，转接人工量 55181 件。其中人工接听量 54836 件，接通率 99.37%。同时完成 7 个区（分）局小呼中心并入北京地税咨询服务平台统一管理。

【深化国地税 12366 纳税服务热线合作】配合北京国税完成“12366 纳税服务平台”（六能平台）的搭建，与北京国税明确了发票查询、法规查询、热点问题、办税日历、办税地图、在线访谈、纳税人学堂、下载中心 8 个服务类栏目合作计划。全力做好 12366 纳税服务热线现场业务支持。全年业务总量 65 万次，组织业务培训 75 次。

【规范区（分）局咨询服务电话管理】2016 年 20 个区（分）局累计接听咨询服务电话 87.9 万次，坚持“一号对外”，严格按照税务总局规范要求，设置专人值守，统一解答口径，规范咨询服务态度，保障咨询电话接通率。加强对各区局小呼中心话务人员业务培训，对小呼中心与基层窗口人员进行同步培训，做到解答一个口径、征管一个流程。每季度围绕电话接通率、业务解答规范性、服务态度三方面内容对基层税务所进行咨询服务电话拨测，巡查问题。

（李　勇　李　科）

其他纳税服务工作

【多元化宣传辅导】与北京电视台合作制作“税收微动漫“视频。集知识性、故事性、趣味性为一体。2016 年，共制作微动漫视频 21 集，并通过北京地税网站、官方微信、北京电视台播出，截至 2016 年底，网站累计浏览量达 40 万余次；编印《首都公民税收手册（2017）》，分为概述篇、收入篇、车辆篇、房屋篇、优惠篇、生活篇、服务篇共 7 章 3 万余字，将税收政策与百姓日常生活工作结合，用生动的故事、简明的文字和活泼的插图帮助纳税人了解税收和服务举措，指导纳税人维护自己的合法权益，正确履行纳税义务，树立依法诚信纳税意识；推进实体纳税人学堂建设。利用实体纳税人学堂定期为纳税人开展包括新开户和专题培训等分层次、分行业、分类型的业务培训，2016年1—12月，全市地税系统开展现场集中辅导培训1075场，培训纳税人19.2万余人次。其中，与市国税局联合开展辅导255场，培训纳税人4.7万余人次。与市国税局互设网上学堂，互设网上学堂专栏，据统计，2016年1—12月，网上纳税人学堂浏览量达17.2万人次，较去年同期增长52.57%。

【多渠道纳税人咨询解答服务】2016年，解答北京地税网站及微信公众号“我要咨询”栏目咨询留言20682件、回复局长信箱来信496件，受理税务总局网上咨询派单1057件，受理“首都之窗”政风行风热线派单69件，受理12345市长热线咨询派单370件。其中，“我要咨询”栏目得到纳税人更多关注，留言数量比2015年增长一倍。各咨询渠道收集上来的疑难问题、个性化问题有933件，向市局相关处室、区（分）局纳税服务科分转后得到及时解决和回复。

【咨询情况的统计与分析】2016年，根据各咨询渠道按时编发了《纳税咨询服务月报》《纳税咨询服务半年报》《纳税咨询服务年报》及《局长信箱月报》《局长信箱快报》。全年共总结了45个热点问题，提出27条工作建议，并编发《突发热点问题提醒单》22期，包括契税政策调整、“营改增”政策调整、残保金征收主体变化、金税三期工程系统上线后申报变化和“一税两费”申报变化等纳税人关注且咨询量较大的热点问题，得到市局相关处室的重视并及时反馈。同时，《纳税咨询服务月报》第5期获得北京市非紧急救助服务中心主任王传颂的肯定性批示。

【加强权益维护】完善投诉管理工作流程，明确工作职责；细化投诉易发风险点分析与防控说明，强化指导监督；实行纳税服务投诉按月通报，2016年全年共受理纳税服务投诉160件，核实属实23件，投诉已追责16件；依托12366投诉管理系统，实现多渠道接收，同一平台处理，全程监控督办；启用音视频实时监控系统，实现对全市办税服务厅集中管理，开展应急处置，有效化解服务纠纷；通过“纳税服务调查”网上管理平台，面向社会征集意见建议，并进行快速响应。2016年已收集纳税人评价近1400条；积极做好涉税舆情和公众焦点问题的收集与分析，及时发现纳税人反映强烈的诉求、实施有效提醒；建立国地税日常沟通机制，针对涉及国地税共同业务的投诉和需求，实行国地税联合办理、联合反馈。

【推行《全国税务机关纳税服务规范》】在全面落实《全国税务机关纳税服务规范》的基础上，不断完善升级纳服规范，推行“免填单”服务82项，实现纳税人发起事项全市通办109项，其中84个事项纳税人可以通过“北京互联网地税局”实行全流程无纸化办理。纳税人可以在线填写申请，将相关合同、证明等涉税资料电子化，经CA数字证书加密签名后，上传至“北京互联网地税局”，地税机关实行网上办理。纳税人可以通过“北京互联网地税局”查询办理结果。

【纳税服务岗位培训班】为提升系统纳税服务干部队伍素质，不断推进北京地税纳税服务现代化，2016年9月26日—30日，在中央财经大学举办了2016年纳税服务岗位培训班。全系统96名纳税服务岗位业务骨干参加培训。通过系统深入的学习，使学员受到启发，不断提升自身素质与能力，打造与纳税服务现代化要求相匹配的专业人才队伍。

【纳税信用管理】2016 年，根据国家税务总局发布的《纳税信用管理办法（试行）》（国家税务总局公告 2014 年第 40 号）等要求，北京市国家税务局、北京市地方税务局继续组织实施了年度纳税信用评价。共对 61.8 万户符合条件的纳税人做出了纳税信用等级评价，评出纳税信用 A 级企业 35672 户，B 级企业 455938 户，C 级企业 98161 户，D 级企业 28278 户。2016 年，北京国税、地税共受理 659 起补评和复评申请，其中补评和复评为 A 级 253 户，并及时向社会公示北京地区纳税信用 A 级企业名单。

【银税互动】2016 年，北京市国家税务局、北京市地方税务局和北京市银监局三家联手，共同建立了三方合作联席会议机制，稳步推进“银税互动”工作开展。2016 年，已实现“银税互动”北京市各区全覆盖，税务机关与工商银行北京分行等 40 余家银行建立了合作关系，为企业授信 380 笔，发放贷款 19.43 亿元，其中为小微企业授信 357 笔，金额 16.04 亿元。税银双方发挥联动合力，在向守信企业提供信用贷款等相关金融服务的同时，对失信企业给予贷款限制或禁止，形成正向褒扬和反向限制的双向合力。

（林　娜　薛　青　周　聪
夏天下　李　莉）

税务稽查工作

【综述】2016年，全市稽查系统在市局党组和税务总局稽查局的坚强领导下，坚持以办案为中心，推进体制改革，夯实工作基础，清理未结案件，深化部门协作，强化监督考核，有效发挥税务稽查职能作用，全面落实《加强稽查工作20条措施》，确保全市任务的有效完成。2016年，共组织检查2986户，查补收入合计45.27亿元，入库税收合计46.04亿元，同比增长52.45%。案件有问题率99.5%，案件结案率92%。领导带队办案270件，查办定性偷税案件47件，同比增长31%，查补收入合计4.13亿元，移送15件，是上年同期的7.5倍，稽查质量显著提升。

【深化稽查体制改革】按照深化征管体制改革方案要求，全面深入推进稽查市级全覆盖，坚持法治引领，统一对外执法主体，落实分级审理制度，规范检查工作职责，强化过程管控，案件查办质效得到提升。在完善市级全覆盖的基础上，对稽查机制体制、队伍现状等问题进行了深入调研，制定下发《北京市地方税务局关于全面推进税务稽查市级全覆盖工作的通知》，明确工作职责，统筹案源管理，加强执行管理，全面实现税务稽查选案、立案、检查、定案、执行的市级全覆盖。按照稽查体制改革方案整体部署，联合起草《北京地税系统稽查体制改革实施方案》，稳步推进体制改革，完成稽查体制改革实施方案和业务衔接方案。初步实现了2013年以来“五年三步走”的改革目标，改革效应逐渐显现。

【重大税收违法案件查处】按照中纪委、市委、市政府、税务总局等上级机关部署和要求，依法开展重大案件的查办工作。2016年共受理各级部门督办（交办）案件78件。各稽查局共上报查补收入百万元以上案件211件，查补收入20.5亿元，户均查补收入971.56万元。

【重点税源企业检查】按照税务总局工作部署，围绕市局中心工作，落实“双随机、一公开”，加强事中事后监管的要求，制定税务稽查随机抽查制度，分批开展“双随机”工作。一是税务总局重点税源随机抽查方面。开展2015年税务总局重点税源随机抽查工作，通过辅导企业自查，了解企业组织架构、经营特点和税收风险，从8大集团的944户成员单位中，定向抽取143户重点检查对象实施国地税联合稽查，查补入库税费合计5亿元。2016年11月，按照税务总局部署，开展2016年重点稽查对象随机抽查工作，与北京国税稽查部门共同组建检查团队，对总部在京集团开展检查工作。二是市级重点税源随机抽查方面。在北京地税、北京国税分别设定指标模型进行风险排序，采取人机结合形式进一步筛选确定待查对象，经过多次案源沟通，最终确定50户随机抽查对象并分批次开展联合进户检查。

【高风险定向稽查】承担税务总局高风险纳

税人定向稽查试点工作任务，与中国人民大学成立“高风险纳税人定向稽查”调研团队，利用“互联网+”和税收大数据建立健全高风险案源指标模型，加强与风控部门的有序衔接，先后安排对“三定三限”安置房项目、已完成土地增值税清算房地产项目、高风险房地产开发企业定向稽查，扎实有序推进专项改革试点。利用税务情报有效支撑稽查工作，对情报件推送的各项涉税疑点逐一取证核实。开展影视行业专项检查，精心挑选案源，摸清行业运作模式，探索对高收入人群个人所得税检查方法。全面开展对房地产中介行业的检查，纠正行业性涉税违法问题，查补收入合计3亿元。落实巡视工作要求，积极完成未结案件清理，累计入库税款19.46亿元。

【国地税联合稽查】联合制发《北京市国家税务局　北京市地方税务局联合稽查工作办法（试行）》，明确了共建协调机制、共享涉税信息等8个方面合作事项。研究探索《北京市国家税务局　北京市地方税务局联合稽查工作办法实施细则（试行）》。全年召开2次联席会、2次专题会和多次工作协调会，联合开展重点税源集团企业随机抽查、重大税收违法案件案源推送、高风险纳税人定向稽查、中心城区有形市场的税收专项整治等工作。2016年，与市国税局全年共同开展联合稽查294件，互相推送涉税信息207条，共计入库税款12.45亿元。各稽查局以联合查办案件为依托，在合作机制、资源共享、共同检查等方面进行有益的尝试和探索，部分稽查局已查办过亿元的联合案件，为国地税联合稽查提供了很好的实践素材。

【部门协作】深化与公检法司法机关合作，税警联合办公室进入实体化运作阶段，利用税警联合办公室平台，强化对移送案件的管理和业务指导工作，全年查办定性偷税案件同比增长31%，移送案件是去年同期的7.5倍，偷税、移送案件数量大幅上升，联合查办案件效率显著提升。研究制定逃避缴纳税款罪、逃避追缴欠税罪的《涉税犯罪行刑衔接取证指引》，统一涉税犯罪案件取证标准和要求，有效解决目前行刑衔接不畅的问题，在全国尚属首例。与检察院联合下发《关于检察机关、税务机关在打击危害税收征管秩序犯罪中加强行政执法与刑事司法衔接工作的通知》，规范基层执法。全年支持配合纪检监察部门查办案件、协助取证等共计30余件次，按规定启动“一案双查”程序6次。积极配合市打非办、市维稳办、市商务委员会等相关部门开展专项整治工作，及时报送相关问题分析及建议。配合市人力社保部门开展“疏非控人”专项工作，完善了税收征管基础工作，推进了首都业态疏解转型和有序调控人口。全年妥善处理400余次缠诉、闹访、群访等检举案件，有力推进了和谐征纳关系的构建。

【“黑名单”和联合惩戒】在全国率先采取阻止欠税人出入境措施，与公安部门合作先后办理16批次对企业的法定代表人进行续控237次，对30户欠税企业法定代表人采取阻止出境措施，成功拦截出境7人次，涉及北京、上海、广州、广西、河南等地区，补缴收入合计1.08亿元，提供2.1亿元房产抵押担保。联合法院实施了首例对欠税法定代表人限制部分高消费行为措施，实施了全市首例对外籍个人阻止出境措施，联合惩戒取得了新突破。积极开展与京津冀三省市国税局、地税局税务稽查部门的协作，通过信息交换，与天津国税联合查办案件，为京津冀稽查协作提供有益经验。与市国税局联合举办“推进联合惩戒、助力诚信纳税”新闻发布会，合力发挥稽查震慑职能，促进社会纳税遵从，加大对案例和涉税违法行为的宣传力度，配合录制6期《税案追踪》。

【稽查信息化和制度建设】抽调业务骨干组成金税三期工程稽查业务组，查找与现行制度的差异、梳理岗责体系、配置业务流程、进行系统测试、开展教员培训工作，为金税三期工程系统稽查模块的成功上线提供技术保障，解决金税三期工程上线后问题124个，协助解决操作问题300余次。落实税务总局新下发的《税务稽查工作规范》，梳理制度性差异340余处，分批组织全员培训，确保规范落实到位。修订《北京市地方税务局重大税务案件审理办法》，明确审理机构职责、审理范围和审理程序，规范了重大案件审理工作，2016年全年提请重审会审定案件17件，涉税金额7.5亿元。

【打击发票违法犯罪活动】深入贯彻落实全国打击发票违法犯罪活动工作精神，转变思想观念、创新方式方法、提高工作绩效，全面开展虚假发票"卖方市场"和"买方市场"整治工作，检查了一批重点行业，整治了一批重点区域，查办了一批典型案件。截至12月底，全年共查处发票违法企业857户，查补收入合计6.34亿元，超额完成了税务总局下发的600户打击发票工作任务。全年接收受托协查421户，受托协查发票1940份，开展委托协查159户，协查发票1670份，均已按期回复。全年共受理涉税检举案件3025件，立案检查81件、转征管处理1028件，查办百万元以上案件23件，检举案源查补收入合计2.99亿元。

【稽查结果增值利用】落实《北京市地方税务局关于进一步加强税务稽查结果反馈工作的通知》要求，通过正确分析税务稽查结果，梳理出政策制定、执行及征管工作缺位等问题，提供税收政策、征收管理等方面的建议和决策依据，全年反馈2500条/次，确保"以查促管、以查促政"职能作用的有效发挥，更好地服务税收中心工作。加强工作分析、总结，及时上报稽查季度分析、重点案件进展情况和重点工作开展情况，服务领导决策，全年编报《税务稽查专报》34期。刊发信息27条，被国务院办公厅、北京市委、市政府、税务总局采用7条。全年完成12篇调研。

（葛　玮）

案例举要

案例1　某房地产开发有限责任公司逃避缴纳税款案

【案件所属行业】房地产

【案件类型】逃避缴纳税款

【案件来源】专项检查

【基本案情】某房地产开发有限责任公司面对利润的诱惑，在检查过程中咬定企业业务真实，检查人员抽丝剥茧还原业务真相，最终查明该公司通过获取非法发票虚列成本偷逃企业所得税的事实，该公司最终补缴企业所得税2499万元，并受到应有处罚。

该案件为市局专项案件，立案检查年度为

2009—2013年。该房地产公司成立于2000年1月，经济性质为有限责任公司，注册资金为3000万元。经营范围为商品房开发与销售。

检查期间，该公司开发持有“W项目”和“G项目”两个项目。“W项目”位于大兴区，建筑内容为居住、商业金融、停车场。该项目于2006年11月签订土地出让合同，2007年7月获得立项批复，2008年4月取得工程规划证，2009年2月开工，2010年和2012年住宅分批竣工。2009年3月开始取得商品房预售许可证。

“G项目”也位于大兴区，项目建筑内容为住宅。2004年签订土地出让合同，2005年3月取得立项批复，2005年6月开工，2007年10月取得商品房预售许可证。截至2009年8月1日，项目已销售完毕，总销售面积22626.56平方米。配套设施尚未移交有关部门。

【查办过程】（1）检查预案。该公司为典型房地产开发企业，检查组以开发产品完工清算为切入点，重点关注开发成本及各项费用是否合理，员工收入是否存在低收入高福利的情况，销售收入确认时点及金额。同时关注开发项目城镇土地使用税是否按照未销商品房实际占用土地面积缴纳，企业开发产品房产税计算缴纳是否正确等。

（2）检查方法及发现问题。本案的查处过程中，该公司受委托人仅对初期的资料签字确认，当案件进入实质性调查取证阶段后，该公司开始采取消极态度应对税务稽查。受委托人拒绝在资料上签字确认，以未获得法人代表同意为由拒绝在法律文书上加盖公章。当税务机关下达税务询问通知书试图直接向该公司法人代表了解情况情况时，法人代表称病拒不接听电话，拒不理睬询问通知。在多次往返企业、票证中心、工商局、银行、协查单位后，检查工作层层突破，最终掌握被查公司虚构业务、利用虚假发票偷逃税款的确凿资料。

发票核实情况：经查，发现该公司列支的销售费用以广告费和销售代理费为主。2010年列支金额高达5751.57万元，所取得的发票共涉及4家公司开具的12张广告费、销售代理费发票。经市局票证中心鉴定以上发票均属“核验未通过”性质，即“大头小尾”发票。经税务登记系统查询开具发票的公司均为非正常户。通过北京市工商局查证，开具发票的4家公司均已被吊销营业执照，无法通过开票方证实发票及业务真实存在。

资金流核实情况：开票方企业消失，该公司一直“喊冤”。但经检查组核对，该公司提供的支票留存联上，只有转出金额，没有收款方任何信息。检查组从该公司4家开户银行调取其“交易对手信息”、调取银行留存转账支票档案，确认5751.57万元均由该公司转账给某绿化工程公司。

业务核实情况：检查组到某绿化工程公司调查取证，其法人代表表示5751.57万元为双方借款资金。提供了合同复印件及资金入账记录，并在询问笔录上签字确认。

偷税行为落实：由于该公司一直将关注点放在开发产品的完工清算上，因此当检查组转换角度了解其广告情况时，受委托人并未意识到问题的严重性，按照账簿上记载的内容介绍所谓的广告业务，还主动拿出广告合同。并按要求对询问笔录和广告合同等资料复印件签字确认。

相关证据资料充分、合法、有效，形成了完整的证据链条，企业通过获取非法发票虚列成本偷逃企业所得税的违法事实得以确认。

【违法事实】通过检查发现：（1）该公司销售房屋时，按账载“主营业务收入”计提并缴纳营业税金及附加。造成营业税、城市维护建设税延迟缴纳，应加收滞纳金。

（2）该公司未按转让房地产取得的预售、销售收入预缴土地增值税，仅按开具发票收入预缴土地增值税，造成土地增值税延迟缴纳，应加收滞纳金。

（3）该公司给员工报销各项费用、发放礼盒等实物，为非本单位人员报销药费、赠送礼品未代扣代缴个人所得税。

（4）该公司将自行开发的“G 项目”1025.7 平方米，于 2012 年 3 月 25 日—2013 年 5 月 25 日出租给大兴第五幼儿园使用，出租期内该公司收取租金，未缴纳房产税。

（5）该公司未按未销商品房实际占用土地面积缴纳土地使用税。

（6）该公司未按国税发〔2009〕31 号文件规定，对完工开发产品清算计算缴纳企业所得税。该公司 2010 年于销售费用中列支 57515700 元广告费、销售代理费，经鉴定该业务发票属“核验未通过”发票。经审核发票、合同、资金，并与相关企业调查核实后，检查人员确认该业务为收款方公司与被检查公司借款业务，该公司为减少当年利润以不合规发票入账，虚列当年销售费用，造成少缴企业所得税，其性质为偷税。

【处理结果】（1）税款。根据《中华人民共和国房产税暂行条例》（国发〔1986〕90 号）第一条、第二条、第三条、第四条、第七条，《北京市施行〈中华人民共和国房产税暂行条例〉的细则》（北京市人民政府令第 6 号）第二条、第四条、第七条的规定，应补缴房产税 2.08 万元。

根据《中华人民共和国城镇土地使用税暂行条例》（国务院令第 17 号）第一条、第二条、第三条，《北京市实施〈中华人民共和国城镇土地使用税暂行条例〉办法》（京政发〔1988〕55 号）第一条、第二条、第三条、第四条，《北京市人民政府关于修改〈北京市实施《中华人民共和国城镇土地使用税暂行条例》办法〉的决定》（北京市人民政府令第 188 号）第一条、第二条的规定，应补缴城镇土地使用税 80.77 万元。

根据《中华人民共和国企业所得税暂行条例》（国务院令第 137 号）第一条、第二条第三项、第三条、第四条、第十五条，《中华人民共和国企业所得税法》（中华人民共和国主席令第 63 号）第一条第一款、第二条第一款、第二条第二款、第三条第一款、第四条第一款、第五条、第六十条，以及《中华人民共和国税收征收管理法》（中华人民共和国主席令第 49 号）第五十二条第三款、第六十三条第一款的规定，应补缴企业所得税 2499 万元。

（2）滞纳金。根据《中华人民共和国税收征收管理法》（中华人民共和国主席令第 49 号）第三十二条、京地税发〔2015〕18 号《北京市地方税务局关于修订〈北京市地方税务局滞纳金管理办法（试行）〉的通知》第十条规定，对该公司加收滞纳金 430 万元。

（3）罚款。根据《中华人民共和国税收征收管理法》（中华人民共和国主席令第 49 号）第六十三条规定，该公司在检查期间，存在多列支出，不缴或者少缴税款的行为，应定性为偷税，因此，对该公司偷税的行为处以少缴税款一倍的罚款 1437 万元。

【点评】（1）充分运用各种稽查手段。《税收征管法》赋予检查人员多项权利，在本案的实施过程中，检查组基本做到穷尽一切稽查手段，调取企业账簿资料、对当事人就违法事实进行询问，到企业的开户银行调取资金情况，对与其有业务往来或资金往来的第三方单位调查核实等不一而足，确保依法稽查，降低执法风险。

（2）有效挖掘线索收集证据。本案在开展过程中做了大量的查前预案和准备工作。检查组通过征管系统收集纳税资料、利用网络了解纳税人开发项目的规模、时间等基础信息，迅速找到涉税线索和疑点，针对目标做到有的放矢。本案错综复杂，涉及税种多，涉税金额大，调查取证上必须做到严谨、完整、充分。本案在查处过程中坚持走访外调，多方搜集证据，确保每一个碎片化的证据彼此印证、环环相扣。

（3）合理运用政策。本案涉及房地产企业开发产品的完工清算，由于该公司财务管理制度不健全、财务人员专业知识欠缺，所做的会计核算不符合《企业会计准则》的要求，在此基础上确认的企业所得税计税依据也不符合相关的税收政策要求。因此，在计税依据的确认方面，检查组抛开该公司财务基础数据混乱错误的干扰，从税收政策本身的立意和规定出发，合法合理适用相关税收政策，确保最终的数据准确有效。

（葛　玮）

案例2　某集团有限公司未缴纳税款案

【案件所属行业】房地产

【案件类型】应缴未缴

【案件来源】专项检查

【基本案情】某集团有限公司成立于2010年，经济性质为其他有限责任公司，注册资金为4亿元，在地税缴纳的税种有营业税、城市维护建设税、教育费附加、地方教育附加、土地增值税、城镇土地使用税、房产税、企业所得税、印花税，并负责代扣代缴个人所得税。检查年度为2011—2013年度。

【查办过程】（1）检查预案。检查人员接到案件后，通过上网查询初步了解该公司的项目情况：产业园一期共建57栋产业用房，建筑面积为107万平方米，目前主体建筑已完工，处于设备安装阶段，园区道路及园区内市政管网正在建设过程中。根据了解的情况结合调取的账簿及凭证，拟对下列税种从以下2个方面进行重点检查。

①营业税检查。该公司申报的应税收入与账簿记载收入不匹配，检查组让该公司提供了所有的购房协议书，根据购房协议书找出所有的入账凭证单据，与预收账款、应收账款、应付账款、其他应付款一一核对。

经查，该公司2011年1月—2013年12月先后与18家单位就46套产业用房签订了认购协议书，以认购方式取得部分房价款，收款当期财务确认为“其他应付款”，在后期的账务处理中，部分款项结转“预收账款”科目，同时按结转金额计提缴纳销售不动产税目的营业税，期间收取预收房款，缴纳营业税。

②企业所得税检查。针对收入评估，该公司未缴纳过企业所得税，初步确定企业所得税存在涉税疑点。检查组拟从收入的确认、业务招待费、广告费、宣传费、与该公司取得收入无关的其他各项支出等方面进行重点检查。

（2）检查方法及发现问题。检查组主要采取的是调账和实地勘察的检查方法。在实地勘察过程中，发现园区内有数处房屋虽未使用但外围已挂上该公司招牌。于是检查组一一拍照取证，与该公司提供的认购协议书核对。发现该公司与18家单位就46套产业用房签订了认购协议书，以认购方式取得部分房价款，收款当期财务确认为“其他应付款”科目，只有部分款项结转至“预收账款”科目，从而造成少缴纳营业税、企业所得税问题。

【违法事实】检查组从签订认购协议书的对方单位名单中抽取了金额较高的三家公司开展外调，分别为GD信息技术有限公司、GD技术软件有限公司、BDFZ集团有限公司，外调公司提供的资料进一步证实了被查单位已按认购协议书规定向其收取购房预付款的事实。

检查组认为该公司未取得销售许可证，但存在销售房地产并取得应税收入的行为，应对其销售房地产取得的全部收入按照税法的规定征收营业税。

该公司于2011年2月取得BDFZ集团有限公司预售房款5亿元，由于BDFZ集团有限公司向某人民法院起诉该公司返还购房款5亿元，该公司以此为理由认为其有可能返还的5亿元房款不缴纳营业税。根据相关规定："对于该单位收取房屋认购意向款存在退款争议问题，鉴于房屋权属未确定，双方经济纠纷法院已受理且尚未判决，应先行将税款缴纳入库，并根据法院判决情况决定滞纳金是否加收。为提高办案效率，稽查部门对已查证问题先行处理，滞纳金问题由主管税务机关监督执行。"

该公司所得税实行查账征收，按季预缴、年度汇算清缴，不享受减免税优惠，适用所得税税率25%，由地税局负责征收管理。由于该公司未取得销售许可证，其认为所取得的收入全部放在"预收账款"科目未结转"主营业务收入"科目，不应该缴纳企业所得税。但检查组认为，该公司存在销售房地产并取得应税收入的行为，属于取得销售未完工开发产品收入，应按预计毛利润征收企业所得税。检查组全面核查了该公司的"管理费用""销售费用""开发间接费用""开发成本""预收账款"等科目，结合该公司申报的所得税年度申报表及税务师事务所审计报告，对"工资、薪金所得""职工福利费""业务招待费"等项目按照企业所得税法进行了相应调整。

【处理结果】（1）营业税。根据《中华人民共和国营业税暂行条例》（国务院令第540号）第一条、第二条、第四条、第五条、第十二条的有关规定，该公司应补缴营业税2500万元。

（2）城市维护建设税。根据《中华人民共和国城市维护建设税暂行条例》（国发〔1985〕19号）第一条、第二条、第三条、第四条以及《北京市实施〈中华人民共和国城市维护建设税暂行条例〉的细则》（京政发〔1985〕86号）第二条、第四条的有关规定，该公司应补缴城市维护建设税125万元。

（3）教育费附加。根据《征收教育费附加的暂行规定》（国发〔1986〕50号）第一条、第二条及《北京市人民政府转发国务院关于教育费附加征收问题文件的通知》（京政发〔1994〕18号）第一条的有关规定，该公司应补缴教育费附加75万元。

（4）根据《中华人民共和国企业所得税法》（中华人民共和国主席令第63号）第一条、第二条第一款、第四条、第五条、国家税务总局关于印发《房地产开发经营业务企业所得税处理办法》（国税发〔2009〕31号）第八条、第九条规定，该公司应补缴企业所得税1036万元。

（5）滞纳金。根据《中华人民共和国税收征收管理法》（中华人民共和国主席令第49号）第三十二条的规定，对该公司加收营业税滞纳金10046707.78元，城市维护建设税滞纳金502335.39元，企业所得税滞纳金5694599.18元。

【点评】（1）实地勘察从细节处入手。通过实地勘验，进行拍照取证，全面核查"应收账款""预收账款""其他应付款"及所有的认购协议书，与原始记账凭证一一核对。同时通过外围取证抓住了案件查办的关键方向，为案件成功查办奠定了坚实的基础。

（2）区分会计核算和税法的差异。正确区分会计核算和税法差异，准确把握该公司虽未取得销售许可证，但存在销售房地产并取得应税收入的行为，应对其销售房地产取得的全部收入按照税法的规定征收营业税的问题。对该公司未取得预售许可证销售房屋取得收入征收企业所得税问题，根据国税发〔2009〕31号文件第九条规定，该公司销售未完工开发产品取得的收入，应先按预计计税毛利率分季（或月）计算出预计毛利额，计入当期应纳税所得额。开发产品完工后，该公司应及时结算其计税成本并计算此前销售收入的实际毛利额，同时将其实际毛利额与其对应的预计毛利额之间的差额，计入当年度企业本项目与其他项目合并计算的应纳税所得额。根据国税发〔2009〕31号文件第八条第一项规定，该公司销售未完工开发产品的计税毛利率按照开发项目位于省、自治区、直辖市和计划单列市人民政府所在地城市城区和郊区的，不得低于15%。

（3）积极与企业及征管部门沟通。检查组“快、准”的办案风格和与相应部门有效沟通以及向纳税人及时的宣讲税收政策是顺利结案的关键。

（葛　玮）

案例3　某工程咨询监理有限公司未缴纳税款案

【案件所属行业】工程管理服务

【案件类型】应缴未缴

【案件来源】专项检查

【基本案情】某工程咨询监理有限公司成立于1996年11月20日，经济性质为有限责任公司，注册资金2048万元，经营范围为建设项目监理咨询；工程建设咨询；工程监理；工程造价咨询（不含中介）；工程招标代理。

2013年纳税情况：申报缴纳地方税种1410余万元；2014年纳税情况：申报缴纳地方税种1562.3余万元。该公司采取计提奖金未实际发放，从当年企业所得税应纳税所得额中扣除，导致当年企业所得税应缴未缴。由于该被查公司与其项目部没有形成明确的奖金发放制度，从而造成该笔计提奖金未实际发放。检查人员结合监理业的行业特点，通过从财务报表、企业所得税申报表入手，最终查实了被查单位的违法事实。

【查办过程】（1）检查预案。在进行此次检查前，检查组通过北京地方税务综合服务管理信息系统查询了某工程咨询监理有限公司的基本情况，股东构成等；了解该公司检查年度期间纳税情况。通过外网查询初步了解工程监理的行业特点，查阅相关税收政策，制定了税务检查实施方案，于2015年12月24日下发《税务检查通知书》。在此之后，检查组向财务人员详细了解了该公司的经营状况、人员结构，充分做到有的放矢。

（2）检查方法及发现问题。因该公司账簿、资料、合同繁多，检查组采取了逆查法、抽查法等检查方法，对该公司2013年1月1日—2014年12月31日缴纳地方各税的情况进行了检查。

由于该公司以工程监理为主营业务，承揽了北京市多项监理工程，入驻项目监理的人员较多，因此检查组把此次检查工作重点放在个人所得税、发票的开具和取得情况以及从财务报表和企业所得税申报表入手，检查企业所得税的纳税申报情况，并取得了事半功倍的效果。

【违法事实】经检查发现，该公司2013年以“经济考核指标”名义计提奖金933万元，计入

“劳务成本——经济考核指标”科目借方、“其他应付款”科目贷方，每季度末，由“劳务成本”科目结转至“主营业务成本”科目，再结转至“本年利润”科目。截至检查组检查期内该奖金仍未发放，一直在“其他应付款”科目贷方未进行账务处理。2013 年企业所得税纳税申报时，在“营业成本”科目中税前扣除。综上，上述计提奖金未实际发生，不符合 2013 年企业所得税税前扣除条件，不得在 2013 年企业所得税税前扣除，应调增当年应纳税所得额 933 万元，调整后应纳税所得额为 1804 万元，应缴纳企业所得税 451 万元，已缴纳企业所得税 217 万元，未按规定缴纳企业所得税 233 万元。

经检查发现，该公司 2014 年以“经济考核指标”名义计提奖金 2095 万元，计入“劳务成本——经济考核指标”科目借方、“其他应付款”科目贷方，每季度末，由“劳务成本”科目结转至“主营业务成本”科目，再结转至“本年利润”科目。截至检查组检查期内仍未发放，一直在“其他应付款”科目贷方未进行账务处理。2014 年企业所得税纳税申报时，在“营业成本”科目中税前扣除。综上，上述计提奖金未实际发生，不符合 2014 年企业所得税税前扣除条件，不得在 2014 年企业所得税税前扣除，应调增当年应纳税所得额 2095 万元，调整后应纳税所得额为 2922 万元，应缴纳企业所得税 730 万元，已缴纳企业所得税 206 万元，未按规定缴纳企业所得税 523 万元。

经检查发现，该公司 2013 年记载资金的账簿中“实收资本”科目期初余额 1088 万元，“实收资本”科目期末余额 1600 万元，2013 年记载资金的账簿资金增加了 512 万元，适用税率 5‰，应缴纳印花税 0.256 万元，已纳印花税 0 元，未按规定缴纳印花税 2560 元。

【处理结果】（1）企业所得税。根据《中华人民共和国企业所得税法》（中华人民共和国主席令第 63 号）第一条、第二条、第三条第一款、第四条第一款、第五条、第八条，《中华人民共和国企业所得税法实施条例》（国务院令第 512 号）第七十六条的规定，该公司应补缴 2013 年企业所得税 233 万元、2014 年企业所得税 524 万元，合计该公司应补缴企业所得税 757 万元元。

（2）印花税。根据《中华人民共和国印花税暂行条例》（国务院令第 11 号）第一条、第二条第三项，《中华人民共和国印花税暂行条例施行细则》（财税字〔1988〕255 号）第七条、第八条，《国家税务总局关于资金账簿印花税问题的通知》（国税发〔1994〕25 号）第一条的规定，该公司应补缴印花税 0.256 万元。

（3）滞纳金。根据《中华人民共和国税收征收管理法》（中华人民共和国主席令第 49 号）第三十二条的规定，对该公司 2013 年未按规定缴纳的企业所得税 233 万元，按日加收滞纳税款 5‰的滞纳金 66 万元；对该公司 2014 年未按规定缴纳的企业所得税 523 万元，按日加收滞纳税款 5‰的滞纳金 54 元；合计加收滞纳金 120 万元。

（4）罚款。根据《中华人民共和国税收征收管理法》（中华人民共和国主席令第 49 号）第六十四条第二款，《国家税务总局关于印花税违章处罚有关问题的通知》（国税发〔2004〕15 号）第一条的规定，建议对该公司未按规定缴纳印花税的行为处以 3.5 倍罚款，罚款金额为 0.896 万元。

【点评】（1）注重经营业务实质，深入资产负债表挖掘涉税疑点。资产负债表的涉税分析，是将企业各个检查年度资产负债表项目编织成动态分析数列，注意观察“货币资金”“存货”

"应收（预收）账款""其他应付款""其他应收款""应付（预付）账款""长期借款""预提费用"等会计科目的各个年度的期初余额、期末余额的增（减）额及增（减）速度是否正常，是否有突增突减的变化，从反常数据中发现问题。特别需要注意"其他应收款""其他应付款"科目的增长变化，在我国会计实务中，"应收、应付是个筐，什么东西都可以往里装"，是最容易出现问题的地方。如本案中，检查人员首先从财务报表入手，该公司资产负债表 2013 年、2014 年"预提费用"科目年末 2000 多万元的余额及实收资本金额增加引起了检查人员的注意，针对有疑点的科目对照账簿和原始凭证进行详细的检查，达到了事半功倍的效果，最终确定了违法事实。

（2）坚持应查尽查，采取税种全查方式捕捉涉税疑点。该公司记载资金的账簿中新增资金，偷逃印花税的情况比较严重。一是财务人员对印花税的计算申报从思想上不够重视，对印花税的有关具体规定也不甚了解；二是对"实收资本"和"资本公积"包括的内容不够了解，对"实收资本""资本公积"科目增加的资金往往有所遗漏，造成实际少申报印花税款。

（3）统筹细致分析，结合行业经营特点梳理涉税疑点。本次稽查工作针对工程监理行业的特点，对行业进行规范性检查，通过检查促进企业自身财务水平、税收管理水平提高。工程监理业在我国国民经济发展中起着举足轻重的作用，同时又是税收贡献大户，在税收体系上规范整个行业行为，是十分重要的。检查组此次是对北京某工程咨询监理有限公司进行检查，该公司承揽着北京市多项监理工程，业务量较大，员工较多，并多次接受税务机关检查，该公司内部制度尤其是奖金分配方案不完善，造成该笔奖金由于缺乏分配方案，而迟迟没有实际发放，从而形成违法事实。通过此次检查，让该公司领导和财务人员增强了税收观念，加强了内部制度的建立健全，避免此次问题再次出现，防止公司未按规定缴纳税款的情况发生。

（葛　玮）

北京市地方税务局稽查情况表

表 1　**2016 年税务稽查机构查处税收违法案件情况统计表**　单位：万元

<table>
<tr><th colspan="3">项目</th><th>查处税收违法案件合计</th><th colspan="3">项目</th><th>查补总额合计</th><th>实际入库合计</th></tr>
<tr><td colspan="3">立案检查户数（户）</td><td>2707</td><td colspan="3">合计</td><td>452696</td><td>460387</td></tr>
<tr><td rowspan="6">审结情况</td><td colspan="2">审结户数（户）</td><td>2986</td><td rowspan="8">立案查补收入</td><td colspan="2">税款</td><td>219485</td><td>220885</td></tr>
<tr><td colspan="2">其中：以前年度案件数</td><td>1037</td><td colspan="2">滞纳金</td><td>56825</td><td>49001</td></tr>
<tr><td colspan="2">有问题户数（户）</td><td>2970</td><td colspan="2">没收非法所得</td><td>0</td><td>0</td></tr>
<tr><td rowspan="3">其中</td><td>亿元以上案件（户）</td><td>3</td><td colspan="2">罚款</td><td>16906</td><td>31021</td></tr>
<tr><td>千万元案件（户）</td><td>40</td><td colspan="2">小计</td><td>293216</td><td>300907</td></tr>
<tr><td>百万元案件（户）</td><td>173</td><td rowspan="3">其中</td><td>亿元以上案件</td><td>56672</td><td>26040</td></tr>
<tr><td colspan="3">结案户数（户）</td><td>3183</td><td>千万元案件</td><td>123677</td><td>108207</td></tr>
<tr><td colspan="3">其中：以前年度案件数（户）</td><td>1073</td><td>百万元案件</td><td>60720</td><td>56621</td></tr>
<tr><td colspan="3">督导自查户数（户）</td><td>647</td><td colspan="3">督导自查收入</td><td>159480</td><td>159480</td></tr>
</table>

表 2 2016 年税务稽查机构查处税收违法案件情况统计表

单位：户、万元

按违法性质统计	户次	查补总额					按税种统计	查补税款	入库税款	其他稽查成果统计	户数	税款	金额
		查补税款	滞纳金	没收违法所得	罚款	合计							
	18	19	20	21	22	23		24	25				
合计	3046	369808	65982	—	—	452696	合计	369808	371208	调减留抵税额	0	0	—
偷税	33	5831	1973	0	1990	9794	增值税	0	0	不予免、抵、退税	0	0	—
逃避追缴欠税	0	0	0	0	0	0	消费税	0	0	调增应纳税所得额	146	—	65390
骗取出口退税	0	0	0	0	0	0	营业税	54010	50357	其中：弥补亏损	49	—	8137
抗税	0	0	0	0	0	0	企业所得税	92030	99801				
编造虚假计税依据	0	—	—	—	0	0	个人所得税	12605	13451				
不进行纳税申报	73	274	43	0	156	473	土地增值税	28919	30104				
发票违法	859	53187	8390	0	4215	65792	其他	31921	27172				
其他	2081	160193	46419	0	10545	217157	小计	219485	220885				
小计	3046	219485	56825	0	16906	293216	督导自查收入	150323	150323				

注：1. 空格表示没有此项数据。

2. “—”代表不涉及该项内容。

表 3　　2016 年税务稽查机构行政强制及移送司法机关案件情况统计表

单位：户、万元

项目	税收保全		强制执行			其他措施					行政救济	
	户数	金额	项目	户数	金额	项目	户数	人数	金额	税款	项目	件数
	1	2		3	4		5	6	7	8		9
合计	6	1116	合计	4	282	合计	22	16	40428	40167	纳税人提请听证	5
冻结存款	6	1116	扣缴税收款项	4	282	责成提供纳税担保	4	—	39526	—	受理行政复议	6
扣押查封财产	0	0	依法拍卖或变卖	0	0	阻止出境	16	16	—	40167	其中：决定撤销或变更	0
—	—	—	—	—	—	提请人民法院强制执行	2	—	902	—	纳税人提起诉讼	3
—	—	—	—	—	—	行使代位权、撤销权	0	—	—	0	其中：判决撤销或变更	0
—	—	—	—	—	—	暂停出口退税	0	—	—	0	国家赔偿	0
—	—	—	—	—	—	收缴或停售发票	0	—	—	—	国家赔偿金额（元）	0
移送司法统计		本期移送公安机关处理案件	公安机关不予立案退回案件	税务与公安机关联合办案件	其中：公安机关提前介入	已判决案件	判决情况					
							管制	拘役	有期徒刑	无期徒刑	罚金	没收财产
		10	11	12	13	14	15	16	17	18	19	20
移送司法机关案件	件数	18	7	3	3	1	0	1	0	0	0	0
	人数	—	—	—	—	1	0	1	0	0	—	—
	金额	—	—	—	—	—	—	—	—	—	0	0

注：“—”代表不涉及该项内容。

信息化建设

概　况

2016年，信息化部门落实市局党组关于税收现代化和征管改革的整体部署和工作要求，运用移动互联、云计算、大数据等新技术，建设北京互联网地税局，开展了金税三期工程特色软件、“营改增”等相关系统改造。大力提升网络与信息安全技术防护能力。制定网络与信息安全技术防护方案，建立多层次网络与信息安全技术防护体系，构建可信、可控、可查的网络与信息安全技术防护环境。同时在保证现有信息系统安全稳定运行的基础上，建立快速反应机制，及时解决问题，确保信息系统日常运行各项服务保障，为征管改革，实现首都税收现代化的目标提供技术支撑。数据管理方面积极探索、勇于创新，积极开展税收情报、第三方涉税信息采集和税收信息对外提供工作，全面提供数据服务。累计交换信息7.4亿条，完成税收情报30期，辅助税款征收306亿元。大力加强数据质量管理工作，逐步提高数据服务能力，为全面深化征管体制改革和各级领导决策提供了强有力的数据支撑。

信息化管理系统建设和应用情况

【金税三期工程系统上线】2016年，按照税务总局对金税三期工程整体部署，在借鉴灾备中心改造成功经验的基础上，以购买服务方式仅用4个月的时间完成了基础环境准备，300余台设备的安装调试，数据采集环境，数据迁移环境，预生产环境，生产环境的金税三期工程搭建工作。上线过程中，信息中心协助累计梳理业务需求483项，迁移数据29.8亿条，编写操作指引31.7万字。历时9个月的艰苦攻关，2016年8月8日金税三期工程系统在北京地税成功上线，平稳运行。

【特色软件改造】2016年确认保留并升级改造了具有北京特色，与纳税人息息相关的“北京地税特色软件”，形成了“总局为主+北京特色”的多元化金税三期工程系统。

【“营改增”相关系统改造】5月1日，市局新版存量房系统和委托代征系统正式启用，纳税人第一份增值税发票的成功打印，成为市局“营改增”整体工作胜利完成的重要标志。为此，杨志强局长特别批示：“信息中心的同志们辛苦了，你们为‘营改增’和金税三期工程项目上线做了大量工作，做出了突出的贡献，向你们表示感谢，望继续努力，为金税三期工程的顺利上线做出新的努力。”

【内网《税收天地》模块上线】为使广大税务干部职工收看到《税收天地》视频，达到税收宣传的效果，按照宣教处需求在内网办公系统中新建了《税收天地》模块，并定期更新上传该模块视频。

【数字人事系统部署】为推进数字人事改革试点工作需要，根据《国家税务总局人事司 电子税务管理中心关于做好数字人事信息系统上线准备有关工作的通知》要求，信息中心在中关村软件园金三机房准备了数字人事系统所需的相应软件、硬件基础设施。按照人事处拟定的数字人事系统工作方案，积极完成数字人事系统基础环境部署、系统初始化等工作。

【其他系统建设项目】2016 年，完成建设性项目 8 项，包括：个人存量房系统改造、个人所得税明细申报、税务检查人员系统、企业所得税季报以及涉税事项无纸化项目开发上线等工作，形成了全功能的北京互联网地税局架构体系；音视频改造系统实现了各主要办税服务厅音视频系统的改造工作，为各级领导可以及时了解纳税服务大厅现场状况，及时了解纳税人办税情况开了“天眼”。此外，开发组还完成了运维性开发 31 项，有效地支持了局内税收业务和行政办公业务的开展。

网络安全及管理

【安全风险评估整改工作】按照 2015 年度北京信息安全测评中心对市局重要信息系统安全风险评估报告要求，进行了相应整改，提高了信息系统风险防范能力。

【“堡垒机和日志审计系统”项目】为进一步加强运维管理人员的身份审核和权限管理，及各服务系统的日志搜集和集中审核管理，信息中心开展了“堡垒机和日志审计系统”项目相关工作。通过部署运维安全审计系统，可以逻辑上将运维人员与目标设备分离，避免外部运维人员直接接触核心系统账户。在此模式下，通过基于唯一身份标识的集中账号与访问控制策略，与各服务器、网络设备、安全设备、数据库服务器等连接，实现集中运维操作管控；在日志审计方面，对市局重要信息系统设备日志进行集中存储和分析处理，以达到第一时间有效发现网络和系统主机的设备故障和安全事件的目的，确保市局信息系统的整体运行安全。

【密码应用国产化工作】根据北京市委、市政府办公厅关于密码国产化工作的指示精神，重新梳理市局现有的密码设备（系统），对不符合要求的设备进行了整理，制定国产密码调整工作方案。

【系统漏洞整改】对发现的 12 万个申报系统 SSRF 漏洞、重点税源户冒充管理员权限等漏洞进行了排查整改，消除了安全隐患。

【制定安全管理相关制度】为规范市局税务工作人员网络安全行为，推动国税、地税服务高度融合、信息高度聚合，提高网络安全意识，保护税收信息系统和电子数据的安全，规范计算机网络、终端和存储介质的日常使用，分别制定了《北京市地方税务局税务人员网络安全管理规定》及《北京市国地税联合办税信息安全管理规范（试行）》。

【网络安全教育】2016 年 9 月，在全系统组织开展网络安全宣传活动，以电子宣传手段、专家讲座等形式，达到了预期效果。

信息系统运行维护

【以精细日常运维促稳定系统运行】2016 年共完成各类工作单 336 单；每月按时完成外汇牌价统计更新及信息系统例行停机维护等工作；共处理东城、大兴、直属二等区局、直属分局 18000 多户税源户迁户工作；完成人事变动相关的系统调整工作 108 次；处理机构调整、信息系统权限调整、内网办公系统后台数据调整、互联网地税局密码重置等工作共 228 项；维修设备 311 台次、日常维护 342 台次、日常设备监控 11520 台次，消磁硬盘 30 块；完成了各区县局提交的新建专线、撤销专线、移机申请和提速申请共计 37 个；共进行各层级网络维护 285 次；保障市局内部及与市政府、税务总局电视电话会议共计 157 次；制定防病毒、入侵检测系统安全周报各 48 期、月报各 11 期，安全通报 3 期，基线安全扫描系统月报 11 期；发布 142 个微软安全公告，同时针对这些漏洞的补丁已及时更新并下发到全局；全年违规外联 0 起。

【市、区两级开展 2016 年度软件正版化清查工作】以《北京市地方税务局软件正版化工作实施方案》为基础，在建立工作责任机制、保证经费预算、深化软件资产管理、加大宣传教育力度、加强监督检查，强化部署监管等方面，分为自查、整改和检查三个阶段，对受检范围内的台式机设备、笔记本和服务器全面开展软件正版化工作，并协调相关部门积极整改。

【信息技术岗位业务比武】以“全面和重点相结合，练兵与工作相结合，创新与实践相结合”的三结合为重点，提高信息技术人员的岗位技能，提升信息技术人员的综合能力。

【信息化绩效管理】积极落实税务总局、市政府及市局对绩效管理工作整体部署，加强所承接的各项信息化考核指标的报送和考核工作。按期完成对区县局信息安全绩效考核工作，按时向税务总局上报信息安全绩效考核指标，加大对绩效考核要求的落实力度，积极开展个人绩效考核与信息化实际工作相结合。通过绩效考核增加了全局信息化管控的有效手段，将绩效考核作为进一步推动信息化服务税收各项业务的重要制度保障。

各级信息化部门工作成绩

【金税三期工程推广工作】昌平局将科技信息科定为金税三期工程推广工作牵头部门，把金税三期工程分为三个阶段并制定相应工作方案。西城局、平谷局、直属一局从硬件保障金税三期工程工作，人员配合系统岗责配置，积极参与制定各个阶段的工作方案，全力保障金税三期工程推广工作顺利开展。

【“营改增”工作稳步推进】房山局、石景山局、燕山局全力做好“营改增”技术保障工作，逐一与各税务所确认，到办税大厅进行系统配置安装和调试工作，使代开发票软件安装成功率达到100%。

【国地税合作】门头沟局与国税信息中心通力合作，部分税务所实现国地税应用系统互访，数据共享及安全传输。顺义局攻坚克难，实现国地税联合办公，促成“一网一机一屏双系统”。密云局及时调配安装自助终端设备，与国税局合作调整网络，完成进驻人员、场所设备网络调整，确保互联互通。

【信息化培训】丰台局、稽查一局采取分年龄层次、分工作岗位的方法，加强重点培训，实现以点带面，以强带弱。延庆局从队伍作风建设和专业技术培训两方面着手，着力加强信息化队伍的整体素质，提高全员信息化水平。

【牢固本单位各类基础环境】东城局克服重重困难加班加点，仅用两周时间完成了本局培训教室的升级改造。怀柔局开展经常性巡检，对交换机室，主机房设备环境隐患进行排查、疏通补漏。开发区局加强新机房建设项目管理，确保机房网络综合布线按时保质完成。

【提升信息化安全防范能力】通州局采取多项举措落实网络安全宣传周活动，将网络安全宣传画在局机关电子宣传栏进行展示。稽查三局、稽查四局加强桌面防护软件、瑞星杀毒软件、准入软件的安装管理，安装率达到100%。

【信息化服务税收业务】朝阳局上线运行内网自助预约系统，新增二手房自助取号机、预约机，通过信息化手段大大提高了窗口服务效率。海淀局通过分析论证形成8大类39项的标识需求，建立重点税源监控预警系统。

【软件正版化自查】大兴局、稽查二局、直属二局开展软件正版化自查对本单位使用的操作系统、防病毒系统、应用软件开展正版化自纠、自查。

【“岗位大练兵、业务大比武”】各局通过学习岗位应知应会知识和相关技能，提高了信息技术人员的岗位技能，提升了信息技术人员的综合能力。其中：通州局、西城局、海淀局、丰台局、延庆局高度重视，选派干部成绩突出。

数据管理

【数据管理制度建设】 转发《国家税务总局关于印发电子税务局有关规范的通知》。

【数据手册编制发放】 按时做好《税收数据手册》和《行政管理数据手册》的改版、编制、发放工作。2016 年，按照局领导要求和市局实际工作情况，对两本手册进行了全面改版并逐步完善了手册内容。共印制发放 12 期《税收数据手册》、2 期《行政管理手册》，为各级领导和相关部门决策提供数据服务。

【市局数据后台查询无纸化】 为提高工作效率，减轻纸质数据查询单流转工作量，将市局处室内部纸质数据查询单改为通过互联网地税局中协办单模块办理，进一步简化了工作流程，提高了工作实效。

【数据后台查询】 2016 年共收到后台数据查询单 792 张，增加 239 张，同比增长 46.9%；为市局各处室和区局累计提供查询数据 3.68 亿条，增加 1.91 亿条，同比增长 107.9%。

【金税三期工程数据质量管理工作】 按照税务总局的工作要求，明确问题数据产生原因和清洗补录工作方案，注重加强与国税局的配合，积极协调多个系统运维公司，努力完成各阶段任务。共计修改补充 1143798 条问题数据，问题数据处理率超过 99%。

【业务知识培训】 加强全系统数据管理部门的业务培训，2016 年共组织一期“地税大讲堂”，四期业务知识培训，内容涵盖大数据管理和运用、金税三期工程税收管理系统相关模块、税务登记管理、个人所得税相关政策、房产税和城镇土地使用税等方面。

【落实税收保障办法】 广泛征集需求，印发《北京市地方税务局落实北京市税收征收保障办法工作意见》，明确任务、职责和要求。围绕信息共享、大数据分析、联合监管、产业调研和服务合作等事项与 21 个部门交流，加强部门联动和业务协同，深度落实“放管服”。

【第三方涉税信息采集】 从市规土、公安、人力社保等 14 个部门采集土地出让、户籍、房地产转移登记等涉税信息 6200 余万条，将 7180 万条第三方涉税信息和国税税收信息存入中心数据库。对 2004 年以来采集的涉税信息进行全面清理登记，挖掘出具有共性使用价值的涉税信息 114 类，近 10 亿条，在《税收数据手册》上公示。

【信息利用】 维护基础信息。利用质监和工商信息完善税务登记，新增登记 20 余万户，修正 76 万户次；利用公安局人口信息、文化局演出信息、人力社保局外国人就业信息，整理 650 万人户籍信息。辅助税费征收。利用住建委网签信息，办理个人存量房交易 29 万份，征收税费 271 亿元；利用规土委建设用地批复和地下热水等矿产信息，征收耕地占用税、资源税等税款 4.1 亿元，利用公安和保险车辆信息，征收车船税税款 30.4 亿元。比对国税发票和国土房产转移登记信息，追缴税款及罚金650余万元。利用市科委、市经信委等部门审批和缴费信息，减免税费38.9亿元。

【国地税信息协作】 联合编制《国地税数据共享需求单》，建立税收信息共享机制。全年交换信息1.1亿条，提供地税信息4790万条，采集国税信息6599万条。联合确认7大类224项“营改增”数据，累计移交3471万条地税信息。联合采集第三方涉税信息1900万条，实现共享共用。

【政务信息共享】 制定《北京市地方税务税收信息对外提供实施办法》，明细职责，规范流程。向市委、市人力社保、民政等21个部门提供税收信息近6亿条，服务低保核实、人口管理、交通治理、住房保障、治安联防等多个领域。

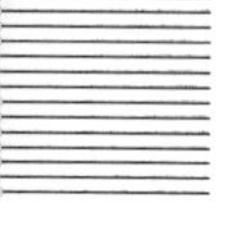

【税务情报工作】 印发《北京市地方税务局税收情报工作管理办法（试行）》，从线索收集、情报加工到风险应对等方面，明确流程和要求；与公安、海关等部门情报机构建立合作机制，提升情报质量。利用委办局涉税信息、借助公安经侦力量分析银行信息、购买第三方企业族谱信息，多维度提升税收情报的含金量。探索情报导征。完成《税收情报》30期，其中，26期推送风险应对部门，专项稽查案件4期，入库税款6664万元。向市领导报送《税务情报》9期，3期获得批示。

【金税三期工程系统数据准备】 根据税务总局金税三期工程推广计划和北京地税工作安排，开展数据准备和迁移工作，累计解决数据问题7.6亿条。

（张　鹏）

队伍建设

党团建设和思想政治工作

【综述】 2016年，在市局党组的正确领导下，全系统党团建设工作围绕“服务中心、建设队伍”两大任务，坚持贯彻落实全面从严治党要求和“五大发展理念”，教育引导党员干部进一步增强责任感、使命感，牢固树立“四个意识”，切实发挥党组织政治优势，统筹推进全系统党团建设各项工作。

【学习贯彻党的十八届六中全会精神】 认真学习贯彻党的十八届六中全会精神，及时召开党组会，认真组织学习全会公报全文、《人民日报》社论，统一思想，提高认识，自觉在思想上政治上行动上同以习近平同志为核心的党中央保持高度一致。及时下发通知，要求各级党组织自觉把学习宣传贯彻党的十八届六中全会精神作为当前和今后一个时期的首要政治任务抓紧抓好，与“两学一做”学习教育、税收中心工作紧密结合，切实把思想统一到中央精神和上级各项决策部署上来。积极宣传全会精神，及时制作宣传展板，解读全会精神，大力营造学习宣传贯彻党的十八届六中全会精神的浓厚氛围。

【“两学一做”学习教育】 扎实开展“两学一做”学习教育，发挥市局党组中心组学习示范带头作用，组织全系统广大党员干部原原本本、认真学习党章党规和习近平总书记系列重要讲话精神，举办“两学一做”学习教育专题培训班，以“对党忠诚，信仰坚定，做合格党员”“严守纪律，坚守底线，做合格党员”“忠诚履职，务实担当，做合格党员”为主题分3次组织局、处级领导干部交流研讨，市局、区（分）局两级领导班子成员讲党课70余次，机关各级党组织结合“两学一做”学习教育和纪念建党95周年，开展各具特色的主题党日活动。在做好“两学一做”学习教育规定动作的同时，突出问题导向，在全系统开展思想、作风、工作、纪律整顿，作为学习教育的自选动作，围绕“政治纪律、工作作风、服务意识、税收征管、依法行政、廉洁自律”等6个方面共查摆198条问题，制定241条整改措施。注重典型引领，举办优秀党员先进事迹巡回报告会，大力宣传在本职工作，特别是在“营改增”、金税三期工程推广上线等重要工作、重大任务中表现突出的先进党员，教育和激励广大党员干部坚定信仰，敢于担当，积极作为。

【基层党组织建设】 按照全面从严治党的要求，市局机关党委进一步强化基层党组织建设，发挥各级党组织战斗堡垒作用。召开中共北京市地方税务局机关第三次党员代表大会，选举产生新一届机关党委和纪委，定期召开机关党委会，加强对党支部工作的指导检查，督促机关各级党组织落实“三会一课”、民主评议党员、党日活动等制度。在全系统组织开展了“北京市地税系统党员干部思想和工作状况调查”，了解党员干部的思想及工作状况，并有针对性地提出加强党员干部队伍建设的对策建议。统筹做好党员发展，2016年发展党员6名，转正7名。建立党支部换届工作台账，指导完成任期届满的22个支部换届选举，督促有委员调整的支部及时增补选。制定市局机关党费收缴工作专项检查落实方案，成立专项检查小组。组织召开培训推进会，将宣传解释工作做深做细。专项检查工作进展顺利，党组织关系隶属市局机关党委的37个党支部、8个党总支的党费收缴专项检查已全部完成，913名党员累计补缴党费310.46万元，按照比例上缴市直机关工委党费77.61万元。做好党组织关系集中排查，对机关及直属单位1010名在编党员组织关系逐一排查，目前无失联党员、无违规问题。开展合格党支部建设规范和合格党员行为规范大讨论，以支部为单位开展讨论，明确合格支部建设规范，进一步细化合格党员“四讲四有”标准要求，着力形成“建强支部、严管党员”长效机制。评选表彰机关先进基层党组织25个、优秀共产党员32名和优秀党务工作者25名。

【党风廉政建设】认真学习中共十八届中央纪委六次全会精神和市委党风廉政建设有关会议精神，将落实党组党风廉政建设主体责任作为2016年重点工作进行部署。一是制定市局党组落实党风廉政建设主体责任任务分工表，明确市局领导班子成员的具体责任、工作任务和完成时限，并对各责任处室进行任务督导。二是召开机关党委书记和基层党支部书记述职评议会议，通过回顾支部工作情况、分析存在的问题，进一步强化了两级党组织从严治党的主体责任。三是加强党风廉政建设工作检查考核，8月、12月分两次组织开展全系统党风廉政建设责任制检查，由市局领导带队，到24个区（分）局听取汇报、查阅资料，定期督导、跟踪问效。四是加强廉政教育，拓展学习渠道，多次邀请市纪委等有关方面党建专家作专题辅导报告和廉政教育讲座，参加首都之窗“政风行风热线”访谈，组织机关内部廉政监督员旁听二手房涉案人员庭审，运用近年来系统内发生的18例违纪违法案例开展全系统廉政警示教育巡展，收集系统内25个违纪违法典型案件编写《北京市地方税务局违纪违法案例警示录》，增强党员干部的廉洁从税意识。五是贯彻落实中央八项规定精神，持续深入改进作风。抓住重要时间节点，向全系统领导干部发送廉政提醒短信和廉洁过节通知，认真实施“月报告”“零报告”“双签字背书”、重大问题24小时内报告等制度，严格执行办公用房、公务用车、公务接待、财务预算等一系列政策规定，从根本上彻底杜绝“四风”问题的滋生蔓延。

【推进全面从严治党】认真组织学习《关于新形势下党内政治生活的若干准则》《中国共产党党内监督条例》，修订市局《党组工作规则》，印发《关于推进领导干部落实党风廉政建设主体责任全程记实工作的意见》。借助系统“第一党支部”体系，认真落实“三会一课”和党组织书记讲党课制度，定期开展组织生活，实现“一把手”日常教育、管理和监督全覆盖。开展各区（分）局党组书记和市局机关党组织书记述党建工作，督促落实主体责任，履行“一岗双责”。开通北京地税党建微信公众号，及时发布最新党建动态，搭建“指尖”上的党建工作新平台。

【团组织建设】2016年，系统团委在市局党组、团市委的坚强领导下，认真学习贯彻落实中央党的群团工作会议精神、《共青团中央改革方案》和北京市委关于加强和改进党的群团工作的意见，紧密围绕中心，整合系统资源，加强制度建设，激发青年活力。制定《关于进一步加强和改进北京地税系统共青团工作的指导意见》，明确系统共青团的工作对象、职能定位和改革方向。按照“去四化、促中心、建队伍、聚青年”

的原则，进一步研究制定4个配套文件，加强系统团委对基层各级团组织的领导和管理，在系统内构建纵向可传递、横向可比较的共青团工作格局。联合北京市国税局团委组织召开“北京税务青年志愿者联合服务队”成立大会，号召各级团组织创新国税、地税合作的组织载体，主动服务改革发展大局，进一步落实《深化国税、地税征管体制改革方案》，发挥青年在税收中心工作中的生力军和突击队作用。围绕务虚重点内容和巡视反馈意见中提及的问题，组织开展“我为地税发展建言献策”金点子征集活动，引导青年干部积极投身税收现代化建设，提高青年思考问题和研究问题的能力。创办《北京市地税系统共青团工作专刊》，作为开展青年思想引领工作的重要阵地，全年共发刊11期，获得市局主要领导多次批示和广大青年的好评。系统团委成立一年来，成功推荐1名青联委员，1名青年岗位能手，1名青年处长参与国家治理人才计划，3个项目被团市委评为“我为改革献一策”创新项目，3个项目被评为北京市机关事业系统“团建20佳”项目，2个税务所被评为“国家级青年文明号”。在系统内初步形成了上下联动、示范辐射、整体推进、同频共振的良好局面。

【思想政治工作】践行社会主义核心价值观，编印《北京市地方税务局税务人员文明手册》，规范税务干部行为。创新宣传手段，加大工作力度，多渠道宣传系统先进典型。配合税收中心工作，积极拓展思想政治工作宣传阵地，配备安装新媒体宣传平台——文明北京智慧宣传平台，扩大北京地税影响力。

【精神文明建设】坚持典型引路，积极挖掘选树先进典型，以互联网地税局和《北京地税》为阵地，加大先进典型的内部宣传力度，推进完善系统荣誉库建设；积极借助广播、电视、报刊和微信平台等媒体，加大先进典型的社会宣传力度。2016年，全系统有1个单位同时荣获“全国工人先锋号”和“首都劳动奖状”、1个单位荣获“2011—2015年全国法治宣传教育先进集体”、7名个人荣获“首都劳动奖章”、1名个人同时荣获“首都道德模范”提名奖和“北京榜样”提名奖。

【扶贫工作】制订北京市地方税务局开展“三进两促”结对帮扶农村计划，成立帮扶工作领导小组，围绕思想、物质、技术、信息帮扶4个方面内容，细化12项具体帮扶任务，将市局机关42个处室和直属单位划分6个帮扶小组，每2个月到村里开展一次帮扶活动。联系市直机关工委、首都综治委到顺义区大孙各庄镇南聂庄村开展联合党日活动，送去慰问金，看望生活困难党员。市局在全市驻村第一书记工作推进会议上作了经验交流发言。

【党建宣传】充分发挥线上线下宣传阵地作用，把握正确舆论导向，服务税收工作大局。编发《北京市地方税务局党建信息》30期，建立“互联网+党建”工作模式，建设维护好“北京地税党建工作平台”和“廉政教育网络平台”两大线上平台，提升党建信息化水平。为宣传“营改增”全面推开、金税三期工程上线等重大任务中涌现出的先进典型，组织“信仰责任力量”共产党员先进事迹巡回报告会，在系统13个区分局开展9场宣讲。此外，市局党建特色工作开展情况被国家税务总局《税务党建》刊载6次，被《中国税务报》《北京日报》《求是》《前线》等刊物刊载10余次。

（孙方芳　黎　阳）

基层建设

【综述】2016年，北京市地方税务局紧密围绕税收中心工作，根据新形势下的工作特点和工作规律，内抓管理，外树形象，全面加强基层建设。完善标准，因地制宜，系统推进基层税务所规范化建设；注重均衡，提升素质，扎实推进基层队伍能力建设；以人为本，凝心聚力，切实增强基层干部队伍的凝聚力和战斗力，确保基层建设得以全面发展。

【精神文明创建】广泛开展全国和北京市“青年文明号”、首都劳动奖状和奖章、北京市三八红旗集体和个人、北京榜样、首都道德模范等多项精神文明创建活动，取得较好成绩。全系统共获得省部级以上荣誉60项，其中集体24项、个人36项，国家级荣誉2项。通过多种途径，特别是“青年文明号”评审会，推动系统的创建工作，并把创建工作纳入到绩效考核系统。完善北京地税系统荣誉库。

【宣传先进典型】尝试使用电视语言展现系统先进集体在税收工作、学习、生活中的感人瞬间，深入挖掘典型背后的故事，拍摄了北京地税先进典型微视频。充分利用系统内部文字刊物《北京地税》，全年无间断在“税官风采”“基层之窗”“北京地税榜样”等栏目进行宣传报道。积极向税务总局、首都文明办等相关部门报送信息材料，参与相关部门组织开展的评比宣传，并着力加大与各区宣传部门的联系，利用属地宣传渠道，宣传报道地税系统的先进典型，把系统的先进典型树起来，推出去，宣传开。

【配备文明北京智慧宣传平台】将地税工作纳入首都精神文明宣传工作之中，主动与首都文明办协调，为系统窗口单位配备安装了37台由首都文明办和《人民日报》共同开发的新媒体宣传平台——文明北京智慧宣传平台。把平台的使用与税收中心工作紧密结合，以季度为周期，定期投放地税工作信息动态。其中“营改增”的宣传内容得到了市委、市政府和税务总局领导的充分肯定，也让首都市民更加了解地税工作，取得了良好的社会效果。

【机关处室联系基层科所】为更好地指导基层、服务基层，市局机关35个处室与118个税务所建立了联系。通过开展联系基层工作，市局机关对基层的情况摸得更准，对基层的指导更加到位。特别是在“营改增”和金税三期工程上线等重点时期，相关处室及时跟进指导、收集情况、研究办法、破解难题，确保基层各项工作平稳有序。

【编发《基层建设专刊》】围绕各区（分）局的重点工作和特色工作，打造基层工作交流平台，全年刊发23期《基层建设专刊》。特别是结合“营改增”和金税三期工程上线等工作，编印了多期专刊，用以指导基层工作，展示基层风采。

【远郊干部到城区局调训】在2015年组织延庆局干部到海淀局稽查岗位调训的基础上，进一步扩大调训范围，组织怀柔局、平谷局、密云局和延庆局的40名干部到朝阳局和海淀局进行了为期半年的调训锻炼，调训岗位为纳税服务岗、税源管理岗和稽查检查岗。通过学习实践，调训干部普遍提升了工作能力，特别是在“营改增”和金税三期工程上线工作中发挥了作用。

【税务所规范化建设】根据系统税务所的实际情况，提出了“从制度建设和制度落实入手，从支部工作、规章制度、言行举止、工作场所和文书表单五方面抓好税务所行政管理规范工作”的工作思路，并通过召开系统制度建设和制度落实视频会议、拍摄税务所规范化建设视频短片、下发规范性工作要求，将税务所规范化建设系列化、立体化，逐步实现各项标准的科学化、明细化，确保基层工作规范有序，队伍形象全面提升。

【规范基层政务制度】通过对基层执行制度进行梳理和修订，明确了行政管理4个方面15项共性制度和3项个性制度条目，形成了《税务所行政管理制度汇编》，从而实现了税务所行政管理制度的统一规范。组织召开系统基层制度建设和制度落实工作会，对在基层制度落实方面成效较为显著单位的优秀经验进行推广。

【编印《税务人员文明手册》】为把培育和践行社会主义核心价值观与地税干部的日常工作紧密联系起来，专门编写印制了《北京市地方税务局税务人员文明手册》，主要包括税收工作文明行为规范、首都市民公共文明行为规范两部分，对税容风纪、行为举止、文明用语等内容进行了规范，并制作配套的教学视频向全系统发放，方便基层单位学习、执行。

【规范基层文书表单】针对税务所文书档案的记录不规范、不完整等问题，对税务所的所务会记录本、业务学习记录本和政治学习记录本等相关记录，从内容到格式进行了规范。对记录基层党支部工作开展情况的支部会议记录本，要求各基层单位依据属地党组织要求，做好相应的记录工作，确保清晰明了。

【基层环境建设】对照上级相关要求，专门拟定了《税务所工作场所规范化标准（试行）》，对税务所工作场所建设标准进行明确。重点是针对不同类型的办公场所，从标牌设计、房间布局和物品摆放三个方面进行明确。同时，根据系统办公用房的实际情况，提出了税务所图书资料室、会议学习室和纳税服务所减压室的建设标准，力求建立起温馨、和谐的税务所学习、生活场所。

（黎　阳）

纪检监察

【综述】2016年，驻市地税局纪检组认真学习贯彻中央纪委、税务总局及北京市委关于党风廉政建设和反腐败工作的部署和要求，积极落实监督责任，有序推进纪检体制机制改革，加大警示教育宣传，进一步聚焦主责主业，做好监督执纪问责工作，党风廉政建设和反腐败工作取得显著成绩。

【加强警示教育】驻局纪检组在全系统、

"第一党支部"范围内及时传达学习中央关于令计划、苏荣、吕锡文等问题的处理通报。查办案件后，在全系统对21人次进行通报批评。编写地税系统警示教育案例，发放警示教育光盘，梳理近两年系统内违纪违法案件，协助配合党组搞好专题警示教育展，使广大干部职工从反面典型中深刻吸取教训、引以为戒。

【加大宣传力度】借助媒体主动发声，驻局纪检组在《党建研究》《中国税务报》《是与非》等报纸杂志，刊登履行监督责任的调研文章，宣传监督责任的落实举措。创建专刊《北京地税纪检工作动态》，全年共刊发78期系统纪检亮点工作，呈送税务总局、北京市委、市纪委有关部门和市局各位局领导，得到了相关领导的批示。巡察试点工作被税务总局局长王军、市纪委副书记杨逸铮给予肯定，市委巡视办进行推广宣传，《中国纪检监察报》、市纪委官方网站和"清风北京"给予了重点报道。

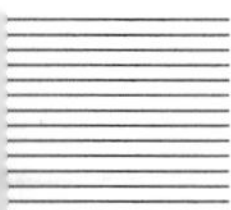

【分清责任聚焦主业】协助市局党组组织召开年度党风廉政建设工作会，首次由纪检组长做监督责任工作报告。继续会同主责部门明确工作任务、分清各自责任，确保相关工作的平稳衔接。全年，驻局纪检组共参加31次党组会，向市局党组会提交14项议题，制发9个文件。注重与市规划委、市工商局纪检组等兄弟单位加强横向交流，通过全方位了解、借鉴好的经验、做法，积极探索履行监督责任的新思路、新方法。各区（分）局纪检监察部门也积极协助推动本局党组落实党风廉政建设主体责任和各项工作部署，采用廉政会商、工作对接单等方式建立起"两个责任"的有效对接机制。

【有序落实纪检改革】结合地税工作实际，制定地税系统纪检改革实施方案，自上而下、循序渐进地落实各项改革举措。率先在全市创新开展巡察工作，组建成立系统巡察工作领导小组办公室，印发《中共北京市地方税务局党组巡察工作实施办法》和《北京市地方税务局2016年专项巡察工作实施方案》，市局被确定为全市巡察工作试点单位。初建巡察人才库，全年共开展两轮4个区（分）局巡察试点工作，首轮对2个区（分）局巡察发现10个方面52个问题，向相关部门移交问题线索10件，问责20人次、通报12人次；第二轮对2个区（分）局巡察发现了8个方面41个问题，向相关部门移交问题线索4件。为进一步整合纪检资源，提升监督合力，制发《中共北京市地方税务局党组关于建立区域监督协作机制的意见》，成立了6个区域监督协作组，联合办案、协同交流、开展调研。打破门户界限，从区（分）局抽调骨干组成专案组，集中查办了3起案件，有效避免了"熟人效应"，达到了短时间内取得突破、增强震慑的积极效果。以《致纳税人一封信》的形式开展稽查廉政回访工作，为纪检监察部门实施再监督提供相关信息基础。全年下发《致纳税人一封信》437封，通过各种方式收回426封，促进了稽查干部队伍的廉洁自律。为将监督触角延伸到市局机关各处室，制发《北京市地方税务局机关内部廉政监督员管理办法（试行）》，在市局机关组建了36名监督员队伍，实现了监督全覆盖、无盲区。为提高执纪审查工作水平，有效避免决策风险，在驻局纪检组内部试行《北京市地方税务局纪检风险评估工作机制暂行办法（1.0版）》，召开4次驻局纪检组成员会议，研究重要工作事项，增强决策的科学性。

【加大执纪问责力度】2016年，驻局纪检组通过不同渠道共收到各类举报件98件，办结90件，协助上级纪委及公检法等有关单位调查64件。市、区两级纪检监察部门共查实问题线索11

件，立案14件，同比增长133%。党纪政纪处分19人，其中："双开"4人，党内警告5人，党内严重警告3人，行政警告2人，行政记过5人。组织处理24人。采取有效手段向基层传导压力，从制度建设着手规范基础工作，着力提高全系统纪检监察部门执纪审查工作质量。强化特约监察员事中监督作用，制定《北京市地方税务局2016年特约监察员工作方案》，组织开展明察暗访19次，征集意见、建议21条，协调业务处室形成25条办理措施。注重发挥特约监察员专业特长和自身优势，邀请特约监察员参与违纪违法企业告诫约谈、对执纪审查工作中涉及的法律疑难问题"把脉会诊"，提高外部监督的针对性和有效性。

【强化监督检查】对中央八项规定精神各项制度执行情况和内控机制建设情况加强监督检查。围绕"营改增"工作，针对二手房交易加大监督力度。以巡察为手段，持续深化"为官不为、为官乱为"问题专项治理工作。针对重要节日下发廉洁过节通知，向处级以上领导干部发送廉政提醒短信，开展"四风"问题监督检查，启动政府采购领域专项治理工作。加强对"三重一大"事项的监督，驻局纪检组全年共参与监督187项党组议题，开展干部廉政会审1274人，提出暂缓用人建议2人次，参加政府采购招投标8次。联合纪检组注重规范直属稽查局党组会议通知和纪要管理，2016年列席5个直属稽查局党组会议189次，监督"三重一大"决策事项研究议题409个。

【干部队伍建设】结合"两学一做"学习教育，不断深化学习教育效果，组织纪检干部业务培训，开展《中国共产党廉洁自律准则》《中国共产党纪律处分条例》《中国共产党问责条例》的重点学习，北京市纪委领导和驻局纪检组组长亲自授课。以听取汇报、开展调研等方式加强对基层纪检工作的业务指导。安排14名干部参加纪检业务培训及案件调查工作。通过以案代训、以干代训、人员轮岗等方式，不断增强全系统纪检干部的工作活力和综合素质。

（赵　博）

巡 察 工 作

【综述】建立巡视制度，是党中央从提高党的执政力、保持和发挥党的先进性的战略高度作出的一项重大决策，是完善党内监督的一项制度创新，是落实党要管党、从严治党的一个重要体现，是党章赋予的重要职责（《中国共产党章程》第十三条明确指出"党的中央和省、自治区、直辖市委员会实行巡视制度"）。在中央纪委、中组部的强力推动下，巡视工作已经形成了以党章有关规定为核心、以《中国共产党巡视工作条例》和相关法规文件为主干、各方面配套规章比较完备的巡视工作制度体系。市局开展的巡察工作，既是中央、市委巡视工作的补充和延伸，也是中央着眼于完善巡视机制的重大制度创新，更是推动全面从严治党向基层延伸的现实需要。巡察来源于巡视，二者是一个有机统一的整体，巡察工作的开展，必须要坚持巡视的标准。2016年，经市局党组研究，决定成立北京市地方税务局巡察工作领导小组及办公室，组织在全系统开展巡察工作。这项工作得到了市委巡视工作领导小组办公室的大力支持，将市局定为全市巡察试点单位，三次听取市局巡察准备工作汇报，并提出指导性意见和建议。市局党组更为重视，市局主要领导多次听取巡察工作专题汇报，在组织运行保障等方面均给予大力支持。巡察工作开展以来，市局党组的高度重视和全力支持，巡察工作在全系统各单位引起了高度关注和积极反响。市局先后召开5次党组会研究巡察工作，市局党组主要负责人先后4次专门听取工作汇报，并就有关巡察工作进行调研座谈，对巡察组各项工作开展给予了充分的肯定，并从创新探索完善巡察工作机制、认真总结巡察经验、做法，紧盯“两个责任”等方面提出要求。市局的巡察工作，得到了税务总局局长王军、市纪委领导、市委巡视办领导的充分肯定，王军局长批示，把北京地税的经验和做法在全国税务系统推介。市纪委副书记杨逸铮批示，对地税局的巡察工作要加大宣传。市局的巡察经验工作经验和做法，先后在《中国纪检监察报》《中国税务报》《清风北京》《北京党风廉政工作专刊》等媒体刊载。

【专项巡察】2016年，市局开展两轮对平谷局、第一稽查局、丰台局、第四稽查局的巡察，工作开展的非常扎实，发现了四个局“两个责任”落实不力、党建工作薄弱等93个问题，第一轮巡察的平谷局和第一稽查局问责追责了19人次，第二轮巡察的两个局正在积极落实问题整改，巡察的震慑、遏制、治本作用得到了充分发挥。

对平谷区地方税务局巡察发现的主要问题。①主体责任落实不力。主要表现：一是对个别司机公车私用致交通事故、个别党员无视法纪造成人身伤害，个别干部经常不上班等问题发现处理不及时；二是党建和思想政治工作薄弱，内部管理松散。领导下基层制度坚持不到位，与一般干部交流不够，对干部提出的个人问题缺乏沟通疏导。②监督、执纪、问责不到位。主要表现：一是车辆管理存在问题没有认真调查；二是对稽查举报中涉及人的问题没有及时发现和处理；三是未落实“一案双查”制度；四是2014年银行违规代售印花税问题处理不到位。③中央八项规定精神落实不力。主要表现：一是部分车辆在节假日期间外出加油未能提供相关车辆外出审批单；二是机动车加油管理混乱，异地支出车辆加油费，加油卡用于购买香烟及其他商品消费。④风险防控责任意识不强、制度落实不力，存在税款流失和执法风险。主要表现：一是城镇土地使用税、房产税困难减免企业，减免到期后未及时恢复缴纳；二是重点户管理制度落实不到位，滞补罚收入未能及时入库；三是个人股权转让台账内容登记不全、基础数据缺失；四是执法行为不规范，有问题率高；五是责任追究不到位，督察发现的问题屡查屡犯。

对第一稽查局巡察发现的主要问题。①落实“两个责任”不到位。主要表现：一是对党风廉政建设主体责任没有进行任务分解，责任未细化落实；二是党建工作流于形式，“三会一课”制度落实不到位；三是廉政监督和服务投诉箱形同虚设，钥匙找不到，没有尽到监督职责；四是监督责任弱化，“三转”落实不到位。②领导班子建设不规范。主要表现：一是在领导班子分工中，有一名副局长既分管检查，又分管审理；二是议事程序不规范，在党组会原始记录中，某些议题缺少严格正规的讨论程序，没有主持人末位发言，没有最终决议，对决策事项的表述记录不翔实。③领导干部选拔任用不合规。主要表现：一是工会选举程序不规范，2016年工会主席和副主席的产生，没有经过选举；二是人事工作不严谨、不细致。④执行中央八项规定精神不严。主要表现：一是第八巡视组反馈的问题没有进行整改；二是存在节假日违规使用公车问题；三是出差日人均支出餐费超标。⑤财务管理不规范。主要表现：一是财务制度执行和审核把关不严；二是支票领用凭单无财务主管签字审批；三是未按“政府采购合同”文本格式签订租车合同；四是部分业务未执行政府采购手续；五是未对固定资产进行每年盘点。⑥业务方面存在执法风险。主要表现：一是纳税资料清单填写不规范、资料退回超时、无询问笔录；二是未对某企业假发票违法行为进行处罚；三是未对某公司涉及的滞纳金进行追缴；四是对某公司税务稽查中间报告写了10次，案件仍然处于实施环节当中，超时过长。

对丰台区地方税务局巡察发现的主要问题。①主体责任落实不力。主要表现为：一是双重组织生活制度落实不到位，部分党组成员参加基层支部活动进行工作部署、总结讲话、提工作要求；二是党支部发挥作用不够，对违纪违法的6名党员所在党支部未做任何相应的教育和处理；三是“三会一课”制度落实不到位，部分党支部缺少支部工作记录册、党课记录等；四是发展党员过程不严肃，缺少考察培养情况等记录；五是对违纪问题后续管理措施不到位，已对个别干部做出开除党籍处分决定，但未见党组织做出后续处理；六是党组会、局长办公会会议内容及其他基础信息记录不完整、不规范；七是对出现的违规帮助企业领购发票、办理存量房交易等问题，丰台局没有在党组会上研究全局层面警示教育；八是丰台局对局长信箱的管理缺失，流于形式。②执行党风廉政建设“六项纪律”不严。主要表现为：一是违反财经纪律，未严格落实中央八项规定精神；二是经费收支核销不按规定操作，把关不严；三是食堂核算管理不规范，会议餐费报销未列明用餐人数、用餐原因、陪餐人数超过规定标准。③风险防控责任意识不强、制度落实不力，存在不作为、乱作为问题。主要表现为：一是征收管理制度落实不到位；二是税收管理责任意识不强，对实名举报的案件违规结案；三是税收行政执法行为不规范，有问题率高。④纪检监督责任缺位，没有有效履行监督职责。丰台局纪检组在主动监督、主动作为上做得不够到位，意识也不强。面对部分党员干部违纪行为付出的高昂代价，纪检组在思想上没有得到警醒，没能以身边反面典型为镜，深刻总结反思、吸取惨痛教训。没有用身边违纪违法党员干部的真实鲜活案例，在全局范围内开展警示教育，发挥警示、震慑的作用。

对第一稽查局巡察发现的主要问题。①主体责任落实不力。一是党的领导弱化。存在重大事项不上党组会，落实市局部署年度工作会精神无党组会记录，总支每年至少向党组进行一次全面工作汇报的规定未落实等问题；二是党的建设缺失，基层党组织没有发挥出应有作用。三年来共组织38次理论学习，但有研讨交流记录的仅有2次；三是全面从严治党不力，责任落实不到位。制度建设不规范，三年来共制定51项工作制度，其中仅3项有党组会记录，仅18项有局长办公会记录。会议管理混乱，存在党组会与局长办公会议题交叉、党组与办公会发文混用等问题。②监督缺失，执纪问责不到位。一是纪检监察部门对“两权”运行各环节日常监督不严。监督责任未按照《中共北京市地方税务局党组关于纪检监察部门落实党风廉政建设监督责任的实施意见（试行）》分解落实。对相关工作的检查没有提醒记录。未定期向党组会做党风廉政建设专项汇报，缺乏主动发现问题的意识和能力；二是纪检监察部门未执行好干部选拔任用监督程序。缺乏干部选拔任用的监督意识，对存在的问题未指出纠正。对干部选拔任用中存在的问题未发表任何不同意见。③财务管理不到位。巡察发现财务管理问题15项，涉及不合规凭证50笔。④风险防控责任意识不强、制度落实不力，存在不作为、乱作为问题。一是执法行为不规范，有问题率高；二是责任追究不到位。对于上述存在的行政执法过错，未检查、未纠正、未追责。

【制度建设】为了指导和推动北京市地方税务局系统巡察工作有力、有序、有效开展，巡察工作领导小组根据中央关于巡视工作的新精神、新任务、新要求，按照北京市委和税务总局党组的工作部署，以《中国共产党巡视工作条例》、中央巡视工作相关制度办法、《中共北京市委贯彻〈中国共产党巡视工作条例〉的实施办法》和《国家税务局系统巡视工作规定（试行）》为基本依据，紧密结合北京市地方税务局系统实际，在制定《中共北京市地方税局巡察工作实施办法（试行）》的基础之上，形成了《北京市地方税务局系统巡察工作规范》。《北京市地方税务局系统巡察工作规范》共分总则、机构和人员、巡察范围和内容、工作方式和权限、工作程序、纪律和责任、支持和保障、文书模板八个部分，将中央、市委以及税务总局党组关于巡视工作的总体思路和最新要求，与构建税务系统全面从严治党新格局紧密结合，与北京市地方税务局系统管理体制和干部队伍特点紧密结合，与北京市地方税务局党组开展巡察工作的实践紧密结合，积极探索推进巡察经验制度化、巡察方法系统化、巡察流程规范化、巡察文书标准化，较好体现了时代特征、税务特色和队伍特点，有助于提升北京市地方税务局系统巡察工作科学化、规范化、专业化水平，更好发挥巡察尖兵“利剑”作用，服务和保障税收现代化建设。《北京市地方税务局系统巡察工作规范》的使用对象包括北京市地方税务局党组、巡察工作领导小组、巡察办、巡察组和巡察工作人员，具体工作中应结合实际，精准把握，科学运用。

（王　磊）

内部审计

【综述】2016年，督察内审部门充分发挥内部审计查错纠弊、防范风险、促进管理、服务大局的职能作用，不断健全制度体系，加大内部审计工作力度，开展领导干部经济责任审计和专项审计，协调配合外部监督机关开展工作，促进整改落实，进一步规范行政管理权。

【内控机制建设】成立由北京市地方税务局“一把手”任组长的内控机制建设领导小组，负责总体协调、指导和监督检查等工作。贯彻落实税务总局《关于进一步做好当前内控机制建设工作的通知》精神，制定《北京市地方税务局贯彻落实〈国家税务总局关于进一步做好当前内控机制建设工作的通知〉的意见》。市、区两级共同完成税务应用软件内控内生化、内部控制基础性评价和金税三期工程内控内生化情况调查。邀请税务总局专家为北京地税系统开展内控机制建设培训，加深全系统对内控机制建设工作的理解和认识。

【制度建设】2016年，北京市地方税务局在广泛开展调查研究，总结实践经验的基础上，依据审计署及国家税务总局对领导干部经济责任审计的工作要求，修订印发了《北京市地方税务局领导干部经济责任审计办法》（京地税审〔2016〕250号），进一步明确了职责分工、审计程序、时限要求、结果运用等内容，为进一步加强对领导干部的管理监督提供了制度与程序保障。

【税收执法督察】2016年，根据税收执法督察工作方案，对11个项目开展督察，其中税务总局规定必查项目4个，市局重点督察项目7个，采用全面自查与集中评查相结合、案卷检查与实地核查相结合的方法实施督察。全系统共发现各类问题405项次，涉及税款27377.36万元。截至12月底，补缴税款26991.89万元，加收滞纳金5772.78万元，罚款4.67万元，退还税款87万元，问题整改率为98.6%。通过开展执法督察，各级税务机关税收执法水平得到了进一步提高。

【税收执法责任制】2016年，北京地税系统共对98人次追究执法过错责任，对4个科室、29个税务所及稽查局进行责任追究共53次，追究数量较以往年度提升42.45%，追究力度有所增强，通过开展责任追究工作，提高了执法人员的责任意识和税收征管质量。

【专项审计】2016年，北京市地方税务局针对医药费预算执行情况进行专项审计，审计金额95.99万元，审计发现3个问题，提出完善制度等4条审计建议。为加强内部管理，起到了促进作用。

【领导干部经济责任审计】2016年，为加强对领导干部的管理监督，推进党风廉政建设，按照《2016年经济责任任中审计计划》规定，北京市地方税务局对10个单位的10名处级领导干部开展了经济责任审计，共发现问题99个，涉及资金6085.28万元。被审计领导干部及单位针对审计发现问题积极整改，按要求向市局书面报告整改情况。

【配合外部审计监督】积极配合北京市审计局开展审计工作，安排专人全程对接，积极整改落实审计结论，督促补缴税款30.67万元，加收滞纳金4.8万元，罚款0.07万元，各项问题均已通过了审计组的整改复查；协调配合审计署各特派办及市审计局开展数据查询工作，共提供资料、数据26批次，配合延伸审计调查7户次，组织调研座谈2次；按照北京市政府法制办的要求，市局开展行政处罚案卷评查自查，主动参与市法制办评查质量抽查，获得市政府绩效考核满分。同时，针对处罚案卷的问题，协同相关处室深挖问题根源，形成整改措施，促进工作推进。

（晋春辉）

人 事 管 理

【处级干部选拔和班子配备】围绕全面推进依法治税、税收现代化建设和持续深化税收征管改革的需要，把握领导班子和干部队伍建设规律，着力优化领导班子配备，改善年龄、专业、学历结构，增强整体功能，进一步提升系统领导班子和干部队伍建设水平。以配齐配强区（分）局和市局机关处室处级领导班子为重点，稳妥推进系统处级领导干部选拔任用工作。继续坚持系统相关单位、部门正职出现空缺，由有发展潜力、各方面表现突出的处级副职先主持工作半年以上，适应岗位要求才提拔任用的做法，先后为市局机关6个处室、3个区（分）局配备了“一把手”；注重加强党的建设，增强区（分）局党组领导力量，为5个区（分）局配备了党组副书记；着力优化系统处级领导班子结构，选拔49名副处级领导干部充实到系统37个领导班子；积极推进法制型税务机关建设，在6个区局推行总法律顾问制度，探索在更高层次、更高水平上推进依法治税；加强纪检监察队伍建设，为市局新成立的巡察工作办公室配备了班子成员，为8个区（分）局配备了纪检组长。坚持树立了正确用人导向，充分调动各年龄段干部的工作积极性，对一直以来为地税事业默默奉献、扎实工作，曾经担任过科级领导职务、各方面表现突出、群众公认的老同志，严格按《干部任用条例》规定，分期分批组织开展职务晋升工作。坚持人岗相宜原则，持续推进系统处级领导干部配置性、调整性、培养性、回避性交流，继续加大市局机关和区（分）局、区（分）局之间干部的交流力度，较好促进了系统处级领导班子结构优化和领导干部专业知识配套、工作经验互补，保持了队伍旺盛的生机与活力。注重加强与区委、区政府及市属国有企业的沟通联系，主动服务区域经济发展，服务市属国有企业发展，主动输送税收专业人才，提供智力支持，拓展系统干部成长进步空间。先后选派2名正处级领导干部到中国银行、市供销合作总社任职，3名干部提拔交流到市属国有企业任副处级领导职务，门头沟、顺义、怀柔、大兴、延庆5个区地税局向所在区政府部门各推荐1名干部提任处级领导职务。全年共讨论决定处级干部任免310人次。其中，提拔处级干部146人（正处级领导9人、党组副书记5人、副处级领导49人、总法律顾问6人，调研员20人、副调研员57人），轮岗交流34人。

【优秀年轻干部培养选拔】研究制定了《北京市地方税务局优秀年轻干部培养选拔工作实施方案》，明确今后一个时期系统优秀年轻干部培养选拔工作方向。选拔40岁以下年轻处级领导干部13名；组织50多名优秀年轻干部到金税三期工程、“营改增”等改革建设一线承担重要任务；从市局机关、直属分局选派10名年轻干部到基层税务所锻炼；深入落实《深化国税、地税征管体制改革方案》，积极推进国地税深度融合，促进双方人才交流互动，选派17名优秀年轻干部到国税系统挂职锻炼；分类构建地税系统专业人才库，组建税收分析、调研、国际税收、税收英语等专业性团队，开展税收领军人才的培养，有效提高系统优秀年轻干部的综合素质。

【干部管理与监督】认真贯彻党要管党、从严治党方针，严格落实干部监督各项制度规定，始终以严的标准要求干部，以严的措施管理干部，以严的纪律约束干部，加强干部选拔任用工作监督，为选贤任能和干部健康成长提供有力保障。着力强化干部选任全过程监督。在初始提名阶段，突出民主推荐人员的代表性，落实干部群众的知情权、参与权、选择权和监督权。坚持处级领导干部在全系统范围内进行考察预告和任前公示，实行市、区两级廉政会审。坚持“凡提必审”，对146名处级干部考察对象的个人档案进行严格审核，对8名考察对象的“三龄两历一身份”信息进行了重新认定，1名考察对象因学历材料无法认定，终止了选拔任用工作程序。坚持“凡提必核”，对223名处级干部的个人有关事项进行了抽查核实，对存在漏报、填报不规范问题的36名干部，责成所在单位、部门主要负责人进行了批评教育；对重点抽查核实中不如实填报，且数额较大的6名干部，终止了选拔任用工作程序。建立干部选拔任用全过程文书记实档案，及时将干部选拔各环节工作情况及责任人录入市委组织部纪实监督系统，为选人用人监督检查、落实责任追究提供依据。严格落实从严管理干部规定，认真落实干部四项监督制度，组织开展区（分）局党组履行干部选拔任用工作职责“一报告两评议”工作，及时反馈评议结果，提出整改意见。制定《北京市地方税务局新任正处级领导干部报告工作暂行规定》，进一步加强对新提拔和交流任职正处级领导干部的监督管理。制定《北京市地方税务局处级领导干部停职检查期间管理暂行办法》，加强和规范系统处级领导干部停职检查期间管理工作。认真做好群众来电、来信回复和来访人员接待，注重加强政策宣传，化解矛盾，保证干部队伍稳定。坚持抓早抓小，把纪律挺在前面。对干部管理重在管早、管小、管在平时，强化跟踪了解，坚持关口前移，对苗头性、倾向性、潜在性问题，早发现、早提醒、早纠正，努力引导处级干部把组织的纪律和要求内化为自觉意志。2016年共对39名处级干部进行了提醒谈话，对10名处级干部进行了函询，对2名处级干部进行了诫勉，防止小毛病演变成大问题。

【考核奖励】2016年度全系统应参加年度考核7451人（不含局级），47人因病事假半年以上或其他原因未参加考核，实际参加考核的7404人。从考核奖励结果看，评为优秀等次的1473人、称职等次的5678人，不定等次的249人，不称职的4人。共奖励1948人，其中记三等功472人，给予嘉奖1476人。

【工资收入分配管理】一是做好工资相关调整、测算、核定等工作。根据2015年度的考核结果，对市局机关符合条件的人员进行工资调整及奖金发放：正常晋升级别工资68人，晋升级别工资档次417人，增加工作性津贴（职务）31人，增加工作性津贴（年功）76人，核发年终一次性奖励金485人，核发公务员优秀奖励119人。按照北京市统一要求，为市局机关497名工作人员调整了基本工资、生活性补贴、工作性津贴、通信工具补助和临时性补贴标准，为6名离休人员增加了基本离休费，并指导直属分局做好相关工作。按照市人力社保局要求，为市局机关285名工作人员发放了2015年应休未休年休假补贴，共涉及1325198元；发放2015年度政府绩效管理奖金和工作性津贴剩余部分，共涉及1018人次、7620819元。完成市局机关处级以上干部个人重大事项报告中涉及年度收入的申报工作。统计核对市局机关471名工作人员2015年度的社保基数。填写约520张市局机关工作人员《工资变动审批表》，盖章归档；完成系统《2016年度北京市机关、事业单位工作人员工资统计报表》的审核、汇总、上报工作；完成系统处级干部和市局机关工作人员退休待遇审批工作。二是做好系统基础工作规范管理。对系统工资台账、工资变动审批表等基础资料填写、填报要求进行了规范，并进行了抽查、检查。三是做好服务基层工作。对直属单位及其他工资管理人员变更的单位，进行上门服务，对工资政策，日常工作规范进行指导、答疑。四是组织开展自查检查。接受财政部江苏专员办对市局津贴补贴发放情况的检查。同时，落实市人力社保局在全市各单位开展规范工资管理、执行工资纪律等情况联合检查的文件要求，组织指导全系统各单位对相关情况自查检查，确保各类工资、津贴补贴项目发放无误。五是完成原干部培训中心在职及退休人员转制后工资规范管理工作。

【人事基础工作】一是加强社会保险管理，做好养老保险改革期间相关工作。2016年完成市局机关全体人员机关养老保险参保登记工作，市局机关和直属分局退休人员养老金发放工作；完成市局机关445人养老保险准备期补缴工作；按照每月人员变动情况，办理养老、工伤及生育保险增员68人、减员33人、在职人员转退休18人。二是加强考勤管理。在做好日常考勤管理及假期政策解答的基础上，完成2016年考勤数据汇总共计1384条，为2016年度考核提供考勤信息。三是加强因私出国（境）管理。完成科级以下干部因私出国（境）备案104人次，办理退休局级干部因私出国（境）审批报备工作7人次，办理因公出国（境）审批报备手续16人次。2016年6月制发《人事处关于进一步加强处级干部因私出国（境）管理的通知》和《人事处关于进一步加强系统在职科级及以下干部因私出国（境）管理的通知》，加强地税系统因私出国（境）管理。

【人事档案管理】按照市委组织部要求，2016年6月底完成市局管理干部档案的专项审核认定工作，统计汇总地税系统专项审核工作情况，按时将专项审核工作总结报告及相关数据统计表报送市委组织部。在完成历时一年多的干部人事档案专项审核工作的基础上，为规范全市干部人事档案管理工作，北京市委组织部于2016年8月印发了《北京市干部人事档案管理工作规定（试行）》（京组通〔2016〕55号），对干部人事档案管理工作提出具体要求。人事处及时转发各区（分）局，以提高全系统对干部人事档案日常管理工作的重视，在档案的审核、档案信息的认定和使用、档案的转递、档案材料的收集和归档、档案的查借阅和流转登记、档案的保管保护等各方面加强管理，确保档案工作规范有序，切实维护档案的严肃性、真实性和权威性，充分发挥档案在人事工作中的重要作用。

【机构编制和公务员管理】按照市编办批复，同意为市局增加总会计师领导职数1名（副局级）。撤销密云县地税局、延庆县地税局，成立密云区地税局、延庆区地税局。重新核定第二直属分局职能配置和人员编制方案。遵循公开、公正、竞争、择优原则，采用职位竞争考试方式，全部职位限定招录与税收工作紧密相关的经济、公共管理、工商管理、法律、计算机类专业。2016年招录公务员234人。确定2015年度选调生10名。经过国务院军转办统一笔试、专业能力测试、体检、审档、政审、指令性安置等环节，共接收安置46名军队转业干部。继续做好选派市级机关年轻干部赴基层锻炼工作，为年轻干部提供了解基层的平台，丰富干部成长经历。2016年共安排15名干部赴基层锻炼，其中市局机关10名，直属分局5名。

【数字人事改革试点】为贯彻落实全面从严管理精神，助推税收现代化建设，按照税务总局关于数字人事扩大试点工作的部署和要求，北京地税扎实开展数字人事改革试点工作。积极作为，稳妥推进，采取“先试点、后推广；先探索、后完善”的做法，确定北京市石景山区地方税务局、昌平区地方税务局为先行试点单位，经过近两个月的精心准备，数字人事信息系统于2016年12月30日正式上线。

【干部任免】2016年1月7日　市局党组第1次会议研究决定：肖丽同志挂职锻炼期满，免去其北京市地方税务局法制处副处长职务；姜鹤同志挂职锻炼期满，免去其北京市地方税务局征管和科技发展处处长助理职务。

1月14日　根据《北京市机构编制委员会办公室关于同意为密云县地税局、延庆县地税局及其直属机构更名的函》（京编办行〔2015〕214号），北京市密云县地方税务局更名为北京市密云区地方税务局，北京市延庆县地方税务局更名为北京市延庆区地方税务局。根据《中国共产党章程》和《党政领导干部选拔任用工作条例》的有关规定，市局党组第2次会议研究决定，中共北京市密云县地方税务局党组更名为中共北京市密云区地方税务局党组，原密云县地方税务局处级干部的职务自然免除，姜学东同志任北京市密云区地方税务局党组书记、局长，王国强同志任北京市密云区地方税务局党组副书记、副局长、调研员，祝天文同志任北京市密云区地方税务局党组成员、纪检组长，方书涛同志任北京市密云区地方税务局党组成员、副局长，朱庆丰同志任北京市密云区地方税务局调研员，李景深、谢仲民、李家友、李保忠、齐春生、郭生有、裴军同志任北京市密云区地方税务局副调研员；中共北京市延庆县地方税务局党组更名为中共北京市延庆区地方税务局党组，原延庆县地方税务局处级干部的职务自然免除，王竺同志任北京市延庆区地方税务局党组书记、局长，王治国同志任北京市延庆区地方税务局党组副书记、副局长、调研员，吴永茂、丁振、白爱柱、刘程同志任北京市延庆区地方税务局党组成员、副局长，沈峰同志任北京市延庆区地方税务局党组成员、纪检组长，王乃君、李庆富、王永强同志任北京市延庆区地方税务局副调研员。

1月27日　市局党组第3次会议研究决定：王珊同志主持北京市地方税务局研究室工作；朱兴有同志任北京市地方税务局《北京地方税务公报》编辑部调研员，主持工作；于欣杰同志任北京市地方税务局第二直属税务分局（北京市地方税务局西站分局）党组书记、局长；常海龙同志任北京市昌平区地方税务局党组书记、局长；赵百军、孙文军、王东同志任北京市东城区地方税务局调研员，魏龙同志任北京市东城区地方税务局党组成员、副局长（试用期1年）；陈桂伦同志任北京市海淀区地方税务局党组成员、副局长（试用期1年）；孙志远同志任北京市地方税务局第四稽查局党组副书记、调研员；高玉龙同志任北京市地方税务局燕山分局（北京市地方税务局第六稽查局）党组成员、副局长（试用期1年）；王阿鸣同志任北京市门头沟区地方税务局调研员；王忠悟、安永刚同志任北京市房山区地方税务局调研员；张燕萍同志任北京市地方税务局第二直属税务分局（北京市地方税务局西站分局）调研员；史保华同志任北京市大兴区地方税务局调研员，张春红同志任北京市大兴区地方税务局副调研员；刘凤彬同志任北京市地方税务局开发区分局调研员；罗文红、张红艳、金江文、王毅芸同志任北京市海淀区地方税务局副调研员；史锦春同志任北京市丰台区地方税务局副调研员；刘凤和、贾春起、吴少华同志任北京市通州区地方税务局副调研员。

同意杨涛同志提出的提前退休申请，免去杨涛同志北京市地方税务局第二直属税务分局（北京市地方税务局西站分局）党组书记、局长职务，并办理退休手续。免去：常海龙同志北京市地方税务局研究室主任职务，朱兴有同志北京市地方税务局研究室调研员职务；孙永田同志北京市地方税务局大型企业税收管理处副处长职务；于海军同志北京市地方税务局《北京地方税务公报》编辑部副主任职务，不再主持北京市地方税务局《北京地方税务公报》编辑部工作；于欣杰同志北京市昌平区地方税务局党组书记、局长职务；赵百军、孙文军、王东同志北京市东城区地方税务局党组成员、副局长职务；王忠悟、安永刚同志北京市房山区地方税务局党组成员、副局长职务；张燕萍同志北京市地方税务局第二直属税务分局（北京市地方税务局西站分局）党组成员、副局长职务；刘凤彬同志北京市地方税务局开发区分局党组成员、副局长职务。

2月5日　市局党组第4次会议研究决定：常永健等4名同志结束试用期。常永健同志任北京市大兴区地方税务局党组成员、副局长，任职时间从2014年11月15日起计算；马岚同志任北京市通州区地方税务局党组成员、纪检组长，任职时间从2014年12月10日起计算；吴佳同志任北京市平谷区地方税务局党组成员、纪检组长，任职时间从2014年12月10日起计算；沈峰同志任北京市延庆区地方税务局党组成员、纪检组长，任职时间从2014年12月10日起计算。张江东同志任北京市东城区地方税务局副调研员；李富民同志任北京市西城区地方税务局调研员；钱江同志任北京市朝阳区地方税务局副调研员；王广强同志任海淀区地方税务局副调研员；方细军同志任北京市大兴区地方税务局副调研员；冯强同志任北京市地方税务局宣传教育处处长（试用期1年）。

免去：唐敬春同志北京市地方税务局第一直属税务分局（北京市地方税务局第五稽查局）党组成员、副局长职务；王岩同志北京市地方税务局法制处调研员职务，杨艳同志北京市地方税务局研究室副调研员职务，并办理退休手续；宋海红同志北京市西城区地方税务局副调研员职务，并办理退休手续；孙德忠同志北京市大兴区地方税务局副调研员职务，并办理退休手续；刘建华同志北京市地方税务局开发区分局副调研员职务，并办理退休手续。

2月25日　市局党组第6次会议研究决定：罗丽华同志任北京市地方税务局工会经费管理处副处长，免去其北京市地方税务局办公室副主任职务。

3月9日　市局党组第7次会议研究决定：赵辉、王东同志任北京市西城区地方税务局调研员；石斌同志任北京市地方税务局《北京地方税务公报》编辑部副主任（试用期1年）；王献波、经萍同志任北京市西城区地方税务局党组成员、副局长（试用期1年），宁勇同志任北京市西城区地方税务局副调研员；史利军同志任北京市通州区地方税务局党组副书记、副局长、调研员。

免去：李保忠同志北京市密云区地方税务局副调研员职务，并办理退休手续；赵辉、王东同志北京市东城区地方税务局调研员职务；刘春林同志北京市东城区地方税务局调研员职务，并办理退休手续；苏茂华同志北京市地方税务局机关党委办公室调研员职务，华丰同志北京市地方税务局票证管理中心调研员职务，并办理退休手续；李宝顺同志北京市通州区地方税务局调研员职务，并办理退休手续；张尚书同志北京市顺义区地方税务局调研员职务，并办理退休手续；康水利同志北京市昌平区地方税务局党组成员、副局长职务，改任副调研员；史利军同志北京市西城区地方税务局党组成员、副局长职务。

3 月 14 日　市局党组第 8 次会议研究决定：武剑同志任北京市石景山区地方税务局副调研员；宋巍同志任北京市通州区地方税务局副调研员；耿宗泽同志任北京市延庆区地方税务局副调研员。

同意张亚林同志提出的提前退休申请，免去其北京市地方税务局后勤服务中心副调研员职务，并办理退休手续；同意杨庆同志提出的提前退休申请，免去其北京市海淀区地方税务局副调研员职务，并办理退休手续。免去：曹志刚同志北京市地方税务局干部培训中心党组副书记、主任职务，刘建华同志北京市地方税务局干部培训中心党组成员、副主任职务。

4 月 13 日　市局党组第 10 次会议研究决定：隋庆梅同志任北京市朝阳区地方税务局党组副书记、调研员，袁平同志任北京市朝阳区地方税务局调研员，王皖平同志任北京市朝阳区地方税务局副调研员；宋勇军同志任北京市地方税务局办公室副主任，姜立洋同志任北京市地方税务局研究室副主任，王素江同志任北京市地方税务局企业所得税管理处副处长，王磊、于楠同志任北京市地方税务局征管和科技发展处副处长，周兵化同志任北京市地方税务局收入规划核算处副处长，李欣同志任北京市地方税务局计划财务处副处长，黎佳丽、何增斌同志任北京市地方税务局宣传教育处副处长，冯翔宇同志任北京市地方税务局基层工作处副处长，吴黎淳、任丽娟同志任北京市地方税务局机关党委办公室副主任，以上 12 名同志试用期 1 年；王越男同志任北京市丰台区地方税务局党组成员、纪检组长（试用期 1 年）；程万春同志任北京市石景山区地方税务局党组成员、纪检组长（试用期 1 年）；范永坤同志任北京市门头沟区地方税务局党组成员、纪检组长（试用期 1 年）；祝天文同志任北京市密云区地方税务局副局长，关红革同志任北京市密云区地方税务局党组成员、纪检组长（试用期 1 年）；郎培东、谢东明同志任北京市地方税务局第一直属税务分局（北京市地方税务局第五稽查局）党组成员、副局长（试用期 1 年）；史迎凤同志任北京市地方税务局第一稽查局党组成员、纪检组长（试用期 1 年）；王国红同志任北京市地方税务局第二稽查局党组成员、纪检组长（试用期 1 年）；葛海清同志任北京市地方税务局第三稽查局党组成员、副局长（试用期 1 年）；庞雁、李猛同志任北京市地方税务局第四稽查局党组成员、副局长（试用期 1 年）；王月茹同志任北京市西城区地方税务局副调研员；蒋海平同志任北京市昌平区地方税务局副调研员；郭新杰同志任北京市地方税务局企业所得税管理处副处长，张勇同志任北京市地方税务局财产和行为税管理处副处长，挂职锻炼 1 年；蒋震同志任北京市西城区地方税务局副局长，挂职锻炼 2 年；杜伟同志任北京市地方税务局办公室副调研员；张彬同志任北京市地方税务局大型企业税收管理处处长助理，挂职锻炼 1 年；孙环宇同志任北京市通州区地方税务局局长助理，挂职锻炼 1 年。

免去：齐春生同志北京市密云区地方税务局

副调研员职务，并办理退休手续；袁平同志北京市朝阳区地方税务局党组成员、副局长职务；王磊同志北京市地方税务局征管和科技发展处副调研员职务，李欣同志北京市地方税务局计划财务处副调研员职务，冯翔宇同志北京市地方税务局基层工作处副调研员职务，吴黎淳同志北京市地方税务局机关党委办公室副调研员职务；程万春同志北京市丰台区地方税务局副调研员职务；祝天文同志北京市密云区地方税务局纪检组长职务；郎培东同志北京市地方税务局第一直属税务分局（北京市地方税务局第五稽查局）副调研员职务；王国红同志北京市海淀区地方税务局副调研员职务。

4月26日　市局党组第11次会议研究决定：马荣军同志任北京市地方税务局第三稽查局副调研员，免去其北京市地方税务局第二直属税务分局（西站分局）副调研员职务。

5月6日　市局党组第12次会议研究决定：崔国臣同志任北京市地方税务局征管和科技发展处副调研员。

免去：宋巍同志北京市通州区地方税务局副调研员职务，并办理退休手续；崔国臣同志北京市怀柔区地方税务局副调研员职务；李新建同志北京市海淀区地方税务局副调研员职务，并办理退休手续；耿宗泽同志北京市延庆区地方税务局副调研员职务，并办理退休手续；武剑同志北京市石景山区地方税务局副调研员职务，并办理退休手续。

5月14日　市局党组第13次会议研究决定：张天生同志任北京市顺义区地方税务局调研员；薛礼同志任北京市地方税务局第二稽查局党组书记、局长；史小军同志任北京市地方税务局第一直属税务分局（北京市地方税务局队第五稽查局）党组书记、局长；姚敬国同志任北京市昌平区地方税务局调研员；樊京虎同志主持北京市怀柔区地方税务局工作；马强同志任北京市地方税务局稽查处（税务违法案件举报中心）处长，刘振声同志任北京市地方税务局工会经费管理处处长，刘文龙同志主持北京市地方税务局督查内审处工作，蒋宁同志任北京市地方税务局数据管理处副处长，主持数据管理处和数据处理中心工作，孙东晖同志任北京市地方税务局督查内审处副处长；冯悦军同志任北京市东城区地方税务局党组成员、副局长；华方同志任北京市朝阳区地方税务局党组成员、副局长；钱丽换同志任北京市房山区地方税务局党组成员、副局长，主持工作；乔游同志任北京市地方税务局燕山分局（北京市地方税务局第六稽查局）党组成员、副局长，主持工作；康水利同志任北京市石景山区地方税务局副调研员；李一同志任北京市地方税务局直属机关工会副处级领导；蒋建新同志任北京市西城区地方税务局副调研员；孔军同志任北京市海淀区地方税务局调研员；程莉同志任北京市海淀区地方税务局党组成员、纪检组长；潘军同志任北京市地方税务局企业所得税管理处处长助理，挂职锻炼1年；王广杰同志任北京市朝阳区地方税务局副局长，挂职锻炼1年。

免去：张天生同志北京市地方税务局第二稽查局党组书记、局长职务；薛礼同志北京市地方税务局第一直属税务分局（北京市地方税务局队第五稽查局）党组书记、局长职务；康水利同志北京市昌平区地方税务局副调研员职务；姚敬国同志北京市怀柔区地方税务局党组书记、局长职务；关小虎同志北京市地方税务局督查内审处处长职务（另有任用），史小军同志北京市地方税务局工会经费管理处处长职务，刘振声同志北京市地方税务局数据管理处处长职务（不再兼任北京市地方税务局数据处理中心主任职务），蒋宁同志北京市地方税务局征管和科技发展处副处长职务，华方同志北京市地方税务局稽查处（税务违法案件举报中心）副处长职务，乔游同志北京市地方税务局财产和行为税管理处副处长职务，孙东晖同志北京市地方税务局数据管理处副处长职务；冯悦军同志北京市朝阳区地方税务局党组成员、副局长职务；马强同志北京市房山区地方税务局党组书记、局长职务；钱丽换同志北京市地方税务局燕山分局（北京市地方税务局第六稽查局）党组成员、副局长，不再主持北京市地方税务局燕山分局（北京市地方税务局第六稽查局）工作；刘桂森同志北京市地方税务局第二稽查局党组成员、副局长职务；李一同志北京市地方税务局机关党委办公室副调研员职务；孔军同志北京市海淀区地方税务局党组成员、纪检组长职务。同意吴鲁平同志提出的提前退休申请，免去其北京市东城区地方税务局调研员职务，并办理退休手续。

6 月 14 日　市局党组第 16 次会议研究决定：肖永明同志任北京市石景山区地方税务局调研员；乔梁同志任北京市平谷区地方税务局副调研员；郑柳同志任北京市地方税务局人事处副调研员。

免去：邢军同志北京市西城区地方税务局调研员职务，王月茹同志北京市西城区地方税务局副调研员职务，并办理退休手续；蒋海平同志北京市昌平区地方税务局副调研员职务，并办理退休手续。

6 月 20 日　市局党组第 17 次会议研究决定：贾玉敏同志任北京市地方税务局票证管理中心调研员；陈庆生同志任北京市丰台区地方税务局副调研员；张国庆同志任北京市顺义区地方税务局调研员；王慧、杨建军同志任北京市东城区地方税务局副调研员；史炳志同志任北京市朝阳区地方税务局调研员，鄂群同志任北京市朝阳区地方税务局副调研员；李景深同志任北京市密云区地方税务局调研员，朱虹同志任北京市密云区地方税务局副调研员。

免去贾玉敏同志北京市地方税务局票证管理中心副主任职务。

6 月 27 日　市局党组第 18 次会议研究决定：马海涛同志任北京市地方税务局营业税管理处处长助理，挂职锻炼 1 年；徐龙同志任北京市石景山区地方税务局局长助理，挂职锻炼 1 年；刘臣明同志任北京市丰台区地方税务局党组成员、副局长，挂职锻炼 1 年；陈大鹏同志任北京市大兴区地方税务局局长助理，挂职锻炼 1 年；王亚辉同志任北京市昌平区地方税务局党组成员、副局长，挂职锻炼 1 年；刘建辉同志任北京市房山区地方税务局党组成员、副局长，挂职锻炼 1 年；贾云平同志任北京市平谷区地方税务局局长助理，挂职锻炼 1 年；高春风同志任北京市门头沟区地方税务局局长助理，挂职锻炼 1 年；徐永川同志任北京市密云区地方税务局局长助理，挂职锻炼 1 年；徐洁同志任北京市西城区地方税务局局长助理，挂职锻炼 1 年；李强同志任北京市东城区地方税务局党组成员、副局长，挂职锻炼 1 年；刘亚明同志任北京市延庆区地方税务局局长助理，挂职锻炼 1 年；李谦同志任北京市朝阳区地方税务局党组成员、副局长，挂职锻炼 1 年；周凤侠同志任北京市通州区地方税务局局长助理，挂职锻炼 1 年；席虎林同志任北京市顺义区地方税务局局长助理，挂职锻炼 1 年；郑克山同志任北京市怀柔区地方税务局党组成员、副局长，挂职锻炼 1 年；苏金鹏同志任北京市海淀区地方税务局局长助理，挂职锻炼 1 年；杜鹃同志任北京市石景山区地方税务局总法律顾问（副调研员）；张文华同志任北京市丰台区地方税务局总法律顾问（副调研员）；单亮同志任北京市朝阳区地方税务局总法律顾问（副调研员）；谢成奔同志任北京市西城区地方税务局总法律顾问（副调研员）；赵雪同志任北京市东城区地方税务局总法律顾问（副调研员）；鲁申同志任北京市海淀区地方税务局总法律顾问。

免去王京同志北京市地方税务局稽查处（税务违法案件举报中心）副处长职务。

7月13日　市局党组第19次会议研究决定：李飞同志任北京市地方税务局基层工作处副调研员；王珊同志任北京市地方税务局研究室主任，毛江同志任北京市地方税务局个人所得税管理处处长，王秉明同志任北京市地方税务局国际税务管理处处长，郑颖同志任北京市地方税务局财产和行为税管理处副处长，陈涛同志任北京市地方税务局数据管理处副处长，张永利同志任北京市地方税务局纳税服务中心副主任，邱春会同志任北京市地方税务局数据处理中心副主任，苏补亮同志任北京市地方税务局机关后勤服务中心副主任，以上8名同志试用期1年；刘乃昌同志任北京市东城区地方税务局党组副书记、调研员；钱丽换同志任北京市房山区地方税务局党组书记、局长（试用期1年）。

免去：陈鑫同志北京市地方税务局第一直属税务分局（北京市地方税务局第五稽查局）党组成员、副局长职务；李海燕同志北京市地方税务局非税收入管理处调研员职务，并办理退休手续。

7月18日　市局党组第20次会议研究决定：免去鲍秋苓同志北京市地方税务局第二稽查局党组副书记、副局长职务；何建忠同志北京市地方税务局第二直属税务分局（北京市地方税务局西站分局）党组成员、副局长职务。

7月27日　市局党组第21次会议研究决定：宗立元同志任北京市大兴区地方税务局党组书记、局长；万国喜同志任北京市房山区地方税务局调研员。

免去：万国喜同志北京市大兴区地方税务局党组书记、局长职务；宗立元同志北京市地方税务局财产和行为税管理处处长职务。

8月20日　市局党组第22次会议研究决定：于春伶同志任北京市怀柔区地方税务局党组成员、副局长（试用期1年）；张发伍同志任北京市地方税务局第一直属税务分局（北京市地方税务局第五稽查局）党组副书记、副局长、调研员；于海涛同志任北京市地方税务局稽查处（税务违法案件举报中心）副处长（试用期1年）。

免去：于鹏同志北京市地方税务局纳税服务中心主任职务；鄂群同志北京市朝阳区地方税务局副调研员职务，并办理退休手续；李景深同志北京市密云区地方税务局调研员职务，朱虹同志北京市密云区地方税务局副调研员职务，并办理退休手续；郭晓东同志北京市怀柔区地方税务局副调研员职务；杨建军同志北京市东城区地方税务局副调研员职务，并办理退休手续；张发伍同志北京市地方税务局第一稽查局党组成员、副局长职务。

9月2日　市局党组第23次会议研究决定：赵相江同志任北京市延庆区地方税务局副调研员；邵凌同志任北京市地方税务局纳税服务中心副主任，主持工作。

免去：张国庆同志北京市顺义区地方税务局调研员职务，并办理退休手续；史炳志同志北京市朝阳区地方税务局调研员职务，并办理退休手续；邵凌同志北京市地方税务局办公室副主任职务。

9月26日　市局党组第24次会议研究决定：杜晓秋同志任北京市密云区地方税务局党组成

员、副局长（试用期 1 年）；刘文龙同志任北京市地方税务局财产和行为税管理处处长（试用期 1 年）；殷进生同志任北京市门头沟区地方税务局局长助理；赵俊杰同志任北京市地方税务局督察内审处副处长，主持工作；王海鹏同志任北京市朝阳区地方税务局党组成员、副局长；宋志禄、杨长顺同志任北京市东城区地方税务局调研员，邹心京同志任北京市东城区地方税务局副调研员；井智慧同志任北京市西城区地方税务局副调研员；张志辉同志任海淀区地方税务局调研员；侯青林、吴华同志任北京市顺义区地方税务局副调研员；汪显庭同志任北京市怀柔区地方税务局副调研员；刘国利同志任北京市平谷区地方税务局副调研员；李恩泽、安宝贵同志任北京市房山区地方税务局副调研员；许书章同志任北京市大兴区地方税务局副调研员。

免去：刘文龙同志北京市地方税务局督察内审处副处长职务，不再主持督察内审处工作；高春风同志北京市门头沟区地方税务局局长助理职务；赵俊杰同志北京市西城区地方税务局党组成员、副局长职务；王海鹏同志北京市门头沟区地方税务局党组成员、副局长职务；安增运同志北京市朝阳区地方税务局党组成员、副局长职务，改任副调研员；王学东同志北京市朝阳区地方税务局党组成员、纪检组长职务，改任副调研员。同意章晓梅同志提出的提前退休申请，免去其北京市地方税务局办公室调研员职务，并办理退休手续；同意康水利同志提出的提前退休申请，免去其北京市石景山区地方税务局副调研员职务，并办理退休手续；同意张天生同志提出的提前退休申请，免去其北京市顺义区地方税务局调研员职务，并办理退休手续。

10 月 17 日　按照《北京市机构编制委员会办公室关于同意撤销北京市地方税务局干部培训中心的函》（京编办事〔2015〕58 号）中明确同意撤销北京市地方税务局干部培训中心的精神，市局党组第 25 次会议研究决定：撤销中共北京市地方税务局干部培训中心党组，同时，干部培训中心处级干部职务自然免除。廉清同志任北京市地方税务局数据处理中心副主任（主持工作），蒋宁同志不再主持北京市地方税务局数据处理中心工作；王仁丽同志任北京市地方税务局老干部活动中心副主任、调研员；王雪峰同志任北京市通州区地方税务局副调研员；高源同志任北京市东城区地方税务局党组成员、副局长；王旋同志任北京市地方税务局第二直属税务分局（北京市地方税务局西站分局）党组成员、副局长；李建十同志任北京市顺义区地方税务局调研员；钱富同志任北京市地方税务局燕山分局（北京市地方税务局第六稽查局）党组成员、副局长、调研员；郭森同志任北京市昌平区地方税务局党组成员、副局长；马亚峰同志任北京市顺义区地方税务局党组成员、副局长；贾晓明同志任北京市地方税务局档案处副调研员；陈若光、高艳梅同志任北京市东城区地方税务局副调研员；李培光同志任北京市朝阳区地方税务局党组成员、纪检组长（试用期 1 年）。

免去：高源同志北京市地方税务局法制处副处长职务，廉清同志北京市地方税务局数据管理处副处长职务，郭森同志北京市地方税务局数据管理处副处长职务，王旋同志北京市地方税务局档案处副处长职务，柳昌荣同志北京市地方税务局老干部活动中心副主任职务；张忠良同志北京市平谷区地方税务局调研员职务，并办理退休手续；陈庆生同志北京市丰台区地方税务局副调研员职务，并办理退休手续；马昕同志北京市地方税务局稽查处副调研员职务；谭巨科同志北京市房山区地方税务局党组成员、副局长职务；王慧同志北京市东城区地方税务局副调研员职务，并办理退休手续；王雪峰同志北京市丰台区地方税务局党组成员、副局长职务；钱富同志北京市昌平区地税局党组副书记、副局长、调研员职务；刘东升同志北京市顺义区地方税务局党组副书记、副局长、调研员职务；李培光同志北京市地方税务局第二稽查局副调研员职务。同意万国喜同志提出的提前退休申请，免去其北京市房山区地方税务局调研员职务，并办理退休手续。

11月4日　市局党组第27次会议研究决定：苏佳同志任北京市地方税务局法制处副处长；代志新同志任北京市地方税务局稽查处（税务违法案件举报中心）处长助理，挂职锻炼半年。

免去：苏佳同志北京市地方税务局督察内审处副处长职务；高学江同志北京市地方税务局机关党委办公室调研员职务，并办理退休手续；张志辉同志北京市海淀区地方税务局调研员职务，并办理退休手续；邹心京同志北京市东城区地方税务局副调研员职务，并办理退休手续；侯青林同志北京市顺义区地方税务局副调研员职务，并办理退休手续；汪显庭北京市怀柔区地方税务局副调研员职务，并办理退休手续；刘国利同志北京市平谷区地方税务局副调研员职务，并办理退休手续；李恩泽、安宝贵同志北京市房山区地方税务局副调研员职务，并办理退休手续。同意郑柳同志提出的提前退休申请，免去其北京市地方税务局人事处副调研员职务，并办理退休手续。

11月15日　市局党组第28次会议研究决定：方书涛同志任北京市地方税务局人事处副处长；李家友同志任北京市昌平区地方税务局副调研员。

免去：方书涛同志北京市密云区地方税务局党组成员、副局长职务；李家友同志北京市密云区地方税务局副调研员职务。

12月5日　市局党组第29次会议研究决定：李霞、胡春凯同志任北京市延庆区地方税务局副调研员；张树广同志任北京市西城区地方税务局调研员，赵培蓉同志任北京市西城区地方税务局副调研员；李树凡同志任北京市海淀区地方税务局副调研员；李文军、李文忠同志任北京市丰台区地方税务局副调研员；郄万林、徐连元同志任北京市昌平区地方税务局副调研员。

免去：赵相江同志北京市延庆区地方税务局副调研员职务。同意刘茂江同志提出的提前退休申请，免去其北京市丰台区地方税务局副调研员职务，并办理退休手续。

12月13日　市局党组第30次会议研究决定：黄健同志任北京市怀柔区地方税务局党组副书记、副局长、调研员；高文雄同志主持北京市地方税务局档案处工作；王威同志任北京市西城区地方税务局副调研员；张利志任北京市地方税务局第一稽查局党组成员、副局长（试用期1年）；陈忠策、王秋平同志任北京市通州区地方税务局副调研员；宋艳军、王国金同志任北京市顺义区地方税务局副调研员；邸天平、李兴国同志任北京市大兴区地方税务局副调研员；张成才同志任北京市平谷区地方税务局副调研员；高贺举同志任北京市密云区地方税务局副调研员；郑保跃、牛远同志任北京市东城区地方税务局副调研员；樊京虎同志任北京市怀柔区地方税务局党组书记、局长（试用期1年）；乔游同志任北京市地方税务局燕山分局（北京市地方税务局第六稽查局）党组书记、局长（试用期1年）；陈曦同志任北京市西城区地方税务局副局长（试用期1年）；陈宁同志任北京市丰台区地方税务局党组成员、副局长（试用期1年）；刘红蕾同志任北京市昌平区地方税务局党组成员、副局长（试用期1年）；张慧卿同志任北京市地方税务局第二直属税务分局（北京市地方税务局西站分局）党组成员、副局长（试用期1年）；蒋宁同志任北京市地方税务局数据管理处处长，贺惠君同志任北京市地方税务局督察内审处副处长，崔国臣同志任北京市地方税务局数据管理处副处长，张红军同志任北京市地方税务局离退休干部处副处长，朱宁同志任北京市地方税务局票证管理中心副主任，以上5名同志试用期1年。

免去：黄健同志北京市地方税务局档案处处长职务；杨长顺、宋志禄同志北京市东城区地方税务局调研员职务，陈若光、高艳梅同志北京市东城区地方税务局副调研员职务，并办理退休手续；吴华同志北京市顺义区地方税务局副调研员职务，并办理退休手续；许书章同志北京市大兴区地方税务局副调研员职务，并办理退休手续；陈宁同志北京市西城区地方税务局副调研员职务；崔国臣同志北京市地方税务局征管和科技发展处副调研员职务，张红军同志北京市地方税务局离退休干部处副调研员职务。

12月26日　市局党组第31次会议研究决定：免去井智慧同志北京市西城区地方税务局副调研员职务，并办理退休手续；免去贾晓明同志北京市地方税务局档案处副调研员职务，并办理退休手续。

（白殿卿　高　峰　宋立伟　殷　佳　屈轶坤　查婷婷　陈艳庆　张力伟　王晨曦　翟　敏　叶小柱）

离退休干部管理

【综述】离退休干部工作认真贯彻落实《中共中央办公厅　国务院办公室关于进一步加强和改进离退休干部工作的意见》精神，坚持为党的事业增添正能量的价值取向，扎实开展“两学一做”学习教育，不断加强离退休干部党组织建设和思想政治建设，积极搭建创新活动平台，更好地组织和引领广大老同志为党的事业增添正能量。保证了老干部队伍的和谐稳定。

【离退休干部基本情况】全系统离退休人员基本情况：截至2016年12月31日，全系统共有离退休人员1353人。其中：离休干部7人，局级干部11人，处级干部472人，科级及以下干部732人，工人139人。党员848人，离退休干部党支部20个。市局机关离退休人员基本情况：截至2016年12月31日，市局机关离退休人员229人。其中：离休干部5人，退休干部188人，工人36人；局级干部11人，处级干部137人，科级以下干部45人；80～89岁：18人，70～79岁：33人，60～69岁：104人，60岁以下：74人。党员175人，离退休干部党支部6个。2016年新增退休人员23人，去世离退休人员5人。

【《意见》的学习和贯彻落实】学习贯彻好《意见》，是2016年老干部工作的一项重要任务。离退休干部管理处第一时间组织制订学习计划，研究贯彻措施。组织系统老干部工作部门和离退休干部认真学习《意见》文件及全国老干部局《意见》学习辅导提纲，加深了老干部对《意见》的理解认识和支持，增强了老干部工作者贯彻执行《意见》的主动性。同时，离退人干部管理处按照积极实践的要求，紧密结合实际，努力抓好贯彻落实工作，并取得了较好效果。

【抓实“两学一做”】按照市局党组和市老干部局要求，在离退休党员中扎实开展了“两学一做”学习教育。3月、8月和11月分别举办了三期集中学习班，落实“两学一做”学习教育内容，开展政治理论学习。组织离退休党员参观了北京市委党校党员教育基地，开展党史知识教育主题党日活动。加强对新换届的离退休党总支、支部委员的培训工作，组织专题培训2次，组织支部书记参加老干部局党校的统一培训两批8人次。认真做好离退休党员党费收缴专项检查工作，按时完成了141名离退休党员的党费收缴核查和补缴工作。

【丰富文化生活】在全系统离退人员中开展了“带头做文明有礼的北京人”活动，组织引导老同志做好“六带头”，为党的事业增添正能量。组织了“讲传统　话作风”征文活动，让老干部通过讲述家风、家教、家训、家书的故事，弘扬传统家庭美德，推荐上报的征文有3篇入选市直工委编辑的书籍。开展了庆祝中国共产党成立95周年和纪念长征胜利80周年书法、绘画及摄影等活动，向市直工委报送的作品有3幅入选展出和作品集。举办了市局机关老干部棋牌比赛和“重阳节”参观北京未来科技城活动。在全系统开展了“敬老月”活动。形式多样的文体活动，丰富了老同志的精神生活。

【落实“两项待遇”】举办了2016年离退休老干部新春团拜会。坚持重大节日走访慰问老干部，先后三次集中走访慰问共计100余人次。坚持生病住院慰问制度，全年看望生病、住院干部14人次。协助党办组织开展对高龄离退休干部的志愿帮扶工作，8个结对帮扶支部和志愿者，通过帮助取药、上门服务、节日看望等形式进行了志愿服务，受到老干部的肯定和欢迎。帮助部分老干部办理更换医疗机构和医药费报销手续，配合医务室组织市局老干部的健康体检工作，及时做好老干部补贴发放、工资调整等政策的宣传通知工作，对系统6名离休干部的急救呼叫器进行了升级安装。按照北京市老干部局统一部署，完成了全系统退休干部信息库建设工作。认真做好离退休干部去世后的丧葬优抚工作。市局春节、七一对困难老党员、老干部给予困难补助共计25人次，金额35000元。

【加强自身建设】一是注重理论学习，强化思想作风建设。严格落实理论学习制度，组织全系统学习贯彻落实《意见》精神，认真开展“两学一做”，加强党支部建设、党风廉政责任落实和监督检查，干部的服务意识、责任意识不断增强。二是注重培养业务素质，提高服务管理能力。全年举办了两次全系统老干部工作者培训班，组织各区（分）局开展老干部工作交流，日常注意抓好老干部政策和专业知识学习，积极开展调查研究，全系统离退休干部工作水平得到提高。三是严格处室绩效管理。落实市局绩效管理规定，用规范的制度和流程来开展工作、规范干部的行为，保证了全年各项工作安全顺利开展。

（孙丽莉）

干部教育培训

【综述】2016年，干部教育培训工作以《干部教育培训工作条例》为指引，围绕首都地方税收现代化建设大局，整合培训资源，创新培训方式，提高培训质量。全系统共举办各类培训班582期，88493人次参训；市局举办培训班40期，5809人次参训；各区（分）局举办各类培训班542期，82684人次参训，为圆满完成税收任务提供了有力的人才保证。

【构建大教育格局】提升教育站位，积极构建市局党组统一领导、教育培训管理部门统筹规划、市、区两级各单位、各部门分工负责、分级分类组织实施的干部教育培训大格局。编辑出版《北京市地方税务局干部教育培训工作制度汇编》，系统梳理现行制度70项。与中国国际税收研究会、中国人民大学、中央财经大学、社科院财经院、中国政法大学、北京新东方教育科技（集团）有限公司签署合作协议，增强办学活力。

【抓好领导干部培训】提高执政能力，组织165名局处级领导干部培训，安排局级领导干部参加市委组织部调训23人次，处级领导干部参加上级调训38人次。组织全系统科级任职培训班，116名科级领导干部参训。

【抓好高端人才培养】夯实骨干力量，举办税收法治、收入分析业务骨干培训班，178人参训；组织稽查业务骨干培训班第二阶段集中培训，20人参训；举办税收英语口语大赛，45人入选系统英语人才库，18人担任第十届税收征管大会联络员；组织总法律顾问和法律专业人才培训班，108人参训，选拔6人担任城六区局总法律顾问；与人民大学合作开办税务专业硕士研究生班，10人入学；组织657人参加税务师、注册会计师和司法考试培训，177人参加经济师培训；组织开展境外培训，14人赴德国开展环境保护税税收体系设计专题学习；组织第四批全国税务领军人才选拔考试，23人报名。

【抓好全系统岗位大练兵】提升全员素质，全系统6792人次参加练兵，6652人参加初赛比武，5个岗位679人参加复赛比武，选拔出专业骨干20名，岗位能手100名。推荐5名优秀人才代表北京地税系统参加全国税务系统业务大比武，获优秀奖。组织全系统992名行政管理岗位人员参加第四届职业技能大赛“税务行政管理师”行业初赛，190人参加复赛，10人参加决赛。

【探索培训新模式】注重平台建设，积极探索“互联网＋教育培训”深度融合，引导基层单位以社交媒体为载体，搭建信息化学习平台，实现学习课件上传、“微课程”录制、手机听课、线上学习交流等功能，方便干部职工随时随地学习。举办“五大发展理念网上专题轮训班”1~7期。完成市委组织部重点调研课题《“互联网＋”时代提高在线学习实效性研究——以北京地税在线学习为例》，获优秀奖。全系统全员完成在线学习任务。

（林尚佳）

工会活动

【综述】 2016年，机关工会在市局党组的领导下，按照市总、市直机关工会的工作部署，以服务中心、服务基层、服务会员为主线，团结引领广大会员在推进税收现代化建设中发挥作用；以“创先争优”活动为载体，不断激发广大会员干事创业的精神动力；以满足会员的精神文化需求为重点，广泛开展“送温暖、送文化、送健康”活动；以加强自身建设为保障，深入开展职工之家达标创优活动，努力打造让职工满意、领导满意的“学习型、服务型、创新型”职工之家，为促进队伍建设、服务中心任务完成发挥了积极作用。

【坚持做好政治思想引领工作】 把学习贯彻党的十八大、十八届三中、四中、五中、六中全会精神和习近平总书记系列重要讲话精神作为政治任务放在首位，特别是把学习贯彻中央、市委党的群团工作会议精神和习近平总书记关于工会工作的重要论述，学习宣传实践中国特色社会主义工会发展道路，作为抓好工会干部职工理论武装工作的重要内容。通过听辅导报告、读书研讨、参观展览等形式，组织干部职工积极参加创先争优、“两学一做”学习教育，夯实了干部职工听党话、跟党走的思想基础，干部职工理想信念进一步坚定、宗旨意识进一步增强。

【坚持工会工作正确政治方向】 准确把握市直机关工会和党组中心工作的总体部署，主动将工会工作纳入税收中心工作和机关党建大局中去考虑、去谋划、去实施，在思想上政治上行动上始终同以习近平同志为核心的党中央保持高度一致，始终坚持以高度责任心使命感完成上级工会和局党组交予的政治任务。精心组织干部职工参加京津冀迎冬奥书画展、第四届北京市直机关艺术节和全国税务系统“税务风采”主题展，展示了广大干部职工昂扬向上、开拓进取的精神风貌；精心组织系统第九届运动会和“两学一做”书画摄影展，引导系统上下开展富有教育性、群众性、艺术性的文化活动，推进机关全民健身活动蓬勃开展，促进和谐机关建设。

【坚持文化育人提升职工素质】 紧紧围绕税收中心工作，配合党组系列专题教育活动，积极推进文化育人工程，不断提升职工素质。以开展“两学一做”学习教育活动为主题，围绕完成“营改增”、金税三期工程等重大任务，组织会员创作有正能量、感染力、反映地税特色的书画篆刻摄影作品219幅，展出精品71件。开展了“两学一做”影评、“书香伴我行”读书征文和书画文化讲座，提升了会员的文化素养，巩固了“两学一做”学习教育成果，丰富了北京地税精神内涵，引领干部职工自觉践行社会主义核心价值观，增强道路自信和文化自信。

【营造争当劳模氛围】 为3名荣获首届系统专业大比武标兵的会员申报了“首都劳动奖章”荣誉称号，并将获得“岗位能手”的选手纳入北京市在职职工职业发展助推计划和职工技术协会技能人才库；推选市局机关张鹏家庭荣获2016年“首都最美家庭”称号，营造了争当标兵、争当劳模的氛围。

【深化岗位建功活动】积极协调市总工会，配合相关处室，做好系统行政管理岗位比武暨技能大赛工作，选树了一批作风硬、业务精、能力强的岗位能手，引导干部职工自觉提高业务技能素质，立足岗位比贡献、比作为、比实绩，在系统上下掀起了岗位练兵、技术比武、工作创新的热潮。

【推动建家活动达标创优】通过开展职工之家建家调研，摸清基层职工之家建设现状，结合地税实际，研究制定了《推进基层职工之家建设实施办法》，从加强思想政治教育、深化岗位建功、丰富文体活动等8个方面，进一步规范了建家的内容、标准和考评方式，推进职工评家常态化，推动基层工会组织达标创优活动有序开展。

【系列爱心服务活动】按照精准服务的要求，对机关会员信息进行重新采集，增加信息条目，为精准帮扶提供了保障。千方百计创造条件服务会员，先后开展了“两节送温暖”、生日送慰问、困难送帮扶及职工互助保障等系列爱心活动。共计慰问各类人员千余人次，发放困难补助、慰问金10.2万余元，及时做好700多名会员京卡信息核对补办工作和重大疾病保险办理及理赔工作；为机关会员配发防雾霾口罩，为基层一线送去防暑降温食品，为基层职工之家活动场所配备30台空气净化器，实现服务实名制、普惠制、全覆盖，使会员感受到党组与工会的关爱和温暖。

【先进职工疗休养工作】为确保疗休养工作顺利进行，及时下发了《关于做好系统先进职工疗休养工作的通知》，明确要求在各基层单位的大力支持下，圆满完成疗休养任务。从5月中旬启动至9月中旬结束，共安排18批次1830多人赴北戴河疗休养，其中市局机关5批次250人，占13.7%；基层单位13批次1580人，占86.3%。按市直工会要求，组织了8名劳模参加市直系统劳模外地休养。使系统上下20%的先进职工得到了休养，缓解了压力。

【开展群众活动】以《北京市全民健身条例》为行动纲领，以“快乐工作、健康生活、积极参与”为主题，组织开展了职工群众喜闻乐见的系列文体活动。在市直第十届“和谐杯”乒乓球赛中，市局乒乓球队取得女子团体第一名、男子团体并列第三名的好成绩。历时5个月，举办了系统第九届运动会，先后开展了健步走、乒乓球、羽毛球、桥牌、台球、游泳、趣味项目比赛和太极功夫扇、集体瑜伽展示活动，累计参加人数2000多人次。在机关会员中开展了“迎新年游艺比赛”“迎元旦”“庆三八”电影招待会和春节联欢会等节庆活动，举办了健康、礼仪讲座，促进了会员身心健康。

【组织建设】成功组织召开了市局直属机关第四届会员代表大会，审议通过了第三届委员会工作报告和经审工作报告，依法选举产生了新一届工会委员会和经费审查委员会，确保了组织领导的连续性。指导第一、第四稽查局等基层工会做好届中调整工作。举办了系统工会干部培训班，进一步提高了工会干部履职能力。

【职工之家建设】在市局党组的高度重视、市总工会的大力支持下，在车公庄办公区建立了职工书屋，对2万多册旧书进行清理筛选和淘汰处理，对留用的1.1万余册图书重新分类、扫描录机和上架，每天开放，为会员营造了阅读充电和休闲放松的文化场所，被评为“北京市职工书屋示范单位”。修建车公庄办公区机关心理健康中心，累计完成会员心理压力测试380人次，被

科员
张俪秋 北京市东城区地方税务局第三税务所科员
张 钊 北京市东城区地方税务局第五税务所科员
程增银 北京市东城区地方税务局第六税务所科员
郭玥昉 北京市东城区地方税务局第六税务所科员
李 健 北京市东城区地方税务局第七税务所科员
李 宁 北京市东城区地方税务局第八税务所科员
赵廷婷 北京市东城区地方税务局第八税务所科员
谢 松 北京市东城区地方税务局交通商务区税务所科员

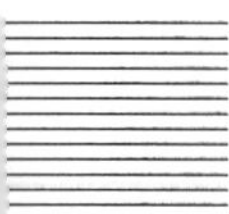

李 佳 北京市东城区地方税务局朝阳门税务所科员
刘凤杰 北京市东城区地方税务局和平里税务所科员
刘赟赟 北京市东城区地方税务局前门税务所科员
贾树梅 北京市东城区地方税务局龙潭税务所科员
闫 玥 北京市东城区地方税务局龙潭税务所科员
房 芳 北京市东城区地方税务局龙潭税务所科员
李军华 北京市东城区地方税务局天坛税务所科员
郑 刚 北京市东城区地方税务局机关后勤服务中心工人
李冬梅 北京市西城区地方税务局党组成员、副局长
冯建义 北京市西城区地方税务局副调研员
沈宗文 北京市西城区地方税务局税政管理三科科长
王卫平 北京市西城区地方税务局征收管理科科长
孙秀杰 北京市西城区地方税务局收入核算科科长
胡敬超 北京市西城区地方税务局基层工作科（党办）科长
李丽娟 北京市西城区地方税务局人事科（保卫科）科长
曹 丽 北京市西城区地方税务局稽查局综合科科长
刘 伟 北京市西城区地方税务局稽查局检查八科科长
许建民 北京市西城区地方税务局第四税务所所长
都 凯 北京市西城区地方税务局展览路税务所所长
邵 贺 北京市西城区地方税务局金融街税务所所长
徐 超 北京市西城区地方税务局月坛税务所所长
佟 农 北京市西城区地方税务局牛街税务所所长
孙 冈 北京市西城区地方税务局广安门内税务所所长
张项空 北京市西城区地方税务局监察科主任科员、副科长（主持工作）
张爱萍 北京市西城区地方税务局办公室（学会）主任科员
吴 炬 北京市西城区地方税务局稽查局检查三科副科长（主持工作）

商　迪　北京市西城区地方税务局税政管理二科副科长

何庆红　北京市西城区地方税务局计划财务科副科长

路　静　北京市西城区地方税务局第三税务所副所长

马正杰　北京市西城区地方税务局西长安街税务所副所长

韩英子　北京市西城区地方税务局西长安街税务所副所长

刘　夏　北京市西城区地方税务局机关后勤服务中心副主任

李　强　北京市西城区地方税务局税政管理三科副主任科员

陈海巍　北京市西城区地方税务局征收管理科副主任科员

薛淑芬　北京市西城区地方税务局新街口税务所副主任科员

张　妮　北京市西城区地方税务局什刹海税务所副主任科员

何秀洁　北京市西城区地方税务局展览路税务所副主任科员

刘　晨　北京市西城区地方税务局德胜税务所副主任科员

史　彩　北京市西城区地方税务局广安门税务所副主任科员

张燕洁　北京市西城区地方税务局天桥税务所副主任科员

徐　喆　北京市西城区地方税务局收入核算科科员

钱　兵　北京市西城区地方税务局数据管理科科员

石文正　北京市西城区地方税务局档案科科员

雷永钢　北京市西城区地方税务局工会科员

王艳红　北京市西城区地方税务局人事科（保卫科）科员

李银长　北京市西城区地方税务局第一税务所科员

张建芬　北京市西城区地方税务局第二税务所科员

许立新　北京市西城区地方税务局第五税务所科员

李红艳　北京市西城区地方税务局金融街税务所科员

杨　静　北京市西城区地方税务局月坛税务所科员

徐　旺　北京市西城区地方税务局大栅栏税务所科员

唐　谦　北京市西城区地方税务局广安门税务所科员

韩立新　北京市朝阳区地方税务局党组成员、副局长

王　婧　北京市朝阳区地方税务局办公室主任

王思檬　北京市朝阳区地方税务局办公室副主任科员

闫　璜　北京市朝阳区地方税务局税政管理一科科员

李　然　北京市朝阳区地方税务局税政管理二科科长

杨　娜　北京市朝阳区地方税务局征收管理科科员

王　洋　北京市朝阳区地方税务局收入核算科科员

史国强　北京市朝阳区地方税务局数据管理科副科长（主持工作）

宋　静　北京市朝阳区地方税务局数据管理科主任科员

周　颖　北京市朝阳区地方税务局纳税服务科

科长

刘春杰　北京市朝阳区地方税务局科技信息科科员

王　巍　北京市朝阳区地方税务局计划财务科副科长

王　烨　北京市朝阳区地方税务局计划财务科科员

刘智华　北京市朝阳区地方税务局人事教育科副科长

刘雯艳　北京市朝阳区地方税务局督察内审科副科长

宋建华　北京市朝阳区地方税务局机关后勤服务中心主任科员

宿爱英　北京市朝阳区地方税务局机关后勤服务中心副主任科员

杨莉洁　北京市朝阳区地方税务局稽查局检查一科科员

王　伟　北京市朝阳区地方税务局稽查局检查二科科员

宁唯玲　北京市朝阳区地方税务局稽查局检查三科科员

杜建忠　北京市朝阳区地方税务局稽查局检查四科科员

王岳鹏　北京市朝阳区地方税务局第二税务所科员

徐进文　北京市朝阳区地方税务局第二税务所科员

陈　旭　北京市朝阳区地方税务局第三税务所科员

崔艳超　北京市朝阳区地方税务局第三税务所科员

杨少民　北京市朝阳区地方税务局第五税务所科员

郑　亮　北京市朝阳区地方税务局第七税务所科员

周建军　北京市朝阳区地方税务局第八税务所科员

康素平　北京市朝阳区地方税务局第九税务所主任科员

杨柏林　北京市朝阳区地方税务局第九税务所科员

王建国　北京市朝阳区地方税务局双井税务所副主任科员

郑　丽　北京市朝阳区地方税务局双井税务所科员

祝　伟　北京市朝阳区地方税务局呼家楼税务所副主任科员

陈　涛　北京市朝阳区地方税务局呼家楼税务所科员

杜茂武　北京市朝阳区地方税务局酒仙桥税务所副所长

王　伟　北京市朝阳区地方税务局酒仙桥税务所副主任科员

孙　青　北京市朝阳区地方税务局酒仙桥税务所副主任科员

姚　亮　北京市朝阳区地方税务局十里堡税务所副所长

付占平　北京市朝阳区地方税务局十里堡税务所主任科员

孔　方　北京市朝阳区地方税务局十里堡税务所科员

钱六云　北京市朝阳区地方税务局小关税务所副主任科员

王晓莉　北京市朝阳区地方税务局小关税务所科员

佟华羽　北京市朝阳区地方税务局商务中心区税务所主任科员

张　军　北京市朝阳区地方税务局商务中心区税

务所副主任科员
房梦娇　北京市朝阳区地方税务局劲松税务所科员
郭文武　北京市海淀区地方税务局党组书记、局长
何培伦　北京市海淀区地方税务局党组成员、副局长
刘　海　北京市海淀区地方税务局副调研员
吉文晖　北京市海淀区地方税务局征收管理科科长
张红艳　北京市海淀区地方税务局基层工作科科长
蒋艳君　北京市海淀区地方税务局第五税务所所长
时　阳　北京市海淀区地方税务局北下关税务所所长
李光照　北京市海淀区地方税务局科技信息科副科长
侯添威　北京市海淀区地方税务局稽查局检查一科副科长
戴云钊　北京市海淀区地方税务局第四税务所副所长
杜　晶　北京市海淀区地方税务局永定路税务所副所长
白　新　北京市海淀区地方税务局中关村税务所副所长
周宁平　北京市海淀区地方税务局稽查局检查三科主任科员
宋沈燕　北京市海淀区地方税务局稽查局检查三科主任科员
雷　俊　北京市海淀区地方税务局第五税务所主任科员
陈宋军　北京市海淀区地方税务局科技园上地税务所
许梅珍　北京市海淀区地方税务局四季青税务所主任科员
赵小玲　北京市海淀区地方税务局羊坊店税务所主任科员
郭晶莹　北京市海淀区地方税务局羊坊店税务所主任科员
李继红　北京市海淀区地方税务局中关村税务所主任科员
张连元　北京市海淀区地方税务局机关后勤服务中心主任科员
张晓松　北京市海淀区地方税务局稽查局综合科副主任科员
赵　震　北京市海淀区地方税务局稽查局检查四科副主任科员
吴铁岩　北京市海淀区地方税务局第一税务所副主任科员
石　晶　北京市海淀区地方税务局第三税务所副主任科员
宋文光　北京市海淀区地方税务局第五税务所副主任科员
姚一宁　北京市海淀区地方税务局第六税务所副主任科员
唐月忠　北京市海淀区地方税务局中关村税务所副主任科员
刘思捷　北京市海淀区地方税务局征收管理科科员
杨金然　北京市海淀区地方税务局科技信息科科员
顿晓琦　北京市海淀区地方税务局督察内审科科员
杨　亮　北京市海淀区地方税务局监察科科员
张　颖　北京市海淀区地方税务局稽查局检查二科科员
郭　宇　北京市海淀区地方税务局稽查局检查二

科科员
王菁菁 北京市海淀区地方税务局第二税务所科员
程　蓉 北京市海淀区地方税务局第四税务所科员
单　娟 北京市海淀区地方税务局第四税务所科员
王　莉 北京市海淀区地方税务局第五税务所科员
吴光权 北京市海淀区地方税务局科技园税务所科员
王　莉 北京市海淀区地方税务局翠微路税务所科员
范　珅 北京市海淀区地方税务局清河税务所科员

郭红亮 北京市海淀区地方税务局四季青税务所科员
陆维维 北京市海淀区地方税务局学院路税务所科员
李爱玲 北京市海淀区地方税务局温泉税务所科员
于　鹏 北京市海淀区地方税务局羊坊店税务所科员
孙秀红 北京市海淀区地方税务局羊坊店税务所科员
贺　涛 北京市海淀区地方税务局中关村税务所科员
王冠凯 北京市丰台区地方税务局党组成员、副局长
孔雪梅 北京市丰台区地方税务局办公室主任
刘占京 北京市丰台区地方税务局征收管理科科长
任　崴 北京市丰台区地方税务局收入核算科科长
牛怡龙 北京市丰台区地方税务局纳税服务科科长
高　虹 北京市丰台区地方税务局基层工作科（机关党委办公室、工会）科长
王朝辉 北京市丰台区地方税务局稽查局副局长
张昌明 北京市丰台区地方税务局稽查局检查一科科长
李昌喜 北京市丰台区地方税务局第一税务所所长
殷立东 北京市丰台区地方税务局右安门税务所所长
李振伟 北京市丰台区地方税务局计划财务科主任科员
王　磊 北京市丰台区地方税务局稽查局检查二科主任科员
李凤霞 北京市丰台区地方税务局丰台税务所主任科员
耿广利 北京市丰台区地方税务局铁营税务所主任科员
周有元 北京市丰台区地方税务局花乡税务所主任科员
于常义 北京市丰台区地方税务局长辛店税务所主任科员
高　立 北京市丰台区地方税务局税政管理二科副科长（主持工作）
熊　耀 北京市丰台区地方税务局铁营税务所副所长（主持工作）
石冬冬 北京市丰台区地方税务局办公室副主任科员
潘久来 北京市丰台区地方税务局稽查局检查一科副主任科员
于秋萍 北京市丰台区地方税务局第一税务所副主任科员
张连起 北京市丰台区地方税务局第五税务所副

主任科员
田亚蕾 北京市丰台区地方税务局科技信息科科员
何　玲 北京市丰台区地方税务局人事教育科（保卫科）科员
张　楠 北京市丰台区地方税务局第二税务所科员
李少杰 北京市丰台区地方税务局南苑税务所科员
李庆来 北京市丰台区地方税务局机关后勤服务中心工人
李尊刚 北京市丰台区地方税务局机关后勤服务中心工人
徐慧卿 北京市石景山区地方税务局副局长
李　明 北京市石景山区地方税务局征收管理科科长
邹文胜 北京市石景山区地方税务局征收管理科副科长
张立军 北京市石景山区地方税务局基层工作科科长
赵卫红 北京市石景山区地方税务局工会副主席
刘景勤 北京市石景山区地方税务局人事教育科科长
刘华英 北京市石景山区地方税务局第一税务所副所长
石存军 北京市石景山区地方税务局第二税务所科员
刘志勇 北京市石景山区地方税务局八角税务所所长
郭德生 北京市石景山区地方税务局八角税务所主任科员
李　涛 北京市石景山区地方税务局古城税务所副所长
赵广利 北京市石景山区地方税务局古城税务所副主任科员
高云鹏 北京市石景山区地方税务局古城税务所科员
李琛捷 北京市石景山区地方税务局八大处园区税务所副所长
张梦煊 北京市石景山区地方税务局八大处园区税务所科员
董文杰 北京市石景山区地方税务局五里坨税务所副所长
韩旭阳 北京市石景山区地方税务局风控管理二所副主任科员
张景新 北京市石景山区地方税务局机关后勤服务中心副主任
张立新 北京市石景山区地方税务局机关后勤服务中心工人
刘宗海 北京市石景山区地方税务局机关后勤服务中心工人
王桂富 北京市门头沟区地方税务局党组成员、副局长
史瑞阳 北京市门头沟区地方税务局办公室主任
孙树才 北京市门头沟区地方税务局第四税务所所长
金　映 北京市门头沟区地方税务局征收管理科副科长
尹立志 北京市门头沟区地方税务局第三税务所副所长
杜　涛 北京市门头沟区地方税务局王平税务所副所长
石继羿 北京市门头沟区地方税务局门城税务所主任科员
陈红霞 北京市门头沟区地方税务局第四税务所主任科员
高　峰 北京市门头沟区地方税务局石龙税务所主任科员

王晓东　北京市门头沟区地方税务局基层工作科（机关党委办公室、工会）副主任科员
肖　宇　北京市门头沟区地方税务局潭柘寺税务所副主任科员
王梓璇　北京市门头沟区地方税务局办公室科员
王博然　北京市门头沟区地方税务局第一税务所科员
朱小漫　北京市门头沟区地方税务局稽查局综合科（税务违法案件举报中心）科员
陈　辉　北京市门头沟区地方税务局稽查局检查三科科员
孟祥杰　北京市门头沟区地方税务局稽查局检查三科科员
周晓东　北京市门头沟区地方税务局斋堂税务所科员
张松岭　北京市房山区地方税务局党组成员、纪检组长
张术斌　北京市房山区地方税务局办公室主任
罗克伦　北京市房山区地方税务局征收管理科科长
王　赞　北京市房山区地方税务局开发区税务所所长
石　彦　北京市房山区地方税务局人事教育科副科长
荆丹妮　北京市房山区地方税务局第三税务所副所长
朱　磊　北京市房山区地方税务局房山税务所副所长
刘　巍　北京市房山区地方税务局良乡税务所副所长
何　芳　北京市房山区地方税务局琉璃河税务所副所长
田建华　北京市房山区地方税务局机关后勤服务中心主任科员
刘玉英　北京市房山区地方税务局机关后勤服务中心主任科员
马立民　北京市房山区地方税务局科技信息科副主任科员
崔　海　北京市房山区地方税务局稽查局检查三科副主任科员
尹娅丹　北京市房山区地方税务局业务管理二科科员
胡徐进　北京市房山区地方税务局第四税务所科员
杨立民　北京市通州区地方税务局办公室主任
高　颖　北京市通州区地方税务局收入核算科科长
李红英　北京市通州区地方税务局科技信息科科长
李　伟　北京市通州区地方税务局第二税务所所长
郑　杰　北京市通州区地方税务局马驹桥税务所所长
马剑波　北京市通州区地方税务局征收管理科副科长
王　洋　北京市通州区地方税务局人事教育科副科长
张建业　北京市通州区地方税务局稽查局综合科副科长
吴大鹏　北京市通州区地方税务局第六税务所副所长
张国荣　北京市通州区地方税务局收入核算科副主任科员
曹　悦　北京市通州区地方税务局稽查局检查二科副主任科员
于广兵　北京市通州区地方税务局稽查局检查三科副主任科员
翟天骄　北京市通州区地方税务局第一税务所副

主任科员
徐亚辉　北京市通州区地方税务局永乐店税务所副主任科员
王雪梅　北京市通州区地方税务局税务学会副主任科员
谭　颖　北京市通州区地方税务局计划财务科科员
王　莹　北京市通州区地方税务局督察内审科科员
张宝桂　北京市通州区地方税务局稽查局检查一科科员
王欢华　北京市通州区地方税务局第二税务所科员
路　军　北京市通州区地方税务局第三税务所科员
石立伟　北京市通州区地方税务局永顺税务所科员
田　婧　北京市通州区地方税务局西集税务所科员
李亚芳　北京市通州区地方税务局机关后勤服务中心科员
黄长文　北京市顺义区地方税务局党组成员、副局长
宋永伟　北京市顺义区地方税务局调研员
韩剑锋　北京市顺义区地方税务局基层工作科科长
焦立华　北京市顺义区地方税务局第一税务所所长
李晶淼　北京市顺义区地方税务局收入核算科副科长
张海彤　北京市顺义区地方税务局税政管理二科副科长
孟昭辉　北京市顺义区地方税务局杨镇税务所副所长
欧阳建军　北京市顺义区地方税务局南彩税务所主任科员
邓慧敏　北京市顺义区地方税务局法制科副主任科员
蔡爱玲　北京市顺义区地方税务局第四税务所副主任科员
王　昕　北京市顺义区地方税务局机场分局机场第二税务所副主任科员
陈　阳　北京市顺义区地方税务局办公室科员
赵　冲　北京市顺义区地方税务局税政管理一科科员
王晨灿　北京市顺义区地方税务局科技信息科科员
梁永红　北京市顺义区地方税务局稽查局检查二科科员
陶晓蕊　北京市顺义区地方税务局稽查局检查四科科员
柯静源　北京市顺义区地方税务局第四税务所科员
王　凯　北京市顺义区地方税务局牛山税务所科员
高永刚　北京市顺义区地方税务局牛山税务所科员
苏　顺　北京市顺义区地方税务局李桥税务所科员
谷秀敏　北京市昌平区地方税务局党组成员、纪检组长
郭　淼　北京市昌平区地方税务局党组成员、副局长
王晶瑜　北京市昌平区地方税务局第四税务所所长
刘亚伶　北京市昌平区地方税务局未来科技城税务所所长
刘忠巍　北京市昌平区地方税务局办公室副主任

左　森　北京市昌平区地方税务局征收管理科副科长、主任科员

郭东旭　北京市昌平区地方税务局第一税务所副所长

翟雪峰　北京市昌平区地方税务局计划财务科主任科员

曾　臻　北京市昌平区地方税务局东小口税务所主任科员

张　杰　北京市昌平区地方税务局小汤山税务所主任科员

苑晓伟　北京市昌平区地方税务局纳税服务科副主任科员

朱良杰　北京市昌平区地方税务局法制科（国际税务管理科）科员

王雅楠　北京市昌平区地方税务局稽查局综合科（税务违法案件举报中心）科员

巩　颖　北京市昌平区地方税务局第一税务所科员

马金龙　北京市昌平区地方税务局第二税务所科员

高　朋　北京市昌平区地方税务局第三税务所科员

张宗娥　北京市昌平区地方税务局回龙观税务所科员

李庆文　北京市昌平区地方税务局机关后勤服务中心科员

田风霞　北京市大兴区地方税务局党组成员、副局长

翁筱玲　北京市大兴区地方税务局党组成员、副局长

刘德鹏　北京市大兴区地方税务局办公室主任

戚卫东　北京市大兴区地方税务局基层工作科科长

王　强　北京市大兴区地方税务局办公室副主任

马文涛　北京市大兴区地方税务局征收管理科副科长

张洪涛　北京市大兴区地方税务局科技信息科副科长

张雪宾　北京市大兴区地方税务局基层工作科副主任科员

成　亮　北京市大兴区地方税务局税政管理二科科员

曾文赓　北京市大兴区地方税务局收入核算科科员

李　娟　北京市大兴区地方税务局计划财务科科员

张　娜　北京市大兴区地方税务局人事教育科科员

郭　涛　北京市大兴区地方税务局监察科科员

刘海波　北京市大兴区地方税务局稽查局检查三科科员

王晓辰　北京市大兴区地方税务局第二税务所科员

崔　剑　北京市大兴区地方税务局黄村税务所科员

王剑英　北京市大兴区地方税务局庞各庄税务所科员

方　方　北京市大兴区地方税务局瀛海税务所科员

熊绍军　北京市大兴区地方税务局机关后勤服务中心科员

李　苹　北京市怀柔区地方税务局党组成员、副局长

张玖喜　北京市怀柔区地方税务局基层工作科（机关党委办公室、工会）科长

胡东新　北京市怀柔区地方税务局第四税务所所长

曾轩鸿　北京市怀柔区地方税务局人事教育科

（保卫科）主任科员
秦　峰　北京市怀柔区地方税务局办公室副主任
万向明　北京市怀柔区地方税务局税政管理一科副科长
高玉华　北京市怀柔区地方税务局稽查局综合科（税务违法案件举报中心）副科长
陆景波　北京市怀柔区地方税务局怀柔税务所副主任科员
谢建军　北京市怀柔区地方税务局征收管理科科员
侯奉才　北京市怀柔区地方税务局第一税务所科员
于欣椿　北京市怀柔区地方税务局第二税务所科员
吕红书　北京市怀柔区地方税务局怀柔税务所科员
岳　刚　北京市怀柔区地方税务局汤河口税务所科员
张　建　北京市怀柔区地方税务局机关后勤服务中心工人
闫双印　北京市平谷区地方税务局党组成员、副局长
闫国旺　北京市平谷区地方税务局征收管理科科长
穆东霞　北京市平谷区地方税务局纳税服务科科长
王宇锋　北京市平谷区地方税务局第一税务所所长
黄　超　北京市平谷区地方税务局第一税务所副所长
卢春启　北京市平谷区地方税务局稽查局检查一科副科长
刘海燕　北京市平谷区地方税务局第一税务所副主任科员
杨玉凤　北京市平谷区地方税务局开发区税务所副主任科员
杜春光　北京市平谷区地方税务局新平税务所副主任科员
于泽明　北京市平谷区地方税务局办公室科员
杨　爽　北京市平谷区地方税务局法制科科员
张　途　北京市平谷区地方税务局科技信息科科员
芮凤霞　北京市平谷区地方税务局督察内审科科员
张艳香　北京市平谷区地方税务局监察科科员
唐　玉　北京市平谷区地方税务局第一税务所科员
杨文元　北京市平谷区地方税务局开发区税务所科员
张斐然　北京市平谷区地方税务局新平税务所科员
梁景敏　北京市平谷区地方税务局新平税务所科员
王永波　北京市平谷区地方税务局马坊税务所科员
杜怀国　北京市平谷区地方税务局金海湖税务所科员
郝　利　北京市密云区地方税务局第四税务所所长
王东华　北京市密云区地方税务局十里堡税务所所长
郭小波　北京市密云区地方税务局征收管理科副科长
崔雪斌　北京市密云区地方税务局第一税务所副所长
肖瑞东　北京市密云区地方税务局第六税务所副所长
赵志威　北京市密云区地方税务局办公室副主任

科员
郑　艳　北京市密云区地方税务局第一税务所副主任科员
戈录锋　北京市密云区地方税务局第五税务所副主任科员
曹新颖　北京市密云区地方税务局水库税务所副主任科员
吕凤秋　北京市密云区地方税务局开发区税务所副主任科员
师光红　北京市密云区地方税务局鼓楼税务所副主任科员
付华振　北京市密云区地方税务局基层工作科（机关党委办公室、工会）科员
张春林　北京市密云区地方税务局稽查局检查二科科员
付玺安　北京市密云区地方税务局第一税务所科员
王进武　北京市密云区地方税务局太师屯税务所科员
刘　程　北京市延庆区地方税务局党组成员、副局长
张良宗　北京市延庆区地方税务局第四税务所所长
赵　伟　北京市延庆区地方税务局办公室副主任（主持工作）
李海涛　北京市延庆区地方税务局征收管理科副科长
郭伟民　北京市延庆区地方税务局基层工作科主任科员
李红星　北京市延庆区地方税务局延庆税务所主任科员
林杜娟　北京市延庆区地方税务局办公室副主任科员
王再文　北京市延庆区地方税务局科技信息科副主任科员
崔纪书　北京市延庆区地方税务局计划财务科科员
冯春长　北京市延庆区地方税务局税政管理一科科员
周健康　北京市延庆区地方税务局税政管理一科科员
杨春峰　北京市延庆区地方税务局稽查局检查三科科员
马秋荣　北京市延庆区地方税务局第一税务所科员
卢菲菲　北京市延庆区地方税务局第三税务所科员
高玉龙　北京市地方税务局燕山分局（第六稽查局）党组成员、副局长
赵　军　北京市地方税务局燕山分局（第六稽查局）办公室主任
张　琦　北京市地方税务局燕山分局（第六稽查局）税源管理所副所长
陈　宁　北京市地方税务局燕山分局（第六稽查局）检查三科主任科员
马呈昊　北京市地方税务局燕山分局（第六稽查局）业务二科副主任科员
李怀成　北京市地方税务局开发区分局党组成员、副局长
安　娣　北京市地方税务局开发区分局办公室副主任、主任科员
王　璋　北京市地方税务局开发区分局第一税务所副所长、主任科员
高　颖　北京市地方税务局开发区分局隆庆街税务所主任科员
容　亮　北京市地方税务局开发区分局东区税务所主任科员
石其军　北京市地方税务局第一直属税务分局

（第五稽查局）纳税服务所副所长、主任科员

刘明辉 北京市地方税务局第一直属税务分局（第五稽查局）业务科主任科员

王珊珊 北京市地方税务局第一直属税务分局（第五稽查局）税源管理所主任科员

李广生 北京市地方税务局第二直属税务分局党组成员、副局长、调研员

王 剑 北京市地方税务局第二直属税务分局人事政工科科长

苑仲凯 北京市地方税务局第二直属税务分局风险识别科副科长、主任科员

李林慧 北京市地方税务局第二直属税务分局风险应对四科副科长、主任科员

刘晓楠 北京市地方税务局第一稽查局人事政工科副主任科员

佟万军 北京市地方税务局第一稽查局检查八科副科长、主任科员

于 兰 北京市地方税务局第一稽查局检查九科主任科员

张 鹏 北京市地方税务局第一稽查局检查十科副科长、主任科员

闫 贺 北京市地方税务局第二稽查局检查六科科长

尤鹏南 北京市地方税务局第二稽查局检查十科科长

周 澎 北京市地方税务局第二稽查局检查二科主任科员、副科长

张艳霞 北京市地方税务局第二稽查局检查七科主任科员、副科长

王 烨 北京市地方税务局第二稽查局检查三科主任科员

任 为 北京市地方税务局第二稽查局检查六科主任科员

张 慧 北京市地方税务局第三稽查局人事政工科主任科员

刁 鸾 北京市地方税务局第三稽查局业务科主任科员

窦秋菊 北京市地方税务局第四稽查局人事政工科副科长

李青昕 北京市地方税务局第四稽查局检查三科主任科员

牛海艳 北京市地方税务局第四稽查局检查三科主任科员

高 磊 北京市地方税务局第四稽查局业务科副主任科员

张 英 北京市地方税务局第四稽查局检查二科副主任科员

吴广东 北京市地方税务局第四稽查局检查六科副主任科员

王艳超 北京市地方税务局第四稽查局检查一科科员

马 洁 北京市地方税务局基层工作处主任科员

王小虎 北京市地方税务局纳税服务处副处长

毛 杰 北京市地方税务局稽查处（税务违法案件举报中心）主任科员

石 斌 《北京市地方税务局公报》编辑部副主任

付晨光 北京市地方税务局个人所得税管理处主任科员

白建平 北京市地方税务局企业所得税管理处副处长

刘 成 北京市地方税务局征管和科技发展处主任科员

刘 丽 北京市地方税务局稽查处（税务违法案件举报中心）副处长

孙东晖 北京市地方税务局督察内审处副处长

孙丽莉 北京市地方税务局离退休干部处主任科员

李云峰 北京市地方税务局企业所得税管理处主任科员

李光磊 北京市地方税务局收入规划核算处副主任科员

李志刚 北京市地方税务局法制处处长

李春霞 北京市地方税务局工会经费管理处主任科员

肖 凝 北京市地方税务局征管和科技发展处主任科员

邱春会 北京市地方税务局数据处理中心副主任

何 红 北京市地方税务局直属机关工会主任科员

谷 静 北京市地方税务局大企业税收管理处主任科员

冷文娟 北京市地方税务局宣传中心副主任

宋海华 北京市地方税务局宣传教育处主任科员

张 宁 北京市地方税务局基层工作处主任科员

张春生 北京市地方税务局征管和科技发展处主任科员

张皓晨 北京市地方税务局信息中心主任科员

张 婷 北京市地方税务局征管和科技发展处主任科员

欧阳晓娴 北京市地方税务局研究室主任科员

周 松 北京市地方税务局国际税务管理处主任科员

赵卉竹 北京市地方税务局办公室主任科员

姜 华 北京市地方税务局税收管理二处主任科员

原 璐 北京市地方税务局人事处主任科员

钱 进 北京市地方税务局征管和科技发展处主任科员

徐先甫 北京市地方税务局机关后勤服务中心主任科员

黄丽明 北京市地方税务局法制处主任科员

韩 波 北京市地方税务局计划财务处主任科员

满保红 北京市地方税务局纳税服务中心副主任

嘉奖人员（1476 人）

北京市东城区地方税务局（128 人）

刘乃昌 高 源 魏 龙 邢立生 张江东
秦 中 柏竹梅 金 梅 周维民 郭景波
靳桂斌 温力革 张大文 梁满生 邓学明
吴 茜 何健辉 藏建国 姜日云 徐 伟
郭 景 石文惠 曹惠峰 冯友增 胡 源
夏明晖 孙 伟 司艳玲 何 红 胡庆捷
崔京卫 马训博 吕文献 张继强 谷 禾
胡俊明 张 岩 栾秀莉 高 霖 倪运政
王素花 吴丽华 贾长起 郭 刚 李 琴
张西生 张博生 邸 飞 金立英 谢小英
田立新 龙海文 于晓蕾 王晓英 李立光
王小红 周秀淳 李雪燕 宋朝亭 刘 洋
林 奕 许春雷 谢利新 刘培远 姜 喆
程昱瑾 宋笑暘 吴莹莹 王 蕾 袁 杨
纪冬云 薛孟杰 蒋妍珏 李彦泽 钱金霞
王 悦 汪勇华 付春泽 常 健 江和国
潘卫和 李 论 王 鹏 黄训文 张苑飞
崔 晨 任 飞 吴京勇 邢 伟 段文新
魏 晨 丁 欣 庄 燕 袁昳昕 段海全
李爱军 袁雪林 王红岩 周 卉 王悦淼
王 烁 王瑞颖 李旭琼 贾 林 朱晓帆
林嘉音 吕壁峰 罗 春 韩 露 张 鲁
王 琳 栾 蕊 刘 威 张艳云 毕晨亮
张 猛 张 颖 张海明 祝胜利 王羽飞
付梅芳 高瑞清 卫东亚 刘志萍 付春林
徐建军 白雪彬 丁克亮

北京市西城区地方税务局（135 人）

施 宏 王勇超 王庆园 吴 京 姚玉兰

张　寒　柳兴涛　秦　驰　张京燕　赵　陌
胡越智　冯雅碧　张　涛　湛　江　李小军
王　军　郑乐津　卞　羽　袁　泽　关　圆
郑　杰　李淑筠　申亚丽　孙丽华　王宗业
赵红斌　王军贤　王春芝　徐艳萍　石瑞娟
杨晋芳　刘芸芸　徐　驰　仇建华　肖　萍
顾春梅　安卫华　张　伟　左　钧　王桂英
霍艳丽　曹艳红　杨　军　侯　雯　钱　进
李桂英　袁　媛　田　斐　杨秀坤　王　慧
高秋玲　王　虹　杨　震　贾秀琴　张云生
刘淑华　谢黎明　金云墨　张慧兰　王　雷
王　静　田丰琰　刘　昊　宋丽芹　刘　明
张庆春　付学军　郭艾成　陈　媛　王　萍
韩　鹏　王宝英　安　悦　张书军　耿　菲
刘培伟　殷比学　杨慧格　沈　莉　陈　丽
龚春梅　靳　颖　贾蝶君　张　鸣　何启丰
张　滨　李　晶　潘　宏　李春娜　尹亚静
李宗武　张高丽　许　芳　王敬丰　付晓彬
宋永福　何全荣　王　岩　吴薇薇　李竹娜
王丽曼　崔高军　王德志　贾海涛　王宝新
金　勇　韩瑞丰　张　雷　周　敏　张起良
李新颜　林金福　杨　光　吉文峰　蒲修怀
任　静　顾海云　刘晓洁　刘　威　杨连洁
褚　彤　李　倩　杨宏友　李德红　吕宏岩
彭建爽　刘秀兰　李云山　陈建波　李　玮
朱颖微　赵　刚　刘淑静　冯　燕　胆德宝

北京市朝阳区地方税务局（129 人）

张　翅　华　方　王海鹏　张　丽　李　方
田　蔓　林延艺　郭　嘉　刘　宇　沈　鋆
张小帆　李　晔　和　力　郝　岩　张　培
刘　静　柴晨杰　徐伟华　杨　芳　黄　晶
刘树翠　张　颖　季学辉　李凤娇　田开圣
赵敏君　马瑞娜　宋　达　沈长栋　刘亚军
王星辰　崔　福　李宝新　孙树华　陈　琳
郭雪静　杜学光　蔡　蒨　李连成　詹　烜
韩望春　刘立群　王　颖　乔俊玲　卢宇阳
安春茹　黄晓红　孙国升　张满武　梁素玉
厉明超　刘　鹏　李志青　于　洋　孟学燕
曲　博　王　欣　何芸芸　王鲲鹏　席少华
王建中　王逸昕　张草原　周　震　许昌平
孟丽娜　杜则煊　石美萍　郭　蕊　齐琳琳
马　冬　薛红艳　曹　群　党国荣　左金城
赵多琳　杨权才　井盛男　宋　辉　姚利军
张方红　张　帅　金　海　马　萍　李　蓓
徐　静　高远飞　张　洁　周艳霞　闫　岩
赵赛花　叶松奇　翁海建　牛海滨　李树环
陈玉坤　史雨红　吴地震　袁　鑫　魏朝辉
李世芳　翟　敏　刘淑萍　毛桂兰　赵海洲
井宏宇　董　莹　苏　立　祖　拓　刘嘉媛
程宏娟　郭　阳　赵建瑜　宋利英　唐少春
兰巨海　郭淑丽　兰　岚　王亦文　高　忠
谷继玲　殷　燚　殷　平　马占安　贾雪飞
李玉春　王学师　张宝庆　孙　毅

北京市海淀区地方税务局（133 人）

肖　卫　冯大灏　赵　庆　王　旭　樊建军
王治斌　王敬明　吴俊祥　任　芳　胡映月
刘亚敏　陈金保　张　力　左晓冬　彭　彬
弟海容　史燕齐　孙　琼　田艳红　董　妍
李　连　张　驰　郝　鹏　庾忠谦　冯　蕾
邢　舟　张　洁　王　欣　郝俊强　武金凤
李　响　赵志红　祖建国　徐　雷　朱　力
陆建强　肖　千　侯景慧　吉俏梅　李志国
李　芳　李俊红　张铜海　徐冬柏　娄苏湘
李锦玲　刘小贤　黄晓晖　薄继臣　张　杰
田　力　段玉勤　李　前　赵　莹　郝保军
高　华　陆林峰　齐秋麟　武励谦　高振安

丰　梅　刘山良　段雪梅　孙凤鹏　郭力翔
赵　红　周铭松　于雪雁　李　昆　李　力
陈　洁　陈　立　刘沛杰　刘亚立　贾　琪
刘　飒　梁　意　张丽春　魏秋霞　黄春婷
郝志斌　靳　燕　葛思纯　许　若　郝　爽
汪亦民　朱奇颖　宋晓纲　申　辉　万代玉
任冬媛　周　婷　苏　珊　赵　磊　仪　筱
杨明明　毛敏慧　万晓雷　洪　蕊　李　彬
吴志英　王　宏　马晓梅　朱　雯　胡全发
王庆心　张年顺　韩斯陶　陈莉萍　王珊娜
张金科　褚　悦　李宝刚　马　威　张俊卿
李闻江　李　鹏　郑晓静　郭　婷　张　舒
李　莉　赵　雯　付建政　陈霄君　孟君辉
张　莉　于　梅　仝　欣　孙玉梅　王　静
牛春丽　剧　芳　李　诤

北京市丰台区地方税务局（83人）

史锦春　李枕戈　陈敬东　弓　静　谢　超
裴晓南　霍从红　张晓睿　高恩顺　陈　侠
郭振德　韩跃勇　叶国三　侯凤玲　张爱华
于新春　周　萌　苏跃明　杨秀玲　张晓辉
杜为东　曲继春　武西民　安丽娟　王保忠
戴建兵　高　婧　付　君　张　勇　常文亮
魏　昕　王秋菊　赵士平　王　芳　聂连平
李　猛　宋铁成　崔　红　常珂瑛　郝丽霞
焦莹莹　路雨微　张勇芬　朱海军　李国印
刘　梅　李佳琦　郭海燕　王宝树　王　玉
申燕云　王　旭　柳　涛　张　焓　吴俊荣
侯艳明　刘李豪　李峥奋　赵晨然　杨　璨
侯叔阳　姚天尧　李　彤　赵　嘉　柯　伟
周聪利　刘　敏　郭宏伟　项紫山　路　阳
赵　丽（园区所）　施宗琼　房　臻
张　震　栗桂芬　张　烨　段建超　苏玉成
王建军　郭晓刚　李晓闯　刘国平　吕海燕

北京市石景山区地方税务局（55人）

苏振军　杨　坡　吴　娟　唐懿杰　李长有
李新文　段立娜　李　元　李春华　朱建红
夏尔安　刘洳含　高楚捷　王保林　侯桂洁
张　莉　王　丽　宋光明　臧　洁　梁小军
王汉蒙　刘子威　杨建民　罗　茜　何艺岚
马云志　赵嘉晨　黎定祥　张金梅　韩文红
申凤平　王跃东　王维然　高庆华　舒　婧
王庆祥　肖永明　宋兴燕　许淑君　张　义
林宝海　董　威　刘　芸　邢永钧　钟　玮
张海霞　王志洲　程　亮　毕冬梅　李京海
王媛媛　程　方　王桂平　何　虹　王　军

北京市门头沟区地方税务局（48人）

邵明东　范永坤　孙大勇　郭忠旗　王　时
刘振国　齐　振　王晓娟　张育彤　王洪明
苗燕茹　张文明　李景学　陈学明　王宝辉
王朝祥　李　萌　张　涛　闫世红　高鹏凯
尤影秋　薛晓捷　王　迪　程　伟　赵艳红
刘　静　苗宗宪　易泽强　赵立刚　杜青岭
杨朝霞　杨春岩　侯则宏　邢　非　李茂从
高艳红　张雨新　闫宏江　冯晓新　武志勇
王　宇　王全树　李平燕　王兆军　王笑影
王　晶　杨春光　杨青青

北京市通州区地方税务局（75人）

于　彬　于　华　于胜乾　马兴军　王　启
王　磊　王　璐　王丽丽　王晓萌　王　烨
王敬明　宁　妍　白　杨　白宝林　刘　杰
刘月珊　刘志永　刘陆洋　刘教华　吕兴亮
孙　群　孙士伟　孙　璠　安立波　朱玉凯
朱意俊　朱　楠　毕文余　员　博　何耀武
宋明剑　张　江　张　硕　张　静　张　瑜
李　彬　李　彬（女）　李　旸　李晓东

杜云涛 杜春强 杨　杰 杨登岩 杨福群
肖　瑶 肖翔宇 迟宝中 陆志莲 周小东
尚存灿 郑云鹤 侯　萨 姜子瑞 柳　晟
荀晓亮 赵　越 赵长利 赵　珍 赵　媛
倪　红 唐宏君 徐凤明 徐建红 贾玉婷
郭志方 高　岩 高金锋 商会霞 隆　静
富莹莹 韩　兵 韩宗禹 韩荣军 裴艳春
薛贵林

北京市顺义区地方税务局（69 人）

刘佩书 周海龙 刘学慧 裴秀清 张洪勇
曲艳军 孟云祥 李晓彤 赵晓霞 闻　雪
孟庆宇 刘洪杉 闫　岩 肖辰英 赵月平
丁　健 武立涛 施昌福 赵　泉 王林红
崔　艳 陈　功 伊士杰 于晶晶 马思文
王　娟（小） 张　洋 李　姗 李小霞
王丽倩 王　涛 田　甜 杜海英 侯金峰
张春艳 孙翠芝 孙秀玲 丁金苍 张　辉
张　晨 赵宝军 郝伯峰 迈　迪 赵艳龙
张　珏 刘晓东 王志刚 刘　煜 王　东
刘尚文 王　娟（大） 赵　兵 李红玉
王　静 鲁　欣 康雯滔 崔芳芳 林贤清
金鸿蕊 王瑞康 李　祎 周福清 高春艳
高合欢 高雪成 冯新颖 王维谦 徐小哥
楚家骥

北京市怀柔区地方税务局（55 人）

樊京虎 陈　刚 刘继德 李东明 吕晓臣
鲁海燕 蒋学颖 邢殿军 崔贤良 孟建艇
黄瑞杰 任德勇 李玉平 林　霞 何万顺
彭玉浩 吴长熹 彭兴瑞 刘　佳 李亭萱
王志杰 王艳红 蔡春清 陈国平 李文杰
黄静宇 薛华锋 陈春生 张军红 何水英
陈克亮 朱西平 罗贤忠 张佳会 王　伟
王海云 张宝磊 高启贵 段文银 彭光伍
彭晶晶 金　峰 王文聪 王　丽 陈兴峰
张国权 李　宏 董建侠 袁海剑 王德泉
宋文珠 杨雪松 单秀芝 肖海峰 于庆旺

北京市平谷区地方税务局（53 人）

牛广荣 贾军胜 陈　雷 李俊山 马睿智
耿东玉 张立元 刘晓松 付记平 张海英
张　勇 徐占合 张晓东 宋明华 毛振合
陈宏亮 邢佳伟 冯丽莉 邢晓飞 许方亮
隋巨兵 杨保国 王　宾 郭光彬 张丽荣
牛云清 王洁明 赵桂春 邵　钢 王海军
王丽敏 杨红印 王希革 战香名 董金石
杨建华 马志权 袁素慧 霍志杰 王立娟
何金林 张　进 陈　晨 赵秋成 陈来成
郭　杰 姜　山 陈小晶 韩守忠 于存卫
张桂明 马学民 赵永胜

北京市房山区地方税务局（54 人）

谭巨科 张仲辉 于大明 张　飒 张亚琴
李　可 刘　阳 张　征 方海涛 张　硕
邵玉贤 晋长兴 晋凯丽 徐　睿 尤　仟
蔡子龙 张术缓 李晨曦 魏树和 田　野
方玉杰 田新明 杨燕华 敬瑞兰 刘建强
朱文杰 高国兵 靳敬邦 穆希革 吕钰晶
解俊霞 耿本兴 侯海龙 徐广兵 徐　中
齐安忠 李德仁 温　明 王晶晶 熊大文
闫　睿 祝贺捷 叶国德 张　艳 杨则凤
李　莹 缴文雯 安立川 王婷婷 周亚斌
张文辉 周维伊 冉照民 赵建新

北京市昌平区地方税务局（72 人）

郄万林 张玉德 徐连元 冯浩宇 刘海斌
李　建 张振国 杨　义 阚少华 杨　晨

邓小波 李宝利 张 钦 陈宗岳 雷坐平
李 强 刘利华 王柯方 闫保合 程宗岩
刘文志 于公捷 李文英 谭泽栋 韩晓君
刘作亮 盖闹良 张福泉 何荣波 孙桂明
张玉涛 刘国柱 朱鑫华 赵加忠 齐俊民
张 恒 李 欣 黄 勇 查 林 韩 静
林尚佳 刘继英 刘凤利 邢万明 杨立忠
付振宽 崔晓姣 刘文丽 朱学波 赵 力
张梦娇 陈 倩 马继文 刘兴中 高文静
王翠丽 李 华 李 旻 熊 威 刘国军
杨美琳 谷秋颖 凌艳伟 袁 伟 肖艳丽
冯玉梅 孔祥玉 吴小军 许长春 高 军
赵顺利 朱建明

北京市大兴区地方税务局（66 人）

张龙增 方细军 黄 焱 王少丰 董 颖
麻国印 刘 鑫 金意庆 李 强 周大勇
王 金 董立波 张志刚 商琳楠 宋学茹
张珏华 张 琳 张 蕾 杨 林 苑迎霞
张红梅 赵金兵 马英杰 苏冬丽 郝起凤
王大专 陈永辉 彭梅芳 关鹭鸶 罗洪义
郭均平 李会祥 赵 健 于雪莹 张 丹
张 垚 金 辉 高 兰 王 爽 王 靖
朱冬梅 巩振涛 刘 婷 吴 疆 王玉婷
张 兴 肖竹妍 陈 纪 冯 杰 张 茁
常树华 马国春 曲丽嘉 王伟宇 骆 宇
谭贤忠 丁 蕊 齐治勤 彭 健 刘光伟
于同平 杨英杰 王占国 刘亚静 高劲松
满 欣

北京市密云区地方税务局（52 人）

王国强 孙文革 王 丹 程海春 于永生
王新颖 冯元文 安国栋 曹冬山 刘维波
巩旭娜 李 娟 徐 静 王小利 李雪生
王志军 邱明明 杨 霞 李美荣 张敬涛
董立超 杜丹丹 朱明颖 果素仿 李建军
柴玛娜 刁连宝 曹军英 韩冬燕 陈 乾
周 凯 张翔宇 李晓虹 吴军波 单树林
王 迪 李 波 韩 旭 齐 祺 赵淑芝
张志文 王晶晶 张 敏 郭 旭 任守宽
晁怀义 蔡江华 郭 颖 闫荩骁 夏仕新
王 鹏 张继国

北京市延庆区地方税务局（41 人）

张 淼 田淑芳 李峥艳 刘文慧 吴久明
高凤茹 武劲松 李晶波 郎峻峰 张育才
张 涛 沈文涛 李玉海 姚 锐 聂彦东
陈文志 陈春义 王世海 吴建军 刘佳音
周宏华 任丽柯 刘文军 卫 钢 于 洋
熊兴明 廉洪海 周吉明 朱博文 要 鑫
李素东 姚 岚 刘丽娜 胡顺全 潘立安
涂阁阁 王丽强 席维利 聂永政 常 巍
陈建军

北京市地方税务局燕山分局（第六稽查局）（15 人）

王 益 郑玉刚 王春尼 陈 昕 李 萌
王 平 郭守桢 李 杰 张凤洁 段秀明
马志林 吴 凡 于 军 房 平 张田宝

北京市地方税务局开发区分局（19 人）

叶 婉 张 萌 胡 屹 武兰萍 高 峥
庄丽娟 陈 雯 侯智源 杜剑非 陈春红
赵旭辉 杨 佳 章巧云 许 智 王薇薇
韩素芬 董联刚 王京川 孙 皓

北京市地方税务局第一直属税务分局（第五稽查局）（13 人）

谢东明 李 源 王俐美 张 欣 王国军 王宏涛 郭晓璐 刘禹铖 王珊珊 李琳菲 刘靖冰 于 芳 李 静

北京市地方税务局第二直属税务分局（西站分局）（15 人）

张 强 任 蓓 张乃心 潘国强 崔 颖 侯彦军 黄艳红 赵红欣 席思康 冯海燕 邓振华 钱晓婧 李淑卿 谭春媛 杜 娜

北京市地方税务局第一稽查局（24 人）

李亚庆 管恩财 张玲霞 吴欣欣 王 楠 冯文静 金 维 王雅楠 于 薇 郭 洁 何 倩 郑长妹 李南南 温嫒嫒 任 嵘 赵 玥 黄斌生 李 萌 陈洪涛 姬利新 魏铁功 蔡 坤 李剑锋 田 霞

北京市地方税务局第二稽查局（23 人）

张惠秋 李燕萍 王红岩 刘朝晖 杨 帆 郑 飞 靳 杨 高金素 席丽丽 范春莲 毕宏伟 赵建斌 王 珅 谢 薇 张传宏 戎 绒 刘俊欣 方大为 杨 洋 刘 骁 马丽娜 殷雨涵 站华青

北京市地方税务局第三稽查局（13 人）

文 竟 张 旭 边建铃 杨 莉 李楠楠 仲晓燕 周 晶 魏 薇 王 苏 张 璇 申 勇 李 晶 李 力

北京市地方税务局第四稽查局（17 人）

范力军 张红松 高 欣 李 嘉 杨海波 栗 剑 郎景松 张碧瑜 张保军 金大勇 赵 博 袁子芳 龙 莹 高 阳 赵燕娜 陈京京 彭 勃

市局机关（89 人）

丁 卫 丁 琳 于 凯 于银涛 王红艳 王 坚 王 珊 王晓玲 王 萌 王晶晶 王锦昆 韦保财 邓荣华 冯 强 朱志刚 任丽娟 刘 畅 刘 洪 刘寄洲 刘 媛 齐全伟 闫小荣 闫宝艺 关 芯 安宏志 那静恩 孙玉洁 苏长山 李卫勇 李宝贵 李宗定 李思峰 李晓玲 李 楠 杨建宁 杨 茜 杨振忠 杨 涛 杨 硕 杨惠新 杨 頔 杨 薇 吴冬梅 吴 澄 佟云飞 佟利民 邹 彭 宋 迎 张 卉 张 伟（征科处） 张连勇 张 玥 张林英 张清松 张 辉 张 鹏 张 毅 张 攀 陆 坤 陈 涛 陈 楠 陈 颖 陈黎明 武立煌 苑迎迎 林丽丽 林 娜 岳首群 赵凤江 赵 欣 赵 康 姜立洋 袁子明 柴 伟 高 婧 郭天明 郭仕成 郭军霞 郭顺民 郭 浩 黄震良 梁 磊 董 蓉 傅京芳 廉 清 蔡春坡 蔡 莹 戴树成 魏 欣

（殷 佳）

行政管理

绩效管理

【综述】2016年，北京市地方税务局在北京市委、市政府和税务总局的坚强领导下，以绩效管理为抓手统筹推进税务总局和市政府各项重点工作，将绩效管理与依法组织收入，深化税收征管体制改革，服务非首都功能疏解和城市副中心建设等工作紧密结合，全面服务首都经济社会发展大局，圆满完成各项税收工作任务。2016年，市局在税务总局和市政府两个考评体系中，获得年度绩效考评双第1位。其中，在全国税务系统34个省地税局绩效考评中，指标成绩992.67分，加减分成绩26.35分，总成绩1019.02分，排名第1位，得到省部级以上领导肯定性批示42次，获得省部级以上荣誉60项、通报表彰63项；在市政府年度绩效考评中，市局得分95.51分，等次为优秀，在市级行政机关中排名第1位。

【绩效管理制度建设】按照税务总局2016年绩效管理制度办法和考评规则的调整更新，市局新修订了《北京地税系统组织绩效管理办法》《北京市地方税务局对区（分）局组织绩效管理实施细则》《北京市地方税务局机关组织绩效管理实施细则》《北京市地方税务局个人绩效管理办法》《北京市地方税务局区（分）局领导班子成员个人绩效管理实施细则》和《北京市地方税务局机关个人绩效管理实施细则》6项制度，印发了《2016年北京市地方税务局对区（分）局组织绩效考评规则》《2016年北京市地方税务局机关组织绩效考评规则》和《2016年北京市地方税务局绩效考评加减分项目》3项年度考评规则。

【税务总局绩效管理】税务总局围绕实现税收现代化的战略目标，以“完备规范的税法体系、成熟定型的税制体系、优质便捷的服务体系、科学严密的征管体系、稳固强大的信息体系和高效清廉的组织体系”为基本框架设置绩效指标体系，更加清晰地突出税收现代化战略目标的路线图、时间表、责任书，全年考评地税系统48项三级指标。优化加减分考评，聚焦税收主业，削弱加分项目对考评结果的影响度，提高获取加分的难度，年度加减分总分值降为30分。新增分档考评计分方法，缩小档次分差，增强均衡性和综合性。完善对省局的“督考合一”机制，与指标考评相结合形成抓工作落实的合力。坚持季度绩效分析讲评。全年7次以党组会、局长办公会、专题会等形式，由市局主要局领导按季主持召开绩效分析讲评会议，对照季度考评结果分析重点工作落实情况，研究绩效管理重大事项，有的放矢抓改进、促提升。由分管绩效工作的局领导按月召开绩效分析会或绩效工作例会，研究、部署绩效管理阶段性工作。加强与考评司局的沟通，参照税务总局公示的指标考评分析报告，学习兄弟单位的经验、做法，持续优化补短板。配齐配强各级绩效办人员，做到市局配备4名以上专职人员，区（分）局配备3名专兼职人员并保持相对稳定。注重绩效结果运用，发挥绩效正向激励作用，确保了各项重点工作有效落实。加大绩效培训力度，强化对系统内外的宣传，营造人人讲绩效、事事求绩效的浓厚氛围。在税务总局绩效管理工作专项考评中，获得全国34个省级税务局第1名，并获得0.5分加分。

【市政府绩效管理】 2016年，市政府绩效考评体系由日常专项考评和年终述职考评两部分组成，权重分别占40%和60%。其中，日常专项考评中，年度绩效任务落实情况占60%，依法行政、工作创新、廉洁行政、政务服务占40%，另设加分项和倒扣分项。年终述职考评中，市领导占30%，副秘书长和市委、市人大常委会、市政协相关部门负责同志占10%，市级行政机关和区政府主要负责同志占30%，市人大代表、市政协委员及首都各界代表占30%。北京市地方税务局年终述职考评得分为92.39分，比平均分高0.39分；日常专项考评得分为100.2分，比平均分高3.95分。全年市局主要局领导4次召开绩效专题会，分析2015年度市政府考评结果，研究整改措施，审议2016年度绩效任务编制工作，审阅修改年度述职报告等相关材料。坚持“一套指标全覆盖，最高标准抓落实”，将市政府重点工作要求纳入本局指标体系，选取税务总局关键指标考点作为市局个性指标参与市政府考评。针对2015年度市政府绩效考评中失分项目制定整改措施，将“人均执法量”和“职权履行率”2项指标纳入本局指标体系，严格对区（分）局开展考评，该项工作在市政府考评中获得满分。对照季度绩效预案，按季督查各项绩效任务执行进度，完成市政府绩效办组织的查访核验、服务对象评价、加分项目申报等工作，做到全年各项考点全覆盖、无遗漏。

【市局机关绩效管理】 市局机关34个处室、直属单位纳入年度组织绩效考评，全年共考评共性指标27项、满分600分，包括时点指标1项，季度指标9项，半年指标10项和年度指标7项；个性指标407项、满分400分，涵盖年度税务总局重点工作、市政府重点任务和局内折子工程等税收中心工作。公文管理、政务信息、领导考评、基层满意度、协作配合度、落实上级工作质效、科研精品、服务基层8项共性指标发生失分情形，共性指标得分前3名的部门为基层工作处、办公室和宣传教育处。各部门的个性指标均未发生失分。32个部门有加分情形，加分覆盖率为94.12%，合计加分项目460项，共499.18分。4个部门有减分情形，共4项，减0.4分。加减分项目得分前3名的部门是办公室、征管和科技发展处和宣传教育处。根据年度组织绩效考评成绩，排名前14位的部门是办公室、征管和科技发展处、收入规划核算处、宣传教育处、法制处、基层工作处、研究室、企业所得税管理处、纳税服务中心、国际税务管理处、营业税管理处、稽查处、纳税服务处、个人所得税管理处。

【市局对区（分）局绩效管理】 全年市局对24个区（分）局考评指标56项，满分1000分。其中，16个区局被考评47项，开发区分局被考评47项，燕山分局、第一直属税务分局被考评44项，第一稽查局、第二稽查局、第三稽查局、第四稽查局被考评26项，第二直属税务分局被考评24项。24个区（分）局均有加分情形，合计加分项目945项，共659.29分。6个分局有减分情形，合计减分项目11项，减12.5分。根据年度组织绩效考评成绩，16个区局考评总成绩排名前7位的单位是海淀区地税局、东城区地税局、朝阳区地税局、西城区地税局、通州区地税局、顺义区地税局、怀柔区地税局；8个分局考评总成绩排名前4位的单位是开发区分局、燕山分局、第四稽查局、第二直属税务分局。

【个人绩效管理】按照税务总局绩效管理工作安排部署，重新修订《北京市地方税务局个人绩效管理办法》《北京市地方税务局区（分）局领导班子成员个人绩效管理实施细则》和《北京市地方税务局机关个人绩效管理实施细则》3项制度，健全激励约束机制。全系统各单位按照绩效考评结果运用相关文件，抓好干部任用、年度考核、评先评优等方面的工作落实，激发干部职工干事创业的内生动力。全年全系统个人绩效共考评7117人，参与考评人员覆盖率为97.01%。34个机关处室、直属单位实施了个人绩效考评，共考评487人，参与考评人员覆盖率为99.59%，市局机关34个部门均实施了差异化考评，有25个部门实施了加减分考评，占73.53%。24个区（分）局实施了个人绩效考评，共考评443个科室、237个税务所，科级单位考评覆盖率达100%，共考评6630人，人员覆盖率为96.83%，24个区（分）局均实施了差异化考评和加减分考评。

【绩效管理基础工作】全年市局主要局领导7次利用局长办公会、专题会、推进会等形式开展绩效分析讲评，主管局领导14次召开专题分析会、月度绩效例会研究阶段性重点工作，召开绩效考评委员会4次，全系统绩效培训5次，对24个区（分）局开展了绩效管理督导调研。编写并刊发《绩效管理工作专刊》17期。

（马　洁）

政府信息公开

【综述】2016年，北京市地方税务局在税务总局的领导和市委、市政府的统一指导、协调下，按照《国家税务总局关于全面推进政务公开工作的意见》《北京市关于全面推进政务公开工作的实施意见》《北京市2016年政务公开工作要点》要求开展政府信息公开工作，坚持以公开为常态、不公开为例外，大力加强公开平台建设，规范公开程序，丰富公开内容，拓展公众参与渠道，积极推进决策公开、执行公开、管理公开、服务公开、结果公开，努力提升税务部门公信力，较好地满足了公众对税务部门信息的需求。

【主动公开】2016年，北京市地税系统通过“首都之窗”北京地税政府信息公开专栏，向社会公开信息9689条，同比增长2.6倍；制作并发布《北京地方税务公告》12期；向北京市政府信息公开查阅大厅、北京市档案馆、首都图书馆及北京地税政府信息公开场所移送税收规范性文件18件270份；召开新闻发布会27次，策划组织宣传活动40余次。

【依申请公开】2016年，北京市地税系统共受理政府信息公开申请110件，同比增长3.4倍。其中，北京市地税局受理31件，区（分）局受理79件。在受理的110件申请中，当面申请22件，占总数的20%；传真申请1件，占总数的0.91%；网络申请51件，占总数的46.36%；以信函形式申请的38件，占总数的

34.55%，其中，2件依申请公开事项采取多种申请方式进行申请。

【重点领域公开情况】积极推进“权力清单”和“责任清单”公开、“营改增”政务公开、税收优惠政策公开工作，建立“权力清单”和“责任清单”动态管理制度，通过税务网站、官方微博、北京地税微信公众号、办税服务厅等渠道，深入开展全面推开“营改增”试点宣传，进行“‘营改增’税负只减不增”专题报道，开设小型微利企业优惠政策、研发费加计扣除政策、企业重组税收政策等宣传专栏，及时更新政策内容，增加实际操作案例，使纳税人知晓政策规定，充分享受优惠政策。

【创新二维码技术应用】将市民密切关注的办税流程、办税场所导航、政策专题等栏目以二维码形式进行展现，“扫一扫”即可通过手机客户端进行阅读、下载、保存，实现线上线下融合，进一步扩大政策解读知悉范围，以信息化技术促惠民公开，以优化公开促高效服务。

【制定政务公开税收管理清单】依照法律规定，明确公开主体、内容、标准和程序，细化各级税务机关税收管理政务公开工作任务，确定落实责任主体，实现了税务机关政务公开工作监督检查的可操作性。

【创新依申请公开】建立部门间工作协调机制，法制部门全程参与依申请公开事项各项工作，积极提供法律意见和建议，提升依法行政水平，及时查找工作疏漏，降低执法风险。

【政务公开教育培训】按照北京市政府信息和政务公开培训工作方案要求，以“分级分层组织、对象全面覆盖、形式丰富多样”为原则，制定地税系统政务公开培训工作安排，举办了11期政府信息和政务公开培训，邀请市政府政府信息公开一处、中国社会科学院法学研究所同志讲解政务公开与政府信息公开工作的内容和要求，参训干部500余人次，实现了对各区（分）局公开工作主管处级领导、工作机构科级负责人和工作人员的业务培训全覆盖，提高了政府信息公开工作人员的业务水平和综合素质。

（张佳会）

会议管理

【综述】2016年，办公室本着厉行节约、务实高效、规范管理、充分挖掘本单位资源的原则合理安排会议，严格控制会议的数量和规模，能够以通知形式安排的工作不召开会议，能够以视频形式召开的会议不召开现场会议，能够利用市局自身资源召开的会议不租赁外单位场地召开会议。着重提高会务组织协调能力，加强会议分口管理，严肃会议纪律。2016年，办公室共承办全局性会议58次，局领导专题会议77次，服务局领导外出调研38次，接待外单位来市局指导工作32次。在确保会议质量的同时着力提高会议费使用效率，圆满完成了精简会议、改进会风的工作任务。

【改进会风提高会议质量】严格按照计划召

开会议，各处室根据党组会议审议通过的会议计划组织召开会议，不批准计划外会议预算；严格会议纪律，因出差、出访、生病、休假等原因不能出席会议的，提前请假，未经同意不得由他人替会，所有会议原则由主要领导汇报，分管领导适当补充，会议期间一律不得接打手机，保密会议将手机提前保存，不携带手机进入会场。

（王笑先）

信访工作

【综述】2016年，市局按照《北京市信访条例》《税务系统信访工作规定》（国税发〔2011〕117号）规定，规范来信来访受理程序，拓展来信来访受理渠道，丰富来信来访宣传内容，实现了信访总量、来信总量、来访总量“三下降”，荣获市委、市政府信访先进集体。

【来信情况】2016年，全市地税系统接受来信614件，同比下降1.76%，主要涉及人事类16件次（2.61%）、违纪类20件次（3.26%）、建议类68件次（11.07%）、申诉类23件次（3.74%）、税务举报104件次（16.94%）、业务咨询383件次（62.38%）。其中，属于信访范畴的信访来信2件次，主要涉及车公庄大街租用车位等方面。

【来访情况】2016年，全市地税系统办公室接受来访17件，同比下降15%。主要涉及人事类1件次（5.88%）、违纪类0件次（0.00%）、建议类0件次（0.00%）、申诉类0件次（0.00%）、税务举报1件次（5.88%）、业务咨询15件次（88.24%）。其中，属于信访范畴的信访来信0件次。

【完善信访工作机制】从事态控制、教育引导、协调联络等方面入手，采取多部门接访工作机制，迅速了解上访人员提出的诉求，努力做好现场解释疏导工作，有效防止上访人员再次上访，及时向信访工作主管领导汇报信访维稳工作进展情况。将突发性信访事件进行完整记录（包括谈话记录、摄像、照相及其他相关资料），总结工作经验，反思工作疏漏，不断提升信访工作质效。

【处理渠道分流】为进一步解决基层信访工作压力大、成本高等问题，对近几年来访人反映的诉求进行科学梳理、分类归纳，针对不同的问题分门别类制定规范的处理流程，对矛盾进行分流，使不同的救济渠道真正发挥其解决合理诉求的效能。目前，税务机关对纳税人权利救济具有纳税咨询、纳税服务投诉、涉税举报、纪检监察举报等专门的解决渠道，在工作机制上逐步提升其解决诉求职能的发挥，例如参与接待来访人，倾听来访人诉求，现场解答来访人提出的疑惑，及时提出解决来访人诉求的方案，大大提升解决问题的效率，有效避免因信息不对称造成的工作困局。

【重大信访事项报告】在特殊时期建立信访日报告制度，要求各区（分）局高度关注容易引发上访的敏感问题，把矛盾和问题解决在基层和当地，化解在萌芽状态，努力防止群体性信访事件。如遇重大信访突发事件，要求各区（分）局立即向市局报告，详细信息（包含时间、地点、信息来源、事件性质、影响范围、事件发展趋势和已经采取的措施等基本要素）最迟不得晚于事件发生后2小时上报，并及时续报相关情况，不得迟报、谎报、漏报和瞒报。

（张佳会）

公文管理

【综述】2016年，市局办公室不断规范公文处理工作，通过开展公文培训、绩效考评、公文案例展览、修订制度规范等一系列措施，提高公文管理工作的质量和效率，提升以文辅政水平。

【提升公文运转效率】加强节点管控，严格执行上级文件办理情况定期反馈机制，公文处理率达到100%；梳理公文质量和运转效率两方面44项指标，对市局机关和区（分）局进行考核，评选优秀公文，按季度通报存在问题，市局机关公文差错率下降60%，区（分）局公文质量有较大提高。

【机关公文展览】与税务总局办公厅联合举办公文展览，从优秀公文展示、差错公文辨析、公文管理先进经验推广等多个角度，全面系统地展示了系统公文运转情况，对于机关干部公文写作能力的提升起到了示范引领作用。

【日常公文管理】2016年，累计收办外单位行政来文5732件，机要文件2970件，外部会议通知1040件，工作签报及内部材料1548份，审核发布各类文件936件，机要交换6714件，协助处室印制材料2617件，使用印章2692次。

（郑光义）

督查工作

【综述】2016年，办公室积极适应新形势、新任务、新要求，认真贯彻落实党的十八届三中、四中、五中、六中全会及习近平总书记重要讲话精神，全面提升目标管理和督查工作水平，有力推动了各项工作落实。全年各类督查事项共计668项，办结628项，办结率94%。在2016年税务总局督查工作分档考评中，市局督查工作被评为第一档次，没有失分项目，得到市局主要领导的充分肯定。

【督查落实】抓好市政府重点工作任务与市

人大建议、政协提案办理的督查落实。办公室加强对市重点工作、建议提案办理工作的跟踪督办以及与承办处室的沟通协调，逐一审核落实责任制、预案和答复意见内容，严把政府信息公开保密审查关，不断提高重点工作及建议、提案办理质量。抓好市委、市政府、税务总局领导批示件的督查落实。对上级领导批示件，要求1个月内向上级报送办理情况报告，协调做好上级领导对市局各项批示事项的督查落实。抓好税务总局重要工作部署的督查落实。组织开展对全面推开“营改增”“两学一做”学习情况、金税三期工程上线及运行情况系统督查，有力确保重点工作顺利开展。对税务总局督查外省市发现的共性问题，组织有关处室和区（分）局开展对照自查，针对发现的问题制定整改措施，并对整改工作进行跟踪督办，限期办结，确保整改到位。

【创新督查方式】深化国地税合作，国地税局办公室成立国地税联合督查工作小组，对北京国地税落实税务总局《国家税务局　地方税务局合作工作规范（2.0版）》83项合作事项进行联合督办。建立市局督查工作和区（分）局督查工作两个微信群，沟通进展情况，提醒按期反馈，形成良性互动，实现以服务促落实。按月通报督查事项落实情况，专项通报加强税收征管工作20条措施落实情况，正式发文通报市局折子工程半年、全年落实情况。按月度、季度编发《地税督查》《督查事项季度分析报告》，加强对督查事项落实情况分析研判，为领导决策提供参考。

【注重工作实效】按照税务总局新修订的机关督办管理办法，修订印发了市局督查工作办法。抓好市局党组会、局长办公会、局领导专题会议决定事项和市局主要领导批示事项的督查落实。重要会议召开后，及时形成会议纪要，并将205项事项及时列入督办，推动任务落实。

（于银涛）

信息工作

【综述】2016年，北京地税信息工作紧扣服务非首都功能疏解、深化国税、地税征管体制改革和税收现代化建设，积极展现工作成果，反映税情民意，为服务决策和推动工作开展提供有力支持。2016年，全系统各单位共向市局报送信息5000余篇，市局办公室经加工、整理、汇总、共刊发专报539期、普刊40期、专刊126期、增刊12期。上报市委、市政府和税务总局信息869篇，其中533篇被采用，13篇被国办采用，18篇获得上级领导批示。在2016年度北京市政府系统政务信息工作考评中，市局名列第1位，市局办公室赵卉竹、李维维被评为“优秀信息工作者”。

【服务科学决策】2016年，信息工作强化与国家政策的时效对接，对涉及重大税收事项调整和重要经济类工作部署第一时间予以关注，组织开展调研分析。完成强化措施稳增长、房产交易新政落实、粮食加工企业经营情况调查、“走出去”企业政策扶持需求等多篇国办专题约稿。截至目前，共上报专题调研类信息25篇，多项简政放权建议已转化为具体工作措施，切实发挥了服务决策的积极作用。

【服务中心工作】新增《税务情报》《内部参阅》《地税专报》等多个刊物，全方位反映系统中心工作运转情况。深化合作，与国税局共同设立《国地税专报》，向北京市、税务总局主要领导报告北京市税务工作整体开展情况。2016年，共发布《地税专报》13期、《深化国税、地税征管改革专刊》22期、《经验交流专刊》71期、《区县领导关心指导地税工作专刊》5期、《市局领导批示摘要》6期、《专题会议特刊》28期，报送《国地税专报》32期，多次得到上级领导肯定性批示。

【反馈基层心声】针对基层执法中存在的问题，在定期编发问题建议增刊的基础上，对突发情况进行第一时间反馈，个人所得税申报系统变更、重大案件查办、京外保险机构代征车船税问题等重要情况，均以信息形式最短时间报送局领导，推动工作开展。在“营改增”扩大试点和金税三期工程上线过程中，面对系统转换和基层执法面临的各种问题，主动约稿，将所有问题建议汇总，形成专题刊物，促使同类问题得以系统解决，有力辅助了工作运转。基层报送信息踊跃性显著提升。

【组建政务信息团队】为最大限度畅通信息渠道，搜集信息资源，反馈税情民意，培养一支专业化、能力强、综合素质过硬的信息员队伍，2016年，市局在全系统组建成立约150人的信息工作团队。改变以部门为信息报送模式的单一格局，团队成员分组，以政策解读和数据分析为方向，加强经济热点对接和第三方数据应用，开展多角度信息采集和深度调研，最大限度提高信息含金量。团队每季度召开分组研讨会和信息工作片会，集中研究信息报送方向和选提计划。同时，建立信息团队微信群、QQ群，通过交流平台，会商信息报送要点。

【建立快速调研响应机制】税务机关是与企业联系最为密切的执法部门，针对中央和北京市有关经济政策落地执行情况，市地税局会同市国税局第一时间对税收数据进行分析，并借助职能优势，建立了自下而上、畅通高效的快速调研工作机制，即两局办公室联合下发约稿通知，各区国地税第一时间交业务科室选取企业名单，名单汇总筛选后，转交各税源管理所，税源管理所对照名册与企业联系，通过走访、座谈、电话等方式收集情况，区局汇总整理后报送市局机关，市局机关统一进行联合采编，为领导决策提供最快的第一手材料。

【多部门协同】为提高信息的真实性、准确性和全面性，市地税局除与市国税局联合报送税收信息外，与市财政局、市工商局、市经信委、市科委、市商务委、中关村管委会等单位均建立了良好的信息合报机制，不仅在信息撰写上多方面搜集素材、多角度反映情况、多层次审核把关，更在业务合作和数据共享层面建立了多维度的协作机制，促进了综合经济部门工作的统筹推动。

（赵卉竹）

税收宣传

【综述】 2016年税收宣传工作以疏解非首都功能、推进京津冀协同发展、深化国地税征管体制改革、全面推开“营改增”试点、推广上线金税三期工程等为重点，共组织刊发新闻稿件1000余篇，举办新闻发布会27次，播出《税收天地》栏目28期，编辑出刊《北京地税》杂志14期，监测并妥善应对处置负面舆情43起，发布微博3728条，报送20部公益广告、获奖5部。全年获得省部级以上领导批示4次，省部级以上荣誉10项，收到中央和国家机关感谢信3封，为持续推进首都税收现代化建设发挥了积极作用。

【构建大宣传格局】 始终把宣传工作作为一项重要任务，与税收业务工作紧密结合，一同部署，一同落实，一同推进。市局主要领导带头谋宣传、促宣传，亲自撰写署名文章，当好税收宣传带头人。全系统各单位、各部门领导宣传职责意识日益增强，“一把手”直接督导宣传工作。健全各项宣传制度，每季度召开税收宣传工作联席会议，定期总结交流，明确工作要点。

【服务税收现代化建设】 加强政策解读，围绕重点工作开展专题性、系列化报道，组织召开新闻发布会集中采编改革成果。创新改版《北京地税》杂志，已成为学习贯彻上级指示精神、交流工作经验、传播税收文化、弘扬先进典型、展示北京地税形象的重要平台。做精做强《税收天地》栏目，得到王军局长肯定性批示，已纳入税务总局对外宣传平台。加强税收普法示范基地建设，打造北京税务博物馆、密云少年税校为税收普法教育平台，增强税收宣传影响力。北京地税发展陈列展全面展示首都地税事业科学发展的光辉历程，全年共接待局参观人员24批217人。

【发挥宣传月辐射效应】 加强顶层设计，紧密围绕“聚焦‘营改增’试点，助力供给侧改革”的税收宣传月主题，统一部署，联动发力。通过召开新闻发布会、主题座谈会、政策解读会等多种形式，增进社会认同；联手北京交通广播，唱响地税之声；开辟报纸专栏，报道改革进展；制作“攻坚战”纪录片，展示基层一线；增设“两微一端”专题，弘扬税改新风。主题突出，重点鲜明，活动丰富，各种宣传载体集成矩阵优势，开展全角度税收宣传。

【完善税收宣传各项保障】 修订完善并印发《北京市地方税务局税收宣传工作管理办法》等制度，确保税收宣传、舆情管理有规可依。强化人才培养，以岗位轮训、骨干培训、联合组稿、媒体实践等多种方式，锤炼培养宣传队伍，成效显著，成果突出。

【提升舆情管理水平】 完善标准规范，修订《北京市地方税务局涉税舆情管理办法》。强化舆情监控，对全市范围涉税舆情实施不间断监测。妥善应对处置，按照“属地管理、分级负责、谁主管谁负责”的原则，积极落实回应责任。加强与市委宣传部、市网信办、税务总局新闻办以及主流媒体、主要网站的协作，提升舆情应对能力。

（林尚佳）

调 研 工 作

【综述】2016年，全市地税系统认真贯彻落实市委、市政府和税务总局关于调研工作的决策部署，围绕税收中心工作，扎实推进精品战略，深入开展课题研究，加强调研人才培养，不断深化外部合作，切实服务领导决策，调研成果转化数量和质量稳步提升，取得了丰硕成果。市局继2013—2014年度后，连续第二次获得“北京市调查研究工作先进单位”称号。

【调研成果质量提升】全系统共实现调研成果转化507项。其中，外部成果转化400项，包括省部级领导肯定性批示3项，税务总局司局级领导批示4项，区主要领导批示41项，外部刊物发表304项，形成制度规范17项，出版书籍2本，获得各类奖项29项。《京津冀协同发展税收问题研究》《发挥税收职能作用　服务北京疏解非首都功能的思考》《关于“营改增”相关问题的调研报告》得到市领导批示。《个人所得税改革方案及征管条件研究》《我国养老服务业税收政策创新研究》《关于北京市社会保险费征收体制改革的研究》获得税务总局相关领导批示。《全面实施“营改增”后地方税收征管模式探讨》《公民纳税遵从意识的测量及分析》《完善股权转让个人所得税征管研究》等文章在税务总局和市委调研刊物上发表。《“互联网+税务”相关法律制度建设研究》获得税务总局征文一等奖。

【领导带头作用增强】市局党组高度重视调研工作，召开党组会审议年度重点课题计划。市局领导亲自选题、定题，围绕个人所得税改革、党风廉政建设主体责任、税收执法权监督、税收强制执行、高风险纳税人定向稽查等热点、难点问题，深入开展全局重点课题调查研究，共实现成果转化31项，其中，杨志强局长主持的《京津冀协同发展税收问题研究》获得北京市优秀调研成果一等奖。处级领导干部主动牵头开展课题研究，认真撰写调研文章，有力地促进了本部门、本单位调研工作的开展。

【服务决策成效显著】全系统围绕税收改革和首都经济社会发展的重点领域，紧密结合地税工作实际，深入开展调查研究，为科学决策提供了有力参考。《个人所得税改革方案及征管条件研究》结合税收征管实际，提出了个人所得税改革路径选择和相关措施建议。《京津冀协同发展税收问题研究》《关于发挥税收职能作用　服务北京疏解非首都功能的思考》《北京市文化创意产业发展的税收思考》为市政府决策提供了重要参考。《北京地税推进绩效管理的实践与思考》《“营改增”后地方税收征管模式探讨》《关于金三时代如何实现管理进步的几点思考》《关于防范“营改增”工作中风险点的几点思考》等调研促进了税务总局重点工作任务的开展。《北京市税收保障办法立法调研》《关于政府机关建立总法律顾问制度的思考》《加强和改进优秀年轻干部培养选拔的实践与思考》推动了市局相关重要制度的建立健全。《完善中关村示范区高新技术企业税收政策研究报告》为上级单位完善股权激励税收政策提供了决策参考。

【课题攻关模式创新】建立处室牵头、区局合作、团队研究的重点课题攻关模式，增强了系统调研工作的整体合力。市局研究室、个人所得税处、财行处、征科处、稽查处、数据处等处室与西城、石景山、大兴等局，发挥优势，紧密合作，形成了《股权转让个人所得税征管问题研究》《大众创业　万众创新模式下税收问题研究》《农村集体经营性建设用地入市背景下税收问题研究》等精品调研成果。

【调研人才培养取得突破】坚持“高水平、小规模、重特色”的建设理念，选拔26名优秀青年干部组建北京地税系统税收调研团队，围绕“自然人税收征管制度构建”和“税制改革新形势下地税发展新思路”两个专题开展课题攻关，共形成9篇调研报告。采取专家授课、专题培训、交流实践、参与课题、深入企业调研等多种形式加大对团队成员的培养力度。举办北京地税调研骨干培训班，全系统共103人参加。邀请税务总局科研所、市发改委、市编办和《税务研究》编辑部有关专家进行授课，组织调研骨干分组交流，系统调研工作水平得到提高。

【外部合作水平提升】深化与高等院校、科研院所的战略合作。与北京国家会计学院、首都经济贸易大学建立战略合作关系。与中国社科院财经战略研究院合作完成《个人所得税改革方案及征管条件研究》，与中国人民大学合作开展《税收服务供给侧结构性改革研究》。充分发挥北京税收法制建设研究会、北京市国际税收研究会、北京市地方税务学会的专业优势，完成《关于落实党风廉政建设主体责任的思考与实践》《深化征管体制改革下大企业税收风险管理探讨》《关于以风险管理为导向全面提高征管工作质效的思考》《关于北京市社会保险费征缴体制改革的研究》等课题。

（李兴宇）

外事工作

【综述】2016年，外事工作加强出访管理，从严控制出访团组和出访人员，重新梳理出访流程，紧密结合市局工作实际，保障重点团组的出访任务。组团赴德国进行环保税培训及赴中国台湾开展学习交流，积极服务第十届税收征管论坛（FTA）大会。全年共组派27个团组58人次出访培训或调研学习，做好20多个国家、驻华使馆与国际组织48位税务局长到市局的访问接待工作，积极筹备外事工作20周年成果展呈现北京地税外事工作20年来对税收中心工作做出的积极贡献。通过总结交流，开阔了视野，增长了见识，解决了税收工作中的实际问题，也为税收征管改革提供了有益的思路和借鉴，收到了良好效果。

【筹备外事工作20周年成果展】为系统回顾市局外事工作20年来取得的成绩，展现外事工作对税收中心工作发展的促进作用，筹备外事工作20年成果展，多角度、全方位地展示外事工作取得的成果，呈现北京地税外事工作20年来对税收中心工作做出的积极贡献。

【外事接待工作】积极服务第十届税收征管论坛（FTA）大会，做好20多个国家与国际组织48位税务局长到市局的访问接待工作，进一步促进了北京地税征管工作与国际接轨。顺利接待了多国驻华使馆税务官员、欧洲和日韩国税厅长官、经济合作与发展组织（OECD）、国际财政文献资料局（IBFD）等机构人员到市局交流，拓宽了北京地税与各国税务机关的合作渠道，搭建了向世界各国宣传中国税收历史的桥梁。

【领导带队赴德国培训】2016年10月9日—22日，北京市地方税务局由沈永奇总经济师担任团长，14人组成了培训团，培训团成员包括市财政局、市地税局、市环保局。培训团对德国税收工作整体情况、环境税制进行了为期14天的培训学习，培训团先后访问了德国巴伐利亚州财政部、巴伐利亚州税务总局、慕尼黑税务分局等相关部门；西门子公司、安永会计师事务所、GIZ（德国国际合作机构）、宝马公司等会计师事务所和大型公司及慕尼黑大学等高等院校，分别就税收管理、税务稽查、环境保护税等方面进行了学习和交流。

【积极转化出访成果】所有出访团成员回国后，根据出访任务认真撰写出访报告，共享出访成果，对促进税收工作起到积极作用。

（王笑先）

保密工作

【综述】2016年，北京市地方税务局认真贯彻落实税务总局、各级保密局、密码局各项保密工作要求，积极开展各项保密检查工作，监督各项保密制度执行，开展保密教育培训，加强保密管理，全局保密管理工作得到有效加强，干部保密意识显著提升，全局全年未发生失泄密事件。

【保密检查】根据北京市国家保密局相关文件要求，积极开展保密自查工作。通过自查，及时查找、堵塞漏洞。针对个别兼职保密干部存在的认识不清、责任感不强等问题进行了警示教育。

【教育培训】全局本年订购、发放保密宣传教育图书1968本。为新任领导干部和涉密人员配发《党政干部和涉密人员保密常识必知必读》及保密法制系列宣传教育材料。为市局机关干部订阅《保密工作》月刊。组织开展党政干部和涉密人员保密知识专题讲座，邀请国家保密学院副院长就保密法制相关概念、经典案例、涉密要点进行专题讲解，全体局领导以及各单位有关负责人、专（兼）职保密干部216人参加。

【保密管理】完善涉密文件管理，定期开展涉密内部文件销毁工作。为市局机关处室定制、发放专用密码柜，进一步规范涉密文件保管。

（王　鹏）

2016 年度北京市地税系统政务信息工作考评通报名单

一、信息工作优秀单位（21 个）

北京市地方税务局收入规划核算处
北京市地方税务局征管和科技发展处
北京市地方税务局财产和行为税管理处
北京市地方税务局稽查处
北京市顺义区地方税务局
北京市海淀区地方税务局
北京市通州区地方税务局
北京市大兴区地方税务局
北京市房山区地方税务局
北京市朝阳区地方税务局
北京市东城区地方税务局
北京市昌平区地方税务局
北京市密云区地方税务局
北京市怀柔区地方税务局
北京市门头沟区地方税务局
北京市石景山区地方税务局
北京市丰台区地方税务局
北京市延庆区地方税务局
北京市西城区地方税务局
北京市平谷区地方税务局
北京市地方税务局开发区分局

二、优秀信息工作者（25 个）

北京市地方税务局收入规划核算处　林　虎
北京市地方税务局征管和科技发展处　王志杰
北京市地方税务局财产和行为税管理处　沈　媛
北京市地方税务局稽查处　葛　玮
北京市顺义区地方税务局　张　上
北京市海淀区地方税务局　冯健勃
北京市通州区地方税务局　王　烨
北京市大兴区地方税务局　李元凤
北京市房山区地方税务局　马宏伟
北京市朝阳区地方税务局　王思檬
北京市东城区地方税务局　李慧媛
北京市昌平区地方税务局　韩晓君　高　翔
北京市密云区地方税务局　董佳奇　赵志威
北京市怀柔区地方税务局　王艳红
北京市门头沟区地方税务局　王梓璇
北京市石景山区地方税务局　李　元　高志新
北京市丰台区地方税务局　石冬冬
北京市延庆区地方税务局　林杜鹃
北京市西城区地方税务局　于　莉
北京市平谷区地方税务局　李冬莲　战香名
北京市地方税务局开发区分局　李春澍

税务博物馆建设

面向社会开放参观

【综述】北京税务博物馆复建落成后，经过为期半年的试运行，2016 年 5 月正式向社会公众免费开放。作为税收文化宣传的窗口、税收普法教育的重要平台，北京税务博物馆强化组织领导、创新宣传载体，把税收文化宣传和普法教育与博物馆展览展示、推广宣传工作有机结合，丰富活动载体和内容，让税收文化生动有趣，充满活力。

【重大接待任务】北京税务博物馆积极配合税务总局接待工作，制定详细的接待方案，全力做好第十届税收征管论坛（FTA）大会与会官员的参观接待，获得国家税务总局局长王军表扬。并陆续接待了部分国家驻华使馆税务和经济官员、日本国税厅长官一行和韩国国税厅代表团一行等，收到国际税务司来函表扬。

【新闻发布会】北京税务博物馆于 2016 年 5 月 13 日召开面向社会开放参观新闻发布会，并举行朝阳区中小学生社会大课堂揭牌仪式。发布会由市局副局长、新闻发言人王炜主持。市局副局长吕兴渭、朝阳区教委副主任姜继为共同为“朝阳区中小学生社会大课堂教育基地”揭牌，并接受了新闻媒体的现场采访。北京电视台、北京广播电视台、《法制晚报》《劳动午报》、新华网等多家媒体参加了新闻发布会。

【日常参观接待】经过开馆试运行阶段，博物馆不断总结经验，日常参观接待工作逐步成熟，有序开展了个人和团体预约参观接待工作，建立了有关参观接待及讲解员工作规范等规章制度。中国社会科学院、中央财经大学、首都经贸大学、河北经贸大学等高校，中国钱币博物馆、中国海关博物馆、故宫博物院等博物馆，河北、四川、上海、新疆、重庆、江西、内蒙古、湖南、山东等外省市税务部门，中国国际税收研究会、北京国际税收研究会、中国注册税务师协会等社团组织，安永、普华永道、德勤华永会计师事务所、慧算账、泰康人寿、乐视网、首旅集团、同仁堂集团、首钢集团等大型企业，通过各种途径得知北京税务博物馆，纷纷慕名前来参观。截至 2016 年底，北京税务博物馆共接待来自社会各界的参观 9000 余人次。

社会宣传与推广

【综述】 紧紧围绕“传承税收历史，弘扬税收文化”这一宗旨，北京税务博物馆面向社会公众，开展多渠道的宣传，开拓新思路、新方式。将传统与创新相结合。

【媒体宣传推广】 与中央电视台国际频道合作录制《国宝档案》两期节目，并应邀参与北京电视台《锐观察》录制宣传节目，通过新华网、凤凰网、《北京日报》《北京青年报》《中国税务报》、中央人民广播电台等各个渠道多次刊登、播出税务博物馆新闻动态，北京税务博物馆获得了社会的广泛关注。印制FTA《北京税务博物馆纪念邮册》，2015年8月出版发行的《北京税务博物馆藏品鉴赏》2016年已被中国税务出版社推荐参评第六届中华优秀出版物奖子项奖的图书奖。

【落实基地挂牌】 在全国税收宣传月及国家宪法日等重大活动期间，北京税务博物馆集中力量抓好税法普及宣传工作。2016年，北京税务博物馆被评为朝阳区“中小学生社会大课堂教育基地”和“爱国主义教育基地”，挂牌成为“密云区少年税校税收实践基地”。

【青少年税法宣传活动】 为中小学生编写更为浅显易懂的青少年版讲解词，与丰台区国税、地税、密云区国税、地税联合开展青少年税法宣传，接待东城区府学胡同小学、北京第五十七中学、朝阳实验小学、北京电子科技职业学院、北大附小丰台分校和密云区少年税校的师生及家长参观。

【建设税务博物馆网站】 2016年5月，北京税务博物馆官方网站上线。官网设置了税博资讯、税史研究、走近税博和参观指南等模块，方便访问者能够查看税务博物馆最新的新闻资讯、实时动态、馆藏精品和预约方式等信息。北京税务博物馆不定期进行信息更新与维护，做好宣传推广工作。

【打造微信平台宣传新格局】 2016年10月，北京税务博物馆微信公众号上线。税博资讯已更新20余篇，微信语音导览提供中英文语音导览，参观者可以通过输入与文物相对应的号码，收听到相应的展品介绍。目前很多参观者使用这一功能收听参观语音导览，丰富了参观体验。借助“北京地税”微信公众号平台，每周五为北京税务博物馆推送“税游北京”的专题栏目。截至2016年底，已推送18期，网民关注度较高，阅读总量达14788次，获得170次点赞。

税收文物史料征集与保管

【综述】市地税局、市财政局、市国税局达成一致意见，计划在已建成的北京税务博物馆基础上，联合共建北京财税博物馆，旨在传承中国悠久的财税历史文化，弘扬“为国聚财、为民收税”“取之于民、用之于民”的财政税收文化。为丰富馆藏藏品，同时也是为博物馆下一步的易址重建做准备，2016 年北京税务博物馆加大征集力度，继续深入开展税收文物史料的征集工作。

【申请扩建北京税务博物馆】北京市地方税务局联合市财政局、市国税局计划在现有北京税务博物馆基础上扩充保证国家财力、财政监督的内容，建设北京财税博物馆。2016 年，市局已向市政府申请在各委办局搬迁城市副中心后调剂一处 15000 平方米的办公用房作为新馆馆址，此项请示得到了常务副市长李士祥的重视，给予了同意批复。新馆的展区初步设计将包括基本陈列室、专题陈列室、临时展厅、青少年活动室、体验厅、音视频播放室等部分。

【征集税收文物史料】一是考察文物市场，自行购买文物。考察山东德州、河北邯郸、江西南昌和井冈山等地文物市场，购买各类文物 4218 件。二是加大力度系统内征集，扩充征集力量。通过系统内征集到知名人士和知名企业税收文物史料 4200 余件；抓住“营改增”节点，征集各类缴款书、发票等 53 件；委托各区县局税务学会成立文物征集办公室协助征集文物史料，并定期召开会议，总结相关情况。三是增强文物储备，自行挖掘税务档案。在档案处的协调帮助下，集中收集了 500 强企业和老字号企业各类税务档案 2413 件。四是接受社会各界捐赠，扩充文物来源。接受同仁堂、普华永道公司捐赠文物资料 600 余件；接受系统内外的团体和个人捐赠的文物 754 件，这些文物大大丰富了北京税务博物馆的馆藏，填补了相关领域的空白。五是主动协调，配合上级部门划拨征集。协调税务总局，征集到税务总局搬迁过程中产生的税收文物史料 1833 件；征集到 26 个省、自治区、直辖市和计划单列市地税局和西藏国税局的发票共 3726 种；接受税务总局划拨的 FTA 大会期间相关国家和组织捐赠的 45 件物品。六是充分利用网络资源，征集相关文物。利用互联网，在孔夫子网选定与税收有关的古旧书籍、杂志和票据 300 余件。

【库房文物保管工作】一是有序开展日常保管工作。设专人管理文物库房以及文物的登记入库，保证文物账目的清晰完整、借出换入的手续齐全，确保库房文物的安全。二是加大力度完成库房文物账目整理。集中人力、物力重新整理完善了库房文物账目，做到各类文物账目、位置清晰。三是配合展厅调整精选文物。为完成部分展品和展柜调整工作，对文物进行了精心的整理和挑选。

博物馆干部队伍建设

【综述】北京税务博物馆高度重视过硬的政治素质对严格履职的影响，努力造就政治过硬、作风优良、道德高尚的知识型高素质干部队伍，以适应新形势下对税务博物馆工作的要求。

【政治学习】以提高全体干部综合素质为目的，以强化业务学习为着力点，带领干部定期学习党中央的精神，学习市委、市政府的工作会议精神，准确领会税务工作会的精神实质，坚决贯彻执行局党组所做的指示，教育干部树立正确的大局观，坚持政治立场，更新观念，注重理论联系实际，加强业务知识和技能的学习。

【干部队伍】吸收专业人才，努力塑造一支素质高、专业能力强的干部队伍。组织干部努力学习政治、经济、外语等业务知识，扩大知识层面，丰富知识结构，进一步提高为广大参观者服务的水平。按照市局的要求，结合工作实际，坚持以人为本，大力弘扬正气，树立身边先进典型，以进一步加强与增进处室的思想政治建设和税收文化建设，推动领导班子和干部队伍建设的制度化、规范化、长效化。

【廉政学习】响应局党组要求，全面传达文件精神，对照重点检查内容，结合北京税务博物馆工作实际情况，积极开展动员部署。坚持纠建并举的工作方针，从源头上预防，不断学习党风廉政建设的有关规定，提高全体公职人员的廉洁从政意识。组织干部深入学习党中央指示和习近平总书记一系列重要讲话精神，把落实党风廉政建设责任制摆在北京税务博物馆工作的重要议事日程着力抓好落实。切实做到把党风廉政工作与本职紧密结合，做到党风廉政建设和博物馆工作两手抓、两手硬。领导班子成员认真履行“一岗双责”，抓好职责范围内的党风廉政建设。

（郑薇薇）

后勤工作

财 务 管 理

【综述】2016 年，系统财务工作在市局党组的正确领导下，在主管局长的精心指导下，紧紧围绕税收中心工作，凝心聚力，开拓创新，脚踏实地，砥砺前行，充分发挥服务保障、监督管理等职能，在规范预算管理、突出科学理财、狠抓绩效评价、完善内部控制、加强信息化建设、推进北京地税系统经费垂直管理等工作中取得明显成效。

【预算管理】坚持绩效原则，保障重点支出，扎实做好年度预算工作。在对决算数据进行科学分析的基础上，进一步规范了 2016 年预算编制和执行工作，切实形成了预算编制有目标、预算执行有监控、预算完成有评价、资金投入有效益的预算管理模式。坚持实事求是、勤俭节约、量力而行和效益最大化原则，重点保障征管改革和税收现代化建设，严控“三公”经费等一般性支出，为金税三期工程、“营改增”等重点工作的顺利开展发挥了积极作用。

【经费保障】2016 年，部门内部预算安排经党组会审议通过后，及时召开专题会议，将内部预算下达至二级预算单位和各处室。同时，结合财务制度的新要求，加强财务人员培训指导，使预算管理、借款报销等日常财务管理工作更加规范、有序。

【支出管理】通过严把签报审批、合同签订、资金拨付、开支报销等环节，确保了各项资金安全、合理、有效的使用，达到了共同监管、控制预算、降低成本、加强管理的目的。一是加强经济合同备案管理。健全了《北京市地方税务局合同备案情况台账》，对项目处室、合同名称、合同期限、付款方式、合同价款支付情况等内容进行了翔实登记，为基础信息查询提供服务。二是严格公务卡结算目录。作为规范公务消费的一项重要举措，市局高度重视、严格执行、有序开展、不断深入，力促公务卡报销、还款工作常态化，充分发挥了公务卡的使用效益。三是坚持预算执行情况月通报制度，确保各项支出依法合规。

【服务保障】强化主动意识，落实政策规定，持续提升服务质量。一是继续做好职工住房公积金和住房补贴缴存工作。按照北京市房改办相关文件精神，预算下达后，根据计算得出的职工补贴明细，及时向市公积金管理中心缴存补贴资金。二是按时发放补贴和缴纳干部职工保险。及时筹措资金，足额发放交通补贴、市内公务活动交通费、物业费和取暖费。按时缴纳养老、医疗、工伤和生育保险，切实做到不欠缴、不缓缴、不漏缴，保证了每位干部职工的工作和生活待遇。

【财务监督】积极配合审计部门对市局 2015 年度预算执行情况的审计工作，认真制订审计工作计划，按照审计范围逐条进行了梳理，对预算管理基础工作、预算执行情况、财务管理情况、存量资金情况以及行政经费支出情况进行了全面自查。通过此次审计工作，夯实了财务管理基础，提高了财政资金使用绩效，促进了中央八项规定、国务院“约法三章”及北京市实施意见的贯彻落实。积极构建厉行节约的长效机制，努力降低行政运行成本，市局2016年“三公”经费财政拨款支出数307.02万元，比2015年减少238.22万元，降幅43.69%。

【绩效跟踪】强化支出责任，提高资金效益，积极开展财政支出绩效跟踪工作。从5月开始，按照“以突出体现本部门职能、社会关注度较高、金额较大的项目及重大政策为重点进行跟踪”及“重点项目个数原则上应不少于部门年度预算项目总数的30%”的要求，从8个二级预算单位挑选了15个项目进行了绩效跟踪。6月底前，完成了《2015年财政支出绩效跟踪报告》；7月中旬，完成了《2016年上半年财政支出绩效跟踪报告》，促使“优化资源配置、节约行政成本”成为自觉行动。

【预决算公开】扎实准备，认真核实，报请党组会审议通过后，按照统一格式、统一口径、统一时间的要求，2016年预算、2015年决算分别于3月、8月在北京市政府信息公开网站上进行公开，主动接受社会监督，促进节约型机关建设。

【宣传培训】及时将中央的财经法规政策、北京市的财经制度规定，以会前学法的方式组织领导干部集体学习，以督促检查、总结讲评的方式鞭策各级财务干部主动学习，以在内网办公系统专栏公开的方式对干部职工进行广泛宣传，强化了领导干部遵章守纪意识，提高了财务干部履职尽责能力，保证了广大干部职工的知情权，促进了财务规章制度有效落实和财务工作健康发展。

【内控建设】为了推进服务型机关建设，从9月开始，以“制度梳理，流程再造，风险防控”为主线，积极开展了内控建设工作。一是认真制定方案。根据上级相关要求，结合市局工作实际，9月初，制定了《北京市地方税务局财务内部控制实施方案》，做好前期部署、处室协调、进度跟踪、信息报送等工作。同时，认真编写宣传提纲，切实增强工作效果。二是扎实开展自评。9月30日前，按照《行政事业单位内部控制基础性评价指标评分表》，分两个层面（单位、业务），对36项指标组织了内控自评，并按期上报了评价得分情况。三是及时报送总结。认真归纳总结内控体制机制建设中存在的问题，修改完善工作流程和经济业务流程，提出风险管控措施，制定了《单位内部控制手册》。

【信息系统建设】按税务总局要求，“三代”手续费管理信息系统作为市局特色软件予以保留，并与金税三期工程进行数据对接。在对接过程中，市局与系统开发人员反复沟通、共同攻关，科学制定对接方案，认真组织系统测试，不断改进系统功能。在系统开发中，市局坚持银行账号、收款人名称及税款相关信息严格从源头金税三期工程中取数，各环节均无法手工录入和修改，最大限度降低资金支付风险，保证资金准确退付到纳税人在税务机关备案的银行账户内。2016年，共支付3.32万笔、20.19亿元，有力地维护了纳税人切身利益。

【经费垂直管理】认真贯彻市委、市政府决策部署，大力推进北京地税系统经费垂直管理。加强组织领导，及时成立了经费垂直管理工作办公室，划分为财务、人事、资产3个小组，组织开展了制度梳理、资料收集、数据填报等基础性工作。积极沟通协调，研究制定了《北京市财政局　北京市地方税务局关于北京地税系统经费垂直管理工作方案》。市局领导高度重视，杨志强局长主持召开经费垂直管理工作专题会议，听取了工作进展情况的汇报，讨论了工作方案，提出了制度汇编、考察借鉴等工作要求，促进了经费垂直管理工作的顺利开展。注重协作配合，认真召开了市财政局、市地税局联席会议，确定以2017年9月按照市级部门预算要求编报2018年预算为倒计时起点，对各项工作倒排工期，超前谋划，提前介入，狠抓落实。加强制度梳理，夯实管理基础，认真修订完善了与公务卡结算、经费支出规程相关的规章制度。

【培训中心转制】 按照市政府关于全市培训中心整改工作部署和市局党组相关工作要求，在资产管理处、人事处、法制处、工会、机关后勤服务中心、干部培训中心、老干部活动中心、昌平区地税局等职能部门和单位的密切配合下，强化协调沟通，积极攻坚克难，干部培训中心转制工作取得了积极进展。截至12月30日，除房产土地权属证明正在办理外，30名编内人员得到了妥善分流安置，职工购房款及公共维修基金已足额上缴，资产顺利办理了交接手续。

（韩　波）

资产管理与政府采购

【综述】 资产管理处主要职责是负责本系统的基建、装备、资产管理等工作，负责机关政府采购工作。

【固定资产管理】 严格执行《北京市市级行政事业单位国有资产处置管理办法》（京财资产〔2015〕33号）、《北京市市级行政事业单位国有资产配置管理办法》（京财资产〔2015〕129号）、《北京市地方税务局固定资产管理办法》（京地税资产〔2015〕132号）、《北京市地方税务局固定资产信息维护试行办法》和市财政局其他有关文件要求，积极做好固定资产管理工作。截至2016年底，全系统固定资产规模约34亿元，其中：市局6.6亿元，直属分局2亿元，区局25.4亿元。严格按标准配置资产，加强固定资产调拨和调剂，提高资产使用效率。2016年市局共入库、调拨、调剂固定资产3667件，金额1214.28万元；处置固定资产816件，金额3280万元。优化并用好资产管理信息系统，适时推广到各个区局，切实做到以信息化手段加强固定资产动态管理。巩固资产清查成果，及时做好信息维护，实现条码跟踪，信息可视化。

【政府采购规范管理】 严格执行《中华人民共和国政府采购法》及其实施条例、《北京市财政局关于印发北京市2016—2017年政府采购集中采购目录及标准的通知》（京财采购〔2015〕1974号）、《政府采购竞争性磋商采购方式管理暂行办法》（京财采购〔2015〕171号）、《北京市地方税务局采购实施办法》（京地税资产〔2015〕135号）及市财政局相关文件要求，依法履行政府采购程序。积极完善北京地税系统政府采购制度，规范购买税务服务行为。2016年12月，制定《北京市地方税务局关于进一步规范和加强政府采购管理工作的通知》（京地税资产〔2016〕269 号），提出明确工作职责、强化预算约束、加大公开力度、完善监管体系等规范和加强政府采购管理工作的意见。同时，制定《北京市地方税务局政府购买税务服务管理办法（试行）》（京地税资产〔2016〕268 号），从购买主体和承接主体、购买内容、采购项目管理、采购方式及程序、监督管理等方面加强对政府购买税务服务行为的管理。

【政府采购内控建设】由专人负责政府采购工作。对于重要或复杂项目，编制招标文件时组织专家论证。发售招标文件前由法制处进行审核，并由分管资产管理局领导和分管项目局领导共同审批。严格实行回避制度，凡与供货商有利害关系的人员，均不得参与招标、谈判、磋商、询价和评估工作。抽取评标专家、开评标等关键环节由监察处派人参与，实行全程监督。

【政府采购规模效应】2016 年，完成了金税三期工程基础环境升级改造、咨询服务平台外包服务、税收数据综合查询升级改造、北京市地方税务局和北京市国家税务局机关办公楼变配电设备更新、2016 年和 2017 年《税收天地》电视栏目等 19 个项目政府采购工作，预算金额 6495. 67 万元，中标金额 6456. 93 万元，节约金额 38. 64 万元，节支率为 0. 59%。履行政府采购协议供货程序 67 批次，申请金额 627. 26 万元，合同金额 606. 29 万元，节约金额 20. 97 万元，节支率 3. 34%，主要为台式计算机、笔记本电脑、打印机、多功能一体机、空调、复印机、监控设备及办公家具等。通过严格履行政府采购程序，有效节约了财政资金。

【基本建设管理】严格执行《北京市地方税务局办公用房维修改造管理办法》（京地税资产〔2015〕133 号）、《北京市地方税务局基层税务所修改造管理办法》（京地税资产〔2015〕134 号）及市财政局其他有关文件要求，积极做好基建管理工作。2016 年，全系统已完成西城区新街口税务所、海淀区北部集中办税服务厅、密云区西税务所综合楼、密云区水库税务所、昌平区十三陵税务所、顺义区张镇税务所、顺义区原机场分局 7 个项目的维修改造；朝阳局第一税务所正在实施维修改造。同时，协调计划财务处同意昌平局、通州局调剂使用基层税务所维修改造资金 184 万元。通过改善基层税务所办税环境，保障税收中心工作顺利开展。

【服装管理】根据市局党组会审批的 2014—2016 年税务制服换装计划，按照进局时间，分批分期开展新进人员税务服装量体试衣、制作加工、成衣发放和售后服务工作。2016 年，分三批完成全系统新进人员 342 人春秋装、夏装、冬装、防寒服、毛背心、皮鞋皮带及相关税务标识的配发工作，首次实现新进人员入职三个月内完成配装工作的目标。充分提升了配装工作效率，确保了税务工作人员的整体形象。

（闫小荣　张俊豪　郭仕成　王雅红）

后勤管理

【综述】2016年，后勤服务中心认真贯彻落实局党组总体工作部署和要求，在主管局领导的具体指导下，在机关处室的支持配合下，以服务好机关工作，服务好职工生活为原则，紧扣服务和管理的两条主线，努力在为地税事业的科学发展和完成税收中心任务上提供到位的服务和必要的支持，坚持为机关干部、职工创造安全、舒适、整洁的工作环境，圆满完成了各项服务保障工作。

【基建工作】以标准为依据，进一步做好办公用房达标整改工作，实现各处室办公相对集中、集约节约的目标。严格计划管理、强化工期意识，狠抓工程进度、质量和安全管理，确保基建维修改造顺利推进。全年完成车公庄办公区浴室维修改造、地下二层库房维修及分配、自行车棚和东侧平台维修改造、博物馆屋顶防水维修、马甸办公楼电梯采购更新等各类工程，保障并优化了环境，得到领导干部的好评。

【节能减排】继续深入抓好物业安全管理。做好各类设备设施的安全检测和维修工作，确保消防、水电、供暖、电梯等设备的安全运行。响应节能办公，强化节能管理。周六日实行电梯单梯运行。严格节水、节电和节气管理。根据局领导的指示精神，建立中水处理系统，完善水资源的循环利用。

【后勤服务保障】做好医疗保健、基本医疗保险管理、计划生育、体检、献血等各项工作。全年门诊在1.5万人次左右，人民医院远程预约挂号1500人次，完成市局306名干部职工洁牙工作，完成市局780人的体检册的发放工作。全年完成各处室报刊订阅522份。对70名在职未达标老职工补报了住房补贴并进行公示。为16名无房新职工进行了住房补贴并协助其办理了住房公积金相关手续。完成对市局职工金雅园76套房屋产权的过户手续，解决了历史遗留问题，极大地排解了部分干部的后顾之忧。为推进节约型机关建设，强化机关内控建设，针对办公用品使用过程中存在的问题，2016年开始由机关后勤服务中心设立专人，对全局工作人员的办公用品领用、发放进行管理和登记，改变办公用品领用方式，厉行节约，减少浪费现象的发生。根据领导指示并上会决定取消市局及所属办公区租用院外车位及班车。加强市局机关公务接待管理，落实中央八项规定和市委有关规定，努力建设节约型机关，提高服务意识，制定年度接待经费预算并严格按财务定额标准执行。全年共接待外省市考察交流学习28批次，200余人。圆满完成《京津冀协同发展的税收问题》课题开题会的接待工作，及对口单位新疆生产建设兵团来京参加北京市政府举办的第十八届北京科技博览会等相关接待工作，得到兄弟单位的好评。

【车辆管理】一是按照车改工作要求，在缩减市局及直属分局车辆时，将车况较好与年限长的车辆互调，最大限度保留车况较好的车辆，并按照相关要求，将公车有关手续办齐。二是将保留的90辆车按照调换数量分配到各直属分局，确保了执法车辆的保障需要。将上交车辆按照车改办要求进行封存、停放。三是今年车改办对市局车辆编制的缩减数量，市局车辆仅剩25辆，在根据车改办要求对车辆提留的过程中，全年完成市局“三进两促”、税务大比武检查、“两学一做”、金税三期工程上线等各类用车800余次，确保安全出行。四是推行“互联网+服务”模式，机要通信车辆的运行轨迹、所处位置、进行时速、实时油耗等状态，均可监控和查询，有效保障公务车辆出行高效透明。全年安全行驶约50万公里，无一安全事故发生，连续15年被北京市政府评为“北京市交通安全先进单位”。五是根据车改方案，协同人事处进行了安置人员信息统计、岗位梳理、人车配比等前期工作，制定司勤人员管理办法及安置工作方案。

【干部队伍建设】深入贯彻“三严三实”“两学一做”专题教育活动，按照市局党组的整体部署，后勤中心做好以下工作：一是认真学习，深刻领会。二是全员参与，统一思想。制订学习计划，做到重要文件全员学习，全面领会，为各项工作的开展打好理论基础。三是求真务实，狠抓制度落实。不断规范工作流程，不断增强制度意识，牢固树立严格按制度办事的观念，养成自觉执行制度的习惯。继续努力打造一支符合后勤工作要求的、和谐的、专业化的后勤保障队伍。后勤服务工作也得到相关部门和局领导的肯定。连续15年获得“北京市交通安全先进单位”荣誉称号。

（魏　欣）

安 全 保 卫

【综述】2016年，全系统认真贯彻首都综治委全会精神，全面落实系统工作会部署，坚持“安全第一、预防为主、综合治理”的方针，大力加强安全教育、安全管理和安全检查，不断完善人防、物防、技防措施，深入推进平安北京地税建设，有效地维护了全系统安全稳定。在全市综治工作考核中，市局被首都综治委评为“首都综治工作优秀单位”。

【落实综治工作责任】召开系统安全保卫工作会议，传达首都综治委全会精神，贯彻《2016年首都综治工作要点》，将综治维稳工作任务细化、分解、落实到基层。全系统自上而下，层层签订综治责任书，把安全维稳的领导责任、主体责任和监管责任落实到具体的岗位和人员，形成纵向到底、横向到边、全面覆盖的责任体系，形成综治工作人人有责、人人参与的工作格局。

【排查化解矛盾纠纷】按照《重大决策社会稳定风险评估实施办法》，对2016年拟出台的重大决策和拟实施的重大项目进行认真梳理和分析，从源头上减少影响社会稳定的因素。坚持“预防为主”方针，结合税收工作实际，深入排查化解矛盾纠纷，妥善处理涉税争议，努力构建和谐的征纳关系。

【服务税收中心工作】围绕税收征管改革，发挥保驾护航作用。积极应对“营改增”和金税三期工程上线带来的重大影响，及时下发通知，部署区（分）局准确分析研判安全风险，认真做好前期准备工作。市局领导亲临一线督战，各区（分）局制定专项应急预案，协调公安机关协助，调配业务骨干增援，加强办税现场处置，确保了“营改增”平稳衔接，金税三期工程顺利上线。

【安全教育培训】春节、国庆等重大节日和全国“两会”等重要时期，各单位开展有针对性的安全教育。根据季节特点和重点工作需要，开展消防安全、交通安全教育培训，有的还组织了应急疏散演练。“5·12”前夕，通过内网制发《安全教育专刊》，在市局机关张贴防灾减灾宣传挂图。汛期来临前两次下发通知，对防汛工作提出要求，确保了汛期安全。11 月 24 日，邀请北京警察学院教授在市局机关举办交通安全知识讲座。

【内部安全管理】一是充实安全员队伍，发挥群防群治优势，实现安全工作网格化管理，把安全工作网络布设到最基层。二是加强办公区安全防范，严格出入人员、车辆的核验登记。对市局门禁系统 1400 多名持卡人员逐一进行核查，对公司人员、借调人员设置用卡期限，确保人卡相符，堵塞安全漏洞。三是完善纳税服务厅和机要室、财务室、票证库、计算机房的安防措施，确保重点部位安全。四是加强消防安全管理，规范用火、用电、用气行为，重点做好春节期间燃放烟花爆竹的安全管理，严防发生火灾事故。

【安防体系建设】各单位在经费十分紧张的情况下，优先保障安全工作需要，努力建设人防、物防、技防相结合的安防体系。一是加强保安队伍建设，严格对保安的考核、监督，提升保安的素质和能力，发挥维护安全稳定生力军作用。二是贯彻《中华人民共和国反恐怖主义法》，结合实际完善物防设施，为保安配备盾牌、钢盔等应急防护器械，提高机关反恐防暴能力。三是坚持科技创安，加大投入力度，完成了车公庄、马甸和档案馆办公区电视监控系统改造，扩大了监控范围，改善了监控效果。四是突出重点，针对税务博物馆的特殊情况，前往首都博物馆学习安防先进经验，提高税务博物馆安防能力。

【安全检查】一是认真做好重大节日、重点时期安全检查。在春节、国庆、全国“两会”前，专门下发通知，部署在全系统开展安全大检查。二是指导各单位建立月度检查制度，加强经常性安全检查，定期报送检查报表。三是保卫处将安全检查列入绩效考核，每月组织人员对市局机关、马甸办公区和税务博物馆进行检查。四是结合代征二手房交易和个人出租房屋税款使用增值税发票的新情况，对发票使用保管进行专项检查，确保增值税发票安全。

【综治帮扶】发挥职能作用，服务首都综治工作大局。市局领导带队，多次深入南聂庄村，开展综治联系点帮扶工作，采取多种方式改变该村落后面貌，综治帮扶工作受到首都综治办好评。

（张智慧）

老干部活动中心工作

【综述】2016年，老干部活动中心在市局党组的正确领导下，在主管领导的直接指导与关注下，认真落实市局党组的工作部署，以为系统老干部服务为宗旨，以“三严三实”和“两学一做”学习教育为载体，抓学习、促党建，抓管理、保安全，抓队伍、优服务，立足本职，凝心聚力，积极发挥作用，圆满地完成了年度各项工作任务。全年接待老干部活动共10批次，260余人次。

【抓学习、促党建】一是坚持把“两学一做”学习教育作为党建工作的龙头，制定学习方案，进行阶段部署，通过组织学习、专题辅导、讨论交流等确保学习落在实处。二是结合纪念建党95周年和长征胜利80周年等重大活动，中心通过支部书记讲党课、制作主题板报、举办党的领袖人物图片展、参观延庆平北抗日战争纪念馆、重温入党誓词、参观延庆区“永远跟党走”展览等系列活动提高了学习质量，激发了使命感，传递了正能量，强化了党员的岗位责任意识、服务意识和大局意识，把党建工作有效地融入日常工作生活和学习中。三是坚持学用结合，突出问题导向，解决存在问题。结合工作和个人实际，在政治纪律、依法行政、工作作风、廉洁自律等方面认真开展自查，积极进行整改，为建设一支讲政治、守纪律、听指挥、懂规矩、顾大局、作风好的党员干部队伍强基固本。四是中心党支部认真落实党风廉政建设责任制，把推进党风廉政建设和反腐败工作作为一项重要政治任务列入日常工作议程，自觉落实主体责任，在签订廉政工作责任书的同时，定期分析和查找廉政风险点，做到时时有提醒，事事有把关，把主体责任落到了实处。五是中心党支部针对成立时间短、党务工作经验不足的实际情况，认真组织党务知识的学习，进一步增强了党务工作的自觉性和实操能力。

【抓管理、保安全】在梳理完善各项工作制度的基础上，进一步规范了日常工作流程，依托制度狠抓管理，既促进了工作效率的提高又确保了中心的安全与稳定。一是积极推进消防和供暖改造二期工程项目施工，4月2日开工，5月25日完工。至此，两个大的维修改造项目整体施工完成，解决了多年来消防不达标的老问题。二是针对客房楼使用时间长，部分客房卫浴设备老化，“跑冒滴漏”时有发生的现状，在请示局领导批准后，利用一个月的时间对所有48间客房的卫浴设备进行了局部的维修改造，保证了后续接待任务的顺利进行，消除了安全隐患。三是加强对基础设施的日常维护和管理，发现问题及时修补，对一些无法继续使用的设备和物品及时报废淘汰，努力为老干部活动营造舒适安全的环境。四是认真落实平安北京地税建设的各项要求，加强风险管控和安全检查，重点加强交通安全、财产安全、食品安全的日常管理，严格岗位值班和日常巡检，确保了中心各时期、各环节安全工作落到实处，尤其是确保了施工期间的安全无事故。

【抓队伍、优服务】 一是针对中心聘用合同工较多、人员流动性大的特点，坚持依法用工，依制度管理，严格请消假制度和考勤制度，杜绝用人管人的随意性。二是针对中心地处塞外，远离市局办公区，工会会员参加市局活动多有不便的现实情况，中心班子积极为工会小组活动创造条件、提供便利，亲自慰问生病职工，自觉维护职工的合法权益，调动了员工的工作积极性。三是利用施工期间无大型接待任务的时机，各部门见缝插针组织了一线员工的岗位业务培训，通过观看礼仪教学视频和现场操作培训，一定程度上提高了各类服务人员的岗位技能，为做好服务接待工作奠定了基础。四是把思想道德建设贯穿始终、紧抓不放。组织了各类服务人员的职业道德培训，以会代训的形式教育员工，做好服务工作不仅需要熟练的岗位技能，还要有良好的职业道德，要用足够的热心、耐心和细心来赢取老干部的舒心。针对不同的服务群体提出不同的服务要求，使服务工作向精细化、个性化迈进，进一步提升服务质量和服务水平。

（王仁丽）

基层工作

东城区地方税务局

【经济概况】 2016年，东城区实现地区生产总值（GDP）2009.8亿元，按不变价计算，比上年增长6.7%。一般公共财政预算收入达到166.3亿元，比上年增长1.1%。税收收入中，营业税、企业所得税、城市维护建设税、房产税和增值税五大主体税种共完成130.9亿元，比上年下降7.1%，占全区公共财政预算收入的78.7%。全年共完成一般公共财政预算支出（不含基金预算支出）237.5亿元，比上年增长0.2%。

【概述】 2016年，东城区地税局累计完成各项税费收入340.16亿元，增长9.87%；区级公共财政预算收入累计完成83.62亿元，增长16.96%。成立"营改增"专项工作领导小组，明确了形势分析、舆情监控、实时汇报、跟踪督导、国地税、联合五项工作机制，为"营改增"工作提供了高效的组织运行保障。制定金税三期工程推广实施方案，严格按照时间节点落实市局部署，圆满完成了金税三期工程上线。不断拓宽与区国税局的合作领域，积极打造国地税深度融合的"东城品牌"。强化与相关委办局数据共享，配合区政府开展非首都功能疏解工作。将开展"问需求、优服务、促改革"专项活动与深入开展"便民办税春风行动"紧密结合，建立与媒体合作的长效机制。2016年，区地税局连续第四年被评为"全国文明单位"。收入核算科被授予北京市"三八红旗集体"荣誉称号，局机关党委被市局评为"先进基层党组织"。3人分别被市局评为"优秀党务工作者""优秀共产党员"。

【地方政府支持税收工作】 在区主管领导的支持下，东城区地税局联合区国税局与9家金融机构签订了《"银税互动"合作框架协议》。与区国税局联合撰写《"营改增"对东城区税收收入的影响》，得到区主要领导的肯定性批示。配合区综治委（办）开展挂账地区整治工作，与有关部门通力协作、联合执法，对故宫周边、南锣鼓巷、朝阳门街道南小街实施清理腾退综合治理，得到了市人力资源和社会保障局主要领导的充分肯定。

【税收收入情况】 全年累计完成各项税费收入340.16亿元，同口径增长9.87%；累计完成税收收入313.49亿元，同口径增长7.56%；累计完成一般公共预算收入242.23亿元，同口径增长8.94%，占全市一般公共预算收入的比重为9.02%。

表1 东城地税收入情况（2016年） 单位：亿元

项　目	本期	增减额（同口径）	增减（%）（同口径）
各项税费收入	340.16	26.19	9.87
地方公共财政预算收入	242.23	15.93	8.94

续表

项　目	本期	增减额（同口径）	增减（%）（同口径）
一、税收收入	313.49	18.60	7.56
其中：中央级	91.93	9.97	12.16
1. 改征增值税	2.05	2.05	
2. 企业所得税	18.96	1.63	9.39
3. 个人所得税	131.61	12.64	10.62
4. 资源税	0.00	0.00	
5. 城市维护建设税	15.51	0.45	2.99
6. 房产税	20.26	2.16	11.96
7. 印花税	6.83	0.38	5.88
8. 城镇土地使用税	1.75	0.04	2.50
9. 土地增值税	4.32	-0.05	-1.08
10. 车船税	0.02	0.00	-15.35
11. 耕地占用税	0.00	0.00	
12. 契税	63.45	-0.71	-1.10
13. 营业税	48.69	-35.56	-42.21
二、非税收入	26.65	6.59	32.85
1. 教育费附加	6.61	0.15	2.38
2. 地方教育附加	4.41	0.10	2.36
3. 外商投资企业土地使用费	0.06	0.00	-3.07
4. 文化事业建设费	0.01	0.04	-150.34
5. 税务部门罚没收入	0.00	0.00	0.00
6. 残疾人就业保障金	9.56	6.56	218.96
7. 工会经费	6.00	0.73	13.90

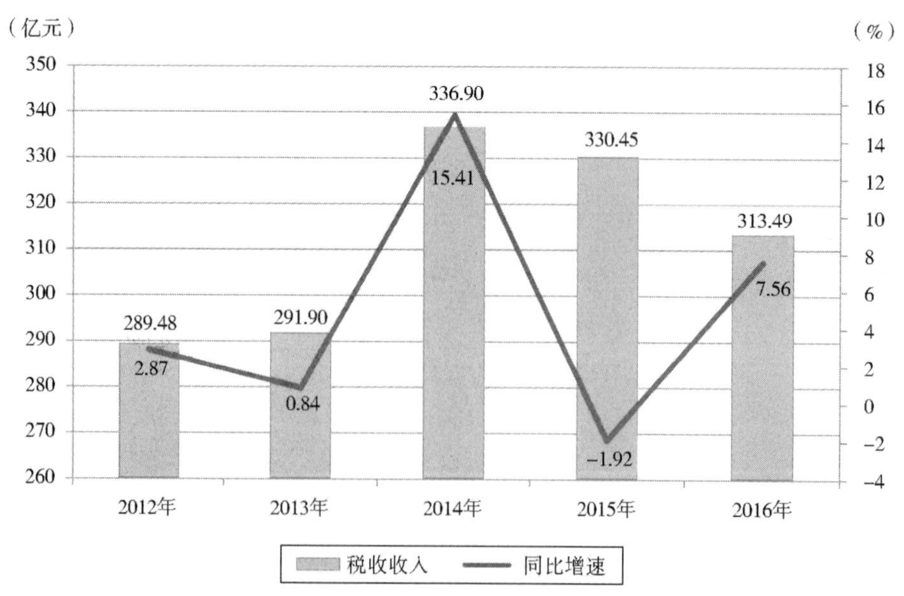

图1　东城地税税收收入情况（2012—2016年）

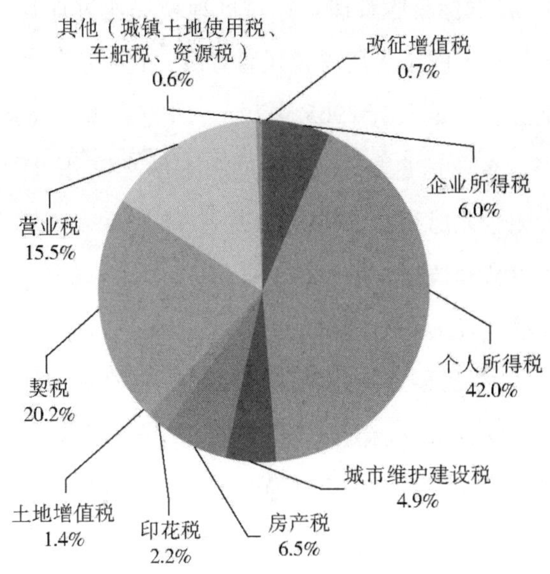

图2　东城地税税收收入分税种结构（2016年）

【费金收入】 组织教育费附加、地方教育附加、文化事业建设费、外商投资企业土地使用费、残疾人就业保障金、工会经费等费金收入共计26.67亿元，增收7.59亿元，增幅39.78%。具体数据见表2。

东城地税费金收入情况

表2　　（2016年）　　单位：万元

项　目	收入	增减	同比（%）
合　计	266545	75903	39.78
教育费附加	66144	1539	2.38
地方教育附加	44069	1015	2.36
文化事业建设费	146	436	150.34
外商投资企业土地使用费	632	-20	-3.07
残疾人就业保障金	95577	65612	218.96
工会经费	59977	7321	13.90

【税收收入特点与分析】 个人所得税、契税、营业税是东城区地税局的主体税种，金融业、租赁和商务服务业、房地产业与批发零售业是全局税收的主体行业，规模占全局收入比例接近七成。残疾人就业保障金因征收标准变更、房产税受属地征收与从租计征政策，以及北京首开天鸿集团有限公司一次性入库税收是区局增收的主要因素。“营改增”政策和北京市全年土地交易量减少是影响税收下降的主要因素。

【营业税改征增值税】 东城区地税局成立“营改增”专项工作领导小组，明确工作机制。积极筹建“‘营改增’临时办税厅”。准确测算营业税存量，制定数据移交服务保障方案，涉及纳税人17149户。全面做好存量房交易和个人出租房屋委托代征各项工作，新增6个办公窗口。联合区国税局共同开展“营改增”政策宣传，举办“营改增”专题培训31期，培训纳税人4259人次；共同接受北京电视台专访，《中国税务报》《北京日报》等多家媒体对东城区“营改增”工作进行了广泛报道。专题就“营改增”对区级财政收入的影响向区委、区政府主要领导汇报，得到了区委书记和区长的充分肯定。

【税收法治】 东城区地税局以“全国法治税务示范基地”创建为抓手，牵动全局依法行政工作。在全系统率先试点总法律顾问制度，修订行政调解工作联席会议制度。落实行政处罚裁量基准，开展税收规范性文件清理和执法职权事项梳理，规范了行政处罚系统使用。组织干部旁听行政案件审理3次，提升干部队伍法治意识和依法行政工作能力。

【税收政策落实】 东城区地税局认真做好“营改增”后过渡性财政扶持政策资金申请审核，涉及金额2.5亿元。东城区地税局全面落实小型微利企业税收优惠政策，保证落实率100%，减免营业税870万元。

【税种管理】 2016年，东城区地税局企业所得税汇算清缴减免1954万元。做好城镇土地使用税级次调整、房产税从租征税和属地征收工作，引入第三方服务开展土地增值税清算审核，全年清算14个项目，清算金额9301万元，入库金额2688万元。加强对股权转让所得税源泉控制，累计征收税款1.9亿元。

【纳税服务】东城区地税局将开展“问需求、优服务、促改革”专项活动与深入开展“便民办税春风行动”相结合，组织召开纳税人座谈会22次，参加企业332户，调研企业66户，征集意见、建议120余条。联合区国税局与9家金融机构签订了《“银税互动”合作框架协议》。向全局党员干部发出加强纳税服务工作倡议书，开展“三亮三行、三比三评”系列活动，落实限时办结、预约服务、延时服务、24小时服务等纳税服务举措，全年收到纳税人赠送表扬信、锦旗等33户次。

【税收征管】东城区地税局通过税务约谈、暂停提供发票、定期查询欠税企业存款账户、阻止法定代表人出境等方式，加强对陈年积欠的清理，全年累计阻止欠税企业法定代表人出境5次。与济南市中级人民法院联手对某房产事项涉及税款采取措施。通过风控提示、加强日常检查、开展税务约谈等风控措施，加强风险管理。其中，税务约谈396户次，日常检查398户，有问题率达84.4%。

【大企业税收服务与管理】东城区地税局以提高税法遵从度为目标、以深化国地税合作为途径、以个性化服务为手段，实现对大企业分级分类统筹管理。将中海油等税务总局确定的千户集团及其下属在我辖区的所有成员单位采取集中管辖的办法，统一调整到集团所属税源管理所实施日常管理，将分散型管理转变为集中化管理模式。继续深化与区国税大企业管理部门在实地走访、风险防控、采集数据等日常工作中的合作。

【国际税收管理】东城区地税局通过加强对外籍个人的个人所得税风险管理，查补税款、滞纳金及罚款共计3965.9万元。全年采集“走出去”企业信息82户，通过深入排查境外风险，补缴企业所得税及滞纳金共计43.9万元。累计提供自动情报交换数据132份，涉及国家10个，向境外发出专项情报2份。

【税务稽查】东城区地税局深化落实稽查改革和稽查市级全覆盖工作部署，以东城区地税局稽查局及市局第三稽查局两个执法机构身份开展稽查工作。重新修订了《重大税务案件审理办法》，调整充实了重大税务案件审理委员会，实施了案件分级审理，对查补金额等达到标准的6起案件进行了4次集体审理。在大要案件查办中实现国地税联合选案、共同实施、统一定案、协同执行，全年联合开展检查案件20件，实现全税种检查，向公安机关移送案件3件。

【电子税务管理】东城区地税局编制《东城国地税联合税收数据手册》，在去年创建的“房屋建筑物资产原值与房产税比对执法督察模型”基础上，利用国税、地税数据比对生成执法风险提示疑点数据1263条，补缴税款、滞纳金收入共计4189万元。该模型得到市局高度认可，在全系统推广使用，并将此模型应用成果上报了税务总局。全力为“营改增”和金税三期工程上线做好技术支持。

【绩效管理】东城区地税局共承接市局三级考核指标28项，具体考点共46条，由18个科室承接对应处室考评指标。全年共获得李士祥副市长批示1次，杨志强局长批示5次，累计获得22封部委表扬信，在全市16个区局绩效考评中，总成绩排名第2位，是城四区中唯一连续两年未发生违纪违法等扣分事项的单位。

【政务管理】东城区地税局完善办公室岗位

手册，以图表或截图方式明确全部工作环节和流程；在办公室内部分设综合组、内勤组和文案组，设立组长、副组长，加强了工作统筹。建立公文处理台账，党组会、局长办公会议题台账，政府信息公开台账和日常会议台账，对办公室工作进行痕迹化管理。精细化规范党组会、局办会程序，有效提高了议事效率。全年共组织党组会41次、局办会31次、其他会议288次。主动推进政府信息公开，信息发布，主动公开信息300条，在全区政府部门中位列前茅，处理依申请公开案件2件。制发了《捐赠文物图册》向企业发放，精心落实税收博物馆文物史料征集工作。圆满完成区档案馆接收区局1999—2010年档案工作，在区政府组织的档案工作测评中名列前茅。

【财务管理】东城区地税局继续贯彻落实《经费支出管理办法》《政府采购管理办法》。完善会议费、公务接待费报销流程，制定会议、公务接待签报及报销流程暂行办法，进一步规范召开会议以及公务接待活动的审批程序，以及按标准核算会议费、公务接待费支出金额。对“三公”经费以及会议费、培训费、差旅费“六费”进行按季度明细统计，加强对“六费”支出总额及明细项目的统计核算，加大对“六费”支出情况的监控力度。

【政府采购】东城区地税局认真执行东城区财政局的采购政策，严格执行集中采购目录，达到公开招标标准的采购项目严格实行公开招标。2016年共计实施采购项目29项、备案采购项目20项次，涉及金额800余万元。

【人事管理】东城区地税局下设20个职能科室、1个稽查局（内设11个科）、22个税务所、1个机关后勤服务中心、1个地方税务学会。截至2016年12月，有公务员编制655人，实有621人，工勤编制54人，实有27人，事业编制8人，实有2人。全年共有13名科级领导轮岗交流，提任10名正科级领导，进一步优化了领导干部队伍结构。选派10名青年骨干支援朝阳局、海淀局工作。

【教育培训】东城区地税局通过建立大比武微信群、开发掌上答题系统、利用税务数字图书馆等形式，积极组织开展“岗位大练兵、业务大比武”活动，在全系统5个岗位比武中，行政岗位4名入围半决赛，1名进入决赛并夺冠，纳税服务岗位1名干部备战税务总局比武。全年完成领导干部培训497人次，全员培训2242人次，基层一线干部培训1397人次，专门业务培训560人次。

【执法督察与内部审计】东城区地税局连续四年坚持开展存量房执法督察工作。全年提出存量房征收工作督察建议意见16条，专项执法督察分别调取行政处罚事项、股权转让个人所得税征管事项、税收协定执行情况事项案卷共计162份，发现问题81份，督促整改完成率100%。制定《执法督察考核评价制度（试行）》，执法督察考核评价分为项目考核评价和综合考核评价。制作了《税收执法督察问题提示单》，提醒执法人员在今后工作中注意避免同类问题。

【党建工作】东城区地税局把“两学一做”学习教育作为常态工作抓牢抓实，同“营改增”、金税三期工程上线等重点工作一体推进。扩大党组中心组学习成员范围，累计开展20次集中学习研讨，党组书记带头为全体党员讲党课。刊发“两学一做”学习教育专刊83期，开设“红色东城”党建微信群，打造“指尖上的党建”。

【纪检监察】东城区地税局深入开展“为官不为”“为官乱为”问题专项治理，以及“整治和查处侵害群众利益不正之风和腐败问题”专项工作。出台《规范税务干部婚丧喜庆事宜报备工作办法》。采用工作对接单方式对部分“三重一大”事项的决策和实施进行全过程监督、痕迹化管理。配合市、区两级督察组、审计组完成4次督察审计工作。全年开展巡查检查18次。

【后勤管理】东城区地税局对地兴居办公楼门头、地兴居地面停车场以及体育馆西路办公楼六层健身房进行维修。响应北京市大气污染治理决策，对雍和园所供暖锅炉和电力增容进行改造。加强干部用房规范管理到位。制定《东城区地方税务局公务用车改革方案》，并广泛征求意见，在坚持规范用车的前提下，保证税收业务工作的正常开展。加强车辆行驶安全教育。对司机进行经常性日常安全教育，确保安全行车无事故。严格贯彻执行《北京市控制吸烟条例》。实行人员岗位责任制和日常巡查制，对各办公区的供水、供电、供暖系统进行巡查。

【税收宣传】东城区地税局与区国税局联合制作《选择》《全面“营改增”企业税负轻》公益宣传片，税收宣传月期间在北京站、王府井等主要街区循环播放。共同接受北京电视台专访，《中国税务报》《北京日报》等多家媒体对东城区“营改增”工作进行了广泛报道。区局编制3期《您知道吗?》宣传手册在办税服务厅发放，受到纳税人广泛好评。与媒体建立合作长效机制，在《北京晚报》开辟了税法宣传专栏《生活中的税》，围绕社会热点累计刊发文章13篇，积极回应社会关切。

（姜　喆）

西城区地方税务局

【经济概况】2016年，西城区实现地区生产总值（GDP）3533.6亿元，比上年增长6.5%。一般公共财政预算收入413.8亿元，比上年下降8.3%。税收收入中，营业税、企业所得税、城市维护建设税、房产税和增值税五大主体税种共完成351.3亿元，比上年下降8.9%，占全区公共财政预算收入的84.9%。全年共完成公共财政预算支出426.1亿元，比上年下降10.3%。

【概述】坚持依法征税，全面堵漏增收，全年完成各项税费收入604.35亿元，同口径增长6.6%；完成税收收入556.29亿元，增长4.4%，收入规模在北京市地税部门中位居第3位，增速位居第16位。西城区地方税务局在全市地税系统区县局绩效考核中排名第4位，列为系统优秀等次。开展“两学一做”学习教育，落实全面从严治党“两个责任”。联合西城区国税局落实疏解非首都功能产业税收支持政策，落实“营改增”试点改革任务。开展“便民办税春风行动”。2016年西城局被西城区评选为“先进基层党组织”“第三批建设学习型党组织示范点”和“学习型机关先进单位”。

【地方政府支持税收工作】北京市常务副市长李士祥对地税部门工作给予肯定并作出肯定性批示，对西城地税有效落实“营改增”试点改革给予高度评价。在推动疏解非首都功能等方面，市、区领导都给予了高度关注和科学指导。

【税收收入情况】全年累计完成各项税费收入604.35亿元，同口径增长6.6%；累计完成税收收入556.29亿元，同口径增长4.4%，规模居全市地税系统第3位；累计完成一般公共预算收入420.69亿元，同口径增长5.9%，占全市一般公共预算收入的比重为15.7%。

表1　　西城地税收入情况（2016年）　　单位：亿元

项　目	本期	增减额（同口径）	增减（%）（同口径）
各项税费收入	604.35	28.01	6.6
地方公共财政预算收入	420.69	14.81	5.9
一、税收收入	556.29	16.8	4.4
其中：中央级	176.53	13.26	8.1
1. 改征增值税	2.89	2.89	
2. 企业所得税	65.90	-0.88	-1.3
3. 个人所得税	224.86	21.69	10.7
4. 资源税	0.0008	0.0004	100
5. 城市维护建设税	35.79	0.32	0.9
6. 房产税	32.34	4.97	18.2
7. 印花税	16.07	2.56	19
8. 城镇土地使用税	2.47	-0.19	-7.2
9. 土地增值税	9.08	-16.39	-64.4
10. 车船税	0.01	0.002	20.1
11. 耕地占用税	0	0	0
12. 契税	12.71	1.81	21
13. 营业税	154.16	-137.32	-47.1
二、非税收入	48.05	11.20	30.4
1. 教育费附加	15.25	0.14	1
2. 地方教育附加	10.15	0.14	1.4
3. 外商投资企业土地使用费	0.06	-0.004	-7.2
4. 文化事业建设费	0.008	-0.28	-97.4
5. 税务部门罚没收入	0.01	-0.004	-24
6. 残疾人就业保障金	15.44	11.23	267.2
7. 工会经费	7.12	-0.02	-0.4

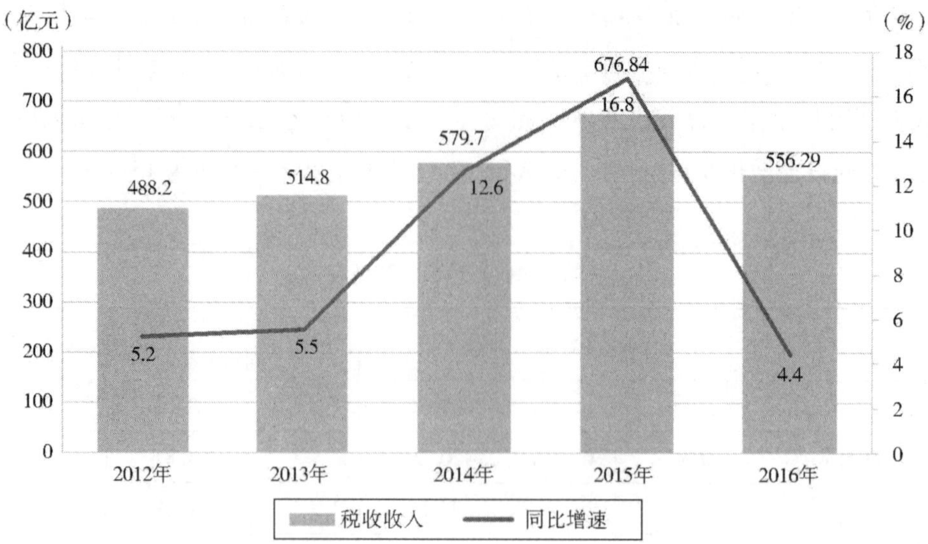

图1 西城地税税收收入情况（2012—2016年）

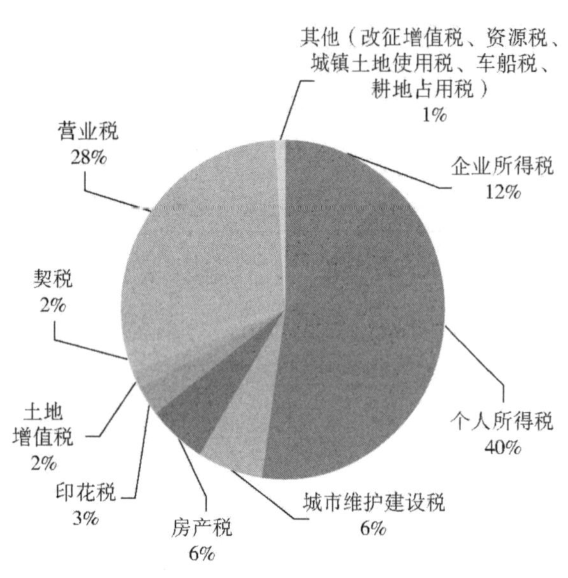

图2 西城地税税收收入分税种结构（2016年）

【费金收入】组织教育费附加、地方教育附加、文化事业建设费、外商投资企业土地使用费、残疾人就业保障金、工会经费等费金收入共计48.05亿元，增收11.20亿元，增幅30.4%。具体数据见表2。

【税收收入特点与分析】按行业划分，房地产业完成税收收入61.92亿元，同口径下降12.9%，占比10.4%；金融业、科技服务业、商务服务业和信息服务业合计完成税收收入366.85亿元，占总体税收的比重过六成。按税种划分，个人所得税完成224.86亿元，增长21.8%，占比为37.7%；企业所得税完成税收收入65.90亿元，下降0.9%，占比为11%；财产和行为税共完成108.50亿元，下降6.0%，占比为18.0%。全年共减免各项税费64.37亿元。

西城地税费金收入情况

表2 **（2016年）** 单位：万元

项　目	收入	增减	同比（%）
合　计	480559	112004	30.39
教育费附加	152599	1464	0.97
地方教育附加	101578	1421	1.42
文化事业建设费	76	-2844	-97.39
外商投资企业土地使用费	555	-43	-7.16
残疾人就业保障金	154385	112342	267.21
工会经费	71240	71536	-0.41

【营业税改征增值税】建立国地税“营改增”工作周例会制度，开展全市“营改增”试

点改革督导检查工作。“营改增”期间，国税、地税针对税源户、发票及税控装置、个人出租房屋等重要工作进行多次局长层面沟通协调会；认真测算分析“营改增”影响因素形成测算情况汇报材料，国地税联合向区政府报告“营改增”工作；合作建立“营改增”“绿色服务通道”，由区政府牵头，三方联合走访，主动为纳税人“营改增”进行服务，走访金融业、房地产业及建筑业12户。

【税收法治】 围绕税收执法权和行政管理权健全内控制度，区局初步形成了基础性的框架，受到市局肯定并列为工作试点单位。西城区税务局在3大类16项执法文书中全部增加了投诉救济的途径，并由部门直接对局长牵头的涉税诉求响应领导小组负责。以庄胜欠税案件为契机，主动与区法制办、区检察院、区法院、法律顾问等沟通协作，并通过司法追征实现880万元欠税入库，以一案带动了积案清理、欠税追缴、法制建设、人才培养等多方面的提升。全年完成10个项目的执法督察，共计追缴税款3408.73万元，滞纳金728.1万元。

【税收政策落实】 在认真贯彻执行税收政策，努力确保税收政策宣传到位、辅导到位、落实到位的基础上，积极为税收政策的制定与完善建言献策。在“营改增”前期，主动与中国税务报社合作组织座谈会，以唯一的区分局身份受邀参加了市政协专题研讨会。在金税三期上线后不等不靠，主动邀请其他区局做经验交流，主动为上级分忧，如实反映问题。提高站位、开阔眼界，与社科院等高端部门进行人才合作，积极参与政策制定。

【税种管理】 第一，国地税深度融合实现“局科所厅”四个层面无缝衔接，税种管理在此基础上再上新台阶。第二，市局与区房管局联手开发房产信息管理系统，为房产管理提供数据支撑。第三，西城局还设立了全市首个地税与工商个人股权转让联合办公窗口，堵塞征管漏洞。不断完善数据手册，为信息管税提供基础数据。第四，区局还与部分金融企业合作，深度调研印花税政策，寻找税收新的增长点。第五，区局组建了国际税收专业团队，开展外籍人士个人所得税零申报、“走出去”个人境外以对赌协议进行股权转让、反避税等核查。第六，区局将“三费一金”与税种实行联动管理，收效显著。

【纳税服务】 办税服务厅面对新系统上线初期压力突增的形势，一是严格落实《全国税务机关纳税服务规范（3.0版）》服务标准，全面推行服务大厅所有服务事项通办，第二税务所全窗口业务通办。二是各办税服务厅窗口和人员配置随需调整，后援梯队随时补充，业务科室现场指导，全面落实首问责任、限时办结、预约办税、延时服务、“二维码”一次性告知、无纸化“免填单”、24小时自助办税等一系列措施，最大限度减少纳税人办税等候时间。三是在全区范围内18个办税点54个窗口积极推进二手房交易区域通办，与房地产交易部门协调配合，不断探索简化二手房交易办税流程。

【税收征管】 2016年，区局风险应对共入库370户，查补税款49518万元。一是承办房地产经纪中介机构日常检查任务129户，纠正79户涉税违法行为，查补税款32.16万元。二是核实股权转让工作。下达并由税务所核实9282户次，补缴税款558万元。三是个人所得税小额申报专项检查工作。共选取30户扣缴单位进行了税务约谈，其中有问题3户补缴税款1.76万元。四是落实外籍个人零申报核查工作。以税务约谈形式开展共计478户，涉及自然人1016人，补缴税款及滞纳金794.85万元。五是房产原值与企业账载金额存在差异核实。通过对2022户次疑点进行核实，有问题户189户，共补缴税款及滞纳金2991.69万元。六是税务所在日常征管中自行发起的风险防控，共计补缴税款45140万元。

【大企业税收服务与管理】 第一，实现集中管理。将一轻集团、二商集团、京粮集团、首旅集团四家集团所属合并财务报表的在京成员单位，调整到同一个税务所。第二，加强数据采集。组织采集报送千户集团2014年和2015年涉税数据工作；敦促千户集团完成企业账套、收入、成本、利润等信息采集工作。第三，加强大企业风险防控。组织完成北京银行等6户企业集团案头审计工作，辅导企业集团自查，组织补缴税款1805万元；定期向税务总局上报定点联系企业查补税款情况。

【国际税收管理】 首次办理以对赌协议实现境外股权转让所得个人所得税案件，征税3141万元，在北京地税系统乃至全国地税系统开创先河；扎实推进外籍个人所得税管理的各项举措得以在全市推广，第九税务所实现了单户入库最大609万元；首次作为市局反避税专家小组和境外风险管理专家小组成员参加重要案件联审；建立“走出去”企业清册，参与第10届税收征管论坛大会的筹备。各项亮点工作得到了市局的高度肯定。

【税务稽查】 对2986户纳税人实施税务稽查，查补收入45.3亿元。其中，查处偷税案件47件，同比增长31%；移送公安机关涉税违法案件15件，同比增加13件；与市国税局联合开展税务稽查294件，查补税款12.45亿元。完成往年稽查未结案件清理，累计入库19.46亿元。深化稽查体制改革，实现税务稽查选案、立案、检查、定案、执行市级全覆盖，税收执法刚性显著增强，有力地维护了税收秩序。推进国税、地税联合惩戒工作。开展行业专项检查、高风险纳税人定向稽查、税务总局重点企业随机抽查和高收入人群个人所得税稽查。

【电子税务管理】 金税三期系统顺利上线，形成“总局为主+北京特色”的多元化金税三期系统。采集第三方涉税信息6492万条，提供税收信息6亿条，提升政府部门的管理与协作能力。注重数据比对分析，整理涉税信息114类10亿余条，构建数据分析基础。

【政务管理】 在政务管理中践行“两参一改三结合”。“两参”是领导干部参加具体工作，参与解决来自一线的问题；“一改”是改进工作作风，知行合一；“三结合”是干部、科所长、局长打破层级，紧密结合，提高发现、反馈、解决问题的三种能力。组建了庄胜案件团队、“营改增”团队、金税三期团队、非税风险防控团队、调研团队等，通过打破“藩篱”的工作模式，增强行动指向力，激发干部能量，培养复合型人才，收到了多重成效。

【绩效管理】 将内控重点工作项目，纳入全局绩效考评。围绕高风险环节工作，设定监督制约、归口管理两个层面的考评主体。将风险防控流程关键点细化为考评标准，责任落实到人；与市局、区政府绩效管理中内部风险防控相关考评指标有机衔接，完善分值设定，综合评定意见，推进过程管理与结果运用，积极发挥绩效考评对内控建设的促进作用。制定了5个维度10个方面20个考点的百分内控考评指标，并已落地实施。

【财务管理】 研究制定《北京市西城区地方税务局内控手册》，修订预算、收支、采购、固定资产、合同等管理流程。进一步规范预算编制和执行工作，切实形成了预算编制有目标、预算执行有监控、预算完成有评价、资金投入有效益的预算管理模式。进一步规范固定资产管理的规范性、科学性和可操作性。

【政府采购】完成9个项目政府采购工作，预算金额2032.84万元，中标金额2029.95万元，节约金额6.11万元，节支率为0.3%。履行政府采购协议供货程序23批次，申请金额217.02万元，合同金额216.47万元，节约金额0.55万元，节支率0.25%。履行政府采购服务类程序16项，申请金额80.48万元，合同金额80.48万元。

【人事管理】聚焦群众关心问题，多次召开不同层级的座谈会、网上意见征询，主要领导多次深入基层了解群众诉求，在充分调研、反复论证的基础上制定干部选拔任用方案。引入第三方进行专业测评、信息采集分析，推进人力资源管理更加科学完善。2016年对14名副处级调研员进行安排，输送3名正科级领导干部到国资委下属企业挂职锻炼，提任48名正副科级领导干部，安排31名中层干部任职交流，完成10名副主任科员选拔晋升，调整40名普通干部的工作岗位。通过以上工作的开展，副处级调研员的作用得到充分发挥，使区局工作中的一些薄弱环节得到有效加强；初步形成了干部培养、选拔、使用的良性循环机制；激发了广大干部的积极性，精神面貌焕然一新；提高了队伍的凝聚力，保证了区局各项工作的健康发展。

【教育培训】建立多个部门相互配合、多种形式相互补充、多项内容一次输出的“西城地税局纳税人学堂”，针对不同需求的纳税人群体，提供线上、线下多种形式的纳税辅导。据统计，2016年全局组织各类培训辅导118场次，培训人数1.5万人次，局长带队大户走访52户次，向纳税人推送通知、通告等各类涉税信息280余次，网站点击量突破285万次。

【执法督察与内部审计】从非税业务类经济活动入手，强化内控管理，编制5个维度百分内控绩效指标，构建“制度、执行、监督、绩效、反馈”五位一体的内控工作模式，把风险防控着力点从事后向事前、事中前移。加强审计与督查监督，2016年共选定8个项目开展内部检查，并聘请第三方服务机构开展非税业务类风险检查。以“风险提示单”形式，向相关单位提示风险，对各单位落实整改情况进行督促检查。向监察部门移交问题线索，报告内控检查情况，提交风险防范报告。

【党建工作】以严要求、严标准、严措施，落实党风廉政建设“两个责任”；深入开展“两学一做”学习教育活动，扎实推进全面从严治党，组织广大党员干部认真学习党章党规和习近平总书记系列重要讲话精神，不断增强“四个意识”；坚持把纪律和规矩挺在前面，开展“定标、承诺、践诺”和“思想、作风、工作、纪律整顿”活动；全局设立22个“党员示范岗”，提醒党员亮身份、严要求、做模范，进一步强化了党的建设和党员履职。

【纪检监察】强化责任落实，教育预防不断深化，以专家讲座的形式联合区国税局开展国学廉政教育培训。开展“纪律教育在身边”征文活动，收集廉政征文46篇，优选16篇上报区纪委并以“纪律教育在身边”专刊形式分5期在局内刊发。2016年在《中国税务报》《北京调研》《是与非》《北京地税》《纪检监察动态》发表廉政题材文稿9篇，得到市局、区纪委主要领导工作批示5次，市局在北京地税系统纪检监察宣传工作总评中获第二名。在全系统率先探索开展内部巡查工作，成立了西城区地税局巡查工作领导小组、巡查办公室，建立巡查工作制度，制定《北京市西城区地方税务局巡查工作办法（试行）》。全年参加涉税诉求响应工作会议8次，参加案件审理会议5次，参与大额税收减免退审理3次。开展监督管理，作风建设不断深化，坚持从实从严开展执纪审查，全年受理信访举报件4件。建立内部廉政监督员队伍，发挥特约监察员作用。

（张朝晖）

朝阳区地方税务局

【经济概况】 北京市朝阳区位于北京城区东部，全区总面积470.8平方公里，常住人口392.2万人，是北京市面积最大、人口最多的城区，也是高端要素聚集、服务业发达的重要区域。按照北京城市总体规划，朝阳区被赋予了“国际交往的重要窗口、中国与世界经济联系的重要节点、对外服务业发达地区、现代体育文化中心和高新技术产业基地”的功能定位。2016年地区生产总值首次突破5000亿元，达到5001.6亿元，同比增长6.5%。完成区财政一般公共预算收入477.13亿元，同比增长6.5%。

【概述】 坚持依法征税，全面堵漏增收，全年完成各项税费收入889.2亿元，同口径增长25.4%；完成税收收入819.8亿元，增长24.5%，收入规模在北京市地税部门中位居第1位，在北京市地税部门绩效考评中排名第3位。开展“两学一做”学习教育，落实全面从严治党“两个责任”。落实疏解非首都功能产业税收支持政策，落实“营改增”试点改革任务。开展“便民办税春风行动”，试行总法律顾问制度。

【税收收入情况】 全年累计完成各项税费收入889.18亿元，同口径增长25.4%；累计完成税收收入819.77亿元，同口径增长24.5%，规模居全市地税系统第1位；累计完成一般公共预算收入590.47亿元，同口径增长24.5%，占全市一般公共预算收入的比重为22.0%。

表1　　朝阳地税收入情况（2016年）　　单位：亿元

项　目	本期	增减额（同口径）	增减（%）（同口径）
各项税费收入	889.2	155.3	25.4
地方公共财政预算收入	590.5	92.1	24.5
一、税收收入	819.8	137.1	24.5
其中：中央级	283.6	62.4	28.2
1. 改征增值税	15.7	15.7	
2. 企业所得税	76.5	17	28.5
3. 个人所得税	381.8	74.1	24.1

续表

项　目	本期	增减额（同口径）	增减（%）（同口径）
4. 资源税	0. 05	0. 01	28. 8
5. 城市维护建设税	43. 5	2. 3	5. 5
6. 房产税	57. 7	20	53. 0
7. 印花税	13. 6	0. 1	0. 9
8. 城镇土地使用税	4. 4	0. 4	10. 3
9. 土地增值税	46. 6	1. 8	3. 9
10. 车船税	0. 03	-0. 01	-29. 2
11. 耕地占用税	0. 3	-0. 3	-43. 9
12. 契税	56. 6	6. 1	12. 1
13. 营业税	123. 1	-120. 3	-49. 4
二、非税收入	69. 4	18. 2	35. 5
1. 教育费附加	18. 7	1	5. 4
2. 地方教育附加	12. 4	0. 6	5. 5
3. 外商投资企业土地使用费	0. 3	-0. 1	-25. 1
4. 文化事业建设费	0. 03	-0. 08	-73. 2
5. 税务部门罚没收入	0. 07	-0. 005	-7. 4
6. 残疾人就业保障金	22. 7	15	195. 1
7. 工会经费	15. 1	1. 7	12. 9

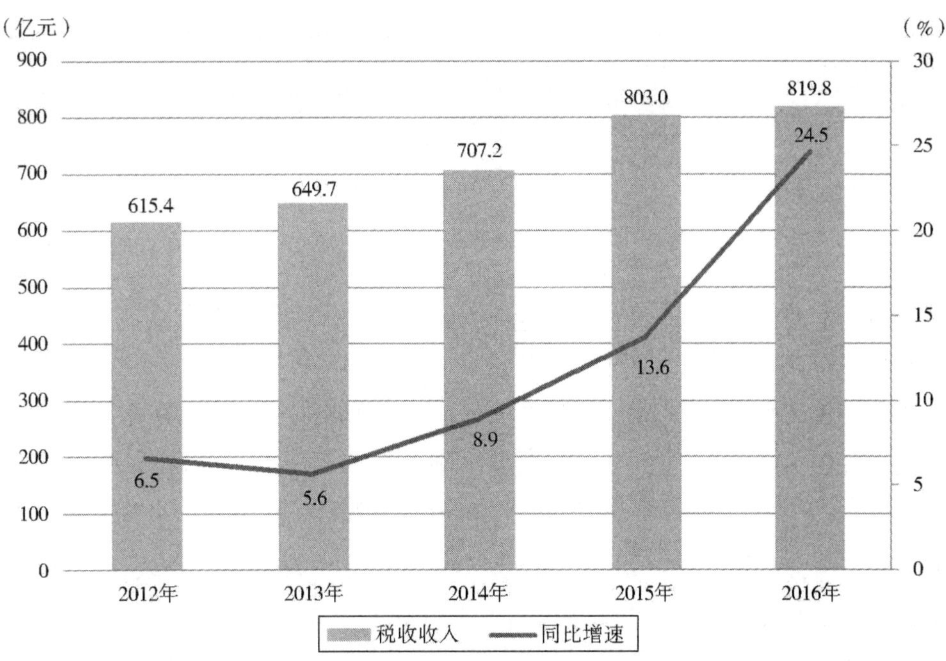

图 1　朝阳地税税收收入情况（2012—2016 年）

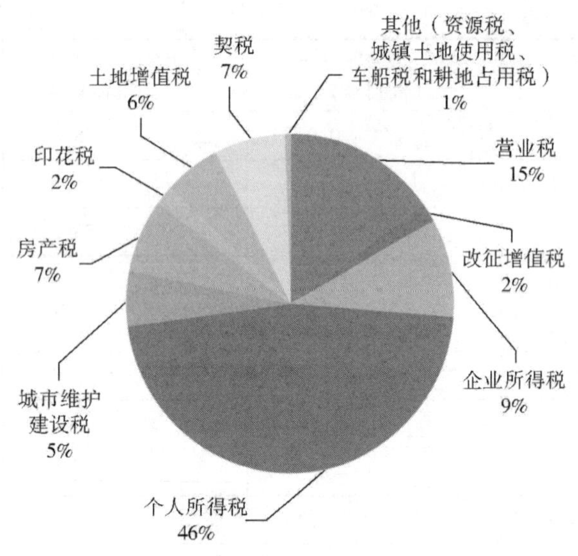

图2 朝阳地税税收收入分税种结构（2016年）

【费金收入】组织教育费附加、地方教育附加、文化事业建设费、外商投资企业土地使用费、残疾人就业保障金、工会经费等费金收入共计69.34亿元，增收18.17亿元，增幅35.52%。具体数据见表2。

朝阳地税费金收入情况

表2　（2016年）　单位：万元

项　目	收入	增减	同比（%）
合　计	693385	181743	35.52
教育费附加	186860	9590	5.41
地方教育附加	124487	6444	5.46
文化事业建设费	308	-842	-73.22
外商投资企业土地使用费	3150	-1055	-25.09
残疾人就业保障金	227484	150393	195.09
工会经费	151096	17213	12.86

【税收收入特点与分析】按行业划分，房地产业完成税收收入175.8亿元，同口径增长50.5%，占比21.4%；金融业、科技服务业、商务服务业和信息服务业合计完成税收收入283.6亿元，占总体税收的比重近四成。按税种划分，个人所得税完成税收收入381.8亿元，增长24.1%，占比为42.9%；企业所得税完成税收收入76.5亿元，增长28.5%，占比为8.6%；财产和行为税共完成税收收入222.7亿元，增长15.8%，占比为25%。非首都功能疏解相关产业税收规模下降，采矿业下降19.4%。全年共减免各项税费149.8亿元。

【营业税改征增值税】确立工作领导小组，制定"营改增"试点工作任务分解表、工作流程及应急预案；与区国税局深度合作，召开4次联席会议，在委托代征等35项内容上达成共识；及时向区国税局移交7大类49.6万条涉税数据资料，顺利完成朝阳区8.28万户"营改增"纳税人的交接工作；加班加点全面测试征税、开票系统，向市地税局反馈问题建议18条。全年减收营业税140亿元。

【税收法治】依法做好行政复议诉讼工作，成立复议委员会，规范区局重大疑难复议案件的审理工作。全年妥善办理行政复议及诉讼案件共16件，积极应诉并运用调解手段化解纳税争议，通过充分沟通使7名行政复议申请人主动放弃复议申请。落实2016版税务行政处罚裁量权，严格按照要求在裁量权范围内开展行政处罚工作。落实总法律顾问制度，协助总法律顾问在区局重大行政决策、推进依法行政中发挥积极作用，推进税务机关法制建设。

【税收政策落实】成立"疏解非首都功能产业税收政策"办公室，制定《疏解非首都功能产业税收政策服务小组工作分解方案》。在各办税服务厅增设税收支持政策咨询服务岗，编制5000份宣传册发放迁出企业，方便企业及时了解税收政策，保障疏解工作顺利开展。

【税种管理】存量房缴税业务实现全区通

办，办理能力达到日办结600份以上，全年共办理82151份，征收税款85.5亿元。大力提升个人股权转让工作水平，全年审核个人股权转让22052人次，征收个人所得税17.55亿元。落实房产税新政，全年入库房产税57.67亿元，同比增收19.98亿元，增长53%。编写《2015年度企业所得税优惠备案事项工作流程及业务要求》，核查2669户次企业的数据，调增应纳税所得额6422万元。做好1289户企业土地级次调整工作，全年税款净增2940万元。

【纳税服务】发挥共建小呼咨询中心作用，实现国地税咨询无缝衔接，国地税共同接听咨询来电20.6万个，其中地税接通率84.1%，日均接听超过1000个。做好纳税信用等级评定工作，对12.6万户企业进行纳税信用等级评定，评定纳税信用A级纳税人4080户。与朝阳区国税联合建设“北京朝阳税务”微信公众号，共同推出“营改增”特色服务，互设办税窗口并派驻工作人员。编写国地税通用版《新办企业纳税培训手册》。推进银税互动工作。对外开展培训50场，培训纳税人超过25000人次。

【税收征管】制定分级分类管理指导意见，建立“重点税源管理+专业化管理+属地税源管理”模式。规范新办企业的管理与服务，全年新增纳税人46127户，入库税款15.2亿元。加强零散税源征收，扩大个人出租房屋委托街乡代征规模，委托代征11万笔，征收税款5.4亿元。制定新的注销税务登记工作流程，以集中办理协查方式规避执法风险，共受理核查2403户，补缴税款2404万元。加强申报征收管理，平均入库率达99.56%，申报率达98.96%。积极开展申报入库不一致清理工作，共计清理5143户次，涉及金额3443.62万元；已处理及核销3948户次，核销金额3099.38万元。贯彻《深化国税、地税征管体制改革方案》，联合区国税局制定《国家税务局 地方税务局合作工作规范（2.0版）》。

【大企业税收服务与管理】完成千户集团成员企业名册采集工作审核工作和京粮集体下属企业专项检查工作。开展大企业税收风险应对工作，将税务总局第五批千户集团风险应对工作下发至金税三期工程税收管理系统。采取按规模分级、按行业分类的专业化管理方式，实现对税源专业化、精细化管理和个性化服务。将市局签订的战略合作企业集团的下属企业所进行集中管理，进一步提升管理与服务水平，统一政策执行标准，降低税企双方征纳成本。

【国际税收管理】利用税收情报加强外籍个人所得税征收管理，通过对零申报核查追缴税款、滞纳金及罚款6870万元；核查8项补贴，追缴税款及滞纳金1206万元；反避税管理成效显著，查补税款1425万元；开展“走出去”企业风险核查，追缴税款及滞纳金241.35万元。

【税务稽查】全年共立案108户，检查221户，其中有问题户219户，查补入库税款2.25亿元。以大案要案查处为核心，提升稽查质效，对部分集团及其下属企业开展重点税务稽查。进一步落实稽查全覆盖，继续大力推进积案清理，采取阻止法人出入境等惩戒措施，防范税款流失。召开税务稽查案件集体审理会7次，审议通过案件219件，查补收入1.95亿元；召开重审会1次，审议通过案件5件，查补收入1.62亿元。

【电子税务管理】加快风险监控指标体系建设，初步建成科学有效的税收风险监控指标情景特征库，结合金税三期工程系统逐步完成数据整备、疑点筛选和模型手册的编写工作，开展重点行业、重点税种及重要事项的风险管理应对工作。加强数据管理，制定《数据后台查询管理办法》和《第三方信息管理办法（讨论稿）》。加强信息安全管理，全局计算机防护、杀毒、准入软件安装率达100%。

【政务管理】依法做好政府信息公开工作，主动公开515件，依申请公开21件；加强公文审核，严把公文格式、行文、内容、文字关，确保机关政令畅通；提高办会效率，充分应用视频会议系统，减少基层单位会议往返。加强信息撰写，共编发各类信息601篇，国办和市委、市政府专刊各采用5篇；突出调研重点，注重调研人才团队建设，积极与高校开展合作，全年共形成调研成果转化49篇次。

【绩效管理】强化“督考合一”的工作机制，确保重点工作有效落实。建立健全绩效讲评会议制度，研究上级指标和本级指标考评情况，剖析加减分原因、存在的问题、整改措施以及对被考评单位工作指导意见等内容。认真组织开展绩效培训辅导工作，拓展培训途径。以《基层建设专刊》为载体，全面展示各部门开展绩效工作的最新进展、成效、经验，增强绩效宣传力度，在全局范围内深化认识、凝聚共识。在2016年度全地税系统绩效考核中，朝阳区地税局排名第3位。

【财务管理】根据北京市财政局和朝阳区财政局相关规定，修改完善区局经费支出管理办法。制定《内部控制手册》，绘制对应的流程图，完成规章制度建议、分级流程目录设计、风险评估等工作。坚持“三重一大”工作规程，经费支出逐级申请、逐级审批。通过日常开支报销的审核把关控制预算，确保各项资金安全、合理、有效使用。坚持阳光运行，及时公开部门预算，主动接受社会监督。

【政府采购】全年完成货物类采购782.59万元，工程类采购2233.87万元，服务类采购1038.3万元。经朝阳区财政局审批，全局人员体检项目以公开招标方式完成采购，金额190万元。第一税务所维修改造项目经朝阳区发改委审批，通过招标代理公司以公开招标方式完成施工招标采购，金额2233万元。

【人事管理】设有16个科室（含机关后勤服务中心），15个税务所，1个稽查局（下设检查科5个，综合科1个），1个税务学会。合计人数623人，其中干部596人，工人22人；事业编制5人。男308人，女316人；中共党员388人，共青团员19人；大专以上文化程度（含大专）611人，大专以下文化程度12人；中层干部107人96+11（处调兼任）人。招录公务员38人，接收安置军转干部13人，外区调入干部5人。

【教育培训】组织全局干部开展“岗位大练兵、业务大比武”活动，分4批开展脱产培训工作，共有556名干部参加五个岗位初赛考试，最终选派50名干部参加上级单位复赛和决赛活动。开展中层干部培训工作，组织全体科级领导干部进行岗位知识培训，提升中层干部队伍整体凝聚力和工作水平。全年分类别、分岗位组织全局干部分别开展个人股权转让、金税三期工程等专项业务培训，认真开展“三师”、职称考试和北京干部教育网网络培训。

【执法督察与内部审计】制订并实施2016年度税收执法督察工作计划，围绕重点工作和实际工作情况确定督察项目并开展执法督察。创新引入税务专业中介机构协助存量房税款征收案卷执法检查，做到存量房税款征收全流程监控、征收案卷全覆盖监督，全年归档房产交易案卷7.9万份。完善区局税收执法过错责任追究管理办法，对市局及本局展开的执法督察工作中发现的问题积极落实整改，并落实税收执法过错责任追究。

【党建工作】以“两学一做”学习教育为抓手，通过党组中心组、第一党支部理论学习、专题讲座等多种形式不断加强思想建设。严格组织程序，召开换届选举党员代表大会和第三次工会会员代表大会，顺利完成机关党委和工会换届工作。探索“互联网 + 党建”新模式，搭建“朝阳地税党建”微信公众号。深度融合“两学一做”与扶贫工作，全局干部认购受冰雹灾害地区苹果共 2600 箱。局主要负责人聚焦巡视反馈问题整改，开设专题党课 3 期。各党支部认真开展“三会一课”，充分发挥党支部战斗堡垒作用和党员先锋模范作用。

【纪检监察】坚决执行中央八项规定精神和市区实施意见，持续纠正“四风”问题，严格干部选拔、教育、管理及监督，建立科学有效的权力运行制约和监督机制。构建“5310”风险防控体系 1.0 版，以风险信息的查询、提示、推送、采集为着眼点，打造侧重于警示、教育和事前防范的信息化应用系统。积极配合市局和区检察院办理案件工作，认真查办存量房腐败案件，深入开展警示教育活动，批组织处、科级领导和干部旁听涉案人员庭审。拓宽监督渠道，发挥特约监察员和廉政平台的作用，抓住节假日、干部婚丧喜庆、“营改增”、金税三期工程上线、公车改革等重要时点，加大落实“两个责任”监督检查力度。

【后勤管理】建立健全管理规范、加强制度建设。完成公车改革，公用车停用 22 辆。开展民心工程，完成了樱花园宿舍的装修，为单身干部解决宿舍问题，为全局办公室配备了净化器。服务局机关的搬迁工作，保证固定资产实物、账目一致。及时更换餐饮公司。保证干部职工的餐食安全，提高饮食水平及服务质量。

【税收宣传】深入开展税收宣传活动，与北京交通广播电台联合制作税收宣传特别节目，与首都经济贸易大学联合举办第七届“朝阳地税杯”税收风采展示大赛，与朝阳有线台合作录制《地税你我他》电视专题节目 52 期，取得良好效果。加强舆论引导，做好正面宣传，在市级以上媒体刊发稿件 269 件。

（杨　超）

海淀区地方税务局

【经济概况】2016 年，海淀区实现地区生产总值（GDP）5036.8 亿元，比上年增长 7.5%。全年累计完成全社会固定资产投资 872.5 亿元，同比增长 0.2%；实现社会消费品零售总额累计达 2213.2 亿元，同比增长 5.7%；区级一般公共预算收入完成 386.11 亿元，同比增长 8.0%；区域财政收入 2387.39 亿元，同比增长 9.3%；全区居民人均可支配收入 67022 元，同比增长 7.5%。

【概述】全面加强党的建设，深入开展“两学一做”学习教育。严格落实主体责任，防范廉政风险隐患。全面推开“营改增”试点工作，顺利上线金税三期工程系统。扩大依法治税保障，努力形成税收共治格局。配合非首都功能疏解，落实税收优惠政策。把握纳税人需求动向，提高纳税服务水平。加强绩效管理考核，提升工作质效。2016 年，海淀区地税局荣获首都劳动奖状和“北京市交通安全先进单位”称号；普法办公室被评为“2011—2015 年全国法治宣传教育先进普法办公室”；通过档案工作市级优秀单位测评；参与完成的《基层对完善我国科技创新税收政策的建议》获得中央政治局常委、副总理张高丽的批示。第四税务所荣获税务总局“优秀政务大厅”称号，中关村税务所荣获北京市“三八红旗集体”称号。

【地方政府支持税收工作】海淀区委、区政府重视税收工作，海淀区区委常委、常委副区长先后多次到海淀区地税局检查调研“营改增”、金税三期工程上线工作；对海淀区地税局南部、北部大厅建设给予资金支持，9 月 28 日，海淀区国税局、地税局联合办税服务大厅正式投入使用。

【税收收入情况】全年累计完成各项税费收入 763.52 亿元，同口径增长 28.34%；累计完成税收收入 699.08 亿元，同口径增长 26.37%；累计完成一般公共预算收入 463.34 亿元，同口径增长 28.35%。

表 1　　**海淀地税收入情况（2016 年）**　　单位：亿元

项　目	本期	增减额（同口径）	增减（%）（同口径）
各项税费收入	763.52	149.05	28.34
地方公共财政预算收入	463.34	84.37	28.35
一、税收收入	699.08	128.61	26.37
其中：中央级	292.37	64.22	28.32
1. 改征增值税	7.72	7.72	—
2. 企业所得税	96.88	38.01	64.57
3. 个人所得税	379.98	62.53	19.70
4. 资源税	0.04	0.02	95.00
5. 城市维护建设税	43.26	4.25	10.90
6. 房产税	30.23	7.26	31.63
7. 印花税	16.46	2.19	15.37
8. 城镇土地使用税	2.76	0.48	21.32
9. 土地增值税	11.43	-1.33	-10.43
10. 车船税	0.01	-0.00	-15.54
11. 耕地占用税	0.41	0.18	81.31
12. 契税	27.19	7.28	36.60
13. 营业税	82.71	-66.51	-44.57

续表

项　目	本期	增减额（同口径）	增减（%）（同口径）
二、非税收入	64.44	20.44	46.45
1. 教育费附加	18.55	1.75	10.41
2. 地方教育附加	12.36	1.17	10.49
3. 外商投资企业土地使用费	0.11	0.00	1.33
4. 文化事业建设费	0.02	-0.02	-55.38
5. 税务部门罚没收入	0.06	0.01	21.06
6. 残疾人就业保障金	25.52	17.07	202.08
7. 工会经费	7.81	0.46	6.19

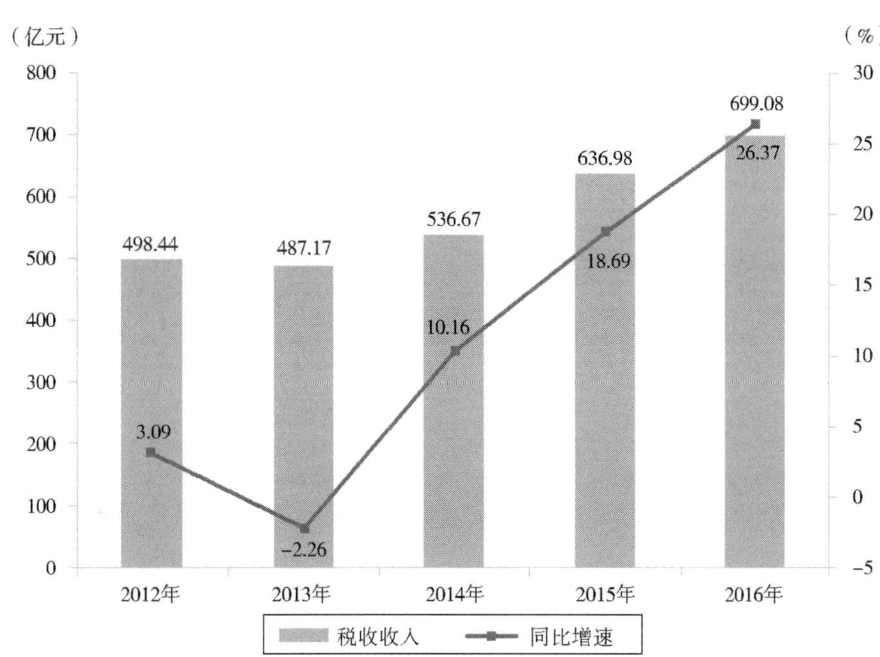

图 1　海淀地税税收收入情况（2012—2016 年）

从图 1 可以看出，受“营改增”政策的影响，海淀区地税局近五年来各项收入呈现较大波动，特别是 2013 年由于是“营改增”政策实施的第一年，收入受到很大影响，全年税收呈现负增长趋势。2014—2016 年逐年扭转了“营改增”对收入的减收影响，市、区两级收入任务均圆满完成。

从图 2 可以看出，自 2016 年，个人所得税成为海淀区地税局第一大税种，税款占比高达 54%。其次是企业所得税，占比达到 14%。再次是营业税，占比为 12%。除此三大主体税种以外，其余税种占比均不到 10%。

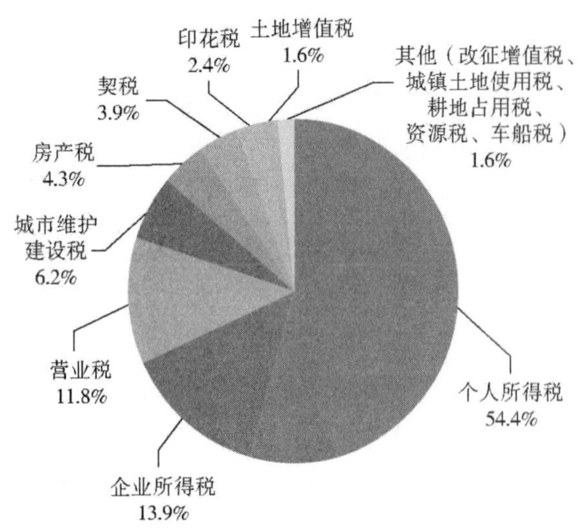

图2　海淀地税税收收入分税种结构（2016年）

【费金收入】 组织教育费附加、地方教育附加、文化事业建设费、外商投资企业土地使用费、残疾人就业保障金、工会经费等费金收入共计64.4亿元，增收20.4亿元，增幅46.49%。具体数据见表2。

海淀地税费金收入情况

表2　　**（2016年）**　　单位：万元

项　目	收入	增减	同比（%）
合　计	643861	204327	46.49
教育费附加	185515	17484	10.41
地方教育附加	123645	11740	10.49
文化事业建设费	199	-247	-55.38
外商投资企业土地使用费	1143	15	1.33
残疾人就业保障金	255231	170740	202.08
工会经费	78128	4595	6.25

【税收收入特点与分析】 按行业划分，金融业快速增长，累计完成各项税费收入73.1亿元，同口径增长33.6%，较上年增加0.5个百分点；信息传输、软件和信息技术服务业完成税收收入111.3亿元，增长21.8%，科学研究和技术服务业完成163.3亿元，增长20.2%，租赁和商务服务业完成65.5亿元，增长29.0%；房地产业累计完成各项税费收入76.1亿元，占全局收入的10.1%，较上年提高了2个百分点，增加21.8亿元，增幅40.2%，同口径增幅更是高达101.7%。按税种划分，企业所得税累计完成96.9亿元，增加38.0亿元，增幅64.6%；个人所得税成380.0亿元，增加62.5亿元，增幅19.7%；房产税、残保金受政策变化影响大幅增加，分别入库税款30.2亿元和25.5亿元，增加7.3亿元和17.1亿元，增幅31.6%和202.1%；契税累计入库税款27.2亿元，增加7.3亿元，增幅36.6%。

【营业税改征增值税】 做好与海淀区国税局的数据交换与工作交接。开展二手房交易和个人出租房屋的增值税代征工作，保证两项工作较“营改增”前，征收机关不变、征收场所不变、征收流程不变。2016年5—12月，海淀区地税局办理二手房交易23285笔，缴纳增值税7.53亿元，减免增值税26.50亿元；开具增值税专用发票27张，普通发票23121张。

【税收法治】 完成北京市行政执法信息服务平台录入及维护工作。完善行政处罚告知服务制度，开展税务行政处罚裁量权培训及案卷评查。编写《税收相关法律知识集锦》，归纳、解析执法中涉及较多的法律规定。开展税收规范性文件自查整改，清理失效文件11份。试行总法律顾问制度，建立兼职法制员制度，就税收债权保护与海淀区法院建立联系机制。稳妥应对行政诉讼案件5件，行政复议案件2件。海淀区地税局普法工作办公室被中宣部、司法部联合授予“2011—2015年全国法制宣传教育先进普法办公室”称号。

【税收政策落实】 享受营业税政策的小微企

业有54190户、个体户有7026户，享受减免税479.06万元。落实安置残疾人、房屋大修理、农产品批发市场、轨道交通、企业改制重组等税收优惠政策，减免房产税510万元、城镇土地使用税1144万元、契税2632.64万元。受理不征契税134件，不征税审批面积643.25平方米。受理契税退税1819份，退税金额约5938.15万元。配合疏解非首都功能，协调办理锦绣大地市场业主商铺回购退税398件。组织近千家企业开展房产税、土地使用税专场培训、土地增值税政策和流程的培训会、公立高校企业辅导座谈会。

【税种管理】开展房屋土地税源登记，做好房产税、土地使用税从租计征和属地征收工作，做好土地级次调整，加大力度推进土地增值税清算，补录房产、土地信息5000余条，印花税认定信息2000条，土增税项目信息300条。加强土地增值税差别化预征和清算管理，采取多种措施积极推进清算工作进度，2016年共审结项目15个，涉及税款21亿元。落实矿泉水资源税由从量计征调整为从价计征。

【纳税服务】推出“税务钉钉”工具，采用众包协作模式解决税务咨询互助问题和征管工作的催报催缴问题。拓展“海淀地税”微信公众号功能，发布微信219期，总订阅用户数超过3.5万户，浏览量超过150万次。全年开展60场纳税辅导会。完善“银税互动”产品的宣传辅导，扩大试点，完成签约金额1.5亿元。做好纳税服务投诉处理工作，通报纳税服务投诉属实件2件，通报批评2人。制定呼叫中心人员绩效管理办法，增加座席，定期抽查接听情况，建立咨询首问制台账制度，一次性接通率由60%左右提升到90%左右。

【税收征管】制发税收遵从风险管理工作实施意见、日常检查业务操作手册、试行税务约谈管理办法。成立税收遵从风险工作领导小组，建立风险管理联席会议机制，明确日常检查重大案件审理机制。加强股权转让个人所得税征收管理，利用第三方信息对17家非金融商品买卖企业进行集体约谈，补缴税款1.10亿元。抓早抓实年所得12万元以上个人所得税自行申报工作。逐步构建风险应对体系，累计完成风险应对4232户，入库税款6.98亿元。试点集中注销税务登记工作。由第六税务所（北部办税务厅）承担北部四个税源所（上地税务所、青龙桥税务所、清河税务所、温泉税务所）的进厅服务事项，与第四税务所（南部办税服务厅）相对应，初步实现涉税事项区域通办。协调海淀中关村技术交易市场开展委托代征印花税试点工作，受理技术交易合同认定9713份，征收印花税款109.55万元。开展税收情报管理试点工作，完成税收情报分析1份。

【大企业税收服务与管理】制定进一步加强大企业税收管理工作的管理办法，细化管理模式和工作机制。对辖区内27家企业集团、2600余户成员单位开展千户集团名册信息核实工作，并进行风险提示。将首旅集团、一轻集团、二商集团、京粮集团等市属集团驻海淀区企业调整至一个税务所管理。对25户千户集团成员单位股票减持事项开展税收风险应对，7户企业补缴税款5919.53万元。

【国际税收管理】首例反避税自行调整案件结案，入库税款6000余万元，首例正式立案并独立开展调查的反避税案件进入结案程序；联合海淀国税建立“走出去”企业清册，为服务管理“走出去”和“一带一路”企业奠定基础；通过国地税交换跨境个人股权转让信息，有效查补税款80余万元，成为全市唯一一个国地合作开展此项工作并实现补税的成功案例；组织开展外籍个人零申报核查，翻译并制作完成面向4个国家和地区的5份专项情报请求。

【税务稽查】扎实配合稽查体制机制改革，加强工作沟通和协调。配合稽查“市级全覆盖”的工作部署，将考核指标层层分解，落实到科，责任到人；全年共开展自查辅导、调查核实17户，立案检查134件，审结案件184件，入库结案209件。案件查补税滞罚合计3.17亿元，入库税款、滞纳金、罚款合计2.93亿元。

【电子税务管理】开发纳税人个性化标识系统和虚拟办公管理软件。开发重点税源监控预警系统，掌握主体税种大额增减情况及增减原因。完成海淀地税微信公众号改版，新增纳税辅导报名、信用等级查询等功能。实现与海淀区国税局自助机互进服务大厅。

【政务管理】健全文件领用、借阅登记制度，全年共收文1656件，发文481件。修订数码照片归档与管理办法，完备档案室6类硬件设施，通过档案市级优秀单位测评验收。加强对局长办公会议定事项、折子工程事项的督办力度，印发督查工作报告10期。处理北京市信访信息系统网信26件、区政府非紧急救助服务平台转办的群众咨询和投诉83件、信件来函14件、答复率100%。主动公开政府信息504条，受理依申请公开事项5起，未出现行政复议或诉讼情况。

【绩效管理】先后制发绩效管理办法、组织绩效管理实施细则、个人绩效管理办法、细则、结果运用办法等6项文件。实施指标考评和个人绩效的差异化考评，按季度形成绩效管理分析报告。全年各项工作得到省部级以上领导表扬性批示1次，市局主要领导表扬性批示8次；收到中央和国家机关感谢信6封；获得国家级荣誉称号1项，市级荣誉称号3项；受到国家级相关部门通报表彰1次，北京市相关部门（不含市局）通报表彰1次。2016年蝉联北京地税系统绩效考评第一名，获评“绩效管理标杆单位”称号。

【财务管理】落实公务员养老保险改革、公务用车改革、物业费、供暖费货币化补贴等规定。加强预算管理执行力度，确保预算执行率达90%以上。定期组织全局固定资产盘点和清查，提高固定资产使用效益。修订会计档案管理办法。

【政府采购】全年政府采购项目中批量集中采购经费支出3171.30万元，其中货物类采购经费支出1872.17万元，服务类采购经费支出1299.13万元。

【人事管理】选拔任用正科级领导干部3名，副科级领导干部15名，正科级非领导干部12名，副科级非领导干部10名。轮岗59人。招录公务员39人，军转干部9人。成立北部办税服务厅第六税务所。深入开展国地税交流合作，互派1名正科级领导干部和5名副科级领导干部挂职锻炼。

【教育培训】组织全员更新知识培训、中层领导干部培训。加强培训的横向联系，举办海淀区地税局、昌平区地税局、通州区地税局、密云区地税局、开发区分局税收业务联合培训。首次联合海淀区国税局举办“支部委员培训班”，培训两局基层党支部书记、委员共98人。完成东城区地税局、西城区地税局、平谷区地税局、延庆区地税局30名干部调训工作。参与市地税局岗位大练兵活动，3人荣获“专业骨干”称号，8人荣获“岗位能手”称号。参与2016年度“海淀区市民学习品牌”“海淀学习之星”评选活动，获评海淀区市民学习品牌单位，3人获“海淀区学习之星”称号。组织参加市地税局

“2016年第十届税收征管论坛大会联络员选拔暨英语口语大赛”活动，获评最佳组织奖，2人入选联络员，1人获二等奖、2人获优秀奖，5人入选北京市地税系统英语人才库。

【执法督察与内部审计】 试行财务审计管理办法及建设项目审计办法。成立内控机制建设领导小组。外聘专业机构，对本局财务管理、基建工作和个人房屋交易案卷进行内部审计，发现财务管理7大类问题，审减基建额73.87万元，检查个人房屋交易案卷11246卷。自主督察二手房交易档案682份，补缴税款13.13万元，进行执法过错责任追究8人；督察个人股权转让案卷228份，发现问题86个。核实房产税疑点数据4057条，补缴房产税税款1447.10万元，滞纳金669.8万元。

【党建工作】 深入有序开展“两学一做”学习教育，开展各层次辅导讲座302场。完善科所规范化建设，进一步明确制度规范、会议记录、支部手册填写、廉政主体责任等具体内容。开展党员干部承诺践诺、亮身份活动，党员干部全部亮牌上岗。举办“最美共产党员”系列宣传活动，制作“‘营改增’中的最美党员”“优秀共产党员展示”等5期展板。宣传推行主体责任全程纪实制度，组织定期检查。完成局机关党委改选、调整改选基层党支部班子，为各党支部配专职副书记，制定领导干部联基层“三个一”工作方案，与海淀区国税局联合组织基层党支部委员培训。

【纪检监察】 试行礼品礼金登记上交管理规定，为正科级以上领导干部配发《挺纪在前　责任在肩——海淀地税局层层落实党风廉政建设责任制工作纪录》。围绕税收管理权、行政管理权和监督责任的执法风险，成立10个风险梳理组，梳理各类风险点50项，编写执法风险清单统计表，规范税收执法行为。梳理日常检查、稽查检查、股权转让、纳税清算及个人所得税信息修改等方面的执法风险和管理漏洞。全年办理不同形式的转办件13件、自收件7件。配合海淀区纪委、海淀区检察院查办案件，查找档案2万余份，核算千余套房产税款，追征税款2494.68万元，滞纳金1151.24万元。对涉及违法违纪的3名干部分别做出处理，针对风险漏洞，建立健全管理制度机制，采取多种措施堵塞漏洞。

【后勤管理】 完成北部办税服务厅维修改造工程，第六税务所、上地税务所、青龙桥税务所、清河税务所、温泉税务所入驻，2016年9月26日正式对外办公。南部办税服务厅建设工程稳步推进。公车改革顺利完成，全年共计出车500余次，安全无事故。规范报修工作，全年共维修空调、水电、厨房电器、基建房屋等180余项。开展固定资产清查，对全局固定资产实行卡片化管理。配合海淀区“公共机构能源消耗管理平台”管理的调试和实地勘察，做好台账登记、统计、计算、汇总、整理，录入公车定点维修和公车IC卡加油台账，组织完成区节能办下达的各项节能宣传任务以及全国节能周工作。

【税收宣传】 完成“海淀地税”头条号注册，与北京理工大学、海淀区国税局开展首期高校纳税辅导。与北京电视台多个栏目形成有效互动。参与新华社股权激励和技术入股政策调研，积极配合新华社对于税收政策的调研走访。全年刊发文章、图片100余篇，广播电视类节目20余则，从政策执行、创新工作、纳税服务等各个角度展示本局工作动态。

【税收科研】 结合当前税制改革及税收现代化的热点、区域发展特色、地税新形势开展调研，实现成果转化46项。为市地税局输送调研人才6人。

【税务文化】制定2016—2018年度文明创建整体规划方案。开展“2016北京榜样”推选活动，用现场交流、事迹展览展示等多种形式对事迹进行宣传。积极开展文娱活动，为办税厅和税务所配备健身房、图书室，启动“暖人心、鼓人心、稳人心”三心工程，服务基层，解决干部后顾之忧。

（郝俊强）

丰台区地方税务局

【经济概况】2016年，丰台区实现地区生产总值（GDP）1262.6亿元，同比增长6.7%。全区一般公共预算收入104.6亿元，同比增长10.7%，其中，税收收入96.6亿元，增长10.5%，占全区财政收入的比重为92.3%；一般公共预算支出194.1亿元，下降6.6%。

【概述】坚持依法征税，抓紧抓实组织收入工作，2016年，累计完成各项税费收入192.08亿元，剔除营业税后为146.12亿元，同口径增收29.11亿元，增长24.88%。深入开展“两学一做”学习教育，持续强化“四个意识”，深入推进全面从严治党“两个责任”。积极配合区政府开展市场疏解相关工作，在小型呼叫中心、网站咨询栏目开设有关疏解政策栏目。服务区域经济发展，切实优化纳税服务，助力“营改增”平稳过渡。

【地方政府支持税收工作】丰台区委书记杨艺文、区长冀岩对地税部门工作给予肯定并作出多次批示，对丰台地税全力组织收入、落实“营改增”政策给予高度评价。区政府高度重视国地税联合办税服务大厅建设，多次听取专题汇报，积极协调配合共建大厅选址及后续配套建设工作。完善街乡镇协税护税体系建设，与全区21个街乡签订委托代征协议，共设置21个代征点，负责代开增值税普通发票。

【税收收入情况】全年累计完成各项税费收入192.08亿元，同口径增长24.88%；累计完成税收收入177.31亿元，同口径增长23.46%，规模居全市地税系统第5位；累计完成一般公共预算收入141.80亿元，同口径增长28.94%，占全市一般公共预算收入的比重为5.28%。

表1　丰台地税收入情况（2016年）　单位：亿元

项　目	本期	增减额（同口径）	增减（%）（同口径）
各项税费收入	192.08	29.11	24.88
地方公共财政预算收入	141.80	21.51	28.94
一、税收收入	177.31	24.96	23.46
1. 改征增值税	2.52	2.52	

续表

项　目	本期	增减额（同口径）	增减（%）（同口径）
2. 企业所得税	30.92	-1.22	-3.78
3. 个人所得税	47.27	11.17	30.93
4. 资源税	0.02	0.00	18.63
5. 城市维护建设税	10.77	1.22	12.81
6. 房产税	8.96	2.55	39.81
7. 印花税	3.81	-0.32	-7.86
8. 城镇土地使用税	1.21	0.20	19.84
9. 土地增值税	9.54	3.16	49.56
10. 车船税	0.03	0.00	5.92
11. 耕地占用税	0.08	0.07	363.33
12. 契税	16.22	5.61	52.84
13. 营业税	45.96	-22.78	-33.14
二、非税收入	14.78	4.15	39.08
1. 教育费附加	4.78	0.61	14.51
2. 地方教育附加	3.19	0.42	15.09
3. 外商投资企业土地使用费	0.04	-0.02	-27.69
4. 文化事业建设费	0.00	-0.01	-85.19
5. 税务部门罚没收入	0.07	0.03	85.32
6. 残疾人就业保障金	4.60	2.70	142.33
7. 工会经费	2.09	0.42	25.11

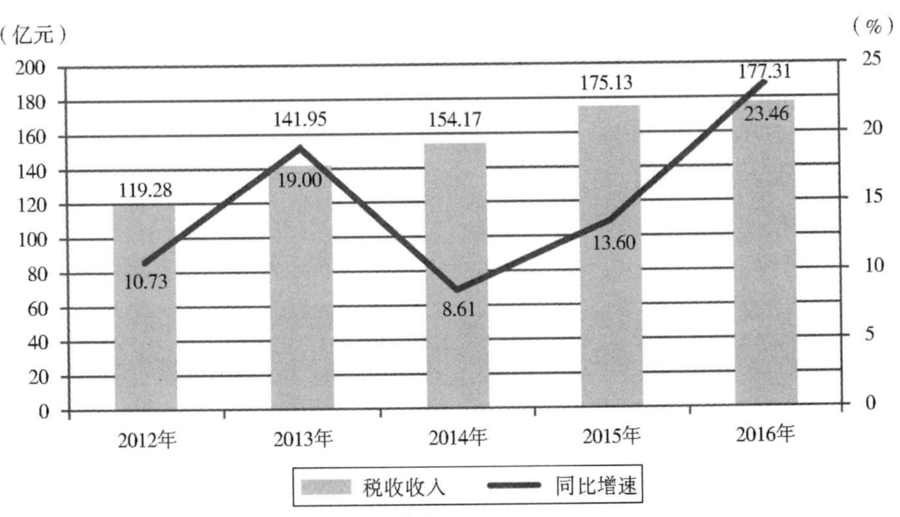

图1　丰台地税税收收入情况（2012—2016年）

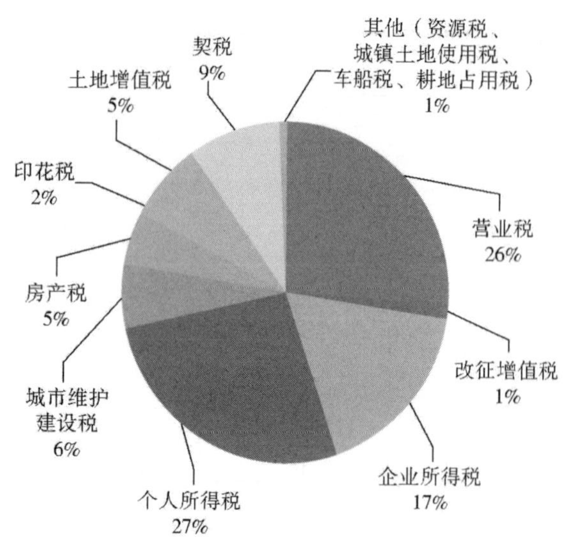

图2　丰台地税税收收入分税种结构（2016年）

【费金收入】全年组织教育费附加、地方教育附加、文化事业建设费、外商投资企业土地使用费、残疾人就业保障金、工会经费等费金收入共计14.70亿元，增收4.12亿元，增幅38.90%。具体数据见表2。

丰台地税费金收入情况

表2　**（2016年）**　单位：万元

项　目	收入	增减	同比（%）
合　计	147013	41174	38.90
教育费附加	47808	6057	14.51
地方教育附加	31851	4177	15.09
文化事业建设费	24	-138	-85.19
外商投资企业土地使用费	410	-157	-27.69
残疾人就业保障金	46046	27045	142.33
工会经费	20874	4190	25.11

【税收收入特点与分析】按行业划分，房地产业是丰台区2016年入库最多的行业，入库50.98亿元，同比增收4.23亿元，增长9.06%；金融业是减收最多的行业，入库33.26亿元，同比减收11.96亿元，下降26.44%；居民服务业是增收最多的行业，入库23.65亿元，同比增收13.97亿元，增长144.22%。从税种结构来看，营业税比重同比下降15.64个百分点，所得税比重上升2.92个百分点，契税、房产税、土地增值税等其他税种比重合计上升12.73个百分点。

【营业税改征增值税】联合区国税局共同派出21支“小分队”开展委托代征专项业务指导。在“丰台微税通”微信公众号设立“营改增”专栏，循环推送政策解读11期39条，以短信提示等方式向纳税人发送发票缴销流程。开展税收宣传进校园、进企业等系列活动7次。在存量房代征工作中主动研发税额计算程序并创作口诀。与区国税局联合撰写8期“营改增”专报，6期税收工作专报获得区主要领导批示。

【税收法治】与区国税局共同执行新裁量基准。创新实施执法岗位与职权履行率双推进模式。严格落实行政机关首长出庭应诉制度，受理行政诉讼案件3起，均已驳回起诉；行政复议案件4起。1人荣获“北京市法治宣传教育先进个人”称号。积极开展税收规范性文件清理工作。以规范执法行为为主线，认真抓好执法案卷评查工作，被区案卷评查小组评定为优秀卷。

【税收政策落实】积极促进区域经济发展，充分发挥经济杠杆调节作用，加强小微企业和高新技术企业等税收优惠政策的宣传力度，认真贯彻落实各项减税政策，全年累计减免税款40.46亿元。落实房产税属地征收和从租计征政策，开展土地级次调整税源登记和税款征收工作。

【税种管理】完善土地增值税项目清算工作制度，入库税款7633.87万元。强化企业所得税管理，组建专家团队就重点税源及高风险事项加强走访检查。开展契税申报未入库核查和权属登记信息比对。加强个人所得税明细申报工作。

【纳税服务】 持续开展“便民办税春风行动”，启动国地税共建办税服务厅实施方案。做好纳税信用等级评定工作，联合区国税局与宁波银行、中国银行签订“银税互动”合作框架协议，搭建守信企业发展平台，向4家小微企业、高新技术纳税信用A级企业发放贷款1550万元。创新“互联网+税务”方式，联合区国税局设立“丰台微税通”微信公众号，开发并推出预约定制、7×24小时交互智能咨询等深度服务。贯彻落实投诉管理办法，切实维护纳税人合法权益。

【税收征管】 梳理、新增38项纳税人发起事项集中进入办税服务厅，推行“窗口受理、内部流转、限时办结、窗口出件”的办理机制。全面取消税收管理员管户制度，设置基础管理岗、重点税源岗以及风险管理岗，实施团队型专业化管事机制。成立大额退税审核管理领导小组，加强集体审核。完善欠税管理流程，开展清缴欠税能力分析，核销欠税1477万元。以风险提示、税务约谈和日常检查等形式加强风险应对，入库税款滞纳金合计2.04亿元。通过落实新政，残保金入库4.58亿元，同比增幅达233.7%。

【大企业税收服务与管理】 做好四家集团企业集中管理工作，将首旅等四家集团共46户成员单位统一调整至科技园区税务所集中管理，统一政策执行标准，降低企业办税负担。加强大企业管理，创建“千户集团群”和“在京四家集团群”等多个微信群，为大企业提供个性化服务。

【国际税收管理】 开展外籍个人税收管理，查补税款、滞纳金及罚款31.73万元。加强对“走出去”企业的管理和服务，积极与区国税局进行座谈，建立合作机制。核实统计全区“走出去”企业信息，建立“走出去”企业清册。着重以对外支付税务证明开具工作为抓手，强化对外资企业和个人的服务和管理。加强国际税收征管协作，向国际处报送自动情报42份。及时开展税收协定执行情况的调查工作，对2009年以来的税收协定执行的审批、税收协定执行备案、开具情况进行了查询和汇总。

【税务稽查】 推动重大税收违法案件信息公布工作，推进社会信用体系建设。强化案件审理职能，加强涉税检举工作，做好案源选取、推送及管理。国地税联合立案检查5户。与公安、国税部门共同开展打击防范经济犯罪宣传活动。全年共立案144件，其中，全覆盖案件120件，本局立案24件，检查案件170件，查补税滞罚合计4769万元，入库合计7371万元。

【电子税务管理】 修正疑点数据12686条，推动金税三期工程系统顺利上线。采集第三方涉税信息5.4万余条，提供税收信息1.5万余条，提升政府部门的管理与协作能力。注重数据比对分析，编制《2016年税收收入数据解读》，整理涉税信息表格39张、4500余条，构建数据分析基础。

【政务管理】 全年处理局内发文278件，局外收文1179件。召开档案工作培训会，整理入库档案601件卷。加强会议管理，承办局党组会23次，局长办公会23次，全年组织协调局内局外各类会议610次。注重提升信息质量，共编辑信息460条，上报市局145条，被市局采用67条，被市委、市政府采用41条，被中办、国办采用9条。列入督办事项共计55项，办结率100%。受理政府信息公开申请2件，主动公开信息523条。

【绩效管理】 完成市局47项指标任务，受到北京市相关部门通报表彰3次，受到市局主要领导肯定性批示4次，获得全国荣誉表彰1项，获得市级荣誉表彰2项。

【财务管理】修订《北京市丰台区地方税务局财务管理制度》《北京市丰台区地方税务局财务预算管理办法》。逐步搭建起一套以财务管理制度为主干，以财务预算管理办法、固定资产管理暂行办法、政府采购实施办法等为分支，依托信息化管理系统为支撑的财务管理体系框架，使区局的财务管理工作更加严谨、规范。

【政府采购】2016年，履行政府采购程序49批次，采购金额883.54万元。其中：协议供货货物类34批次，金额276.1万元；定点服务类15批次，金额607.44万元。

【人事管理】全年共选拔任用科级职务干部28人次，其中，平级交流科级正职8人、科级副职5人；选拔任用科级非领导职务15人。不断优化科级领导干部队伍，科级正职转任同级非领导职务2人，任命5名科级副职主持工作，3名正科级领导试用期满经考核合格，正式任用。

【教育培训】与中国人民大学合作，组织2016年科级领导干部及基层税务所干部更新知识培训。以"岗位大练兵、业务大比武"活动为抓手，加大教育培训力度，5人进入全系统业务骨干培训班，1人代表北京地税系统参加税务总局纳税服务岗练兵比武决赛并进入前10名。积极参与总法律顾问和法律专业人才培训、人民大学税务专业硕士考试和经济师职称考试。推荐8名干部参加系统英语大赛，5人进入复赛，1人获决赛三等奖，区局获最佳组织奖。

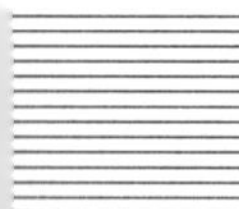

【执法督察与内部审计】自查清理了2013—2015年度全部新房、二手房案卷。共调阅、检查房屋交易涉税案卷共计92977份；检查个人股权转让案卷92份；核查房产税疑点数据1636条；日常税收执法督察确定检查项目6项，检查案卷资料518份。

【党建工作】启动"两学一做"学习教育暨"作风建设年"活动，分为31项任务，涵盖9大方面，贯穿全年工作。引导全局党员干部深入学习党章党规和习近平总书记系列重要讲话精神。持续强化"四个意识"，开展大规模集中学习和专题活动，将党课教育由党组书记向支部书记延伸。深耕细作党组理论中心组学习制度，实现学习教育自上而下全覆盖。积极配合市局开展政治巡察工作。召开庆祝建党95周年大会，对先进基层党组织和优秀共产党员进行表彰。完成23个党支部换届改选工作。加强基层党组织建设，推进"一规两册"使用情况自查整改，严格落实"三会一课"组织制度。

【纪检监察】统筹谋划党风廉政建设和反腐败工作，将主体责任细化分解为7个方面33条任务。围绕党组中心工作谋划推进执纪监督。加强对"一把手"及班子成员落实"三重一大"制度情况监督，开展责任制落实和痕迹化管理情况监督检查。建立四个联合机制，开展监督执纪问责，规范"两权运行"。在全局深入开展"以案说法"警示教育，筑牢思想道德防线。联合区纪委开展"四风"问题专项检查，组织开展三轮明察暗访工作，狠抓作风建设。

【后勤管理】积极与保安公司沟通，做好保安员的思想教育和监督管理工作。落实公务用车改革工作，取消公务车辆25辆，按照要求统一封存。确保办公设施安全，对区局机关办公楼和长辛店办公楼进行防水维修，对区局机关办公楼墙体进行维修。做好节能降耗工作，对丰体时代办公区两台燃气炉进行低氮提标改造，全员签订厉行节约责任书。

【税收宣传】打造宣传活动特色品牌，连续两年开展国地税联合税收沙龙活动，以"打造起飞航道　筑梦创客空间"为主题，与首都经贸大学联合开展税务助力创业活动，向大学生创客宣讲创业税收政策，普及税收基础知识。在各类纸质及网络媒体发稿101篇，发稿总量同比增长10%，发稿质量和数量相较去年均有大幅提升。电视及广播发稿10篇，纸质媒体38篇，《北京地税》杂志43篇，网络媒体发稿10篇。

【税收科研】与首都经济贸易大学持续开展理论合作研究，共形成16篇调研成果，其中两篇获得北京税收法制建设研究会征文评比二等奖，一篇获三等奖。加强与区委、区政府和丽泽金融办的沟通联系，搭建数据分享平台，联合开展调研，合作完成《丽泽金融商务区税收发展情况报告》。

【税务文化】携手北大附小丰台分校开展“税收助力成长”主题活动，为5名品学兼优的贫困学生提供助学款。组织青年干部参加丰台街道组织的“学雷锋志愿服务推广月”活动。前往共建部队北京武警十五支队进行慰问。树立先进典型，有2位干部分别获得“北京市‘三八’红旗奖章”“2015年最美丰台人”；有4位干部分别获得“首都最美家庭”和“丰台最美家庭”荣誉称号；第一税务所被评为“全国工人先锋号”。

（尹佳奇）

石景山区地方税务局

【经济概况】2016年，石景山区实现地区生产总值（GDP）465.6亿元，同比增长7.1%。全区一般公共预算收入115.8亿元，同口径增长20.9%，其中，税收收入113.7亿元，增长24%，占全区财政收入的比重为98.2%；一般公共预算支出98亿元，增长7.3%。

【概述】2016年，石景山区地方税务局（以下简称石景山局）在北京市地方税务局和区委、区政府的正确领导下，深入落实中央《深化国税、地税征管体制改革方案》，精准发力，匠心耕耘，在攻坚克难中主动作为，在砥砺前行中创新发展，深化征管体制改革，积极组织税收收入，持续优化纳税服务，切实发挥职能作用，较好地完成了各项工作任务。

【地方政府支持税收工作】石景山区委书记牛青山，区委副书记、区长夏林茂，区委常委、常务副区长文献对石景山局工作给予肯定并多次作出批示，夏林茂区长、文献常务副区长多次到地税调研。区政府成立了“营改增”应急工作领导小组，并就“营改增”及金税三期工程工作组织召开多次专题联席会议。区发改委、区国税局、区地税局三方联合签订了《石景山区政务资源数据共享协议书》。

【税收收入情况】全年累计完成各项税费收入109.3亿元，同口径增长39.9%；累计完成税收收入101.0亿元，同口径增长38.3%，规模居全市地税系统第11位；累计完成一般公共预算收入74.4亿元，同口径增长40.7%，占全市一般公共预算收入的比重为2.8%。

表1　　石景山地税收入情况（2016年）　　单位：万元

项　目	本期	增减额（同口径）	增减（%）（同口径）
各项税费收入	1093417	241580	39.9
地方公共财政预算收入	743657	146787	40.7
一、税收收入	1010443	214457	38.3
其中：中央级	335152	93512	38.7
1. 改征增值税	5071	5071	
2. 企业所得税	182582	57706	46.2
3. 个人所得税	371150	100037	36.9
4. 资源税	8	7	700.0
5. 城市维护建设税	57915	12339	27.1
6. 房产税	29067	7444	34.4
7. 印花税	14197	143	1.0
8. 城镇土地使用税	7222	1215	20.2
9. 土地增值税	59747	11656	24.2
10. 车船税	78	7	9.9
11. 耕地占用税	169	169	
12. 契税	47850	18663	63.9
13. 营业税	235387	-74275	-24.0
二、非税收入	82974	27123	48.6
1. 教育费附加	24722	5235	26.8
2. 地方教育附加	16476	3505	27.0
3. 外商投资企业土地使用费	756	69	10.0
4. 文化事业建设费	60	-133	-68.9
5. 税务部门罚没收入	46	-9	-16.4
6. 残疾人就业保障金	25914	17170	196.4
7. 工会经费	15000	1292	9.4

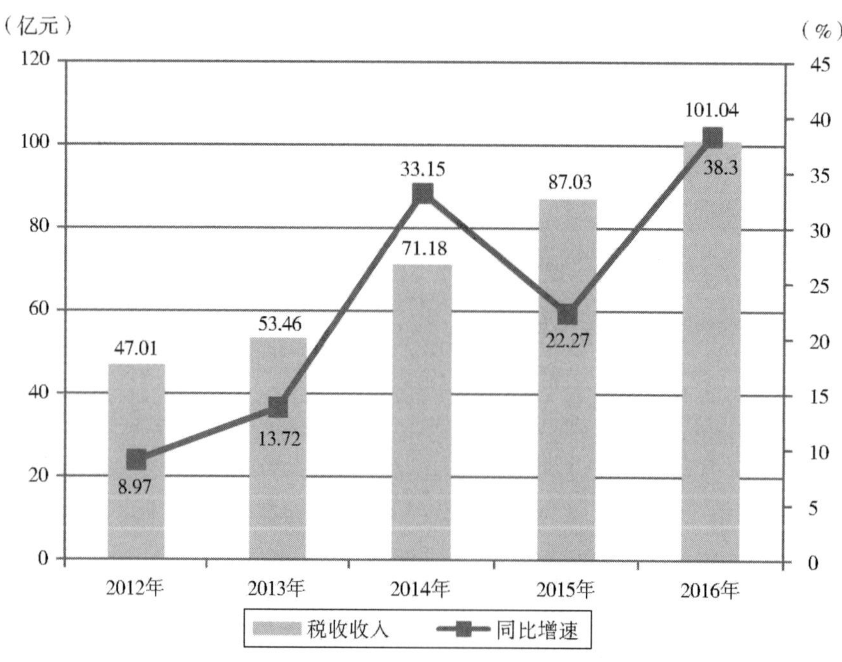

图1　石景山地税税收收入情况（2012—2016年）

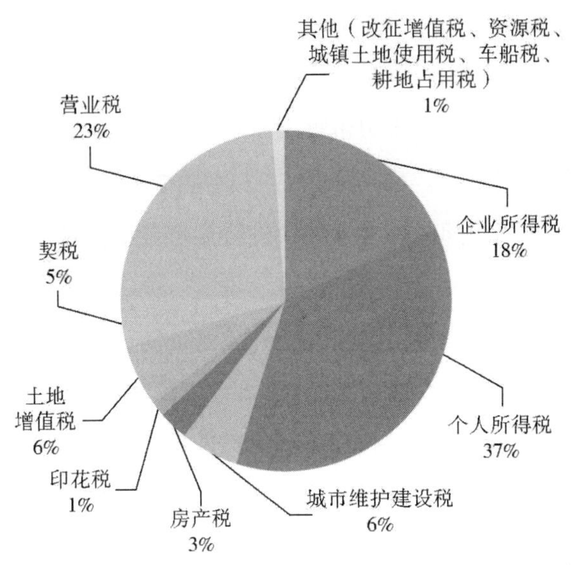

图2 石景山地税税收收入分税种结构（2016年）

【**费金收入**】组织教育费附加、地方教育附加、文化事业建设费、外商投资企业土地使用费、残疾人就业保障金、工会经费等费金收入共计82928万元，增收27139万元，增幅48.6%。具体数据见表2。

北京地税费金收入情况

表2 **（2016年）** 单位：万元

项　目	收入	增减	同比（%）
合　计	82928	27139	48.6
教育费附加	24722	5235	26.9
地方教育附加	16476	3505	27.0
文化事业建设费	60	-133	68.9
外商投资企业土地使用费	756	69	10.0
残疾人就业保障金	25914	17171	196.4
工会经费	15000	1292	9.4

【**税收收入特点与分析**】按行业划分，房地产业完成税收收入26.3亿元，同比增长61.2%，占比24.1%；金融业、科技服务业、商务服务业和居民服务业合计完成53.8亿元，占总体税收的比重近五成。按税种划分，个人所得税完成37.1亿元，增长36.9%，占比为33.9%；企业所得税完成18.3亿元，增长46.2%，占比为49.2%；财产和行为税共完成14.9亿元，增长35.4%，占比为13.7%。非首都功能疏解相关产业税收规模下降，采矿业下降66.7%，纺织服装等一般制造业下降81.7%。全年共减免各项税费21.3亿元。

【**营业税改征增值税**】多角度、全方位开展合作，国地税深度融合见成效。建立联席会议制度，共同探索合作模式。大厅互设窗口，倾情服务税户。强化信息管税，实现信息共享。联合开展宣传，展现税务形象。互派干部挂职，丰富共建活动。

【**税收法治**】牢固树立法治理念，严格执法资格管理，认真组织领导干部学法，做好执法文书修订和废止的落实，被评为“北京市地税系统法治税务示范基地”。率先试行总法律顾问制度，尝试将法制工作与廉政工作紧密配合，分别从法律和纪律的角度对执法人员进行警示教育。探索建立法律咨询反馈工作制度，制定并印发了《石景山地税局税收业务法律意见反馈工作规程（试行）》。加强与区政府法制办、区法院的沟通联系，主动寻求司法机关的帮助和工作建议。积极开展普法宣传，被评为市级“‘六五’普法宣传先进单位”。

【**税收政策落实**】大力宣传税收优惠政策，做好培训辅导，认真梳理税收优惠政策，编写发放《政策汇编》，通过微信公众号平台定向推送，并在门户网站开辟“小微企业税收优惠专题”。积极落实《企业所得税优惠政策事项办理办法》，简化优惠备案程序，全面实行事后备案制度。释放惠民红利，及时审批办理依法依规的退税申请，全年共减免税款48204万元。

【税种管理】及时向区政府报送了《石景山地税局2016年残疾人就业保障金征收工作预测》，加强区残联的协调配合，保证残保金直征改革顺利进展。积极贯彻落实房产税属地征收和从租计征政策，全年累计入库房产税28747万元，同比增加6015万元，增幅26.5%。加强个人股权转让管理，进一步明确政策执行口径，规范申报资料填写，优化操作流程。细化车船税管理，4月石景山局发现外埠某保险公司存在恶意少征车船税情况，及时向上级反映促成税务总局制发文件规范了相关工作。

【纳税服务】开展“我谈‘营改增’”主题辅导会，举办“税务所开放日”活动，建立“金税三期工程体验室”，全年共组织税收辅导培训会840场，培训纳税人16907人次。与区国税局联合，对18860家企业开展纳税信用评价结果主动送达告知、“问需求”服务，与区金融办签订《石景山区税银企金融服务平台战略合作协议》，在全市首创税银企金融服务平台，帮助纳税信用良好的5家中小企业从银行获得贷款1390万元。建立纳税咨询服务热线68812366，全年共计受理咨询服务电话14288个。加强TAX861网站建设，访问量、更新维护数量等指标不断提升。

【税收征管】加强国地税信息共享和比对分析，加大日常巡查力度，有效杜绝漏管漏征情况发生。区工商、国税、地税三部门联合开展长期停业不经营企业和非正常户清理工作，对1610户“僵尸企业”依法实施了吊销营业执照的行政处罚。积极开展税收遵从风险管理工作，全年累计对473户企业进行了风险排查，完成各项税费收入38374.34万元。税收情报分析初见成效，演艺业专项情报分析得到市局领导肯定并报市政府。截至2016年底，税源登记户达到58981户，同比增长23.27%。

【大企业税收服务与管理】“一把手”带队先后到河北省唐山市首钢京唐公司、中海新城置业有限公司、启迪香山、首钢集团等公司调研，对收集的问题、建议细致进行梳理分析，及时予以解决答复，年内走访企业88家，解决问题130余条。区地税局与区国税局、北京创业公社共同签署《税企合作框架协议》。

【国际税收管理】加强“走出去”企业税收风险管理，33户企业查补税款20余万元。2016年，首次通过国际情报交换获取信息，解决积压多年的稽查积案，查补税款、滞纳金230余万元，该案成为市地税首例税务稽查与国际税务合作的典型案例，被市局通报稽查系统推广学习。走访首钢西十筒仓，主动对接冬奥会奥组委，全程提供纳税服务“绿色通道”。

【税务稽查】全年共立案稽查80件，结案97件，完成113件，查补税款、滞纳金及罚款5599万元，入库税款、滞纳金及罚款5835万元。石景山局在日常稽查中发现某公司涉税案件线索后，主动联系区国税局成立检查组，查补税款和滞纳金合计1.13亿元，成为北京市国地税联合稽查典型案例，被市局以专报方式上报了税务总局稽查局，并在《深化国税地税征管体制改革推进税收现代化专刊》上刊发。

【电子税务管理】做好信息系统安全保障与运行维护管理，全力跟进税收改革。建设第二税务所（契税）音视频监控系统和排队叫号系统，规范了存量房交易业务办理秩序。对行政服务大厅、八大处园区税务所办公新址的信息化系统进行更新和完善。对主机房进行了更新改造。

【政务管理】以提高执行力为主线，以规范化建设为抓手，以“文出我手无差错，事交我办您放心”为要求，不断加强政务管理。2016年，共起草各类文稿28篇，协调保障各类会议、活动190余次，发布各类通知176次，发文227份，收文558份，归档各类文书档案616件，未出现差错。编发信息866条，在政府信息公开专栏共发布信息660条，受理依申请公开事项6起。

【绩效管理】杜绝简单分解，在指标编制上下功夫，切实发挥绩效管理“指挥棒”作用，服务税收中心工作。干部选拔任用优先选取个人绩效考评成绩优秀的人员，充分发挥绩效考评的激励作用。年终，石景山局指标得分在全市16个区县局中排名第八位。

【财务管理】强化预算管理，对全年预算执行情况进行动态监控，推行《预算执行情况提示单》，加强预算刚性约束。积极配合区审计局完成预算执行情况及决算审计工作。进一步加强固定资产管理，开展五年一次的资产清查工作，接受第三方的专项审计。

【政府采购】严格落实《中华人民共和国政府采购法》。2016年，石景山局政府采购项目共计34项，采购金额达194.11万元，包括：协议供货管理26项，金额125.11万元；公开招标定点采购2项，金额2.82万元；车辆定点服务3项，金额27.64万元；会议定点服务2项，金额0.44万元；互联网接入服务1项，金额38.1万元。

【人事管理】先后制发《干部轮岗交流工作方案》和《科级干部选拔任用实施方案》，完成56名干部轮岗交流工作，其中交流科级领导干部8人、一般干部47人，1名干部交流到区总工会。严格按照科级领导干部选拔任用工作程序，提拔使用了7名正科级和13名副科级领导干部，3名干部临近退休提任科级非领导职务。结合工作任务和工作性质，大力增强了服务大厅人员力量。

【教育培训】全年举办各类专题培训、系列讲座、领导干部上讲台等共计26期，培训1458人次。在业务大比武中7名同志获得市局“岗位能手称号”，1名同志进入税务总局稽查岗位决赛，取得稽查岗位平均成绩全系统第一名，各岗位综合平均成绩全系统第四名，岗位能手人数全系统第四名的好成绩。创建税收青训营学习教育平台，入选北京市机关事业系统“团建20佳”，河南省安阳市地税局、通州地税局、昌平地税局等兄弟单位先后来观摩交流。

【执法督察与内部审计】加大对新出台政策贯彻执行情况、高等级执法风险事项以及日常税源监控重要环节的督察力度，全年共调取案卷466卷，经查有问题案卷173卷。严格落实税收执法责任制，认真开展责任追究工作，共对7名税务人员进行了批评教育，其中科所长3人、干部4人，责令3个部门限期整改。注重利用督察成果，出具《税收执法督察处理意见书》19份，提出规范工作、加强管理的督察建议15项。

【党团建设】石景山局党组以“两学一做”学习教育活动为抓手，积极落实党风廉政主体责任和监督责任，基层党建工作取得了明显成效。“第一党支部”组织开展参观双创企业、廉政基地，学习区域经济改革发展成果及规划等活动。组织党支部书记参加区直机关党务干部培训。区局党组书记讲授主题党课“从严从实抓好基层党建工作　推动税收事业创新发展”。向全局党员发出了“迎战‘营改增’党员当先锋”的倡议。开展思想、作风、工作、纪律整顿。

【纪检监察】建立了25名内部廉政监督员队伍，完善社会特约监察员队伍，扩大监督渠道。深入开展警示教育，组织干部参观区反腐倡廉警示教育基地、参加现场庭审，组织召开二手房税收征管廉政风险座谈会。搭建纪法结合平台，突出纪在法前，纪法结合，排查工作风险点及应对措施，编印了《廉政纪法手册》和《第二税务所业务工作制度汇编》。成立了廉政约谈室，建立了廉政微信群。

【后勤管理】圆满完成公务用车改革，严格行车秩序，确保全年车辆安全行驶无事故，荣获2016年度市级“交通安全先进单位”称号。顺利完成北办公楼400KVA箱变增容工程、局办公楼现状质量缺陷安全鉴定及窗户更新改造等工作。连续第十年保持“北京市爱国卫生红旗单位”荣誉称号。

【税收宣传】关注税改热点，开展“聚焦‘营改增’试点　助力供给侧改革”“携手共话‘营改增’，助力金融促发展”等主题宣传活动。把握区域特点，撰写《聚焦冬奥会　税务来护航》一文，在《中国税务报》《中国财经报》《法制晚报》等多家媒体刊载。突出工作特点，税收青训营活动在《中国税务报》、北京电视台《特别关注》等媒体中予以报道。2016年，编辑刊发外宣稿件85篇，增加48篇，稿件报送率、刊登率取得明显提高。

【税收科研】2016年，完成处级领导干部调研课题11篇，在《调研与思考》上刊发调研报告15篇。完成北京国际税收研究会调研课题《关于服务北京冬奥会的税收政策研究》。在市局《调查与研究》共刊发调研文章7篇，其中李娜局长撰写的《全面推行营业税改征增值税试点工作引发的几点思考》被市局局长杨志强批示，并在《中国税务报》《中国税务杂志》予以刊载。

【税务文化】深入开展各类创建活动，组织开展“参观税务博物馆”等系列活动，建立“廉政文化走廊”，组织做好“青年志愿服务活动”“一助一”帮扶和军民共建活动。发挥文化引领作用，改造“职工书屋”，组织各类读书活动，邀请专业人士举办讲座等。倡导健康工作理念，筹建并启动太极拳、篮球等19个兴趣小组，开设心理减压室，组织好体检和休养，宣传快乐工作理念，提升干部职工的工作愉悦感。

（李新文）

门头沟区地方税务局

【经济概况】2016年，门头沟区实现地区生产总值（GDP）154.3亿元，同比增长7.1%。其中，第一产业实现增加值0.9亿元，比上年增长10.2%；第二产业实现增加值72亿元，比上年增长3.3%；第三产业实现增加值81.4亿元，比上年增长10.7%。三次产业结构为0.6:46.7:52.7。全区实现公共财政预算收入27.8亿元，比上年增长6.6%；全社会固定资产投资338.3亿元，比上年增长15.8%；社会消费品零售额为61.7亿元，比上年增长9.4%，高新技术产业产值68.1亿元，占工业总产值比重比上年下降8.3%。

【概述】开拓进取，攻坚克难，深入开展“两学一做”学习教育。国地税通力协作，全面完成“营改增”试点改革任务。统筹调度，确保金税三期工程系统上线。探索“五二一”税收征管改革新路，加强山区税源、异地经营企业、重点税源的管理，各项工作取得明显成效。

【地方政府支持税收工作】门头沟区人大、区政协以及区委、区政府领导多次到门头沟区地税局调研，对门头沟局《“门头沟税务”微信3.0版上线 打造便捷高效的移动互联办税服务平台》《“营改增”后地方税种征管方式转变的思考》《关于优化门头沟区税源结构的研究与思考》等多份材料作出肯定性批示。与区委组织部建立干部挂职锻炼机制，第二批两名干部到永定镇和区住建委挂职锻炼，有效加强了与区属单位的沟通交流。

【税收收入情况】全年累计完成税收收入40.21亿元，同口径增收11.93亿元，增长42.2%。地方公共财政预算收入31.85亿元，同口径增收6.97亿元，增长46.4%，完成市局计划31.6亿元的100.8%；区级地方公共财政预算收入（含代征车船税）15.25亿元，完成区级计划13.61亿元的112%。

表1　门头沟地税收入情况（2016年）　单位：万元

项　目	本期	增减额（同口径）	增减（%）（同口径）
各项税费收入	435368	96342	40.1
地方公共财政预算收入	318528	69747	46.4
区级地方公共财政预算收入	152480	42940	39.2
一、税收收入	402123	119336	42.2
1. 改征增值税	1865	1865	
2. 企业所得税	114154	33236	41.1
3. 个人所得税	65800	10224	18.4
4. 资源税	1886	10	0.6
5. 城市维护建设税	25149	2197	9.6
6. 房产税	8632	-275	-3.1
7. 印花税	6150	2327	60.9
8. 城镇土地使用税	1741	-198	-10.2
9. 土地增值税	64619	36824	132.5
10. 车船税	21	5	37.8
11. 耕地占用税	137	-1295	-90.5
12. 契税	13029	5001	62.3
13. 营业税	98941	-74456	-42.9
二、非税收入	33245	6418	23.9
1. 教育费附加	11138	1198	12.1
2. 地方教育附加	7358	723	10.9
3. 外商土地使用费	20	-2	-9.1
4. 文化事业建设费	1	-2	-66.7
5. 税务部门罚没收入	57	-113	-66.5
6. 残疾人就业保障金	8249	4217	104.6
7. 工会经费	6424	398	6.6

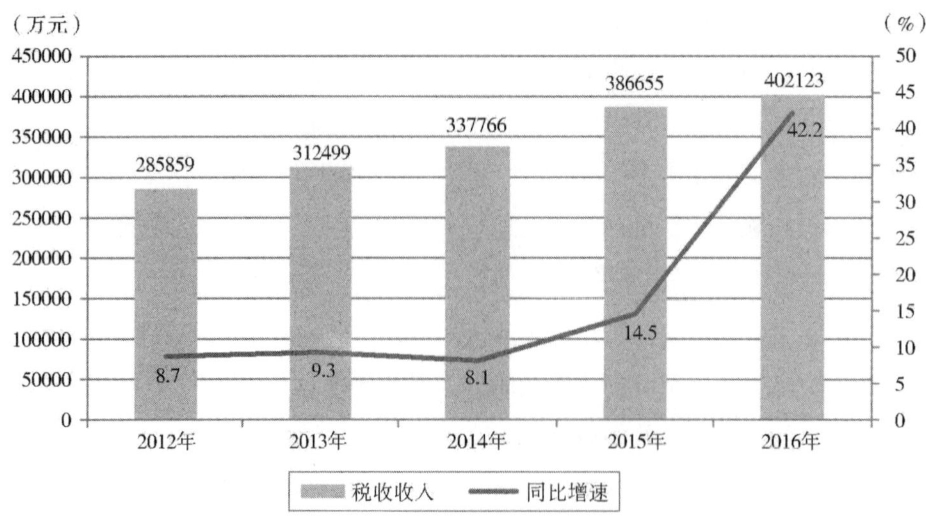

图1　门头沟地税税收收入情况（2012—2016年）

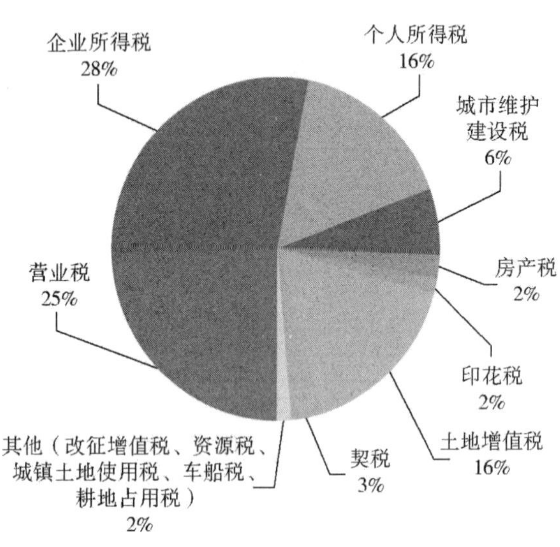

图2　门头沟地税税收收入分税种结构（2016年）

【费金收入】组织教育费附加、地方教育附加、文化事业建设费、外商投资企业土地使用费、残疾人就业保障金、工会经费等费金收入共计33190万元，增收6532万元，增幅24.5%。具体数据见表2。

【税收收入特点与分析】门头沟区重点工程稳步推进，房地产业、建筑业同口径同比分别增长109%、39%。房地产业完成各项税费收入22.42亿元，同口径同比增收9.09亿元，占总收入的52%，增收贡献率94%。2016年，同口径同比信息技术服务业增长80%、批发零售业增长32%、科学研究和技术服务业增长25%、租赁和商务服务业增长13%、居民服务、修理和其他服务业增长15%。非首都功能疏解相关行业减收。采矿业、制造业同口径同比分别减少8%、40%。

门头沟地税费金收入情况

表2　　**（2016年）**　　单位：万元

项　目	收入	增减	同比（%）
合　计	33190	6532	24.5
教育费附加	11138	1198	12.1
地方教育附加	7358	723	10.9
文化事业建设费	1	-2	-66.7
外商投资企业土地使用费	20	-2	-9.1
残疾人就业保障金	8249	4217	104.6
工会经费	6424	398	6.6

【营业税改征增值税】国地税通力协作，向区委、区政府领导进行“营改增”专题汇报，得到区领导的充分肯定和大力支持，也得到市局领导的肯定性批示。建立国地税“营改增”联席工作机制，先后向国税推送数据信息共计4项

8 次 19000 余条。

【税收法治】贯彻落实依法行政，按时更新“法制课堂”栏目，为全局干部提供税收法制学习的平台。积极开展规范性文件的清理和合法性审查工作，严格规范行政许可审批。开展“送税法下乡村”主题宣传活动和“12·4”国家宪法日暨全国法制宣传日活动，引导公众树立社会主义法治理念，全年未发生行政复议和行政诉讼案件。

【税收政策落实】严格贯彻小微企业税收优惠政策，认真落实《北京市税收征收保障办法》，与区住建委对接税源信息共享事宜，与区国土局共享相关房土权属信息，加强房产税和城镇土地使用税属地征收管理。与区国税局、财政局、工商局、住建委、石龙管委会等区属经济部门联合召开“协税护税”工作会议，着力为区域经济发展保驾护航。

【税种管理】根据企业所得税汇算清缴数据、个人股权转让台账和股权转让清分系统数据，查找出 128 户次企业的风险点，更正申报、补正资料 652 户次，补税 168 户次，补缴税款及滞纳金 1600 余万元。开展“房土两税”申报核查，对近两年入库税款进行比对，核查房产税异常户 223 户，城镇土地使用税异常户 236 户，其中 183 户补缴税款 42.08 万元。组织开展日常检查 210 户次，检查补税和滞纳金合计 3582.6 万元。

【纳税服务】搭建“互联网+”便捷纳税服务平台，“门头沟税务”微信平台 3.0 版上线运行，实现微信取号和预约办税等八大创新功能。推进国地税共建网上、实体纳税人学堂，联合举办新办企业、“营改增”、金税三期工程、税收优惠政策等专项辅导 16 场，累计辅导 4000 余人次。做好资源税改革政策服务，引导企业绿色开采。开展“问需求、优服务、促改革”专项活动，征询意见、建议 39 条。联合区国税局、发改委、石龙管委会组织召开“银税互动”小微企业与银行专场对接会，为 2 家纳税信用 A 级企业、66 家中小微企业授信贷款 5.9 亿元。

【税收征管】提出努力构建“税收服务、征收管理、风险控制、税务稽查和纳税信用”五大体系，强化“信息综合应用和人才岗位相适”两个保障，以及深化“国地税合作一个平台建设”的“五二一”征管改革思路，得到市局主要领导和征管部门的高度重视。加强山区税源、异地经营企业、重点税源的管理。调整山区税务所征管方式，通过整合机构、集中管理、区域通办等方式，降低征税成本。在王平镇建立区域通办服务厅，在原斋堂税务所设立国地税合署办税服务厅，以征期上山服务，非征期预约服务的方式，满足深山区纳税人的基本需求。

【大企业税收服务与管理】成立专职大企业管理的第四税务所，探索以风险管理为导向的堵漏增收征管方式，提升专业化管理水平。开展大企业税收经济分析，提高数据采集应用能力。以房地产业经营项目为抓手，深入了解重点企业经营状况、发展动态及任务计划，掌握税收整体趋势，及时组织税收入库。党组班子成员带队走访重点企业 16 户，现场解决涉税问题 20 余条。

【国际税收管理】门头沟区全年共发生对外支付 94 笔，累计完成非居民企业税收收入 1918.71 万元，增长 494.78%。对 39 户企业、524 人次外籍个人所得税零申报数据进行排查，并约谈企业，补缴税款共计 101.7 万元；开展房地产行业反避税调查，组织学习反避税风险指引，强化“走出去”纳税人税收服务。提高本区 7 户“走出去”企业境外投资和所得信息报告的质量，服务“一带一路”，开展政策宣传，帮助企业控制对外投资风险。

【税务稽查】启动联合税务稽查工作机制，推进执法适度整合。成立稽查工作协调机构，推动国地税稽查联合办公，充分整合国地税稽查资源，形成执法合力。推动建立门头沟区税警工作联席会议制度，形成门头沟区税警联合打击涉税犯罪协作机制。通过公安部门的协作与配合，形成打击涉税案件和涉税犯罪活动的整体合力。全年稽查累计立案实施检查73户，查补税款3900万元，同比增长2000万元。

【电子税务管理】加强税收数据运用，编制《门头沟区地税局税收数据手册》，对税收完成情况进行统计分析，研究税收增长变化规律，研判收入形势发展趋势，为领导决策提供数据支持。加强网络安全建设，结合金税三期工程的上线推广运行，对全局计算机软硬件设备升级完善。

【政务管理】全年共编制信息刊物244期，市局采用105条，市委、市政府刊物采用15条，市委、市政府专期及国务院办公厅采用9条，信息质量数量明显提升。主动公开信息660条，办理依申请公开1件，信息公开数量同比增长263.9%。圆满完成会议保障267次，安全落实机要交换118次，传递文件325件。

【绩效管理】发挥绩效管理作用，实现绩效办与考评科室、指标考核与现场检查、组织绩效与个人绩效、绩效考核与实施奖惩的有效衔接。进一步完善绩效考评模式和指标体系。清理精简指标数量，完善考评标准，树立清晰的绩效导向，精准设立所级指标考核体系，完善激励机制，激发干部干事创业热情。推动个人绩效结果的推广应用，强化绩效考核结果的应用。

【财务管理】规范资金使用，重视内部人、财、物管理等事项的及时公开，接受全体干部监督。严格执行“三公”经费管理规定，规范财务报销审批流程，完善核算监督体系，严禁超预算或无预算安排支出，报销费用一律使用公务卡结算，对重大项目资金使用，实行专项监督和全程监督相结合。

【政府采购】严格执行区财政局政府采购相关规定，按照当年《政府采购集中采购目录及标准》，对属于政府采购目录范围以内的支出事项，均通过区财政局政府采购管理信息系统完成立项、审批、备案等手续。

【人事管理】严格执行《党政领导干部选拔任用工作条例》，优化干部队伍专业结构和组织机构，加强干部交流培养力度。全年内部轮岗交流干部共计41人。选拔任用正科级领导干部5名、副科级领导干部4名、正科级非领导干部2名，重要部门、重点岗位的人才基础得到有力的充实。继续选派2名科级领导干部到区属单位挂职锻炼，选派1名税务所长到区国税局挂职交流，1名优秀科级干部被区委组织部选拔任用到镇政府任副镇长职务。

【教育培训】分批、分层抓好各层次干部培训，采取在岗自学、封闭培训、阶段测试相结合的培训模式，开展岗位大练兵培训，丰富干部教育培训手段，在完成好任职、更新知识、职称资格考试等常规培训任务的基础上，组织分级分类教学，确保干部培训取得实效。2016年开展2期全员更新知识培训，全体干部按要求完成在线学习学时，完成率100%。

【执法督察与内部审计】严格税收执法督察，规范税收执法行为。督察内审科采取系统排查、重点抽查、疑点核查、案卷审查等方法，对212户次企业的税收案卷、1504户次的系统后台记录进行了检查比对，共发现30户次问题，完成税收执法督察文书14份。

【党建工作】积极开展“两学一做”专题教育，落实作风建设长效机制。进一步完善党风廉政建设主体责任实施办法和任务分工，以开展“两学一做”学习教育和深化税收征管改革为契机，持续有力推进全局党风廉政建设主体责任落到实处。逐级签订党风廉政建设责任书。团总支组织团员青年开展“学长征精神，做青年表率”主题活动，选派优秀青年业务骨干到“创客学院”为门头沟区青年创业者讲授税收知识。

【纪检监察】2016 年，制定出台《门头沟区地方税务局特约监察员工作暂行办法》，并召开特约监察员工作会，明确特约监察员的职责、权利、义务以及选聘程序。全年未接到上级转来或群众举报区局干部职工违法违纪问题的案件。建立《门头沟区地方税务局纪检监察部门廉政谈话工作制度》，建成廉政谈话室，对 5 个税务所的负责人进行廉政谈话。

【后勤管理】全心全意为干部职工服务，及时改造维修机关办公区老旧下水管线，开展菜品、面点等厨艺比拼活动，推动文明食堂建设，提高饮食服务质量，办公及餐饮环境不断优化。对全局固定资产从购置、调配、使用、损毁、转让、报废等各个环节进行科学规范和要求，固定资产管理制度得到有效落实。

【税收宣传】成功举办第 25 个税收宣传月活动，升级拓展“门头沟税务”微信平台功能，对税收征管改革、“营改增”、金税三期工程上线等全局重点工作进行宣传报道，累计发表稿件 104 篇，其中：在《中国税务报》刊登稿件 18 篇，在《京郊日报》刊登稿件 41 篇，在《北京地税》杂志刊登稿件及图片 27 篇，配合北京电视台拍摄先进人物公益广告 1 次、提供“税收天地”栏目资讯 2 条。

【税收科研】不断提高调研工作质效，组建调研工作团队，全年共计完成调研成果转化 47 篇（次），在国家级核心经济期刊《税务研究》刊发 1 篇，在市局《调查与研究》刊发 6 篇，在《劳动午报》刊发 4 篇，获得区领导肯定性批示 11 篇（次），调研管理工作迈上新台阶。

【税务文化】广泛开展文化活动，丰富干部生活。组织干部到军事博物馆参观“英雄史诗不朽丰碑——纪念中国工农红军长征胜利 80 周年主题展览”。弘扬地税正能量，组织到山区税务所体验活动。在“五型机关”创建活动中，获得“创新型”“节约型”和“和谐型”三项示范单位称号。开辟办公网络廉政教育平台，及时发布廉政制度文件、廉政学习材料、典型案例和干部职工创作的廉政文化作品，全年共发布典型案例摘编 21 期。营造廉政文化氛围，开展“党纪严于国法、纪律挺在前面”廉政法规知识竞赛，在区直机关工委组织的“两学一做”廉政法规知识竞赛中，荣获二等奖。

（钟智钢）

通州区地方税务局

【经济概况】2016年，通州区实现地区生产总值（GDP）650.3亿元，同比增长8.7%。一般公共预算收入76.5亿元，同比增长8.1%，其中，税收收入68.0亿元，增长10.6%，占全区财政收入的比重为88.9%；一般公共预算支出338.4亿元，增长70.7%。

【概述】坚持依法组收原则，全年完成各项税费收入124.17亿元，同口径增长23.82%。认真落实全面从严治党“两个责任”，积极开展“两学一做”学习教育，深入推进税制改革和税收征管体制改革，服务城市副中心经济社会发展，获得市、区两级主要领导肯定性批示9次，获得省部级以上荣誉9项、通报表彰4项。

【地方政府支持税收工作】2016年，地方政府对地税工作给予了高度的重视与肯定，区人大、政协以及区委、区政府领导多次来通州局指导调研，并对多项工作给予了肯定性的批示。其中，区长张力兵对宋庄画家村税收征管取得的工作实绩给予批示：“区地税积极创新，主动联合属地政府，实现重点区域税收征管突破，成效显著，值得肯定。”

【税收收入情况】全年累计完成各项税费收入124.17亿元，同口径增长23.78%，占全市收入的比重为3%，规模居全市地税系统第10位；累计完成税收收入112.78亿元，同口径增长24.00%；累计完成一般公共财政预算收入97.53亿元，同口径增长24.65%；累计完成区级地方公共财政预算收入43.54亿元，同口径增长23.07%。

表1 **通州地税收入情况（2016年）** 单位：亿元

项　目	本期	增减额（同口径）	增减（%）（同口径）
各项税费收入	124.17	18.61	23.78
地方公共财政预算收入	97.53	13.93	24.65
一、税收收入	112.78	16.60	24.00
其中：中央级	12.54	4.53	22.06
1. 改征增值税	1.31	1.31	
2. 企业所得税	20.92	1.55	8.00
3. 个人所得税	19.83	5.01	33.77
4. 资源税	0.01	0.01	

续表

项　目	本期	增减额（同口径）	增减（%）（同口径）
5. 城市维护建设税	7.06	0.54	8.35
6. 房产税	4.38	0.58	15.12
7. 印花税	1.97	0.67	51.22
8. 城镇土地使用税	0.71	-0.03	-4.68
9. 土地增值税	17.09	4.07	31.30
10. 车船税	0.03	0.00	13.65
11. 耕地占用税	0.49	0.25	105.31
12. 契税	11.91	2.63	28.37
13. 营业税	27.07	-20.93	-43.60
二、非税收入	11.32	2.05	22.17
1. 教育费附加	4.28	0.34	8.56
2. 地方教育附加	2.85	0.22	8.47
3. 外商投资企业土地使用费	0.03	0.00	-0.39
4. 文化事业建设费	0.00	0.00	-80.00
5. 税务部门罚没收入	0.01	0.00	4.29
6. 残疾人就业保障金	2.63	1.36	106.26
7. 工会经费	1.52	0.14	10.14

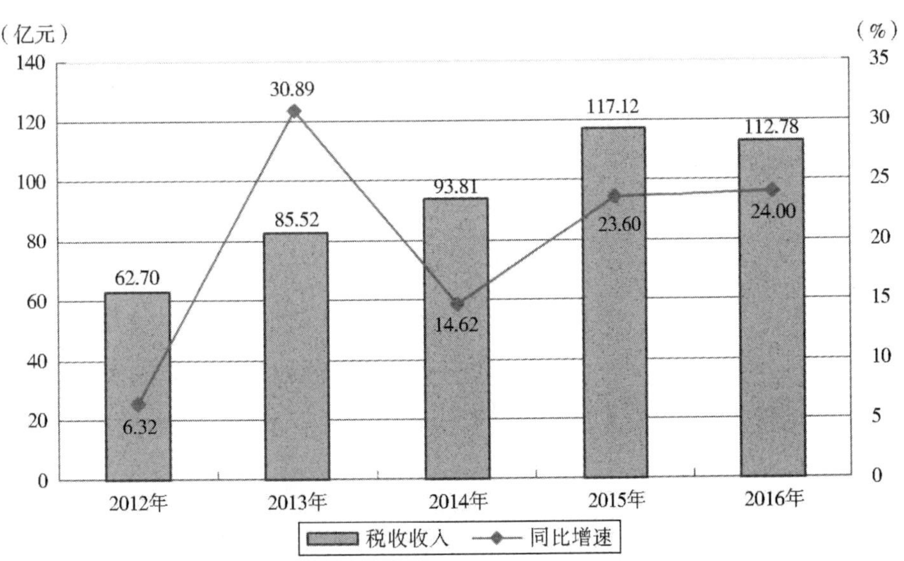

图 1　通州地税税收收入情况（2012—2016 年）

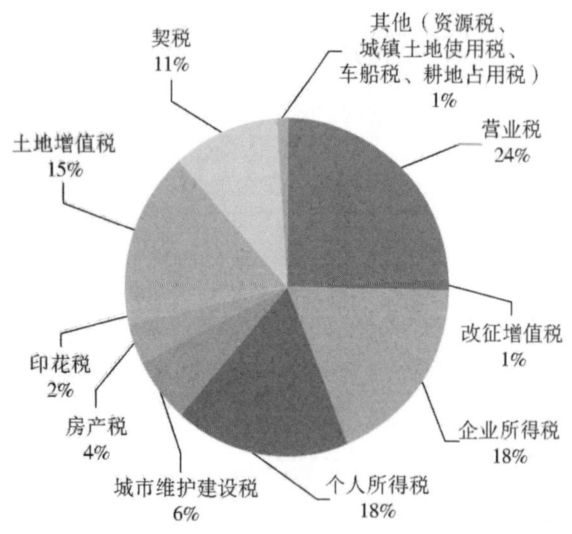

图2　通州地税税收收入分税种结构（2016年）

【费金收入】 组织教育费附加、地方教育附加、文化事业建设费、外商投资企业土地使用费、残疾人就业保障金、工会经费等费金收入共计11.31亿元，增收2.05亿元，增幅22.19%。具体数据见表2。

通州地税费金收入情况

表2　　**（2016年）**　　单位：万元

项　目	收入	增减	同比（%）
合　计	113097	20537	22.19
教育费附加	42811	3375	8.56
地方教育附加	28513	2226	8.47
文化事业建设费	7	-28	-80.00
外商投资企业土地使用费	256	-1	-0.39
残疾人就业保障金	26335	13567	106.26
工会经费	15175	1398	10.14

【税收收入特点与分析】 按行业划分，房地产业完成税收收入60亿元，同口径增长36.39%，占比46.33%，地方收入对该行业依存度较高。其他传统支柱行业税收运行较为平稳：制造业完成12.27亿元，增长20.77%；居民服务业完成9.75亿元，下降16.91%。按税种划分，“营改增”全面实施后，直接税成为地税主要收入来源。其中，所得税占总收比为32.82%，企业所得税、个人所得税分别完成20.92亿元、19.83亿元，位列第一、第二大税种。契税、印花税等财产行为税合计占总收比为29.47%，契税完成11.91亿元，增长28.37%，增收原因是副中心建设驱动下通州区房地产市场持续升温；土地增值税完成17.09亿元，增长31.3%，主要受君合百年项目清算的一次性拉动，新的地税收入结构逐步形成。

【营业税改征增值税】 国地税联合建立政策解答保障机制、涉税信息交换机制、发票领取报验机制和系统测试联动机制。面向纳税人印发2万册四行业《增值税税收政策指引》和《“营改增”攻略》。向区国税推送9.9万户6大类15.6万条涉税信息。“营改增”后，代征销售不动产增值税1.25亿元，减免征增值税7.65亿元，代开发票9365张。

【税收法治】 切实做好“七五”普法开局之年各项工作。组织7名干部参加市地税局总法律顾问培训。积极开展税法宣传，认真开展行政执法岗位目录工作。清理税收规范性文件50件，依法行使行政处罚裁量权，规范税收执法行为。开展税务行政处罚案卷评查。依法办理行政复议、应诉案件，维护征纳双方合法权益。

【税收政策落实】 2016年，共有6583户企业享受小型微利所得税优惠，减免税额共计1790.8万元，“营改增”前共有4497户次小微企业享受营业税减免税政策，累计减免营业税294万元。宣传推广股权激励和技术入股个人所得税和企业所得税新政，落实软件和集成电路产业优惠、高新认定管理办法、股权激励等企业所得税新政，开展高新技术企业、研发费扣除专场培训。

【税种管理】实行残疾人就业保障金征管新模式，制定2016年残保金征缴工作方案。全年征缴残保金25908.73万元，增幅113.36%。办理个人股权转让事项6241份，入库个人所得税28241万元，同比增长652%。贯彻落实房地产属地征收和出租房屋从租计征。与国土局开展数据比对，推进“以地控税、以税节地”。

【纳税服务】对国地税银联合办税服务厅进行优化升级。开展“税银互动”，解决小微企业融资难问题，助力15户纳税信用A级企业获批贷款8950万元。初步建立以“一个中心、两个平台”为支撑的纳税服务体系，实现办税秩序预警监控、服务资源集中调度和突发事件的应急处理。全年共计发放各类宣传资料5万余份，向纳税人推送通知、催报、催缴等各类手机短信24万余条。

【税收征管】2016年共有正常税务登记户107656户，其中个体以上单位纳税人73682户，个体经营纳税人33974户。通州区被确定为“全国百佳国税、地税合作县级示范区”；金税三期工程系统实现成功上线和平稳运行，各项运行指标位列区县局第一名。联合国税、工商开展“僵尸户”集中清理，提请工商吊销3055户。全年受理发票缴销603户，共计17.2万份，受理税控器具注销共计6885户，税控注销完成率达87.92%。完成全局426.4万份库存发票的销毁工作。与宋庄镇小堡村委会共同成立地方税源管理办公室，协调国税安装个人出租房屋代开发票税控盘，领用增值税代开发票。与梨园镇政府共同成立梨园镇地方税源管理办公室，实现税源网格化、可视化管理。全年开展风险提示、日常检查、税务约谈共计836户、入库税款1.79亿元。清缴欠税及滞纳金302.74万元，清欠率达到144%。

【大企业税收服务与管理】2016年，重点税源管理所管户292户，共计组收56.7亿元，占全局总收入的45.7%。制定《重点联系企业服务与管理工作方案》。与国税重点税源所建立“五联”合作机制。针对建筑业、房地产业等重点行业开展调查分析，开展“营改增”税收影响分析，全面排查项目进度。

【国际税收管理】全年审核《服务贸易等项目对外支付税务备案表》451份，共计缴纳税款4787.16万元，增加3820.3万元，增幅396.4%。服务环球影城主题公园项目，辅导中介机构为19名外籍来华人员代办缴纳个人所得税等共计150余万元。建立19户“走出去”企业清册，开具《中国税收居民身份证明》21份。做好192份国际税收自发情报交换工作。

【税务稽查】全面落实《加强稽查工作20条措施》，开展对房地产中介、“三定三限”房地产开发、区内知名美容美发企业等行业的专项检查和重点税源随机抽查工作。全年结案142件，查补入库8926万元，同比增长63.84%，案件有问题率99.3%。查处非法代开、虚开以及非法取得发票企业41户，查处非法发票3.7万份，查补收入205万元。受理涉税检举案件116件，查补税款及滞纳金30余万元。与公安经侦部门合作，对房屋中介企业开展联合执法检查，追缴欠税1000余万元。

【电子税务管理】加强数据质量管理工作，2016年核实、反馈、修正中心数据库疑点数据2.3万条。全年按季度开展局机关、局外税务所共9处主机房、UPS设备和机房空调等关键设备巡检，对各部门信息系统基础环境、网络安全等6大项、13个分项、28个具体指标进行全面检查。组织数据库SQL语言高级培训班。创新利用二维码技术，实现纳税人手机端与办税服务厅外网自助办税计算机涉税资料无线传输。

【政务管理】全年接收区委办局来文511件，市局行政来文208件，联发文117件，党组收文134件，机要文件14件；本局行政发文59件，党组发文33件。全年共编发政务信息普刊44期、专刊20期、增刊8期。2016年12月，区局建立北京城市副中心税收信息直报点。政务信息总成绩位列系统第三名、区政府考核第一名。主动公开机构职能类、规划计划类和业务动态类信息543条，办理依申请公开事项3件。全年累计下发督查督办件40件。

【绩效管理】制定组织绩效和个人绩效管理办法和细则。注重绩效结果正向激励作用。完成市局86项指标任务，获得24.585分绩效加分。在北京市地税系统绩效考评中获得区局第5名，位列全市组织绩效成绩第一段次，连续两年取得前5名的名次。2016年在税务总局组织开展的“一市一县”推经验活动中，获得北京市全系统第2名的成绩，被评选为系统“绩效管理先进单位”。

【财务管理】建立预决算联动机制，坚持预算审核先行，强化预算支出刚性和预算执行责任制。健全完善财务制度，加强内控机制建设。充分发挥财务监督作用，强化资金风险防范工作。通过市、区两套资产管理信息系统的使用，对全局所有资产实现动态管理，落实资产归口、分级管理责任。

【政府采购】严格按照政府采购工作要求和程序规定，依法合规稳步实施各项采购工作。加强对达不到政府采购条件的非经常性大额支出管理，实施三方比价程序。全年共组织政府采购公开招标项目3个，合计金额174万元；协议供货16批次，合计金额155万元。

【人事管理】制定《北京市通州区地方税务局科级领导干部选拔任用工作实施方案》，提拔任用3名科级正职和7名科级副职领导干部，对4名科级领导干部进行了岗位调整。1名符合条件干部晋升为主任科员，6名临近退休干部晋升非领导职务。根据《北京市通州区地方税务局非领导职务干部交流调整工作方案》，对20人进行岗位交流调整。

【教育培训】制定《北京市通州区地方税务局“十三五”干部教育培训规划》，明确培训基本原则、总体目标和主要任务。建立税收、法律、英语和计算机专业人才储备库，按照年龄、学历、专业分层次开展干部教育培训。“岗位大练兵、业务大比武”总体加权平均分位列系统第2名。

【执法督察与内部审计】明确7项重点督察项目，发现问题1425项次，查补税款500.85万元，加收滞纳金92.18万元。配合外部审计部门，查补税款12.8万元，罚款18.97万元。对市局督察组开展的二手房交易检查出的问题进行整改，补缴税款10万元。建立本局基建审计制度，委托中介机构完成本局办公用房维修改造项目、多功能会议室基建审计。

【党建工作】按照“两学一做”方案和要求，开展学习、讨论、评议工作。编发《“两学一做”专刊》20期。制定《2016年北京市通州区地方税务局党组党风廉政建设主体责任任务分工表》，分解了7个方面39项具体工作。增加对各支部党建工作的绩效考核。开展“国地税青年手拉手　‘营改增’税企面对面”活动，与“营改增”四大重点税源企业代表之一——通州房地产开发公司成立全区第一个“国地税青年干部教育实践基地”。全年获得省部级以上荣誉9项、通报表彰4项。

【纪检监察】制定下发《党组落实党风廉政建设主体责任任务分工表》，明确党组主体责任共7个方面39项具体内容。通过督查督办、绩效考核和巡查机制，确保主体责任的有效落实。建立健全《廉政回访工作办法》《纪检监察联络员工作办法》等六项制度。探索存量房交易廉政风险防控项目化管理，分析出四类潜在风险点，提出五项防控措施。积极发挥33名纪检监察联络员作用，对税收业务事项提出监察建议，督促整改落实。

【后勤管理】全方位做好日常水、电、气、零星维修、车辆、餐饮、绿化等各类服务保证工作。完成公务用车车辆改革工作，上交财政局14台公务用车。荣获2016年度市级“交通安全先进单位”、市级“健康示范先进单位”称号。

【税收宣传】与《中国税务报》《法制晚报》《京郊日报》等报刊建立了长期战略合作关系，全年累计对外发表稿件160余篇，宣传绩效加分总分排名全系统第2位。

【税收科研】全年承担市局重点课题1项、联合课题2项。累计收集科室所报送调查研究30余篇，其中本局内网刊发15篇，市局调查研究刊发3篇。调查研究工作共计实现成果转化33项。

【税务文化】深入开展精神文明创建活动，树立地税文明形象。积极参与争创全国文明城区活动，开展了“2016通州榜样”、道德讲堂、清洁空气蓝天行动、学雷锋志愿活动、支部帮扶等活动。

（郭　奇）

顺义区地方税务局

【经济概况】顺义区位于北京市东北郊，城区距市中心30公里。全区辖19个镇，6个街道办事处，户籍常住人口107.5万人。2016年，全区实现地区生产总值（GDP）1555亿元，人均地区生产总值达到14.7万元，位居全市第3位。规模以上工业总产值达到3010亿元，总量稳居全市第1位。一般公共预算收入137.86亿元。完成全社会固定资产投资485亿元，增长4.3%；实现全社会消费品零售额443亿元，同比增长8.1%。实现城镇居民人均可支配收入36448元，同比增长9.1%；实现农村居民人均纯收入24649元，同比增长8.8%。

【概述】2016年，顺义区地税局充分认识“十三五”首都发展环境、条件、任务发生的新变化，结合顺义区域定位和规划，按照《北京市深化国税、地税征管体制改革实施方案》要求，坚持稳中求进，以提高组织收入质量和效益为中心，全面推进征管改革和税收现代化建设，在全局干部职工的共同努力下，较好地完成了各项工作任务。

【地方政府支持税收工作】努力做好“营改增”后税收分析、预测工作。对“营改增”后税源变化进行深入分析，预测税收收入形势，为区领导决策提供数据参考。全年上报的分析报告

39次得到区领导肯定性批示。与区国税局开展联合税收分析，针对北京现代在外地建厂事项，提出保证留京税收利益的合理化建议，并在区委、区政府领导下积极落实，最终实现留京利益最大化，税款流失率从50%降低到1.76%，得到了区主要领导的充分肯定。

【税收收入情况】 2016年各项税费收入完成178.39亿元，同口径增收25.18亿元，增长21.4%。其中：地方公共财政预算收入完成134亿元，同口径增收18.45亿元，增长22.9%；区级地方公共财政预算收入完成63.3亿元，同口径增收9.1亿元，增长24.9%。

表1 **顺义地税收入情况（2016年）** 单位：万元

项　目	本期	增减额（同口径）	增减（%）（同口径）
各项税费收入	1783861	251770	21.4
地方公共财政预算收入	1340032	184502	22.9
一、税收收入	1603648	291334	22.2
其中：中央级			
1. 改征增值税	20955	20955	
2. 企业所得税	206940	-6289	-3.0
3. 个人所得税	473000	96048	25.5
4. 资源税	76	-246	-76.4
5. 城市维护建设税	133517	14461	12.2
6. 房产税	118451	31027	35.5
7. 印花税	39584	5524	16.2
8. 城镇土地使用税	11145	1065	10.6
9. 土地增值税	148986	51869	53.4
10. 车船税	208	1	0.4
11. 耕地占用税	3235	-248	-7.1
12. 契税	97078	13062	15.6
13. 营业税	350473	-208573	-37.3
二、非税收入	180211	24542	15.77
1. 教育费附加	71450	1977	2.8
2. 地方教育附加	47599	1302	2.8
3. 外商投资企业土地使用费	1494	-396	-21.0
4. 文化事业建设费	82	-44	-34.9
5. 税务部门罚没收入	252	195	342.1
6. 残疾人就业保障金	33368	17926	116.1
7. 工会经费	25966	3583	16.0

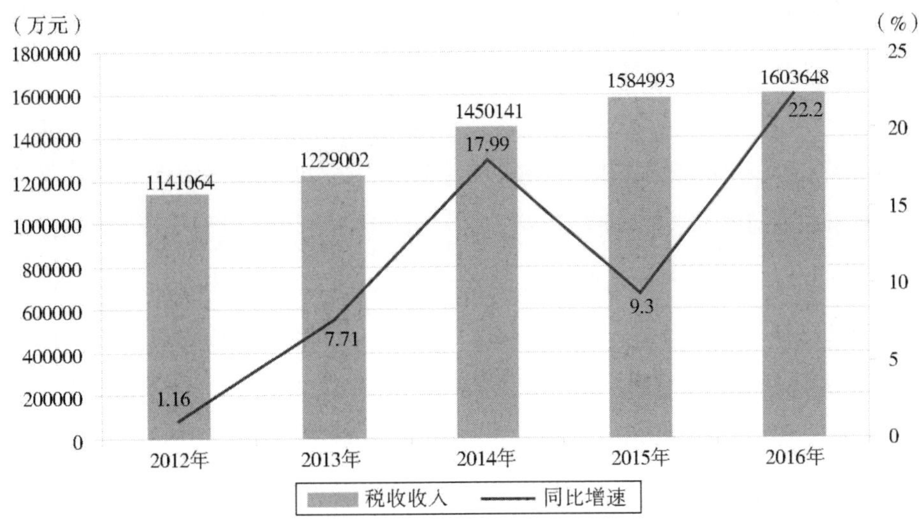

图1 顺义地税税收收入情况（2012—2016年）

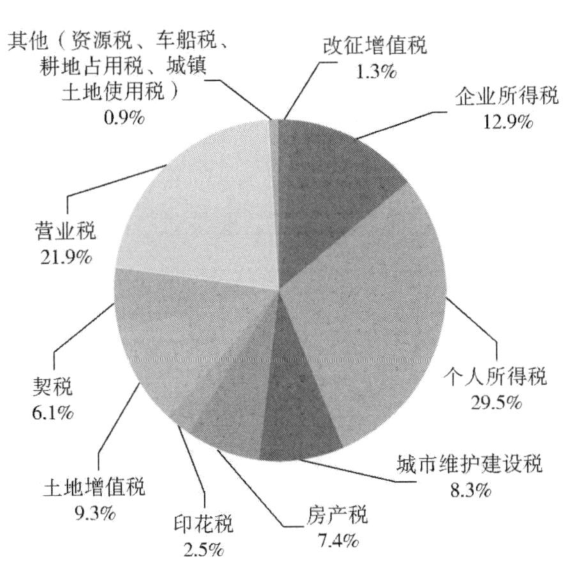

图2 顺义地税税收收入分税种结构（2016年）

【费金收入】组织教育费附加、地方教育附加、文化事业建设费、外商投资企业土地使用费、残疾人就业保障金、工会经费等费金收入共计18亿元，增收2.43亿元。具体数据见表2。

【税收收入特点与分析】按税种划分，个人所得税完成税收收入47.3亿元，同比增长25.5%，占比为27%。企业所得税完成20.69亿元，同比减少2.9%，占比为12%。土地增值税完成14.9亿元，同比增长53.4%，占比为8%。房产税完成11.85亿元，同比增长35.3%，占比为7%。

顺义地税费金收入情况

表2 **（2016年）** 单位：万元

项　目	收入	增减	同比（%）
合　计	179959	24347	—
教育费附加	71450	1977	2.8
地方教育附加	47599	1302	2.8
文化事业建设费	82	-44	-34.9
外商投资企业土地使用费	1494	-396	-21.0
残疾人就业保障金	33368	17925	116.1
工会经费	25966	3583	16.0

【营业税改征增值税】从内部管理层面，集中做好数据传递、发票缴销、欠税清理，规范相关管理。设置代征增值税、代开发票点16个，个人出租房屋代征点6个，顺利推进各项工作。从社会引导层面，录制“‘营改增’政策解答”“政策工具箱”节目在顺义区电视台播放，确保广泛知晓。

【税收法治】顺义区地税局被税务总局评为

"全国税务系统法治基地"，是北京地税系统首家也是唯一一家获得此项省部级荣誉的单位。推动《北京市顺义区关于落实〈北京市税收征收保障办法〉的意见》落实，加强税收执法协助。针对行政执法与刑事司法证据标准、相关文件规定等存在不一致的问题与区检察院深入研讨，有效强化行刑衔接力度。加强税收监管，采取系统筛查、档案核实等多项措施追缴存量房交易税款，并取得明显成效。完善局内会议制度，坚持"三重一大"必须上会讨论审批，同时对未达到上会审批标准的采购事项，也坚持上会通报，确保行政工作依法依规落实到位。

【税收政策落实】全面梳理相关企业纳税情况，测算"营改增"后收入变化，围绕市、区两级留成较高的税种深挖税源，降低减收影响。建立起税源监控管理体系，跟踪税种税源变动情况，发挥政策支撑作用。切实落实各项税收优惠政策，保护纳税人合法权益。

【税种管理】开展分税种分析，根据各税种税源分布范围、税收优惠力度、征管难度大小等不同特点，把握各税种税收要素的构成、规模、增减变化趋势，实现税源的源泉控管。

【纳税服务】一是积极参与区域经济建设。认真准备、积极参加区政府组织的各项会议，立足地税职能建言献策，发挥税收在全区应有的作用。按照市地税局要求，推动区政府牵头落实《北京市税收征收保障办法》。二是拓展便民办税服务。在国地税联合办税服务厅内设8台自助办税终端，方便纳税人全天候办理两家业务。免费发放"北京法人一证通"，共有34347户纳税人使用数字证书。联合国税推进办税人员实名制。对存量房交易税收征管实行预约管理，规范了办理秩序，节省了纳税人的等候时间。

【税收征管】一是打造国地税合作全国示范区。在顺义区委、区政府的全力支持下，与区国税局联合建设的办税服务厅运转顺畅。顺义区被税务总局评为"全国百佳国税、地税合作县级示范区"，是北京市仅有的两家获得此项省部级荣誉的单位之一。设置56个窗口，实行209项业务"一窗通办"、40项特有事项"一厅通办"，明确划分国地税执法责任，同时实现信息交换、资料传递的内部流转。设置"营改增"咨询台、纳税人学堂和自助体验厅，开通微信预约功能。国地税按照税务总局标准进行统一管理、统一培训，形成规范的有机整体。二是进一步完善存量房交易征管。以"特事特办、区域通办"为原则开展全区通办。针对社会关注的热点和风险点，纪检监察部门及时介入，对纳税人偷逃税款问题开展"一案双查"，排除执法隐患，堵塞管理漏洞。对缴税专用章进行加密处理，进一步规避了风险。三是金税三期工程顺利运行。完成全范围、全岗、全量操作演练，实现由原系统到金税三期工程系统操作层面的平稳过渡，顺利实现单轨运行。

【大企业税收服务与管理】一是设立提醒服务，及时将政策宣传辅导、征期提醒等相关信息通过电子邮箱、短信等形式传送给纳税人。二是建立大企业疑难问题快速解决机制，以最简便的程序在较短的时间里帮助企业解决涉税问题。三是开展预约服务，针对大宗业务提供预约服务，最大限度满足纳税人需要，支持企业发展。

【国际税收管理】对30户"走出去"企业进行梳理，分年度建立企业清册，将企业的对外投资情况、境外企业和外派人员等信息登记在册，方便分类管理和政策引导。结合"走出去"企业实际情况，对其国际税收涉税诉求，提供一对一的上门服务，采取即事即办、限时办理的方式，提高税收管理和服务的针对性、时效性。此外，还完成了外籍个人8项补贴调查工作，查补个人所得税收入374万元。

【税务稽查】 税务稽查工作较好地完成了全年工作任务，其中入库税款占全年任务指标的166.56%。大力推进积案清理，清理完成2011—2014年未结案件41件，特别是在顺义区委、区政府领导支持下，完成了一件涉及公共交通运输业的积案。

【电子税务管理】 一是实现"一网一机一屏双系统"，打通国地税网络防火墙，允许双方IP进行数据交换，保证了国地税联合办税服务厅运行顺畅。二是自主开发个人存量房预约软件，避免了重复预约、无号预约和伪造预约号等问题。三是配合"营改增"工作推进，在"顺义地税综合应用管理平台"的"信息交换"模块增加注销税控机数量和缴销发票份数字段，满足统计需求。四是依据日常征管需求，增加集中办公区和异地经营企业情况统计两个查询功能，提高了数据利用率。

【政务管理】 行政管理工作方面，在本局内做好行政管理工作，组织召开党组会议37次，局长办公会4次。全年撰写工作报告、务虚会材料、领导发言稿件等各类文字材料共计50余篇，约13万字。政务信息工作方面，全年共编辑、刊发《顺义地税信息》普刊42期；向市局报送各类信息370余篇，其中普刊170余篇、增刊5篇、专刊10余篇、专报170余篇，被市局采用150余篇，被市政府采用28篇。档案工作方面，做好2015年度各门类档案的归档工作。对于接收的各类档案进行仔细检查，保证档案的完整率和归档率。公文工作方面，全年共处理发文281件，登记并传阅市局来文495件，区各单位来文601件。自全面实行工作签报制度以来，共传阅签报199件。政府信息公开工作方面，全年通过政府信息公开专栏主动公开政府信息515条，全文电子化率达100%。

【绩效管理】 绩效管理突出五个原则，一是重在考核预打分。形成工作责任制，做好摸底和预判。二是形成失分补偿制。由失分部门和人员对失分项目采取补救措施。三是实行领导干部认领制。从领导班子分工入手，重点工作由分管局领导各自认领，分头负责。四是建立与考核部门的沟通机制。及时解决问题，推进工作开展。五是建立绩效讲评会。利用党组会、局长办公会等形式进一步强化绩效考核督导。

【财务管理】 严格落实各项财务制度，确保各项经费管控措施落实到位。完成国地税联合办税服务厅二期工程装修改造工作；做好退休和已故职工住房补贴发放和在职职工住房补贴后续工作；提前着手，做好经费垂直管理准备工作。

【政府采购】 严格按照相关文件规定对办公用品进行采购。认真履行政府采购程序，更新部分办公设备，对新设置的办公场所按照协议要求施工，确保工程进度。

【人事管理】 将三个办税服务厅中的两个调整为税源管理所，将全局窗口业务并入国地税联合办税服务厅。将个体工商户新办税务登记业务、个人零散税源征收按辖区范围调整至两个个体税务所。以"三严三实"专题民主生活会为契机，查找问题、增强党性、团结思想。制定"两学一做"教育活动方案。由市委组织部、市直机关工委牵头，选派征收管理科科长刘学慧到顺义区大孙各庄镇西辛庄村任"第一书记"。根据《北京市深化国税、地税征管体制改革实施方案》要求，结合全局实际开展内部岗位交流，使人力资源得到充分配置。持续推进干部双向交流，4名干部到系统外任职，区里1名干部到顺义区地税局任职党组成员、副局长。

【教育培训】与国家会计学院达成了长期教育培训的初步构想，结合重点工作开展了更新知识培训。树立优秀典型，第一税务所李小霞被授予北京市“三八”红旗奖章；两名同志在市地税系统英语口语大赛中荣获三等奖。积极参与市地税局“岗位大练兵、业务大比武”活动。举办了五四青年节庆祝活动，积极参加市、区两级组织的多项体育比赛等，并取得了较好的成绩。

【执法督察与内部审计】对内在确保完成市地税局督察项目规定动作的同时，采取独立督察与联合督察相结合的形式开展执法督察工作。对外聘任8名特邀监察员对税务干部执行廉政纪律、政风行风等情况进行监察。同时，与顺义区检察院共同搭建风险防控体系，为预防职务犯罪、提高税务机关风险防控工作水平提供了保障。

【党建工作】严格落实“两个责任”。制定监督责任重点工作任务和约谈工作实施办法，对全体科级正职进行了约谈。制定婚丧喜庆事宜报备制度。全面推开公车改革工作，按要求封存车辆、严格审批车辆使用，坚决杜绝违规使用公车行为。建立第三方审计制度，在行政支出中实行先审计后付款。高标准落实住房补贴信息采集工作，做到“把好事办好”，得到了全局干部职工的支持。

【纪检监察】严格执行“三重一大”等事项决策机制，制定党组落实党风廉政建设主体责任实施办法、任务分工表，以及纪检监察部门落实党风廉政建设监督责任的实施方案、监督责任清单。认真履行“一岗双责”，落实公车管理、局内会议制度、规范议事规则等。

【后勤管理】组织第三方对后勤、政府采购、食堂管理进行内控审计，及时更新管理人员，完善相关制度。

【税收宣传】北京电视台、《北京新闻》《特别关注》《税收天地》栏目、北京人民广播电台多次播放制作的税收宣传内容，市委宣传部组织多家媒体到国地税联合办税服务厅采访，树立了税务系统的良好形象。“首都之窗”和《中国税务报》《北京青年报》、千龙网、网易网等主流媒体刊登便民办税举措、服务指南等，扩大了税收宣传的覆盖面。此外，开展税收宣传进企业、进校园活动，充分利用112块社区LED显示屏，及时将税法送到纳税人身边。

（陈　阳）

怀柔区地方税务局

【经济概况】2016年，怀柔区实现地区生产总值（GDP）251亿元，同比增长8.3%；区域财政总收入111亿元，地方财政收入35.6亿元，同比分别增长10.3%和11%；实现社会消费品零售额109.5亿元，增长11.9%；城乡居民人均可支配收入分别增长9.5%和10.4%；累计完成固定资产投资712.3亿元。

【概述】坚持围绕预算确定的收入任务依法征税，应收尽收，全年完成各项税费收入526288万元，同口径增收61354万元，增长15.5%。组织收入规模位居5个生态涵养区首位，地方税收的财政收入贡献度达到了46.7%。

【地方政府支持税收工作】怀柔区委副书记、区长常卫，区委常委、常务副区长朱家亮对地税部门工作给予肯定并多次批示，对地税系统有效落实“营改增”试点改革给予高度评价。

【税收收入情况】全年累计完成各项税费收入526288万元，同口径增长15.5%；累计完成税收收入481783万元，同口径增长14.8%；累计完成一般公共预算收入359713万元，同口径增长10.5%。

表1 **怀柔地税收入情况（2016年）** 单位：万元

项　目	本期	增减额（同口径）	增减（%）（同口径）
各项税费收入	526288	61354	15.5
地方公共财政预算收入	359713	27808	10.5
一、税收收入	481783	53571	14.8
其中：中央级	158120	32534	25.9
1. 改征增值税	1804	1804	
2. 企业所得税	128633	38002	41.93
3. 个人所得税	131438	13717	11.65
4. 资源税	125	41	48.81
5. 城市维护建设税	24869	890	3.71
6. 房产税	20254	-21	-0.1
7. 印花税	8380	-2751	-24.71
8. 城镇土地使用税	2883	-461	-13.79
9. 土地增值税	73245	-12331	-14.41
10. 车船税	38	16	72.73
11. 耕地占用税	5342	3954	284.87
12. 契税	17749	10711	152.19
13. 营业税	67023	-54829	-45.00
二、非税收入	44505	7783	21.19
1. 教育费附加	14720	375	2.61
2. 地方教育附加	9818	257	2.69
3. 外商投资企业土地使用费	126	0	0
4. 文化事业建设费	20	-55	-73.33
5. 税务部门罚没收入	70	20	40.00
6. 残疾人就业保障金	11296	6174	120.54
7. 工会经费	8455	1012	13.60

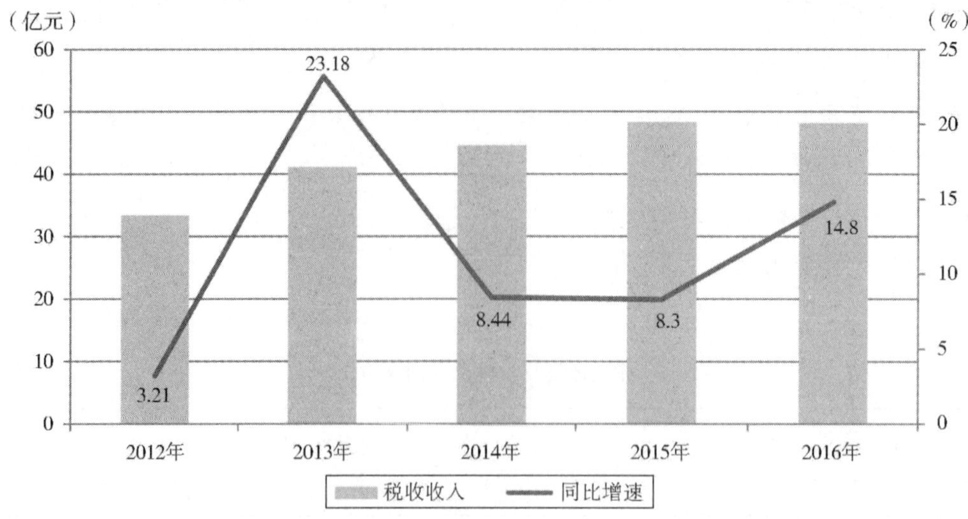

图 1　怀柔地税税收收入情况（2012—2016 年）

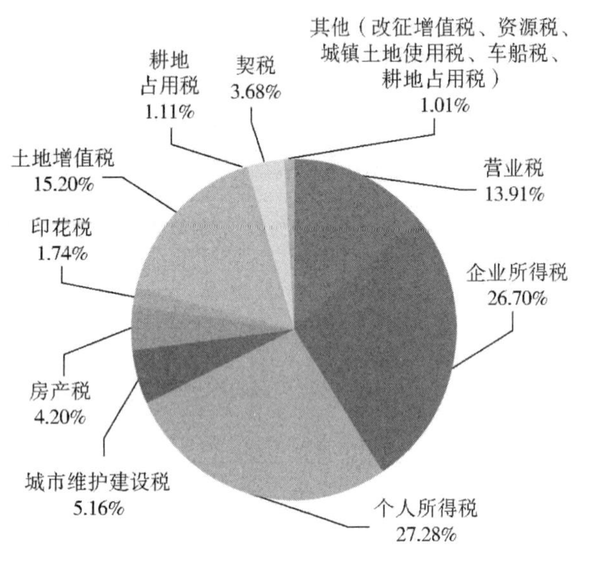

图 2　怀柔地税税收收入分税种结构（2016 年）

【费金收入】组织教育费附加、地方教育附加、文化事业建设费、外商投资企业土地使用费、残疾人就业保障金、工会经费等费金收入共计 44435 万元，增收 7763 万元，增幅 21. 16%。具体数据见表 2。

【税收收入特点与分析】按行业划分，房地产业、租赁和商务服务业、科学技术服务业、金融业等生产性服务业已成为税收增长的主体。房地产业完成税收收入 158258 万元，同口径增长 13. 8%，在总收中占比 30. 6%；租赁和商务服务业完成税收收入 52594 万元，同口径增长 36. 5%；科学研究和技术服务业完成税收收入 21836 万元，同口径增长 57%；金融业完成税收收入 19472 万元，同口径增长 39. 3%。按税种划分，个人所得税完成税收 131438 万元，同比增长 11. 7%；企业所得税完成税收 128633 万元，同比增长 41. 9%；土地增值税完成税收 73245 万元，贡献 14. 1%。

怀柔地税费金收入情况

表 2　（2016 年）　单位：万元

项　目	收入	增减	同比（%）
合　计	44435	7763	21. 16
教育费附加	14720	375	2. 61
地方教育附加	9818	257	2. 69
文化事业建设费	20	-55	-73. 33
外商投资企业土地使用费	126	0	0
残疾人就业保障金	11296	6174	120. 54
工会经费	8455	1012	13. 60

【营业税改征增值税】联合区国税局设立“营改增”临时办税服务厅，移交 30949 户“营

改增”纳税人清单，设立17个增值税发票代开业务窗口。

【税收法治】联合区国税局开展法制教育培训，邀请首经贸大学专家举办依法行政专题讲座，与公检法部门建立常态化联系机制，开展法院庭审旁听活动。严格监控行政处罚裁量权，加强日常检查和风险管理，修订完善科级领导干部履职评价工作实施办法，对税务所开展执法督察。

【税收政策落实】编写典型案例和操作示范，加强政策解读培训，个人所得税、企业所得税实现有效增收。落实房地产税收一体化工作，房产税、土地增值税“属地征收，从租计征”、土地增值税预征和清算、“以地控税”试点工作得到全面推进。

【税种管理】实现残保金代征由残联部门向税务机关审核的转变。

【纳税服务】建立24小时办税服务厅，延伸全时段办税服务。实现84个办税事项网上办理和22个办税事项全市通办，推进89个办税事项同步实施“免填单”服务。借助12366小呼中心平台，统一打包整理税收热点、难点和焦点税收政策，为纳税人提供及时、准确、规范的咨询服务。开展信用评价工作，完成国地税联合评价15313户。完成涉税中介复查清理和治理自查工作。

【税收征管】2016年，税源户达到87825户，比上年77031户净增加10794户，净增长14.01%。完成风险应对187户，发现有问题147户，补缴税款及滞纳金395.55万元。销毁库存发票860400份，约1.64吨，缴销4420户纳税人发票245837份，注销4701台税控机具。

【大企业税收服务与管理】邀请10家区属重点企业召开纳税人座谈会，对相关政策进行解读，走访中影基地，就有关国际税收政策进行了解读。

【国际税收管理】加强国际税收管理，首次成功追征外籍来华人员个人所得税1800万元。

【税务稽查】完善稽查制度体系，落实随机选案和分级审理制度，编制稽查检查指导手册，建立国地税联合检查案源库，开展国地税稽查协作。加强联合惩戒，及时采取阻止出境措施，布控率达到100%。全年共立案检查105户，查补入库税款滞罚合计6526.36万元。

【电子税务管理】组建金税三期工程技术支持团队，集中开展业务操作演练和测试，做好金税三期工程代码采集、信息补录、岗责配置、设施更新工作，制作“金税三期工程始上线，雁栖湖畔正扬帆”微信宣传视频。

【政务管理】完成市局和区委、区政府督办事项20起，推动40项折子工程落实到位。妥善处理2起依申请公开事项和11件信访事项，全年主动公开政府信息647条。上报政务信息获北京市主要领导批示2次，市局领导批示4次，区领导批示3次，被国办采用5篇。

【绩效管理】全年组织绩效位列北京地税系统第7名，获评第一段优秀等次。先后荣获市级荣誉4项，国家级荣誉2项。先后获得“北京市健康示范单位”“交通安全先进单位”“扶残助残先进集体”荣誉称号。

【财务管理】完善经费支出规程，顺利推进公车改革，开展食堂标准化改造。

【政府采购】完成采购办公用品36批次，采购金额1659370.82元。

【人事管理】对外推荐提任1名干部到区内担任副处级领导职务，在局内提任副处级领导1名、副调研员1名，主任科员以下非领导职务7人，完成10名副科级领导干部试用期满考核工作，对7名2015年新录入人员进行了试用期满考核和转正定级，对12人次进行了岗位调整轮换。

【教育培训】完成11名干部赴朝阳区地税局调训工作；安排3名干部交流挂职；选派13名优秀干部分别到市局直属稽查局和市局以上机关进行借调学习。

【执法督察与内部审计】修订完善科级领导干部履职评价工作实施办法，对税务所开展执法督察。

【党建工作】实施“建立一个党员活动室、编写一本《党建工作规范化手册》、结成一个党建共建对子、组建一支党建顾问团”的“四个一”党建工程，得到市局领导肯定性批示，《中国税务报》《前线》杂志、区党建网络平台分别对其进行了宣传报道。开展了“动起来、学起来、亮起来、戴起来、做起来”学习教育活动，集中宣传展示了20名优秀共产党员的先进事迹。开展了“工作、思想、作风、纪律”整顿活动，在怀柔区“两学一做”专项检查中得到高度肯定，区教育官网进行了经验推送。

【党风廉政建设和反腐败工作】与怀柔区公安、检察、法院、纪检部门建立互通机制。开展了特邀监察员、廉政书画展、征文演讲比赛等廉政活动，一名干部参加区纪检系统演讲比赛获得二等奖。探索法制廉政建设的融合发展，筹建启用法制廉政教育基地，努力为党风廉政建设提供新平台。

【税收宣传】发放《办税指南》《办税流程细则》手册，设立《最新“营改增”“码”上就知道》提示牌，提升办税便利化水平。联合国税部门开展税收宣传进景区、税收宣传进社区系列活动，努力扩大税收政策知晓面。加强纳税人政策培训，联合国税部门先后进行了10余次集中培训，面授纳税人3800余人次，努力为纳税人提供积极有效的政策宣传服务。

【税收科研】完成11项调研课题，在《财经界》等国家级学术刊物刊发调研12篇，首次在《前线》杂志刊登“两学一做”学术文章并作为当期重点内容进行封面推送，《关于“营改增”对怀柔区地方税收的影响和思考》等多项调研课题得到区主要领导肯定批示。

（朱乐萌　高　阳）

平谷区地方税务局

【经济概况】2016年，平谷区实现地区生产总值（GDP）210.9亿元，年均增长9.10%；税费总收入82亿元，年均增长10.30%；公共财政预算收入28亿元，年均增长9.10%；固定资产投资161亿元，年均增长12.90%；全区居民人均可支配收入突破3万元，年均增长9.90%。

【概述】国地税合作紧密，“营改增”工作顺利完成。金税三期工程按时上线，平稳运行，信息管税基础强化。启动税收保障机制，争取国税及招商部门支持，申报未入库信息得到清理，追征应纳税款。依托信息系统和第三方数据采集，开展企业所得税、房产税、城镇土地使用税、“一税两费”和发票预警等工作，全年共完成风险应对775户，有问题率34%，风险防控措施得力，查补税款 6699.18 万元，加收滞纳金 1019.56 万元。存量房税收征管规范有序，明确业务受理预审核、受理、复核三步流程，落实定期轮岗、痕迹化管理措施。2016 年，共受理存量房业务 3085 件，同比增加 88.80%，征收税款 9162.97 万元，同比增收 126.24%，实现业务受理零差错，税款征收零误差，检查抽查零错误。

【地方政府支持税收工作】2016 年，区委、区政府领导先后 6 次到平谷局调研、慰问，了解组织收入、办税服务中心落成使用、“营改增”、金税三期工程系统上线、税源结构、纳税服务、队伍建设等情况，并协调平谷区内其他部门配合平谷局做好税源的征收管理，为平谷局更好地完成组收任务、助力区域经济发展提供了有力支持。

【税收收入情况】2016 年累计完成各项税收收入 370507 万元，同口径增收 16114 万元，增长 6.03%。累计完成地方公共财政预算收入 300856 万元，同口径增收 21699 万元，增长 11.22%，完成市局任务的 100.96%；累计完成区级地方公共财政预算收入 136258 万元，完成年目标的 100.19%。

表 1 **平谷地税收入情况（2016 年）** 单位：万元

项　目	本期	增减额（同口径）	增减（%）（同口径）
各项税费收入	402487	25244	8.70
地方公共财政预算收入	300856	21699	11.22
一、税收收入	370507	16114	6.03
其中：中央级	96771	4127	4.45
1. 改征增值税	1817	1817	
2. 企业所得税	83085	-15454	-15.68
3. 个人所得税	74156	19239	35.03
4. 资源税			
5. 城市维护建设税	19248	4102	27.08
6. 房产税	12683	-2765	-17.90
7. 印花税	6803	2430	55.57
8. 城镇土地使用税	2371	455	23.75
9. 土地增值税	68175	-2989	-4.20
10. 车船税	376	70	22.88
11. 耕地占用税	1056	886	521.18
12. 契税	13633	8323	156.74
13. 营业税	87104	-54845	-38.64
二、非税收入	31980	9130	39.96
1. 教育费附加	11726	2461	26.56
2. 地方教育附加	7801	1616	26.13
3. 外商投资企业土地使用费	20	-9	-31.03
4. 文化事业建设费	2	-5	-71.43
5. 税务部门罚没收入	58	0	0
6. 残疾人就业保障金	7513	4295	133.47
7. 工会经费	4860	772	18.88

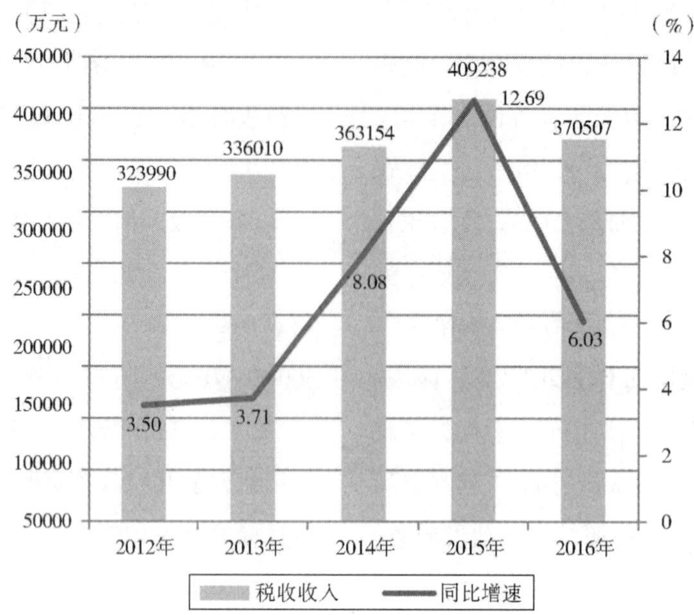

图1　平谷地税税收收入情况（2012—2016年）

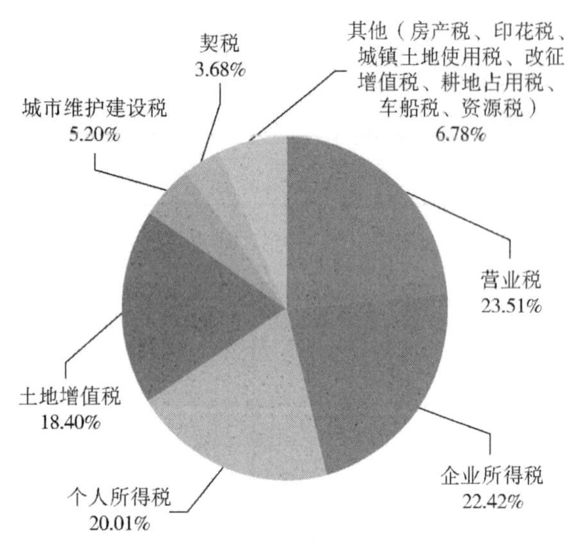

图2　平谷地税税收收入分税种结构（2016年）

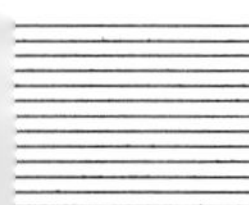

【费金收入】组织教育费附加、地方教育附加、文化事业建设费、外商投资企业土地使用费、残疾人就业保障金、工会经费等费金收入共计31922万元，增收9130万元，增幅40.06%。具体数据见表2。

【税收收入特点与分析】按行业划分，房地产业完成税收收入168101万元，下降14.21%，占比为41.77%；建筑业完成49259万元，减收19897万元，下降28.77%，占比为12.24%；租赁和商务服务业完成39717万元，增长22.24%，占比为9.87%。按税种划分，个人所得税完成74156万元，增长35.03%，占比为18.42%；企业所得税完成83085万元，减收15454万元，下降15.68%，占比为20.64%；财产和行为税完成124345万元，增长9.23%，占比为30.89%。

平谷地税费金收入情况

表2　（2016年） 单位：万元

项　目	收入	增减	同比（%）
合　计	31922	9130	40.06
教育费附加	11726	2461	26.56
地方教育附加	7801	1616	26.13
文化事业建设费	20	-9	-31.03
外商投资企业土地使用费	2	-5	-71.43
残疾人就业保障金	7513	4295	133.47
工会经费	4860	772	18.88

【营业税改征增值税】 制定《平谷区“营改增”工作实施方案》，明确各阶段工作责任领导、责任单位、责任人，将有关工作列入绩效管理考核。主动与国税局沟通，协调工作开展，保证“营改增”及后续工作顺畅衔接。其间，国地税数据交换及数据确认56930余户次。截至2016年底，7个代征点共代开个人出租房屋增值税发票1200余份，代征增值税税款14.10万元。地税发票缴销及税控机具注销工作有序推进。

【税收法治】 开展税务行政处罚案卷检查，抽查案卷72份，要求税务所对存在问题及时进行整改。积极推行法律顾问制度，为执法行为“把脉会诊”，聘请的律师提出涉税法律意见、建议10余条。清理税收规范性文件，决定全文失效、废止文件47件，部分废止文件6件，保证执法依据合法有效。开展“走出去”企业境外投资和所得信息报告、纳税申报的遵从风险分析和应对工作，督促9户存在信息报告风险的企业履行信息报告义务。对6户疑点企业开展反避税调查。

【税收政策落实】 2016年11月18日，联合平谷区国税局、金融办和9家平谷区级银行机构，签订“银税互动”合作框架协议，构建起多元金融服务网络。开展促进“青年创业”系列活动，对涉及建筑、仓储物流、餐饮、影视文化等行业的多家企业提供“营改增”政策辅导、小额资金贷款、特色金融产品、电商平台等服务，征集青年企业家需求，促进“大众创业、万众创新”。向银行机构推介纳税信用A级、B级企业50余户，23户中小企业累计获得贷款2.6亿元，700余户新办登记纳税人享受到银行部门的金融知识服务。

【税种管理】 建立股权转让个人所得税电子台账，实施对股权转让的链条式动态管理。依托股权转让信息查询系统，定期查询税源户在平谷区工商局的股权变更情况，加强对股权转让所得个人所得税的申报催缴。2016年共受理个人所得税股权转让2816件，同比增长341件；征收个人所得税6865万元，同比增长26%。

【纳税服务】 成立平谷区办税服务中心，提升国地税涉税事项办理融合的深度和广度，促进区域经济发展。落实首问责任、限时办结、预约办理、延时服务、24小时自助办税制度，协调处理疑难涉税问题。落实“二维码”一次性告知制度，通过平谷纳税服务志愿者微信平台分6期将6大类110项一次性告知“二维码”对外发布，500余人次阅读或转发，各类活动累计发放“二维码”宣传单1万余份。提供巡回式辅导、植入式辅导、参照式辅导、远程式辅导等多种纳税服务方式，让纳税人获得优质高效服务。“高、准、快、严”，扎实完成2015年度纳税信用等级评价及补复评工作，确定参评企业13354户，初评选出纳税信用A级企业300户，B级企业9692户，C级企业2816户，D级企业546户，完成补复评11户。在镇罗营镇、“爱平谷”创客空间举办促进青年创业活动，征集青年企业家需求，通过开展政策辅导、金融知识讲座，促进“大众创业、万众创新”。

【税收征管】 2016年新办登记户5613户，共有正常登记户42364户，较上年同期减少4481户，同比下降14%，其中个体工商户8190户。自行开展企业所得税、房产税、城镇土地使用税、“一税两费”和发票预警等风险应对工作，2016年共开展风险应对775户，补税240户，提请行政处罚18户次，责令限期改正及纠正纳税行为25户次，移交稽查1户次，有问题率34%，查补税款及滞纳金入库共计7718万元。

【大企业税收服务与管理】 根据《北京市地

方税务局重点联系企业工作方案》的具体要求，加强税务总局定点联系企业和总部企业的税收管理与服务，使大企业风险管控常态化，制定《平谷局重点联系企业工作方案》，定期对辖区内大企业的涉税信息进行填报；完成83户千户集团成员企业名册信息核实工作。

【国际税收管理】建立2013—2015年“走出去”企业清册和外籍人员个人所得税台账。加强外籍人员个人所得税管理，查补税款及滞纳金39.54万元；实现非居民企业股权转让个人所得税源泉扣缴，入库税款177.50万元。

【税务稽查】全年查办案件89件，其中百万元以上案件5件，查补收入6106.58万元；入库查补收入总额4257.01万元，其中，积案清理工作入库查补收入546.39万元。与国税、公安部门共同成立税警联合办公室，加强工作沟通协调，形成打击税收违法犯罪合力。

【电子税务管理】制定《平谷区地方税务局信息系统搬迁实施方案》和《平谷区地方税务局办税服务厅及新平、城关税务所搬迁实施方案》，对搬迁过程中信息系统数据备份、网络设备迁移、光纤割接等工作做详细说明，确保信息化基础设施顺利迁移。组织3次信息系统安全管理制度、计算机日常维护、移动存储介质管理等相关知识培训，不断提高计算机管理员的信息系统安全意识和信息系统日常维护能力。

【政务管理】严肃整顿会风，杜绝“手机病”。提升办文质量，全年累计批转公文1096件，无一出现纰漏。上报市局专报183条，被采用76条，上报市局约稿9篇，被采用8篇，获得市政府领导批示2次；上报区委、区政府信息62条，被采用24条，获得区领导批示7次。完成10篇调研报告，向市局上报调研4篇，被采用2篇；向区委、区政府报送4篇，获得区主要领导肯定性批示4篇，被区委、区政府调研刊物采用2篇。对外报送摄影作品和稿件等宣传素材95篇。其中投稿《北京地税》各种素材46件，刊登28件，采用率60.90%，每期《北京地税》均有平谷局宣传内容。向新闻媒体投稿宣传素材49件，新闻媒体累计宣传报道83次。

【绩效管理】根据工作重点，动态调整考核指标，组织绩效和个人绩效管理相结合，注重绩效考核结果分析利用，调动干部工作积极性。

【财务管理】2016年，区级财政核定平谷局年初预算收入6182.48万元，预算执行过程中追加4856.35万元，指标合计11038.83万元。2016年1—12月区财政拨入平谷局经费11038.83万元，其中：基本经费5385.75万元，项目经费5653.08万元，占总预算的51.20%。2016年1—12月经费支出合计11771.23万元，其中：基本支出6806.58万元，项目支出4964.65万元。

【政府采购】2016年1—12月，平谷局通过政府采购程序购置办公家具、办公耗材、办公设备、聘请法律顾问、支付保安服务费、印刷费、咨询辅助平台费、税务所维修改造费，采购金额1083.51万元。

【人事管理】坚持以“信念坚定、为民服务、勤政务实、敢于担当、清正廉洁”为标准选拔任用干部，推荐副处级干部5人，选拔任用科级干部11人，其中：选拔正科级领导干部2人，副科级领导干部5人，选拔科级非领导职务干部4人。干部轮岗交流35人。认真开展岗位练兵，行政管理岗平均成绩排名全系统第2位，2名干部获得行政管理岗“岗位能手”称号，1名干部获得征管评估岗“岗位能手”称号。拓展平台，以推荐任职、借调、挂职锻炼等多种途径培养干部，不断加强人才储备。推荐到平谷区委部门任职2人，推荐到海淀区地税局锻炼10人，推荐到平谷区委部门挂职2人，推荐到平谷区国税局挂职1人。借调到北京市地税局工作6人。

【教育培训】与人民大学合作，对全体干部开展更新知识培训，培训时间为9月26日—10月21日，共分3期，每期5天。扎实开展“五大发展理念”网上专题学习，除1名干部因车祸未能参加，全部干部顺利完成学习任务。量化北京市干部教育网学习任务，将学时分解到每个季度，季度末通过内网办公平台对在线学习完成情况进行公示，及时提示干部完成阶段性学习任务，全局干部均按时完成规定学时。

【执法督察与内部审计】2016年，平谷局共计督察所辖单位12个，涉及执法督察项目9个，制作督察文书136份；检查案卷405份，有问题138份；核查有关疑点数据7336条，发现问题115项次，补税692万元。开展平谷局工会2015年度财务收支情况审计工作，审计资金支出16.1万元。配合做好平谷区审计局对平谷局2015年度税收征管情况的审计工作。组织开展平谷局政府采购领域专项治理工作，对有关问题的进行督办整改。

【党建工作】以“两学一做”学习教育为契机，加强党建工作。利用多种形式，组织全局党员学习党章党规和习近平总书记系列重要讲话，增强全局党员的党性意识。党组中心组集中学习14次，党组书记和党组成员、各支部书记讲党课50次，全局党员撰写心得体会220篇。局党组带头落实党章党规，规范党组议事规则，坚持集体领导制度，提高民主决策和科学决策水平，防范决策风险；坚持问题导向，逐项落实“三严三实”教育活动整改责任，26项整改措施全部落实到位。开展支部书记党务知识培训，开展党建绩效考核，推进支部党建规范化。开展纪念建党95周年系列活动，表彰优秀党组织、优秀党员、党员先锋岗，树立先进典型。积极推动精神文明建设，开展多种形式的文明创建活动，充分调动工作积极性。关心干部实际困难，为16人申请公租房，组织慰问干部89人次。

【纪检监察】全面落实党风廉政建设主体责任清单制度和全程纪实工作制度，做到两手抓、两促进、两不误。坚持“一岗双责”，做到党风廉政建设与业务工作同部署、同落实、同检查。严格落实明纪纠风和预防监管责任，包括党风廉政建设制度落实、内控机制建设、信访举报、违纪违法案件查处、政风行风及廉政教育等。深化国地税纪检监察合作，落实“六个联合”，联合召开例会、联合实施监督、联合组织培训、联合开展协查、联合办理刊物、联合聘任监督员。

【后勤管理】合理安排经费，保障机关工作正常运转，积极做好2016年全市行政事业单位国有资产清查工作，完善单位国有资产基础数据库，实现资产动态管理，提高资产使用效益。顺利搬入新办公楼，不断完善新办公楼各项基础设施。完成公车改革，做好公车改革后交通费报销、交通补贴发放等工作。落实环保责任，全局6个办公场所全部取消燃煤锅炉。

（李冬莲）

房山区地方税务局

【经济概况】2016年，房山区实现地区生产总值（GDP）593亿元，剔除价格因素影响，比上年增长6.7%。人均地区生产总值8518美元。全区区域税收完成235.7亿元，比上年下降2.9%。其中，房山地区完成137.6亿元，增长25.1%；燕山地区完成98.2亿元，下降26.1%。全区财政收入完成93.7亿元，比上年下降14.3%。其中，一般公共预算收入完成53.7亿元，增长7.1%；政府性基金预算收入完成39.7亿元，下降32.8%。城镇居民人均可支配收入39486元，比上年增长8.7%；农村居民人均可支配收入20849元，增长8.8%。

【概述】房山区地税局持续夯实征管基础，开展"便民办税春风行动"，圆满完成"营改增"试点任务，持续推进国地税合作，开展"两学一做"学习教育，落实全面从严治党"两个责任"，切实加强党的建设和队伍建设，行政管理工作持续改进，税收法治水平稳步提升，充分发挥税收职能作用，依法全力组织收入。全年完成各项税费收入75.87亿元，同口径增长52.5%。税收规模居北京市地税系统第12位，占全系统税收比重为1.9%。其中，完成地方公共财政预算收入54.30亿元，完成市局下达年度计划53.70亿元的101%；完成区级公共财政预算收入23.60亿元。

【地方政府支持税收工作】房山区政府高度重视地方税收工作，区长主持召开组收工作专题会，听取税务、财政部门工作汇报，密切关注组收形势。区领导多次到房山区地税局进行调研、慰问，对《营业税改征增值税全面实施后加强地税组收工作的思考》等18份材料作出重要批示。

【税收收入情况】全年累计完成各项税费收入75.87亿元，同口径增长52.5%，完成规模在全市地税系统排名第12位；累计完成一般公共预算收入54.30亿元，同口径增长40.4%；累计完成区级公共财政预算收入23.6亿元，同口径增长33.7%，占全区（房山片）公共财政收入比重为54%。

表1　房山地税收入情况（2016年）　单位：万元

项　目	本期	增减额（同口径）	增减（%）（同口径）
各项税费收入	758668	212274	52.5
地方公共财政预算收入	542977	117457	40.4
一、税收收入	703804	61952	55.3
其中：中央级	206308	93843	83.4

续表

项　目	本期	增减额（同口径）	增减（%）（同口径）
1. 改征增值税	11729	11729	
2. 企业所得税	229760	129328	128.8
3. 个人所得税	104931	18812	21.8
4. 资源税	1272	-927	-42.2
5. 城市维护建设税	33332	4161	14.3
6. 房产税	23884	2780	13.2
7. 印花税	9272	1720	22.8
8. 城镇土地使用税	4205	245	6.2
9. 土地增值税	69521	1643	2.4
10. 车船税	92	-21	-18.7
11. 耕地占用税	2977	904	43.6
12. 契税	78102	32144	69.9
13. 营业税	134728	-140564	-51.1
二、非税收入	54864	9758	21.6
1. 教育费附加	19833	2378	13.6
2. 地方教育附加	13219	1577	13.6
3. 外商投资企业土地使用费	40	-44	-52.4
4. 文化事业建设费	23	-37	-61.8
5. 税务部门罚没收入	136	21	18.2
6. 残疾人就业保障金	12231	5225	74.6
7. 工会经费	9383	636	7.3

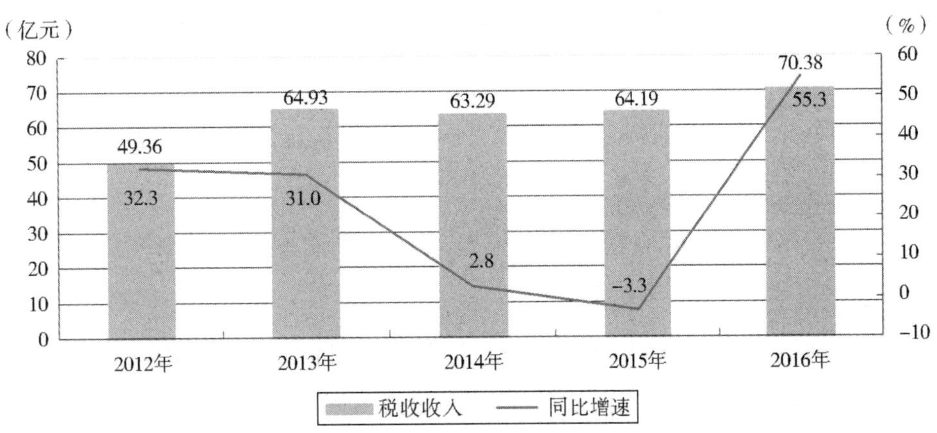

图1　房山地税税收收入情况（2012—2016年）

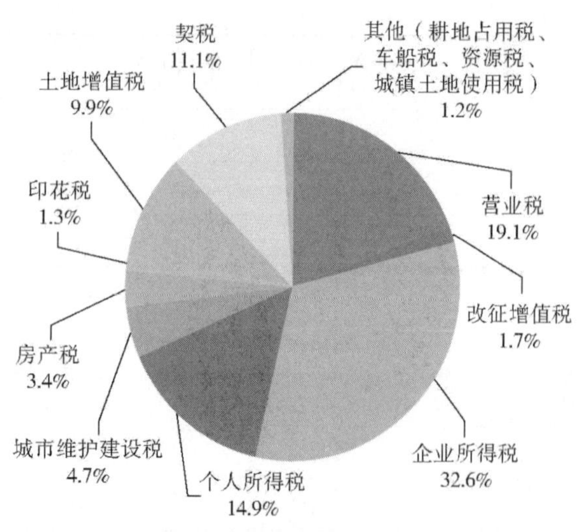

图2 房山地税税收收入分税种结构（2016年）

【**费金收入**】组织教育费附加、地方教育附加、文化事业建设费、外商投资企业土地使用费、残疾人就业保障金、工会经费等费金收入共计5.47亿元，增收0.97亿元，增幅21.6%。具体数据见表2。

房山地税费金收入情况

表2 （2016年） 单位：万元

项　目	收入	增减	同比（%）
合　计	54729	9737	21.6
教育费附加	19833	2378	13.6
地方教育附加	13219	1577	13.6
文化事业建设费	40	-44	-52.4
外商投资企业土地使用费	23	-37	-61.8
残疾人就业保障金	12231	5225	74.6
工会经费	9383	636	7.3

【**税收收入特点与分析**】按行业划分，房地产业累计入库税款40亿元，同比增收10亿元，增长33.1%，是增收额最大的行业；建筑、制造、服务行业合计完成税费24亿元，占总收入的比重达到32.04%。按税种划分，企业所得税累计入库税款23亿元，同比增收12.9亿元，同比增长128.8%，为本年增收额最大的税种；个人所得税累计入库税款10.5亿元，同比增收1.9亿元，同比增长21.8%；契税累计入库7.8亿元，同比增收3.2亿元，增长70%。非首都功能疏解相关产业税收规模下降，采矿业下降24.3%，纺织服装等行业税收下降10.7%，建材生产行业下降5.4%。全年共减免各项税费12.05亿元。

【**营业税改征增值税**】密切联系各职能部门，切实做好服务衔接，完善数据交换。为房山区国税局提供信息共计9万余条。

【**税收法治**】积极推进法治建设，开展不同层面法律培训。深入推进法律服务，开展合同合法性审核24份。组织开展行政审批“权力清单”清理。落实行政处罚裁量基准，规范行政处罚权应用。履行复议应诉职能，依法办理行政复议案件9件、应诉案件1件。

【**税收政策落实**】做好“营改增”改革工作。完善减免税后续管理工作，重点推进“双创”企业优惠政策落实。加强后续监控，细化减免税统计数据，做好政策落实效应分析。加强税收政策培训辅导，建立园区政策辅导长效机制。2016年减免营业税3522户，减免税额2245.92万元。其中小微企业3336户，减免税额1092.37万元。3410户小型微利企业减免企业所得税1039.06万元，同比增长101户，涨幅3.1%。2016年新增个人所得税减免税备案53户，减免个人所得税80万元。落实扩大教育费附加、地方教育附加免征范围的相关优惠政策；落实关于部分国家储备商品有关税收政策；严格落实调整房地产交易环节契税优惠政策。

【**税种管理**】实行残疾人就业保障金征管新模式。加强企业所得税申报管理。加强个人所得税12万元申报工作，累计已申报14329人次，申报率为131.05%。强化股权转让个人所得税检查，实现股权转让个人所得税征缴入库569万元。落实资源税从价计征全面改革，改革后地热部分入库资源税税款142万元，较去年同期增长36.54%。实施房产税属地征收和出租房屋按租金计征，2016年10月征期共计入库房产税9566万元，同比增长13.66%。

【纳税服务】推行12项便民办税举措，实现22项业务全市通办。利用手机二维码实现一次性电子化告知；整合服务厅资源，规范办税服务厅管理；不断完善网站服务功能和“小呼中心”建设；成立全市首家纳税人权益保护中心；签署《“税银互动”合作框架协议》。加强纳税人学堂建设，共开展培训37期，培训企业4206户次。优化纳税信用等级管理，参与评价企业18982户，其中A级53户。

【税收征管】与房山区国税局联合开展区域税收专项整治，组织共同管辖纳税人案件检查。联合与保定市国税局、地税局共同签订区域税收合作协议，形成了综合治税的长效机制。加强申报入库管理，完成了2010—2014年度申报未入库清理工作。建立大额退税、减免税专题审议制度，规范大额减免、退税管理。加大清欠力度，通过依法阻止法人代表出境、限票和强制扣款措施，全年清缴欠税7228万元。加强税收遵从风险管理，开展区、所两级税务约谈，全年补缴税款及滞纳金7064万元，同比增长17.2%。做好二手房交易和个人出租房屋增值税代征工作，累计代征增值税1.17亿元。圆满完成“营改增”后发票核销、缴销及税控注销工作，缴销库存发票105.8万余份，缴销发票13.9万余份，共注销税控机具4400台。2016年，税源户达到55610户，比上年48497户净增加7113户，净增长14.7%。

【大企业税收服务与管理】完善大企业管理制度。确定税务总局千户集团、市局重点联系企业集团及其下属在京成员单位、市级重点税源户等共计153户作为重点联系企业。与房山区国税局进一步深化合作，建立重点联系企业协同共管机制。

【国际税收管理】与房山区国税局共同建立“走出去”企业清册，有针对性地为“一带一路”“走出去”企业开展税收服务。不断加强跨境税源、内资企业反避税、税收协定待遇和非居民税收管理工作。落实国际税收情报交换工作。

【税务稽查】全面落实稽查全覆盖，统一对外执法主体。实施国地税联合检查。加强稽查结果反馈，实现以查促管。积极开展2011—2014年未结案件清理工作，共清理未结案件10件，入库税款、滞纳金及罚款共计1386.59万元。全年共立案62户（其中本局立案2户，以第四稽查局名义立案60户），以前年度立案结转今年实施检查65户，结案108户。查补各项税费4097.63万元，入库各项税费4414.21万元。有问题率100%，入库率108%。开展打击发票违法犯罪活动，涉及企业28户，涉案金额3537万元。税收违法举报中心共受理举报67件，结案62件，结案率92.54%。

【电子税务管理】金税三期工程系统上线成功。网上行为管理系统正式运行。顺利完成内网办公系统带宽升级和UPS主机、电池更新工作。补录纳税人税务登记信息数据1723户次。核实组织机构代码信息工作341户次。完成停业截止日期与个体工商户当前状态不符清册工作1290户次。完善《2016年数据后台处理及查询台账》，受理办结数据修改单100张。

【政务管理】全年共办理来文1411件，发文

206件，签报198件。组织各类会议343场。撰写各类信息共计574篇，其中9篇信息被国务院办公厅采用，159篇信息被上级单位采用。列入督办事项共计48项，办结率97.6%。抓好档案工作，区局被评为“北京市区机关档案工作测评市级优秀单位”。修订4项信息公开工作文件，主动公开信息913条，妥善处理依申请公开7件。修订《北京市房山区地方税务局信访工作办法》，及时将来访信息录入信访系统进行备案。办理12345非紧急救助来信19件、政风行风来信48件。

【绩效管理】全年完成市局46项指标任务。通过狠抓各项考评指标，有力推进各项工作落实。在市局年度绩效考核中排名第11位。全年获得各类表彰5项次、荣获各类荣誉称号4项。

【财务管理】科学合理编制预算，加强预算资金监督使用。大力推广公务卡使用工作，办理授权支付公务卡76张。强化固定资产管理，处置超年限资产1466件。完成行政事业单位国有资产清查工作。完成单位内控制度建设和内控手册编制工作。

【政府采购】与财政部门及时沟通，掌握政策口径和具体规定，严格执行政府采购程序。完成12个项目的政府采购工作，采购金额453.1万元。

【人事管理】科学调配、任用干部，共内部轮岗46人次，提拔科级干部2人，完成了11名科级领导干部的试用期满考核工作，新录用公务员7人。选派1名正科级领导干部到房山区国税局挂职。全局共设置15个职能科室、1个稽查局、12个基层税务所和1个机关后勤服务中心。实有人员274人，其中公务员249人、工勤人员25人。

【教育培训】认真开展岗位大练兵、职业资格和职称教育及各类培训工作，全年共1391人次参加培训。推荐20名干部参加市局岗位练兵比武复赛。3人考取税务专业硕士研究生。组织51人次旁听研究生院经济方面课程。

【执法督察与内部审计】大力开展税收执法督察，全年共组织11个项目的执法督察，核查疑点数据1335条，追缴税款及滞纳金1211.48万元。全年对个人执法过错责任追究6人次。认真配合做好市局审计组经济责任审计和市审计局税收征收管理延伸审计工作，有效组织问题整改。对2013年1月—2016年6月期间的政府采购工作开展内部检查审计。加强内控机制建设，强化“两权”运行过程中的环节控制和痕迹化管理。

【党建工作】坚持党组中心组集体学习制度。扎实开展“两学一做”学习教育，打造“3+”学习模式。开展思想、作风、工作、纪律整顿，查摆问题87条，并全部整改落实。开好领导班子民主生活会，整理归纳意见、建议17条，提出了整改措施和整改期限。加强“第一党支部”建设，在落实“一把手”主体责任上发挥了有力作用。开展主题党日、参观展览等活动，提升全体党员的宗旨意识。全年共制定党建类制度15项，其中，加强党风廉政建设类10项、加强党建工作类5项。

【纪检监察】制定《落实党风廉政建设主体责任、监督责任的实施意见》，梳理执行“责任清单”，促进“两个责任”有效衔接。落实主体责任全程记实工作。强化对纪律执行和局党组重大决策部署落实情况的监督检查。对32个科所开展巡查。出具廉政意见44人次。落实约谈制度，共谈话33人次。备案个人廉政档案82份，婚丧事项报告6件。紧盯元旦、春节等重要节点，及时进行廉政提醒。深化“为官不为”“为官乱为”和政府采购领域专项治理。组织观看警示教育片，开展廉政征文活动。结合二手房清查工作，对相关税务所进行专题警示教育。全年共编发《廉政警示教育学习园地》4 期。

【后勤管理】加强制度建设，修订、制定 4 项管理制度。继续落实季度安全巡检制度，强化重点部位和重要时间节点检查。完成燃煤锅炉清洁能源改造和公车改革工作。

【税收宣传】围绕“营改增”、金税三期系统上线和“两学一做”学习教育等重点工作，先后在中央电视台财经频道、北京电视台、《中国税务报》等媒体进行了相关报道，共刊发各类稿件 71 篇。“房山国地税深度融合，互设窗口，共建办税服务厅”等内容被中央电视台财经频道正面报道。充分利用内部宣传平台，共刊发《房山地税动态》17 期。加强舆情监控，修订《涉税舆情管理办法》。

【税收科研】围绕税收现代化建设和征管改革、服务区域经济发展等重点，结合业务实践中遇到的难点和热点，积极开展调研工作，共实现调研成果转化 18 项。1 篇调研被税务总局《税收研究资料》刊发，2 篇调研分别获得北京税收法制建设研究会论文评选一等奖和优秀奖。

【税务文化】与房山区总工会联合举办“送祝福　写春联”活动，为干部职工书写春联 300 余幅，书法作品 50 余件。开办职工书屋，丰富干部职工精神文化生活。加强对安庄村和 91395 部队的帮扶共建工作。落实学雷锋志愿活动，到房山区儿童福利院开展助残活动。按照“三四三”学习模式扎实有效开展学习型机关建设。积极争创各类荣誉，取得集体荣誉 5 项、个人荣誉 5 项。

（王晶晶）

昌平区地方税务局

【经济概况】2016 年，昌平区实现地区生产总值（GDP）708.6 亿元，比上年增长 7.1%，高于全市增速 0.4 个百分点。全区一般公共预算收入稳定增长，完成 78.3 亿元，增收 5.2 亿元，同比增长 7.2%，完成年度预算的 100.1%。全区消费市场运行较为平稳，实现社会消费品零售额 422.7 亿元，同比增长 6.8%。全区规模以上工业企业累计完成工业总产值 875.5 亿元，同比增长 9.4%，工业生产持续回暖。全区完成全社会固定资产投资 594.5 亿元，同比增长 2.3%。三次产业两降一增，第一产业完成投资 8.3 亿元，同比下降 36.8%；第二产业完成投资 30.6 亿元，同比下降 4.5%；第三产业完成投资 555.6 亿元，同比增长 3.7%。全区居民人均可支配收入 38350 元，同比增长 8.6%。

【概述】昌平区位于北京市西北部，东临顺义区，南与朝阳区、海淀区毗邻，西与门头沟区和河北省怀来县接壤，北与延庆区、怀柔区相连。地势西北高、东南低，北倚军都山，南俯北京城，素有“京师之枕”的美誉。2016 年，昌平区地方税务局在市地税局党组和区委、区政府的正确领导下，按照年初制定的“推进依法治税水平提升，推进征管体制改革和税收现代化建设进程，推进‘两个责任’有效落实，推进‘三个规范’开花结果”的工作思路，攻坚克难，奋进担当，全力推进地税事业科学发展，实现了税收目标精准完成、地税队伍平安稳定的目标，各项工作均取得了较好成绩。

【地方政府支持税收工作】2016 年，昌平区委书记侯君舒，区委副书记、区长张燕友，区委常委、副区长孙卫，区委常委、副区长苏贵光，区委常委、宣传部长刘绍坚，区政法委常务副书记梁士强等多名领导先后到昌平区地税局调研。2016 年昌平区委副书记、区长张燕友，区委常委、副区长苏贵光先后五次对昌平区地税局报送的收入完成情况分析报告、城市发展新区收入分析报告等给予肯定性批示。

【税收收入情况】全年累计完成各项税费收入 137.33 亿元，同口径增长 41.2%；累计完成税收收入 126.96 亿元，同口径增长 41.6%，规模居全市地税系统第 8 位；累计完成地方公共预算收入 98.99 亿元，同口径增长 33.5%。累计完成区级收入 39.6 亿元，剔除 11.5 亿元营业税，同口径增收 6.2 亿元，增长 28.3%，完成全年区级 39 亿元收入目标的 101.4%。精准完成市、区两级收入目标，收入规模再创历史新高。

表 1　**昌平地税收入情况（2016 年）**　单位：亿元

项　目	本期	增减额（同口径）	增减（%）（同口径）
各项税费收入	137.33	32.86	41.2
地方公共财政预算收入	98.99	19.03	33.5
一、税收收入	126.96	30.45	41.6
其中：中央级	36.78	13.75	60.4
1. 改征增值税	4.03	4.03	
2. 企业所得税	21.08	9.75	86
3. 个人所得税	36.47	10.15	38.6
4. 资源税	0.07	0.004	7.3
5. 城市维护建设税	5.87	0.41	7.4
6. 房产税	6.75	1.75	34.9
7. 印花税	3.96	1.61	68.6
8. 城镇土地使用税	0.77	0.08	11.2
9. 土地增值税	8.48	-2.05	-19.5
10. 车船税	0.0084	-0.0007	-7.7
11. 耕地占用税	0.15	0.08	106.2
12. 契税	15.97	4.66	41.2
13. 营业税	23.34	-20.41	-46.6
二、非税收入	10.40	2.40	30.1
1. 教育费附加	3.48	0.30	9.6
2. 地方教育附加	2.32	0.21	9.7
3. 外商投资企业土地使用费	0.03	0.01	98
4. 文化事业建设费	0.0052	-0.01	-67.1

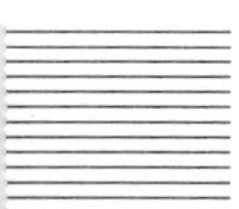

续表

项　目	本期	增减额 （同口径）	增减（%） （同口径）
5. 税务部门罚没收入	0.01	0.0034	39.1
6. 残疾人就业保障金	2.98	1.81	154.3
7. 工会经费	1.58	0.08	5.4

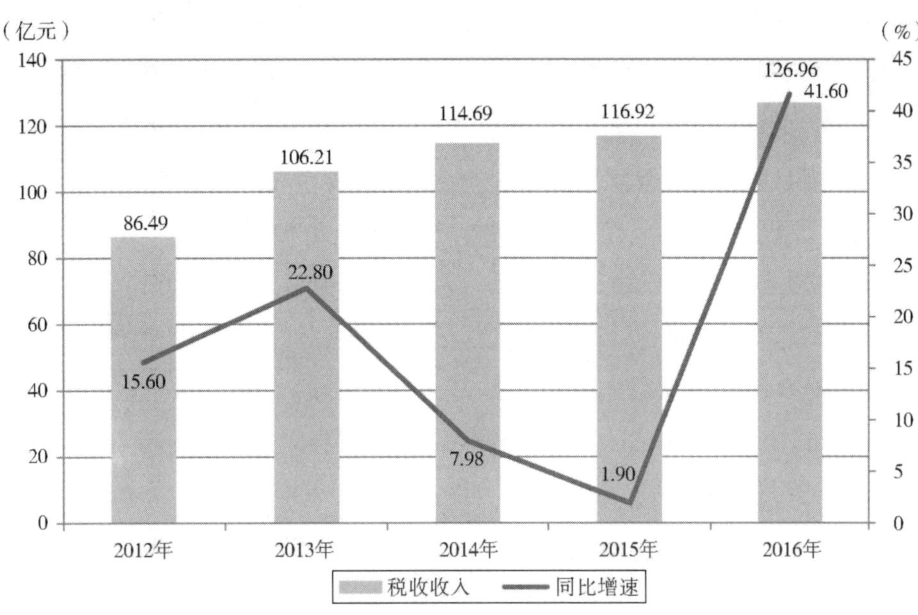

图 1　昌平地税税收收入情况（2012—2016 年）

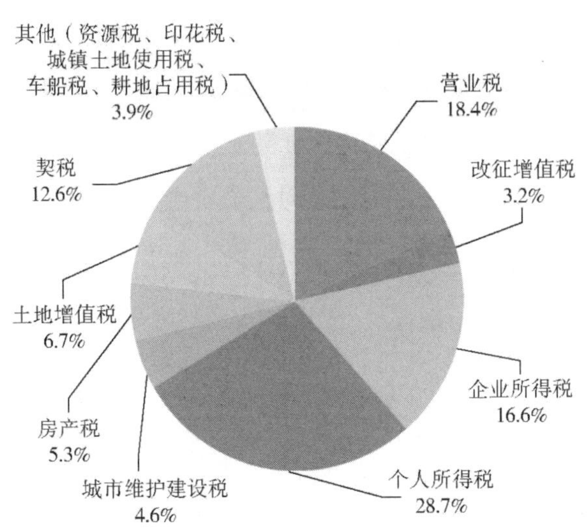

图 2　昌平地税税收收入分税种结构（2016 年）

【费金收入】昌平区地税局工会经费代收和残保金征收规模取得历史性突破，全年代收工会经费 15752 万元，同比增幅 5.4%；残保金入库 29788 万元，同比增幅达到 154.3%；教育费附加完成 34812 万元，同比增长 9.6%。

昌平地税费金收入情况

表 2　　**（2016 年）**　　单位：万元

项　目	收入	增减	同比 （%）
合　计	103845	24009	30.1
教育费附加	34812	3041	9.6
地方教育附加	23150	2054	9.7
外商投资企业土地使用费	291	144	98
文化事业建设费	52	－106	－67.1
残疾人就业保障金	29788	18074	154.3
工会经费	15752	802	5.4

【税收收入特点与分析】一是“营改增”结构性减税效果明显。二是所得税实现较快增长，中央级税收实现较高增幅。企业所得税入库21.1亿元，增收9.7亿元，同比增长86%；个人所得税入库36.5亿元，增收10.1亿元，同比增长38.6%。中央级税收入库36.8亿元，增收14亿元，同比增长61.6%。三是房地产交易市场量价齐升，与之相关税种大幅增长。2016年，昌平区地税局受理二手房交易业务3.2万笔，增加1.5万笔，同比增长91.1%。二手房交易入库税款23.9亿元，增收12.2亿元，同比增长104.4%。四是新的税收政策持续发力，相关税费快速增加。房产税政策调整，从租计征房产税入库税款增幅较大，入库1.4亿元，增收1.1亿元，同比增长450.5%。残保金受新出台政策推动，入库2.98亿元，增收1.8亿元，同比增长154.3%。五是一次性大额入库带动收入增加。全年一次性大额入库税款共计13.7亿元，增加2.1亿元。主要包括：土地一级开发大额入库营业税1.6亿元、土地增值税清算2.3亿元、股权转让和企业分红缴纳的大额个人所得税3.7亿元，企业注册资本增加大额印花税入库1.3亿元。

【营业税改征增值税】全力落实“营改增”工作。先后制定“营改增”试点工作方案、应急预案和税源户交接工作方案，阶段工作任务、部门职责清晰明确。对160家企业开展集中培训，组织区内22家重点企业进行“专家企业面对面，税企共话‘营改增’”座谈，邀请知名财税专家和企业财务高管共同研讨政策落实，并在5月1日当天实现全市唯一缴税、办证全流程测试。“营改增”工作中，昌平区地税局共完成38台增值税税控设备调试安装工作，办理缴销发票6023户，移交3.88万户营业税纳税人，有税户9465户。

【税收法治】制定《北京市昌平区地方税务局2016年推进简政放权放管结合优化服务工作方案》，推进简政放权放管结合优化服务工作。完成税收规范性文件清理，共清理全文失效、废止和部分废止的税收规范性文件92件，并以公告形式发布。加强制度建设，成立行政复议委员会，并印发《北京市昌平区地方税务局行政复议委员会工作规则》和《北京市昌平区地方税务局行政复议委员会案件审理会议议事规则》。

【税收政策落实】组织区内22家重点企业进行“专家企业面对面，税企共话‘营改增’”座谈，邀请知名财税专家和企业财务高管共同研讨政策落实。通过办税服务厅大屏幕、公告栏等方式及时告知，设置小微企业优惠政策咨询岗，通过短信平台发送宣传信息，与区国税局联合，组织骨干人员到郑各庄“乡村税校”和回龙观“青年创业园”开展专题培训，对百余名小微企业财务人员集中讲解最新的税收优惠政策。

【税种管理】昌平区地税局积极开展企业所得税培训，认真落实企业所得税申报率考核工作，做好个人所得税相关工作，通过工商行政管理部门信息交换平台，及时获取股权转让信息，从源头上加强股权转让所得个人所得税的征收管理。利用第三方信息，对注册资金1000万元以上企业开展房产税、土地使用税税源核查等工作。

【纳税服务】扩大国地税合作范围，纳税服务大厅各增加1个应急潮汐窗口，落实“合作规范”和“春风行动”关于“共同进驻行政服务中心”“互派窗口、互派人员”工作要求；参与昌平区综合行政服务中心国地税窗口布局的重新调整，建成一组负责税务登记事项的国地税“一窗式”办理窗口，实现纳税人只排一次队，国地税税务登记业务同时办理。提升合作效果，与昌平区国税局、交通银行北京林萃路支行联合举办“银税互动”小微企业推介会，建立“银税互动”长期合作机制。加强办税服务厅服务环境和硬件系统建设，完成十三陵税务所、回龙观税务所装修改造，为第二税务所、东小口税务所安装全套数字高清音视频监控设备，新增办税服务厅同步号码显示屏4台，安装1台室外24小时自助办税终端，在区局机关和一所、二所服务厅安装“人民数字”显示屏。

【税收征管】 截至2016年12月31日，昌平区地税局共有税务登记正常户113890户。其中，企事业单位66553户，个体工商户47337户。昌平区地税局结合工作实际制定征管措施“25条”，进一步推进地方税收征管改革；做好全市通办相关岗责、权限配置，确保纳税人网上办理的84个办税事项及上门办理的22个办税事项工作任务落实；密切与工商、国税的配合，及时发现并处理数据传递、信息交换过程中的各种问题。做好税源分户、税源户报到及后续管理各项工作。加强增值税代征及发票代开工作，国地税联合举办培训5场，培训人数160余人次。完成38台增值税税控设备调试安装工作。制定了个人出租房屋委托代征管理办法、税务机关代开发票管理办法，强化代征代开工作的监督与管理。2016年，委托代征税款入库4031.75万元。做好地税发票缴销税控注销工作，制定发票缴销工作方案和应急预案，与国税协同开展发票缴销，共办理缴销发票6378户。

【大企业税收服务与管理】 依据市局大企业管理处下发的税务总局千户集团及其下属在京成员单位名单及市局重点联系企业集团名单进行整理。对京粮集团下属企业进行上门税收服务。

【国际税收管理】 积极开展外籍人员个人所得税零申报核查工作，发现有问题的21户，补缴个人所得税16.31万元，罚款2.38万元。加强对外支付备案后续管理，从国税局领取并移交主管税务所审核《备案表》389份，共计征收税款650.89万元。通过强化国地税合作，堵塞外籍个人销售存量房征管漏洞，避免国家税款流失，追缴税款及滞纳金共计36.8万元。2016年向市局发出专项情报请求2起，其中1起被税务总局采纳，此项工作全市排名第2位。

【税务稽查】 全年共立案检查146户，已检查结案85户，有问题85户，查补收入8197.04万元，执行入库8197.04万元，其中税款5911.71万元，滞纳金1857.22万元，罚款428.11万元。实施企业自查26户，查补收入1247.65万元，执行入库1247.65万元。承办重大涉税违法案件8件，查补税款5194.60万元，加收滞纳金1607.07万元、罚款286.21万元，合计7087.88万元。2016年，税务稽查市级全覆盖工作全面落实，昌平区地税局按照市局“以随机抽查为主，推送案源信息为辅的选案工作机制”，实施专项检查案件120件，已检查结案49户，有问题案件49户，有问题率100%，查补税款214.61万元，加收滞纳金75.90万元、罚款44.57万元，共计335.08万元。2016年3月14日，昌平区地税局与昌平区国税局、昌平区公安分局在全市建立首个三部门联合稽查办案机制。

【电子税务管理】 完成岗责调整1400余人次，信息设备维护1000余台次，完成机房、UPS设备、防雷电设备的安全检察、日常升级等工作。“营改增”期间进行开票软件、税控设备的安装与测试，配合有关应急预案对设备、人员等资源进行合理调配，及早做好相关软件或权限的测试。完成软件正版化清查、信息系统安全巡检、信息技术岗比武练兵等各项工作。完成全局计算机设备相关升级，配合市局开展数据清理，形成问题反馈机制，完成特色软件授权与测试、人海压力测试、存量房系统测试。

【政务管理】实行签报制度，逐步规范了工作运行程序，提高了工作质量和效率，协助了区局领导及时、全面掌握各方面工作动态和重要事项。随着部门分工的细化、跨部门事项的增多和签报范围的扩大，区局内各部门大局意识、协作意识、责任意识进一步增强，按规范办事、按程序工作、按级次对接进一步规范，各项工作科学运转。

【绩效管理】制发《北京市昌平区地方税务局组织绩效管理实施细则》《北京市昌平区地方税务局个人绩效管理实施细则》《北京市昌平区地方税务局关于印发2016年组织绩效考评规则及加减分项目的通知》。根据上级考评任务并结合工作实际，制发考评本级机关部门或对下绩效指标，合理确定承接部门，明确责任领导、责任人。开展组织绩效考评和个人绩效考评，召开绩效培训会、绩效讲评会，推进绩效考评结果运用。

【财务管理】一是按照市地税局、区财政和有关部门决算工作部署要求，2016年底进行对账、结账，汇总编制并上报2015年决算报表，并对经费收支认真分析和总结，形成决算报告。二是核实各项基础数据，汇总编制完成2017年各项预算。三是按照财政部署将预决算进行公开。

【政府采购】2016年，昌平区地税局按照区财政要求，政府采购工作严格遵循依法合规、公平公正、诚实守信、节约高效、公开透明的原则进行，做到了应采尽采。2016年通过公开招标方式确定2017—2018年度物业服务公司，中标金额为878.76万元；通过公开招标方式确定2017年安保服务公司，中标金额为182.4万元；通过竞争性谈判方式确定协税服务公司，中标金额为98万元。

【人事管理】2016年，昌平区地税局共办理工作性调出4人，退休5人；工作性调入3人，公务员招录13人。根据实际工作需要，共调整科级领导干部22人，其中有4名正科级领导干部改非领导职务，13名正科级和5名副科级领导干部进行了工作岗位调整。普通干部内部轮岗36人。共有7名干部进行了职务晋升，其中3名干部晋升副处级非领导职务，1名干部由副处级领导职务改任副处级非领导职务，2名干部晋升正科级领导职务，1名军转干部核定职务为主任科员。对全局338名公务员及职工，从德、能、勤、绩、廉五个方面进行年终考评工作。撤销稽查局检查三科、检查四科，成立第五税务所、第六税务所，负责契税的征收及存量房交易税收一体化的征收管理工作，同时兼顾税源管理及纳税服务等工作。

【教育培训】按照《昌平区地方税务局2016年“岗位大练兵　业务大比武”暨参加北京市第四届职业技能大赛活动实施方案》要求，昌平区地税局组织全体干部在线学习和在线模拟考试，选拔35名干部参加北京市地税系统2016年业务大比武暨第四届职业技能大赛复赛，最终有2名干部获得“岗位能手”称号。

【执法督察与内部审计】成立由征收管理科、税政一科、税政二科、法制科、收入核算科、稽查局综合科、督察内审科组成的执法督察领导小组，按照《昌平区地方税务局2016年税收执法督察工作计划》，完成对税务行政处罚案卷评查、股权转让个人所得税管理、土地增值税管理等6个自查项目的执法督察工作，配合完成市局主导、两级统筹的小微企业优惠政策落实情况、组织收入原则落实情况、税收个案批复管理情况等5个项目的专项执法督察工作，通过督察共抽查案卷130份，其中无问题24份，有问题106份，共下发税收执法督察处理意见书12份，通过整改补缴税款13.9万元，加收滞纳金2.2万元。

【党建工作】开展“两学一做”学习教育，通过搭建“四微”平台，做“五字”文章，抓党建，带队伍。组织全体党员召开建党95周年表彰大会暨“两学一做”党课教育，全体党员重温入党誓词，宣读2015—2016年度先进党组织和优秀共产党员表彰决定，围绕《学习贯彻党章 加强党性修养》进行专题党课教育。

【纪检监察】昌平区地税局坚持党风廉政工作与组收工作同部署、同落实、同检查。纪检组在落实好监督责任的同时，积极协助党组开展党风廉政建设工作。年初协助组织召开2016年度党风廉政建设工作会，7月向党组专题汇报了上半年纪检监察工作情况。在党组会、局长办公会上及时提醒决策“三重一大”等重大事项中应遵守相关规定，对人事调动、干部选拔晋升、招投标事宜进行全程监督。在一名干部涉嫌违法案件调查期间，积极配合检察院调阅档案，调查走访，同时，及时整理情况，第一时间将获得信息向党组汇报。

【后勤管理】昌平区地税局严格落实区政府车改要求，按时限和标准在区政府机关中率先完成车改工作，共计报废上缴13辆公务用车。全局更换LED节能灯近217个，安装二级水表11个，建立新能源充电桩，并引进一辆新能源车辆用于办公，起到较好的新能源汽车使用的社会引领作用。

（高 翔）

大兴区地方税务局

【经济概况】2016年，大兴区实现地区生产总值（GDP）556.7亿元，同比增长8.3%。完成公共财政预算收入77.7亿元，同比增长9.1%；完成社会消费品零售额386.4亿元，同比增长8.4%；城镇居民人均可支配收入43932元，同比增长8.2%；农村居民人均可支配收入19555元，同比增长9.9%。

【概述】全局坚持以组织收入为中心，坚定不移推进全面从严治党，全力落实“营改增”、税收征管体制改革、金税三期工程等攻坚任务，各项建设水平稳步提高，年度各项工作任务圆满完成，为大兴区经济社会发展做出了应有的贡献。

【地方政府支持税收工作】大兴区政府始终高度重视地方税收工作，定期召开区发改委、区财政局、区工商局、区国税局、区地税局、区经信委等单位参加的经济形势分析会，加强沟通交流，共促工作开展。大兴区区委书记谈绪祥，大兴区区长崔志成对大兴区地税局工作给予肯定并作出多次批示。

【税收收入情况】全年累计完成各项税费收入127.1亿元，同口径增加28.3亿元，增长

39.1%。其中，累计完成税收收入117.4亿元，同口径增加26.1亿元，增长39.4%；累计完成地方公共财政预算收入94.9亿元，同口径增加17.7亿元，增长33.9%；累计完成区级收入40.6亿元，同口径增加5亿元，增长21.7%，占大兴区一般公共预算收入的比重为52.3%。

表1　　大兴地税收入情况（2016年）　　单位：万元

项　目	本期	增减额（同口径）	增减（%）（同口径）
各项税费收入	1271271	283087	39.1
地方公共财政预算收入	949049	177064	33.9
一、税收收入	1174037	261214	39.4
其中：中央级	302788	104257	52.6
1. 改征增值税	25221	25221	
2. 企业所得税	284312	98631	53.1
3. 个人所得税	198672	55520	38.8
4. 资源税	41	21	103.8
5. 城市维护建设税	51338	5141	11.1
6. 房产税	52706	11803	28.9
7. 印花税	16815	3501	26.3
8. 城镇土地使用税	6179	105	1.7
9. 土地增值税	134019	29207	27.9
10. 车船税	139	-32	-18.8
11. 耕地占用税	3984	-21192	-84.2
12. 契税	150508	53287	54.8
13. 营业税	250104	-201299	-44.6
二、非税收入	97234	21873	34.9
1. 教育费附加	30384	2804	10.2
2. 地方教育附加	20230	1849	10.1
3. 外商投资企业土地使用费	568	207	57.2
4. 文化事业建设费	4	-32	-88.9
5. 税务部门罚没收入	279	71	34.1
6. 残疾人就业保障金	26335	15209	136.7
7. 工会经费	19434	1763	10.0

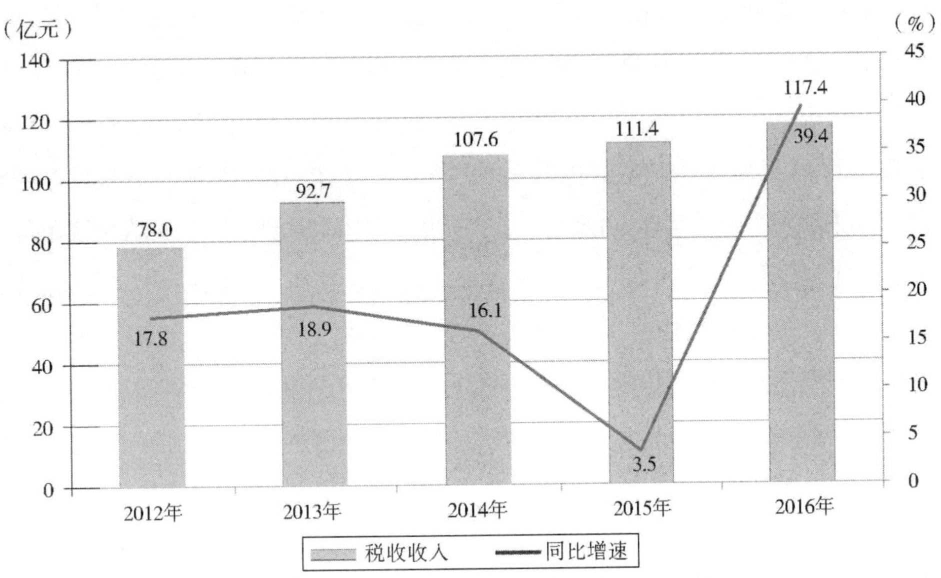

图1 大兴地税税收收入情况（2012—2016年）

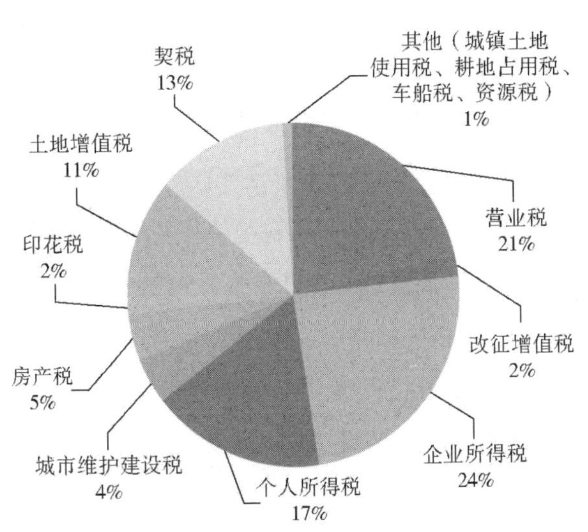

图2 大兴地税税收收入分税种结构（2016年）

【费金收入】组织教育费附加、地方教育附加、文化事业建设费、外商投资企业土地使用费、残疾人就业保障金、工会经费等费金收入共计9.7亿元，增加2.2亿元，增长29%。具体数据见表2。

【税收收入特点与分析】按行业划分，房地产业税收完成58.4亿元，同口径增长59.6%，占比45.9%，增收贡献率达61.3%；居民服务、修理和其他服务业，租赁和商务服务业，制造业，批发和零售业合计完成40.4亿元，占比31.8%。按税种划分，企业所得税、个人所得税分别累计完成28.4亿元和19.9亿元，同比分别增长53.1%和38.8%，占比22.4%和15.6%；财产和行为税共累计完成41.6亿元，同比增长24.5%，占比32.7%。

大兴地税费金收入情况

表2 **（2016年）** 单位：万元

项　目	收入	增减	同比（%）
合　计	96955	21800	29.0
教育费附加	30384	2804	10.2
地方教育附加	20230	1849	10.1
外商投资企业土地使用费	568	207	57.2
文化事业建设费	4	-32	-88.9
残疾人就业保障金	26335	15209	136.7
工会经费	19434	1763	10.0

【营业税改征增值税】制定《全面推开营业税改征增值税改革试点工作实施方案》《试点工作计划任务分解表》等，细化职责分工及具体任

务安排。多口径细化“营改增”涉税数据测算、移交等工作，为组收工作提供有效数据支持。积极应对舆情，做足政策指导，完善交接国税数据的统计工作，联合区国税局累计对辖区内涉及“营改增”的7054户纳税人组织培训10余场。

【税收法治】制订领导干部学法用法计划，签订税收执法责任书，开展全员依法行政培训。严格执法标准，规范税收行政处罚行为。全年依法办理行政复议案件4件，应诉案件3件。建立法律专业人才队伍，发挥税收法律专业人才的法律顾问和参谋助手作用。

【税收政策落实】办理二手房交易业务13201笔，代征增值税2.43亿元，代开增值税普通发票13118份、增值税专用发票3份。累计享受小微优惠政策8161户，累计减免营业税1888.55万元、企业所得税1570.31万元。严格落实土地增值税、房产税、城镇土地使用税、契税减免政策，减免税款1327万元。

【税种管理】残保金征缴入库2.63亿元，申报率80.5%，入库率98%。制定《区级单位集中扣缴个人所得税工作实施方案》，开展市级党政机关集中扣缴个人所得税工作。夯实外商投资企业土地使用费费源基础。落实资源税从价计征全面改革。实施房产税属地征收和出租房屋从租计征，强化房产税、城镇土地使用税重点税源管理。制定区局土地增值税清算审核工作管理办法，贯彻土地增值税新清算管理规程。采取切实有效举措，全面推进存量房交易税收征管区域通办工作落实。为大兴区农村集体经营性建设用地入市试点工作提供涉税政策服务。

【纳税服务】加快推进国税、地税纳税服务深度融合，与区国税局研究制定了三项合作机制。实现国地税局办税服务厅窗口互设、人员互派、自助机互进。开展宣传辅导84期，辅导纳税人1.45万人次。发送提醒服务短信40.1万条。61212366纳税服务热线受理咨询电话88401个，下发咨询月报12期。并入市局82012366纳税服务热线，设置2部远程座席。联合大兴区国税局对25255户企业开展纳税信用等级评价，与3家银行签订“银税互动”合作协议，为20户企业提供贷款3274万元。发挥网站功能，实现改版升级，设计一级栏目10个，二级栏目61个，发布信息407条，访问量达到129134人次。与区国税局共同搭建“北京大兴税务”官方微信，推送涉税信息178期638条，发布通知、通告107条，涉及热点问题161条，微信预约办税8183人次。

【税收征管】2016年，税源户达到67354户，比上年度净增加8225户，净增长13.91%。完成风险应对1133户，发现有问题702户，补缴税款及滞纳金13388万元。累计清理欠税122.3万元。销毁旧版印花税销售凭证10230份，销毁库存地税发票240万余份，约3.8吨，缴销6848户纳税人22.5万份发票，注销7906台税控机具。全市委托代征“一税两费”户数共1.54万户，代征相关税费2.93亿元。

【大企业税收服务与管理】选取业务骨干组建大企业工作团队，稳步推进重点税源专业化、精细化管理模式，深入挖掘风险指标，积极开展风险应对工作。完成千户集团财务数据、名册信息等涉税数据资料采集核实任务。积极与国税部门合作，联合开展访企业、问需求、送培训及风险应对工作，并建立大兴国地税微信公共服务平台，持续优化个性服务。

【国际税收管理】加强税源管理所业务培训，审核上年存在关联交易企业的关联申报质量，做好反避税工作。落实外籍个人所得税核查工作，成立外籍个人所得税零申报核查领导小组，对95户企业、共计108人开展逐户逐人式核查，查补税款及滞纳金124.53万元。加强非居民企业税收管理，优化对外合同管理方式，与区国税局建立长效沟通机制，定期交换动态信息并联合把关，有效堵塞小额零散付汇的管理漏洞。进行对外支付备案76份，征收税款86.09万元。做好专项情报核查工作，完成市局交办的专项情报核查2份，向市局提出专项情报请求1份。积极配合税务总局圆满完成FTA大会服务工作。

【税务稽查】立案检查129户，查补税款、滞纳金、罚款合计6891.37万元；召开重大案件审理工作会2次；查处发票违法企业45户，查处非法发票385份，涉及金额3460.36万元，查补税款492.61万元、滞纳金66.98万元、罚款34.19万元。

【电子税务管理】着力推进信息化建设，保障信息系统安全稳定运行。制定金税三期工程推广工作实施方案，成立领导小组和办公室。组建专业骨干团队，保证金税三期工程系统如期上线、平稳运行。在确保信息系统安全稳定运行的基础上，进一步推进金税三期工程系统运行维护，大力加强信息化风险防范。

【政务管理】制定《签报工作管理办法》，规范工作流程，累计办理市、区两级各类文件947件。共组织会议110余次，承接市局视频会议100余次。发挥督查督办职能作用，部署各类督查事项53项。共主动公开各类政府信息519条，修订《政府信息依申请公开工作办法》，受理并办结政府信息依申请公开3件。对外刊发各类稿件129篇，树立大兴区地税局良好形象。

【绩效管理】完成市局47项指标考评任务，获得加分事项45次，共计加分27.395分。其中荣誉称号类2次，加1分；税收宣传类8次，加5.03分；信息报送类10次，加11分；表彰表扬类6次，加2.5分；调查研究类16次，加6.875分；其他事项3次，加0.99分。无减分事项发生。在北京市地税系统绩效考评中获得第9名。完成区政府科学发展绩效考核16项绩效任务，在区政府2016年度科学发展绩效考核中被评为优秀等次。

【财务管理】严格执行《预算法》，按照规定进行年度预算制定和监督执行工作，完成财务决算和分析工作。在规定时间进行财务预、决算公开。开展财务内部控制建设，梳理、完善财务工作流程，完成内控手册的制定。做好接受财政部的津贴补贴发放标准审计、市局经济责任审计以及区财政局资产情况审计，并按照审计结果进行整改。

【政府采购】研究制定《北京市大兴区地方税务局采购实施办法》，规范政府采购各项工作，按要求完成政府采购专项治理。履行政府采购程序35批次，合计采购金额419.45万元。其中，通过招标方式进行采购4批次，金额314.49万元；协议供货采购31批次，金额104.96万元。

【人事管理】大兴区地税局共设13个科室，18个税务所，1个机关后勤服务中心。全局共有干部职工334人，其中党员263人，团员4人，民主党派5人。具有大学本科及以上学历的289人。根据工作需要，共交流轮岗科级领导干部23人，一般干部59人。

【教育培训】强化税收业务培训，合理制订培训计划，分类分级开展新录用人员初任培训、军转干部培训、全员更新知识培训、税务知识大讲堂、纳税服务培训、“岗位大练兵、业务大比武”、北京干部教育网在线学习、“三师”考试培训以及职称考试培训等。

【执法督察与内部审计】明确10项重点督察

项目，发现问题249个，查补税款452.72万元、滞纳金142.37万元，合计入库595.09万元。严格落实税收执法责任追究，促进全局规范执法。完成对拟调离地税系统的1名科级正职领导干部的离任审计工作。配合市审计局完成对区局的延伸审计工作。

【党建工作】 在全体党员中开展“两学一做”学习教育，组织中心组集中学习15次、专题研讨3次，各支部组织学习20次。组织“第一党支部”成员学习6次，党小组学习28次，主题实践活动3次。围绕政治纪律、工作作风、服务意识、税收征管、依法行政、廉洁自律6个方面开展了问题剖析，梳理出问题23项，推进作风纪律整顿与“两学一做”互促共进。印发《党风廉政建设主体责任实施办法》，分三个层级签订党风廉政建设主体责任书314份。

【纪检监察】 持续推进党风廉政建设“两个责任”落实，明确6个方面18项监督责任重点工作任务，制定内部廉政监督员及廉政谈话相关管理办法。深化廉政警示宣传教育，通过举办预防职务犯罪专题讲座、讲授廉政党课、观看廉政警示片、廉政文化作品征集、搭建多方位廉政警示教育宣传平台等方式狠抓纪律遵从。强化监督执纪问责，围绕“四风”问题建立作风建设“四查”机制，开展两个专项治理，加大问题线索核查力度，按时完成上级交办的案件查办。

【后勤管理】 严格日常管理，坚持每日巡查巡检等基本制度，对办公区域内进行物业及保洁管理，确保办公环境有序。做好重要设备维护保养，对电梯、消防设施、中央空调采取由专业人员维修保养的方式，保证大型设备正常运行。做好公务用车改革后的车务服务工作，保证出行安全。夏季定时开启中央空调制冷设备，开水间放置废水收集设施，做到二次利用。

【税收宣传】 制定《税收宣传工作管理办法》《涉税舆情管理办法》，妥善处理网上涉税舆情。积极组织开展“聚焦‘营改增’试点 助力供给侧改革”税收宣传月活动，开展税收宣传进党校、“百人骑行赛 助力‘营改增’”、国地税联合走进《百姓学堂》、国地税携手区工商联举办税企协作发展研讨会等税收宣传活动；国地税共建“北京大兴税务”官方微信；与《中国税务报》《北京晨报》《大兴报》、大兴电视台等媒体加强合作，及时宣传各类税收政策和工作动态，累计有150余篇宣传稿件被各类媒体采用。

【税收科研】 2016年，突出集体土地入市试点、新机场建设等谋篇布局，深入开展调查研究，先后共完成调研28项。其中：区局调研刊发10篇，被《中国税务报》《经济研究参考》《大兴调研》等外部刊物采用5篇，被市局《调查与研究》刊发1篇，被《北京地税》刊发1篇，被《北京市国际税收研究会理论调研文集》收录5篇，获得市局和大兴区领导肯定性批示3篇，获得北京市相关部门税收征文评奖3篇，牵头与开发区分局通力合作完成《集体经营性建设用地入市税费问题研究》联合调研1项。

【税务文化】 收入核算科被北京市妇女联合会、北京市人力资源和社会保障局、北京市总工会联合授予北京市“三八红旗集体”荣誉称号；西红门税务所干部王新被北京市总工会和北京市人力资源和社会保障局联合授予首都劳动奖章；第一税务所、第二税务所被共青团北京市委员会和北京市地方税务局联合授予“青年文明号”荣誉称号。

（李　强）

密云区地方税务局

【经济概况】 密云区位于北京市东北部、燕山山脉南麓、华北大平原北缘，是北京至东北地区、内蒙古的重要门户，有“京师锁钥”之称。全区总面积2229.45平方公里，占全市面积的13.6%，是北京市土地面积最大的区。根据深山丘陵、水库及平原地区比例划分，素有“八山一水一分田”之称。全区共辖2个街道、17个镇、1个地区办事处。年末全区常住人口48.3万人，户籍人口43.6万人。2016年，全年实现地区生产总值（GDP）243.6亿元，按不变价计算，比上年增长7%。全区居民人均可支配收入达到29490元，比上年增长8.2%。按常住地划分，城镇居民人均可支配收入36631元，比上年增长8.1%；农村居民人均可支配收入20798元，比上年增长8.4%。

【概述】 认真落实全面从严治党“两个责任”，夯实征管基础，优化纳税服务，打造团结、高效的干部队伍，圆满完成全年税收收入任务，被区政府评为“密云区2016年政绩突出单位”，得到区委书记汪先永，区长潘临珠，区委常委、常务副区长杨珊，市局总经济师沈永奇的肯定性批示。

【地方政府支持税收工作】 在区政府经济形势分析会上作了《密云与生态涵养区其他区税收比对性分析》专题汇报，获得区领导充分肯定。在人大代表、政协委员对地税工作专项视察中获得好评。联合向区委、区政府报送《密云税收动态》，得到区领导肯定性批示12次。

【税收收入情况】 全年累计完成各项税费收入36.3亿元，同口径增长30.2%，完成市局任务的100.6%，创历史新高；累计完成一般公共财政预算收入26.9亿元，同口径增长32.1%，完成市局任务的101.6%；累计完成区级公共财政预算收入13.7亿元，同口径增长24.0%，完成计划任务的105.7%。

表1 密云地税收入情况（2016年） 单位：万元

项　目	本期	增减额（同口径）	增减（%）（同口径）
各项税费收入合计	362805	66356	30.2
地方公共财政预算收入合计	269414	47374	32.1
一、税收收入合计	329093	56653	29.0
1. 改征增值税	3836	3836	
2. 企业所得税	64932	2903	4.7

续表

项　目	本期	增减额（同口径）	增减（%）（同口径）
3. 个人所得税	74391	24709	49.7
4. 资源税	1884	-1137	-37.6
5. 城市维护建设税	19871	4440	28.8
6. 房产税	20836	2544	13.9
7. 印花税	7227	2126	41.7
8. 城镇土地使用税	3974	-147	-3.6
9. 土地增值税	36016	8618	31.5
10. 车船税	26	-1	-3.7
11. 耕地占用税	458	458	
12. 契税	18693	8240	78.8
13. 其他税收（欠税收入）	64	64	
14. 营业税	76885	-49821	-39.3
二、非税收入合计	33712	9703	40.4
1. 教育费附加收入	11761	2557	27.8
2. 地方教育附加	7835	1745	28.7
3. 外商投资企业土地使用费	211	-117	-35.7
4. 文化事业建设费收入	52	17	48.6
5. 税务部门罚没收入	99	-40	-28.8
6. 残疾人就业保障金	8886	4931	124.7
7. 工会经费	4868	610	14.3

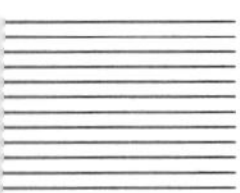

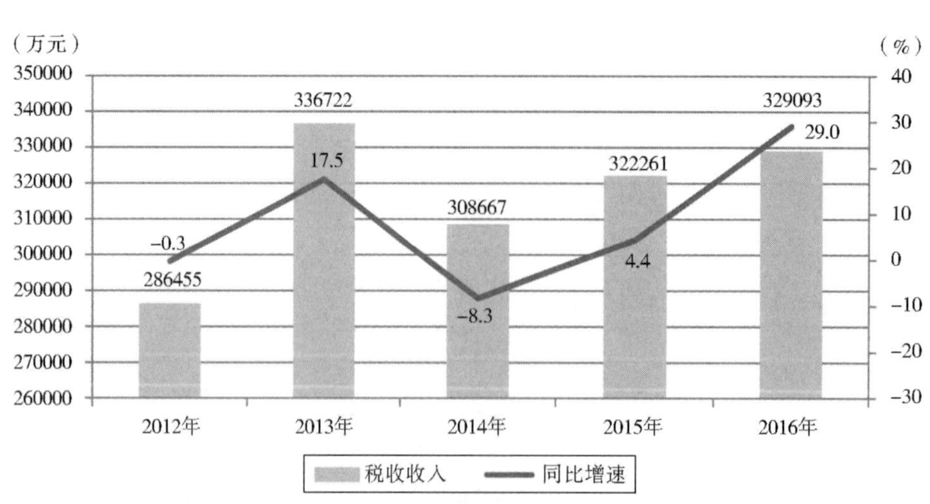

图1　密云地税收入情况（2012—2016年）

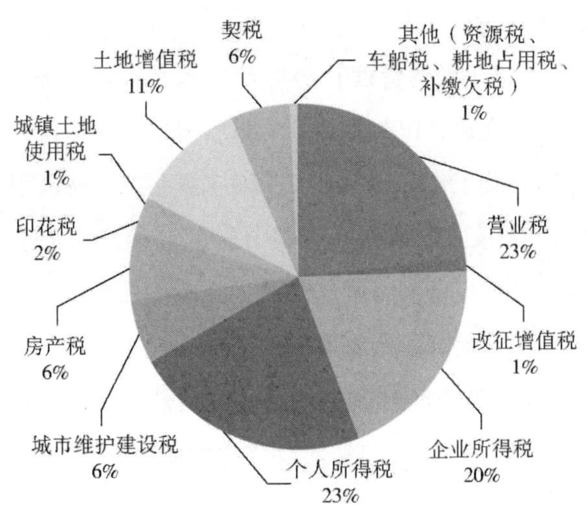

图2　密云地税税收收入分税种结构（2016年）

【**费金收入**】组织教育费附加、地方教育附加、文化事业建设费、外商投资企业土地使用费、残疾人就业保障金、工会经费等费金收入共计33613万元，增加9743万元，同比增长40.8%。具体数据见表2。

密云地税费金收入情况

表2　　　　**（2016年）**　　　　单位：万元

项　目	收入	增减	同比（%）
合　计	33613	9743	40.8
教育费附加	11761	2557	27.8
地方教育附加	7835	1745	28.7
外商投资企业土地使用费	211	-117	-35.7
文化事业建设费	52	17	48.6
残疾人就业保障金	8886	4931	124.7
工会经费	4868	610	14.3

【**税收收入特点与分析**】按行业划分，房地产业税收完成11.3亿元，同口径增长34.5%，占比31.1%；租赁和商务服务业、制造业、居民服务业、批发和零售业、建筑业合计完成12.5亿元，占总体税收的34.6%。按税种划分，个人所得税完成7.4亿元，增长49.7%，占比为20.5%；企业所得税完成6.5亿元，增长4.7%，占比为17.9%；财产和行为税共完成10.9亿元，增长30%，占比为30%。房地产市场活跃，入库税款11.3亿元，增收3亿元，拉动税收增长8.4个百分点。在新增企业宝沃汽车的带动下，制造业增收1.1亿元，拉动税收增长3.8个百分点。

【**营业税改征增值税**】与国税局联合成立“营改增”临时办税服务厅，互派干部为纳税人提供咨询辅导。举办重点税源户政策培训17场次，专题解读“营改增”。联合区检察院，开展“筑牢廉政墙　护航‘营改增’”专题教育，加装预防廉政风险和执法风险双重“安全阀”。

【**税收法治**】完成9类违法行为、52个违法情节处罚标准的统一，将《密云区国税局　地税局税务行政处罚裁量权基准表》编辑成册，促进税务行政处罚工作规范化。开展“六五”普法工作，区局被评为“密云区2011—2015年第六个五年法治宣传教育先进集体”。建立法律顾问和重大事项合法性审查制度，聘请北京市檀州律师事务所的律师为法律顾问，对重大事项的合法性进行审查。

【**税收政策落实**】2016年，设置小微企业优惠政策落实咨询服务岗，解答纳税人问题。与国税局、农业银行、建设银行、中信银行、农村商业银行共同签订了“银税互动”合作协议，以满足中小企业融资需求。通过办税服务厅宣传栏、微信平台、税收宣传手册等途径向纳税人进行广泛宣传。

【**税种管理**】将管理模式由侧重“政策”向“政策+税种管理”转变，制定《密云区地税局土地增值税清算管理办法》，完成20个土地增值税清算项目。以房产税、城镇土地使用税政策调整为契机，利用镇街网格化入户调查，动态获取税源信息。完成新个人所得税纳税申报系统上线工作。

【纳税服务】推出10类31项便民措施，最大限度发挥国地税合作综合效应。设立联合登记窗口，通过国税、地税互相授权联合办理税务登记和变更登记。设置代开发票窗口，并制定首问责任衔接制度，让纳税人享受方便快捷服务。开展“银税互动”助力解决企业融资难问题。做好纳税人信用等级评定工作，795户纳税人被评定为纳税信用A级纳税人。

【税收征管】以稽查检查、日常检查和税种核实比对为突破口，加大执法力度，确保税款应收尽收。制定落实20项征管措施具体方案。开展房地产中介机构专项日常检查、代开发票企业所得税风险应对等工作。采取阻止法人出境等措施，清理欠税1649万元。

【大企业税收服务与管理】聚焦重点税源管理，与部分大企业签订税收遵从协议。成立第六税务所，促进税收风险专业化管理。制定《密云区地方税务局税收风险管理工作办法》，有序开展风险推送工作。

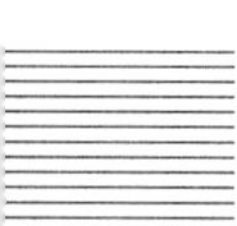

【国际税收管理】进一步加强外籍人员个人所得税零申报管理，组织81户企业开展自查。约谈企业59户，涉及外籍个人76人，发现存在问题企业8户，共处罚金2.41万元。与国税局联合举办“走出去”企业培训会，强化纳税辅导。

【税务稽查】开展房地产中介机构专项日常检查、代开发票企业所得税风险应对等工作。与国税局共同抽取重点税源企业进行联合检查。建立稽查检查结果向征管、税政部门反馈途径，及时开展企业所得税申报调整，数据准确度有效提高。全年稽查检查共入库各项税费收入3104.68万元。

【电子税务管理】做好计算机、打印机等设备调配安装、IP地址固定、POS机安装、系统调试等相关工作，确保金税三期工程、二手房新系统上线等工作顺利开展。与国税局信息中心合作，做好设备网络调通工作，为地税办税服务厅增设国税代开发票窗口提供保障。

【政务管理】促进信息效能高效化，提高信息工作的主动性和针对性。建立调研工作课题组，多篇调研被税务总局《研究报告》和市委研究室《北京调研》采用。制定《信访工作联席会议制度》，受理信访事件及时登记或转办，信访群众满意率100%。制定公文、会议管理办法，提高办文办会水平。推动档案工作的整理、开发和利用，连续两次获得“机关档案工作市级优秀单位”称号。

【绩效管理】制定区局组织绩效和个人绩效管理办法、细则和规则，定期开展绩效培训会、分析会，注重绩效管理工作与重点工作的“双推进”和“共融合”，提高干部工作积极性。

【财务管理】加强财务日常核算基础管理，认真编制决算报表，做好年底决算工作，强化财务岗位风险防范，并接受财政、审计等部门的监督、检查。

【政府采购】严格执行经费预算和资产配置标准，认真遵守政府采购程序，合理确定采购需求，不超出标准采购、不超出办公需要采购。严格控制“三公”经费支出，努力提高资金的使用效益。

【人事管理】进一步优化科级干部队伍梯队培养，提拔任用干部24人。到基层逐级听取述职，全面掌握中层领导干部履职情况。中层领导干部轮岗8人次，一般干部37人次，有效调动干部积极性。选派10名干部到朝阳局调训，为全局健康持续发展积聚人才。

【教育培训】与国税局共同完成中层领导干部更新知识、金税三期工程、依法行政专题教育等培训5场次。以“岗位大练兵、业务大比武”活动为契机，坚持专家辅导和阶段性测试相结合，3人获得系统“专业骨干”和“岗位能手”称号，稽查岗位平均成绩位列系统第3名。

【执法督察与内部审计】对2013—2016年度政府采购工作开展自查。监督整改2010—2014年申报入库不一致信息的处理情况。采取抽查与实地检查相结合的方式，完成对税务所小微企业税收优惠政策落实、组织收入原则落实、税收个案批复管理、土地增值税征收管理情况等8项内容的执法督察工作，共抽查案卷153份。

【党建工作】组织“第一党支部”成员集中学习、赴企业调研走访、到四竿顶战斗烈士纪念碑悼念革命先烈、重温入党誓词，提升中层领导干部党性意识和履职能力。机关第四党支部“对党忠诚，做合格共产党员”专题讨论活动被区直机关工委作为示范样板。与不老屯镇半城子村开展结对共建，扶助贫困家庭增收。坚持开展志愿服务，连续8年捐资助学，连续5年开展福利院慰问，少年税校志愿服务项目入选北京市机关事业单位系统“团建20佳”，少年税校案例在首都地区2016年未成年人思想道德建设评选中获得提名奖。

【纪检监察】开展“一岗双责”落实情况检查，通过与175名干部面对面谈话、发放调查问卷等形式，及时整改苗头性问题。制定《关于加强机关作风建设督察工作实施意见》，全年共实施作风督察22次，发布情况通报12次，有效改进工作作风。

【后勤管理】2016年，完成综合楼税务所维修改造，工作环境得到改善。进一步清理办公用房，完善公车改革后续工作。提高食堂用餐标准和饮食质量。组织干部职工参加市局第九届运动会和篮球、羽毛球等活动，丰富职工生活。建立心理减压室，慰问退休老干部、困难职工，安排职工体检和疗休，营造和谐工作氛围。

【税收宣传】2016年，与北京税务博物馆共建税收实践基地，举办“小手牵大手　税收亲子游”主题活动，近百名学生和家长看“税史”、知“税事”、上“税课”，零距离感受税收魅力。以全国第25个税收宣传月为契机，举办“龙潭庙会开潭日　税改新风惠民来”主题宣传活动，税收政策伴民俗文化共舞，纳税人喜闻乐见、踊跃参与。

（任子墨）

延庆区地方税务局

【经济概况】延庆区位于北京市西北部，辖域面积1993.75平方公里，全区辖11个镇、4个乡、3个街道办事处，常住人口32.7万人。2016年，实现地区生产总值（GDP）117.5亿元，同比增长7.8%；一般公共财政预算收入完成13.6亿元，同比增长0.8%；城乡居民人均可支配收入分别为38442元、19558元，同比分别增长8%、8.3%。

【概述】2016年，延庆区地方税务局围绕税制改革和服务区域经济发展，积极发挥职能作用。通过狠抓重点税源、税收共治、风险防控实现堵漏增收，圆满完成全年税收收入任务。持续深化国地税合作，有效保障“营改增”改革及金税三期工程上线工作。稳步提升税收征管效能，申报、入库率系统领先。启动“税银互动”，增设咨询服务热线、预约服务室，纳税服务持续优化。不断加强党建和队伍建设，深入推进依法行政和规范化建设，自身建设不断加强。

【地方政府支持税收工作】延庆区政府牵头组建税源管理工作小组，定期召开联席会议，听取国税、地税、财政等部门组织收入及税源管理情况。2016年区领导多次到区地税局调研指导工作，并对区地税局《促进延庆旅游业发展的税收研究》《支持冬奥经济发展的税收研究》等调研材料给予重要批示，为区地税局更好发挥职能作用、推动区域发展提供了全面的支持。

【税收收入情况】全年累计完成各项税费收入152711.30万元，同口径减收1292.16万元，下降0.96%，完成任务152000万元的100.5%；累计完成地方公共财政预算收入109664.83万元，同口径增收12200.37万元，增长16.28%，完成任务109000万元的100.6%，为区域经济和社会发展提供了积极的财力保障。

表1　延庆地税收入情况（2016年）　单位：万元

项　目	本期	增减额（同口径）	增减（%）（同口径）
各项税费收入	152711.30	-1292.16	-1.20
地方公共财政预算收入	109664.83	12200.37	16.28
一、税收收入	140384.11	207.65	0.17
其中：中央级	40814.47	-17545.53	-30.06
1. 改征增值税	596.92	596.92	
2. 企业所得税	39610.71	-15499.29	-28.12
3. 个人所得税	33473.71	-7511.29	-18.33
4. 资源税	9.12	5.12	121.00
5. 城市维护建设税	6481.40	-3662.60	-36.11
6. 房产税	7588.11	231.11	3.14
7. 印花税	24593.71	21158.71	615.97
8. 城镇土地使用税	1454.60	1.60	0.11
9. 土地增值税	2276.31	5083.31	-181.09
10. 车船税	20.28	-1.72	-7.70
11. 耕地占用税	1616.62	1231.62	320.40
12. 契税	3957.16	-1425.84	-26.49
13. 营业税	18705.46	-126009.54	-87.07
二、非税收入	12327.19	-1499.81	-14.80
1. 教育费附加	3864.02	-2237.98	-36.68

续表

项　目	本期	增减额（同口径）	增减（%）（同口径）
2. 地方教育附加	2578.46	-1485.54	-36.55
3. 外商投资企业土地使用费	10.69	-2.31	-17.77
4. 文化事业建设费收入	7.69	-25.31	-76.70
5. 税务部门罚没收入	11.46	-4.54	-28.38
6. 残疾人就业保障金	3622.87	2006.87	124.19
7. 工会经费	2232.00	249.00	12.56

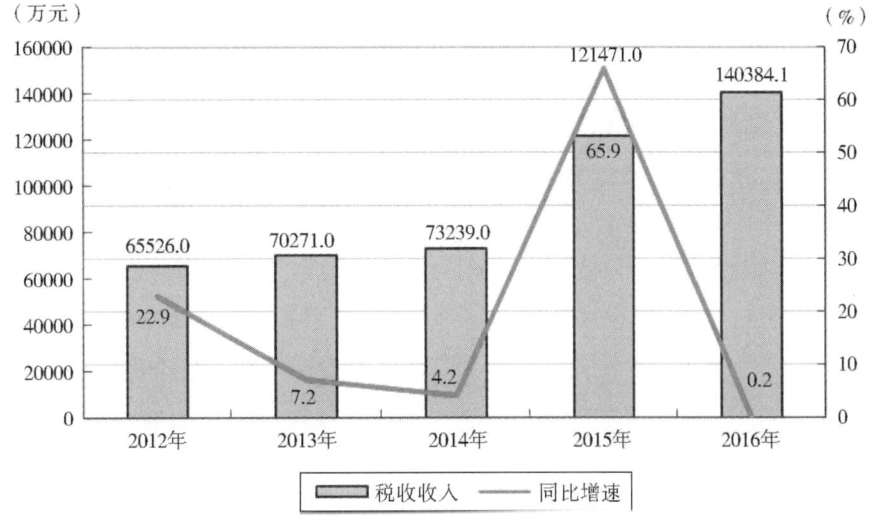

图 1　延庆地税税收收入情况（2012—2016 年）

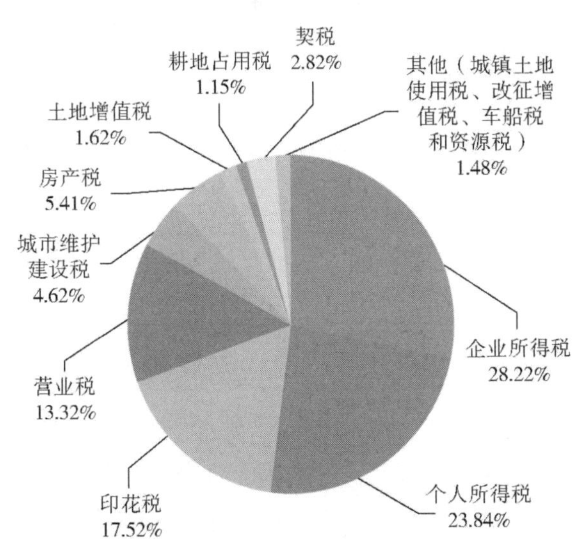

图 2　延庆地税税收收入分税种结构（2016 年）

【费金收入】 组织教育费附加、地方教育附加、文化事业建设费、外商投资企业土地使用费、残疾人就业保障金、工会经费等费金收入共计 12337.19 万元，减收 1499.81 万元，降幅 14.80%。具体数据见表 2。

【税收收入特点与分析】 2016 年，商务服务业、建筑业、房地产业和金融业共计完成各项税费收入 97427 万元，在全局占比达到 63.8%，主体行业集聚效应明显。金融业大幅减收，完成 20969 万元，同比下降 83.5%，成为全局收入整体下降的主要因素。分行业来看，商务服务业占比达到 25.9%，完成 39499 万元，同比增收

5279万元，增长15.4%；建筑业降幅明显，完成13658万元，同比下降29.7%；房地产行业完成23301万元，同比增长70.4%，整体增幅明显。

延庆地税费金收入情况

表2 （2016年） 单位：万元

项 目	收入	增减	同比（%）
合 计	12327.19	-1499.81	-14.80
教育费附加	3864.02	-2237.98	-36.68
地方教育附加	2578.46	-1485.54	-36.55
外商投资企业土地使用费	10.69	-2.31	-17.77
文化事业建设费	7.69	-25.31	-76.70
税务部门罚没收入	11.46	-4.54	-28.38
残疾人就业保障金	3622.87	2006.87	124.19
工会经费	2232.00	249.00	12.56

【营业税改征增值税】 高度重视“营改增”工作，对照任务分解表和时间进度表的要求，与区国税局联合建立沟通协调机制，召开联席会议15次，向区国税局移交税源户5592户；联合通过电视栏目、电话、短信、网站、微博等方式宣传“营改增”最新动态；开展联合培训，召开培训会5次，辅导纳税人4000余户次；圆满完成“营改增”工作，受托代征二手房交易和个人出租房屋增值税工作也顺利进行。

【税收法治】 组织开展《北京市行政调解办法》《行政处罚法》和《税收征收管理法》培训。落实新《行政处罚裁量权基准》，严格规范税务行政处罚。开展法律服务工作，对本局10份采购合同进行合法性审核。参与稽查局二级以上审理案件10件，协助处理企业破产清算案件1件，法律援助干部1人。开展规范性文件清理工作。拓展法制教育平台，利用微博、微信群进行法制宣传。

【税收政策落实】 落实小微企业优惠政策，开辟绿色通道，提速办事效率，优化服务，实现宣传全覆盖。2016年共有1816户次小微企业享受税收优惠，减免税款314.53万元。

【税种管理】 强化税种税源管理，堵塞征管漏洞。完成2617户企业所得税汇算清缴，申报率达到100%。个人所得税全员全额平均月申报率99%；完成2701人次年所得12万元以上个人所得税自行申报。确定统一采集涉税信息、统一分析识别。统一风险排序、统一下达应对任务的工作思路，风险管理工作迈上新的台阶。强化存量房交易征收管理工作，做好房产税属地征收，全年入库房产税7588万元，同比增长3.14%。

【纳税服务】 全面落实《全国税务机关纳税服务规范》，推进国地税深度融合，联合搭建“网上纳税人学堂”，以“互设窗口”“互相进驻”方式共建办税服务厅。组织开展“问需求、优服务、促改革”专项活动。设立69112366纳税服务热线，接听转办电话2万余个。利用微信公众号等发布涉税信息700余条。增设预约服务室，为1388户次异地经营和股权转让纳税人提供预约服务。做好“营改增”等关键时间节点纳税服务和应急处置工作。深化“银税互动”，与辖区8家银行签订合作框架协议。全年收到各类锦旗14面、表扬信5件。

【税收征管】 贯彻落实“一照一码”“两证整合”登记制度改革，扎实做好税务登记相关工作。强化风险管理工作，制定税收风险统筹管理工作制度，全年开展风险应对1492户次，入库税款1348.47万元；区国地税局共同制定工作实施方案，有序开展发票缴销和注销税控工作，至2016年底已完成工作任务的86%，系统排名第3位，共缴销发票264.2箱、142.5万份。

【大企业税收服务与管理】深化 VIP 企业服务，设置 VIP 室，建立 VIP 企业联系人协调机制。启动专家团会商机制，结合企业遇到的涉税疑难问题，由相关科室和税务所骨干组成专家团队，有针对性地为企业提供涉税咨询辅导，营造良好的税收环境。落实“一把手”走访制度，由局领导带队不定期深入重点行业企业开展上门走访，现场提供政策支持，得到纳税人好评。

【国际税收管理】开展“一带一路”战略宣传活动，编制“一带一路”战略宣传视频，在纳税服务大厅的电子屏幕上播放。切实加强“走出去”企业管理，对照“走出去”企业信息报告和纳税申报税收风险管理工作指引，划定风险点重点并开展调查工作。对 19 户企业 202 人次外籍个人所得税零申报开展个人所得税调查。认真做好对外支付税务备案相关的核查工作，全年发生对外支付 31 次，实现非居民税收收入 3600 万元。

【税务稽查】强化案源管理、落实税务总局随机抽查制度，对 75 户中小税源开展随机检查；根据市局 2016 年打击发票违法犯罪税收检查工作的通知，全年确定检查并查结 25 户发票企业；查处重大案件 4 户次；开展专项检查 93 户；全年共查补税款合计 4359. 75 万元，入库 3809. 75 万元。

【电子税务管理】组织开展 2016 年信息化软硬件巡检自查工作。从机房系统、网络及安全系统、各项业务支撑系统以及终端设备管理四个方面进行了检查，有针对性地整改完善，提高各项信息系统的安全性和可靠性。在区局机关的主机房及 UPS 室建设机房配电柜、UPS 输入端二级电源防雷击保护的防雷体系以及机房漏水报警体系，有效提高计算机类设备安全保障能力。

【政务管理】加强信息宣传综合管理，全年采编政务信息千余条，被市委、市政府采用 14 条，被国务院办公厅采用 6 条。进一步严肃会议纪律，规范会前、会中、会后程序，会议质量和工作效率有效提升。全年主动公开政府信息 507 条，全文电子化率达到 100%。督查督办工作有序开展，公文运转顺畅，全年正式发文 92 件，收文 575 件。

【绩效管理】建立“党组统一领导、班子齐抓共管、科室各负其责、干部积极参与”的绩效领导体制和工作机制。持续优化绩效指标体系，逐级精简指标数量，多维度评价工作质效，逐步提升考评的精准化水平，形成科学合理的工作评价体系，发挥绩效管理对税收中心工作的推动作用。建立绩效研判和讲评制度，加大绩效考评结果运用力度，发挥正向激励和反向约束作用，促进整体工作再上新台阶。

【财务管理】执行“三重一大”决策事项决策程序规则，集体审议部门预算安排和大额支出。调整完善经费报销相关制度，严格审核经费支出票据及附送资料。重点加强“三公”经费等支出的管理，确保各项资金安全合理有效使用；做好 2016 年部门预决算公开工作；组织开展年度资产清查，实地盘点固定资产，进一步促进规范管理各项资产。

【政府采购】严格政府采购管理，组织政府采购业务培训，开展政府采购自查，对 2013—2016 年 436 项采购事项进行自查，规范政府采购事项，提高管理水平。

【人事管理】2016 年进行干部轮岗 27 人次。招录公务员 5 人，安置部队转业干部 1 人。组织各部门开展述职、述廉、述法、述学及测评工作，配合市局人事处对处级领导干部和领导班子开展“一报告两评议”工作。调整机构设置，撤销纳税评估科。

【教育培训】深入贯彻人才兴税、人才强税战略，开展分级分类培训；配合市局做好处级领导干部任职培训、新录用公务员任职培训。全年组织各类业务培训20次，积极鼓励干部参加注册会计师、律师资格考试，有效提升干部队伍素质。在岗位大练兵活动中，取得加权平均成绩第3名，“专业骨干”“岗位能手”占比排名第2名的好成绩，受到市局通报表扬。

【执法督察与内部审计】对市、区两级共9个项目进行税收执法督察，督察面100%。完成向本级税收执法督察报告4份，下发《税收执法督察处理意见书》10份。开展存量房交易税收征管档案自查、抽查工作，税务所自查覆盖面100%，区局抽查覆盖面达到50%。结合区局科级干部工作调整，督察5名干部离任交接工作。配合市局审计组和区审计局开展经济责任审计、税收执法督察及税收征管、机关财务收支情况审计，对存在的问题认真分析原因，研究制定了切实可行的整改措施，监督落实改正。

【党团建设】积极发挥党建的统领作用。夯实党风廉政建设主体责任，深化从严治党，细化分解“两学一做”学习教育任务，开展作风整顿，召开党建专题研讨会督察学习成效。创新“四学”模式、借力“互联网+”抓学习研讨，打牢思想基础。以党建带团建，积极开展捐资助学、读书沙龙等活动，充分发挥青年先锋作用。与多单位进行共建共育，实现优势互补，提升党建水平。

【纪检监察】落实党风廉政建设责任制，逐级签订党风廉政建设责任书；修订完善政府采购实施办法、干部职工婚丧喜庆事宜报备等14项规章制度。开展政府采购领域专项治理、办公用房监督检查、参与重大稽查检查案件审理、配合二手房税收专项检查。加大“三重一大”事项监督力度，完善事前、事中、事后监督程序。通过“德蕴清风”微信平台推送最新廉政政策及警示案例，联合区国税局、工商局、食药监局开展廉政共建。联合区纪委等部门举办“延张两地优秀企业家道德讲堂”，牵头驻市局纪检组第四区域监督协作组，建立区域联合监督检查机制，开展重点课题研究，跨区域调查核实信访举报案件。

【后勤管理】创新后勤工作方式，加强创新型、和谐型、节约型的机关后勤系统队伍建设；开展公务用车百日安全竞赛活动，全面完成清洁能源改造任务；完成公务用车改革；立足于以税收为中心的各项保障工作，努力为全局干部职工创造安全、舒适的工作、生活环境；开展厉行节约、反对浪费活动，获“北京市控烟示范单位”“北京市2016年度市级交通安全先进单位”“首都全民义务植树先进单位”称号。

【税收宣传】积极开展税收宣传，凝聚税收宣传合力。建立局领导、部门负责人、税务干部3层级税收宣传联动机制，与区国税局建立税收宣传联席会制度，税收宣传月期间，两局共同策划10项税收宣传活动并有序开展，实现优势叠加、资源共享。聚焦“营改增”、金税三期工程上线、“便民办税春风行动”等重点改革及服务事项，拓宽渠道、稳定阵地，营造良好改革氛围。2016年共刊登稿件113篇（幅），其中市级以上新闻媒体刊登稿件79篇（幅），新华网、人民网、“首都之窗”等网络媒体刊登稿件10余篇（幅）。

【税收科研】坚持“精品调研”思路，组建重点调研课题小组；联合区内重点企业及首都经济贸易大学共同开展旅游业发展税收研究。2016年完成科级干部调研20余篇，《支持冬奥经济发展的税收研究》《关于国地税建立深入合作机制的调查研究》等四篇调研获得延庆区主要领导肯定性批示。全年共计19篇次调研在外部期刊、报纸、调研文集等刊物刊发。

【税务文化】开展各项创建工作，组织“每季一星”评比，树立先进典型，形成辐射效应。结合中心工作和区域大事组织各类志愿服务活动，定期举办道德讲堂，弘扬社会主义核心价值观。组织各类文体活动，开展“送温暖”、心理辅导讲座等，以文化引领凝聚合力，精神文明建设全面提升，区局荣获首都劳动奖状，涌现出北京市五四红旗团支部、北京市“三八”红旗集体，北京市优秀党务工作者等先进集体和个人。

（胡　琴）

北京市地方税务局燕山分局（第六稽查局）

【经济概况】2016年，燕山地区全年实现规模以上工业总产值509.7亿元，其中燕山石化公司（以下简称燕化公司）实现456.2亿元。累计实现固定资产投资15.2亿元，其中燕化公司完成11.6亿元。实现区域税收98.1亿元。完成一般公共预算收入10.26亿元，增加2.18亿元，同比增长37.3%；完成一般公共预算支出11.31亿元，增加1.14亿元，同比增长11.3%。

【概述】2016年，分局加快推进税收征管改革、税收法治建设和税收现代化建设，积极转变观念，树立专业化、标准化稽查思维，努力适应北京市大企业稽查工作新要求，较为圆满地完成了全年各项工作任务，绩效考评成绩大幅提升，位列直属分局一档。稽查收入首次突破亿元，超额完成全年稽查收入任务，专业稽查工作站在了新的高度。同时，克服燕化公司大检修等困难，较为圆满地完成了地区收入任务。

【税收收入情况】2016年，北京市地方税务局燕山分局完成各项税费收入138860万元，减收40347万元，同比减少20.7%，完成年度各项税费收入目标138000万元的100.62%；完成地方公共财政预算收入125001万元，减收41696万元，同比减少22.9%，完成年度地方公共财政预算收入目标124000万元的100.81%。完成区级收入72184万元，减收27202万元，同比减少27.38%。

【费金收入】2016年，共组织各项费金收入46580万元，减收15278万元，同比减少24.7%。其中：工会经费完成3282万元，减收194万元，同比减少5.58%；教育费附加完成24779万元，减收9978万元，同比减少28.71%；地方教育附加完成16519万元，减收6159万元，同比减少27.16%；文化事业建设费收入完成1万元，减收3万元，同比减少75%；残疾人就业保障金完成1999万元，增收1054万元，同比增长111.53%。

【税收收入特点与分析】2016年，分局“一税两费”合计入库99128万元，同比减收39440

万元，减少28.46%。主要原因是燕化公司消费税、增值税相应有所减少。一是中国石油化工股份有限公司北京燕山分公司外购石脑油量增加；二是该单位6月、7月两个月的停产大检修，导致燕化公司原油加工量减少，由2015年度的1020万吨减少到870万吨，减少了150万吨，减幅为14.71%。以上两个因素导致消费税、增值税对应的“一税两费”有所减少。

【营业税改征增值税】扎实推进“营改增”试点改革，建立政府级“营改增”领导小组，提高区域协作能力。建立国地税“营改增”临时办税服务厅，便捷工作开展。做好存量房委托代征工作，全年办理存量房交易1665户，同比增长109.7%，征收税款2423万元，同比增加137.44%。开展“七个怎么办”务虚讨论，从思想上让人心凝聚起来。

【税收法治】认真落实领导班子学法制度。制订了分局《2016年党组中心组学习计划》，并严格落实学习的各项要求。领导班子带头学习法律文件11次。对全局人员进行了《税收征收管理法》《个人所得税法》等培训，提高干部税法掌握熟练度。认真做好合同审核工作，明显提高了送审合同合格率。制作个性化行政处罚依据模板，规范稽查报告法言法语运用。

【税收政策落实】组织召开了房产税属地征收和从租计征政策辅导会，对地区100余户纳税人进行了培训。完成市级党政机关集中扣缴个人所得税工作。修改了分局《退税管理办法》，调整大额退税标准为50万元。全年共办理退税112笔，退税金额191万元。落实好减免税及各项优惠政策。

【税种管理】建立税种定期分析制度，加强对重点税源企业重点税种的分析和预测。继续做好国地税联合税收分析，提高分析水平，为领导决策提供参考。加强个人所得税管理，受理了自然人股权转让个人所得税申报282人次，征收个人所得税170万元。完成企业所得税汇算清缴工作并按期上报汇算清缴报告。

【纳税服务】国地税联合开展纳税人满意度调查，进一步“听民声”“摸税情”。成立国地税联合办税服务厅，被《中国税务报》及北京电视台等多家媒体报道。与燕山国税局、中国银行北京房山支行共同签订战略合作框架协议。建立分局“小呼中心”，便捷服务开展。认真做好关于严禁违规插手涉税中介经营活动全面复查工作，经自查未发现违规情况。

【税收征管】国地税合作进一步密切，联合确立了纳税服务、税收征管等方面的59项合作事项。共同制定燕山地区税收保障办法及落实燕山地区行政区划调整后的纳税户调整工作，有效提升征管质效。2016年，分局共有税源户4809户，较年初增长287户。针对房产税、城镇土地使用税等税种进行重点检查，共实施纳税评估43户，查补税款及滞纳金合计192万元。认真做好非正常户清理工作，有效规范地区企业秩序。加强未申报户核查，有税申报率由年初的50%提高到90%左右。做好大企业管理工作，分局领导6次带队到重点企业进行调研。

【大企业税收服务与管理】制定了分局《大企业税收管理工作方案》，分局领导6次带队到重点企业进行调研。同时，为企业提供预约服务和上门服务等，帮助大企业做好税务风险防控。

【国际税收管理】对6户企业17名外籍个人采取评估辅导与企业自查相结合的方式进行核查，规范外籍个人管理。

【税务稽查】2016年，分局承办大要案5户，承办税收情报交换专项检查15户。全年分局共计查办案件131户，审结案件117户，有问题率100%，查补税款、滞纳金、罚款合计20640.77万元，完成全年稽查收入任务1.83亿元的112.79%，入库率100%。完成税务总局部署重点税源随机抽查6户和市局部署随机抽查任务26户。承担市局部署“三定三限”房地产专项检查2户，人民大学二次测算高风险企业2户。同时，组织召开了3次大企业税收专项检查工作会，共计组织企业自查33户次，补税2181.46万元。认真落实税务总局“打击发票违法犯罪”要求，查处违法发票1279份，促进了发票管理的规范。全力做好国地税联合稽查。联合燕山国税局稽查局开展了10户次的联合稽查，共计查补税款、滞纳金、罚款合计1200.34万元。全面理顺稽查工作流程。对19项稽查工作流程进行了重新梳理，打牢了工作基础。同时，通过合理调配人员、理顺工作流程，促进审理效率进一步提高。2016年审结案件户数同比增长225%。

【电子税务管理】金税三期工程顺利上线。成立了以“一把手”为组长的领导小组。多次召开业务协调会，做好在途业务的清理和统计。通过网站、短信等形式，进行了广泛的宣传和引导。组织两次个人存量房系统回归测试，为正式办理业务奠定了基础。8月8日，金税三期工程运行平稳并顺利通过了市局检查。

【政务管理】积极稳妥完成公务用车制度改革，封存公车30%。开展稽查机构改革及税收风险管理等调研，提升工作站位。全面开展固定资产清查，确保账实相符。

【绩效管理】2016年，分局完成市局考评指标44个，总考评指标分值981分，加分10.64分，扣分0分，失分11.65分。在8个直属分局中排第二名，位列直属局第一段。内部考评中，分局共完成33个科室考评指标和22个税务所考评指标，坚决实行差异化打分。同时，分局认真做好2016年度个人绩效考评工作，考评分局领导5人，部门正职15人，部门其他人员56人，参与考评人员覆盖率为100%。有28名干部实施了加减分考评，占全部参评人员的36.85%，并坚决落实结果运用办法，将个人绩效成绩与年底评先评优挂钩。

【财务管理】坚决落实中央八项规定、建立了经费支出的层级审批机制，提高资金的使用效能。

【政府采购】全面落实《政府采购法》，提高政府采购效益。2016年，分局政府采购项目24批次，实际采购金额348万元。

【人事管理】2016年，分局共设16个部门，其中：政工综合科室3个，分别为办公室、人事政工科、监察科；业务科室2个，分别为业务一科（主要职责包括收入核算、信息化、征收管理、法制工作）、业务二科（主要职责包括稽查工作、税政工作）；检查科9个（九科暂空，8个检查科主要负责稽查检查工作）和2个税务所，分别为纳税服务所（主要职责包括窗口业务及全局纳税服务工作）、税源管理所（主要负责燕山地区纳税人的税收管理工作）。2016年5月底，按照市局党组人事安排，分局完成主要负责人更换工作。分局原主持工作副局长钱丽换调出至房山局工作，由乔游副局长（主持工作）负责分局全面工作，并于2016年12月正式担任党组书记、局长一职。2016年10月，按照市局党组安排，钱富调入分局担任党组成员、调研员、副局长职务。2016年1月27日，市局党组会议决定高玉龙任分局党组成员、副局长职务，试用期一年。2016年分局没有新招录人员和辞职人员，有1名工勤人员退休。截至2016年底，分局共有干部71人，工勤人员6人。

【教育培训】2016年，分局共组织面授培训783人次，共计12796学时：其中专门业务培训9期，440人次，4918学时；岗位培训4期，343人次，7878学时。组织参加系统外培训6期，10人次，300学时。全体干部完成北京干部教育网80学时学习任务，通过率100%。完成以北京市“十三五”经济热点为内容的视频学习，共70人次，2660学时。组织稽查业务骨干10人参加市局组织的“岗位大练兵、业务大比武”，并取得良好成绩。以税务稽查、税务会计为内容开展岗位大练兵2次。

【执法督察与内部审计】按要求完成领导干部经济责任离任审计中发现问题的整改情况报告。认真做好政府采购项目自查工作，有效规范政府采购行为。组织开展2016年度二手房交易案卷月查工作，共检查了215卷。认真开展2016年度行政处罚案卷评查工作，按要求上报了稽查检查行政处罚案卷4卷。完成了分局股权转让个人所得税征管档案自查和存在问题整改工作。

【党建工作】大力开展“两学一做”。组织班子成员开展专题学习5次，组织“第一党支部”开展三个阶段专题研讨，领导班子全员进行了重点发言，以身作则践行“两学一做”。“七一”前开展主题党日活动，主要负责人讲授专题党课，坚定党员干部理想信念，发挥表率作用。与燕房路社区开展两次主题党日活动，加强对接联系。开展“创先争优、我当先锋”活动，营造“做合格党员”先进氛围。坚持民主集中制和“三重一大”议事规程，确保重大事项科学规范、及时决策。明确纪检监察干部列席局党组会，加强廉政监督。制发分局党组《党风廉政建设主体责任任务分工表》，将主体责任具体化、实体化。严格按程序完成党总支换届工作，选举产生新一届党总支委员会委员及参加区党代会代表，形成强有力的领导班子。严格按照规程发展党员1名、预备党员转正1名。按要求开展了党组织关系排查、党代表、政协委员违纪违法排查工作，未发现问题。积极做好49名党员的党费补缴工作。

【纪检监察】持续加强廉政纪律学习，做好监督责任报告。召开第十二届社会特约监察员换届暨座谈会，聘请新的监察员，自觉接受监督。落实稽查工作廉政回访制度，将廉政回访发放到每名纳税人。

【后勤管理】坚决按要求进行公务车辆制度改革，封存车辆4台，保留应急车4台，执法车8台。做好办公楼综合物业管理保障，完成了供暖、地面、淋浴设备维修更新等工作。做好分局部分检查科室在丰台第二办公区车辆、食堂、通信等后勤保障工作。

【税收宣传】税收宣传月期间与国税局联合开展税法宣传进燕化公司、进基地、进学校、进车站系列活动，推进税收宣传的广度和深度。在“营改增”期间，邀请北京电视台《北京新闻》栏目组报道燕山地区“营改增”相关工作开展情况，收到了良好的社会效益。全年在《中国税务报》上发表文章1篇，《税务研究》上发表文章1篇，《北京地税》上发表文章5篇，与北京电视台等媒体合作编发新闻简讯4条。

【税收科研】《浅析“互联网+”背景下的税收风险管理》在《税务研究》上发表，《我国养老服务业税收政策创新研究》在《老龄科学研究》上发表。《关于科学设置专业税务稽查机构的思考》《关于提升大企业纳税遵从度的探讨》《关于深化国税、地税党建共建工作的思考》3篇调研被市局采用。同时，形成党建工作调研2篇，分别被市局和燕山思想政治研究会采纳。

【税务文化】组织登山、健步走等丰富多彩的活动，开展冬衣送暖、红十字会爱心捐款、离退休人员及困难人员慰问工作，提升干部队伍凝聚力和向心力。与燕山国税局共同召开专题廉政培训及志愿、文体活动，不断深化文化融合。

（吴　凡）

北京市地方税务局开发区分局

【经济概况】北京经济技术开发区位于中国北京东南亦庄地区，是北京市唯一同时享受国家级经济技术开发区和国家高新技术产业园区双重优惠政策的国家级经济开发区。开发区于1992年开始建设。1994年8月25日，被国务院批准为北京唯一的国家级经济技术开发区。1999年6月，经国务院批准，北京经济技术开发区范围内的7平方公里被确定为中关村科技园区亦庄科技园。2007年1月5日，北京市人民政府批复《亦庄新城规划（2005—2020年）》，明确指出以北京经济技术开发区为核心功能区的亦庄新城是北京东部发展带的重要节点和重点发展的新城之一。

【概述】坚持依法征税，全面堵漏增收，全年完成各项税费收入150.93亿元，同口径增长19.1%，收入规模位列全市第7位；完成税收收入133.79亿元，同口径增长18.59%。继续开展“两学一做”学习教育，全面落实从严治党“两个责任”。圆满完成“营改增”改革任务。深化“便民办税春风行动”，落实《纳税服务规范（2.0版）》，推动纳税服务向前台和网上转移，将纳税人依申请事项全部前移至办税服务厅统一受理。

【地方政府支持税收工作】开发区分局极落实向开发区工委、管委汇报工作机制，通过税收收入专报、国地税专报三个平台就税收收入、“营改增”工作、金税三期工程开展情况及企业专题调研情况向管委会领导上报11次专题报告，其中2期得到了大兴区委副书记、区政府副区长、开发区工委副书记、管委会主任梁胜的批示，3期得到了开发区主要领导的批示肯定。

【税收收入情况】开发区分局完成各项税费收入150.93亿元，剔除营业税完成141.10亿元，增收22.46亿元，同口径增长19.1%，收入规模位列全市第7位；完成税收收入133.79亿元，剔除营业税完成123.95亿元，增收19.43亿元，同口径增长18.59%；完成地方公共财政预算收入115.59亿元，剔除营业税完成105.74亿元，增收14.73亿元，同口径增长16.18%，完成全年地方公共财政预算收入计划114.50亿元的100.95%。

【费金收入】开发区分局组织费金收入合计17.15亿元，增加3.02亿元，同比增长21.41%。其中，教育费附加收入6.76亿元，增加0.39亿元，同比增长6.28%；地方教育附加4.52亿元，增加0.28亿元，同比增长6.68%；残疾人就业保障金3.16亿元，增加2.11亿元，同比增长201.60%；工会经费2.69亿元，增加0.25亿元，同比增长10.06%；外商投资企业土地使用费73万元，减少9万元，同比下降10.98%；文化事业建设费62万元，减少212万元，同比下降96.36%。

【税收收入特点与分析】开发区分局各项税费收入同口径增长18.93%。从整体收入情况看，6月以后受“营改增”试点全面推开影响，营业税大幅减收，但主体税种普遍增收，中央地方共享税种成增收主力。除营业税外，主体税种均保持增收态势，中央地方共享税种企业所得税和个人所得税分别增加7.70亿元和3.76亿元，增长106.22%和10.85%。原纯地方税种营业税大幅减收，两个因素造成各项税费收入口径（同比增长10.02%）与地方公共财政预算收入口径（同比增长5.50%）增幅差异较大。第二产业、第三产业增幅差距拉大，制造业和房地产业为支柱行业。第二产业在制造业、建筑业带动下增长6.82%（不含营业税增幅9.36%），总量占比41.1%。第三产业在房地产业带动下增长15.72%（不含营业税增幅39.19%），总量占比为58.9%。房地产业入库23.60亿元，同比增长37.34%，增收贡献率51.3%。制造业在四大主导产业的带动下入库45.16亿元，同比增长5.44%。

【税收法治】开发区分局采取多种方式组织领导干部学法用法。与开发区国税局联合举办税收执法风险防范专题讲座，进一步提高执法人员的执法风险意识和水平；开展税收规范性文件合法性审查，完成了两年一次的税收规范性文件清理工作，清理出截至2016年8月31日前全部税收规范性文件中的全文失效或废止文件25件，部分废止文件6件，制发税收规范性文件1件；认真做好复议工作，受理并办结行政复议申请1件，妥善化解行政争议；办理各类征求意见工作，协助办理政府信息公开案件，参与税务案件审理工作。在提供法律意见过程中，注重发挥法律顾问事前防范法律风险、事中处理法律事务、事后参与法律救济的积极作用；全年对六个部门涉及设备采购、宣传服务、劳务派遣、工程咨询等方面的22件送审合同完成合同审查，提出修改完善意见、建议70余条；完成分局税务行政执法岗位目录的编制、系统录入及岗位人员关联等工作；指导督促有关部门执行新的税务行政处罚裁量基准；认真解答执法人员在操作金税三期工程系统行政处罚模块时出现的各类问题；通过开展税务行政处罚执法督察工作，纠正执法中存在的应罚不罚、未按裁量基准处罚等问题。

【税收政策落实】根据关于暂免征收部分小微企业增值税和营业税的通知规定，开发区分局继续抓好小型微利企业税收优惠政策的落实工作，共有2493户（次）享受小型微利企业营业税优惠政策，累计减免营业税270万元。共有337户企业享受小型微利企业所得税优惠政策，累计减免税款371.42万元；受营业税改征增值税减收影响，2016年6—12月营业税同比减收10.56亿元。若按照自然增长30%测算，“营改增”政策影响开发区分局年内少收营业税约为14亿元。

【税种管理】企业所得税：2016年应参加和实际参加企业所得税汇算清缴2409户，实际应纳税所得税额15.40亿元。2016年与去年同期相比应参加与实际参加汇算清缴均增加82户，增长3.52%，与去年同期相比实际应纳税所得税额增加4.13亿元，增长36.69%。其中，2016年查账企业申报2409户，查账征收盈利企业987户，实现销售（营业）收入450.35亿元，纳税调整前所得82.62亿元，纳税调整后所得76.60

亿元，实际应纳所得税额15.40亿元。2016年与去年同期相比查账企业申报增加82户，增长3.52%，查账征收盈利企业增加21户，增长2.17%，实现销售（营业）收入增加55.15亿元，增长13.95%，纳税调整前所得增加20.93亿元，增长33.92%，纳税调整后所得增加19.11亿元，增长33.23%，实际应纳所得税额增加4.13亿元，增长36.69%。2016年度亏损企业1254户，与去年同期相比减少15户，降低1.18%。2016年亏损总额25.84亿元，与去年同期相比亏损增加10.31亿元，增长66.36%。二手房：2016年共计办理4474套，入库各项税款共计4.22亿元。车船税：8月8日金税三期系统上线后，全市代征车船税退税工作全部由开发区分局受理审批。截至2016年底，共完成退税审批325笔，共计退税金额9.11万元。

【纳税服务】开发区分局落实《全国税务机关纳税服务规范（2.0版）》。开展“便民办税春风行动”，推动纳税服务向前台和网上转移，将纳税人依申请事项全部前移至办税服务厅统一受理。落实首问责任制、领导值班制、一次性告知等制度，落实规范着装、服务用语、导税服务、延时服务等内容。实行二维码扫描，做到了“税务登记”“申报纳税”等八大类88项涉税业务流程纳税人“手机一扫、清清楚楚”。推行网上报税，开展税收业务网上受理、网上审批和电子登记。推进《国地税合作工作规范》，实现“联合税务登记”“联合新户培训”“联合税法宣传”“联合税务稽查”“联合税收分析”五项联合，达到了“1+1>2”的效果。截至2016年底，联合税务登记3660件，“一税两费”委托代征27.65亿元。5月1日起由地税代征二手房及个人出租房屋增值税，截至年底办理二手房交易申报4474套，各项税费4.22亿元，同比增加2.2亿元，增长106.25%，其中5—12月代征增值税0.74亿元。10月31日，开发区地税分局迁址亦城财富中心国地税联合办税大厅正式办理纳税人涉税事项受理工作，实现国地税合署办公。

【税收征管】新增企业总户数为3660户，其中，外资企业88户，内资企业3521户。新增户带动2016年税收增收0.58亿元。截至2016年末，开发区有正常户14895户，非正常户1362户。其中，正常户中内资企业13346户；外资企业876户；个体经营户557户。

【大企业税收服务与管理】开发区分局利用已经建立的大企业税收风险管理流程的风险特征库，就工资薪金、劳务报酬、利息股息红利所得、外籍个人所得、内控制度等6个领域的19个风险点进行分析，召开252户大企业的政策辅导会，对企业进行纳税辅导、风险提示，最终组织税款及滞纳金入库1318.54万元。11月16日，市局副局长唐学军到开发区分局调研资生堂丽源化妆品有限公司，实地走访并听取公司负责人对企业情况、管理文化、纳税状况等的介绍，并就涉税服务相关工作进行交流探讨，就企业目前在纳税服务工作中遇到的问题提出建议。

【国际税收管理】开发区分局为推动企业境外投资的顺利开展，满足企业的专业化需求，推出五项服务举措，帮助企业化解境外投资经营税收风险。开展了针对外籍个人享受八项补贴待遇及零申报专项核查工作，共查补税款及滞纳金1569.46万元。加强国地税联合，开展常设机构个人所得税专项检查，通过三级约谈机制，督促纳税人补缴个人所得税及滞纳金4200万元。

【税务稽查】共立案36户，举报中心共受理举报案件31份，全部处理完成。共计查补入库2468.61万元，其中：税款2122.04万元、滞纳金78.21万元、罚款268.36万元，人均查补税款226.37万元。

【电子税务管理】5月1日，开发区分局"营改增"存量房交易和个人出租房委托代征增值税系统正式运行。8月8日，金税三期工程系统实现单轨上线运行。10月31日，亦城财富中心国地税联合服务大厅专用网络线路建设完成，经过网络测试、准入系统测试及多个应用系统测试通过后，正式开通运行。

【政务管理】抓好公文管理，严格按照规定流程和时限处理收发电子和纸质公文，2016年共处理各类公文819件。其中：收文548件，北京市地方税务局来文500件，管委会来文48件，发文271件。加强督查督办工作，2016年，分局督查信息管理系统顺利上线并投入使用，全年共督办督查事项28条，已全部落实。做好政府信息公开工作，2016年，分局共录入新条目118条。其中法规文件类43条，业务动态类75条。做好与管委会的沟通联系职能，年内办公室共收到开发区管委会办公室、财政局、投资促进局、工委组织部等多家单位关于征求意见、提供数据、开展协查等内容的来函48件。

【绩效管理】分局共承接北京市地方税务局绩效考评指标47项，在北京市地方税务局考评指标的基础上制定了分局考评指标，分为机关考评指标和税务所考评指标，其中机关考评指标50项，税务所考评指标34项。年内，制定完善了《北京市地方税务局开发区分局组织绩效管理实施细则》《北京市地方税务开发区分局个人绩效管理实施细则》《北京市地方税务局开发区分局绩效考评结果运用办法（试行）》《北京市地方税务局开发区分局2016年组织绩效考评规则及考评指标》等规章制度，使绩效考核工作更加贴近实际和切实可行。在北京地税系统年度绩效考核中取得直属分局第一名的好成绩。

【财务管理】在财务管理工作中认真贯彻《会计法》及其实施细则，严格执行《预算法》及北京市财政局下达的预算批复，预算资金在使用上更加规范合理，"三公"经费同比下降80%，充分发挥了资金的使用效率，完成个人所得税手续费返还1.98亿元。

【人事管理】开发区分局设置8个内设机构，1个稽查局和5个派出机构，级别均为正科级。人员编制：行政编制99名，处级领导职数5名。其中，局长1名，副局长4名，纪检监察副处级领导职数1名；科级领导职数38名，17正21副，含专职工会副主席1名（正科级）、团支部书记1名（副科级）；机关工勤编制7名。截至2016年12月31日，开发区分局在编干部职工95人，干部90人，职工5人；处级领导干部5名，另有调研员2名、副调研员2名；科级领导干部28名，其中正职15名、副职13名。年内，人员调整共涉及18人次，新招录干部6人。根据京地税党〔2016〕23号文件，经市局党组2016年1月27日第3次会议研究决定，刘凤彬任北京市地方税务局开发区分局调研员，免去其北京市地方税务局开发区分局党组成员、副局长职务。

【教育培训】积极开展教育培训工作。组织分局干部参加了市局"岗位大练兵、业务大比武"、英语口语竞赛、全国税务领军人才培养对象选拔等活动。制定了学习方案，分批分岗位组织全员参加了国际税收研究会举办的岗位知识培训；1名干部入选北京地税系统英语人才库。

【执法督察与内部审计】严格依照《税收执法督察规则》要求开展了税务行政处罚等4项重点督察项目。共发现执法问题332个，已全部完成整改，补缴税款520.85万元、滞纳金160.55万元。对税收执法督察中发现的问题，根据《北京市地方税务局税收行政执法过错责任追究暂行规定》第十四条第一项规定，决定分别给予东区税务所、隆庆街税务所及第一税务所限期整改责任追究。

【党团建设】严格落实党风廉政建设和反腐败工作，逐级签订党风廉政建设责任书。认真开展“两学一做”学习教育，制定并印发了学习教育实施方案，召开了动员部署会，创办“两学一做”学习教育专刊，及时宣传各支部的学习动态。“两学一做”学习教育全面启动以来，党组中心组、“第一党支部”、党总支共组织学习教育38次，刊发“两学一做”专刊17期。加强党建带团建，指导共青团开展青年工作，以志愿活动为抓手做好青年工作，5月4日，开发区分局承办的北京市国地税团委税务青年志愿者联合服务队成立大会及开发区分队首次志愿活动，得到了刘江平书记的高度批示认可。

【纪检监察】开发区分局落实“一岗双责”，逐级签订《党风廉政建设责任书》和各部门内部签订《廉洁自律承诺书》。以常态化落实《纪检监察部门落实党风廉政建设监督责任实施意见》内容，每月进行作风建设督察，对税容仪表、考勤、纳税服务等项目抽查，发现问题下发整改通知书，将督察结果与分局绩效考核结合起来，责任到科、室、所，追究到人；开展督察10次，共发现问题7类60人次，将督察结果在分局范围内进行通报并发出限期整改通知书6份。

【政务信息】共编发专报8期、专刊83期、上报信息101篇。其中74篇被采用，1期被市长批示，在分局各部门的全力配合下，实现了国务院办公厅信息专刊采用1篇、市政府专刊采用信息8篇的重大突破。

【税收宣传】开发区分局共撰写并向外推送各类宣传材料45篇。向《经济日报》等6家主流报刊媒体和北京电视台《税收天地》供稿并被采用12篇；7篇通讯文章被人民网等中央级网站刊发。

（李春澍）

北京市地方税务局第一稽查局

【概述】北京市地方税务局第一稽查局坚持以稽查办案为中心，全面推进依法治税，持续深化稽查体制改革，认真推进税务稽查市级全覆盖，积极完成涵盖海淀区、石景山区、门头沟区、昌平区、延庆区稽查分局在内的即西北片区的各项稽查任务。深入开展“两学一做”学习教育，落实全面从严治党“两个责任”。积极引导企业自查，推进国地税联合办案。

【税收收入情况】全片区共立案776件，检查738件，有问题734件，结案813件，查补收入12.89亿元，入库收入14.17亿元。本局立案257件，检查218件，有问题217件，结案252件，查补收入7.44亿元，入库收入8.93亿元。

【费金收入】第一稽查局立案检查组织教育费附加、地方教育附加、文化事业建设费，共计927.25万元（不包括大企业自查），减少537.76

万元，减幅36.71%。

【税收收入特点与分析】查补口径：按行业划分，第一稽查局2016年收入涉及11个行业，主要收入集中在房地产业及其他行业，其他行业相对均衡。房地产完成税收收入26284.50万元，占行业比31.58%，其他行业专项检查合计完成税收收入8572.47万元，占行业比10.30%，两个行业收入占总收入的41.88%。

【税收法治】落实《税务行政处罚裁量权实施办法（修订）》相关工作，结合第一稽查局实际情况制定下发了《关于执行税务行政处罚裁量基准的通知》，规范了税务行政处罚裁量权的应用。认真执行《中华人民共和国行政处罚法》《中华人民共和国税收征收管理法》及其实施细则等法律、法规及规章，严格依照法定权限、时限、流程规定实施处罚，认真履行行政处罚法定职责。探索案件查办过程中的线索移送，更加深入探讨行刑衔接问题，2016年将2个实施环节案件成功移送市经侦大队，在全市稽查系统名列前茅。继续加强与市局稽查处、税警联合办公室的沟通，探讨对表示无力缴纳的纳税人追缴税款、滞纳金、罚款的问题，目前已初步缕清了思路。继续探索执行环节强制执行权、移送、停售发票、对相关公司延伸等多种手段综合运用。

【纳税服务】紧扣“深化税收改革、助力企业发展”宣传月主题，结合本局实际，统筹谋划、精心设计税收宣传月活动内容，在不同时间节点围绕不同专题开展特色活动，多角度展示第一稽查局在适应经济发展新常态、促进各项改革落实等方面的新理念、新举措和新成果，以全面展示第一稽查局特色工作，推进服务深度融合、执法适度整合、信息高度聚合。围绕发挥稽查职能作用，加强推动稽查工作落实的先进典型宣传，为推动税收改革发展营造良好社会氛围、提供有力舆论支持，为建设和谐税企关系，促进税收发展起到了良好的推动作用。

【税务稽查】本局检查462件，完成全年户数任务的120.31%。查补收入8.32亿元，入库收入9.81亿元，检查人员人均入库收入883.97万元。组织召开研定会15次，研定案件114户次。定性偷税案件4件，上报税务总局大要案1件，发票违法案件92件，成功移送公安机关2件，1亿元以上案件1件。检查中探索案件查办过程中的线索移送，更加深入探讨行刑衔接问题，今年继续探索执行环节强制执行权、移送、停售发票、对相关公司延伸等多种手段综合运用，北京美晟房地产开发有限公司、迈弗森（北京）整合营销咨询有限公司、北京市日盛达建筑企业集团有限公司、北京静安物业发展有限公司等一大批“老赖”终于缴清检查欠税，特别是美晟公司今年2月欠缴的全部税款、滞纳金及罚款5.36亿元已足额入库。这是北京地税建立以来最大单笔稽查入库案件，得到了税务总局、市委、市政府的多次表彰，对保障国家税款足额入库、维护税法尊严、促进首都经济社会发展做出了贡献，为本局执行工作提供了一个实际操作的范本，具有很强的指导意义。为保障金税三期工程数据迁移工作的顺利进行，按照市局和本局清理积案工作要求，成立局长为组长的工作小组，对长期滞留在各个环节的遗留案件进行了系统的清理。各相关科室及时沟通、协调，相互协作，有效配合，形成合力，2011—2014年形成的积案44件，清理了36件，占需清理案件总数的81.82%。

【电子税务管理】共对全局130台台式机、便携式计算机和1台服务器涉及的操作系统、办公软件和杀毒软件的情况逐机核对信息，全部重新安装了Windows7操作系统及办公软件。全局台式机和便携式计算机逐一登记统计，全部符合正版化要求，全面清理了非正版软件。

【政务管理】全年办理来文350件，其中电子来文342件，纸质来文8件。发文45件，归集文书53份。全年召开党组会33次、局长办公会10次、党组理论中心组学习9次，形成会议纪要142件。加大报送经验型、调研型的信息力度，全年编发局内期刊41期，100余篇，市局采用普刊13篇，专刊10篇，被市局领导批示3篇，被税务总局批示1篇，发布图片信息15篇。向市局报送调研4篇，此外，还积极参与市局稽查处和国际税收研究会理论调研课题。

【绩效管理】按照市局的工作要求和相关文件精神，第一稽查局及早谋划，狠抓落实，扎实推进，在各阶段如期完成了本局组织绩效管理和个人绩效管理各项考评工作。在此过程中，第一稽查局坚持“五个加强”，不断提升绩效管理工作水平，将其作为激发干部工作主动性，提高工作质效的有利抓手。一是加强组织领导，发挥绩效管理的指导作用；二是加强制度落实，发挥绩效管理的规范作用；三是加强指标细化，发挥绩效管理的引领作用；四是加强过程管理，发挥绩效管理的促进作用；五是加强结果运用，发挥绩效管理的激励作用。2016年市局考评第一稽查局指标共26项，考评总分值为935分，失分4项，失分分值为9.60分，加分15次，加分分值为7.16分，换算合计总分为996.893分，较好地完成了承接市局的各项考评指标。2016年制定了《北京市地方税务局第一稽查局组织绩效管理实施细则》《北京市地方税务局第一稽查局个人绩效管理实施细则》和《北京市地方税务局第一稽查局绩效考评结果运用办法（试行）》，在公务员年度考核、干部选拔任用方面严格绩效结果运用。受到市局主要领导肯定性批示4次，受到中纪委表彰1次，受到税务总局司局级单位通报表彰1次。

【财务管理】严格执行财务制度，每季度向党组汇报预算执行情况。根据市财政局的统一部署，认真开展2016年资产清查工作，定期组织固定资产巡查。严格落实公车管理规定。认真落实办公用房使用的标准，两次调整局内办公用房。认真做好各种后勤工作，为稽查工作的顺利开展提供了有力的保证。

【政府采购】依托北京市政府采购平台，采用协议议价方式，完成资产设备购置，预算金额22.7万元，主要包括办公设备类、办公家具类、印刷品、空调、空气净化设备及办公耗材类，32件（台），合同金额22.6元。

【人事管理】第一稽查局设置16个职能科室，分别为办公室、人事政工科、业务科、审理科、12个检查科。第一稽查局党组严格执行《党政领导干部选拔任用工作条例》，严格遵守党组议事规则和民主集中制原则，充分发挥党组在干部选任工作中的作用，加大党管干部力度。坚持走群众路线，把好推荐关。全面考察了解，把好决策关。按照“集体领导、民主集中、个别酝酿、会议决定”的原则决定干部任免，不搞临时动议。2016年，提任副科级领导干部6名，选派1名干部赴区县局挂职锻炼，选派3名干部赴基层锻炼，并做好6名遴选借调干部的接收和岗位安排。先后有2名科级领导和1名副处级领导晋升到上一级领导职务。对40余名干部岗位调整，做到人岗相宜，人尽其用，为全局整体工作顺利开展打下了良好的基础。按照人事档案审核的要求，对全局102名科级及以下干部的档案进行了2遍初审和1遍复审，特别是在“三龄两历一身份”的内容上进行了重点审核。

【教育培训】2016年，第一稽查局的干部培训工作做到以人为本、按需施教，学以致用，从工作实际出发把教育培训真正落实到位。组织科级干部任职培训；开展“岗位大练兵、业务大比武”工作，以不同形式组织全局人员进行学习，在组织全员培训和考试的基础上选拔15名同志参加市局复赛；组织了全员更新知识培训，培训采用互动形式，培训效果良好；组织财会知识培训10次，组织全局范围讲座3次；做好干部网上培训学习及学习情况的录入。

【执法督察与内部审计】结合工作实际和机构设置情况，制定《第一稽查局2017年度执法督察工作实施方案》。创新工作机制，开展稽查案件复检工作。成立案件复检委员会。制定《北京市地方税务局第一稽查局税务稽查案件复检工作办法（试行）》。成立税收执法督察工作领导小组。组织片区所属稽查局开展行政处罚案卷评查工作。评查工作采取先自查、后抽查的方式，共计评查案卷12户。组织开展2016年度行政处罚案卷评查工作。参考《行政处罚案卷自查自纠指引》开展案卷自查整改，经过系统及人工初评27户案卷，调取13户案卷，报送稽查处11户案卷。出现问题较多集中在文书制作、程序合法方面，针对发现的问题，要求检查人员在规定期限内根据清单的内容进行整改。加强内控建设，成立内控建设领导小组，开展内控基础性评价工作。结合当前工作实际，通过进一步建立、调整、完善第一稽查局内部风险控制工作规则、规章制度及管理办法，确保各项业务工作得到有效控制、强化和监督。

【党建工作】以“两学一做”为指导，抓好基层党建工作。配齐领导班子，加强支部建设，制定2016年第一稽查局党建工作要点和学习教育计划，全年共组织召开党总支会议16次，6月完成了党支部的改选工作，配齐配全支部班子，将基层党支部建设不断引向深入。夯实组织基础，严格党建工作。充分利用党建宣传栏和文化走廊，对各支部的党建动态进行展示，对先进典型进行宣传，全局85名党员按时完成党费收缴工作。扎实开展“两学一做”学习教育，制定了详细的学习教育方案，领导干部率先垂范，以纪念建党95周年和红军长征胜利80周年为契机开展了一系列主题党日活动，开展全局大讨论3次，形成第一稽查局特色党支部和党员规范，关注“北京组工”公众号，建立学习交流微信群，充分利用碎片时间，党总支编写测试题，检查学习效果，营造良好氛围。为每名党员设置党员标识牌，要求佩戴党徽，时刻铭记党员身份，积极为党工作，2016年度共有1名同志获市级表彰，2名同志和1个党支部获地税系统表彰。凝聚青年力量，做好团建工作。组织青年学习《共青团中央改革方案》，积极参加北京税务博物馆联合北京市地税局团委、朝阳区地税局共同举办“了解革命税史　走近税收文化”体验活动，五四青年节组织青年健步走活动，积极参与市局组织的征文比赛，不断丰富团建内容。

【纪检监察】开展廉政警示教育，开展主题党日教育活动。组织全体党员干部开展缅怀革命先烈、参观长征胜利80周年主题展、参观党风廉政警示教育案例展、党组书记为全局党员干部讲党课、表彰优秀党支部、优秀党员、优秀党务工作者等系列活动。加强廉洁从政学习。通过发放和征订廉政书籍报刊、观看专题片的形式，引导党员干部做到廉洁自律，坚守纪律底线。营造廉政文化氛围。建设完善廉政谈话室，安装廉政回访专用电话。新建廉政文化宣传墙，对有关党风廉政建设和反腐败工作的新形势、新政策、新法规和新制度实时进行宣传。制定《北京市地方税务局第一稽查局党风廉政建设责任制实施办法》和《北京市地方税务局第一稽查局2016年党风廉政建设和反腐败工作重点任务分工方案》。将党风廉政建设工作同绩效考核相结合，设置相应考核指标和加减分内容。签订党风廉政建设责任书。坚持谁主管、谁负责，一级抓一级、层层抓落实，明确了处、科两级领导班子、领导干部的党风廉政建设责任。发挥第六监督协作组轮值牵头单位作用，积极与成员单位沟通配合，组织完成了7篇廉政建设调研，实现了不同形式的成果转化。发挥纪检监察部门职能作用，加强对“三重一大”事项监督。重视节日期间“四风”问题，开展思想、作风、工作、纪律整顿。严格落实婚丧喜庆事宜报备制度。建立廉政谈话机制，做到关口前移，未雨绸缪。纪检组长对新任职科级、副科级领导干部和新提任主任科员等非领导职务进行廉政谈话，根据工作需要对全局干部职工及时进行廉政提醒。配齐配强廉政联络员。落实廉政回访制度，通过发放和回收《廉政回访调查表》、电话回访、实地回访、召开纳税人座谈会、聘请特约监察员进行明察暗访等方式定期进行廉政回访，抓早抓小，强化对稽查检查工作的全过程监督。在明显位置摆放廉政监督意见箱，主动接受党员干部、群众、纳税人的监督。由纪检监察部门设专人按月定期查看廉政意见箱信件情况，发现问题与线索及时处理。

【后勤管理】严格落实公车管理规定，制定了《第一稽查局公车使用管理办法》，保障稽查用车。认真落实办公用房使用的标准，合理调整局内办公用房，上交市局后勤服务中心办公用房300余平方米。

【税收宣传】对全局重点工作和重大会议、活动进行文字和影像记录，编制图片新闻、活动报道等材料。全年共组织纳税人座谈会一次，配合市局拍摄宣传片“税案追踪”一部，参与税务总局举办的“公益广告大赛”，全程参与创作、拍摄及后期制作，该片已被市局报送税务总局进行评选。刊登《北京地税》等刊物文章、诗歌散文、书法篆刻等共计16件作品。

【税务文化】组织全局80名党员观看长征题材教育影片《勇士》并撰写读后感，举办了“第一稽查局‘两学一做’暨纪念红军长征80周年书法展”，共收集作品40余件，上报市局工会10余件，以艺术作品的形式阐释学习成果，营造浓厚学习氛围。在继续传承第一稽查局“女子稽查队”及“青年文明号”优良传统的基础上，精选人员，组建成立了“八一军人”检查科，并与中国人民解放军中部战区第五通信团一营进行共建，通过创建特色科室，进一步加强队伍建设，发挥品牌示范效应和模范带头作用。充分发挥工会的作用，积极开展服务工作，筹办廉政文化走廊，组织文体活动和兴趣小组，活跃局内文化，有效地推进了文明和谐机关建设。检查一科经北京市地方税务局和共青团北京市委员会评审，最终被评为“2015—2016年度北京市青年文明号单位”。

（郭永斌）

北京市地方税务局第二稽查局

【概述】坚持以稽查办案为中心，全面推进依法治税，持续深化稽查体制改革，认真推进税务稽查市级全覆盖，积极完成涵盖朝阳区、昌平区、怀柔区、顺义区、密云区稽查分局在内的即东北片区的各项稽查任务。深入开展“两学一做”学习教育，落实全面从严治党“两个责任”。积极引导企业自查，推进国地税联合办案。

【税收收入情况】全片区共立案537件，检查779件，有问题774件，结案839件，完成片区户数任务的103%。查补收入16.6亿元，入库收入15.9亿元。本局稽查立案117件，检查186户，结案201户，完成全年户数任务的103%。查补收入6.54亿元，入库收入6.26亿元，完成全年任务的103%。

【费金收入】第二稽查局立案检查组织教育费附加、地方教育附加、文化事业建设费共计927.25万元（不包括大企业自查），减少537.76万元，减幅36.71%。

【税收收入特点与分析】按行业划分，第二稽查局2016年主要收入集中在房地产业、餐饮服务业以及现代服务业，房地产完成税收收入20173.24万元，占比67.95%，餐饮服务业专项检查合计完成税收收入6942.29元，占比23.38%，两个行业收入占总收入的91.34%。按税种划分，企业所得税完成税收收入10652.94万元，下降3.31%，占比为47.82%；营业税完成税收收入6940.93万元，减少36.32%，占比为31.15%；财产和行为税共完成税收收入3924.09万元，增长2.75%，占比为13.22%。

【税收法治】落实《税务行政处罚裁量权实施办法（修订）》相关工作，结合第二稽查局实际情况制定下发了《关于执行税务行政处罚裁量基准的通知》，规范了税务行政处罚裁量权的应用。认真执行《中华人民共和国行政处罚法》《中华人民共和国税收征收管理法》及其实施细则等法律、法规及规章，严格依照法定权限、时限、流程规定实施处罚，认真履行行政处罚法定职责。共对99个单位进行了税务行政处罚，运用职权七项。完成了对北京华恩房地产开发有限公司的移送工作，尝试使用代位权对北京东海富京国际建筑设计有限公司欠缴税款进行追缴。

【纳税服务】紧扣“深化税收改革、助力企业发展”宣传月主题，统筹谋划、精心设计税收宣传月活动内容，在不同时间节点围绕不同专题开展特色活动，多角度展示第二稽查局在适应经济发展新常态、促进各项改革落实等方面的新理念、新举措和新成果，以全面展示第二稽查局特色工作，推进服务深度融合、执法适度整合、信息高度聚合。围绕发挥稽查职能作用，加强推动稽查工作落实的先进典型宣传，为推动税收改革发展营造良好社会氛围、提供有力舆论支持。

【税务稽查】共检查198户，查补收入6.54亿元，完成全年任务的103%，检查人员人均入库收入770万元。加强举报案件管理，认真落实举报工作制度，确保举报案件各环节运转顺畅。全年市局转办案件共16件（督办3件，交办13件），受理举报案件5件，接待举报来访4次；扎实推进审理工作，印发《关于执行税务行政处罚裁量基准的通知》，保障执法行为的准确与规范。修订《北京市地方税务局第二稽查局审理委员会制度》和《北京市地方税务局第二稽查局稽查案件审理管理工作办法》，进一步规范审理工作，召开审理会10次，审理案件43件，装订税务档案近900份，完成稽查档案的纸质归档和录机工作；全力清理未结案件，通过阻止法人出境、移送公安机关、申请法院强制执行、行使代位权等多种手段，逐户制定清理方案，共清理结案23件，移交征收局3件，移送公安2件，撤案1户，核销欠税企业4户，共计清缴税款1.6亿元；深化国地税联合办案，与天津市国税局合作，成功查办北京某咨询公司案件，查补收入1300万元。加大发票检查力度，按照《2016年打击发票违法犯罪活动工作实施方案》的部署，查处发票违法企业42户，涉及违规发票505张，涉及金额10982万元，查补税额1245万元；积极引导企业自查，对华润集团、通用技术、国家电网3家重点税源企业开展自查工作，共计自查补税8.8亿元。按照税务总局和市局的工作部署对中国国电集团、北京汽车集团有限公司、中国冶金科工集团公司所属在京全资子公司、控股子公司和分支机构开展检查。

【电子税务管理】 制定《第二稽查局金税三期双轨运行工作实施方案》，建立《第二稽查局金税三期反馈平台》。完成岗责配置，添加分局级和所级人员权限、办公计算机升级，选取52个案件，组织干部提前在预生产环境中对测试内容进行系统操作演练，有计划地逐项开展人海压力测试，顺利完成金税三期工程系统上线。加强软件正版化督导工作，进一步加快全局软件正版化工作的推进，制定了《第二稽查局软件正版化工作实施方案》，全面开展软件使用清查和核实工作。共对全局156台台式机、便携式计算机和2台服务器涉及的操作系统、办公软件和杀毒软件的情况逐机核对信息，全部重新安装了Windows7操作系统及办公软件。对全局不符合规定的台式机和便携式计算机逐一登记统计，更换了25台不符合正版化要求的笔记本电脑的COA标签，全面清理了非正版软件。

【政务管理】 全年办理来文524件，其中电子来文512件，纸质来文12件。发文43件，归集文书、财务档案967份。全年召开党组会30次、局长办公会22次、党组理论中心组学习12次，会前学法11次，形成会议纪要52件。督办折子工程、党组会、局长办公会等各项决议200余事项。配合纳税服务中心和稽查处进行网站自查和改版工作，累计主动公开信息114条。加大报送经验型、调研型的信息力度，全年编发局内期刊38期，566篇，市局刊物采用40篇。编发调研刊物14期，有3篇调研分别获法学会评选一等奖、三等奖和优秀奖。

【绩效管理】 承担市局考评项目涉及26项指标，累计935分。根据稽查工作实际，对照市局考核指标，分局承担市局考核项目涉及24项三级指标24项考点，累计887分。2016年制定了《北京市地方税务局第二稽查局绩效管理办法（试行）》《北京市地方税务局第二稽查局个人绩效管理实施细则（试行）》《北京市地方税务局第二稽查局绩效考评结果运用办法（试行）》。受到市局主要领导肯定性批示4次，受到中纪委表彰1次，受到税务总局司局级单位通报表扬1次。

【财务管理】严格执行财务制度，每季度向党组汇报预算执行情况。根据市财政局的统一部署认真开展2016年资产清查工作，定期组织固定资产巡查。严格落实公车管理规定。认真落实办公用房使用的标准，两次调整局内办公用房。认真做好各种后勤工作，为稽查工作的顺利开展提供了有力的保证。

【政府采购】依托北京市政府采购平台，采用协议议价方式，完成资产设备购置，预算金额90万元，主要包括办公设备类、办公家具类、印刷品、空调、空气净化设备及办公耗材类，160件（台），合同金额642439元。

【人事管理】严格执行《党政领导干部选拔任用工作条例》，严格遵守党组议事规则和民主集中制原则，充分发挥党组在干部选任工作中的作用，加大党管干部力度。坚持走群众路线，把好推荐关。全面考察了解，把好决策关。按照“集体领导、民主集中、个别酝酿、会议决定”的原则决定干部任免，不搞临时动议。2016年，先后有1名同志走上副处级领导岗位，2名同志走上正科级领导岗位，8名同志走上副科级领导岗位。接收试用6名遴选干部。按照人事档案审核的要求，对全局88名科级及以下干部的档案进行了2遍初审和1遍复审，特别是在“三龄两历一身份”的内容上进行了重点审核。

【教育培训】始终将教育培训与稽查业务工作相结合，积极参加领军人才、英语大赛、稽查骨干、科级任职、法律人才等各种培训。组织全体人员进行“五大理念”专题培训和干部教育网学习，以岗位大练兵为契机，深入开展专业知识培训。全年开展系列讲座活动6次，由干部当老师，就工作中的热点、难点问题进行讲解和分析。1名同志获得稽查岗位大赛“岗位能手”称号，有多名同志通过多门注册会计师考试。

【执法督察与内部审计】制定《第二稽查局2016年督察内审工作实施方案》，配合市局督察内审处、稽查处、法制处开展2016年度行政处罚案卷评查工作，由人事政工科牵头，审理科报送报评案卷10卷。对分局2015—2016年的行政处罚案件进行随机抽查，抽查数量为每个检查科室各1卷，共11卷。出现问题较多集中在文书制作、程序合法方面，针对发现的问题，要求检查人员在规定期限内根据清单的内容进行整改。加强内控建设，成立内控建设领导小组，对《内部控制基础性评价表》中107项评价内容进行了自查和梳理，通过定期的综合评审制度的实施，结合当前工作实际，定期对现有制度进行整理、修改、完善。

【党建工作】建立党组书记为第一责任人，班子成员为具体责任人的党建工作领导机制。按照《第二稽查局党组落实党风廉政建设主休责任实施办法》，研究制定《第二稽查局党组落实党风廉政建主体责任任务分工表》，严格履行党组要管党建的主体责任和书记抓党建的第一责任。党组书记进行专题党课教育。成立以部门为单位的党支部，选举行政负责人为党支部书记，落实“一岗双责”。组织参观“红军长征胜利80周年主题展”等活动。深入开展“两学一做”教育活动，以纪念建党95周年为契机，评选出10名党员示范岗标兵。

【纪检监察】召开党风廉政工作会，签订党风廉政责任书，确保“一级抓一级、层层抓落实”。召开特约监察员会议，组织纳税人座谈会、检查人员座谈会，充分发挥监察员作用。制定《第二稽查局廉政谈话制度》。将所有廉政制度编辑成册，在直属稽查局之间交流学习。通过手机短信平台、节假日前后搭建隔离网等措施，点对点地提醒党员干部，营造风清气正的氛围。

【后勤管理】严格落实公车管理规定，保障稽查用车。认真落实办公用房使用的标准，两次调整局内办公用房，合理调配使用。制定库房管理规定和库房巡查制度，保证库房安全。完善办公用品请领使用制度，严格办公用品的购置储存管理，保证日常的供应。

【税收宣传】以《聚焦“营改增”试点　助力供给侧改革》为主题积极开展税收宣传月工作。积极参加税务总局的税收广告创意及制作大赛，并获地税系统优秀奖。拍摄税收天地节目《消失的巨款》。《北京地税》《中国税务报》等杂志刊登本局各类文章10余篇。其中关于餐饮业团购检查等两篇信息获得市局领导批示。局领导牵头调研《关于税务机关偷逃税案件行刑衔接工作的研究》被《调查与研究》刊登。

【税收文化】坚持开展“送知识、送健康、送温暖”活动，及时把组织的温暖送到干部身边，“两节”期间送温暖26人次，日常慰问50余人次。继续拓展职工书屋，丰富干部业余生活。组织开展摄影比赛，积极参加市局运动会等各项工作活动。组织参观“红军长征胜利80周年主题展”等活动。组织干部参加税收公益广告作品征集活动、积极与《中国税务报》联系，发表《京津冀地税协同查实涉税疑点》。开展以“聚焦‘营改增’试点　助力供给侧改革”为主题的税收宣传月活动。制作“党建园地”宣传展板。向市局推荐一名优秀党员，一名稽查干部被市直机关工委评为“北京市青年岗位能手”，参加地税系统巡演。

（王元锋）

北京市地方税务局第三稽查局

【概述】北京市地方税务局第三稽查局是北京市地方税务局的直属稽查局，侧重对东城区、通州区、大兴区地方税务局、开发区分局管辖区域内重点税源企业开展税务检查工作，依法对责任区域内重点纳税人、扣缴义务人实施税务检查，查处偷税、逃避，追缴欠税、骗税、抗税等重大案件。2016年，在市局党组的坚强领导下，在稽查处等相关处室正确指导下，在东城区、通州区、大兴区、开发区稽查分局大力支持下，第三稽查局认真落实全面从严治党“两个责任”，坚决贯彻落实市局各项工作部署，坚持以稽查办案为中心，持续深化改革创新，较好地完成了全年工作任务。

【税收收入情况】全年累计查补收入43366万元，其中，税款34689万元，滞纳金6225万元，罚款2452万元。完成自查户数94户，检查户数113户，有问题户数113户。人均办案2.1户，人均查补收入803万元。查处偷税案件2件，查补收入5370万元，认定偷税额1885万元；移送公安机关涉税违法案件4件。严厉打击发票违法行为，查处非法发票126份，涉及金额15235万元，查补收入共计6248万元。稽查全覆盖下，东南片区共查补收入68218万元，其中，税款55633万元，滞纳金9260万元，罚款3326

万元。完成自查户数108户，检查户数692户，有问题户数685户。

【税收收入特点与分析】全面“营改增”后，及时调整稽查工作重点，在市局稽查处、数据处指导下，开展高收入人群个人所得税定向稽查，调查核实企业8户，立案检查自然人14名，预计查补收入6亿元，已预缴1.44亿元。严格落实总局、市局重点税源企业随机抽查工作，开展房地产中介行业检查5户、影视业专项检查5户，查补税款分别为39.69万元和1.68万元；与北京市国税局第一稽查局，海淀、石景山、燕山等区国税局联合对4家集团企业及其255个在京成员单位开展税务稽查，查补税款47880万元。

【税收法治】坚持依法征税，全面执行市局2016年税务稽查工作20条措施。创编《房地产开发行业检查指南》。编写《2016年税政问答及案例评析》，归纳8个税种63个涉税风险点、20项常见税政问题，有力发挥业务指导作用。统一东南片区行政处罚裁量标准，规范执法文书使用，案卷审理回退次数由每案2.3次下降至1.7次。

【税收政策落实】认真落实《深化国税、地税征管体制改革方案》要求，持续深化税务稽查体制机制改革，积极有效开展稽查全覆盖各项工作，加强干部培训力度，抓准金税三期工程上线窗口期，组织东城区、通州区、大兴区、开发区稽查分局共142人培训学习，达片区稽查总人数83.53%。落实税务总局重点稽查对象随机抽查工作。深入学习《全国税务稽查规范（1.0版）》，为正式实施做好准备。

【纳税服务】以企业自查、检查为契机，加强纳税辅导，促进企业规范自律。加强税法和典型案例宣传，借助媒体力量，扩大税法宣传面，提高普法力度。通过税收宣传月、全国法制宣传日等走进企业、社区，问需答疑，主动提供纳税辅导服务，促进公众税法遵从。

【税务稽查】持续深化稽查体制机制改革，实现东南片区稽查市级全覆盖。创建检查科辅助局领导定点联系分局机制，严格落实管理监督责任，全年领导带队办案25件，占全局全年查处案件的22.32%，查补收入2.93亿元，占全局查补总收入的43.9%。加强案源统筹管理，提高情报导查能力。创建案情研讨会制度，加强“以会管案”，小案以会商会快办，大要案以案情研讨会、审定会、审理会三会集体定案，分层处理，兼顾质效。统筹片区案源管理，建立标准统一、分层审理、协调同步的审理新模式。

【电子税务管理】全面推行电子查账软件应用，实现电子查账覆盖率93%，取证周期、结案周期平均缩短11.7%和5.46%，人均查补收入同比上升19.32%。平稳过渡金税三期工程系统，用好稽查模块，总结反馈操作问题34个。加强信息化基础设施建设，维护信息安全，严格按规定使用电子计算机、移动存储介质等，杜绝违规外联事件。开展随机检查，聘请驻场工程师，及时解决设备、网络问题，确保稽查工作有序开展。根据稽查处统一安排，做好北京市地方税务局网站稽查工作专题信息更新与维护。

【政务管理】加强督查督办，推动工作落实。落实市局政府信息公开工作，公开信息114条。加强公文、签报管理，修改完善分局制度流程。落实保密工作制度，加强培训教育。严格落实市局关于规范党组会议和局长办公会议的相关要求，做好会前审批、会议记录纪要、会后落实等工作。全年召开党组会议23次、局长办公会议13次。实行会前学法和学习制度。加强政务信息工作，撰写信息48篇，其中市局采用约

30篇。加大财务管理力度，认真做好财务预算、决算工作。后勤保障和安全保卫工作得到加强。

【绩效管理】结合税务总局和市局绩效计划内容，制定分局2016年组织绩效和个人绩效管理办法、考评规则、考评指标和加减分项目，增设科室互评环节。建立分析讲评制度，以目标为导向，结合稽查实际工作，不断优化、适时调整绩效考评方法。强化绩效结果运用，发挥绩效正反双向激励作用，推动全局各项工作有力有序开展。

【财务管理】严格遵守《会计法》和《行政事业单位会计制度》的规定，以执行预算为中心，以厉行节约为重点，以求真务实的工作作风，抓好各项财务工作。认真做好年终决算和报表编制工作，撰写财务分析报告，研究和分析全年收支活动。调整大额资金用款标准，完善公务卡使用规范，现金报销采取先统计再报销的方式，附加无法使用公务卡消费的说明，保证经费使用的有效、合理、可控。做好养老金、社保、住房公积金、住房补贴、个人所得税缴纳及明细申报、医保等工作，安排好干部体检、洁牙等事宜。严格固定资产的登记和管理，做到数据准、情况明。

【政府采购】严格落实政府采购规定，签订《政府采购领域专项治理工作承诺书》。全年开展计算机及配件、家具、空调、办公软件等采购14批，共计金额21万元，均按采购要求办理。

【人事管理】以分局培养使用青年干部三年规划方案为抓手，有序开展中层领导干部选拔、岗位交流、挂职锻炼和选派培训等工作，增强组织战斗力和干部队伍活力。2016年，经民主推荐选拔2名正科级领导干部，3名副科级领导干部，配强科级领导班子，加强中层干部梯次建设；提任科级非领导职务5名；新增遴选干部7名。同时，向税务总局、市局输送干部多名。组织开展科级领导干部专项培训、更新知识培训等，提高干部管理能力和业务水平。

【教育培训】做好干部培训基础工作，以提高稽查业务能力和队伍综合素质为目标，先后组织了全员更新知识培训、科级领导干部培训等。结合总法律顾问和税收领军人才选拔、岗位大练兵、FTA大会、英语大赛等活动，积极为干部搭建学习成长平台。鼓励和支持干部学历、“三师”和职称考试，2016年，有4名同志通过税务师资格考试，1名同志通过注册会计师资格考试，1名同志取得高级经济师职称，“三师”人员已接近全局总人数1/4。

【执法督察与内部审计】发挥督察内审职能，加强内部监督。按照市局督审工作要求，成立内部督察工作小组，人事政工科为牵头部门，业务科、审理科为成员单位，针对税务稽查疑点数据进行认真研究核对，开展自查工作。业务科对超期疑点数据进行初步比对，确定下发案件案管系统中确未上传中间报告。审理科对疑点案件进行复查，实地翻看检查案卷，核实是否符合办案程序，查找问题不足。认真填写内部控制基础性评价表，经自查未发现问题，案卷评查反馈良好。

【党建工作】深入落实全面从严治党“两个责任”。认真学习贯彻党的十八届六中全会精神，增强“四个意识”。坚持民主集中制，落实“三会一课”、民主评议等制度，严肃党内政治生活。加强“第一党支部”建设。抓好党组理论中心组学习。实行党组会会前学习制度；严格执行“三重一大”决策制度；全面完成党费核查补缴工作。严格执行党组议事规则，主动接受联合纪检组监督。通过局领导谈话谈心、党支部党日活动、反腐教育展等，加强廉政警示教育。深入开展“两学一做”学习教育。组织全体党员干部认真学习党章党规和习近平总书记系列重要讲话精神，坚定理想信念。坚持以上率下，一级看一级，中层看党组，干部看中层，严守政治纪律和政治规矩。采取党组重点研讨、党组书记讲党课、集体参观学习等方式，形成真抓、真信、真学、真用的良好局面。开展合格党支部建设规范和合格党员行为规范大讨论，形成规范建议20条。将学习教育与民主生活会紧密结合，深度查摆问题，制定整改措施7项。

【纪检监察】制定2016年党风廉政建设工作计划和主体责任任务分工表，将主体责任细化分解为7类33项内容逐项落实。党组书记与班子成员、主管局长与分管科室负责人分层签订党风廉政建设责任书，落实“一岗双责”。制发《第三稽查局税务稽查廉政风险防控痕迹化管理实施意见》，推进稽查选案、检查、审理、执行四环节全程纪实。积极构建内控体系，提高廉政、执法风险防范。明确分局纪检监察工作5类24项责任，加大监督执纪问责力度。

【后勤管理】根据市局统一安排，开展固定资产清理和政府采购自查工作，确保账实相符。依照标准调整办公用房。做好车改后车辆使用、维修管理。更换空调、清洗加湿器和空气净化机，改善干部办公环境。

【税收宣传】主动适应税收宣传大格局，积极开展税务稽查宣传工作，全年在《中国税务报》《北京地税》发表文章16篇、图片5幅，参与北京市电视台《税收天地》录制3期，拍摄青年文明号宣传片2部，利用微信推送党建、队伍建设宣传信息10余条。积极参与全国税收公益广告大赛。

【税收科研】制订全年调研工作计划，分部门、分进度对调研工作进行督办，《浅谈运用电子查账提升税务稽查质效的认识与思考》《关于基层单位加强政府采购工作的思考与建议》等被市局《调查与研究》采纳。《试论区域重点税源分析在税务稽查选案工作中的运用》《实质课税原则在税务稽查中的运用和思考》两篇调研文章分获北京税收法制建设研究会2016年征文评比活动二等奖和三等奖。

【税务文化】2016年，分局精神文明建设成果丰硕。检查一科、检查二科荣获2015—2016年度北京市地方税务系统市级“青年文明号”称号。检查三科党支部被评为年度北京地税系统“先进基层党组织”。邵强被评为市直机关“优秀党务工作者”。霍勇杰被评为北京地税系统“优秀共产党员”。李晓晖荣获“首都劳动奖章”和北京市“三八”红旗奖章。在工作中，这些先进典型的引领示范作用突出，不仅激发了干部干事创业的热情，同时也营造了更加积极向上的工作氛围。此外，在三八妇女节、五四青年节开展健步走活动，开展主题党日活动，做好工会会员慰问、子女医药费报销等工作，为会员送温暖，促进干部身心建康，推动全局各项工作顺利开展。

（周　翊）

北京市地方税务局第四稽查局

【概述】 2016年，第四稽查局在市局党组的正确领导下，深入开展“两学一做”学习教育，主动配合市局第二巡察组工作，积极落实税务稽查市级全覆盖，圆满完成了全年各项任务，会同西城、丰台、房山分局切实开展了案件查处和打击发票违法犯罪活动等工作，有效发挥了税务稽查堵漏增收、打击震慑的职能作用。一年中得到市局领导肯定性批示4次，收到中央国家机关、北京市相关部门感谢信10封，在直属分局中绩效考评成绩位列第1段。

【税收收入情况】 2016年西南片区共立案484件，结案659件，组织查补收入54958.58万元，入库收入57467.20万元，其中第四稽查局立案110件，结案118件，组织查补收入38558.13万元，比上年增加5850.65万元，入库收入37987.34万元，比上年增加13168.82万元；案件有问题率100%，查补入库率98.58%。

【营业税改征增值税】 全局围绕市局提出的“七个怎么办”，深刻认识全面实施“营改增”对地税工作产生的影响，发挥组织力量，激发干部立足本职、爱岗敬业的工作动力。面对“营改增”全面推开对地税纳税遵从度的考验，进一步发挥稽查打击震慑作用，充分运用法律赋予的各项执法权力，持续加大对税收违法行为的打击力度，切实发挥规范纳税行为的作用。在日常一线检查工作中同步开展“营改增”政策宣传，解答企业实务操作中各种疑难问题。

【税收法治】 坚持依法行政，确保案件查办过程合法，证据取得充分，税收政策准确。构建以会管案、以会督案的工作机制，通过案件通报会、案件推进会、个案汇报会、案件会商会，把控工作重点，解决检查难点，确保案件查处程序上和实体上的合法性。修订《北京市地方税务局第四稽查局审理委员会案件审理办法》，与所辖分局多次召开案件专题研讨会，通过审理工作前置，及时监控分析，做好税政支持，提高税收执法的规范性和精准度，实现证据标准、实体认定、执法程序、处理处罚、文书填制的“五个统一”。

【税收政策落实】 持续深化落实市局《关于进一步推进税务稽查市级全覆盖工作的意见》。制定《第四稽查局及分局全面推进税务稽查市级全覆盖的工作措施》和《稽查各环节及日常工作衔接流程》，对西南片区稽查案源进行统一管理，统一以第四稽查局为对外执法主体。从制度、人员、文书上不断优化西南片区审理工作，制定《北京市地方税务局第四稽查局关于落实分级审理定案机制的工作方案》，审理科和分局综合科分别审理第四稽查局和所辖分局案件，对所辖分局百万元以上案件共同审理，组织分局审理人员参与本局日常案卷审理工作；制定《北京市地方税务局第四稽查局审理环节常用文书（范本）和（模板）》，统一片区内稽查案卷标准。深入了解各分局稽查特点和工作模式，加强人才交流，发挥西南片区特色稽查优势，提升片区整体稽查水平。组织学习《国家税务局 地方税务局合作工作规范（3.0版）》，深入开展国地税联合稽查工作，通过统一制定方案、共同进户检查、协同调查取证和同步定性处理等方式，同步完成稽查案件的查处工作，有力打击了税收违法犯罪行为。落实市局新裁量基准实施，制作《关于〈税务行政处罚裁量权实施办法（修订）〉有关问题的掌握口径》及《第四稽查局税务行政处罚裁量标准变化表》。

【税务稽查】依法开展重大案件的查办工作，2016年按上级要求受理督办案件8件，入库百万元以上案件19件，入库收入合计35189万元，其中查补收入亿元以上案件1件，入库收入14121万元。科学开展随机抽查、定向稽查、专项检查和专项整治，按照“以随机抽查为主，推送案源信息为辅”的选案工作机制，分两批开展了随机抽查，对房地产企业开展了土地增值税清算定向稽查，引入社会中介协助办案，完成了《北京市地方税务局土地增值税清算稽查指南》的初稿，分批次对房地产中介、影视业、房地产业、建筑安装业高风险纳税人，“营改增”高风险企业等开展了专项检查，与所辖分局联合对住建委及其下属单位开展专项整治。积极推进重点税源企业检查，全面规范纠正涉税问题，共对8家集团及下属545家企业开展了自查辅导。有序开展打击发票违法犯罪活动，查处发票违法行为企业31户，查处非法发票241份，票面金额36168万元，查补税款220万元，加收滞纳金57万元，罚款47万元。稳步推进税收举报案件检查，承办市局转办税务举报案件21件次，本局受理3件次，共计24件次，其中已完成调查核实4件次，立案检查20件次，查补金额91万元，案件查处过程中，首次对自然人案件举行听证。

【电子税务管理】实现金税三期工程系统2016年5月双轨运行、7月单轨运行，同期整合信息资源，梳理业务流程。选派骨干参与市局金税三期工程建设。在市局统一培训基础上结合稽查模块特点对西南片区开展单独培训，建立问题台账和沟通反馈机制，确保金税三期工程系统上线测试期间西南片区各项工作正常运转，依托金税三期工程，统筹片区案件管理，规范稽查业务流程标准。加大电子查账力度，充分发挥查账软件各项功能与优势，提高办案效率。

【政务管理】提高政务信息和调研质量，为各级领导决策提供参考。全年各科室共报送信息546篇，其中40篇被市局采用，3篇获市局领导批示。除承接市局安排部署外，将本局实际工作中的重点、热点、难点、弱点列为督办事项，确保各项工作决策、任务得到有力执行。定期查询网上舆情，在政府信息公开系统主动公开政府信息83条，有效落实了政务公开要求。

【绩效管理】细化分解市局各项绩效考核指标，制定《北京市地方税务局第四稽查局个人绩效管理实施细则（试行）》，定期组织绩效管理工作培训，强化结果运用，发挥正向激励作用。通过“夯实基础，上下联动，分类考评，整体推进”的方式，在2016年度市地税系统绩效考核中取得优秀成绩，参加绩效管理“一市一县推经验”评比，被评选为绩效管理先进单位。

【财务管理】以“依法合规、专款专用、厉行节约、科学合理”为原则，积极落实市局各项工作部署，圆满完成部门预决算工作。严格执行《北京市地方税务局第四稽查局财务管理办法（试行）》和《北京市地方税务局第四稽查局固定资产管理办法（试行）》。加强数据核对，定期清查货币资金，做好与财政、银行的对账工作，为全局工作的开展做好资金保障。认真开展固定资产清查工作，确保全局资产完整安全。

【政府采购】严格执行《中华人民共和国政府采购法》及《北京市地方税务局采购实施办法》等规定，明确采购范围、限额标准、采购方式等内容，依法依规开展采购活动。指定专人负责采购文书等资料的备案与管理，定期整理归档，确保采购资料完备齐全。健全本局政府采购内控机制，强化政府采购审批与监督管理，实现采购全流程监管。通过以上措施，全年共采取协议供货方式开展政府采购业务 20 笔，采购金额 60 余万元。

【人事管理】在市局党组指导下，第四稽查局配齐配强领导班子，从 3 人增至 6 人。严格执行《党政领导干部选拔任用工作条例》，制定《中共北京市地方税务局第四稽查局党组科级领导职位选拔工作实施方案》，按照标准和程序选拔任用了 3 名正科级领导干部，完成 11 名科级副职试用期满转正工作，1 名干部科级非领导职务晋升，对 5 名科级领导和 10 名干部进行了岗位交流，保持了干部队伍流动和上升渠道畅通。

【教育培训】为全面提高干部综合素质，组织开展了 2016 年度全员更新知识培训和科级领导干部任职培训。组织干部报名参加国家税务总局网络学院、全国领军人才考前培训班、北京干部教育网在线学习和公共知识培训学习。在系统组织的各项考试中，为参考人员配齐学习资料，定期开展阶段性测试。在岗位大练兵活动中，选派干部参加系统岗位技能大赛，取得了稽查岗位第一名的好成绩。

【执法督察与内部审计】成立税收执法督察工作领导小组，研究制定《北京市地方税务局第四稽查局 2016 年税收执法督察工作方案》，从全局抽调人员组成执法督察检查组，对已结案件各环节进行重点检查，逐户逐项制作《税收执法督察工作底稿》，对查出的问题及时整改落实。积极配合经济责任审计工作开展，持续完善财务预算、核准和审计制度，严格执行办公用房、公务用车管理等制度规定。

【党建工作】把开展“两学一做”学习教育作为党建工作的首要任务来抓，通过“两学一做”助力基层组织建设，组织各支部开展分层次、多形式的自查自纠活动，强化纪律，全面提升思想、工作、作风水平。通过党组书记讲党课、召开局党组理论学习中心组扩大会议、组织党员进社区、制作宣传展板、编发“两学一做”学习教育专刊等多种方式，建立学习长效机制，引领党员干部深入学习思想政治理论，增强“四种意识”，争做合格党员。稳步开展首都文明单位创建工作，检查六科被评为北京市“三八红旗集体”，检查三科被评为北京市“青年文明号”，充分发挥了示范引领作用。

【纪检监察】制定《第四稽查局党组落实党风廉政建设主体责任任务分工表》，层层签订党风廉政责任书，落实“一岗双责”要求。严格遵守党内各项纪律制度，在党组会等重大事项讨论决策过程中主动接受市局联合纪检组监督。在查办案件过程中落实“一案双查”，加大对税收执法权和行政管理权两权的监督管理。严格执行审理会制度，坚持第四稽查局纪检监察部门负责人全程参与重大案件审理会，监督稽查办案过程。与特约监察员密切沟通，及时交流本局基本情况及“两个责任”落实情况，加强协作，提高社会满意度。

【后勤管理】配合补充人员进局及第六稽查局进驻，第四稽查局多次调整办公用房、定制家具、房间布线，确保人员到岗后能立即投入工作。按照市局工作安排，严格落实公车改革各项措施，完成维修、保养、验车等事宜。对全局车辆实行统一管理，定期检查车况，保障执法用车，做到合理调配、节约高效。

【税收宣传】 第四稽查局在《中国税务报》《北京地税》等刊物上发表多篇新闻及图片，全力配合北京电视台《税案追踪》栏目完成局稽查案例《闯关》的拍摄，通过内外多种平台宣传工作成果。税收宣传月期间，围绕“聚焦‘营改增’试点　助力供给侧改革”主题开展“税法宣传进社区”活动，采取张贴宣传海报、发放税法宣传资料、现场提供咨询服务等形式，积极践行税务总局“便民办税春风行动”。

【税收科研】 探索建立全局调研人才库，各部门协同提高调研报送水平。分局领导带领课题组探讨涉密单位税务稽查方法，分析风险导向审计方法在稽查中的应用，研究土地增值税清算后续监管、思考如何借助“大数据”税务稽查质效，形成高质量调研4篇，总结实践经验，指导工作开展。

【税务文化】 以抓好地税文化建设为引领，充分发挥工会职能作用。深化“送温暖、送健康、送文化”活动，组织开展春游，秋游；积极参加市局运动会并取得奖项；为工会会员送去生日祝福，探望生病住院会员；将每周四下午定为图书馆开放日，搭建学习交流平台，通过多种形式的人文关怀，营造暖人心、聚人心的和谐氛围。

【配合巡察工作】 按照市局党组的部署和第二巡察组的要求，实事求是、坦诚透明地接受检查和监督。主动联系沟通，精心组织安排，认真准备、及时提供巡察工作中需要的各类材料。把巡察工作当成对全局党性锤炼的过程，当成对局领导班子在党风廉政建设、反对“四风”、执行中央八项规定、民主集中制、党的纪律规矩等方面检验的过程。

（彭　勃）

北京市地方税务局第一直属税务分局（第五稽查局）

【概述】 按照市局《关于征管改革机构职责调整的通知》和《税务稽查机构改革方案》的精神要求，2016年度第一直属税务分局（第五稽查局）保持着对外国企业常驻代表机构税源管理和全市涉外企业、外籍自然人税务稽查的双重职能，全年紧紧围绕市局中心工作，全力做好组织收入、“营改增”、金税三期工程上线、税源户迁移等重点工作，求真务实，开拓创新，深入推进全年各项工作开展，较好地完成了各项目标任务。

【税收收入情况】 全年累计完成各项税费收入165137万元，完成年度收入目标170000万元的97.14%，累计完成税收收入161852万元；完成地方公共财政预算收入84379万元，完成年度地方公共财政预算收入目标86400万元的97.66%。第五稽查局完成查补收入19788万元，完成全年稽查任务18300万元的108.13%。

【费金收入】全年累计组织各项费金收入3285万元，其中教育费附加1480万元，地方教育附加986万元，税务部门罚没收入19万元，残疾人就业保障金686万元，工会经费114万元。

【税收收入特点与分析】受税源户迁移影响，本年度组收工作于11月底截止，全年累计完成各项税费收入165137万元，减收24659万元，同比下降12.99%；累计完成地方公共财政预算收入84379万元，减收18594万元，同比下降18.06%，主要减收因素为“营改增”政策影响以及税源户数量减少。营业税本期收入19288万元，上年同期33588万元，减收14300万元，同比下降42.57%；税源户截至11月底共有正常户3638户，上年同期4034户，减少396户，同比下降9.82%。并且近年来受国际经济复苏乏力影响，外国企业常驻代表机构数量逐年递减，待注销户数量始终维持在一定水平。

【营业税改征增值税】国地税联合深入推进，建立每周联系机制，实现数据实时传递共享，推进代表机构“营改增”全面试点工作无缝衔接。协同东城、朝阳两区国税局，落实纳税人已领用发票缴销工作。宣传辅导及时跟进，召开重点户及知名会计师事务所参加的宣讲会。通过手机短信、二维码、《致“营改增”纳税人的一封信》、呼叫中心提醒等方式，及时告知纳税人“营改增”相关政策、要求及各项工作时间节点。

【税收法治】定期总结政策要点，并编制《政策解答纪要》发布全局，作为执法政策指引。制定并发布《第五稽查局重大税务案件集体审理办法》，规范重大税务案件审理工作。梳理案件审理要点，通过分局“税收大讲堂”开展培训，讲解稽查各环节法律及规范性文件适用标准。在稽查执法过程中，针对涉案金额较大的国际金融商品转让案件，在涉税法律条文未有明确规定前提下，通过积极向业务处室沟通请示，并最终得到了税务总局层面的释义指引，获取了支持征税的批复。

【税收政策落实】召开营业税改征增值税改革工作领导小组工作会议，联合东城、朝阳两区国税局及时向市局督导小组办公室反馈工作动态。制定分局《“营改增”准备工作实施方案》和《“营改增”试点改革工作应急预案》，保障分局营业税改征增值税工作顺利开展。积极开展减免税调查工作，摸底辖区税源户结构类型，科学进行分类管理，符合小微企业条件的，主动宣讲各类减免税文件，认真落实各项税收优惠政策。

【税种管理】开展外籍人员八项补贴个人所得税税收优惠执行情况检查，并认真梳理总结，以专项调研形式反馈政策需补充完善的问题。重新认定保险公司、承包商印花税申报缴纳方式，加强外籍航空公司流转税享受税收协定待遇备案管理。

【纳税服务】圆满实现窗口业务反馈满意率100%、纳税服务零投诉的目标，三大特色服务举措的推出使纳税服务工作再上新台阶。一是主动退付手续费，通过“免填单”、免上门方式退付手续费，极大地方便了纳税人，累计为617户纳税人退付手续费2077万元。二是容缺受理服务，为减少办税人员路途往返时间，对主要材料完整但不能当场提供非法定材料的，现场受理办结，5个工作日内由纳税人回寄材料补正即可。三是推送办税集中度信息，根据服务窗口每日分时段业务办理情况，制作分时《办理业务高峰柱状图》，在办税服务大厅显示屏及外网网站上推送，提示纳税人错峰办税，同时对耗时较长的涉税事项提供预约服务。

【税收征管】一是夯实税源分类基础，每月从系统查询所有税源户数据，落实分类管理和代表机构管理办法要求，按照注册登记类型、行业标准、总机构所在地等9类标准进行分类，并按照税种登记、减免税申报、享受协定待遇等5类情况进行标识，实行税户集中、分事项管理，并统一标准和裁量权，实现规范化管理。二是完成日常催报催缴，每月末通过手机短信对未申报户进行提示，每月初查询上月未申报和申报入库不一致名单，对未申报户邮寄《税务事项通知书》，通知纳税人进行申报；对申报入库不一致的，通过电话进行核实，对确属申报未入库的，下发《责令限改通知书》进行催缴，对申报数据错误等其他原因的按规定处理，并建立台账登记处理结果。三是开展税务约谈和日常检查。按照风险管理要求，通过核心征管系统的申报告知模块进行提示，告知纳税涉税风险，提示纳税人、扣缴义务人进行自查并上报自查情况。通过风险提示、税务约谈、日常检查等手段，促使109户纳税人补缴税款和滞纳金4352万元。

【大企业税收服务与管理】三级重点税源户295户，主要以金融、保险、银行以及律所等行业领域为主，全年对其组收11.74亿元，占全局总收入的71.1%。分局定期实行局领导走访制，深入了解重点税源户的经营情况，并提供全方位的政策送达与宣讲。建立分类管理台账，税源重点户由专人进行管理，每月进行税收数据更新与完善，确保做到"抓住户、管住数"。

【国际税收管理】一是加强非居民享受税收协定待遇管理，联合国税局举办享受"国际运输协定待遇"纳税人专题辅导会，完成54名享受税收协定待遇非居民纳税人的申报受理，并全面梳理88家外国航空公司所属国家与我国签订的税收协定情况。二是开展外籍个人零申报专项核查，通过对市局推送的2015年12222人次外籍人员零申报数据进行分析整理，划分风险层级，集中精力开展核查工作，通过纳税提示、税务约谈和日常检查等方式，促使有关纳税人补缴税款及滞纳金共计4052万元。三是开展外籍个人八项补贴税收优惠政策执行情况检查，并发现部分外籍人员自行扩大免税补贴范围、发票使用不规范、薪酬待遇隐形于各类发票之中、补贴金额缺乏"合理标准"四大类问题，促使相关外籍人员补缴税款、滞纳金、罚款共计1099万元。

【税务稽查】全年完成查补收入19788万元，完成全年稽查任务18300万元的108.13%，立案85户，结案83户。主要工作包括：一是稽查规范化建设有成果，将本年确定为分局稽查工作规范年，全面规范稽查各方面工作，重新制画稽查选案、检查、审理、执行四环节及相关各项工作流程图30个，规范《检查报告》《检查工作底稿》等文书格式内容，明确提出《大要案工作日志》制度，从基础入手，规范稽查检查工作细节。二是防控执法风险有创新，结合稽查工作实践，编撰颇具指导性的《个人所得税常见疑点及廉政防控检查指引》。三是大要案查处有成效，充分发挥局长带队办案的优势，完成督办案件某国际联合基金公司的检查工作，此案的查处规范了该类金融机构金融商品转让的纳税行为，是分局成立以来查补数额较大的案件之一；查办了首例对外籍人员境外分红征收个人所得税案件，为央视《朝闻天下》栏目提供素材，其对此进行了采访和报道；对发现的某国际知名科技公司126张假发票进行了补税处理；追缴某国际知名车企印花税250万元；成功查办某企业使用假印花税票案件，并移送公安机关处理；在影视业的行业专项检查中，探索利用外调取证的方式进行协查，梳理出影视业高收入个人的涉税疑点，取得了较好效果。四是开展联合办案有实招，与国税部门一起梳理、共享大企业集团的涉税数据，组建团队联合开展大企业税收风险的统筹分析和应对工作。双方共同制订抽查计划、选取抽查对象，协商确定联合稽查对象，统一稽查步调，避免开展重复税务检查。

【电子税务管理】根据市局信息中心工作安排，对全局在用内网办公计算机进行了软件正版化的清理检查，杜绝安装各类与工作无关的程序软件，充分保障信息安全。配合金税三期工程整体部署，选派人员参与市局金税三期工程全流程各项工作。加大电子查账力度，有效发挥稽查软件的各项功能优势，充分提高办案效能。

【政务管理】全年组织大小会议 37 次，保障各类会务 107 次，及时、有序转发电子公文 265 件，处理发文 19 份。编制机构职责、工作信息、领导介绍、业务动态等政府信息公开 55 条，更新网站信息 37 条。参与起草 5 位市局领导来局调研的分局汇报基础文稿以及 PPT 演示文稿，累计完成全局各类工作汇报 15 篇。

【绩效管理】按照市局绩效工作要求，结合第五稽查局实际情况，制定并下发分局《绩效管理办法》，成立绩效管理工作领导小组，设立分局绩效办，组织实施绩效管理日常工作。多次召开专题会议，组织各部门研究、分解市局下发考核指标，将承接市局的 46 项考核指标、分局本级对下级部门 39 项考核指标全部分解、定责到位。制定分局《机关个人绩效管理实施细则》，开展分局个人绩效管理工作。

【财务管理】顺利完成部门预算工作、“三代”手续费退付工作以及行政事业单位资产清查及审计工作，上报各类报表 33 张。严格把控“三公”经费支出，切实管好、用好各项公务开支，切实提高经费使用效益。

【政府采购】严格按照《政府集中采购目录及标准》规范政府采购行为，不断加大监督管理力度。全年购买会议服务 1 次，签订物业补充合同 1 份，支付互联网使用费用 1 笔，购置各类专项用品 9 次。

【人事管理】分局有 11 个科室所，2 个行政科室（办公室、人事政工科），2 个业务科室（业务科、审理科），5 个检查科，2 个税务所（纳税服务所、税源管理所）。班子成员一正五副。按“三定方案”分局人员干部编制 88 人，工勤编制 8 人，合计 96 人。分局在编人员 58 人，平均年龄 42 岁。全年提拔正科级领导干部 4 人、晋升正科级非领导职务 1 人。

【教育培训】组织 21 名干部参加市局稽查处和国际税收研究会组织的稽查岗位人员业务培训，55 名干部参加贯彻五大发展理念网上专题轮训班，依托分局“税收大讲堂”，结合税收征管改革和税务稽查检查工作需求，分别组织全员开展金税三期工程系统操作、稽查业务专项学习等系列培训工作。

【执法督察与内部审计】积极推动各部门落实内控主体责任，为分局督察内审体系的有效运转提供有力保障。持续开展税收执法督察工作，充分利用现有的信息化工作平台，采取全面自查与集中评查相结合的方式，有效开展税务行政处罚案卷评查工作。结合绩效考核，实现对督察内审结果的有效转化。

【党建工作】以党组中心组学习为龙头，以践行社会主义核心价值观为引领、以落实“三严三实”为总体要求，认真制订理论学习计划，带动全体党员学习，教育引导党员增强党性修养。成立分局“第一党支部”，将全局 38 名党员划分为5个联合党支部，完善对全局党员领导干部的党内监督机制。严格落实“三会一课”制度，局领导带头讲党课。组织“三严三实”专题座谈、“税收大讲堂”等活动，为全局干部交流思想及征管、稽查经验提供良好平台，及时解决日常工作中遇到的问题。

【纪检监察】加强对党风廉政建设的深入推进，党组积极担负起主体责任，通过一级抓一级，一级带一级，一级做给一级看，一级带着一级干来推动分局党风廉政建设的深入落实。多维度开展学习教育，筑牢廉政思想防线，定期开展党风廉政专题会，学习党中央全会精神和习近平总书记系列讲话。

【后勤管理】建立物业、食堂定期巡检制度，打造物业维修工作快速反应机制，防止各类隐患发生。

【税收宣传】通过宣传及时、全面、准确地报送工作动态、工作创新、特色活动等各类信息，反映积极创新、锐意进取的工作纪实。全年共刊发信息63篇，向市局报送信息44篇，9篇被市局领导批示。积极向《中国税务报》等报纸刊物投稿，3篇稿件被《中国税务报》刊登，3篇被《北京地税》采用。

【税收科研】完成对《VIE架构中涉及的个人所得税问题探讨》《关于外籍个人八项补贴有关政策执行情况的探讨》两篇调研成果转化，分别在《国际税收》《调查与研究》刊登。

【税务文化】围绕服务税收中心工作、服务队伍建设两大任务，分局工会充分发挥桥梁纽带作用。利用分局图书室功能，广泛开展读书、荐书、评书以及书法、摄影、艺术鉴赏等文化活动，陶冶干部职工情操，满足干部职工的精神文化需求。

（李　超）

北京市地方税务局第二直属税务分局（西站分局）

【概述】北京市地方税务局第二直属税务分局（西站分局）成立于2014年6月6日，负责税务总局定点联系企业在京成员单位等大企业税收风险管理、税务审计和个性化服务以及西站地区地方税收的管理工作。2016年9月，经编制和职能调整，北京市地方税务局第二直属税务分局（西站分局）主要职责为：负责市级重点联系企业在京总部及成员单位的税收风险管理和个性化服务工作，配合市局大企业管理处完成税务总局交办的大企业管理相关工作任务。目前办公地点位于北京市西城区莲花池东路100号，内设办公室、人事政工科、综合业务科、数据情报科、风险识别科、风险应对一科、风险应对二科、风险应对三科、风险应对四科、复审评价科。

【税收收入情况】2016年全年入库各项税费收入5.1067亿元，其中大企业税收风险管理工作完成各项税费收入3.7219亿元，西站辖区税源实现各项税费收入1.3848亿元。

【税收法治】建立健全法制工作制度流程。完成了《北京市地方税务局第二直属税务分局大企业税收风险管理工作规范》及5项管理办法的制定工作。完成了西站分局执法岗位设置、有执法资格人员情况统计以及人员与岗位的关联。完成了大企业工作与金税三期工程系统“纳税评估”模块对接。

【税收政策落实】针对大企业管理中遇到的滞纳金和罚款等行政处罚事项，认真对照《税收征管法》及其实施细则和《行政处罚法》有关条文，结合实际提出执法建议，并反复与市局沟通，力争使行政处罚工作合法、合理、合情，提高税收执法公信力。

【大企业税收服务与管理】突出集团化、个性化特点开展大企业服务。一是积极协助企业建立、完善税收风险内控机制。二是创办“大企业税收风控沙龙”，融管理、服务与宣传于一身，税务干部与企业财税高管共同在舒适轻松的环境中，通过政策讲解、小组讨论、分享交流等形式开展互动，增进交流。三是根据企业集团特点和需求组织了对清华控股和保利集团总部及其下属共189家企业财务、税务部门负责人的集中培训。四是对企业纳税工作中的问题及时分析与反馈，起到“直通车”的作用。发现大众集团存在“中德税收协定”条款翻译差异引起的纳税问题，及时予以上报，得到妥善解决。分局受到企业高度赞扬。扎实开展大企业税收风险管理实施工作。分局组织开展了税务总局千户集团的第1~5批风险应对、数据采集、名册核实、风险指标研发、专项调查，以及50户市局重点联系企业第1~2批风险管理、问卷调查等10余项大企业重点工作任务，涉及79个集团1万余户成员单位。按照全行业、地税全税种口径向市局重点联系企业发起风险识别事项275个，确认应补缴税款31140万元；5批税务总局千户集团风险应对任务发起风险识别事项51项，确认大企业应补缴税款21122万元；合计确认应补缴税款52262万元。

【政务管理】加强信息工作，为领导决策提供支持。围绕税收中心工作，以大企业税收管理为重点，强化信息情报意识，积极拓展调研型专报信息和经验交流专刊信息的采集和撰写，有效提升采用率，为领导决策提供依据。强化制度建设，打牢行政管理基础。制定《北京市地方税务局第二直属税务分局关于全面梳理完善管理制度工作方案》，召开4次领导小组会议，全面部署落实制度梳理工作，对分局制发的200余份文件，以废、改、立、留的标准予以明确并落实。修订制度58个，补充完善制度16个，最终梳理出90个工作制度，并制作成《北京市地方税务局第二直属税务分局制度汇编》，方便使用和落实。

【绩效管理】指标设置切合工作实际。2016年，市局考核分局的指标为24项，均为共性指标，指标分值992.5分。包括月度指标2项，季度指标10项，半年指标4项和年度指标8项。其中：“大企业税收服务与管理工作”为市局单独考核直属二局指标。考评分析促进过程管理。2016年分局组织绩效成绩在直属局排名第4位，成绩一档，较2015年上升了3位，一方面由于失分下降幅度（68.77%）小于加分下降幅度（34.52%），另一方面指标分值和数量都进行了缩减调整。结果运用调动积极性。2016年，全局共考评51人，考评覆盖率为92.73%。严格落实差异化要求，并将结果运用到干部年终考核当中。

【财务管理】认真做好年度预决算工作，同时注重总结经验和问题，撰写工作报告，为领导决策提供服务。落实2016年市纪委关于开展“为官不为”“为官乱为”问题专项治理工作部署，成立专项整治工作领导小组，对2013—2016年6月分局政府采购笔数、金额等进行了自查整改。修订完善了《第二直属税务分局固定资产管理办法》，并认真开展固定资产清产工作。

【政府采购】2016年分局政府采购工作，严格执行《北京市2016年政府采购集中采购目录及标准》。按规定开展协议供货和定点服务采购。共发生政府采购94.53万元，其中：协议供货采购41.54万元，定点服务采购53万元。切实做到应采尽采。

【人事管理】2016年9月，分局落实“三定方案”并于12月进行全局机构调整，共设10个部门，其中政工科室2个，分别为办公室、人事政工科；业务科室8个，分别为综合业务科、数据情报科、风险识别科、风险应对一科、风险应对二科、风险应对三科、风险应对四科、复审评价科。全年分局共有干部职工71人（其中公务员68人，工勤人员3人），男34人，女37人。平均年龄43岁。处级领导6名，处级调研员3名（1名兼任），副处级调研员1名，科级领导19名，其中正科级8名（含工会副主席1名），副科级11名。博士研究生1人，硕士研究生12人，本科56人，大专1人，高中1人。全年晋升正处级非领导职务1人，副处级领导职务1人，提任主任科员3人，岗位轮换10人次。

【教育培训】组织参加系统税收英语口语大赛、新东方税收英语培训、总法律顾问选拔培训班等各类培训32人次，圆满完成了全员干教网的学习，组织了全局61名干部“学习贯彻五大发展理念”网上轮训班。于5月9日—13日利用五个半天的时间，以全员集中脱产的方式开展了“业务培训周”。10月17日—21日在局内举办了为期5天的全员更新知识培训班。组织了行政管理、征管评估、信息技术三个岗位共10人参加的“岗位大练兵、业务大比武”活动，赵红欣获得了征管评估岗位第6名的好成绩。

【执法督察与内部审计】组织开展执法和效能监察与检查工作。纪检监察部门联合业务一科，开展了西站税务所税收征管执法和效能监察检查工作，内容包括：税收优惠政策落实情况、涉税审批事项办结情况、税票供应、管理情况等。

【党建工作】深入开展“两学一做”学习教育。通过制定实施方案、召开动员大会、传达学习文件精神、党组书记和支部书记上党课、更新知识培训安排《党章》、习近平总书记系列重要讲话精神和《条例》解读、先后组织到国博、昌平明镜昭廉、乐视公司、军博等地参观开展党日活动、撰写心得体会、编辑简报等形式，在严明学习纪律的基础上不折不扣地完成了阶段性的学习任务。组织在职党员撰写学习心得体会，开展学习教育主题征文及合格党支部建设规范和合格党员规范大讨论等活动。以建立“双联系”制度为抓手，进一步密切党群关系。建立了局班子成员联系支部、党员联系群众的“双联系”制度。按照分局党总支的党员干部比例分配布局，明确要求每两名班子成员联系一个支部，每两名党员联系一名群众。让群众切身感受到党组织的关怀和自身的存在感。以开展党费自查为契机，培养党员党性意识。由党小组长上门收缴党费改为由党员个人每月自算并主动上缴党费，并及时公布党费缴纳情况，从缴纳党费的自觉程度上衡量和培养党员和党性意识。以创新教育形式为动力，进一步强化教育效果。利用“微令”这款指令管理软件，创建了“两学一做”移动教育平台。在软件论坛模块上开发了“两学一做”学习教育专栏，上传学习教育内容，分为党章党规、支部专题、学习动态、学习资料、体会交流等板块，开展随时随地学习交流，并引导广大党员干部利用手机发表体会、论文和意见建议，较好地解决了干部在大企业管理过程中不便集中学习、查阅资料、学习交流的问题，开创了学习教育新局面。

【纪检监察】建立廉政会商制度，强化党组对党风廉政工作的领导和统筹部署。制度规定：每季度召开一次廉政会商会议。参会范围为党组书记、党组副书记（党总支书记）、纪检组长和其他有关人员。廉政会商工作方式是分局的创新，受到市局的高度评价，同时有效加强了党组对党风廉政建设工作的领导和统筹部署。落实廉政谈话制度，对各级领导班子和领导干部开展教育预防工作。一是对拟选拔任用和考察的干部进行任职谈话。二是结合“两学一做”教育，针对落实“两个责任”局领导与中层领导深入开展集体廉政教育谈话。三是对廉政风险高发的大企业审计部门、公车管理部门的领导干部及全体司机进行廉政警示谈话。四是针对市局函询件和转办举报件涉及的干部进行廉政诫勉谈话。今年共开展了以上四个类别5次廉政谈话，涉及22人次。落实廉政回访制度，将廉政监督关口前移。在大企业税务审计的同时，开展回访工作，将廉政监督关口前移。加强党建工作纪律维护的监督。重点开展了“税务干部违反有关规定从事营利活动”专项监督检查活动，全局10个单位74人全部填写了自查表，并签字确认，尚未发现有违反有关规定从事营利活动的人和事。

【后勤管理】对维修改造后的办公区域进行检测、治理，营造舒适、健康、方便的工作环境。通过检查《车辆使用申请单》《车辆运行管理台账》、车辆行驶公里数和加油卡储值余额等情况，确保公务车使用符合廉政规定。按照食药局的相关要求，加强职工食堂日常管理，确保卫生健康要求。分局食堂被北京市食品药品监督管理局铁路车站地区分局评定为2016年度B级三星优秀等级餐饮场所。

【税收宣传】加强税收宣传工作，树立地税良好形象。通过发挥各部门合力，围绕重点工作的开展和成效，加大宣传报道力度。《银行业大企业税收管理的思考与展望》《浅谈英国、澳大利亚税务管理中的大企业管理体系》及《落实风险管理导向探索大企业管理新措施》三篇优秀文章和12幅宣传照片被《北京地税》刊用。积极投入全国第25个税收宣传月活动，组织开展了“税法宣传上高铁”活动，并联合西站地区管理委员会及西站国税局共同举办了税法知识讲座活动，均被《中国税务报》报道，社会反响良好。

【税收科研】深入开展调查研究工作，成果转化率高。全年撰写调研文章10篇。其中与国税五局联合撰写的《如何加强我国银行业大企业税收风险管理》被《中国税务》刊载；局长课题组撰写的《英澳税收数据“仓库”的启示》被《中国税务报》刊发，另《关于银行大企业涉税风险管理的思考及展望》及《银行业大企业税务管理之缺陷》分别被市局《调查与研究》及《中国税务报》刊发。

【税务文化】坚持开展廉政文化创建活动。监察部门在分局内部坚持创办电子刊物《党风廉政工作专刊》，全年共刊发15期，向干部宣传重要廉政会议精神，反映分局廉政工作动态。

（白春铭）

社会团体

北京市国际税收研究会

【概述】北京市国际税收研究会办公地点设在朝阳区团结湖东里甲10号，主要负责北京市国际税收学术研究工作，是经北京市社会团体登记管理机关核准登记的民间、群众性学术团体。本会现有理事155人，常务理事65人，团体会员80个，个人会员76个。本会下设办公部门5个：秘书处、理论调研部、宣传培训部、联络部、信息资料部。2016年末，驻会工作人员18人，其中在职人员7人（包括处级以上干部3名、科级干部1名和司机3名），税务系统离退休人员5人，外聘人员6人。2016年在市局党组的关怀和领导下，在全体会员共同努力下，北京市国际税收研究会认真学习贯彻党的十八届三中、四中、五中、六中全会精神，紧密结合税收工作实际，认真做好各项工作，召开北京市国际税收研究会第四届第四次会长会议，圆满完成了理论研究、宣传培训、社会组织年检等重点工作，通过北京市民政局2015年度的年检，参加四年一次的"争创全国国际税收研究会先进单位"的评选工作，并再次获得"全国先进国际税收研究会"荣誉称号。

【理论调研】一是专业性理论调研工作成果显著。按照北京市地方税务局2016年总体工作部署，围绕中国国际税收研究会"立足新起点、谋划新发展"的工作要求，组织完成总会下达调研课题"大企业风险管理工作实践研究"，得到总会综合课题组高度评价："北京地税的纵向联动、横向互动、内外协作模式的做法值得肯定。"二是组织各区（分）局、有关大学和税务中介、企业会员结合北京市税收工作开展"北京环境保护税征管改革研究""冬奥会税收政策研究"及"深化国、地税合作研究"三项调研课题。三是申报北京市社科联重点论文集项目获得批准资助。编辑整理73篇理论调研入选《2014年度理论调研文集》，完成出版发行。四是组织召开部分大专院校教授专家、市地税系统基层单位调研业务骨干调研工作务虚会，研究探讨2017年度理论调研工作开展思路。五是配合中国国际税收研究会到本会实地调研。中国国际税收研究会会长王力、原会长卢仁法等领导参与调研，北京市地方税务局局长杨志强、党组书记刘江平、总经济师沈永奇等领导陪同调研，中国国际税收研究会会长王力在调研中充分肯定本会多年来所做的工作和取得的成绩，并提出希望和要求。

【《国际税收参考》编辑出版】《国际税收参考》2016年共出刊13期，总编至188期，编辑国际税讯热点25篇，共刊登各类税讯439篇，约31.2万字。围绕G20峰会的涉税问题出专刊1期。纸质刊物每期送达约280份，电子刊物发送100份。分别发送给国务院发展研究会中心、中国国际税收研究会等单位；市委、市政府、市政协等领导；市局领导、各处室、各区（分）局领导、理事和调研员；企业、中介和大学的理事及兄弟省市研究会等。同时，完成了2016年

《分类目录》及2016年《国际税收参考》合订本电子版的编辑工作。在北京地税内网发布的《国际税收参考》点击量为380人次。另外，在中国国际税收研究会12月召开的全国“2016年度国际税收信息资料工作会”上，有关领导对本会工作给予表扬，对《国际税收参考》这些年来优质的创办质量、畅通的宣传渠道和服务层次与效果给予了充分肯定。

【税法宣传和培训】 一是按照社会组织4A等级资质要求，从事政府购买服务。为贯彻落实北京市地方税务局《纳税服务现代化五年工作规划（2014—2018年）》及《关于进一步加强北京市地税系统纳税辅导相关工作的指导意见》工作计划的要求，2016年为北京市重点税源单位法人及外资企业财务主管人员组织纳税辅导培训24期，共有3755人参加，收回意见调查表2320份，约占参训人数的62%，各项满意度均超过93%以上。二是组织系统内公务员的培训22期，共有2097人参加培训，受到广大干部好评，含盖全市22个区（分）局及直属单位。三是向市社科联申报了2016年“对纳税人税收政策培训辅导”社会组织公益行项目，首次通过审核认定，并获得该项目的资助。四是与北京注册税务师协会一起为中介事务所组织了反避税专题培训，聘请原税务总局国际司反避税处人员担任主讲嘉宾，共有33名税务师事务所所长、业务骨干参加培训，并就BEPS行动计划、转让定价等热点问题进行研讨和交流。五是与基层国税、地税务机关共同组织开展“走出去”企业税收政策及“营改增”专题培训。

【服务社会，拓展外联平台】 一是积极参加市社团办、社科联、民交协、民促会等单位组织的活动，学习、观摩，广泛与社会各界开展联系、交流和沟通，赢得专业主管部门等多方面的指导，不断提升服务社会的综合能力；二是筹建不同界别会员单位核心组，制订计划，组织会员单位开展活动；三是接待香港税务学会到访，由本会领导及市局相关处室负责人共同接待了香港税务学会访京团，座谈了解北京市经济社会发展情况，更好地推动两地业界交流合作，同时对两地共同关心的问题进行交流；四是协助组织地税系统税务干部一行14人赴台，与台湾中华工商税务协会、中华税务会计教育基金会等同行就两岸税收制度、纳税人权益维护、互联网在税收管理中的作用等进行交流和研讨；五是按照北京市社科联要求，报送本会2010—2015年大事记活动内容，并积极参与社科联组织开展的“北京社会组织公益行”系列活动，定期向社科联报送纳税人培训情况等总结、信息13条；六是积极参与北京市民政局2016年“诚信建设行”活动，主动张贴《公开承诺书》，公开信息内容，报送活动情况报告，并荣获“北京市社会组织诚信建设争创单位”；七是积极发挥对外联络作用，加强部门合作，服务会员单位。协调市局财产行为税处与会员单位召开土地增值税征管2016年7号公告落实工作座谈会；八是加强与主管单位的沟通交流，请北京市社科联领导到本会实地调研指导，鼓励本会在继续保持获得的全国社科联先进学会表彰和重点资助项目的基础上，再创佳绩。

【支部建设】 北京市国际税收研究会党支部认真组织落实市局机关党委布置的各项工作。根据人员变动情况，及时增补选支委，完善支部委员分工，加强支部建设。组织党员和驻会人员参观，学习党的十八届三中、四中、五中、六中全会精神；参与和谐社区建设，开展帮扶助困、对社区军烈属和贫困儿童提供资助、向社区活动中心捐赠图书等活动。

（赵为真）

北京市地方税务学会

【概述】北京市地方税务学会是由北京市地方税务局联合社会有关单位自愿共同发起成立、经北京市民政局核准登记的非营利性社会团体法人，具有独立法人资格。办公地点设在朝阳区裕民路12号院C3座。2016年底，驻会工作人员共计23人，内设培训部、调研部、业务部、编纂部、事业发展部及办公室。学会共有理事133名，常务理事46名。2016年，学会在市局党组和市社团办的正确领导下，全面贯彻党的十八大精神，围绕全面推进税收现代化的主题，以改革创新和服务地方税收工作大局为主线，积极创新服务方式，改进服务方法，丰富服务内容，提高服务质量，顺利完成了学会2016年的各项工作任务。

【高质高效完成调研课题】学会按照市局调研工作会议的要求，以完善的组织，创新的方法，严谨的态度，高质的标准，扎实开展课题研究。一是确定2016年度调研课题。年初学会领导和调研组成员积极联系市局分管调研工作的研究室及各相关处室，按照市地税局2016年工作重点和热点问题精心选择课题内容，力争在调研课题的选题上紧密与税收工作实际相结合，使学会的调研成果能够在促进征管改革、改进行政管理、加强党的建设和队伍建设等方面起到服务、借鉴作用。经过认真筛选最终确定2016年3个调研课题，即关于落实党风廉政建设主体责任的思考与实践；关于以风险管理为导向构建税收信用管理体系的思考；运用互联网+思维和大数据加强高风险纳税人定向稽查的研究。二是认真组织开展调研工作。按照学会调研课题项目管理的方式，3个课题在确定以后尽快落实到责任人，成立项目组明确项目负责人。各个课题在项目负责人的组织下积极开展工作，有的课题组认真研究课题框架，形成提纲，参阅大量文献资料，开展座谈走访，丰富内容；有的课题组积极与相关工作处室沟通研讨、认真听取处室领导和一线干部在专业领域方面开展工作遇到的问题、面临的困难、对问题的思考以及一些设想，拓宽了课题的研究思路；有的课题组按照委托方的要求，积极利用外脑智库，配合第三方做好服务，认真参与课题内容的研究讨论，提出意见和建议。“关于落实党风廉政建设主体责任的思考与实践”课题代表市局参加了市委的座谈研讨会，得到了市委有关部门的充分肯定。学会领导对每个课题从开题、内容讨论以及工作进展情况都十分重视，亲自组织，具体指导，为课题把握方向，确保质量。三是工作按照时间进度圆满完成。在各个调研课题负责人的认真组织、精心安排下，课题组成员克服了各种困难和不利因素，圆满完成撰写、专家评审和结题工作，获得了主管部门和评审专家的高度评价。

【认真培训获得企业好评】积极开展税收政策培训工作，认真落实市局《北京市地方税务局关于组织纳税人培训有关问题的通知》精神，结合学会工作特点和多年的工作经验，积极探索纳税服务社会化，加快了纳税服务社会化的进程，使培训工作更加规范，更加深入。一是培训流程得到规范。按照市局的工作部署，在广泛征求纳税人意见的基础上，制订2016年度的培训计划报市局；市局与学会每季度签订一次委托辅导协议，由学会负责组织实施。按季度报送辅导评估总结，按月报送完成情况表。二是培训模式呈现多样化，以满足纳税人个性化需求。采取社会各界广泛参与、培训方式灵活多样的培训模式，重点组织集团、总公司专题培训；高端行业的专项培训；市属国有企业高端财务人员的培训；将会员单位培训纳入了日常培训中。三是培训内容紧扣热点。根据新的税收政策不断出台，培训内容主要是“营改增”一系列相关税收政策、企业所得税等其他税收新政。培训内容既有宏观经济形势与税收发展趋势，又有税收新政策与具体实操。主要特点：根据“营改增”所涉及的相关税收政策多、出台时间紧、涉及面广的特点，2016年的培训工作与往年相比，突出表现为：一是时间紧，集中在第二季度；二是人员多，大部分培训班人数都超出了计划人数；三是师资少，由于“营改增”涉及面广，授课教师尤为忙碌，请教师比较困难。针对以上特点，学会积极协调各方，邀请到高水平的教师进行授课。2016年学会共组织各类培训16期，培训人员2534人。2016年培训工作取得了良好的社会效益，得到了广泛的好评。

【税收政策汇编得到社会认可】为了满足广大纳税人及时了解北京地方税收政策动态方面的需求，北京市地方税务学会继续承办北京市地方税务局纳税服务中心的北京地税网站“税收动态”栏目。通过采集、汇编、上传等工作环节，对地方税收政策的文件逐一进行分析、比较；在分析的基础上，按原文叙述文件核心内容；用通俗易懂的语言，对同一问题的文件从政策演变角度进行比较，并在比较中进行点评。最大限度地满足了广大纳税人对新政策的学习和理解，为纳税人提供了便捷学习税法的途径。截至2016年底，共上传121期，累计访问人数达到453169人次。2013—2016年10月，上传共32期。10年来，地方税务学会对“税收动态”栏目的管理，制定了相关的制度和工作流程。税收政策解读栏目在税法宣传、服务纳税人方面发挥了重要作用，也得到纳税人的认可与欢迎。

【北京市《地方税务志》通过终审】2016年是《北京市地方税务志》终审成书的一年。去年9月已将《北京市地方税务志》全书初稿完成，并正式报送市志办进入审查程序。至此，编纂办按照《编纂方案》和市局党组的要求，圆满完成了志书成稿任务。《北京市地方税务志》全书完成了初审、复审、终审三个阶段。市志办召开终审会，对市地税局的志书进行了审议。经与市志办人员及时沟通协调，召开了终审会，会上一次通过终审并给予了高度的评价，认为《北京市地方税务志》比较客观、翔实地记述了国家分税制管理体制改革以来十几年的历史变化过程。在内容上业务性比较强，紧密结合北京市地方社会经济发展，反映了地税局的职责特点，这在全国来讲也是一个亮点。评价《北京市地方税务志》政治观点正确，总体结构完整，篇章布局清晰，内容丰富，资料翔实，数据可靠，图文完整，记述规范，语言流畅，是一部专业性比较强，质量比较高的志书。同意北京市地方税务局单独成志，题目是：《北京志·地方税务志》，使用的是本会上报志书的原名。《北京志·地方税务志》终审通过，标志着此书的编纂阶段结束，转入出版阶段。

【学会建设稳步发展】一是顺利召开会员大会。北京市地税局副巡视员杨文俊，北京市社团办相关领导出席会议并讲话，学会会员及社会各界代表100余人参加了会议。大会审议并通过了学会2016年度工作报告、2015年度监事会报告。二是完善学会工作制度。为了适应财政预算改革的要求，按照“政府向社会力量购买服务”及市局调研及培训经费的管理规定，制定了《北京市地方税务学会调研经费管理办法》，该办法从管理方式、经费使用及支出范围、财务管理程序等方面进行了进一步的规范。三是通过年检年审工作。学会严格遵守财务制度和学会内部管理制度，在接受、使用调研费及培训费等资金过程中，严格按照制度规定审核和手续办理。严格履行学会自身纳税义务和个人所得税代扣代缴义务。按照市社团办年检规定，提交由专项机构审计以及各项年检报告、有关资料，接受了全国税务系统有关培训经费对北京市地方税务局延伸审计，并通过了年检及年度财务审计。

【“两学一做”学习教育活动】按照“两学一做”学习教育活动的要求，结合学会人员和工作的特点，组织全体党员开展了“学党章党规、学系列讲话，做合格党员”的学习教育活动。首先，通过学习党章、《中国共产党廉洁自律准则》《中国共产党纪律处分条例》等党内法规，明确基本标准、树立行为规范，引导党员牢记党规党纪，牢记党的优良传统和作风，尊崇党章、遵守党章、维护党章，坚定理想信念。深刻认识习近平总书记系列重要讲话是中国特色社会主义理论体系的最新发展，深入领会其丰富内涵和核心要义，进一步增强党员干部政治意识、大局意识、核心意识、看齐意识，坚定正确政治方向。其次，组织多种活动，学习取得实效。一是创新学习形式，为每个党员建立了学习资料库，学习资料人手一份，对学习的重要内容进行要点归纳，及时补充；建立学会党员学习微信群，对学习的内容和要求进行提示。确保学习教育活动的开展和取得良好的效果。二是组织收看了由国防大学与陕西省委联合出品、中国艺术研究院等联合摄制的纪录片《重生》。纪录片从“使命”“火种”“抉择”“淬炼”“缔造”五章节，从多个角度，再现了我党在绝境中凭借信念和精神的力量，获得重生的艰难历程，使学会的每个党员受到深刻的教育。三是组织参观长征80周年纪念展览。四是组织党员献爱心活动，使学会全体党员用自己的实际行动体现共产党员的先进性，弘扬中华民族关爱他人、扶贫济困的传统美德。

（杨素珍）

北京税收法制建设研究会

【概述】北京税收法制建设研究会（以下简称研究会）是由北京市地方税务局、北京市国家税务局、北京市财政局、北京市投资促进局、北京市国资委、北京市文资办、中关村管委会及中国政法大学财税法研究中心八家单位发起，经北京市法学会和北京市民政局批准成立的社会团体法人，具有独立法人资格。截至2016年底，本会共有理事会员单位129家，个人会员249名。下设办公室、联络部、编务部、研究部、培训部、财务部、保障部和会员服务部8个办事机构，2016年底驻会工作人员15人。办公地点设在西城区新街口西里一区10号楼。

【工作宗旨】 服务首都科学发展、服务税收法制建设、服务税制改革、服务会员。

【主体任务】 课题研究、学术交流、税务培训和“税典通”服务系统建设。

【第一届三次理事会】 2016年4月8日，研究会召开了一届三次理事会，常务副会长王京华作《北京税收法制建设研究会第一届第三次理事会工作报告》，全面总结了研究会2015年工作开展完成情况，部署了2016年研究会重点工作；监事会监事肖慧宗作《北京税收法制建设研究会2015年财务预算执行情况》的监事报告；联络部部长秦德海作《会员发展与变更情况的报告》，会议听取审议并通过了三个报告；增选高瑞君、刘航、焦建华三位为副会长；选举张兴明为秘书长。会上，北京市法学会党组书记苗林充分肯定了研究会在服务首都税收法治建设、促进地方税制改革、服务上级部门科学决策、解决纳税人税收实际难题等方面所发挥的重要作用，以及为法治北京建设和首都社会经济发展所做出的贡献。并在通报市法学会2016年重点工作的基础上，对研究会工作提出以下希望：要始终坚持学术研究的正确方向，进一步提高课题研究的针对性和实效性；要继续办好特色品牌论坛，加大学术研讨与交流力度；要进一步提高税务培训水平，有效服务税收管理工作；要进一步加强研究会规范化建设与管理，探索建立符合学术团体的工作机制，力争将研究会建设成学习型、协同型、智库型、国际型的“四型研究会”。

【专项课题研究】 2016年，按照建设“四型研究会”的工作目标及“四个服务”的工作理念，重点开展了三项课题研究工作。一是与中国银行业协会合作开展的《银行业增值税制度研究》课题（以下简称“银行业”课题），旨在为完善银行业增值税政策、落实结构性减税、反映银行业“营改增”试点效果，提出税收政策建议。二是受中国经济改革研究基金会和北京市地税局委托的《我国一线城市存量住房交易税收政策效应分析研究》课题（以下简称“存量住房”课题），积极研究分析新常态下我国一线城市如何完善存量住房交易各项税收政策的建议。三是受北京市地方税务局委托，同时也得到税务总局所得税司关注和指导的《关于北京市社会保险费征缴体制改革的研究》课题（以下简称“社保费”课题），为北京市地税部门征收社保费提供有益的征管借鉴。全部课题均已如期结题，课题研究体现出以下4个突出特点。一是坚持问题导向，注重课题研究价值。所选课题紧扣“税收法治主题”，紧贴当前全面深化改革发展要求，紧密围绕供给侧改革措施、涉及税制改革和国计民生的焦点、难点问题，不仅具有一定的现实意义，还具有一定的政策前瞻性。研究成果兼顾理论前沿性和实践可行性，课题研究质量不断提升。充分体现了本会研究工作有效服务首都社会经济发展，促进地方税制改革，服务上级部门科学决策，解决纳税人税收实际难题的服务宗旨。二是注重广泛交流，增强课题服务价值。课题加大了实地调研考察力度。“银行业”课题与中国银行业协会组成联合调研组前往上海与交通银行、浦发银行等9家银行代表围绕上海市银行业改革实践经验及“营改增”后的现状、问题和配套保障措施等进行了广泛深入的探讨，并向全国各类银行发放调查问卷，对回馈的596份问卷进行了汇总整理。“存量住房”课题与北京市住建委房地产市场管理事务中心、西南财经大学、北京首佳房地产评估公司组成联合调研组赴深圳、广州，与当地地税、住建委、规土委房地产市场监管、交易、评估等相关部门座谈房地产市场和存量住房交易税收政策实施情况、存在问题及解决建议。“社保费”课题与市地税局企业所得税处、首都经济贸易大学财政税务学院组成联合调研组赴黑龙江省地税局详细了解当地社保费征管工作的基本情况，还深入实地考察了哈尔滨市南岗区社会保险费征收的实际情况，并取得市地税局赴浙江、厦门、广东省市调研考察社会保险费征收情况资料，为课题研究提供了丰富有益的一手资料和借鉴启示。三是拓宽转化渠道，发挥课题实效价值。一方面，争取在多领域权威刊物将2014年、2015年已完成的8项课题研究成果分别刊发。另一方面，积极争取决策部门支持指导。将课题报告分别报送全国人大立法委/预工委、财政部、国家税务总局、民政部、教育部等部门，为其科学决策提供了参考依据，并得到充分肯定。同时，也逐步解决了会员单位的实际问题，如股权激励政策的完善、民办教育“营改增”的计税方法、房地产业拆迁补偿费增值税销项税额的抵扣等均已形成规章得以实施。四是创新合作模式，搭建智库型研究平台。针对课题跨领域、跨专业、数据分析复杂的特点，本会积极引入外部智力资源，创新研究模式。一方面，加强研究会自身智库与社会专家专业资源的优势互补，如“银行业”课题先后邀请财政部税政司、中国银监会政策法规部、北京市金融局等政府管理部门、中国社会科学院金融研究所、院校研究机构及专业中介机构的专家参与课题研究；另一方面，组织专题研讨会，提高研究质量。

【学术交流活动】打造专业特色论坛，构建多方位交流研讨平台。在全面总结“2015·大江论坛——两岸税收法治建设论坛”活动成效的基础上，本会协同市台联、中央财经大学税务学院、市国税、地税及部分常务理事单位代表赴台协调社会资源，商确论坛主题、内容及安排，为京台两地专家学者从多方面、多角度进行研讨交流，成功举办“2016·京台税收法治建设论坛”活动奠定了坚实的基础。2016年10月31日，来自海峡两岸的90多位税务系统、高等院校、研究机构、行业协会、台商企业等财税领域、政商学界精英专业人士、专家学者及研究会会员济济一堂，围绕“京台税收法治体系建设与改革”主题，采取“研讨交流”+“专家点评”的方式进行学术交流，论改革、叙乡谊、谋发展、献良策。京台两地六位税收法治专家学者分别就“《海峡两岸避免双重课税及加强税务合作协议》建设与完善”“房地产税制建设与完善”和“营业税改征增值税制度建设与完善”三方面内容进行了主题发言，突出改革，聚焦热点，观点新颖，注重实效。通过“京台税收法治建设论坛”这座友谊沟通的桥梁，凝聚两岸专家学者的力量和共识，共享两岸税收法治创新成果，影响和带动京台两地各领域合作、交流、发展。组织征文活动，推动税收理论研究和队伍建设。本会全年共组织4项论坛征文活动，征集论文31篇。其中“第十一届环渤海区域法治论坛”9篇，“第六届京津沪渝法治论坛”8篇，“第十一届中国法学青年论坛”10篇，“2016年度京台税收法治建设论坛”4篇。对征集的论文进行评比并召开专题研讨会，邀请获奖作者阐述论文创新观点并予以表彰。至此，自2014年起研究会组织参与的各项征文活动，共获得中国法学会、北京市法学会二等奖1篇，三等奖5篇，优秀奖23篇；另外，本会还组织推荐地税系统青年会员参加第四届“董必武青年法学成果奖”活动，有效推动法治理论研究不断提升水平，不断发现和培训理论人才。

【税务培训】2016年，本会以受托北京市地税局政府购买服务的税务培训为主要切入点，着力提高会员服务水平，全年共组织917人次参加的现场政策培训7场、高端专题报告4场，视频课件网上点击率645403人次，发放视频光盘290045张。主要突出了以下五个方面的特点。增强了培训的实效性。准确把握社会热点、焦点问题，邀请税务局专业权威解读税收新政。如随着“营改增”的全面实施，研究会分别邀请北京市国税、地税专业主管及税务师事务所专家等共开展七场专题纳税辅导培训。还开展了《2015国税税收新政》《2015地税税收新政》《2015企业所得税汇算清缴》和《土地增值税政策》培训，培训及时、实用、接地气，获得了广泛好评，广大会员单位积极互动、反映强烈，受益匪浅。增强了培训的针对性。召开了由税务部门、授课专家学者和投资企业、文创企业、科技企业、总部企业等不同类型的会员单位参加的座谈会，深入了解会员单位实际需求，有的放矢地制订2016年培训计划。同时适应会员单位特殊需要，提供专属服务，如根据市二商集团、北控集团、首创集团、房地产企业的实际情况为其开展了“营改增”专题培训，获得了会员单位的好评。增强了培训的品质性。聘请国内知名学者、高管围绕首都社会经济、税收改革发展，金融、房地产市场变化，开展了系列前沿、趋势性分析高端讲座，如清华大学经济管理学院副院长白重恩的《十三五期间的中国经济增长》；北京社会主义学院副院长陈剑的《北京十三五规划（疏解非首都功能有关政策）》、清华大学房地产研究所所长刘洪玉的《供给侧结构性改革与房地产市场发展》、北京鑫税广通税务师事务所技术总监徐贺《企业重组政策及税务风险防范》和泰康资产管理有限公司总经理首席战略官张敬国的《当前金融形势与资产配置》。增强了培训的多样性。不断创新和完善培训方式，形成了聘请专家、教授、学者面对面现场授课；通过北京地税TAX861开展远程视频辅导；提供培训视频课件；以及应会员单位需求开展专题辅导等多种方式相结合的会员培训服务体系。增强了培训的受众性。本会对所有授课内容，应会员单位需求，制作标准高清课件，发布到北京地税网站供全体纳税人免费收看；同时采取培训现场发送、会员单位统一发送、合作单位协助发送及需求单位领取发送等多种形式，力争最大限度保障会员及需求方分享税务培训成果。

【优化改进“税典通”】2016年本会对37位理事个人发送了“税典通”服务系统，截至目前，共发送“税典通”224套（其中单位会员117套，个人会员107套）。同时，在广泛征求系统用户意见、建议的基础上，有针对性地改进完善系统功能，提升服务质量。一方面，对“税典通”相关模块内容进行优化，即根据用户关注度情况进行了调整，取消了“专家论坛园地模块”；对“以案说法”模块只登载社会公布的司法案例，以提高案例的公信力；对“政策解答”模块进行梳理，使之更加规范。另一方面，推进“税典通”系统推广工作。邀请市地税系统相关7个处室，西城局、朝阳局进行座谈，对“税典通”各项应用功能提出意见、建议。目前，律典通公司已按相关需求对系统进一步作了完善，待与市地税局商讨具体推广方案。

【会员交流走访】继续坚持服务会员的宗旨，在制度建设和实施中取得了新的进展。一是建立了动态的服务会员机制，经上届理事会表决，59 名会员因工作调整等原因办理退会并不再担任相应职务，增选了 3 名副会长、选举了 1 名秘书长；新发展单位会员 2 家，个人会员 33 名。截至 2016 年底，本会共有单位会员 129 家，个人会员 249 名。二是加强会员走访力度，全年共安排走访会员单位 19 家，对其提出的个性化或共性问题，开展了专项研究，并努力在工作中给予解决。

【基础工作】北京税收法制建设研究会各部室立足本职，扎实做好各项基础工作，为本会各项重点任务的顺利开展提供了有力的保障。进一步加强会议管理。为加强会议实效性，经本会第三次常务副会长办公会研究，第六次会长会审议，并提交本次理事大会表决，对常务理事会、会长会、常务副会长办公会召开时间及相关职责作了相应调整，修改了《工作规则》，会议管理更加科学规范。认真做好财务行政后勤保障工作。完成了“营改增”后各项财务工作及相关财务管理手续的调整，不断加强了行政后勤服务的协调性和实效性，为本会四大主体任务的顺利开展提供积极的财务行政后勤保障。

（翁　联）

文　选

个人所得税课税模式选择研究*

北京市地方税务局课题组

党的十八届三中全会明确指出财政是国家治理的基础和重要支柱，科学的财税体制是优化资源配置、维护市场统一、促进社会公平、实现国家长治久安的制度保障。个人所得税在调节收入分配、促进社会公平中承担重要职能，其制度设计的合理性对于保持社会稳定、完善国家治理具有重要的支持作用。随着综合与分类相结合的个人所得税制度改革的深入，课税模式选择逐渐成为改革争议的焦点。个人所得税课税模式包含个人和家庭两种，我国一直选择个人课税模式，实施分类所得征收，由于以家庭为单位课税更具公平性，因此是否以家庭为单位课税成为理论界和税收实务界关注的热点问题。本文认为在选择课税模式时，应综合比较不同课税模式的优劣势，借鉴其他国家课税模式选择的改革历程，充分考虑社会经济效应及影响，结合实际国情以及税收征管现状，最终确定个人所得税的课税模式。为此，本文就课税模式的选择进行了研究，并提出了完善个人所得税课税模式的改革思路及具体措施。

一、课税模式选择的相关原则

（一）公平原则

税收公平原则是指政府征税要保证纳税人的税收负担与其经济状况相适应，并使各个纳税人之间的负担水平保持均衡。① 该原则旨在实现法律形式上的公正和实质上的平等。其原则一般体现在支付能力和量能课税上，具体而言，对纳税能力相同的人课征相同的税收，对纳税能力不同的人课征不同的税收，即所谓的横向公平和纵向公平。按照量能原则实现纳税人负担能力大的多纳税，负担能力小的少纳税，没有负担能力的不纳税。

（二）经济效率原则

税收的经济效率主要体现在税收中性②上，是指政府通过税收制度对资源进行再分配时，税收对市场经济运行扭曲的影响程度最小，造成的福利损失最小。该原则侧重考察税收对经济的影响，旨在使税收超额负担最小化以及税收额外收益最大化。为保证税收的经济效率，政府一方面尽可能减少市场主体的税收负担，减轻税收对资源配置的影响度，同时尽可能在市场机制运行过程中保持税收中性，减少税收对市场行为的扭曲。

（三）行政效率原则

税收行政效率反映税务部门聚集资金的效率，体现一定时期内税收活动的投入产出比，具

---

* 本文原载于《税收研究资料》2016 年第 1 期，《研究报告》2016 年第 28 期。

① 徐孟州．税法原理［M］．北京：中国人民大学出版社，2008.

② 所谓税收中性，是指政府课税不扭曲市场机制的运行，或者说不影响私人部门原有的资源配置状况。

体为筹集税收所得与付出成本的比率。税收行政效率原则指国家征税应以最小的税收成本去获取最大的税收收入，使税收名义收入与实际收入的差额最小。为保证税收的行政效率，应考虑法律制度规范明确、税制设计简便易行、信息化的支持、征管涉税信息的获取成本等。

（四）“婚姻中性”原则

婚姻中性归属于税收中性范畴，是西方国家税制设计中考虑的一个重要因素。婚姻中性是指个人所得税课税模式的确定，不会对婚姻选择产生影响，即不管为何种模式，基本不会因婚姻行为而使纳税人所承担的税收负担发生变化，影响人们对结婚行为做出选择，即课税模式选择不应对婚姻产生激励或惩罚的作用①。

二、个人所得税课税模式概述及比较分析

（一）个人所得税课税模式概述

根据个人所得税课税单位的不同选择，有三种课税模式：一种是以个人为单位的课税模式（以下简称：个人课税模式），是将个人确定为课税单位，对个人所得进行申报课税，不考虑个人的家庭构成及成员的所得，以独立个人所得作为征税依据，对应税率计算纳税。另一种是以家庭为单位的课税模式（以下简称：家庭课税模式），是将家庭作为课税单位，要求对家庭全部所得进行综合申报课税，将家庭总所得作为计税依据，同时考虑家庭结构以及维持家庭生活的必要费用，按照相应的税率计算纳税。第三种是混合课税模式，是指在进行个人所得税申报时，个人可以选择以个人独自或者以家庭联合方式就其所得进行申报，并分别适用不同的扣除额和税率。

（二）课税模式比较分析

1. 家庭课税模式相比个人纳税模式更体现税收公平原则

一方面，个人课税模式下，虽然个人收入相同，但受婚姻状况、家庭成员结构等综合因素影响，其实际税收负担存在较大差异。就已婚个人而言，所得差距大的家庭，按照高收入一方的税率计算，从家庭总体所得看适用了较高税率；夫妻间所得差距较小的家庭，计算税额时基本为家庭平均所得对应的税率，从家庭总体所得看适用了较低税率；以上情况造成同等所得家庭适用税率不同，税收负担存在差距。家庭课税模式会综合家庭整体收入设计累进税率，家庭整体税收负担不会因家庭收入内部差异而变化，更能体现相同收入其税收负担相同，符合横向公平。另一方面，虽然个人收入相同，但因为家庭支出不同，其个人实际应税所得存在差异，因为个人课税模式无法全面考虑家庭费用扣除问题，存在实际所得不同而税收负担相同的情况，不符合纵向公平。家庭课税模式综合考虑赡养、抚养等家庭支出，计算家庭实际所得，因此应税所得计算更加合理，能够体现出家庭所得不同税收负担不同，符合纵向税收公平。

2. 个人课税模式相比家庭课税模式更符合税收经济效率原则

家庭课税模式会扭曲已婚女性的劳动供给。美国经济学家汉森和斯图尔特在1985年曾对美国劳动供给进行过调查研究，其得出的结论是：对于年龄在20～60岁的男性来说，净工资的变化对劳动时间的影响绝对值很小，大多数弹性在0～0.2，而对已婚妇女来说此弹性很敏感，基本

① 一般而言，当课税单位选择加重了婚后纳税人的税收负担，则会出现“婚姻惩罚”，而当课税单位选择减轻了婚后的纳税人的税收负担，则会出现“婚姻奖励”，两种情况都会影响纳税人对婚姻的正常选择，扭曲了社会生活行为，破坏“婚姻中性”原则。

在0.2~1.0。[①] 按照拉姆齐税收弹性反比法则[②]，为保证劳动效率，应对20岁到60岁男性的劳动供给课以高税率，而对已婚妇女的劳动供给应课以低税率。实施家庭课税模式，意味着夫妻双方对其全部收入进行联合纳税，而不论家庭内部收入结构，汇总后的家庭收入均按照相同的边际税率纳税，由于婚后女性的劳动力供给弹性会远大于婚后男性，较高的边际税率会减少已婚女性对市场的劳动供给，转而提高其在家庭中的工作量，因此家庭课税模式下，将减少已婚女性的劳动供给，扭曲劳动力供给市场，降低税收经济效率。个人课税模式下，已婚妇女以个人所得进行申报，在税率较低的情况下，会选择增加市场劳动供给，因此对社会劳动力供给产生影响较小，更具税收经济效率。

3. 个人课税模式相比家庭课税模式更具税收行政效率

从税制设计上看，家庭课税制下，因为家庭存在差异，需要根据不同家庭情况，如单身、单亲、已婚等，分别设计扣除额、免征额、适用税率，因此税制设计比较复杂。个人课税模式下，因为针对个体设计，因此无须考虑家庭情况对税制设计的影响，税制设计相对简单。从征管层面上看，个人课税模式下，实现对个人收入以及相关费用扣除申报的真实性进行核验即可，征收管理更加简便易行。家庭课税模式下，除要保证个人收入及费用扣除申报信息真实性外，还要对家庭关系进行认定，对家庭收入及费用扣除进行整合，并对申报信息核实校验，以上工作需要采集更多家庭信息，对于征管系统以及征管能力要求更高，申报信息的核实与核算将给征管工作带来巨大压力。

4. 个人课税模式相比家庭课税模式更能保持“婚姻中性”

家庭课税模式会造成“婚姻中性”扭曲，由于夫妻双方以及家庭其他成员合并申报纳税适用不同的免征额以及累进税率，将导致家庭课税模式下，家庭合并纳税与单独纳税的税款存在差异，产生“婚姻惩罚”或“婚姻奖励”，影响婚姻中性。例如：基于家庭的规模经济效益考虑，在家庭课税模式税制设计中，部分西方国家规定，家庭合并纳税税前扣除额低于单独纳税两倍，由此家庭合并纳税的税额将明显高于单独纳税，产生“婚姻惩罚”。因为，两个单身同居，既可以享受家庭规模经济效应，又可按照较高的税前扣除额扣除，但是一旦结婚却必须承受由此造成的税负增加的惩罚性后果，为承担较低的税收负担，人们选择共同生活但不结婚，因此影响了对婚姻的选择。个人课税模式下，因为只考虑个人应税收入，单身和已婚均单独纳税，面临相同税收负担，家庭因素不会影响纳税人对婚姻的选择，因此更加符合婚姻中性原则。

三、国外个人所得税制度经验借鉴及课税模式变迁

（一）典型国家个人所得税税制模式借鉴

1. 美国

美国的个人所得税法从1913年颁布执行以来几经修改，课税模式选择也发生多次变化。开征初期，美国个人所得税选择个人课税模式，基本实现“婚姻中性”和“税收累进”，自1948年起采用家庭联合纳税，其间，因为税率以及免除额的设定出现了“婚姻奖励”和“婚姻惩罚”，该国最终实行个人课税模式与家庭课税模

---

① 石金黄，陈世保．家庭课税制与个人所得税综合改革［J］．合肥工业大学学报（社会科学版），2006，20（2）．

② 拉姆齐税收弹性反比法则是指对弹性较大的商品应课以低税，而弹性较小的商品应课以重税更有效率。

式并存的混合课税模式。从该国税制度变迁情况看，力求兼顾税收公平与婚姻中性，经过100多年的修正与完善，该国建立了科学的综合征收下的混合课税模式制度，是世界公认的最大限度体现公平的税制。

目前，该国个人所得税课税模式根据纳税申报身份，可以分为夫妻联合、单身、户主、已婚单独等几种申报类型。不同申报类型的纳税申报表、税率表各不相同，纳税人享受的标准扣除额、宽免额等也有较大差异。该国个人所得费用扣除分为两项：一是宽免额。根据纳税人申报单位、家庭结构或个人情况区别设定。二是扣除。扣除分为标准扣除和分项扣除，纳税人在计算税额时有权选择其中一种扣除方法。分项扣除包括：医疗费用、家庭住房抵押贷款利息、偶然损失、慈善捐助支出、某些税款和其他杂项费用等。相比较而言，标准扣除统一而简单，分项扣除则考虑更多实际情况。

为确保个人所得税制度的有效实施，该国建立了多项配套制度以及措施以加强征管。建立双向申报制度，实行严密的收入监控体系和交叉稽核措施。建立了功能强大的个人所得税信息系统，每个纳税人都有一个唯一的社会保险号码，用于汇集纳税人的各项收入信息，信息系统实现全国范围内联网，通过社会保险号码从第三方机构查询和了解纳税人的收支情况，利用信息系统对纳税人申报纳税信息进行核对，筛选出可能存在违规行为的纳税人作为重点税务稽查对象。对于涉税违法行为除给予经济和刑事上的严厉处罚外，其违法行为还将记录个人信用档案，从而使纳税人在就业、贷款等方面受到限制和影响。美国发达的银行系统和信用制度，有效地监督纳税人，同时树立了纳税人较高的纳税意识，这大大降低了复杂的综合所得税所可能带来的税收征管成本。

2. 法国

法国是较早开征个人所得税的国家。自1914年法国开始征收个人所得税以来，经过百年的发展，其个人所得税制度逐步完善呈现出综合课征制特征。该国是个人所得税家庭课税模式国家的典型代表，对我国的税制改革具有重要借鉴意义。

该国个人所得税规定除特殊情况外夫妻必须联合申报，不得单独申报纳税，个人所得税对家庭在某一特定年度的全部所得征收，除了某些特殊的情况外，所有所得项目①不论其来源都要进行加总扣除相应费用后得到净所得。该国的个人所得税家庭课税模式的特点在于在计算应纳税额时，使用“家庭系数法”②，此方法既兼顾不同家庭情况又计算简便。根据家庭系数调整家庭所得对应的税率，家庭成员多的家庭系数大，对应税率相应较低，由此承担的税收负担较小，因此较好的体现公平原则和量能负担原则。

该国个人所得税征收系统较为严密确保了税款的征收。该国采取申报纳税和协商征税③两种课征办法。家庭每年填写包括财产、银行存款和

---

① 综合项目包括了八项：经营所得、专业收入、农业生产所得、不动产收入、工薪收入、有价证券转让收入、公司管理人员的特定的补助收入、资本利得。

② “家庭系数法”是指遵循大人为1，小孩为0.5的原则，先将家庭整体收入加总计算应税所得，再用家庭应税所得除以家庭系数得出家庭单位应税所得额，根据家庭单位应税所得额对应相应税率计算家庭单位应纳税额，再用家庭单位应纳税额乘以家庭系数计算家庭的应纳税额。

③ 申报纳税是指，纳税人每年定期向税务机关递交载有个人收入和工资支付信息的申报表，税务机关据此确定申报人的应纳税额，纳税人核对数字无误后缴纳税款。协商征税是指，不能正确申报应纳税收入的纳税人，纳税人应定期向税务检察官提供记载着其雇用人员和助手的人数、支付的报酬、使用车辆数量以及房租等情况的申报表，由税务检查人员依据纳税人的情况确定其应纳税额。

家庭成员的消费情况申报表，税务机关根据申报信息进行核定并计算应纳税额。如果纳税人申报的所得大大低于生活状况所反映出来的收入水平，那么税务机关可以在一定的限制条件下对该纳税人进行名义核税。此外，税务机关可直接要求纳税人提供纳税的相关材料，并可从企业以及银行等第三方机构获取纳税人收入相关资料，包括工资所得、利息所得等，每个纳税人都有一个唯一的纳税人登记号码，每个纳税人相关的纳税资料都会在纳税人登记号下汇总储存，供有关人员分析检查时使用。税务机关通过检查申报信息，查找纳税人申报存在问题，对存疑纳税人重点检查。该国还专门规定了针对自然人的税务检查程序，如果个人因偷税被追究刑事责任，会在贷款、就业等个人生活的方方面面受到影响。

3. 英国

英国是世界上实行个人所得税最早的国家，该国于 1798 年提出，经过 200 多年发展，其税制成为世界上较全面、较系统的制度。该国个人所得税课税模式变化经历了多个阶段。初期以家庭为征税单位申报，其后允许已婚妇女可就其所得单独申报，后来变化为未婚妇女个人申报和已婚妇女家庭合并申报。1988 年该国进行个人所得税制度改革，逐步将家庭课税制改为个人课税制，自 1990 年开始全面实行个人课税模式。引起以上课税模式变化的主要原因来自两点，即财政压力因素和劳动供给因素。已婚女性社会地位提高，使得女性逐步要求取得平等的经济权利，对于税制模式选择也产生重要影响。目前，英国个人所得税制度是分类综合税制模式下个人课税模式的典型代表。

该国实行分类综合所得税制，即一部分所得项目先分类别扣除费用后计算所得，再汇总按累进税率综合征收。该国对工薪收入者以及利息、股息等所得实行源泉扣缴①，其目的是及时、正确地征收税款，除免税收入以外所有以货币形式支付雇用所得，以及部分非货币收入②均代扣代缴个人所得税。该国个人所得税扣除规定包括两方面：一是费用扣除，指与取得收入有关且完全为经营而发生的费用支出；二是生计扣除（或家庭扣除），是指纳税人用于本人生计及赡养家庭等方面的费用支出，此部分与支出方式或收入来源无关。由于家庭婚姻情况不同，生计扣除又细化为个人扣除、已婚者扣除、特殊扣除等，个人扣除和已婚者扣除等按年龄段规定了不同的扣除额，年龄段越高扣除额越大。同时调整生计扣除标准会考虑通货膨胀因素，将生计扣除额与前一年的零售物价指数挂钩，保证生计扣除与通胀水平保持一致。

该国一直将源泉扣缴作为个人所得税的主要征收方式。源泉扣缴制是该国个人所得税征收管理的一个重要特征。同时，该国并行实行自行申报制，每一纳税年度，由税务机关人员以书面形式发给纳税人纳税申报表，并要求其在规定的时间内完成申报手续。纳税申报要求纳税人提供：收入、支出和宽免方面的信息。实行源泉扣缴与自行申报双向申报征收方式，既有利于及时组织税收收入，又可增强纳税人的纳税意识，促使其按期履行纳税义务。该国规范的代扣代缴制度以及精确的信息来源是基于税务部门、社会保障部门等多部门的信息共享，有效节省了社会资源，提升了征管效率。在自行申报纳税方面，英国政

① 源泉扣缴法是指由雇主按月在付薪日从雇员所得工资薪金中代扣相应税款并缴纳入库，由雇主按月在付薪日从所支付的工资薪金中代扣相应的税款并解缴入库。

② 非货币收入是指现金购物券、能直接上市交易的可流通代币券以及能立即用于换取可流通资产的非现金代币券。

府借助志愿者指导纳税人纳税申报，并鼓励纳税人通过专业的税务中介进行纳税申报，同时允许发生的咨询费用在一定程度上给予纳税扣除。除了纳税义务外，该国规定个人具有申报通知义务，发生既有所得时的应通知税务部门，并提出纳税申报需求，税务部门为纳税人提供纳税申报表。若未能及时履行申报通知义务，会根据申报通知义务的延期长短给予相应的处罚。

（二）国外个人所得税税收制度经验启示

从国外个人所得税制度的变迁来看，各国税收制度选择均立足国情，综合考量社会发展状况、社会的价值选择、纳税人的遵从水平、信息化建设水平等因素，力争保证个人所得税实现公平与效率均衡。典型国家税收制度以及征收管理经验为我国完善税制设计、加强征收管理提供了重要启示，一是课税模式应基于分类综合所得税制或综合所得税制；二是计算个人所得时，应综合考虑家庭负担，将其相关支出纳入费用扣除；三是施行了自然人自行申报制度，建立针对自然人的纳税人识别号，以法律的形式明确自然人的纳税申报义务；四是通过完善法律制度，保障从银行、社保以及其他政府部门及时获取纳税人收入相关信息；五是建立强大的信息系统，实现对纳税人申报信息的监控与稽核检查；六是通过税收宣传以及严厉查处涉税违法行为，增强纳税人纳税意识，提高纳税人的遵从度；七是不断优化纳税环境，积极发挥税收中介的社会服务职能作用。

（三）OECD国家个人所得税课税模式选择变化趋势

个人所得税实行初期，OECD国家大多实行家庭课税模式，但随着社会的发展以及制度的变迁，越来越多的OECD国家从家庭课税模式转向个人课税模式或混合课税模式。从20世纪70年代开始，奥地利、丹麦、芬兰、意大利、荷兰、瑞典、比利时、冰岛、西班牙、英国等国家逐步从家庭课税模式转变为个人课税模式。截至2005年，18个国家选择了个人课税模式，仅法国、葡萄牙2个国家要求必须以家庭为单位课税，9个国家允许纳税人在两种课税模式中选择。从OECD国家个人所得税课税单位选择的变化趋势看，大部分国家的课税模式更加趋向个人课税模式或混合课税模式。

表1　OECD国家个人所得税课税单位情况（2005年）

课税模式	实行国家
以个人为单位课税	瑞典、冰岛、芬兰、日本、韩国、荷兰、澳大利亚、奥地利、比利时、加拿大、丹麦、希腊、匈牙利、意大利、新西兰、斯洛伐克、土耳其、英国
以家庭为单位课税	法国、葡萄牙
允许模式间选择	捷克、德国、爱尔兰、卢森堡、挪威、波兰、西班牙、瑞士、美国

这一变化趋势的原因是，一方面，各国在选择课税模式更加注重税收中性和婚姻中性，减少税收对市场经济运行的扭曲，避免税收对劳动供给和婚姻选择的影响。同时，选择个人课税模式可以简化税制提高税收征收效率，避免复杂税制带来的征收难度和高昂的征纳成本，降低纳税人的纳税遵从成本，提升税收遵从度。另一方面，为保证个人课税模式更加体现公平原则，随着配套制度的完善以及征管技术的成熟，个人课税模式也在不断调整，一是将涉及家庭生计的相关负

担计入费用扣除，如英国针对残疾人、老年人、鳏寡孤独等给予相应的税收扣除额；二是部分国家允许非劳动所得家庭合并申报，更加体现家庭财产收益权的共有性；三是部分国家允许纳税人在家庭联合申报与个人申报间自由选择，并且针对不同的申报身份设定不同的扣除额和适用税率，如德国、瑞士、卢森堡、美国等。

四、基于课税模式选择的个人所得税改革现实基础

（一）社会基础

1. 个人所得税的收入调节分配职能尚未充分发挥

根据国家统计局发布的数据，2014 年全国居民收入基尼系数为 0.469，低于 2013 年的 0.473，虽然基尼系数相比略有降低，但仍超过世界公认基尼系数警戒线 0.4 的水平。我国收入分配出现明显失衡，贫富两极分化的情况仍很严重。这与个人所得税调节分配职能发挥有限不无关系。一方面从个人所得税的税源分布情况来看，工资、薪金类个人所得税在整体所得税收入中所占的比重居高不下。从 2009—2014 年，连续六年这一比例都维持在60%以上，虽然历经多次费用扣除标准的上调却依然没有实质性的改观，高收入人群收入形式多样，由于缺乏有效的源泉扣缴手段，造成一部分人群通过多种方式逃避了个人所得税缴纳义务。个人所得税渐渐陷入面向工薪阶层征收的“工薪税”。另一方面由于当前费用扣除标准“一刀切”，未充分考虑每个人的家庭具体负担情况，税收负担有失公允，违背了税收量能原则和公平原则，加重了低收入阶层的税收负担，扩大了收入差距。此背景下需完善个人所得税改革，恰当选择课税模式，使其更好地发挥调控收入职能作用。

2. 家庭成员构成多元以及人员大量流动造成家庭界定复杂

一方面，我国传统家庭观念更加重视血亲关系，以此为基础的家庭概念有较大的延伸，现实存在二代人、三代人、多代人共同家庭生活的情况。根据第六次人口普查数据，三代户以上家庭共计 72333238 户，占全国家庭 401934196 户的 18%，[①] 家庭成员构成呈现多元性，另根据《中国城乡家庭结构变动分析》基本结论，当代中国家庭结构受到现代趋向和传统习俗的双重作用，核心家庭[②]构成明显下降，单人户显著上升，直系家庭没有进一步降低，反而略有增加。[③] 综上均说明当前我国家庭成员构成仍存在一定的复杂性，这将给纳税主体范围确定带来很大难度。另一方面，多年来我国农村劳动力加速转移和经济快速发展促进了流动人口大量增加，根据第六次人口普查数据，居住地与户口登记地所在的乡镇街道不一致，离开户口登记地半年以上的人口为 26139 万人，其中市辖区内人户分离的人口为 3996 万人。[④] 普遍存在的人户分离现象给家庭成员界定带来难度，同时人户分离情况将给属地征收下的家庭课税模式造成实际的征管障碍和漏洞，增加税收管理风险。

3. 课税模式对我国女性劳动供给影响较大

我国国内学者就课税模式对劳动供给影响进行了相关研究，于洪（2004）通过调查问卷并开展实证分析，提出个人所得税提高时，女性相对

---

① 数据来源于国家统计局网站：http：//www. stats. gov. cn/tjsj/pcsj/rkpc/6rp/indexch. htm。

② 核心家庭指由夫妻连同其未成年子女共同组成的家庭。

③ 数据来源于中国社会科学网：http：//www. cssn. cn/shx/shx_jtyxb/201406/t20140616_1212930_4. shtml。

④ 数据来源于国家统计局网站：http：//www. stats. gov. cn/ztjc/zdtjgz/zgrkpc/dlcrkpc/dcrkpcyw/201104/t20110428_69407. htm。

男性表现出更强的劳动供给弹性；余显才（2006）通过相同研究方法研究所得税与劳动供给的关系，指出当税率提高时女性会更多减少劳动供给；张世伟、周闯、万相昱（2008）基于2005年个人所得税改革，微观分析了税改对已婚男女性劳动供给的影响，得出了税改对男性劳动供给无影响而对女性劳动供给的影响较为显著的结论；刘怡、聂海峰、邢春冰（2010）同样以2005年个人所得税改革的微观样本为基础，估计分析了费用扣除对劳动供给的影响，也得出了个人所得税改革对男性无影响而对女性影响较大的结论。尹音频、杨晓妹（2013）基于微观视角，分析了2008年和2011年两次改革对女性劳动供给的影响，得出与高收入女性群体相比，对低收入女性群体劳动供给的激励作用更为显著。岳树民（2013）通过分析税收负担变化论证了我国个人所得税征税单位变化有可能造成的劳动力供给减少，提出区分所得来源采用不同扣除方式的办法，以消除家庭课税模式对劳动力供给的影响。从国内学者研究成果看，大部分结论显示我国女性尤其是中低收入女性的劳动供给更易受个人所得税制影响，因此家庭课税模式会加重女性的税收负担，降低她们的劳动供给，从而影响整个社会的劳动供给水平。随着城镇化推进以及人口的老龄化，我国的人口红利效应正日渐消退，劳动力供给日趋紧张，如实施推行家庭课税制将使我国的劳动供给更加紧张。

（二）制度基础

1. 个人所得税法律制度现状

一是实行分类所得计征制度。当前，我国个人所得税是对11类应税项目分别制定费用扣除标准，采用累进税率与比例税率相结合的税率模式征收个人所得税。分类所得征收模式有利于源泉控制，但该模式既缺乏弹性又有失公平，未综合考虑与收入对应的费用扣除，不能体现量能负担原则，纳税人容易通过转移收入项目避税。从国际发展经验看，要优化完善税制，不论个人课税模式还是家庭课税模式，均需实行以分类综合相结合的混合税制或者综合征收税制。

二是实行分类分项费用扣除制度，即分类计征，分项扣除。对工资薪金所得每月扣除3500元；对劳务报酬所得、稿酬所得、特许权使用费所得和财产租赁所得，采用定额与定率相结合的方式，若每次收入低于4000元，则减除800元；高于4000元，扣除20%的费用。现行的费用扣除制度存在缺陷：一是未考虑纳税人生计情况，比如赡养情况、健康状况、教育费用、社保费用等，无法充分体现社会公平。二是现行的费用扣除标准没有考虑物价指数。社会生活中，各项费用的实际发生额会随物价增长而增加，但当前的费用扣除额为固定标准，未考虑经济通货膨胀因素，不体现物价变化对费用扣除的影响。我国个人所得税费用扣除额偏低，不反映家庭生计扣除，加上缺少物价变动关联机制，使很多低收入人群被动纳入征收对象范围。

三是实行代扣代缴制度。我国现行的个人所得税制度规定，个人所得税采用源泉扣缴和自行申报并存的征收方式。代扣代缴制度明确规定扣缴义务人具有代扣代缴个人所得税的法定义务，扣缴义务人不论单位还是个人，向个人支付税法中的各项税目①（除个体工商户的生产经营所得外）应税所得时，均应扣缴税款，并进行纳税申报和全员全额明细申报。因为扣缴义务人法定义

① 工资、薪金所得，对企事业单位的承包经营、承租经营所得，劳务报酬所得，稿酬所得，特许权使用费所得，利息、股息、红利所得，财产租赁所得，财产转让所得，偶然所得，经国务院财政部门确定征税的其他所得。

务明确、扣缴所得信息记录较为完整，对扣缴义务人更易于属地征收管理等原因，代扣代缴制度落实情况较好，成为当前个人所得税管理的主要手段，扣缴义务人申报的信息记录较为完整、准确、翔实。受制于制度规定代扣代缴范围较窄及代扣代缴可实现范围有限，此制度落实中，代扣代缴范围仍以工资薪金所得为主。随着个人收入多元化，以及家庭财产类收益所得的普遍化，代扣代缴制度亟须在更多领域实施。

四是推行个人自行申报制度。该制度规定年所得 12 万元以上等五种①情况的纳税人具有自行纳税申报的义务，否则要承担相关法律责任。第一，从制度制定出发点看，推行此制度目的在于提高纳税人纳税意识，明确纳税人自行纳税申报义务，完善个人所得信息获取渠道，强化对高收入人群的个人所得税收入管理。由于针对未申报纳税主体没有规定强制措施，制度的刚性约束不足，无法有效落实和执行；第二，从制度执行效果看，受制于个人收入来源信息第三方采集有限，税务机关无法有效核定申报信息的准确性，个人自行申报制度流于表面。多数个人自行申报时，仅申报已实现代扣代缴收入的信息，忽略税务机关不掌握的其他收入信息，背离了个人自行申报制度的本意。个人自行申报未能综合全面反映个人收入所得，也无法实现与代扣代缴信息、第三方个人收入信息间的交叉稽核；第三，从制度设计看，西方国家实行源泉扣缴和年度申报汇算清缴制度，并引入退税机制，极大激发了个人自行申报的主动性，而我国制度设计缺少退税环节，纳税人按综合口径自行归集并申报个人收入和纳税信息，但不作为重新核定税款并实行汇算清缴的依据，申报的后续衔接制度不完善，造成纳税人申报意愿的主动性和积极性不足。

2. 相关配套制度衔接情况

一是收入制度不够规范。目前，虽然在逐步规范减少现金支付范围，大力推行信用卡、银行转账等非现金支付，但个人以现金形式取得收入现象仍普遍发生，由于现金支付制度与税收征管制度衔接不足，全方位的收入监控体系尚未建立，致使税务机关很难准确掌握个人真实收入情况，大量灰色收入、隐蔽性收入仍游离于收入监管之外。

二是面向自然人的统一纳税人识别号制度尚待建立完善。目前，我国企业、事业单位和社会组织都拥有税务登记代码，但对于自然人，税务代码制度却没有实现全覆盖。2015 年 1 月，由国家税务总局、财政部起草的《中华人民共和国税收征收管理法修订草案（征求意见稿）》提请全国人大审议，该法律明确了纳税人识别号制度的法律地位，明确纳税人识别号是企业、公民等纳税人唯一且终身不变的代码标识，建立统一的纳税人识别号制度即将成为现实，但后续还有很多亟待完善的工作，需按照“一户式”要求，建立完整、准确的纳税人档并进行管理等。由于缺少自然人纳税人识别号，当前个人收入涉税信息还未实现个人名下归集，缺少此项基础工作，实现涉税收入信息在家庭名下归集的难度将更大。

三是涉税信息共享制度难以有效落实。现行的税收征管法对相关部门协税护税工作仅作出了原则性规定，对协助的职能范围、法律责任等没有明确具体的规定。由于缺少可行的制度保障，在实施个人所得税管理时，很难从其他部门及时获取相关信息。为此，各地方均积极探索建立与

① 年所得 12 万元以上的；从中国境内两处或两处以上取得工资、薪金所得的；从中国境外取得所得的；取得应税所得，没有扣缴义务人的；国务院规定的其他情形。

税收协助相关的税收保障规定，为涉税信息获取提供制度保障，如北京市政府出台了《关于加强税收保障工作的意见》，为及时获取涉税信息，建立协税护税工作机制提供了可操作性的制度依据，由于此文件不属于法律性规定，法律刚性约束力较差，为此北京市政府正推动《北京市税收保障办法》立法，上升为政府规章。

（三）征管基础

1. 征管水平及能力基础

一是收入来源多元化对收入监控提出重大挑战。个人所得税有效征管的基础是准确掌握纳税人收入情况。当前，个人收入来源日趋多元化，收入形式多样，尤其是高收入人群，除以货币形式取得收入外，还存在大量的非货币形式收入，如股权、实物、房产等，受限于外部信息获取能力和内部信息整合能力，对多样化的收入来源监管还缺乏有效的手段。

二是家庭相关涉税信息尚处空白。目前，涉及家庭涉税处理的工作，集中于二手房界定及涉税处理，由于尚未与民政部门联网，税务部门通过纳税人提交的家庭关系手工界定房产家庭所有情况，同时为确保家庭唯一住房，要求纳税人提交家庭唯一住房承诺。通过此项工作可以看出，税务机关关于家庭涉税信息处理能力还十分薄弱。在开展面向自然人申报工作中，需要处理大量的家庭扣除、家庭成员、家庭财产信息，由于税务部门掌握相关信息较少，将应对巨大税收管理风险。

三是针对自然人征管缺乏有效的制约手段。现实征管中，存在自然人逃避纳税义务、不接受税收处罚的情况，但由于缺少法律制度依据，无法直接对自然人采取有效的征管手段，通过严厉的处罚约束自然人行为。例如：现行税收征管法关于税收保全、税收强制等措施，其适用范围均为“从事生产、经营的纳税人、扣缴义务人”，未将自然个人纳入其列；再如，现行个人自行申报的管理办法关于未按期申报或虚假申报的具体处罚程序规定也不明确，无法实施处罚，纳税人不接受处罚也没有办法制约。

2. 信息化建设基础

一是以自然人为核心的信息系统尚待完善。当前，我国建立了基于源泉扣缴制度的申报征管信息系统和以加强高收入人群征管为目的的个人自行（12 万元自然人）申报信息系统。前者是以扣缴义务人为核心的申报征收信息系统，包括综合征收系统和全员全额申报系统，信息按扣缴义务人归集。后者是以满足申报条件个人为核心的申报信息系统，信息按个人归集。由于纳税人税务识别号制度尚未确立，因此尚无法全面建立以自然人为核心的一户一档管理信息系统，以上信息数据无法整合归集于自然人的税务识别号名下，开展集中管理。

二是内部信息数据利用尚不充分。在开展日常税源管理中，税收综合信息系统已收集大量与个人所得相关联的涉税信息，如通过契税信息可采集自然人房产持有情况，通过房产税信息可采集房产出租收入情况，通过二手房相关税收信息可采集自然人房产转让收入情况，通过企业股权变更信息可采集自然人股权变化情况，以上信息分散于其他税种管理信息系统，涉税信息利用仍显不足，有待挖掘并重新整合。

三是尚未实现与关键部门以及各地税务部门间的信息联网与交换。个人所得税征收涉及社保、养老、教育、银行、房产、股权等多方信息，需要从公安、民政、银行、城建等多部门获取个人涉税信息，但目前仅能从公安、城建部门查询个人身份以及房产信息，与多数部门未实现信息联网，严重制约了税务部门信息管税的水平。同时，由于个人所得税为属地管理，各地税部门均建立省级集中的信息系统，但未实现省际间系统联网，对高收入人群跨区域所得无法实现有效监管，同时也无法实现异地家庭的申报管理。

（四）税收环境基础

1. 纳税人纳税意识比较淡薄

多年来我国未有效树立自然人的自主纳税意识，其纳税意识普遍淡薄，大部分自然人纳税人缺少主动纳税观念。其原因在于：一是目前我国更多依赖源泉扣缴，此方式下纳税人被动接受扣税，失去纳税主动性，自主纳税意识缺失；二是面向自然人普及宣传个人所得税工作力度不足，加之申报纳税专业性强，普通自然人纳税人因缺少相关知识无法自行完成纳税申报事项；三是我国对自然人纳税违章违法行为处罚力度不足，缺少诚信纳税激励机制，致使纳税遵从度偏低。

2. 税务中介力量尚待发挥

截至2014年底，全国有已拥有注册税务师12万多人，税务师事务所5422家，从业人员近30万人，会计师事务所8295家，执业注册会计师99045人，已形成一定规模的中介服务力量，但目前我国委托中介组织实施税务代理的大多为企业法人单位。由于个人所得税主要施行源泉扣缴，自然人直接委托税务中介办理涉税申报事项并不普遍，税务中介的服务职能并未充分显现。大力培育和发展税务中介组织不仅有利于降低纳税人纳税成本，而且有利于提高税务部门征管效率。随着分类与综合税制改革的实施，由于此工作专业性强，且具有一定复杂性，大量的自然人将需借助税务中介专业服务完成申报事项。目前税收中介服务开展此类涉税事项较少，因此相关制度、人员、水平都无法完全应对改革的需要，亟待进一步引导促进税务中介此类业务的发展。

五、课税模式选择的路径、思路及具体措施

（一）课税模式选择的路径分析

基于课税原则比较分析以及国外课税模式制度变迁可以看出，个人课税模式在不断完善制度基础上能够保持效率与公平的均衡，同时相比家庭课税模式，税制设计更加简单，征管执行更加便利。因此，目前个人所得税改革的主流趋势表现为以个人课税模式为主，同时允许夫妻家庭联合申报。从我国现实国情和征管基础看，我国个人税收征管已经积累一定的经验，为实施分类综合税制下面向自然人的个人课税模式奠定基础，但距离家庭课税模式还存在很大差距，若直接推行家庭课税模式，势必因为社会基础不具备、征管能力不适应出现征管漏洞，降低纳税人遵从度，无法真正实现调节收入分配、促进社会公平的目的，财政收入也有可能受到较大影响。

基于以上分析，课税模式选择的路径是，先实现分类综合税制下面向自然人的个人课税模式制度，在此基础上推行允许夫妻家庭联合申报的混合课税模式制度。

（二）推进课税模式选择的总体思路

当前在“四个全面”的战略部署下，进行个人所得税课税模式选择的总体思路是：以全面建设小康社会为根本出发点，以全面深化改革为指导，以保持财政收入均衡稳定为根本保障，以调节收入分配促进社会公平为目标，以提升政府综合治理能力为基础，坚持税收法定原则，加强制度顶层设计，完善配套改革，立足实际国情，逐步推进个人所得税课税模式改革。具体来说：

第一，应确保财政收入的均衡稳定。随着个人所得税收入的逐步增长，个人所得税收入已经位列第五大税种，收入占税收总收入比重超过6%。税制调整必然对个人所得税收入产生影响，进而影响财政收入筹集。因此，推进税制改革时

应注意保持财政收入稳定均衡，一方面，推进分类与综合混合税制改革，进一步按所得属性归并应税项目，减少避税空间，同时加强和完善个人所得收入监控，尤其是财产类收入所得，更大范围地扩大个人所得税税基；另一方面，完善费用扣缴制度，扩大费用扣缴项目支出，将家庭生计类扣除项目纳入扣除范围，充分考虑个人差异的家庭负担。

第二，应提升政府的综合治理能力。个人所得税改革虽落实在税务部门，但最终是政府综合治理能力的体现。改革不仅在于完善税收制度本身及配套征管改革，而更应与提升政府治理能力紧密结合。面向自然人征收个人所得税时，涉及多部门信息共享与制度配套，其征管过程是税务部门与公安、社保、民政、金融等多部门紧密协作、协调配合共同治理的过程。因此，推进个人所得税课税模式改革应以提升政府综合治理能力为基础，通过政府信息平台建设加大部门间信息共享，完善各项配套制度的制定、衔接与落实。

第三，应加强制度的顶层设计。党的十八届三中全会明确指出落实税收法定原则，在推进个人所得税改革时，应从全面加强依法治国战略的要求出发，贯彻税收法定原则，加强制度顶层设计。由全国人大牵头协调各相关政府部门共同开展制度设计，在开展个人所得税制度研究的同时，应配套完善其他部门的制度，并充分吸纳社会各方意见，邀请社会各阶层就制度的可行性进行研讨。由此增强制度的可行性和社会适应性，避免制度设计利益部门化。

第四，应充分考虑现实国情和征管基础。根据公共管理理论，政策制度选择的关键不在于制度设计本身的最优化，而在于制度设计实现社会效益最大化的可行性。理论上最先进的税制不一定是最优税制，只有税制适应现实社会经济发展，才称其为优。从西方国家课税模式发展变迁可以看出，各国进行制度改革时，均从财政状况、社会发展状况、社会信用程度、纳税人综合素质、中介组织发展、社会家庭状况等现实国情出发，同时，综合考虑征管基础，包括信息化建设水平、信息管税能力、征管资源配置、纳税人遵从水平等。因此，我国在进行课税模式选择时，应立足国情和征管基础，基于客观因素研究制度设计，并逐步改进完善。

第五，应逐步推进分步实现。习近平总书记指出，制度总是需要不断完善，因而改革既不可能一蹴而就、也不可能一劳永逸。从课税模式选择来看，混合课税模式应是个人所得税改革的最终目标，但基于现实基础考虑，无法一步到位，因此应分步骤分阶段逐步推进改革。第一步，合并分类所得税目，实现分类所得征收模式向分类与综合所得相结合的征收模式过渡，同时，完善税前扣除制度，引入家庭生计扣除；第二步，完善自然人个人所得税征收制度和体系，推行面向全员的自然人申报制度，引入退税机制，实现源泉扣缴申报与自然人申报相结合的双向申报汇算清缴；第三步，采取混合课税模式，纳税人可以选择以个人申报或者家庭联合申报，并建立相应的申报退税制度，完善费用扣除标准。

（三）完善课税模式选择的相关措施

1. 完善个人所得税及相关法律制度

完善个人所得税及配套相关法律制度是顺利完善课税模式选择的基础，基于我国当前法律制度体系现实问题、国外的先进经验以及个人所得税改革方向，应从以下 4 方面逐步健全法律制度。

一是推动个人所得税制度由分类征收向分类综合的混合税制改革。从西方发达国家个人所得税征收经验看，无论是个人课税模式还是家庭课税模式，较好的所得税制应是综合分类税制或综合税制。党的十八届三中全会已通过决定，要在我国“逐步建立综合和分类相结合的个人所得税制”，我国应从现行分类所得税制逐步过渡到综合税制，先分类后综合，先小综合后大综合，逐步平稳地过渡到以综合为主，分类为辅的所得税征收制度。

二是逐步完善统一纳税人识别号制度。进一步做好纳税人识别号更新标准工作，按照《国家税务总局关于修订纳税人识别号代码标准的公告》（国家税务总局公告 2015 年第 66 号）的标准，修订纳税人识别号，逐步实现纳税人识别号标准与社会信用代码的对接。明确纳税人识别号是唯一且终身不变的确认自然人纳税身份的识别号，将自然人相关纳税、收入、银行、社保、家庭等涉税信息及资料均归集于纳税人识别号下。明确自然人纳税人识别号的法律地位，发挥其在社会生活中的作用，如纳税人签订合同、协议，缴纳社会保险费，办理银行贷款，不动产登记以及办理其他涉税事项时，应当使用纳税人识别号。

三是完善非现金支付制度。限制现金支付行为，规范单位资金流向个人的经济活动，规定工资薪金、劳务报酬、利息、股息、红利、财产转让等收入所得须以银行转账方式支付，提高对个人收入的监控。降低手机、网络等电子支付的非现金结算相关费用，支持信用卡和个人支票等的使用，鼓励支付宝等第三方支付平台在个人交易支付中的应用。

四是完善涉税信息共享制度。涉税信息是税收征管的基础，是税额确认、税款征缴、税务检查的实施依据。推行个人所得申报制度更需及时充分获取个人收入相关信息，包括消费、财产、交易、银行存款等信息。以修订《税收征收管理法》为契机，进一步明确部委、金融机构等第三方机构提供涉税信息的法律责任，并以《国务院办公厅关于运用大数据加强对市场主体服务和监管的若干意见》（国办发〔2015〕51 号）为指引，借助国家统一的信用信息共享交换平台建设，完善从信息共享平台获取金融、工商登记、社保缴费、统计等个人涉税信息的相关制度。

2. 完善相关费用扣除项目

为更加体现税收公平原则，在设计费用扣除项目时，应充分考虑纳税人的经济负担能力，完善费用扣除项目，将涉及家庭生计的合理开支纳入费用扣除。借鉴西方国家经验，将费用扣除分为标准扣除和生计扣除。标准扣除主要指为获得应税收入而必须付出的成本费用，按照所得“纯收益”原则，此部分应免予征税，其扣除标准可按照分类综合的情况综合考量，确定相应的扣除额度，并适时进行相应的调整。生计扣除指为维持个人基本生活以及家庭供养给予的个人减免扣除和家庭减免扣除，已保证整个社会生产能力。基于简化扣除计算的考虑，在初步设定生计扣除时，可以基于单位家庭成员扣除额的思路设计家庭扣除。首先，设定单位家庭成员基本生活扣除标准；其次，依据家庭成员人数设定家庭扣除系数，在设定家庭扣除系数时可对儿童、残疾人、老人等情况设置不同的系数值，从而计算家庭整体的生计扣除额；最后，依据家庭构成情况，如单亲家庭、夫妻公共家庭、未婚家庭等情况，对家庭整体生计扣除额进行折算，即按照基本生计扣除 × 家庭系数 × 家庭结构折算系数的方法计算生计扣除。建立生计扣除标准的动态调整机制，结合物价变动情况和通胀水平，每年度动态调整生计扣除标准。另外，针对生计的特殊扣除可依申请据实扣除，如个人的大病医疗支出、家庭财产损失、首套住房贷款支出、基本教育费用支出等。在逐步推行实现个人申报制度并建立强大的信息核算系统后，生计扣除可以推行单位家庭扣除额与据实扣除并行的方式，纳税人可以依据自身情况选择扣除方式，进一步体现费用扣除的公平性。

3. 提升个人所得税征管水平

不论家庭课税模式还是个人课税模式对于现行征管模式都是一次重大变革与挑战，其最大的变革在于将由主要面向以扣缴义务人代扣代缴为主转向面向自然人申报核算为主，其征收难度以及征收的复杂程度都将大幅提升，因此必须建立高效的现代化税收征管体系，不断完善征管制度、提升征管水平，为个人所得税征收提供制度保障和技术支撑。

首先，完善双向申报制度，确保源泉扣缴制与个人申报并重实施。一是完善源泉扣缴制度，扩大代扣代缴制度实施范围，加强日常经济业务往来中个人支付业务的收入扣缴与监控，应在尽可能的情况下广泛实行代扣代缴制度，争取在收入取得环节按一定标准预扣税款，以便实现税源的有效监控、防止税款流失，保证税款及时征收和均衡人库，增强个人所得税征收效率。二是推行落实个人申报退税制度，在个人自行（12 万元）申报工作基础上推行全员自行申报，同时完善自然人纳税申报的相关内容，建立退税机制，由中央与地方共同建立退税基金，纳税人按年度申报个人收入情况、家庭成员情况、婚姻情况、生计费用等信息，实现全年所得综合计税与分期扣缴汇总税额比较，开展汇算清缴，多缴税款可以从退税基金中支出，少缴税款要进行补缴，实现多退少补。

其次，进一步整合现有个人所得税信息系统，将个人所得税明细申报系统、个人自行（12 万元自然人）申报系统以及综合申报系统进行整合，建立基于纳税人识别号全国联网的个人所得税征收信息系统，利用互联网技术提升个人所得税征收和税源监控能力。实现对个人收入信息的联网监控，将个人所得代扣代缴纳税信息、纳税人自行申报信息以及银行等第三方收入信息汇总记录在个人收入信息监控系统下。利用大数据技术，深度挖掘整合已有涉税数据，如通过关联房产税、契税、股权转让、二手房涉税等信息挖掘个人财产所得涉税信息，加强对个人收入的信息管税能力。实现个人银行账户信息与个人所得税信息系统联网，及时获取银行系统个人账户收入信息，掌握纳税人跨区域的收人结算和资产变动情况，使纳税人每笔收入信息均在税务部门监控之下。通过第三方支付平台以及转账系统联网，采集纳税人交易消费相关数据，将消费信息与收入信息比对，评估个人真实的税收负担能力。同时，信息系统还应与政府其他管理部门建立信息交互平台，及时采集纳税人的家庭、婚姻、社保、养老、医疗、财产、教育等信息，借助大数据、云计算等互联网技术，对纳税人涉税信息进行关联比对分析和交叉稽核，自动计算应纳税额，促进纳税评估工作，排查税收风险点，实现对个人所得税的风险管理。

最后，建立严厉的稽查处罚制度和个人纳税诚信制度。一方面，通过税收风险管理，针对税收高风险人群进行严密的收入监控以及严厉的稽查检查。完善针对自然人的税收处罚制度，对于存在偷逃税款行为给予严厉的处罚和惩罚。建立“黑名单”制度，将涉税违法的个人记录于“黑名单”中，此类人员在消费、出国、贷款、出行时将受到限制，由此加大纳税人的违法成本。另一方面，针对诚信纳税人给予诚信评级，及时向有关部门提供纳税人纳税诚信信息，将其纳税诚信记录与其所享有的社会公共服务如医疗、信贷、公共福利等方面挂钩，如诚信的纳税人购房时可以享受更优惠的信贷利率，激励纳税人诚信纳税，提升纳税人对税法的遵从度。

4. 大力发展税务中介组织

从西方发达国家经验看，建立和培育良好有序的税务中介组织，能够有效降低整个社会的税收成本和纳税人的实际税负。由于综合课税模式下的个人所得税规定复杂且专业性强，西方发达国家个人在开展自行申报时，普遍借助中介组织开展，委托会计师事务所、律师事务所等代理申报纳税，如美国个人委托税务代理机构申报纳税高达95%。实施面向自然人的个人课税模式后，自然人申报制度内容繁多、程序复杂，自然人借助中介机构提供的专业服务能够更有效地申报，且更好地维护自身合法权益，同时税务机关的工作量也将大大减轻，社会资源得到有效节约。大力发展税务中介组织，首先需建立健全与税务中介组织相关的法律法规，明确税务中介组织及其人员的行为规范及法律责任，并不断提升中介服务人员的专业化水平，强化对税务中介组织的监督管理。建立激励机制，通过部分中介服务费抵免应纳税额的方式，引导和激励纳税人借助中介组织开展申报，促进税务中介组织的发展。

5. 培养提升纳税人纳税意识

随着个人所得税面向自然人申报制度的实施，纳税人由被动扣税变为主动申报，纳税人主动纳税意识逐步觉醒，其纳税意识的提高将有利于个人所得税的征收管理。从多数国家的个人所得税征收经验看，纳税意识提高不仅能有效减少税收流失，提高税收征管效率，而且能直接提升社会整体纳税意识，营造和谐征纳环境。因此，应采取各种措施提高纳税人的纳税意识。首先，应开展全方位的个人所得税税法宣传教育，加强法律宣传、辅导和培训力度，通过多种形式如讲座、竞赛等和各种新渠道如微博、微信等，普及相关税法知识。通过税法宣传和教育，逐步建立起与社会发展水平相适应的公民纳税责任意识，普及公民纳税的权利与义务，明确个人所得税缴纳是公民的法定责任。其次，要扩大纳税人的知情权。由于税法宣传多宣扬纳税义务，淡漠纳税人权利，弱化了纳税人的纳税意识。因此，通过，增加政府财政预算、财政开支的透明度，促进纳税人了解税收与政府提供公共产品的关系，提高纳税人主人翁意识。再次，通过纳税服务，让纳税人及时享受应有的纳税权利，避免出现纳税权利义务不对等的问题，大大增强纳税人纳税积极性。最后，严格加强税收执法力度，施行更加严厉的个人所得税处罚法规增加当事人偷逃税款的成本。通过加强税收违法行为的处罚力度，对违法纳税人产生强烈的震慑效应，从而约束纳税人违法行为，促进纳税人依法纳税，提高纳税人的纳税遵从。

参考文献：

[1] 蔡秀云．个人所得税制国际比较研究[M]．北京：中国财政经济出版社，2002.

[2] 赵惠敏．家庭课税——我国个人所得税课税单位的另一种选择[J]．长春税务学院学报，2004(6).

[3] 石金黄，陈世保．家庭课税制与个人所得税综合改革[J]．合肥工业大学学报(社会科学版)，2006(2).

[4] 徐孟州．税法原理[M]．北京：中国人民大学出版社，2008.

[5] 赵恬．个人所得税纳税单位研究[D]．北京：中国人民大学，2008.

[6] 李波．公平分配视角下的个人所得税模式选择[J]．税务研究，2009.

[7] 夏宏伟.OECD成员国征管制度比较研究[J].涉外税务,2009(10).

[8] 大连市地方税务局课题组.个人所得税模式改革的基本条件[J].税收研究资料,2009.

[9] 刘佐.中国个人所得税制度发展的回顾与展望[J].税务研究,2010(9).

[10] 赵翠.个人所得税税前扣除制度研究[D].山东:山东科技大学,2011.

[11] 秦宽.我国个人所得税实行家庭课税制研究[D].重庆:西南政法大学,2011.

[12] 李华.家庭还是个人:论我国个人所得税纳税单位选择[J].财政研究,2011(2).

[13] 白景明.按家庭计征个人所得税条件不成熟[J].中国报道,2011(6).

[14] 李育.我国个人所得税课征模式改革研究[D].济南:山东大学,2012.

[15] 陈炜.英国个人所得税征收模式的实践经验与启示[J].涉外税务,2013(1).

[16] 李波.公平分配视角下的个人所得税模式选择[J].税务研究,2013(3).

[17] 叶俊,饶海琴.对我国个人所得税家庭课税制改革的思考[J].中国集体经济,2013(21).

[18] 岳树民,卢艺.个人所得税纳税单位的选择:家庭还是个人[J].税收经济研究,2013(3).

[19] 杨翾妮.对我国实施以家庭为单位征收个人所得税的研究[J].商,2013(6).

[20] 姚根飞.现阶段按家庭收入征收个人所得税研究[D].上海:上海交通大学,2014.

[21] 何跃华.从分项申报到综合申报再到家庭申报——我国个人所得税征税单位改革的实施路线[D].北京:首都经济贸易大学,2014.

[22] 杨志强.税收法治通论[M].北京:中国税务出版社,2014.

（课题组组长：杨志强
课题组成员：王　珊　施　宏
郭丹旻　付晨光
梅　方
课题执笔人：郭丹旻　付晨光
梅　方）

从地税角度看深化国税、地税合作*

杨志强

深化国税、地税合作，是税收征管体制改革的重要内容，是党中央、国务院作出的重要战略部署，有利于促进税法遵从，降低税收流失风险，维护国家税收利益；有利于提升税收便利化程度，维护纳税人合法权益；有利于完善税收治理体系，提升税收治理能力，实现国税、地税优势互补、合作共赢。

近年来，北京市地方税务局坚决贯彻党中央、国务院有关精神和国家税务总局、北京市委、市政府工作要求，积极主动推进国地税合作。自2014年起，联合北京市国税局召开全市国地税合作工作会议，共同部署合作事项；率先开展国税、地税联合税收分析；率先委托国税局代征流转税附征的城市维护建设税、教育费附加和地方教育费附加；特别是在全面推开“营改增”试点过程中，双方通力合作、无缝衔接，保证了改革目标如期落地，得到了税务总局和北京市委、市政府主要领导的充分肯定。

虽然我市国税、地税合作取得了一定成绩，但在双方合作实践中也发现了一些不容忽视的问题，突出表现在：一是在工作内容上，部分基层地税部门在没有法律、法规和文件明确规定的情况下，代办国税部门应履行的行政审批业务和发票缴销手续，存在混岗混责现象；二是在工作流程上，某些联合办税服务厅存在地税干部一人受理且全程办理国税、地税业务的现象，不符合中央《深化国税、地税征管体制改革方案》（以下简称《方案》）提出的“前台一家受理、后台分别处理”的服务模式；三是在资源配置上，某些联合办税服务厅国税、地税派驻人员的数量和双方各自的业务需求和工作量不相匹配。究其原因，一是对《方案》精神和税务总局要求理解不透，没有在《方案》提出的国税、地税合作而非合并、纳税人“进一家门，办两家事”的大的体制框架下开展合作；二是对国税、地税部门都是各自独立的执法主体、各自行使法定职权认识不清，对混岗混责造成的执法风险缺乏应有的认识；三是对地税部门今后将要承担的税制改革和税费征收任务的复杂性、艰巨性估计不足，在联合办税上投入与实际需求不相符合的人力、物力，没有为承接后续的改革任务预留足够的空间。上述问题如果任其发展，将对税收征管体制改革的顺利推进产生不利影响，也为今后厘清执法责任和风险留下隐患。

近日，国家税务总局下发《国家税务局 地方税务局合作工作规范（3.0版）》（以下简称《规范》），进一步明确和完善了国税、地税合作的内容及标准。基于《方案》和《规范》要求，

---

* 本文原载于《中国税务报》2016年7月12日。

我们认为，进一步深化国税、地税合作应遵循以下原则。

一是职权法定原则。职权法定是依法行政的基本原则。国税、地税部门都必须恪守该原则，将法定职责必须为、法无授权不可为作为最基本的行为准则，绝对不可逾越。双方的合作事项、工作内容和程序必须有法定依据，符合法律法规以及《方案》和《规范》的有关规定。

二是平等合作原则。国税、地税部门作为两个各自独立的行政执法主体，应秉持合作而非合并的原则，既要兄弟齐心，也要各司其职，保持各自的执法独立性。同时，在加强联合办税服务厅建设过程中，双方投入的人力、物力应与各自的工作事项和工作量相匹配。

三是征纳便利原则。地税部门与国税部门的合作应以满足业务需要和纳税人合理需求为落脚点，通过协同开展合作事项、共同整合业务流程，有效提升双方的征管质效和服务水平，降低征纳成本，提高税收便利化程度和纳税人满意度。

四是促进遵从原则。地税部门与国税部门的合作应以促进税法遵从为导向，在联合推进税收宣传、联合开展税务稽查、共同打击涉税违法行为、共同规范信用管理等方面拓宽合作领域，加大合作力度，以降低税收流失风险，维护国家税收利益。

在上述合作原则中，职权法定是底线，平等合作是基础，征纳便利和促进遵从是目的和方向。为更好地落实《方案》和《规范》要求，地税部门与国税部门的合作应在坚持上述原则的基础上，着力做好以下几点。

一是贯彻《方案》精神，提高《规范》落实效果。在现行征管体制下，加大国税、地税合作力度，确保《规范》明确的51个合作事项件件有部署、有督办、有落实、有考核。合作应以双方的法定职责为限，做到不越权、不缺位，对于突破国家税务总局文件规定、涉及纳税人利益的创新执法事项，要按程序上报，经有权机关批准后实施。

二是理顺国税、地税合作职责和业务流程。从征管实际需要和纳税人合理需求出发，明确国税、地税合作职责，优化整合业务流程。在共建联合办税服务厅过程中，应进一步优化资源配置，积极探索双方的人力、物力投入与各自的工作需求相匹配的合作模式，促进基层服务资源有效利用。积极探索将目前地税单独受理的二手房交易、个人出租房屋交易等涉税服务事项纳入联合办税服务厅。联合办税服务厅统一受理纳税人办税事项后，如相关事项涉及执法权力或纳税人权利义务的，后台处理的工作职责应由国税、地税分别处理、各负其责。

三是推进国税、地税征管协同。在全面推开“营改增”试点后，地税征管工作重心由间接税转向直接税，由法人转向自然人，由以票控税转向信息管税，地税征管难度大幅增加，迫切需要国税方面给予更多的支持和帮助。为此，应加大国税、地税征管协同力度，全面推进联合税务稽查、联合纳税评估、联合欠税公告、联合反避税调查等工作。进一步加强国税、地税情报交换和信息共享，充分利用金税三期工程，提高涉税信息的交互范围和数据质量。

总之，在今后合作过程中，国税、地税双方应深入贯彻落实《方案》和《规范》要求，既要做到有突破、有创新，又要做到有原则、有底线，在依法行政的前提下努力实现优势互补、合作共赢，为纳税人提供更加高效便捷的服务，更好地维护国家利益和纳税人权益。

改革创新促发展 开放合作添动力*

杨志强

《深化国税、地税征管体制改革方案》凝聚着改革创新、开放合作的时代精神，体现了稳定税负、提高效率、发挥中央和地方两个积极性的目标取向，符合构建法治型、服务型政府的治理理念。方案的出台，标志着新一轮税收征管体制改革拉开了帷幕，意义重大，影响深远。

党的十八届三中全会提出，科学的财税体制是优化资源配置、维护市场统一、促进社会公平、实现国家长治久安的制度保障。税制改革和税收征管体制改革作为财税体制改革的重要组成部分，是税收事业改革发展的双翼，二者互为促进，相辅相成。近年来，以“营改增”为龙头，我国税制改革步伐不断加快，在转方式、调结构、惠民生方面发挥了巨大作用。而现行国税、地税征管体制自 1994 年实施分税制至今已延续 21 年，其间，只经历几次微调，在发挥重要作用的同时也积累了不少矛盾和问题，与税制改革的步伐不相匹配，与纳税人的需求不相符合，与推进国家治理体系和治理能力现代化的要求不相适应，已到了必须加以改革的关键节点。在此背景下，中央深化改革领导小组第 17 次会议审议通过了《深化国税、地税征管体制改革方案》，为新时期税收事业的改革发展指明了方向，同时也为税务部门更好地服务经济社会发展增添了新的动力。

对国税、地税征管职责范围的界定和对中央税、地方税、共享税的划分是新一轮税收征管体制改革的重中之重，前者规范税收征管权责，后者决定税收收入归属。方案在厘清征收权、归属权方面体现了三点原则。一是均衡稳定原则。方案充分考虑中央、地方财力的相对稳定和国税、地税征管权责的相对均衡，确保中央、地方财权与事权相匹配，确保国税、地税工作任务与自身征管资源相匹配，有利于完善地方税体系，减少税制改革对地方税收收入的阶段性影响。二是征管便利原则。方案充分考虑到国税、地税部门的征收优势和现实条件，合理确定国税与地税之间、税务部门与其他部门之间的税费征收职责，并对深化国地税合作、推动税务部门与其他部门之间的工作协作和信息共享提出明确要求，有利于降低征纳成本，提升税收便利化水平，形成优势互补、合作共赢的工作格局。三是统筹推进原则。方案充分考虑到税收征管体制改革与税制改革的衔接配套问题，科学制定征管体制改革实施步骤，有利于各项改革措施衔接顺畅、落实到位。

面对新形势、新要求，北京市地税系统将以落实方案为契机，坚持改革创新、开放合作、主

---

* 本文原载于《中国税务报》2016 年 2 月 15 日。

动担当、积极作为，为首都的改革发展营造良好税收环境。为此，要做到以下几点：一是立足改革后的地税征管职责，全面加强税源管理。坚持以风险管理为导向，积极推进专业化税源管理方式，加快落实“互联网＋税务”计划。围绕首都产业疏解转移和构建高精尖经济结构，加强税收分析和税源监控，确保地方税收持续稳定增长。二是适应管理服务对象的新变化，深化国地税合作，不断提升纳税服务标准化、规范化、便利化水平。按照国家税务总局“一统三互”工作要求，积极参与京津冀区域税收协作，更好地服务区域协同发展和疏解非首都功能。三是针对各项收费基金征收的特点和要求，做好制度机制、组织机构、信息系统、工作流程等方面的研究准备工作。进一步加强与全市各区党委、政府和相关职能部门的合作，加大地方税费征收保障力度。四是加强组织建设和制度建设。根据改革方案适时调整优化征管资源配置，全面加强教育培训，修改完善工作制度和工作流程。五是积极参与税收征管体制改革试点工作，在实践中创新管理，完善机制，为税收征管体制改革的深入推进贡献力量。

抓住“关键少数”
加强“一把手”教育管理监督*

——北京地税系统“第一党支部”的思考与实践

刘江平

习近平总书记在中共十八届中央纪委三次全会上的讲话中强调，要强化监督，着力改进对领导干部特别是“一把手”行使权力的监督。“一把手”在领导班子中处于核心地位，在实际工作中存在“难监督”的问题。北京地税系统从2013年9月开始，把全系统各级“一把手”组织起来，成立了“第一党支部”，并以此为抓手，探索加强“一把手”教育管理监督新平台、新方法。“第一党支部”对于提高党内生活质量，完善党内监督方法发挥了积极作用，成为贯彻全面从严治党要求、落实党风廉政建设“两个责任”的重要载体，为税收现代化建设提供了有力的思想、组织、作风保障。

一、加强对北京地税系统“一把手”教育管理监督的重要性和紧迫性

（一）加强对“一把手”教育管理监督是落实“党要管党，从严治党”的必然要求

“党要管党，从严治党”是加强和改进新形势下党的建设必须长期坚持的重要指导原则。习近平总书记在2015年会见全国优秀县委书记时曾要求：“要做班子的带头人，‘带头人’关键是‘带头’二字。”“一把手”作为领导班子中的“班长”，不仅在班子决策和执行环节中处于主导地位，而且也是推进党风廉政建设的“第一责任人”。“一把手”带头讲党性、重品行、做表率，带头坚定政治信仰、政治立场和政治方向，带头对党绝对忠诚，带头依法办事、廉洁自律、接受监督，有利于释放“上行下效”的正向激励，促进纪律严明、作风清正、工作务实。

（二）加强对“一把手”教育管理监督是加强和改进地税系统党建工作的迫切需要

北京地税系统是垂直管理单位，但党员和基层党组织关系属地管理。区县（分）局党建工作存在着属地管理、系统指导的体制性问题，导致党员教育管理监督缺乏针对性，系统党建工作开展不平衡，特别是容易造成对“一把手”的监督有紧有松的问题。搭建“一把手”教育管理监督平台，有利于充分发挥“党建带头人”的作用，通过“一把手”重党建、懂党建、抓党建，落实党建工作责任制，推动党组织战斗堡垒作用和党员先锋模范作用的发挥。

---

* 本文发表于《前线》2016年第1期，《是与非》2016年第4期。

（三）加强对“一把手”教育管理监督是巩固“三严三实”专题教育成果的重要抓手

开展“三严三实”专题教育，是党的群众路线教育实践活动的重要延伸，着力使党员领导干部特别是“一把手”养成不敢腐、不能腐、不想腐的自觉。从全国各地发生的腐败案件来看，“一把手”腐败往往是疏于管理的“重灾区”。前些年，北京地税系统发生累积性违法违纪案件，一个重要原因就是当时的“一把手”滥用权力、贪污腐败，带坏了队伍风气。因此，强化对“一把手”教育管理监督，使“一把手”严守党内法规和规矩，自觉修身正己、秉公用权、真抓实干，能更好地推动“三严三实”融入地税文化，在干部心中深深扎根、努力践行。

（四）加强对“一把手”教育管理监督是加强干部队伍建设的重要示范

北京地税系统队伍规模大、覆盖面广，抓好“一把手”就是抓好了“关键少数”。要做到“信念坚定、为民服务、勤政务实、敢于担当、清正廉洁”的“好干部”标准，发挥“一把手”在抓班子、带队伍上的表率作用极其重要。通过严格“一把手”的党内生活，完善平等交流的平台、及时提醒的机制、抓早抓小的方法，能够对广大干部形成示范作用，引领队伍建设的良好风气。通过提升“一把手”的领导能力和作风能力，增强队伍的凝聚力和向心力，使税收现代化建设目标一致、点面共进，形成全体干部敢于担当、攻坚克难、开拓创新的工作合力。

二、北京地税系统加强对“一把手”教育管理监督的主要探索和实践

近年来，北京市地税局以“第一党支部”为依托，积极探索、大胆实践“一把手”教育管理监督制度机制，搭建一个平台，推进五个建设，实现三项创新，积累了一些行之有效的经验，以党内教育管理监督促进“一把手”更好地履职尽责、依法行政，为税收中心工作提供了坚强的组织、制度保障。

（一）搭建平台，使“党管干部”的要求落地生根

2013年9月17日，北京市地方税务局成立了全国税务系统首个“第一党支部”，突破了属地管理、系统指导党建模式的约束，在抓好“一把手”教育管理监督上迈出实质性步伐。“第一党支部”在落实“党管干部”上的优势主要体现在：从成员上看，把市局、区县（分）局“一把手”组织起来，在上下级工作关系外建立起平等的党内关系，提升了组织归属感和认同感；从工作模式看，建立健全了学习教育机制、评价监督机制、专家指导机制、组织保障机制；从工作成效来看，使“一把手”们更加认真地参加党内生活，更高标准地落实“三会一课”。据统计，2015年各区县（分）局领导班子和各部门正职共同参加的集体会议、活动次数共335次，相比2014年增加了67次，增长了20%，其中党小组共开展活动累计362次，集中学习调研、交流研讨的次数明显增加。

（二）强化责任，依靠“第一党支部”实现“一把手”教育监督常态化

一是突出党性教育，强化思想建设。“第一党支部”始终把对“一把手”们的党性教育和理想信念教育摆在首要位置。市局“第一党支部”成立以来，结合学习习近平总书记系列重要讲话精神，党的十八届三中、四中、五中全会精神，社会主义核心价值观等内容，共组织集体学习、会议、活动23次，各党小组组织会议、活动55次，编印市局“第一党支部”专刊20期。区县（分）局成立“第一党支部”以来，共组

织开展活动124次。在“三严三实”专题教育过程中，“第一党支部”成员均在党小组范围内讲了党课、在党小组范围内开展了集体研讨。坚持“三会一课”制度，每2个月召开1次党小组会，每季度召开1次支部党员大会，每半年召开一次组织生活会，并开展“学习教育、党内监督、作风建设、调查研究”主题活动，切实还原了“一把手”的普通党员意识，增强了党内生活的政治性、原则性、战斗性。

二是培养责任意识，强化能力建设。“第一党支部”成立后，成为落实党建工作和业务工作“两手抓、两促进”的重要载体。开展区县（分）局党组书记述职评议考核，使“一把手”抓党建的责任意识不断增强，党建工作和税收工作的融合更加紧密。实行“第一党支部”工作日记制度，以实际行动落实“三严三实”要求，并在党小组会上定期检查、展示、交流，使党员领导干部的自我要求严格化、具体化。研究编制处级以上各级“一把手”一周主要工作安排，增强工作的计划性，确保工作高效有序运转。立足首都功能定位、围绕税收工作重点、难点问题组织集体调研活动，凝聚“一把手”们以改革创新精神推动税收工作的思想、行动共识。

三是严格纪律管理，强化作风建设。“第一党支部”成立后，制定了严格的纪律规定和请销假制度，完善了对“一把手”的上级监督和同级监督，对执行党的政治纪律和政治规矩提出了更高的要求，“一把手”参加“三会一课”到课率达到90%以上。要求“一把手”带头坚持民主集中制，完善领导班子内部工作分工、议事、决策程序，严格在职责范围内行使权力。进一步强化“一把手”担当意识和集体观念，先后开展了爱国主义教育、党性修养教育和走进军旅教育，提升了“一把手”们昂扬向上的精神状态和抓细抓实的作风养成。

四是坚持抓早抓小，强化廉政建设。“第一党支部”把廉政建设作为加强“一把手”监督的关键，推动各级党风廉政建设责任落到实处。2015年1月建成北京市直机关系统第一家廉政教育基地后，第一时间组织全体成员参观，深刻反思发生在身边的腐败案件，做到警钟长鸣。针对系统内个别单位发生违反中央八项规定精神的问题，第一时间召开“第一党支部”大会进行通报批评，责成相关责任人做出深刻检查，在每个党小组内深入开展讨论反思，起到了明显的警示作用，通过党小组成员定期“扯扯袖子”“踩踩刹车”，把廉政问题抓早抓小，起到平时经常红红脸，关键时候不生病的作用，筑牢了预防腐败问题的底线、“红线”意识。

五是总结固化经验，强化制度建设。在“第一党支部”工作实践中，把“严管就是厚爱”注入“一把手”教育管理监督，逐步探索建立了党务公开制度、工作日记制度、党建工作述职评议考核制度、专家调研和联席会议制度等，健全了党员领导干部党建工作问责机制。在“第一党支部”的带动下，两级党组进一步严格落实党员领导干部重大事项报告制度、“三重一大”集体决策制度和“一把手”不分管人事、财务制度，完善对领导干部的经济责任审计制度，推行凡离必审、先审后离，凡用必审、先审后用原则，确保了各级“一把手”的权力在阳光下运行。

（三）创新形式，依托“第一党支部”提升了“一把手”教育监督管理效果

一是创新了监督路径，进一步规范党内生活。一直以来，地税系统行政上垂直管理，党建上属地管理的模式，造成了市局和区县（分）局之间业务关系紧、党务关系松的局面。成立市

局“第一党支部”后，在打破条块分割上进行了有益的探索，将游离于条块间的分子归拢在一起，大大解决了系统党建上一些看得见管不了，管得了看不见的问题。通过借助“第一党支部”这个平台，“一把手”之间交流的机会多了，机关和基层的信息沟通更及时全面了，上传下达的渠道更通达顺畅了。“一把手”们时常召集在一起，交交心、提提醒，“扯扯袖子”“踩踩刹车”，在破解“上级监督太远、同级监督太软、下级监督太难”问题上走出一条新路。

二是创新了交流载体，进一步弘扬优良传统。税务部门领导干部工作任务多，压力较大，以往市局与区县（分）局，区县（分）局与基层科所的领导干部通常是工作传接较多，思想见面较少。以“第一党支部”为平台，增加了市局和区县（分）局，区县（分）局与基层科所领导干部面对面交流的机会，使得机关、基层的思想和实践创新达到无缝对接，加深了沟通和理解。“第一党支部”成员不仅谈工作，也能以一名普通党员的身份，相互坦诚公开地谈心谈话、交换意见、思想见面，真正形成了一种既有纪律又有自由、既有集中又有民主、既有统一意志又有个人心情舒畅的工作局面，使理论联系实际、批评与自我批评等优良传统得到持久发扬。

三是创新了组织形式，进一步推进党内民主。“第一党支部”的成立，创新了系统党建组织形式，在一定程度上克服了党内生活的随意性和庸俗化。在“第一党支部”内，各位“一把手”们都回归到普通党员的身份，彰显扁平化管理优势，交流更加平等、凝聚力进一步增强。在“第一党支部”外，各位“一把手”把严格规范的党内生活方式带回所在单位，更加主动地落实民主集中制，更加严格地执行党员管理要求，更加高标准地完善党内生活的各项体制机制，提高了系统党建工作的政治性、原则性和实效性，使“第一党支部”成为推进党内民主的重要载体。

在加强对“一把手”教育管理监督的带动下，北京地税系统作风能力建设明显提升：在2012—2014年度文明单位评选中，全系统共有5个单位被授予“全国文明单位”荣誉称号，16个单位被授予“首都文明单位标兵”荣誉称号，21个单位被授予“首都文明单位”荣誉称号。“第一党支部”成立前，在对北京市地税局领导班子作风进行民主评议时，干部群众评价“好”和“较好”的比例占97.3%；“第一党支部”成立一年后的民主评议中，评价“好”和“较好”的比例占99.62%，提高了2.32个百分点。

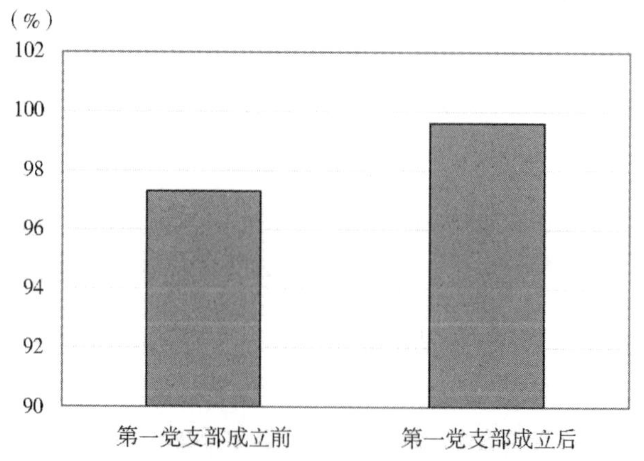

图1　领导班子民主评议“好”和“较好”的比例

三、北京地税系统加强对“一把手”教育管理监督存在的难点问题分析

近年来，市地税局采取的一系列加强“一把手”教育管理监督措施，虽然取得了积极效果，但在适应全面从严治党新任务、新挑战上，还存在诸多的差距和不适应。

一是思路还不够开阔。在当前深化改革进入深水区，税务系统所处的内外环境发生了深刻的变化。从外部看，企业兼并重组、鼓励小微企业发展、促进“大众创业、万众创新”、配合推进疏解非首都核心功能，等等，都会涉及有关税收政策的调整；从内部看，正全面推进税收征管改革和税收现代化建设，内部机构调整、职能转移、流程重置，变动时期存在的各种制度漏洞、监管漏洞都会为腐败滋生提供可乘之机，这些都对加强“一把手”的教育管理监督提出了诸多新的课题，需要我们进一步解放思想，积极应对，大胆创新。

二是方法还不够灵活。虽然“第一党支部”每年都制订详细的工作计划，但由于“一把手”工作任务繁重，参加学习频率受工作安排影响大。特别是落实《中国共产党廉洁自律准则》和修订后的《中国共产党纪律处分条例》，在抓细抓实党规党纪教育上缺乏经常性机制，对“一把手”学习活动的参与度和学习效果也缺乏可量化的激励标准。下一步，在学习教育的内容上还应进一步加强系统性、针对性、时代性，在方法上运用互联网等新技术、新媒体等手段还有很大的空间。

三是问责还不够具体。由于税务系统是垂直管理，上下级机关是一个共同体，在一定程度上存在着内部保护主义思想，或担心影响税务形象，或囿于“法不责众”，往往查点不查面，查下不查上，查小不查大，漏网效应更强化了这种侥幸心理。因此，强化对“一把手”的教育管理监督，就要“把纪律和规矩挺在法律前面”，加大日常监督执纪力度，对苗头性、倾向性问题抓早抓小，坚持“一案双查”，层层传导压力，发现一起处理一起，用纪律管住大多数，即便部分案事件不宜向社会公开曝光，也应第一时间在“第一党支部”范围内通报情况，时时以身边案例自警自省，对有心腐败的个别人形成有效震慑。

四是发展还不够平衡。税务系统的“一把手”教育管理监督除具有同其他行政部门一致的共性外，还因为自身工作职能性质以及区域经济发展而具有独特之处，绝不能将其作为短时间的政绩工程、形象工程，必须一以贯之，以久久为功的态度贯穿全部工作始终。应认真处理好市局和区县局“第一党支部”制度建设“总与分”“虚与实”的关系，立足顶层设计，兼顾区域特点，实现均衡发展，不断挖掘“第一党支部”的平台价值。

四、北京地税系统下一步加强对“一把手”教育管理监督的主要设想

基于地税系统“一把手”教育管理监督的实践经验和实际工作中存在的难点问题，在今后的工作中还要着重做好以下方面。

一是始终坚持目标导向，强化两级“一把手”教育，实现层层联动的效果。通过“第一党支部”，严格“一把手”们的双重组织生活，使市局党组及时掌握“一把手”们的思想、工作、生活动态，在共同学习、坦诚交流中凝聚了思想共识，增强了和谐共事的氛围。下一步工作中，要抓好对区县（分）局“第一党支部”工作的指导，加强基层思想动态分析，发挥基层党建工作优势，加强两级“第一党支部”思想教

育的系统性、连贯性和针对性，利用微博、微信等新兴平台开展“微平台”的学习教育，定期开展学习效果考核，推动课题研究和管理创新，彰显“第一党支部”人力资源优势，发挥以党建促业务的工作效力。

二是始终坚持廉洁导向，强化两级“一把手”管理，推动廉政风险防范。规范“一把手”任前选拔程序和考察程序，规范交流轮岗制度，真正把政治上靠得住、工作上有本事、作风上过得硬、人民群众拥护的领导干部任用到“一把手”岗位上。提升两级“一把手”的规矩意识、纪律意识和群众意识，对税务机关在税收执法、行政管理、选人用人等方面容易发生风险的重要事项、关键环节进行全面梳理和分析，借助内控机制信息化建设，运用科技手段提高风险防控水平。严格“一把手”重大事项报告工作，对履行“一岗双责”、家庭投资以及配偶、子女从业、婚丧嫁娶、因私出国（境）等一些重大事项实行档案动态管理，实行“一把手”八小时内和八小时外的全面管理。针对地税系统权力结构的特点，将“一把手”监督向基层科所长延伸，探索基层廉政风险防控痕迹化管理，将基层执法的廉政风险降到最低。

三是始终坚持监督导向，构建对“一把手”的立体化管理监督合力，使权力在阳光下运行。突出上级监督和同级班子成员之间的监督，依托“第一党支部”，完善上级领导班子对下级“一把手”定期谈话制度，推行“一把手”权力清单和责任清单管理办法，实行对“一把手”执行民主集中制情况考核测评制度，加强“一把手”履职工作考核。加强内部监督，加大纪检监察部门、人事部门、审计部门、法制部门参与的监督工作联动机制，明确分工、落实责任。拓展外部监督，加大党务政务公开，加快网络问政步伐，不断扩大干部群众的知情权、参与权、监督权。加强人大、政协、媒体网络和社会各界对“一把手”的监督，形成监督合力。

四是始终坚持制度导向，依托“第一党支部”完善系统党建工作机制，构建党风廉政建设长效机制。认真落实党风廉政建设主体责任和监督责任，结合“第一党支部”实践探索，总结制度建设经验，将现有制度机制体系化、规范化，建立健全“一把手”规范用权制度汇编，发挥制度管长远、管根本的作用，把权力关进制度的“笼子”。全面推进制度执行，坚决落实“三重一大”事项集体决策制度和“一把手”不分管人事、财务制度，经常性开展对“一把手”廉政制度规定执行情况、财务执行情况、政务公开情况和廉洁自律情况的检查，对落实制度不力的严肃追究责任。试行重大项目决策、重要干部任免、重要项目安排和大额度资金使用等事项研究时末位表态制。加强市局对区县（分）局规范党内生活制度的指导，发挥区县（分）局“第一党支部”成员对基层党支部做好“三会一课”的示范作用。把“三严三实”融入“一把手”日常教育，对照党员领导干部查找的“不严不实”问题健全制度规范，定期检查、跟踪问效。进一步理顺北京地税系统党建工作垂直管理机制，探索成立系统党委，增加抓好系统党员干部特别是“一把手”教育管理监督的针对性和有效性。

牢记职责不忘初心　直面改革砥砺前行
做税务系统“知行合一”的合格共产党员*

刘江平

认真学习贯彻习近平总书记在建党95周年大会上的重要讲话，作为北京地税系统当前最关键的是要与“两学一做”学习教育，与思想作风工作纪律整顿，与税收征管改革，与“营改增”全面试点、金税三期工程正式上线等正在开展的工作结合起来，做到学用相长、以知促行，知行合一。

税务部门肩负着“为国聚财、为民收税”的神圣职责。税务干部作为党的干部队伍的重要组成部分，是贯彻党的税收政策法规，组织财政收入的骨干力量，在着力推进供给侧结构性改革中，任务艰巨，责任重大，必须自觉以习近平总书记“七一”重要讲话精神为指引，做税务系统讲政治、有信念，讲规矩、有纪律，讲道德、有品行，讲奉献、有作为，“知行合一”的合格共产党员。

提高政治素质是根本。讲政治是党员干部的立身之本，提高政治素质是对党员干部第一位的要求。首都地税干部，肩负着推动京津冀经济协同发展、疏解非首都核心功能等历史重任，必须强化主动学习、终身学习的观念，自觉把学习当成一种生活态度、一种工作责任、一种精神追求，尤其要深入学习贯彻党的十八大以来党中央形成的一系列治国理政新思想、新理念、新战略，培养良好的政治理论素养，提升理性思维层次，牢固树立政治意识、大局意识、核心意识、看齐意识，补足精神之“钙”。学会运用马克思主义的立场观点方法去观察分析和处理问题，坚决抵制网络时代意识形态领域错误思潮的冲击影响，不断提高政治敏感性和政治鉴别力，牢牢抓住思想阵地主动权，进一步筑牢理念信念，做到虔诚而执着、至信而深厚，确保在任何情况下政治信仰不变、政治意志不移、政治方向不偏。扎实推进“两学一做”学习教育，自觉遵守党章党规，时刻牢记党员身份，认真履行党员义务，积极参加组织生活，深入开展“比技能、比作风、比业绩”“服务亮标准、党员亮身份、单位亮承诺”为主要内容的“三比三亮”活动，落实党员挂牌上岗，亮明身份制度，积极发挥党员干部在完成税收中心工作中的模范表率作用。

提高综合能力是关键。税务部门政策性强、业务内容复杂、涉及行业领域广，具备较强的能力素质是适应税收新常态、落实税收征管改革的现实需要，尤其今年“营改增”全面试点、金

---

* 本文原载于《北京工作》2016年第7期。

税三期工程正式上线，对北京地税建设转型发展、对加速提升素质能力提出严峻考验。努力提高业务能力，认真学习《税收征管法》、20 条“营改增”服务硬措施和市委、市政府对地税工作指示等规定要求，牢记政策法规，把准规定标尺，掌握最新要求，尽快适应新情况、学习新技能，做到精通本职、了解前沿、掌握相关，把自己培养成一专多能的复合型税务干部。努力提高税收风险管理能力，主动适应税源状况日益复杂的变化趋势，牢固树立风险导向，不断提高防范、控制和化解能力，有效堵塞管理漏洞，减少税收流失。努力提高纳税服务能力，牢记肩上职责使命，践行全心全意为人民服务宗旨，优化业务流程，创新服务手段，不断提高工作效率和服务质量，做到既能坚持依法征税，又要营造和谐的征纳关系，展示首都地税部门的良好形象。努力提高工作落实能力，培养自觉服从、雷厉风行的过硬作风，坚持科学的态度和求实的精神，把本职岗位坚守好、把本职任务完成好，保证工作不拖延、标准不降低，做到想落实、会落实、落实好。

提高自律意识是保障。习近平同志强调：“一个人能否廉洁自律，最大的诱惑是自己，最难战胜的敌人也是自己。”税务人员经常与纳税人打交道，面临现实诱惑考验很多，稍不注意就会踩杠压线，存在很大廉政执法风险，必须强化自律意识，筑牢守纪防线。用实际行动挺起党的政治纪律和政治规矩，自觉用纪律和规矩规范自己的行为，严格遵守党的政治纪律、组织纪律、廉洁纪律、群众纪律、工作纪律和生活纪律，清白做人，干净干事，做到自重、自省、自警、自励，市局“第一党支部”、市（区）分局两级党组班子成员以及各级领导干部更要以身作则，做严守党的纪律和规矩的带头人，坚决维护党的权威，切实承担起从严管党治党的责任。注重法律法规和规章制度学习，不断增强学法、守法、遵法意识，采取典型激励、反面警示、启发自我教育等形式，强化自我修炼、自我约束、自我塑造，不断提升道德修养，拧紧人生“总开关”，从思想上牢固建立预防违法违纪的堤坝，努力提高自身免疫力。时刻牢记职责使命，正确行使手中的权利，严格自身要求，处处廉洁自律，做到不忘初心，砥砺奋进，以饱满的精神、创新的姿态、务实的作风，勤奋的工作，在新的起点上推动首都地税事业再上新台阶。

抓好“两学一做”学习教育 聚焦中心工作任务 以首善标准 不断加强地税机关党的建设*

刘江平

根据中央、市委和国家税务总局要求，当前正在开展的“两学一做”学习教育是协调推进“四个全面”战略布局特别是推动全面从严治党向基层延伸的有力抓手。抓好地税机关党建工作，一定要强化首善意识，积极发挥机关党组织和机关党员在“两学一做”学习教育中的先锋模范作用，扎实抓好各项工作落实。

一、认真学习党章党规和习近平总书记系列重要讲话精神，切实增强做好机关党建工作的使命感和责任感

机关各级党组织和全体党员要原原本本、逐条逐句通读党章、廉洁自律准则、纪律处分条例及各项党内法规，深入系统学习习近平总书记系列重要讲话，自觉用科学理论武装头脑，指导实践，推动工作。

一是要守规矩，不断严明党的政治纪律和政治规矩。党的规矩是党的各级组织和全体党员必须遵守的行为规范和基本准则，讲规矩是对党员干部的重要考验。纪律是刚性的规矩，严密的组织纪律性，是我们党的一个鲜明特征，也是党始终保持先进性的重要保证。系统各级党组织和全体党员要牢固树立规矩意识，明确纪律是高压线不可触碰，规矩是边界不能逾越，做遵规守纪的明白人，努力在市局机关率先营造守纪律、讲规矩的氛围。

二是要严责任，认真贯彻落实全面从严管党治党要求。郭金龙书记指出：“全市各级党组织要坚决落实全面从严治党主体责任，强化主业意识和政治担当，牢固树立抓好党建是最大政绩、不管党治党是严重失职的观念。”机关各级党组织要严格落实这一要求，切实增强管党治党意识；各级党组织书记作为第一责任人，要做管党治党的书记，对党负责、对干部健康成长负责，真正做到把责任记在心里，抓在手上，扛在肩上。

三是要严肃党内生活，营造健康的党内政治生活局面。要认真落实“三会一课”、双重组织生活会、民主评议党员等制度，扎实开展批评与自我批评，让“咬耳扯袖”成为常态。坚持完善和严格执行民主集中制，正确处理民主与集中、分工与合作、个性与党性的关系。建立经常

---

* 本文原载于《北京机关党建》2016 年第 6 期。

性的提醒和批评制度，警钟长鸣、防微杜渐。探索强化党内监督的有效途径，把监督作为对同志最大的支持和爱护，营造积极健康的党内政治生活局面。

二、服务中心，建设队伍，不断提高机关党建工作水平

习近平总书记指出："机关党建工作任务很多，核心是服务中心、建设队伍，促进本部门本单位各项任务的完成。"要聚焦"两大核心任务"，以首善标准扎实推进地税机关思想、组织、作风、制度和廉政建设。

一是要深入开展"两学一做"学习教育。组织全体党员深入学习党章党规和习近平总书记系列重要讲话精神，用党章党规规范言行，用党的最新理论成果武装头脑、指导实践、推动工作，教育引导党员干部坚定理想信念，牢记党的性质和宗旨，拧紧"总开关"，做讲政治、有信念，讲规矩、有纪律，讲道德、有品行，讲奉献、有作为的合格党员。

二是要广泛开展"创先争优"活动。牢固树立看齐意识，市局领导班子要努力在思想、工作、学习和生活等方面以身作则、率先垂范；市局机关要走在各区（分）局前面，市局干部要走在全系统干部的前面。深入挖掘机关各级党组织开展创先争优活动的好经验、好做法，形成一批具有地税机关特色的党员先锋岗、党员示范窗口、党建工作品牌。

三是要驰而不息纠正"四风"。认真贯彻中央八项规定、市委实施意见和市局党组具体措施，紧盯公务活动、公款吃喝、公务用车、办公用房等"四风"问题易发环节，大力开展思想、作风、工作、纪律整顿，下决心整治作风顽疾，既要拔掉"吃拿卡要"、违规违纪等"硬钉子"，也要拔掉自由散漫、不遵守工作和生活纪律、没有担当、不敢作为等"软钉子"，狠刹懒政怠政歪风。

四是要严格落实主体责任。要明确责任分工，层层传导压力、层层落实责任，把主体责任落实到机关每个支部、每名党员。结合地税机关职能特点，针对巡视反馈问题和近年系统内发生的违纪违法案件，加强廉政教育和廉政文化建设，筑牢党员干部拒腐防变的思想防线。要充分发挥机关纪委职能作用，强化执纪问责，严肃查处违纪违法党员。

三、履行职责，发挥作用，进一步增强工作的针对性和实效性

机关党建工作政治性、政策性强，需要很强的政治理论和政策水平。要切实提高对党的建设及党务工作的认识，增强做好党建工作的使命感，认真履行职责，在推进税收现代化建设进程中发挥好战斗堡垒作用和先锋模范作用。

一是机关党委要发挥好职能作用。要牢固树立"抓好党建是本职、不抓党建是失职、抓不好党建是不称职"的意识，按照上级部署要求，紧跟市局党组步伐，切实发挥参谋助手作用。平时要多请示、多汇报，把市直机关工委的各项工作部署和要求落到实处。要适时组织对两委委员、党支部（总支）书记进行党务工作知识和能力培训，使他们尽快成为党建工作的行家里手。

二是党支部（总支）要发挥好战斗堡垒作用。支部（总支）书记要切实履行党建工作第一责任人的职责，班子成员要自觉落实"一岗双责"要求，把党建工作融入各项业务工作之中，以中心工作的成效来检验机关党建工作。要抓好党员的思想教育，落实各项组织生活制度，结合征管评查等税收业务工作，开展丰富多彩的主题党课和党日活动。要健全完善党内激励、关怀、帮扶长效机制，积极帮难解困，营造党内和谐，促进党的建设。

三是党员干部要发挥好先锋模范作用。机关党员干部要认真履行《党章》赋予的权利和义务，时时处处以党员标准要求自己，平时工作看得出来，关键时刻站得出来，重大任务冲得上去。要针对“营改增”，刻苦钻研税收业务，熟练掌握国家的税收法律法规和政策，优质高效完成本职工作。要自觉遵守党的纪律、国家的法律法规和市局的各项规章制度，恪守社会公德、职业道德、家庭美德，做为民务实清廉的税务干部。

税收发展有保障　信息共享展新篇*

朱元广

税收大数据是统领、指导、服务税收管理工作的重要依据，是征管质量的“评估师”，是风控、稽查工作的“指挥棒”，是检验税收政策的“测量仪”，是纳税服务工作的评分表，更是领导科学决策的参谋助手。近年来，随着“互联网+”和大数据时代的强势来袭，以北京市地方税务局为代表的税务机关正以积极响应、主动作为的姿态探索税收大数据的实现路径，为加快推进征管改革和税收现代化建设提供重要支撑。

一、潮平海阔，建章立制促共享

一是建立机构。北京地税未雨绸缪，树立“互联网+数据服务”的工作理念，以充分发挥数据引领作用为目标，在机构设置和人员安排上先行先试，于2013年和2014年分别成立了数据管理处和数据处理中心，统筹规划全系统数据资源和数据需求，紧密围绕风险管理，强化数据共享与合作，深入开展数据分析，为税收管理工作提供数据支撑。

二是推动立法。北京地税在努力与各政府部门加强信息沟通与合作的同时，积极推进税收保障制度建设。2016年北京市政府正式出台了《北京市税收征收保障办法》（以下简称《办法》），并于9月1日开始实施。《办法》明确了政府及有关部门的税收征收保障职责以及涉税信息提供、税收执法协助方面的具体内容，为获取第三方涉税信息提供了有力支撑。《办法》的落地使各部门之间的信息共享和执法协作有了重要的制度依据，信息共享工作从简单数据交换到复杂业务交流，从传统孤军奋战到携手联合执法，从加强综合治税到服务区域发展，全面进入到一个新阶段。

三是完善机制。北京地税在信息共享工作中注重长效机制的建设，在加强联络沟通的基础上，积极与各部门签订了信息共享协议，约定保密责任，明晰管理职责。在传递方式上逐步由政府专网、光盘交换的点对点传输，转向系统自动采集、处理各委办局推送的涉税信息数据，并在市局中心数据库中存储、处理第三方涉税信息。同时与市国税局建立了第三方涉税信息采集的联合会商和信息共享共用工作机制。在联合开展第三方涉税信息采集工作中，同国税部门就各税种对相关信息的需求特点进行联合会商，统一采集口径。对于一方采集的第三方涉税信息，实现了双方共享共用，减轻了被采集方的工作压力，提高了数据的采集效率，2016年1—9月，双方共享第三方涉税信息1900万条。

* 本文原载于《中国税务》2016年第12期。

二、风帆正举，深化利用见成效

北京地税一方面注重信息共享的聚合效应和联合执法的“拳头效应”，保障简政放权和放管结合形势下的税收工作井然有序；另一方面充分发挥税务部门的服务职能和税收政策的调节作用，通过涵养税源和优化服务促进首都经济健康发展。

一是涉税内容更丰富。截至 2016 年 9 月，北京地税累计已采集 20 个部门的涉税信息 104 项，9 亿余条。在采集的各类涉税信息中，按涉税主体划分，不仅包括工商、质监等部门登记的企业信息，还有来自司法、编办、文化局、经信委、科委、教委等各类特殊资质的审批备案情况，以及公安、人力社保局等部门的自然人情况，丰富了纳税人的基础信息。按涉税客体划分，采集了国土局、建委、公安和保险协会的矿产、不动产和车辆等信息，提高了财产行为税的监控力度。按纳税环节划分，采集了股权转让、房屋土地权属转移、外国（含港澳台团体或个人）在京演出等信息，增强了对申报关键节点的掌控。同时，还与市国税局在登记、变更、财务报表、代征、减免税和入库信息上建立了全面交换与共享。

二是风险管理更高效。北京地税通过对大量第三方涉税信息的加工整理和分析利用，补充完善本系统登记信息的缺失部分，辅助开展税种日常征收管理，通过排查虚报、少报等行为，阻塞征管漏洞。2016 年，北京地税利用市国土局 128 万条 2013—2015 年房产转移登记数据，与系统中契税申报数据进行比对，通过设定条件，筛选出了 4 类 3482 条具有较高涉税风险的问题数据，依托风控平台推送核查。同时，利用全渠道信息，充分挖掘税收数据价值，在强化数据分析的基础上，创新性地开展税收情报工作，编制 26 期《北京地税税收情报》，推送风控疑点 77 条，涉及 133 个自然人和 534 户企业，为有效开展税收风险管理提供重要支撑。

三是税收共治更深入。一方面，北京地税将与各部门的信息交换镶嵌在各类业务的办理中，大大提高了办税效率和准确性。例如：与工商等部门联合共享了登记信息，充分展现了“三证合一”的简化高效。2016 年 1—9 月，“三证合一、一照一码”新增市场主体合计 15. 8 万户；与住建委实时交换网签信息，通过输入合同编号，带出房屋地址、面积等详细交易内容，减轻了基层的重复录入工作，2016 年 1 月，新系统上线后，北京地税已处理个人存量房交易 23. 1 万笔，税款合计 185 亿元，同时，向国土部门推送契税完税信息，有效防止利用虚假契税完税凭证办理不动产权属转移。另一方面，与各政府部门加强联合执法工作，与市国税局、出入境管理局开展联合惩戒税收违法“黑名单”当事人，阻止欠税企业法人代表出境；向金融机构推送税收违法“黑名单”，降低失信当事人贷款和信用卡授信额度。下一步，还拟与市互联网信息办公室等单位联合对网络信息产业进行联合监管，引导相关行业合法、良性、健康发展；与市工商局共同在北京市企业信用信息网上公示行政处罚等信息，加大联合惩戒力度，促进社会信用体系建设。

四是税收职能更凸显。北京地税利用税收管理过程中留下的各项涉税数据信息，充分发挥税收职能作用，积极服务北京市经济社会发展，为非首都功能疏解、京津冀协同发展、供给侧结构性改革等重点工作献力献策。与中关村管委会积极宣传落实高新技术企业税收优惠政策，与市文化局联合开展首都动漫产业服务、扶持工作，并向总局、财政部研提政策意见和建议；配合民政、建委和交通部门开展低保、购房、购车审核，2016 年以来，审核低保申请人及其家庭成员 5.3 万人次、购房资格申请人 21.9 万人次、购车资格申请 40.9 万人次。同时，参与人口政策研究，为北京市人口与产业疏解提供税收数据支撑。

三、破浪远航，科学管理谋长远

一要进一步拓宽第三方涉税信息来源。北京地税将继续加强与各部门的信息共享和业务协同，在现有采集方式的基础上，充分发挥信息化的支撑作用，进一步拓展自动化采集规模、并研究采取购买第三方资料信息等多元化的采集方式，不断拓宽第三方涉税信息来源，提升数据质量和时效。

二要进一步加强数据分析。北京地税将以服务税收征管、保障财政收入为核心，深入挖掘第三方涉税信息利用价值，研究组建数据分析团队，结合全局工作实际积极研究第三方涉税信息利用的有效方法，并探索建立常态化的风险推送机制，与征管、风控、稽查、纳税服务、干部管理工作有机对接，形成以大数据分析为驱动的税务管理工作机制。

三要进一步强化对社会管理和公共服务的支持作用。北京地税将通过多部门携手合作，充分利用税收数据激发市场活力和社会创造力、促进社会公平正义、提高公共服务效率，在更大范围、更深层次，以更有力举措推进首都综合治理工作取得实效。

关于新三板市场促进首都税源发展的研究*

朱元广

全国中小企业股权转让系统（俗称新三板）因挂牌公司数量在2014年和2015年激增而备受关注。截至2016年5月底，挂牌公司总数达到7436家，已超过A股上市公司数量的2倍以上，其中，北京市共有挂牌企业1147家，挂牌企业数量居全国首位，占比达到15.4%。新三板挂牌企业的不断增长，促进了首都税源增长，共同构成了首都多层次资本市场的框架体系。2015年，北京市的新三板企业年纳税总额达到46.8亿元，近5年年均增长达到21.1%。

一、新三板基本概况

2001年，“股权代办转让系统”建立，称为“旧三板”。2006年，中关村科技园区非上市股份公司进入代办转让系统，称为新三板。2012年，经国务院批准，扩大非上市股份公司股份转让试点范围，同年9月20日，由上海证券交易所、深圳证券交易所、中国证券登记结算有限责任公司等投资成立了全国中小企业股份转让系统有限责任公司，挂牌企业范围扩大至部分国家高新技术开发区企业。2013年底，新三板扩容至全国。

（一）新三板交易方式

新三板主要采取两种交易方式——做市转让和协议转让。截至2016年5月底，新三板挂牌企业中采取做市转让方式的企业有1533家，采取协议转让方式的有5903家。

1. 做市转让方式。做市转让是指转让日内，做市商连续报出其做市证券的买价和卖价，若投资者的限价申报满足成交条件，则做市商在其报价数量范围内按其报价履行与投资者成交义务。

2. 协议转让方式。协议转让有三种成交方式，第一种为点击成交，投资者根据行情系统上的已有定价申报信息，与指定的定价申报成交。第二种为互报成交，投资者已经寻找好交易对手方，然后双方提交确认申报，全国股份转让系统对符合规定的申报予以确认成交。第三种为定价申报之间自动匹配成交，每个转让日15点时，对系统中仍然有效的定价申报进行匹配成交。

（二）新三板挂牌优势

与沪深市场IPO相比，新三板优势明显。一方面，新三板市场降低准入门槛，不设财务指标

* 本文原载于《首都金融》2016年第28期。

限制，不受高新园区限制；另一方面，新三板挂牌中介费用较低，约为沪深市场的1/3，这都为一些无法通过沪深市场上市的企业挂牌新三板创造了条件。2013年开始，新三板相关政策红利不断，融资量快速增长，企业挂牌速度加快。截至2016年5月底，挂牌企业总股本4433.01亿股，总市值30376.4亿元。2015年，总成交金额达到1910.6亿元，是2014年的15倍，换手率达到53.9%。2015年股票发行2547次，融资金额1213.38亿元，是2014年的9倍多。

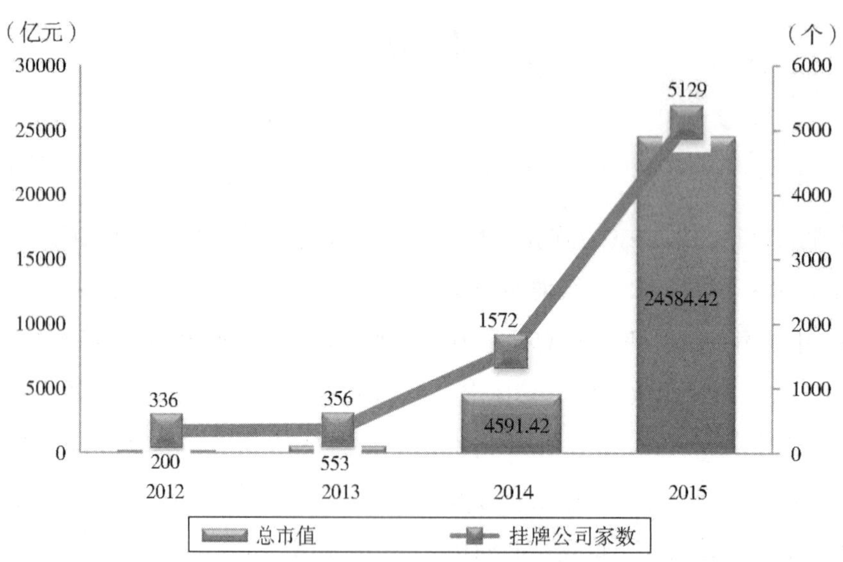

图1 2012—2015年新三板挂牌企业数量及总市值

（三）新三板投资者准入条件

从适用的投资政策看，新三板市场设立了较高的投资门槛，对机构投资者的要求为注册资本500万元人民币以上的法人机构或合伙企业。对自然人要求有较高的风险识别能力和风险承受能力，市场从财务状况、投资经验、专业知识三个维度设定准入条件，对自然人的要求是本人名下前一交易日日终证券类资产500万元人民币以上，具有两年以上证券投资经验，或具有会计、金融、投资、财经等相关专业背景或培训经历。

从新三板适用的税收政策看，适用税率和征管方式均参照沪深市场制定。税收政策较为宽松，主要是鼓励有实力、可承担一定投资风险的机构投资者和个人投资者参与市场交易，推动市场发展。

（四）新三板企业区域分布

从新三板企业地域分布情况看，经济发达地区企业数量最多，“双创”企业的汇聚地北京、广东、江苏和上海，集中了近五成的挂牌企业。特别是北京市，截至2016年5月底，在新三板市场挂牌的北京企业达到1147家，占挂牌企业总数量的15.4%；2015年，北京地区企业股票发行432次，融资金额达到330.6亿元，同比增长3倍多，占2015年新三板总发行融资金额的比重达到27.2%。

（五）新三板税收贡献

1. 印花税收入。与沪深市场相同，在新三板市场买卖、继承、赠与股票所书立的股权转让书据，按照实际成交金额由出让方按1‰的税率计算缴纳证券交易印花税。

表 1 新三板相关税收政策

<table>
<tr><td rowspan="2">项目</td><td colspan="2">营业税（于 2016 年 5 月 1 日起改征增值税）</td><td colspan="2">企业所得税/个人所得税</td><td colspan="2">印花税</td></tr>
<tr><td>税率</td><td>税收政策</td><td>税率</td><td>税收政策</td><td>税率</td><td>税收政策</td></tr>
<tr><td>机构投资者</td><td>5%</td><td>我国现行税法规定股票买卖业务属于金融商品转让，属于营业税的金融保险业税目率缴纳企业所得税</td><td>25%</td><td>转让新三板的股票属于财产转让范畴，按照 25% 的税率缴纳企业所得税</td><td>1‰</td><td>依实际成交金额，由出让方按 1‰的税率计算缴纳证券交易印花税</td></tr>
<tr><td>个人投资者</td><td>免税</td><td>对个人从事外汇、有价证券、非货物期货和其他金融商品买卖业务取得的收入暂免征收营业税</td><td>免税优惠</td><td>对个人转让从上市公司公开发行和转让市场取得的上市公司股票，实行免征个人所得税政策。股息红利实行差别化个人所得税政策。股息红利：个人持股在 1 个月以内的，按股息红利的全额计入应纳税所得额；持股在 1 个月以上至 1 年的，暂减按 50% 计入应纳税所得额；持股超过 1 年的，暂减按 25% 计入应纳税所得额。这些所得统一适用 20% 的税率计征个人所得税</td><td>1‰</td><td>依书立时实际成交金额，由出让方按 1‰的税率计算缴纳证券交易印花税。与企业法人的政策一致</td></tr>
</table>

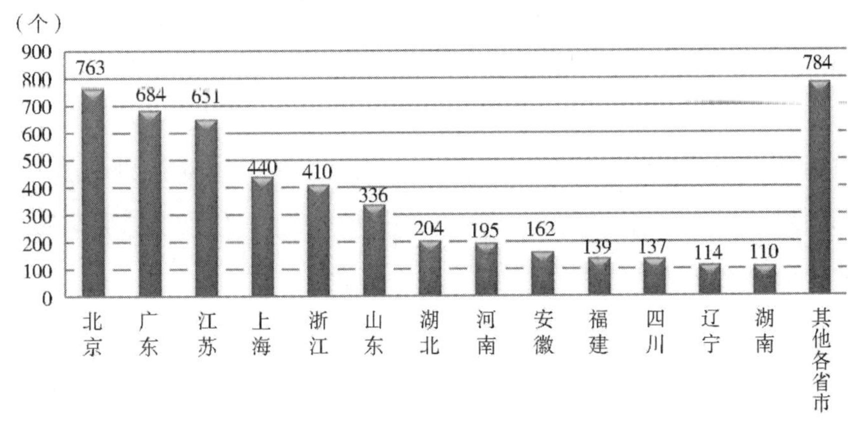

图 2 2015 年新三板挂牌企业地域分布情况

2. 全国股份转让系统公司收入。该公司主营业务收入主要来自转让经手费、挂牌初费和挂牌年费。首次挂牌时收取挂牌初费，以后每年收取挂牌年费，两项费用分别按照总股本数分四档收费。转让经手费则是按照股份转让成交金额双边收取 0. 5‰ ~0. 8‰的费用。

3. 新三板挂牌企业收入。根据我国税法规定，企业股权变更中涉及的企业所得税和个人所得税应在被转让股权企业所在地缴纳。

二、新三板促进首都税源增长

新三板的快速发展带动首都税源呈现新的增长点，一是市场本身的快速增长带动挂牌和交易业务量增加；二是围绕市场开展业务的资本市场服务业开辟了新的业务增长点；三是北京挂牌企业受融资带动作用，税收随之较快增长。

（一）市场交易对首都税源影响分析

1. 证券交易印花税增长。随着股权转让交易量增长，证券交易印花税大幅增长，2015 年，新三板代扣证券交易印花税合计 1.78 亿元，同比增长 93.5%；其中地方级 0.05 亿元，同比增长 93.5%。2015 年 12 月 31 日，国务院发布了《关于调整证券交易印花税中央与地方分享比例的通知》（国发明电〔2015〕3 号）规定，从 2016 起将证券交易印花税由中央和地方分享全部调整为中央收入。今后北京将不再享有新三板证券交易印花税分成。

2. 全国股份转让系统公司主营业务增长。新三板市场不断扩容的同时，全国中小企业股份转让系统有限责任公司主营业务收入快速增长，2015 年，该公司营业收入 5.1 亿元，是 2014 年 3.4 倍。2015 年，全国中小企业股份转让系统有限责任公司完成各项税费 1.6 亿元，同比增长 3 倍，地方级 0.5 亿元，同比增长 1.5 倍；从分税种情况看，企业所得税完成 1.2 亿元，个人所得税完成 0.1 亿元，营业税 0.2 亿元。

3. 新三板业务带动中介业务量增长。从新三板业务对券商等资本市场服务业的影响看，新三板的发展带动资本市场服务业增长。目前新三板挂牌实行主办券商推荐制，股权转让实行做市转让和协议转让两种方式，做市转让主要依靠券商机构提供服务。随着新三板交易量的增加，越来越多的券商企业开始重视新三板业务，业务量也不断增加，带动资本市场服务业流转税和企业所得税等税收增长。新三板挂牌企业年报等相关业务，带动了会计师事务所和律师事务所相关业务量增加。

4. 基金等投资机构积极参与新三板业务。新三板交易量增加，吸引基金等机构投资者的积极参与。目前，证券公司、公募基金管理公司、私募投资基金等纷纷开展新三板投资业务。同时，境外机构投资者也对新三板业务开始关注，期待条件成熟时参与新三板投资。随着新三板交易量的增长，机构投资者参与度越来越高，带动基金和投资公司相关业务和税收增长。

（二）挂牌促进首都税源发展

1. 挂牌企业税收增速高于全市。从挂牌促进企业发展的角度看，挂牌新三板对首都税源发展起到了一定的带动作用。从 2015 年底的 763 家京籍挂牌企业近年纳税情况看，2010—2015 年，北京新三板企业税收贡献逐年增加，挂牌企业纳税总额从 2010 年的 17.9 亿元增至 2015 年的 46.8 亿元，年均增长 21.1%，高于北京市各项税费年均增长 8.2 个百分点。从对地方财力的贡献看，2010—2015 年，北京挂牌企业对地方财政贡献从 8.5 亿元增长到 22.6 亿元，年均增幅 21.7%，高出全市地方级税收增长 9.8 个百分点。

表 2　　2010—2015 年北京市新三板挂牌企业纳税情况　　单位：万元

项目＼年份	2010 年	2011 年	2012 年	2013 年	2014 年	2015 年
新三板挂牌企业税收	179532	241322	289033	316600	385607	468293
增幅（%）	—	34.4	19.8	9.5	21.8	21.4

2. 挂牌融资成为企业发展的关键点。新三板对企业的融资起到了至关重要的作用。按照企业挂牌时间看，2010 年及以前的挂牌企业表现出更高的纳税能力，在近 5 年间也保持了税收的持续增长。2010—2015 年间挂牌上市的 763 家北京企业户均纳税额在挂牌当年和次年增长较快，随后保持相对稳定增长。从 2010—2015 年挂牌的企业户均纳税情况看，挂牌当年户均纳税增长 35.2%，挂牌次年户均纳税增长 20.5%。

表 3　　按挂牌时间统计新三板企业分年度户均纳税情况　　单位：万元

挂牌时间	2010 年	2011 年	2012 年	2013 年	2014 年	2015 年
2010 年及以前挂牌	452.1	568.0	698.7	767.0	809.4	638.3
2011 年挂牌	142.0	270.0	306.5	370.8	373.7	257.1
2012 年挂牌	98.5	164.1	167.1	217.6	278.7	324.9
2013 年挂牌	103.2	135.7	196.2	251.0	295.1	356.8
2014 年挂牌	147.8	235.6	305.2	351.9	414.5	415.9
2015 年挂牌	272.1	351.1	423.8	441.6	572.7	792.4

3. 挂牌企业增值税占比近半。从 763 家北京挂牌企业分税种情况看，增值税为挂牌企业的主要税种，2015 年完成 16.5 亿元，占各项税费收入比重约为四成。增值税增长较为明显，从 2011 年的 7.5 亿元增至 2015 年的 16.5 亿元，这主要是由于挂牌企业中研发和技术服务、信息技术服务等现代服务业企业较多，“营改增”行业占比较大，带动增值税快速增长。2015 年，企业所得税和个人所得税分别完成 14.9 亿元和 9.4 亿元，占比分别为 31.8% 和 20.1%。营业税完成 2.1 亿元。

4. 挂牌企业集中在海淀区。763 家北京挂牌企业隶属海淀区的数量最多，占全市的比重达到了五成以上，同时海淀区挂牌企业的纳税贡献也最大。2015 年，海淀区挂牌企业各项税费收入达到了 29.1 亿元，占全市比重达到 62.2%；丰台区挂牌企业各项税费收入为 2.01 亿元，占全市比重为 4.3%；昌平、西城、朝阳各区挂牌企业各项税费收入也均超过了亿元。

5. 挂牌企业主要来自高新技术行业。从 763 家企业分行业情况看，科研技术服务及信息传输、软件和信息技术服务业税收贡献最高，2015 年达到了 19.7 亿元，该行业企业数量占比接近 50%。此外，计算机、电子设备制造等高端制造业企业也较为集中，2015 年各项税费收入贡献了 4.4 亿元。从 2015 年户均纳税情况看，新三板企业户均纳税 614 万元，其中，高新技术制造业、租赁和商务服务业、科技服务和信息技术服务业户均纳税较高。

表4　　新三板企业分行业纳税情况　　单位：万元

行　业	2015年税收	户均纳税
科研技术服务及信息传输、软件和信息技术服务业	197198	581.7
制造业	44373	693.3
批发和零售业	77990	609.3
租赁和商务服务业	47635	710.9
金融业	48082	9616.4
其他	53015	331.3

三、需要关注的问题

（一）税收政策和税收征管问题

1. 税收征管手段需跟进。新三板企业股权转让的灵活性暴露了税收征管的薄弱点。一方面是税务机关与股权转让系统间无信息共享和衔接，税务机关无法及时掌握股权转让相关信息；二是根据目前税收体制，各税务机关仅对注册和户口在本辖区内的企业及个人具有税收稽查权限。但在实际转让过程中，被投资企业、股权转让方、股权受让方往往不在同一税务局管辖范围内，影响基层执法时出现三方扯皮现象，造成跨区投资股权转让过程中的税款流失。

2. 部分税收政策、计税依据还有待进一步明确。在挂牌前期很多公司会调整公司资本结构，个人股东转让股权时，企业与税务机关对部分税收政策解读存在分歧。国家税务总局2014年发布的《股权转让所得个人所得税管理办法（试行）》的公告（国家税务总局公告2014年第67号）规定，将股权转让给符合条件的亲属及抚养人或者赡养人时，股权转让收入明显偏低，视为有正当理由。因此，企业在实际操作中，存在将股权平价转让给本人及亲属参与投资的法人企业的情况，以此来避免个人股权转让中的相关税费，同时避免下一步被转让股权企业资本公积和留存收益转增股本时的个人所得税。目前，在新三板协议转让市场中，出现了“一分钱”交易现象，如齐鲁银行于2015年7月以“一分钱”超低价成交1434万股，其中，7月8日协议转让交易出现在自然人王丛笑和山东新世纪科技经贸发展有限公司之间，交易涉及114万股，7月20日协议转让1320万股，买卖双方为山东聚成置业公司和山东省诚建工程总承包公司。虽然卖方以超低价转让股权，但税务机关应根据《企业所得税法》的相关规定，按照股权的公允价值核定其转让价格，据以征收企业所得税，但是由于新三板市场目前尚未成熟，企业股权的公允价值不能完全反映，加之信息披露制度不完善，税务机关很难及时掌握相关转让信息，影响到相应税款及时足额入库。

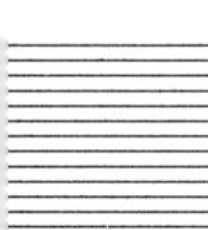

（二）企业发展和管理中存在的问题

1. 财务管理能力欠缺。寻求新三板融资的企业大多还处于成长期，常常出现账务处理不合规、无形资产权属不清晰、研发支出不合理的问题，这些阻碍了企业股权结构优化和融资渠道拓展。同时，企业还存在管理机制不规范和内控制度不健全等问题，企业的内部管理水平有待提升。

2. 融资效果不够显著，盈利能力明显低于A股。从企业盈利能力看，新三板企业良莠不齐，总体盈利能力还不强。2014 年，实现盈利[①]的企业占比仅为 65.7%，企业平均营业利润率为 -25%，远低于 A 股上市企业。从融资后企业经营情况来看，新三板企业盈利企业占比和企业持续盈利能力都明显低于 A 股企业。

3. 企业研发投入有待提高。2014 年北京新三板挂牌企业研发费用合计为 2.6 亿元，营业收入合计 181 亿元，研发费用合计占营业收入比重仅为 1.4%。2014 年，科研、信息技术服务和高端制造业企业，研发费用占企业年收入的比重[②]超过 3% 的仅有 53 家，有 50 家科学研究和技术服务业企业未申报研发费用。这反映出企业研发投入不足，创新能力还不高，创新发展后劲不足。

（三）新三板市场存在监管风险

新三板市场的快速发展和低成本的募资方式，吸引了众多私募股权机构挂牌新三板，通过定向增发轻松获得了大量资金，如九鼎投资，短时间市值飙升数倍，这些私募投资机构或转投二级市场或再次投资新三板，造成了一定的系统性风险。同时，这样的市场格局也违背了新三板扶植中小企业的市场定位。

四、相关措施和建议

新三板爆发式的发展给首都税源发展带来了机遇和挑战，结合目前新三板企业发展中存在的问题，政府各相关部门应通力合作，不断改进新三板的管理方式和发展方向，切实发挥新三板的融资作用，构建新的税源增长点。

（一）改进税收征管手段，创造良好的发展环境

1. 税收政策及征管方式应及时跟进。新三板市场是由国务院依据《证券法》批准设立的全国性证券交易场所，属于公开市场，因此，需在完善信息披露要求的基础上，建立并完善相关税收政策，梳理征管工作流程，特别是股权转让相关税收政策，真正让税务机关做到依法征税。同时，随着新三板市场的发展壮大，交易量大增，跨区域股权转让逐步增加，要求新三板市场与税务机关之间应建立联系，定期交换数据，及时掌握企业股权变动情况，确保及时足额缴纳相应税款。股权交易双方需要在交易时明确应该履行的纳税义务，按照税法相关规定缴纳税费。

2. 纳税服务前置，辅导企业顺利上市。税务机关应做好纳税服务和纳税辅导前置，做好政策宣讲等工作，协助拟挂牌新三板的企业梳理清楚企业的资产、主营业务、盈利状况等，并严格按照税收法律法规要求及时足额缴纳税款，使企业达到挂牌要求，避免出现“倒推”缴纳税款的情况。

（二）提升政府引导和管理水平，鼓励企业发展

1. 协助企业提升管理水平。政府相关职能部门应着力提升监管能力，协助新三板企业进一步完善管理，着眼于企业自身发展，借力新三板融资，提升企业核心竞争力。一是在财务管理和战略管理方面，立足长远，协助筹划挂牌融资的企业和已挂牌企业，制定可持续发展的战略方向。二是建立人才流动平台，协助企业找到专业、高效的管理人才，特别是财务管理人才，让企业建立更全面、更细致的财务体系，建立明晰企业账务。

2. 鼓励企业加大研发投入。新三板定位为创新、创业型企业服务，只有不断的创新发展才

---

① 数据主要来源于 2014 年企业所得税纳税申报表。

② 该比重为认定高新技术企业条件之一。

能吸引投资，在发展中才能更具活力并占领先机。政府及各相关部门应加大政策宣传力度，鼓励新三板企业用好用足支持高新技术企业发展的各项税收优惠政策，加大研发投入，增强企业核心竞争力。借助国家宏观政策支持和中关村等区域性优惠政策，引导企业走技术创新，科技创新的道路，储备发展潜能。

3. 鼓励中小企业挂牌上市。北京应利用区位优势，在扶植新三板企业上下功夫，鼓励中小企业利用新三板融资壮大发展。目前，全国部分地方政府对企业挂牌新三板出台了一些扶植政策，一些省市的挂牌企业数量增加较快。2015年，广东省和江苏省在新三板成功挂牌535家和480家，比北京的401家分别超出134家和79家。首都应结合创业创新的大背景，结合自身优势特点，出台相应的财政政策，鼓励信息服务和高端制造业的发展，让中小企业的发展为首都经济发展带来更大活力，带动地方财力增加。

（三）严格落实金融类企业挂牌的相关规定，防范系统性风险

为更好地聚焦新三板服务中小微企业的市场定位，全国股转公司对金融类企业挂牌新三板设立更高的准入标准，相应提升新三板市场的风险控制能力。因此，相关部门在项目立项、尽职调查、内核等环节，应严格按照金融类企业挂牌准入和信息披露的相关要求对申报企业进行审查，严格把关，对不符合要求的金融类企业挂牌，应对相关责任部门予以严肃处理。“十三五”期间，完善和发展资本市场是金融业改革的重要工作之一，新三板市场的完善还需要一定的时间。首都应把握发展和改革的关键时期，合理引导资本市场服务业和金融各行业发展，为企业提供多元化的融资平台，带动一批有实力的企业发展，为地方财力做出更大贡献。

认真履行好纪检机关的监督责任*

张靖明

党的十八届五中全会通过的《中共中央关于制定国民经济和社会发展第十三个五年规划的建议》强调，要坚持全面从严治党，落实“三严三实”要求，严明党的纪律和规矩，落实党风廉政建设主体责任和监督责任。纪检机关必须认真落实中央要求，自觉履行好党风廉政建设监督责任，扎实推进党风廉政建设。

一、纪检机关履行监督责任的工作思路

在全面从严治党的新形势下，纪检机关履行监督职能总体上是好的，但在实际工作中，一些地方和单位也存在着不想监督、不敢监督、不会监督等问题。从地税系统看，一些纪检机关履行监督职能不同程度地存在越位、缺位、错位、不到位等现象。针对这些问题，需要进一步厘清做好地税系统纪检工作的基本思路。

围绕中心，服务大局。围绕中心、服务大局是党对纪检工作的基本要求，是纪检工作的一项重要原则。当前，北京地税系统纪检工作和基层业务工作存在结合不够紧密的倾向，要解决这一问题，就要深刻理解围绕中心、服务大局的重要意义，坚持把纪检工作与地税中心工作紧密结合、把落实上级精神与本单位实际相结合、把落实监督责任与税收业务工作相统一，在推进税收现代化和税收征管改革大局中发挥好监督作用。

聚焦主业，精准用力。按照中央和北京市纪委的要求，北京市地税局党组聚焦主业，精准用力，制定出台了落实主体责任和监督责任两个文件及责任清单。所谓聚焦主业，就是要聚焦纪律、聚焦本职、聚焦业务、聚焦中心工作和重点任务；所谓精准用力，就是要避免过去那种蜻蜓点水、撒“胡椒面”、广泛参与但实质作用有限的情况，先要找准用力点，而后付诸行动、全力以赴。

问题导向，注重预防。做好纪检工作，要坚持问题导向，以发现问题为前提。注重预防在先和事前控制，当干部出现苗头性、倾向性问题时，及时“咬咬耳朵、扯扯袖子”。要善于从重点工作、重点领域、关键环节的风险点中发现问题；从日常监督、干部管理、税收征管、税务稽查、经济责任审计等工作中发现问题；从明察暗访、实际接触了解中发现问题；从信访举报的数据分析中发现问题。要坚持标本兼治、综合治理、惩防并举、注重预防的方针，从监督关口前移和监督关口下移两方面做好预防工作，确保把廉政工作要求落实到税收执法的最前沿。

结合实际，改革创新。当前，北京地税系统应抓住市纪委派驻机构改革试点的契机，按照结

* 本文发表于《党建研究》2016 年第 2 期，《是与非》2016 年第 6 期。

合实际、降低成本、把握时机、求真务实的原则，积极稳妥地推进纪检领域的改革创新。在监督体制上，切实加强对全系统纪检机关纵向管理的力度，努力消除因条块分割导致的监督盲区；应针对直属稽查局执法风险高而监督薄弱的情况，成立直属稽查局联合纪检监察组，增强监督实效。在监督方式上，应在加强例行监督检查的同时，通过持续扩大公开面的方式，充分发挥群众监督的作用。在监督手段上，应整合信息化资源，探索“互联网+”形势下的监督模式，充分发挥科技防控的作用。此外，还应借鉴国内外成功经验，建立税务系统清廉指数，构筑起地税系统的廉政生态环境。

纪严于法，纪法分开。依法执政既要求党依据宪法法律治国理政，也要求党依据党内法规管党治党。纪律是党员的底线，法律是公民的底线。党纪严于国法。我们党对党组织和党员有组织、纪律、法律三道监督防线，纪检机关发挥的是第二道纪律防线的监督作用。同时纪检机关还要强化法律意识，给从严治党设定法律边界，在宪法和法律界定的范围内开展工作，用法治思维和法治方式推进监督执纪问责。纪检干部作为监督者首先要守法，自觉接受监督，学会在监督的环境下开展工作。

二、纪检机关履行监督责任的方式和方法

找准定位，充分发挥警示教育的作用。纪检机关要积极承担教育警示责任，对系统内发生的重大腐败案件和违反中央八项规定精神的典型案件及时进行剖析通报。比如组织干部旁听法庭案件审判、参观廉政警示教育基地、发现苗头性问题及时进行提醒谈话、函询等。

盯住权力，加大检查监督的力度。检查监督是纪检工作的核心业务，是最常用的工作方法和手段。根据检查的方式，可以把检查监督分成日常巡查、专项检查、重点督查、信访核查四类。对“四风”问题、政风行风方面的日常性问题可以采取日常巡查的方法；对涉及税收执法权和行政管理权方面的问题，可以组织相关职能部门开展专项检查；对一个时期内集中暴露出来的突出问题，可以实行重点督查；对干部群众来信来访反映强烈的热点难点问题，可以进行信访核查。开展检查监督的原则是围绕中心、盯住权力、针对问题。检查监督的内容选择和时机判断，要根据形势和任务的要求确定。

科学履职，充分挖掘程序监督的预防功能。有效行使程序监督可以起到提前预防的作用，达到事半功倍的效果，避免发生不可挽回的严重后果。比如，纪检机关参加党组会议，其中一项重要任务就是对议题审批、临时动议、会议召开、决策过程、执行回避制度、末位发言等重点环节进行程序监督，保证党组的议事规则得到正确落实。

积极探索，努力构建合理稳妥的风险评估机制。风险评估是一种适用于各类重大决策的工作机制。对没有现成制度规定的新问题，可以采用案例法，把已经公开的通报中具有纪律效力的判定，作为决策的参考依据；引入风险评估机制，成立风险评估小组，对疑难问题进行集体研究，通过听取多方面意见，作出较为客观专业的判断；及时请示汇报，对于工作中遇到的没有处理依据的问题，要及时寻求帮助，向上级纪检机关请示报告。

促进公开，为群众参与监督创造更多机会。“阳光是最好的防腐剂。”纪检机关要结合实际，督促党政领导班子持续扩大公开的事项和范围，帮助其树立主动公开的思想意识，努力推动信息公开的广度和深度，特别要推动“三重一大”

事项决策过程和结果的公开力度，进一步提升决策的透明度。

勇于创新，提升科技防控的水平。要注重结合业务工作，发挥科技的力量，通过网络化、数字化、智能化等技术，加强对税收执法权和行政管理权运行的监督，共同提升全系统遵纪守法、科技防控的工作水平。

规范执纪，提高把握运用制度的能力。一方面，要紧贴党组的重大决策部署、紧贴干部关注的热点问题，从推动组织协调、抓好落实方面，不断细化制度建设；另一方面，要善于运用制度设规定矩，要充分熟悉各项制度规定，尤其要熟记“三重一大”制度内容，这样才能既起到审核把关的作用，又可以最大限度地减少执纪过程中的个人主观随意色彩。

敢于碰硬，执纪问责不能手软。要加大查办案件力度，既要严肃查处发生在税收执法领域的违纪案件，也要开展“为官不为”“为官乱为”问题专项治理，严肃查处侵害纳税人利益的不正之风和腐败案件。要加大问题线索核查力度，对反映各级领导干部的问题线索，严格按照标准进行处置和管理。要与稽查部门加强协调配合，建立沟通机制，定期交流信息，加大“一案双查”力度。对不履行或不正确履行主体责任和监督责任的党员领导干部和纪检干部要加大责任追究力度。

关于新形势下加快推进总法律顾问制度建设的思考*

——以北京市地方税务局总法律顾问制度为视角

北京市地方税务局　王炜副局长主持课题组

总法律顾问制度在我国最早出现在企业，是应对经济全球化的产物。随着企业总法律顾问制度不断完善、发挥作用，总法律顾问制度也被高校推行。为贯彻落实党的十八届三中全会提出的“普遍建立法律顾问制度”的要求和《关于推行法律顾问制度和公职律师公司律师制度的意见》精神，国家税务总局对建立税务系统总法律顾问制度进行了有益探索。北京市地方税务局为贯彻落实党的十八届三中、四中精神，积极践行税收法定原则，推进税收法治建设，在全国税务系统率先开展总法律顾问制度试点工作。自试点工作开展以来，取得一定成效。本文从北京市地方税务局工作实践出发，对在政府部门推广总法律顾问制度进行研究，以期为有关部门提供决策参考。

一、总法律顾问制度与政府法律顾问制度的区别和联系

（一）两种制度的基本内涵

政府法律顾问制度是一个体系性的概念，是有关法律顾问的选任、工作职能职责、工作机制以及管理制度的集合。目前，我国政府法律顾问主要包含内部法制机构和外聘律师，部分地区已有的公职律师也包含在内。而总法律顾问制度则是围绕总法律顾问形成的制度的集合。总法律顾问属于领导职务，统筹内部法制机构、外聘律师、公职律师开展工作；有关总法律顾问的选拔、使用、职责、定位以及相关管理、配套制度，是总法律顾问制度的组成部分。

（二）两种制度的区别和联系

总法律顾问制度与政府法律顾问制度既有区别，又存在密切联系。政府法律顾问制度体系要远远大于总法律顾问制度，它包含总法律顾问制度在内，同时也包括对内部法制机构、外聘律师、公职律师的制度规范建设。总法律顾问制度是对政府法律顾问制度的有益补充和完善，隶属于政府法律顾问制度体系中，是优化现有政府法律顾问制度、全面推进依法治国、实现法治政府建设的重要抓手。

* 本文原载于《法治政府建设》2016年第4期。

二、总法律顾问制度实践情况

（一）企业总法律顾问制度的实践

1997 年 5 月，原国家经贸委公布《企业法律顾问管理办法》的部门规章，该管理办法规定大型企业可以设置总法律顾问，总法律顾问是企业的高级管理人员，参与企业重大经营决策，全面负责企业法律事务。这标志着企业总法律顾问制度逐步走上制度化、规范化轨道。2002 年 7 月 18 日，原国家经贸委与中组部、中央企业工委、中央金融工委、人事部、司法部、国务院法制办七部门联合印发了《关于在国家重点企业开展企业总法律顾问制度试点工作的指导意见》，对开展企业总法律顾问制度试点工作的重要意义、指导思想、任职条件、政策保障等进行了详细阐述；并共同召开试点工作启动会，积极开展试点企业总法律顾问制度。2004 年 5 月 11 日，国务院国有资产监督管理委员会制定了《国有企业法律顾问管理办法》的部门规章，专设“企业总法律顾问”一章，对总法律顾问的定位、任职条件、选任方式、职责等进行了明确规定，突出了总法律顾问制度的重要地位。2005 年 1 月，国资委又发布实施了《中央企业重大法律纠纷案件管理暂行办法》的部门规章，着重强调了企业总法律顾问在重大法律纠纷案件管理和企业法律风险防范中的重要作用。

（二）高校总法律顾问制度的实践

2000 年初，浙江大学根据工作需要设立了学校法律顾问办公室，不额外增设编制，该办公室隶属校长办公室，其中设主任 1 人（相当于总法律顾问），主任领导学校法律顾问，并直接对学校法定代表人负责；办公室法律顾问 4 人，聘请校内在民法、商法、经济法、刑法、行政法等领域各有专长且具有律师执业资格的教师兼职担任。浙江大学的做法开启了高校总法律顾问制度的先河。2005 年 1 月，黑龙江省根据国务院《全面推进依法行政实施纲要》的规定，在省内高等学校全面推行法律顾问制度，要求院系较多、规模较大、独立分支机构较多的高校设置学校总法律顾问。该制度推行以来，黑龙江省内各高校采取多种形式建立了总法律顾问制度，且实践效果良好。

（三）政府总法律顾问制度的实践

按照国家税务总局推行税务系统总法律顾问制度工作精神，北京市地方税务局先行先试，在全国税务系统率先试点实行总法律顾问制度。自 2015 年初起，北京市地方税务局开始对税务机关法律顾问制度的现状以及存在的问题进行调研。结合税收业务工作对法律服务的需求，针对法律力量权威性不够、没有形成合力、缺乏统一的制度安排等问题，借鉴企业、高校和国外经验，在征求总局政策法规司、市政府法制办意见的基础上，提出了建立总法律顾问制度的初步意见：将区级税务机关总法律顾问定位为享受副处级待遇的一个行政职务，负责本级税务机关税收法治和法律事务工作，主管法制机构，协助局长工作，直接对局长负责并报告工作，参加局长办公会，根据工作需要列席党组会。2016 年 1 月，北京市地方税务局正式印发《试行总法律顾问制度工作方案》。经过组织考察等严格规范的程序，市局党组审议通过了担任城六区局总法律顾问的 6 名人选，并正式成立总法律顾问办公室和公职律师办公室，确定了办公室人员。

北京市地方税务局总法律顾问制度体现了如下特点：第一，任职条件更加严格，必须具有扎实的法律功底和丰富的税收、法律实践经验，其中法律专业知识背景或者法律职业资格证书是必备条件之一，以打牢统揽法律事务工作的基础；第二，工作责任更加重大，除负责行政复议、诉讼等常规法制工作外，还负责信访、投诉等行政争议的处理和为政府信息公开案件提供法律意见等，通俗地讲，凡是与本机关法律事务有关的各项工作均由总法律顾问来组织开展；第三，法律顾问力量的协调更加明确，由总法律顾问来负责协调法制机构和外聘法律顾问开展工作，避免各顾问力量之间的交叉和缺位，解决以前法律顾问力量协调不力的问题；第四，工作更具独立性和客观性，任命、免职、处分区（分）局总法律顾问时，必须征求市局总法律顾问的意见，认为本单位决策存在重大法律风险，经充分提示后，其法律意见仍不被采纳，可以向上级总法律顾问进行报告。

北京市地方税务局试行总法律顾问制度，逐渐形成专业人才向法制等执法相关部门倾斜的导向，将现任法制科科长作为总法律顾问任职条件之一，促使更多专业人才到法制部门工作，扭转基层法制部门边缘化、力量配备薄弱的状况。随着总法律顾问工作的开展，将进一步提升法律意见的权威性和决定性，有利于实现决策科学化、规范化，是优化行政管理模式的一种突破性尝试，确保税收工作在法治轨道上运行。

三、政府机关建立总法律顾问制度的必要性

（一）现有政府法律顾问制度的局限性

现有法律顾问制度发挥了一定的作用，但仍存在一定局限性。

1. 法律意见的权威性不够。政府机关法制机构、公职律师均处于政府机关内部，在工作上与行政机关领导之间存在被领导与领导的关系，且所处的行政地位一般较低，提出的法律意见较难受到领导重视，权威性很难得到保障。外聘法律顾问来自于政府机关外部，与行政机关之间存在契约关系，受各方面因素的影响，很难全程深入介入政府机关日常工作，顾问的广度和深度不够，掌握的政府机关内部信息并不十分全面，严重影响其法律意见的权威性。

2. 法律顾问力量存在交叉，没有形成合力。政府机关法制机构、外聘法律顾问和公职律师在日常法律问题咨询、提供法律意见、行政复议和行政诉讼等工作分配上存在交叉，部分职能缺位，容易出现重复工作、相互之间推脱和工作懈怠，没有有效形成合力，影响了法律顾问工作的实施效果。

3. 法律顾问责任不明确。法制机构、外聘法律顾问和公职律师仅提供法律意见，不直接参与行政决策，其意见是否被采纳，是否能积极影响决策处于非常不确定的状态。再加上缺乏相应的责任约束，所提法律意见的有效性很难得到保障。

（二）建立总法律顾问制度的必要性

1. 有利于推进行政决策的科学化、规范化。党的十八届四中全会明确提出要“积极推行政府法律顾问制度”。推行政府法律顾问制度是健全依法决策机制的重要内容，建立总法律顾问制度是健全完善政府法律顾问制度的重要举措，有利于保证法律顾问在制定重大行政决策、推进依法行政中发挥积极作用。

2. 有利于有效控制权力和保障权利。限制权力，保障权利，是法治的精髓，也是法治思维和法治方式的核心。要实现权力控制和权利保障，必须以法律制约权力，通过合理的权力配置模式和健全的权力监督机制，防止权力滥用，切实保护行政相对人的权利。因此，政府机关通过建立总法律顾问制度，完善内部管理机制，有利于实现权力控制和权利保障之间的平衡。

3. 有利于提高依法行政工作水平。近些年来，依法行政工作全面推进，行政法律体系框架

已初具规模，行政执法也日渐规范。然而由于外部环境、内部因素和执法人员素质等多方面原因，在行政执法各个领域执法风险仍然存在，政府机关的公信力和政府机关的执法形象受到一定影响。因此，建立总法律顾问制度有利于政府机关有效预防行政执法风险，树立政府机关公正透明的执法形象，在此基础上，全面提升依法行政水平。

四、关于在政府机关广泛建立总法律顾问制度的建议

为更好地落实依法治国理念，全面推进法治政府建设，优化现有政府法律顾问制度，基于北京市地方税务局试行总法律顾问制度工作实践情况，建议在政府机关广泛建立总法律顾问制度。

（一）明确总法律顾问的定位和职责

政府部门将总法律顾问设定为一个领导职务，首先要确立总法律顾问在政府机关法律事务管理中的核心地位和作用，并突出总法律顾问在法律风险防范与控制中的管理职能。为充分保障总法律顾问意见的独立性和权威性，建议总法律顾问直接对行政机关负责人负责，统揽本级政府机关的法律事务，统领法制机构、外聘法律顾问和公职律师开展顾问工作。同时，必须明确划分法制机构、外聘法律顾问和公职律师的职责范围，避免职责的过度交叉，有效发挥各方优势。建议法制机构侧重行政复议案件的办理、内部规范性文件的合法性审查、地方性法规草案和政府规章草案的起草等工作；公职律师侧重于内部复议、诉讼、仲裁、行政赔偿等法律纠纷的代理和重大、复杂法律问题的讨论等工作；外聘法律顾问侧重于合同审查，重大、复杂的复议、诉讼、仲裁、行政赔偿等法律纠纷的代理，重大疑难事务法律意见的出具和重大法律问题的讨论等工作。

（二）严格设置政府机关总法律顾问的任职条件

为确保总法律顾问制度的实施效果，总法律顾问运用法律思维去有效处理法律事务，在制定重大行政决策、推进依法行政中发挥积极作用，建议在年龄、工作年限、文化程度等方面进行限定，将具备法律专业知识背景作为必备条件，真正将那些政治素质高、业务能力强、法律专业精，并熟悉政府机关实际情况的人员选拔到总法律顾问的岗位上来。

（三）相关部门在人员编制上给予大力支持

建议人事、编办有关部门在总法律顾问制度推广过程中，给予人员编制上的支持。企业、高校和政府机关试行总法律顾问制度的实践经验表明，总法律顾问的推行必然涉及人员和编制的调整，需要人事、编办部门给予大力支持。政府机关推广总法律顾问制度，需要给予总法律顾问职务以专门的编制设定，且该职位设定不宜偏低。

（四）建立相关配套制度

建议建立总法律顾问制度配套制度。一是建立任免征求意见制度。独立性是法律工作的重要基础，借鉴司法体制改革和纪检体制改革的有益经验，建议在任命、免职、处分总法律顾问时，应当征求其上级总法律顾问的意见。二是建立定期轮换制度。为避免总法律顾问在同一个单位任职时间过长影响其法律意见的客观性，总法律顾问在任期上应作调整，建立定期轮换制度。三是建立重大法律风险报告制度。总法律顾问认为本单位的决策或者事项存在重大法律风险，经充分提示和书面说明后，其法律意见仍然不被采纳，可向上级总法律顾问进行报告。四是建立后备人才管理制度。总法律顾问较其他政府机关领导人员具有很强的专业性，需要加大后备人才的培养

力度，通过定期组织法律专业培训和业务交流，提高法律专业人才的业务能力和工作水平，为总法顾问的选拔储备人才。

参考文献：

[1] 史文科．浅析我国的企业总法律顾问制度[J]．法制与社会(下),2011(7).

[2] 蒋园园．高校建立总法律顾问制度的多重视角研究[J]．南通大学学报(教育科学版),2009,25(1):16.

[3] 总法律顾问需解决三道难题[N]．经济日报,2003-01-31.

[4] 刘露．浅谈政府法律顾问制度现状及完善[J]．法制博览(下),2015(5).

（课题组组长：王　炜

课题组成员：李志刚　王　珊　姜立洋　陈双格　黄丽明

课题执笔人：陈双格　黄丽明）

北京地税推进绩效管理的实践与思考*

沈永奇

党的十八大提出："创新行政管理方式，提高政府公信力和执行力，推进政府绩效管理。"绩效管理的核心价值是实现组织的战略目标，从税收角度来说，它是落实税收现代化重大任务的有效抓手。2014 年，国家税务总局提出到 2020 年基本实现税收现代化的奋斗目标，并从当年年初开始在总局机关和税务系统实施绩效管理。近年来，北京地税全面深入贯彻总局战略部署，将绩效管理作为实现税收现代化的重要手段并积极实践。

一、北京地税推进绩效管理的实践

为推进绩效管理和实现税收现代化，北京地税系统一方面进一步完善税收现代化的组织机构设置，明确职责分工；另一方面，着力完善绩效管理的办法、制度和指标体系。

整合机构职责，重在健全绩效管理组织。2014 年 1 月，北京地税发布《北京市地方税务局关于深化税收征管改革的意见》，整合市局各类领导小组职能，实现对深化征管改革工作的统一领导；同年 2 月，又发布《北京市地方税务局关于加快推进首都地方税收现代化建设的意见》，成立推进首都地方税收现代化建设领导小组和专项工作组。北京市地税局进而提出，提前两年，即到 2018 年全面实现税收现代化。2014 年以来，北京地税始终把绩效管理作为"一把手"工程来抓。经过 2015 年绩效管理 3.0 版的正式运行，再到今年绩效管理的 4.0 版，北京地税的绩效管理工作已进入常态化、规范化运行状态。

完善考评体系，形成绩效管理链条。一方面，北京地税的税收现代化任务逐渐明晰。除了上述文件，2014 年 12 月北京地税还印发了《推进税收现代化建设和征管改革三年行动计划》，将税收现代化和征管改革进行任务逐项分解。一是建立以纳税人需求为导向的纳税服务体系；二是建立以风险管理为导向的税收征管体系；三是建立具备强大威慑力的税务稽查体系；四是加快专业化、高素质的人才队伍建设，建立廉洁、高效的组织体系；五是建立方便快捷的信息化支撑服务体系；六是推进依法行政，规范税收执法，为税收现代化建设和征管改革奠定坚实基础。同时，对以上每项内容细分为核心工作、重点工作和关联工作。另一方面，逐步形成绩效管理链条。今年，税务总局在去年绩效管理 3.0 版的基础上，围绕"三年创品牌"升级推行绩效管理 4.0 版，实现了平滑平稳升级。北京地税紧跟总局节奏，结合前期任务，形成以三年行动计划分解任务、总局绩效指标和市政府考评任务为主体

---

* 本文原载于《前线》2016 年第 9 期。

的目标集开展绩效计划的编制工作。在多方努力下，依照税收现代化“六大体系”战略目标的指引，2016 年北京地税的绩效指标和相关配套的制度办法体系得以编制形成。

创新工作手段，保证绩效管理落地。在绩效管理链条形成后，北京地税又推出多项重要措施，完善工作机制，力保绩效管理显成效。第一，实行差异化考评。在北京地税下辖的 24 个区（分）局中，8 个分局的职能设置与其他 16 个区局不同。其中第一、第二、第三、第四稽查局作为直属稽查局，只有稽查业务没有税源管理职能，其业务职能单一，因而将其缺失的税源管理分值补充到稽查业务中去，补充后稽查业务所占分值达到了60%以上。这不仅保证了指标的完整性，更有效体现了其中心工作。第一、第二直属分局，开发区分局，燕山分局在职能设置上也有各自特点，在同一个指标和加减分体系下与其他区（分）局进行横向考评势必造成不公平，因此将这 8 个分局与其他 16 个区局分设两个序列进行考评，进一步提升了考评的公平性和科学性。第二，高度重视结果运用。结果运用是保证绩效管理深入开展的灵魂，北京地税局下发《北京市地方税务局绩效考评结果运用办法（试行）》，对绩效考评结果运用在干部任用、评先评优和年度考核三个方面进行制度规范。对在绩效考评中达到“优秀”等次的单位和个人，优先考虑评先评优，并在干部任用上予以倾斜。第三，绩效管理成效显现。在总局 2015 年度全国地税系统绩效考评中，北京地税局获得了指标成绩排名第一、总分排名第二的好成绩。成绩的背后是实实在在的工作成果：经过两年的绩效管理实践，全系统绩效管理意识逐渐增强，税收主业相关的重点工作得以有效落实，行政基础工作得到迅速提升。

二、推进绩效管理面临的挑战

推进绩效管理的实践，北京地税局取得了成绩，但也遇到了一些问题。

一是多重考评需要整合。依据实际情况，北京地税在开展绩效管理工作的同时，一方面要分解承接税务总局的绩效指标，按要求完成总局绩效管理工作的安排部署。另一方面要应对地方政府的绩效考评。作为考评者，北京市地税局要负责对各区（分）局的绩效考评工作；但作为被考评者，它又要同时承接总局和市政府的考评任务。所辖的区局，除了要承接总局、市局的考评任务外，还要应对区政府的考评，而区政府与市政府的考评模式有时不完全一致，多重考评的现象不同程度地存在。如何整合多重考评，怎样理清各方关系、从技术上使它们有机统一、从考评结果上形成运用合力，是亟待解决的问题。

二是技术方法需要完善。经过两年的绩效管理实践，随着纵深推入和实践发展，绩效管理的技术方法也面临着税收现代化发展的新需求，需要更新换代。在绩效指标编制、分解承接落实、考评标准设置、计分方法运用等环节的技术方法日臻完善的同时，我们还需要在一些方面的精细环节上持续改进，特别是税收现代化各阶段目标如何通过绩效管理在北京地税系统各个层面得到落实，还需要精细化推进。比如，机考指标如何实现前台查询与后台取数的结合，如何与绩效管理系统衔接，真正实现指标量化、考评客观。再如，对于机关考评，如何更加完善机关个性指标，既突出成效又突出质量；如何对诸如离退休干部处、后勤服务中心等特殊部门考评。这些问题的存在虽然正常但不可忽视，需要妥善解决。

三是信息化程度需要提高。2016 年，总局上线了 2.0 版绩效管理信息系统，对 1.0 版绩效系统功能进行了优化调整，系统兼容性和可操作性大大增强，方便了绩效管理。北京人力社保局已开始试点实施公务员日常考核软件，计划今年全面推行。它们与现行手工操作的个人绩效管理系统如何整合、如何在信息化支持下统一安排，仍需要深入研究。此外，随着金税三期工程上线，上线后的问题尤其是下一步机考指标的实现等问题，都需要切实提高信息化水平。

三、推进绩效管理、实现税收现代化的建议

绩效管理，归根结底是一种管理技术和方法，从绩效理念、绩效计划、绩效指标、绩效实施、绩效沟通、绩效改进、结果运用等各个环节都渗透着管理技术与方法的应用。在当前绩效管理推向纵深背景下，技术方法要聚焦绩效指标和结果运用。

首先，分解目标任务，健全绩效体系。分析和分解税收现代化的任务要求是构建科学绩效指标体系的基础。目前，北京地税已根据税务总局绩效管理4.0版指标和三年行动计划中的任务要求，对目标任务的具体事项、主要问题、主要矛盾进行了深入研究，把需要考核的内容变为具体的绩效指标。其一，根据各部门具体情况，有针对性地进行设计。从部门职能到上级部门要求、从组织前期目标完成情况到组织现状、从单位自身各项相关制度建设到服务对象要求，都要在目标设定过程中着重考虑。其二，采用自上至下和由下而上相结合的设定方式，通过全员参与，充分协商，最终确定。根据指标的不同性质和特点，要有针对性地进行综合归纳，最后确定。这种方法极有助于设置系统考评指标，以达成共识。其三，利用客观可考的信息实现指标客观量化，尽可能采用计算机自动生成、从管理过程中采集、从第三方评价中采集的指标信息，最大限度规避人为因素，客观真实地反映工作情况。

其次，重视多措并举，开展结果运用。第一，结果运用要强调结果导向，依托绩效管理确保税收现代化任务落实。绩效结果运用应体现奖优罚劣的要求，提高绩效管理和考评结果运用的合理性，将部门组织绩效和个人绩效挂钩，形成“双轮驱动”。第二，结果运用要强调多种运用，充分发挥绩效考评对税收现代化的激励作用。将绩效管理与干部队伍建设相结合，与评先评优、晋升提职等结合，与培训、轮岗、交流等结合，将绩效结果计入档案，都是可供借鉴的举措。同时，结合绩效考评结果进行综合管理改革，科学设置岗位、编制详细的“三定”方案，再根据干部的需要进行轮岗、学习。第三，结果运用要强调持续改进，将工作过程分为日常改进和考核后的全面改进，结合监控与预警，及时整改，确保落实。同时，对考评结果进行具体分析，找出效果优秀或不良的原因所在，分析各种主客观因素，反馈给考评对象，并以此作为进一步调整和运用的重要依据。

再次，加强绩效培训，巩固管理基础。一方面，通过理念培训增强服务意识，把有关税收绩效管理的基本理论和方法作为重点内容对全员进行培训，使其转变理念，深刻理解税收现代化和绩效管理工作的本质和精髓。这项工作的核心是强化绩效管理与税收业务工作紧密融合、相互促进的思维方式。另一方面，通过技能培训提高工作效率。通过技能培训，让税务干部掌握绩效管理的方法技术。从事绩效专业管理人员，重点是培训绩效管理的一般原理和方法技巧，对各种绩效管理方案的设计原则、管理重点等深入理解，对绩效指标考核要点、分解方法等一般性原则深入掌握。从事税收现代化业务工作的人员，重点是培训如何将自身业务工作纳入到绩效管理中

去，学习如何将业务工作的重点、难点、关键点利用绩效指标、考核细则表述出来。

最后，培育绩效文化，增添组织活力。按照税务总局对绩效管理工作的整体部署和安排，今年是“创品牌”年。品牌的背后离不开文化软实力的支持。绩效文化的建设将潜移默化地影响着绩效管理的实践。因而，今年创品牌的重要环节是培育浓厚的绩效文化。判断绩效文化浓厚与否，标准是广大干部发自内心地去做这件事情。这看似简单，但实践起来并不容易。文化的养成重在平时的点滴努力和积累。为此，建议有关部门采取诸如征文、演讲、微电影等多种干部喜闻乐见的形式宣传绩效、传播绩效，挖掘契合自身实际的绩效精神，厚植绩效文化。

统计资料

北京市地方税务局各项税费收入情况

各项税费收入分税种完成情况表（2016年）

单位：亿元

项　目	本期	增减额（同口径）	增减（%）（同口径）
各项税费收入	3912.1	579.6	21.6
地方公共财政预算收入	2686.2	352.2	20.9
一、税收收入	3587.8	500.9	20.6
其中：中央级	1172.1	223.0	23.6
1. 改征增值税	44.6	44.6	
2. 企业所得税	479.8	105.7	28.2
3. 个人所得税	1428.1	232.9	19.5
4. 资源税	0.7	-0.2	-18.2
5. 城市维护建设税	220.9	12.2	5.9
6. 房产税	198.2	46.2	30.4
7. 印花税	80.5	11.9	17.3
8. 城镇土地使用税	19.2	1.3	7.3
9. 土地增值税	177.3	2.5	1.4
10. 车船税	30.4	1.0	3.4
11. 耕地占用税	3.3	-1.2	-26.3
12. 契税	254.3	44.1	21.0
13. 营业税	650.3	-535.8	-45.2
二、非税收入	324.4	78.7	32.1
1. 教育费附加	101.0	5.2	5.4
2. 地方教育附加	67.3	3.6	5.7
3. 外商投资企业土地使用费	1.0	-0.1	-12.7
4. 文化事业建设费	0.1	-0.4	-79.0
5. 税务部门罚没收入	0.4	0.1	18.7
6. 残疾人就业保障金	100.7	65.7	188.3
7. 工会经费	53.9	4.7	9.5

（李光磊）

各项税费收入分税种分单位统计表（2016年）

单位：万元

序号	项目	各项税费收入					地方公共财政预算收入		
		本期（原口径）	本期（同口径）	增减（%）（同口径）	比重（%）（同口径）	排名（同口径）	本期（原口径）	本期（同口径）	增减（%）（同口径）
1	合计	39121206	32617788	21.6	100.0	-	26861558	20389889	20.9
2	东城	3401596	2914698	9.8	8.9	4	2422277	1939822	8.9
3	西城	6043473	4501826	6.8	13.8	3	4206858	2665950	5.9
4	朝阳	8891770	7660664	25.7	23.5	1	5904743	4683245	24.5
5	海淀	7635162	6808109	28.3	20.9	2	4633426	3820265	28.4
6	丰台	1920844	1461230	24.9	4.5	5	1418119	958381	28.9
7	石景山	1093417	858030	39.9	2.6	11	743657	507878	40.7
8	门头沟	435368	336428	41.0	1.0	14	318529	220183	46.4
9	燕山	138860	132056	-20.7	0.4	19	125001	118205	-22.9
10	昌平	1373343	1139899	41.2	3.5	8	989924	759245	33.5
11	通州	1240967	970231	24.0	3.0	10	975281	704588	24.7
12	顺义	1783861	1433389	21.4	4.4	6	1340032	989473	22.9
13	大兴	1271271	1021167	39.1	3.1	9	949049	699308	33.9
14	房山	758668	623939	52.5	1.9	12	542977	407912	40.4
15	怀柔	526288	459265	15.5	1.4	13	359713	292728	10.5
16	密云	362805	285920	30.5	0.9	16	269414	195121	32.1
17	平谷	402487	315383	8.6	1.0	15	300856	215106	11.2
18	延庆	152711	134006	-1.2	0.4	18	109665	87155	16.3
19	开发区	1509330	1410955	19.1	4.3	7	1155863	1057360	16.2
20	直属一	165137	145849	-6.6	0.4	17	84379	65274	-5.9
21	直属二（西站）	13848	4743	-70.6	0.0	20	11797	2693	-74.9

注：1. “比重%”为各项目数据占“合计”的百分比。

2. 同口径收入为剔除营业税的收入。

3. 本表更新频率为按月更新。

各项税费收入分税种分单位统计表（2016年） 续1

单位：万元

序号	项目	税收收入			营业税		企业所得税		个人所得税	
		本期（原口径）	本期（同口径）	增减（%）（同口径）	本期	增减（%）	本期	增减（%）	本期	增减（%）
1	合计	35877698	29374280	20.6	6503418	-45.2	4797686	28.2	14281461	19.5
2	东城	3134861	2647963	7.6	486898	-42.2	189626	9.4	1316111	10.6
3	西城	5562913	4021266	4.4	1541647	-47.1	658988	-1.3	2248623	10.7
4	朝阳	8197722	6966616	24.5	1231106	-49.4	764925	28.5	3818475	24.1
5	海淀	6990754	6163701	26.4	827053	-44.6	968789	64.6	3799812	19.7
6	丰台	1773085	1313472	23.5	459614	-33.1	309225	-3.8	472693	30.9
7	石景山	1010443	775055	38.3	235387	-24.0	182582	46.2	371150	36.9
8	门头沟	402123	303182	42.2	98941	-42.9	114155	41.1	65800	18.4
9	燕山	92276	85472	-17.7	6803	-49.4	1572	16.0	15925	16.3
10	昌平	1269577	1036133	41.6	233444	-46.7	210846	86.0	364673	38.6
11	通州	1127798	857061	24.0	270736	-43.6	209222	8.0	198284	33.8
12	顺义	1603648	1253175	22.2	350473	-37.3	206940	-3.0	473000	25.5
13	大兴	1174037	923933	39.4	250104	-44.6	284312	53.1	198672	38.8
14	房山	703804	569075	55.3	134728	-51.1	229760	128.8	104931	21.8
15	怀柔	481783	414760	14.8	67023	-45.0	128633	41.9	131438	11.7
16	密云	329092	252208	29.0	76885	-39.3	64933	4.7	74391	49.7
17	平谷	370508	283403	6.0	87104	-38.6	83085	-15.7	74156	35.0
18	延庆	140384	121679	0.2	18705	-87.1	39611	-28.1	33474	-18.3
19	开发区	1337866	1239491	18.6	98375	-47.0	149518	106.2	383611	10.9
20	直属一	161852	142564	-7.0	19288	-42.6			134102	-7.2
21	直属二（西站）	13174	4070	-69.1	9104	-74.8	965	-53.4	2144	-64.1

各项税费收入分税种分单位统计表（2016年） 续2

单位：万元

序号	项目	资源税		城市维护建设税		房产税		印花税	
		本期	增减（%）	本期	增减（%）	本期	增减（%）	本期	增减（%）
1	合计	7472	-18.2	2208974	5.9	1982211	30.4	805202	17.3
2	东城	281	91.2	155147	3.0	202643	12.0	68296	5.9
3	西城	8	109.0	357980	0.9	323393	18.2	160678	19.0
4	朝阳	497	28.7	434638	5.5	576661	53.0	136006	0.9
5	海淀	390	95.0	432622	10.9	302331	31.6	164568	15.4
6	丰台	191	19.1	107652	12.8	89572	39.8	38094	-7.9
7	石景山	8	386.7	57915	27.1	29067	34.4	14197	1.0
8	门头沟	1886	0.6	25149	9.6	8632	-3.1	6150	60.9
9	燕山			57830	-28.7	3318	7.4	1014	-5.2
10	昌平	717	7.3	58721	7.4	67538	34.9	39561	68.6
11	通州	87	129.1	70609	8.4	43789	15.1	19746	51.2
12	顺义	76	-76.4	133517	12.2	118451	35.5	39584	16.2
13	大兴	41	103.8	51338	11.1	52706	28.9	16815	26.3
14	房山	1272	-42.2	33332	14.3	23884	13.2	9272	22.8
15	怀柔	125	48.4	24869	3.7	20254	-0.1	8380	-24.7
16	密云	1884	-37.6	19871	28.8	20836	13.9	7227	41.7
17	平谷	1	545.2	19248	27.1	12683	-17.9	6803	55.6
18	延庆	9	121.0	6481	-36.1	7588	3.1	24594	615.9
19	开发区			157835	6.3	78104	29.5	39795	36.4
20	直属一			3526	-13.3	758	-3.4	4160	9.5
21	直属二（西站）			692	-74.8	3	-99.8	263	-55.1

各项税费收入分税种分单位统计表（2016 年） 续 3

单位：万元

序号	项目	城镇土地使用税		土地增值税		车船税		耕地占用税	
		本期	增减（%）	本期	增减（%）	本期	增减（%）	本期	增减（%）
1	合计	191818	7.3	1773451	1.4	303760	3.4	33437	-26.3
2	东城	17525	2.5	43207	-1.1	203	-15.7		
3	西城	24701	-7.2	90755	-64.4	137	20.3		
4	朝阳	43788	10.3	465868	3.9	294	-29.2	3211	-43.9
5	海淀	27551	21.3	114315	-10.4	125	-15.4	4074	81.3
6	丰台	12124	19.8	95420	49.6	304	6.2	834	362.5
7	石景山	7221	20.2	59747	24.2	78	9.6	169	
8	门头沟	1741	-10.2	64619	132.5	21	37.8	137	-90.5
9	燕山	4016	33.6			16	-4.5		
10	昌平	7692	11.2	84831	-19.5	84	-7.5	1468	106.1
11	通州	7067	-4.7	170896	31.3	283	13.4	4876	105.3
12	顺义	11145	10.6	148986	53.4	208	0.4	3235	-7.1
13	大兴	6179	1.7	134019	27.9	139	-18.8	3984	-84.2
14	房山	4205	6.2	69521	2.4	92	-18.7	2977	43.6
15	怀柔	2883	-13.8	73245	-14.4	38	74.7	5342	284.8
16	密云	3974	-3.6	36016	31.5	26	-1.1	458	
17	平谷	2371	23.7	68175	-4.2	376	23.0	1056	519.7
18	延庆	1455	0.1	2276	181.1	20	-7.7	1617	320.4
19	开发区	6161	0.1	51557	7.4	301311	3.4		
20	直属一	18	-3.7			0	-90.8		
21	直属二（西站）	0	-100.0			3	-83.3		

各项税费收入分税种分单位统计表（2016年） 续4 单位：万元

序号	项目	契税		代征增值税		其他税收		非税收入	
		本期	增减（%）	本期	增减（%）	本期	增减（%）	本期	增减（%）
1	合计	2542906	21.0	445837		64		3243508	32.1
2	东城	634449	-1.1	20473				266735	49.6
3	西城	127096	16.6	28909				480560	37.8
4	朝阳	565645	12.1	156608				694048	43.5
5	海淀	271915	36.6	77207				644408	54.5
6	丰台	162167	52.8	25196				147759	41.7
7	石景山	47850	64.0	5071				82974	61.3
8	门头沟	13029	62.3	1865				33245	28.9
9	燕山	1637	206.3	143				46584	-25.8
10	昌平	159698	41.2	40305				103766	35.8
11	通州	119131	28.4	13072				113169	24.3
12	顺义	97078	15.6	20955				180213	15.7
13	大兴	150508	54.8	25221				97234	34.9
14	房山	78102	69.9	11729				54864	21.6
15	怀柔	17749	152.2	1804				44505	23.1
16	密云	18693	78.8	3836		64		33713	46.0
17	平谷	13633	156.7	1817				31979	44.6
18	延庆	3957	-26.5	597				12327	-14.8
19	开发区	60571	40.6	11028				171464	23.8
20	直属一							3285	9.5
21	直属二（西站）							674	-78.9

北京市地方税务局税务登记情况

税务登记分单位统计表（2016 年）

单位：户

序号	项 目	税务登记		税务登记户状态		
		户数	本年新登记户	正常户	非正常户	停业户
1	合 计	1678423	231632	1636040	41662	721
2	东城	85787	9073	83921	1846	20
3	西城	94186	7447	92225	1960	1
4	朝阳	334581	49320	327600	6975	6
5	海淀	281518	37790	273721	7741	56
6	丰台	186644	33716	179194	7103	347
7	石景山	51481	5070	50509	829	143
8	门头沟	31118	2101	30198	879	41
9	燕山	4886	293	4811	72	3
10	昌平	116553	18482	114729	1817	7
11	通州	111635	11861	107941	3694	
12	顺义	63253	8602	62558	609	86
13	大兴	67354	8225	66337	1016	1
14	房山	55610	8306	54493	1117	
15	怀柔	62613	10692	61307	1306	
16	密云	49073	8396	46738	2331	4
17	平谷	44294	5559	42436	1854	4
18	延庆	22713	3114	22434	277	2
19	开发区	15124	3585	14888	236	
20	直属一					
21	直属二（西站）					
22	附列：1. 首都功能核心区	179973	16520	176146	3806	21
23	2. 城市功能拓展区	854224	125896	831024	22648	552
24	3. 城市发展新区	434415	59354	425757	8561	97
25	4. 生态涵养发展区	209811	29862	203113	6647	51

注：1. “首都功能核心区”包括东城、西城和直属一；

“城市功能拓展区”包括朝阳、海淀、丰台、石景山和直属二（西站）；

“城市发展新区”包括昌平、通州、顺义、大兴、房山、开发区和燕山；

“生态涵养发展区”包括门头沟、怀柔、密云、平谷和延庆。

2. 本表更新频率为按月更新。

税务登记分行业统计表（2016 年）

单位：户

序号	项目	税务登记		税务登记户状态		
		户数	本年新登记户	正常户	非正常户	停业户
1	合计	1678423	231632	1636040	41662	721
2	一、第一产业	28764	913	28553	209	2
3	二、第二产业	109613	17571	107819	1763	31
4	（一）采矿业	470	52	462	8	
5	（二）制造业	44044	1226	43480	537	27
6	（三）电力、热力、燃气及水的生产和供应业	1278	225	1262	16	
7	（四）建筑业	63821	16068	62615	1202	4
8	三、第三产业	1540046	213148	1499668	39690	688
9	（一）批发和零售业	609250	67607	587462	21468	320
10	（二）交通运输、仓储和邮政业	35127	2459	34700	425	2
11	（三）住宿和餐饮业	60485	5062	59773	561	151
12	（四）信息传输、软件和信息技术服务业	27237	5029	26800	436	1
13	（五）金融业	14901	1972	14606	295	
14	（六）房地产业	30595	3747	30005	589	1
15	（七）租赁和商务服务业	265627	36176	259249	6355	23
16	（八）科学研究和技术服务业	266789	61927	260710	6072	7
17	（九）水利、环境和公共设施管理业	5238	1064	5173	65	
18	（十）居民服务、修理和其他服务业	113060	4206	111455	1437	168
19	（十一）教育	8575	699	8485	90	
20	（十二）卫生和社会工作	6224	864	6175	45	4
21	（十三）文化、体育和娱乐业	86343	21504	84534	1798	11
22	（十四）公共管理、社会保障和社会组织	10505	777	10451	54	
23	（十五）国际组织	90	55	90		

注：本表更新频率为按月更新。

税务登记分注册类型统计表（2016 年）

单位：户

序号	项　目	税务登记		税务登记户状态		
		户数	本年新登记户	正常户	非正常户	停业户
1	合　计	1678423	231632	1636040	41662	721
2	一、内资企业	1636195	219809	1594176	41298	721
3	（一）国有企业	10920	624	10852	68	
4	（二）集体企业	12911	263	12652	259	
5	（三）股份合作企业	21669	499	21262	406	1
6	（四）联营企业	324	6	322	2	
7	1. 国有联营企业	76	1	76		
8	2. 集体联营企业	69	1	69		
9	3. 国有与集体联营企业	119	1	119		
10	4. 其他联营企业	60	3	58	2	
11	（五）股份公司	424094	85860	412506	11588	
12	1. 有限责任公司	414159	84901	402631	11528	
13	（1）国有独资公司	396	88	394	2	
14	（2）其他有限责任公司	413763	84813	402237	11526	
15	2. 股份有限公司	9935	959	9875	60	
16	（六）私营企业	756241	108218	727916	28325	
17	1. 私营独资企业	35575	2431	34443	1132	
18	2. 私营合伙企业	18093	2884	17609	484	
19	3. 私营有限责任公司	700224	101992	673543	26681	
20	4. 私营股份责任公司	2349	911	2321	28	
21	（七）其他企业	13114	1645	12948	165	1
22	（八）个体经营	376433	21536	375321	393	719
23	1. 个体工商户	376149	21424	375038	392	719
24	2. 个人合伙	284	112	283	1	
25	（九）其他	20489	1158	20397	92	
26	1. 事业单位	10916	317	10872	44	

续表

序号	项　目	税务登记		税务登记户状态		
		户数	本年新登记户	正常户	非正常户	停业户
27	2. 国家机关	1712	94	1712		
28	3. 政党机关	169	11	169		
29	4. 社会团体	6152	365	6116	36	
30	5. 基层群众自治组织	1185	27	1173	12	
31	6. 其他组织	355	344	355		
32	二、外资企业	42228	11823	41864	364	
33	（一）港、澳、台商投资企业	11385	808	11283	102	
34	1. 合资经营企业（港或澳、台资）	1645	110	1628	17	
35	2. 合作经营企业（港或澳、台资）	241	6	239	2	
36	3. 港、澳、台商独资经营企业	9393	669	9310	83	
37	4. 港、澳、台商投资股份有限公司	106	23	106		
38	（二）外商投资企业	17029	1261	16844	185	
39	1. 中外合资经营企业	4213	305	4181	32	
40	2. 中外合作经营企业	344	26	339	5	
41	3. 外资（独资）企业	12262	918	12116	146	
42	4. 外商投资股份有限公司	210	12	208	2	
43	（三）外国企业	13814	9754	13737	77	
44	1. 港、澳、台常驻代表机构	735	19	715	20	
45	2. 港、澳、台承包工程及提供劳务（承包商）	11	2	11		
46	3. 港、澳、台运输企业	1		1		
47	4. 港、澳、台银行北京分行	6	6	6		
48	5. 其他港、澳、台企业	278	116	277	1	
49	6. 外国企业常驻代表机构	2736	69	2681	55	
50	7. 外国承包工程及提供劳务（承包商）	40	7	40		
51	8. 外国运输企业	1		1		
52	9. 外国银行北京分行	17	4	17		
53	10. 其他外国企业	9989	9531	9988	1	

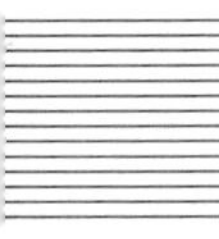

注：本表更新频率为按月更新。

机构人员

北京市地方税务局领导名录

党组副书记、局长	杨志强
党组书记、副局长	刘江平 (2016 年 12 月免党组书记，2017 年 1 月免副局长)
党组副书记、副局长	朱元广 (2016 年 10 月免党组副书记，2016 年 11 月免副局长)
党组成员、副局长	刘　健
党组成员、副局长	吕兴渭
党组成员、纪检组长	张靖明
党组成员、副局长	王　炜
党组成员、副局长	唐学军（女）
党组成员、总经济师	沈永奇
副巡视员	杨文俊
副巡视员	郭筑明
副巡视员	周上序

北京市地方税务局市局各处室、直属事业单位 各区局、分局，社会团体、群众团体 主要负责人名录

市局各处室

办公室主任	郭顺民（女）
法制处处长	李志刚
研究室主任	王　珊（女）（2016 年 7 月任，2016 年 1 月主持工作）
	常海龙（2016 年 1 月免）
营业税管理处处长	陆　坤
企业所得税管理处处长	王京秋
个人所得税管理处处长	毛　江（2016 年 7 月任）
财产和行为税管理处处长	刘文龙（2016 年 9 月任）
	宗立元（2016 年 7 月免）
非税收入管理处处长	韩　松
征管和科技发展处处长	李龙江
收入规划核算处处长	王宝明
稽查处（税务违法案件举报中心）处长	马　强（2016 年 5 月任）
	华　方（2016 年 5 月不再主持工作）
大企业税收管理处处长	王　磊
纳税服务处处长	李宗定
档案处处长	高文雄（2016 年 12 月主持工作）
	黄　健（2016 年 12 月免）
资产管理处处长	张之乐
计划财务处处长	武立煌
宣传教育处处长	冯　强（2016 年 2 月任，2016 年 1 月主持工作）

基层工作处处长	张　卉（女）
人事处处长	董雪涛
督察内审处处长	赵俊杰（2016年9月主持工作）
	刘文龙（2016年5月主持工作，2016年9月不再主持工作）
	关小虎（2016年8月免）
工会经费管理处处长	刘振声（2016年5月任）
	史小军（2016年5月免）
国际税务管理处处长	王秉明（2016年7月任）
保卫处处长	张　毅
数据管理处处长	蒋　宁（2016年12月任，2016年5月主持工作）
	刘振声（2016年5月免）
机关党委办公室主任	胡建荣（女）
离退休干部处处长	王立水
北京市监察局驻北京市地税局监察处副处长	沈全君（牵头全处工作）

直属事业单位

票证管理中心主任	孙长海
纳税服务中心主任	邵　凌（女）（2016年9月主持工作）
	于　鹏（女）（2016年9月免）
信息中心主任	邹　彭
数据处理中心主任	廉　清（女）（2016年10月主持工作）
	蒋　宁（2016年5月主持工作，2016年10月不再主持工作）
	刘振声（2016年5月免）
机关后勤服务中心主任	王劲松
老干部活动中心主任	门　杰
干部培训中心党组书记	李建十（2016年10月撤销干部培训中心党组，免党组书记）
干部培训中心主任	曹志刚（2016年3月免主任）

《北京市地方税务公报》编辑部（北京市地税局宣传中心）调研员

朱兴有（2016年1月主持工作）

《北京市地方税务公报》编辑部（北京市地税局宣传中心）副主任

于军海（2016 年 1 月不再主持工作）

税务档案资料管理中心（北京税务博物馆）主任（馆长）

饶梦阳（女）

各区局、分局

东城区地方税务局党组书记、局长	赵增科
西城区地方税务局局长	施　宏
西城区地方税务局党组书记、副局长	张亚平
朝阳区地方税务局党组书记、局长	张　翅
海淀区地方税务局党组书记、局长	郭文武
丰台区地方税务局党组书记、局长	金志雄
石景山区地方税务局党组书记、局长	李　娜（女）
门头沟区地方税务局党组书记、局长	江聚祥
通州区地方税务局党组书记、局长	杨玉杰
顺义区地方税务局党组书记、局长	郑　鹏
怀柔区地方税务局党组书记、局长	樊京虎（2016 年 12 月任，2016 年 5 月主持工作）
	姚敬国（2016 年 5 月免）
平谷区地方税务局党组书记、局长	李　强
房山区地方税务局党组书记、局长	钱丽换（女）（2016 年 7 月任，2016 年 5 月主持工作）
	马　强（2016 年 5 月免）
昌平区地方税务局党组书记、局长	常海龙（2016 年 1 月任）
	于欣杰（2016 年 1 月免）
大兴区地方税务局党组书记、局长	宗立元（2016 年 7 月任）
	万国喜（2016 年 7 月免）
密云区地方税务局党组书记、局长	姜学东
延庆区地方税务局党组书记、局长	王　竺（女）

北京市地方税务局燕山分局（第六稽查局）党组书记、局长

乔　游（2016 年 12 月任，2016 年 5 月主持工作）

钱丽换（女）（2016 年 5 月不再主持工作）

北京市地方税务局开发区分局党组书记、局长 丁锦宁

北京市地方税务局第一直属税务分局（第五稽查局）党组书记、局长

史小军（2016年5月任）

薛　礼（2016年5月免）

北京市地方税务局第二直属税务分局（西站分局）党组书记、局长

于欣杰（2016年1月任）

杨　涛（2016年1月免）

北京市地方税务局第一稽查局党组书记、局长 郭海福

北京市地方税务局第二稽查局党组书记、局长 薛　礼（2016年5月任）

张天生（2016年5月免）

北京市地方税务局第三稽查局党组书记、局长 庄祁玮

北京市地方税务局第四稽查局党组书记、局长 范力军

社会团体

北京市国际税收研究会会长 刘宝忠（兼）

北京市地方税务学会会长 王勇生（兼）

北京税收法制建设研究会会长 杨志强（兼）

王京华（女）（兼常务副会长）

群众团体

北京市地方税务局直属机关工会主席 唐学军

牛　杰（女）（专职副主席）

（方大为）

北京市地方税务局机构、人员统计情况

北京市地方税务系统机构统计表（2016 年）

单位：个

类别 项目	合计	北京市地方税务局					
		市局机关处室	区局	直属分局	事业单位	税务所	稽查局
机构	317	28	16	8	9	240	17
说明	1. 市局机关处室包括：24 个内设机构及机关党委办公室、直属机关工会、离退休干部处、驻局纪检组（监察处）。 2. 直属分局包括：燕山分局（第六稽查局）、开发区分局、第一直属分局（第五稽查局）、第二直属分局（西站分局）、第一稽查局、第二稽查局、第三稽查局、第四稽查局。 3. 事业单位包括：信息中心、数据处理中心、信息系统运营维护中心、票证管理中心、纳税服务中心、机关后勤服务中心、税务公报编辑部（宣传中心）、老干部活动中心、税务档案资料管理中心（税务博物馆）。						

注：1. 本表各项统计数截止到 2016 年 12 月 31 日。

2. 社会团体：北京市国际税收研究会、北京市地方税务学会、北京税收法制建设研究会。

北京市地方税务系统人员基本情况统计表（2016 年）

单位：人

项目 类别	实有人数合计	性别		民族		文化程度						学位		政治面貌				年龄结构					
		男	女	汉族	其他	研究生	大学本科	大学专科	中专	高中技校职高	初中以下	博士	硕士	共产党员	共青团员	民主党派	无党派或群众	30 岁以下	31 至 35 岁	36 至 45 岁	46 至 54 岁	55 至 59 岁	60 岁以上
合计	7350	3989	3361	6943	407	736	5419	929	65	169	32	10	691	5396	189	69	1696	652	866	2551	2712	569	
干部	6944	3609	3335	6551	393	736	5336	808	41	21	2	10	691	5276	188	68	1412	651	858	2440	2539	456	
工人	406	380	26	392	14		83	121	24	148	30			120	1	1	284	1	8	111	173	113	

北京市地方税务局区县局、分局机构设置情况统计表（2016 年）

单位：个

单　位	机关科室	税务所	稽查局	稽查局下设科	事业单位	合计
合　计	326	240	17	83	22	688
东城区地税局	19	22	1	11	2	55
西城区地税局	19	21	1	9	2	52
朝阳区地税局	15	15	1	6	2	39
海淀区地税局	15	19	1	5	2	42
丰台区地税局	14	13	1	5	2	35
石景山区地税局	14	10	1	4	2	31
门头沟区地税局	13	11	1	4	1	30
通州区地税局	14	13	1	4	1	33
顺义区地税局	14	17	1	5	1	38
怀柔区地税局	13	10	1	4	1	29
平谷区地税局	13	12	1	4	1	31
房山区地税局	14	13	1	4	1	33
昌平区地税局	13	16	1	3	1	34
大兴区地税局	13	15	1	5	1	35
密云区地税局	13	12	1	3	1	30
延庆区地税局	13	12	1	5	1	32
燕山分局（第六稽查局）	14	2				16
开发区分局	8	5	1	2		16
第一直属分局（第五稽查局）	9	2				11
第二直属分局（西站分局）	10					10
第一稽查局	16					16
第二稽查局	16					16
第三稽查局	11					11
第四稽查局	13					13

（方大为）

大事记

北京市地方税务局大事记（2016 年）

1 月

7 日

北京市地方税务局党组书记刘江平主持召开 2016 年第 1 次党组会议，会议传达学习了北京市领导干部大会和市委书记郭金龙讲话精神；学习了市政府外办《关于进一步严肃外事纪律加强因公临时出国（境）管理工作的通报》并听取市局 2015 年外事工作汇报；会议听取驻局纪检组监察处承担部分巡视整改工作情况及市纪委交办 23 件信访件查办情况的汇报，开展二手房交易专项税收执法督察情况的汇报；会议原则同意机关党委办公室提出的《关于对市委第八巡视组反馈问题整改情况的报告》，机关后勤服务中心提出的 2016—2017 年度药品采购申请和所需经费，人事处提出的开展 2015 年度市局局级领导班子和局级领导年度考核、"一报告两评议"、基层党建工作评议考核工作相关建议，开展 2015 年度处级领导班子、领导干部考核测评和干部选拔任用"一报告两评议"工作相关建议，成立北京市地方税务局巡查工作领导小组及其办公室；会议研究并同意第四稽查局检查六科、纳税服务中心综合服务厅为北京市"三八"红旗集体推荐对象，征管和科技发展处主任科员崔宏、第三稽查局审理科副科长李晓晖、顺义区地税局第一税务所副所长李小霞、密云区地税局第一税务所副所长崔雪斌、西城区地税局监察科副科长赵红程为北京市"三八"红旗奖章推荐对象。

8 日

北京市委常委、常务副市长李士祥出席市地税局领导班子"三严三实"专题民主生活会并作重要讲话。

11 日

北京市地方税务局与市总工会联合召开工会经费税务代收工作座谈会，市人大常委会副主任、市总工会主席梁伟，市总工会副主席曾繁新，市地税局局长杨志强，党组书记刘江平，党组副书记、副局长朱元广，副局长唐学军，总经济师沈永奇参加座谈。

13 日

北京市地方税务局组织召开"立足本职，放飞梦想"办税服务厅干部座谈会，国家税务总局纳税服务司司长饶立新，市地税局党组书记刘江平、副局长唐学军到会并讲话。

国家税务总局国际税务司副巡视员俞书春就对外接待工作到市地税局调研，市地税局副局长王炜参加调研，并陪同参观考察了北京税务博物馆和北京地税发展陈列室。

14 日

北京市地方税务局与市国家税务局联合召开北京市深化国税、地税征管体制改革方案专题研讨会，市国税局局长李亚民、副局长郑怀远，市地税局局长杨志强，副局长唐学军参加座谈。

北京市地方税务局党组书记刘江平主持召开

2016年第2次党组会议，会议传达学习了《关于北京市处级党政干部选拔任用工作流程的若干规定》；会议听取东城区地税局、朝阳区地税局、海淀区地市局、延庆区地税局党组关于2015年整体工作情况和2016年重点工作安排的汇报；会议原则同意收入规划核算处提出的印花税票处置事项相关工作建议，资产管理处提出的对金雅园76套存量房进行房改相关工作建议和《北京市地方税务局关于申请金雅园76套存量房按经济适用住房价格进行房改的函》，宣传教育处提出的北京市地方税务局关于在全系统开展“岗位大练兵、业务大比武”活动的意见，人事处提出的150卷干部档案审核结果、给予刘安乐党内警告处分；人事处向会议报告了市编办批复同意北京市密云县地方税务局更名为北京市密云区地方税务局，北京市延庆县地方税务局更名为北京市延庆区地方税务局。

15日—16日

北京市地方税务局局长杨志强参加全国税务工作会议。

15日

国家税务总局下达2016年全国税务部门税收收入目标12.65万亿元，增长2.5%，其中，中央级增长1.7%，地方级增长3.3%，市地税局税收收入目标3790亿元，增长4.6%，其中，中央级增长6.5%，地方级增长4%。

17日—18日

北京市地方税务局党组书记刘江平、纪检组长张靖明参加全国税务系统党风廉政建设工作会议。

18日

中国国际税收研究会会长王力、顾问卢仁法一行到北京税务博物馆参观，并向税务博物馆捐赠了国际税收研究会近年来编印的国际税收书籍，中国国际税收研究会副会长、秘书长伊兵，副秘书长赵兴玉，副秘书长魏仲瑜，副秘书长靳东升，副秘书长薛路生，理论研究部主任郭平壮，市地税局局长杨志强陪同参观并出席捐赠仪式。

中国国际税收研究会会长王力、顾问卢仁法一行到北京市国际税收研究会开展调研，中国国际税收研究会副会长、秘书长伊兵，副秘书长赵兴玉，副秘书长魏仲瑜，副秘书长靳东升，副秘书长薛路生，理论研究部主任郭平壮，市地税局局长杨志强、党组书记刘江平、总经济师沈永奇陪同调研。

19日

北京市地方税务局印发《北京市地方税务局关于修订2016年收入规划核算报表有关事项的通知》（京地税收〔2016〕13号），修订后，2016年共需编报各类报表91种。

20日

北京市地方税务局在2015年度全国省级地税局绩效考评中取得工作任务指标第1名、加分指标第2名、综合第2名的好成绩，国家税务总局向市委、市政府发送了《国家税务总局关于反馈北京市地税局2015年度绩效考评结果的函》，市委常委、常务副市长李士祥批示：“请志强、江平同志阅研，向地税系统的全体同志祝贺并真诚致谢！”

21日

北京市地方税务局党组书记刘江平、副局长王炜参加市人大代表询问、政协委员咨询活动，向代表、委员介绍了市地税局服务首都经济社会发展、服务纳税人的有关工作情况，解答了代表、委员提出的企业所得税、个人所得税等方面的涉税问题。

北京市地方税务局召开2016年系统税收执

法督察工作协调会，副局长吕兴渭到会并讲话。

25 日

北京市地方税务局局长杨志强到首都机场集团调研，参观了顺义区地税局机场分局新址，并与顺义区区长高朋，首都机场集团总经理刘雪松进行座谈，顺义区委常委、常务副区长于庆丰，市地税局副局长吕兴渭参加调研。

北京市地方税务局机关 2016 年离退休老干部新春团拜会在中华全国总工会国际交流中心举行，市局局长杨志强、党组书记刘江平、副局长吕兴渭、副局长唐学军、副巡视员杨文俊参加团拜会，李加里、张富珍、孙振刚、吴鼎、杨春萍、徐志宏、金兴、王勇生等老领导及 96 名老同志参加团拜会。

北京市地方税务局局长杨志强、副局长吕兴渭一行到顺义区地税局第二税务所慰问，为干部职工送上节日的祝福。

北京市地方税务局开展对马强的经济责任审计工作。

26 日

国家税务总局纳税服务司在市地税局组织召开纳税人座谈会，会议召开前，市地税局党组书记刘江平、国家税务总局纳税服务司司长饶立新与参会税务人员进行会前座谈，会议听取了 12 名纳税人代表和北京、天津、江西国地税纳税服务处对纳税人满意度调查工作、税务机关服务工作的意见和建议，国家税务总局纳税服务司副司长于耀财、市国税局副局长郑怀远、市地税局副局长唐学军参加会议。

北京市地方税务局转发《国家税务总局办公厅关于严禁违规插手涉税中介经营活动明察暗访发现问题的通报》（京地税纳〔2016〕17 号)。要求全体税务干部不折不扣地落实好“五个禁止”和“三项制度”规定，坚决斩断税务机关和税务干部与涉税中介机构间的利益链条。

27 日

北京市地方税务局党组书记刘江平主持召开 2016 年第 3 次党组会议，会议传达学习了《北京市关于进一步规范领导干部配偶、子女及其配偶经商办企业行为的工作方案》及相关会议精神、市委组织部关于做好北京市 2016 年领导干部报告个人有关事项工作培训会议精神，听取了做好北京市地方税务局 2016 年领导干部报告个人有关事项工作的汇报，听取了 2015 年度北京地税系统党风廉政建设主体责任和监督责任检查情况报告，听取了冯守利、杨涛、于欣杰经济责任审计情况报告；会议原则同意研究室提出的 2016 年北京市地方税务系统工作会议报告、市局在北京市六部门工作会上发言材料，收入规划核算处提出的 2016 年组织收入工作报告及各区（分）局收入目标初步安排，征管和科技发展处提出的 2016 年加强税收征管 20 条措施，机关党委办公室提出的 2016 年北京市地方税务系统党风廉政建设工作会议主体责任报告，监察处提出的 2016 年北京市地方税务系统党风廉政建设工作会议监督责任报告，基层工作处提出的《北京市地方税务局关于 2015 年绩效考评情况的通报》《2016 年总局及市局加减分项目统计表》《北京地税系统绩效管理制度体系》《2016 年北京地税考评指标》和税务总局《各省税务局 4. 0 版初拟绩效指标存在的问题》，人事处提出的《中共北京市地方税务局党组关于 2015 年度干部选拔任用工作情况的报告》。会议决定：免去杨涛同志第二直属税务分局（西站分局）党组书记、局长职务，于欣杰同志任第二直属税务分局（西站分局）党组书记、局长，免去其昌平区地税局党组书记、局长职务，常海龙同志任昌平区地税局党组书记、局长，免去其市局研究室主任职务，免去于军海同志《北京市地方税务局公报》编辑部副主任职务，朱兴有同志任《北京市地方税务局公报》编辑部调研员，主持工作，免去其研究室调研员职务，孙志远同志任第四稽查局党组副书记、调研员，魏龙同志任东城区地税局党组成员、副局长，陈桂伦同志任海淀区地税局党组成员、副局长，高玉龙同志任燕山分局（第六稽查局）党组成员、副局长，赵百军、孙文军、王东同志任东城区地税局调研员，免去赵百军、孙文军、王东同志东城区地税局党组成员、副局长职务，王阿鸣同志任门头沟区地税局调研员，王忠悟、安永刚同志任房山区地税局调研员，免去王忠悟、安永刚同志房山区地税局党组成员、副局长职务，史保华同志任大兴区地税局调研员，刘凤彬同志任开发区分局调研员，免去其开发区分局党组成员、副局长职务，张燕萍同志任第二直属税务分局（西站分局）调研员，免去其第二直属税务分局（西站分局）党组成员、副局长职务，王毅芸、张红艳、金江文、罗文红同志任海淀区地税局副调研员，吴少华、贾春起、刘凤和同志任通州区地税局副调研员，张春红同志任大兴区地税局副调研员，史锦春同志任丰台区地税局副调研员。

北京市地方税务局党组书记刘江平、副局长吕兴渭参加了朝阳区地税局2015年度“三严三实”专题民主生活会。

国家税务总局所得税司副司长陈居奇一行到北京市地方税务局就税务部门征收社会保险费进行调研，市地税局副局长王炜参加调研。

28日

北京市地方税务局局长杨志强，党组副书记、副局长朱元广到安永（中国）企业咨询有限公司北京分公司走访调研。

市局党组书记刘江平到密云区地税局太师屯税务所慰问，为干部职工送上节日的祝福和问候。

29日

北京市地方税务局举行2015年新录用公务员初任专业知识培训班结业仪式，市局副局长唐学军参加仪式并讲话。

30日

北京市地方税务局纪检组长张靖明、监察处主要负责同志参加北京市第十一届纪律检查委员会第五次全体会议。

1月

全市地税系统累计完成各项税费收入684.8亿元，增收105.4亿元，同比增长18.2%；完成地方公共财政预算收入492.3亿元，增收61.3亿元，同比增长14.2%；完成税收收入644.1亿元，增收101.2亿元，同比增长18.6%，完成收入目标的17%。

2月

1日

北京市委副书记、市长王安顺就北京市地方税务局刊登在北京市人民政府办公厅《昨日市情》上的《本市地税收入实现2016年首月“开门红”》进行批示：“好，保持平稳增长和可持续。”

北京市地方税务局召开北京市地方税务系统工作会议，会议深入贯彻落实中央经济工作会、市委十一届九次全会、全国税务工作会和北京市综合经济部门统筹推动落实工作会精神；传达学习了市委副书记、市长王安顺，国家税务总局局长王军，市委常委、常务副市长李士祥到市国税局、地税局调研时的讲话精神；下达2016年全系统收入任务：各项税费收入目标4047亿元，增长4.6%；地方公共财政预算收入目标2988亿元，增长4%；税收收入目标3790亿元，增长

4.6%，其中，中央级1007亿元，增长6.5%；市局局长杨志强作2016年工作报告，党组书记刘江平对落实会议精神进行工作部署，党组副书记、副局长朱元广，总经济师沈永奇分别部署2016年组织收入工作和征管工作。

北京市718户重点税源企业只在市国税局报送重点税源报表，无须在市地税局重复报送，市地税局与市国税局通过合作实现信息共享，减轻纳税人工作负担。

2日

北京市地方税务局召开北京市地方税务系统党风廉政建设工作会议，局长杨志强主持会议并讲话，党组书记刘江平作党风廉政建设主体责任报告，纪检组长张靖明作党风廉政建设监督责任报告。会议强调，要坚持全面从严治党，强化责任担当，严明纪律规矩，巩固巡视成果，深化标本兼治，规范“两权”运行，着力预防和解决基层腐败问题，坚定不移推进党风廉政主体责任和监督责任落到实处，为推进税收现代化建设、深化税收征管改革提供有力保证。

3日

北京市地方税务局机关举办“群羊辞旧岁、金猴闹新春”2016年春节联欢会，市局局长杨志强致新春贺词。

4日

北京市地方税务局局长杨志强，党组副书记、副局长朱元广，副局长王炜到东城区地税局调研，听取东城区地税局关于拟调整部分机关科室和税务所职责情况的报告。

北京市地方税务局组织召开2016年度绩效管理工作视频培训会，副巡视员周上序到会并讲话。

5日

北京市地方税务局党组书记刘江平主持召开2016年第4次党组会议，会议传达学习了市委政法委工作会议精神，学习了《2016年北京市政府工作报告》、北京市第十四届人民代表大会第四次会议和政协北京市第十二届委员会第四次会议有关精神；会议原则同意机关党委办公室提出的《2016年北京市地方税务局党组党风廉政建设主体责任任务分工表》；会议同意冯强同志任宣传教育处处长，史利军同志作为区局党组副书记、调研员考察对象，同意唐敬春同志提出的辞职申请，免去其第一直属税务分局（第五稽查局）党组成员、副局长职务，同意大兴区地税局党组成员、副局长常永健同志，通州区地税局党组成员、纪检组长马岚同志，平谷区地税局党组成员、纪检组长吴佳同志，延庆区地税局党组成员、纪检组长沈峰同志按时结束试用期，正式任职；会议决定西城区地税局李富民同志任调研员，东城区地税局张江东同志、朝阳区地税局钱江同志、海淀区地税局王广强同志、大兴区地税局方细军同志任副调研员。

北京市地方税务局局长杨志强、党组书记刘江平、副局长刘健到第二直属税务分局调研慰问，察看局办公楼维修改造情况，听取工作汇报，慰问基层干部。

14日

北京市地方税务局党组书记刘江平主持召开2016年第5次党组会议，会议原则同意机关党委办公室提出的市局党组中心组2016年理论学习计划，机关工会提出的筹建市局机关心理减压室相关工作建议及费用；会议同意选派门头沟区地税局党组成员、副局长王海鹏到朝阳区地税局帮助工作；会议还研究了市局领导休假制度。

15日

北京市地方税务局党组书记刘江平，党组副书记、副局长朱元广参加昌平区地税局领导干部会议，宣布对昌平区地税局主要负责人员的调整决定，昌平区常务副区长孙卫出席会议。

北京市地方税务局组织召开远郊区地税局干部到城区地税局调训锻炼工作协调会，党组副书记、副局长朱元广，副巡视员周上序到会并讲话。

16日

北京市地方税务局召开2016年全系统法制、国际税收管理、公报工作会议，副局长王炜到会并讲话。

17日

北京市地方税务局党组书记刘江平，党组副书记、副局长朱元广到中国税务报社走访调研，参观了《中国税务报》创刊25周年图片展，就双方合作事宜进行座谈，中国税务报社社长卜祥来、副社长唐鸿、副总编辑张四海参加调研。

18日

北京市地方税务局、北京市国家税务局联合举办全市国地税系统征管体制改革方案知识讲座，邀请国家税务总局办公厅副主任黄运解读《深化国税、地税征管体制改革方案》，市地税局、市国税局领导班子成员参加会议。

19日

北京市地方税务局、北京市国家税务局在北京电视台召开税收宣传座谈会，市地税局局长杨志强、党组书记刘江平，市国税局局长李亚民，北京电视台台长李春良出席会议并讲话。

北京市地方税务局局长杨志强、副巡视员周上序对机关办公用房清理整改情况进行检查。

22日

北京市地方税务局与安永（中国）企业咨询有限公司北京分公司签订《2016—2017年度合作事项备忘录》，市地税局副局长王炜，安永大中华税务管理合伙人唐荣基先生、魏伟邦先生、王晨女士、执行总监杜桂屏女士出席签字仪式。

北京市地方税务局向国家税务总局上交88版、89版印花税票。

23日

国家税务总局邀请德国、加拿大、荷兰、英国、日本、韩国、印度等国家以及经济合作与发展组织（OECD）、荷兰国际财税文献局（IBFD）等国际组织的官员在市地税局举行交流联谊活动，税务总局国际税务司司长廖体忠出席并主持交流联谊活动。

24日

北京市地方税务局召开2016年全系统部分税费管理工作视频会议，副局长王炜、总经济师沈永奇到会并讲话。

24日—25日

国家税务总局督查组分别到海淀区地税局、门头沟区地税局督查指导工作，听取两局关于《深化国税、地税征管体制改革方案》的落实情况汇报，察看办税服务厅建设情况，查阅征管改革、纳税服务、国地税合作等相关材料，并分别召开税务干部、纳税人座谈会，市地税局副局长唐学军陪同督查。

25日

北京市地方税务局党组书记刘江平主持召开2016年第6次党组会议，会议传达学习了中央有关文件和中央政治局委员、北京市委书记郭金龙关于安全生产工作的批示精神，学习了2016年全市组织部长会议精神，听取了市局2015年部门决算总体情况汇报；会议原则同意计划财务处提出的2016年预算公开报告、拨付延庆区地税局办公楼维修改造资金，机关党委2016年第1次会议决定的相关人选，宣传教育处提出的贯彻落实2016年全市宣传部长会议精神有关工作建议，原则同意办公室主任科员宋勇军为办公室副主任推荐人选，办公室主任科员谢东明为第一直属税务分局（第五稽查局）副局长推荐人选，研究室主任科员姜立洋为研究室副主任推荐人选，企业所得税管理处主任科员王素江为企业所得税管理处副处长推荐人选，征管和科技发展处副调研员王磊、主任科员于楠为征管和科技发展处副处长推荐人选，收入规划核算处主任科员周兵化为收入规划核算处副处长推荐人选，计划财务处副调研员李欣为计划财务处副处长推荐人选，宣传教育处主任科员何增斌、人事处主任科员黎佳丽为宣传教育处副处长推荐人选，基层工作处副调研员冯翔宇为基层工作处副处长推荐人选，机关党委办公室副调研员吴黎淳、主任科员任丽娟为机关党委办公室副主任推荐人选，机关党委办公室副调研员李一为直属机关工会副主席推荐人选，稽查处主任科员李猛为第四稽查局副局长推荐人选，原则同意海淀区地税局党组成员、纪检组长孔军为巡查办主任拟任人选，西城区地税局监察科科长蒋建新为巡查办副主任拟任人选，原则同意朝阳区地税局人事教育科科长程莉为海淀区地税局纪检组长推荐人选，海淀区地税局监察科科长王越男为丰台区地税局纪检组长推荐人选，丰台区地税局副调研员程万春为石景山区地税局纪检组长推荐人选，石景山区地税局办公室主任范永坤为门头沟区地税局纪检组长推荐人选，平谷区地税局监察科科长关红革为密云区地税局纪检组长推荐人选，市局研究室主任科员史迎凤为第一稽查局纪检组长推荐人选，海淀区地税局副调研员王国红（在市局税务志编撰办工作）为第二稽查局纪检组长推荐人选；第一稽查局检查十科科长葛海清为第三稽查局副局长推荐人选，第四稽查局人事政工科科长庞雁为该局副局长推荐人选，第一直属税务分局（第五稽查局）副调研员郎培东为该局副局长推荐人选。

北京市地方税务局召开全系统 2016 年办公室、研究室工作会，局长杨志强、副局长王炜到会并讲话。

北京市审计局工作组进驻北京市地方税务局，开展 2015 年度地方税收征管质量情况审计工作。

25 日—26 日

北京市地方税务局召开 2016 年全系统税务稽查工作会议，局长杨志强、副巡视员郭筑明到会并讲话。

26 日

北京市地方税务局召开 2016 年全系统征管业务综合工作视频会议，副局长吕兴渭、总经济师沈永奇到会并讲话。

29 日

北京市地方税务局局长杨志强主持召开第 1 次局长办公会议，会议听取了金税三期工程推广工作领导小组办公室关于北京市地税局金税三期工程推广第一阶段工作情况的汇报，听取了收入规划核算处关于减免税申报核查情况的汇报，听取了财产和行为税管理处关于《北京市地方税务局土地增值税清算管理规程》的汇报，听取了纳税服务处关于办税服务厅分类管理工作情况的报告，听取了监察处关于对昌平区地税局党组成员、副局长康水利问题立案调查情况的汇报；会议原则同意金税三期工程推广工作领导小组办公室提出的下一步工作建议，财产和行为税管理处提出的《北京市地方税务局土地增值税清算管理规程》，纳税服务处提出的《北京市地方税务局办税服务厅分类管理工作实施方案》及下一步工作安排；会议决定由收入规划核算处起草并向国家税务总局报送《北京市地方税务局 2015 年税收减免情况的报告》，由征管和科技发展处于

2016年12月底前修改完善市局减免税管理办法，给予康水利行政记过处分。会议还通报了2016年1—2月纳税服务投诉、印花税委托乡镇代征工作情况，对加强经济形势研判、做好税收分析有关工作，进一步落实中央八项规定提出具体要求。

北京市地方税务局召开远郊区地税局干部到城区地税局调训锻炼工作动员会，党组副书记、副局长朱元广到会并讲话。

北京市地方税务局召开2016年全系统纳税服务工作视频会议，副局长唐学军到会并讲话。

北京市地方税务局印发《北京市地方税务局关于公布权力清单责任清单的公告》（北京市地方税务局公告2016年第2号）。

1—2月

累计完成各项税费收入967.4亿元，增收157.2亿元，同比增长19.4%；完成地方公共财政预算收入691.7亿元，增收92.1亿元，同比增长15.4%；完成税收收入913.6亿元，增收151.8亿元，同比增长19.9%，完成收入目标的24.1%。

3月

1日

北京市地方税务局召开全系统数据管理工作视频会议，副局长刘健到会并讲话。

北京市国资委副主任李薇薇一行到北京市地方税务局调研，双方就信息化建设和运维等方面工作进行座谈，市地税局总经济师沈永奇参加座谈。

北京市地方税务局与北京市国家税务局联合推行办税人员实名制。

北京市地方税务局股权转让清分系统上线试运行。

2日—15日

北京市地方税务局局长杨志强与全系统各单位主要负责人签订了《首都社会治安综合治理责任书》。

2日

新华社总社参编部主任记者任鹏飞对北京市地方税务局副局长王炜就国家“一带一路”倡议、BEPS行动计划落实情况、第十届税收征管论坛（FTA）大会等内容进行专访。

北京市地方税务局召开全系统安全保卫工作视频会议，副巡视员郭筑明到会并讲话。

3日

国家税务总局所得税司司长刘丽坚、副司长叶霖儿一行到北京市地方税务局调研，市地税局局长杨志强、副局长王炜陪同调研。

北京市地方税务局召开巡视整改落实进展情况汇报会，会议由党组书记刘江平主持，党组副书记、副局长朱元广，副局长吕兴渭，纪检组长张靖明出席会议。

北京市地方税务局召开全系统大企业税收管理工作视频会议，副局长刘健到会并讲话。

北京市地方税务局召开全系统督察内审工作视频会议，副局长吕兴渭到会并讲话。

北京市地方税务局召开部分稽查局未结案件清理工作汇报会（南片会），副巡视员郭筑明到会并讲话。

4日

原北京市税务局、北京市国家税务局局长孙志强，原北京市地方税务局局长孙家骐、李加里，原北京市国家税务局副局长史继舜应邀到北京税务博物馆参观指导，市地税局局长杨志强，副局长吕兴渭，市国税局副巡视员李晓梅陪同参观。

7日

北京市地方税务局局长杨志强，党组副书

记、副局长朱元广，副局长刘健到通州区地税局调研，通州区区委书记杨斌、区政府常务副区长崔志成陪同调研。

北京市地方税务局、北京市财政局、北京市国家税务局转发《财政部　国家税务总局关于扩大有关政府性基金免征范围的通知》（财税〔2016〕12号）。

9日

北京市地方税务局党组书记刘江平主持召开2016年第7次党组会议，会议听取了2015年督办事项落实情况的报告，丰台区地税局党组关于2015年整体工作情况、2016年重点工作安排、存量房交易核查和丰台区检察院检查案卷情况分析的汇报，石景山区地税局党组关于2015年整体工作情况和2016年重点工作安排的汇报；会议原则同意宣传教育处提出的《北京市地方税务局涉税舆情管理办法》，机关党委办公室提出的《北京市地方税务局领导班子“三严三实”专题民主生活会整改方案》，征管和科技发展处提出的互联网地税局涉税事项无纸化办理升级改造项目立项申请，纳税服务处提出的《北京市地方税务局纳税辅导师资库建设管理办法（试行）》，人事处提出的《关于郑柳同志提任副调研员相关问题的函》《关于启动朝阳区地税局处级干部选拔任用的函》《市局机关处级领导干部到基层蹲点调研工作方案》；会议同意史利军任通州区地税局党组副书记、副局长、调研员，免去其西城区地税局党组成员、副局长职务，王献波、经萍任西城区地税局党组成员、副局长，赵辉、王东任西城区地税局调研员，免去其东城区地税局调研员职务，宁勇任西城区地税局副调研员，石斌任北京市地方税务局《北京地方税务公报》编辑部副主任，杜伟为副调研员推荐人选，会议同意免去苏茂华机关党委办公室调研员、华丰票证管理中心调研员、刘春林东城区地税局调研员、李宝顺通州区地税局调研员、张尚书顺义区地税局调研员、李保忠密云区地税局副调研员职务，会议同意免去康水利昌平区地税局党组成员、副局长职务，改任副调研员。

北京市地方税务局、北京市国家税务局就全面推开营业税改征增值税改革试点工作召开第一次部门联席会议，市地税局总经济师沈永奇，市国税局副局长郑怀远到会并讲话。

10日

北京市地方税务局局长杨志强、副局长王炜一行到众创36氪和北京中软国际信息技术有限公司就企业发展面临的困境和涉税问题进行调研。

北京市地方税务局召开全系统财务资产工作视频会议，副巡视员杨文俊到会并讲话。

11日

北京市地方税务局局长杨志强，党组副书记、副局长朱元广到西城区地税局就减免税、日常检查、二手房交易及税负、“新三板”“沪港通”和银行间交易商协会等情况开展调研。

北京市地方税务局召开直属稽查局党风廉政建设工作会议，纪检组长张靖明、副巡视员郭筑明到会并讲话。

14日

北京市地方税务局党组书记刘江平主持召开2016年第8次党组会议，会议听取了督察内审处关于万国喜、马强经济责任审计情况报告，门头沟区地税局党组关于2015年整体工作情况、2016年重点工作安排的报告，通州区地税局党组关于2015年整体工作情况、2016年重点工作安排的报告；会议原则同意稽查处提出的《北京市地方税务局关于全面推进税务稽查市级全覆盖工作的通知》，人事处提出的2015年度考核奖励工作情况报告和下一步工作建议；会议同意武剑任石景山区地税局副调研员、宋巍任通州区地税局副调研员、耿宗泽任延庆区地税局副调研员，将民主推荐结果相对集中26名确定为副处级干部考察对象，会议同意免去张亚林机关后勤服务中心副调研员、杨庆海淀区地税局副调研员职务，会议同意调整曹志刚、刘建华到中国建设银行工作，免去曹志刚干部培训中心党组副书记、主任职务，免去刘建华干部培训中心党组成员、副主任职务。

北京市地方税务局向北京市国家税务局提供“营改增”基础数据，包括发票、个体工商户纳税核定、营业税申报、减免税备案、CA证书和欠税数据，共计7大类10742232条。

北京市地方税务局制发《北京市地方税务局关于取消印花税票代售许可事项的公告》（北京市地方税务局公告2016年第3号）。

15日

北京市审计局副巡视员郑善民一行就2015年度地方税收征管质量审计工作到北京市地方税务局调研，市地税局局长杨志强、副局长吕兴渭陪同调研。

北京市园林绿化局纪检组长边伟芳一行就巡视工作经验到北京市地方税务局座谈，市地税局纪检组长张靖明参加座谈。

16日

北京市地方税务局邀请4名特约监督员到朝阳区地税局调研指导工作，局长杨志强、副局长吕兴渭参加调研。

北京市地方税务局党组书记刘江平到石景山区地税局就基层党建工作开展情况进行调研并提出工作要求。

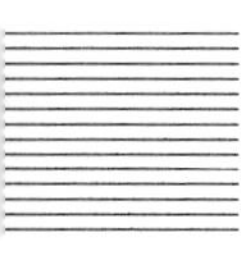

北京市地方税务局、北京市国家税务局联合组织179户大型企业参加国家税务总局“千户集团电子财务数据采集工作软件”工具操作培训视频会议，正式启动千户集团电子财务数据采集工作。

北京市地方税务局、北京市国家税务局联合开展“走出去”清册及自动情报交换工作培训会。

17日

北京市地方税务局召开绩效管理工作专题汇报会，局长杨志强主持会议，党组书记刘江平、副巡视员周上序出席会议。

北京市地方税务局、北京市国家税务局联合召开北京西站地区管户调整及调整后税收收入分配入库有关事项专题会议，市地税局总经济师沈永奇到会并讲话。

北京市地方税务局召开部分稽查局未结案件清理工作汇报会（北片会），副巡视员郭筑明到会并讲话。

北京市地方税务局召开进一步完善市政府绩效考评整改措施讨论会，副巡视员周上序到会并讲话。

18日

北京市地方税务局局长杨志强、党组书记刘江平、总经济师沈永奇与丰台区区委书记杨艺文、区长冀岩就“营改增”财税体制调整、完善国地税征管体制改革、近期房产税政策调整、完善异地纳税管理、加强干部队伍建设等工作座谈。

北京市地方税务局召开机关处级领导干部到基层蹲点调研部署会，局长杨志强主持会议，党组书记刘江平作重要讲话并提出工作要求。

北京市地方税务局机关“职工书屋”举办揭牌仪式，局长杨志强、党组书记刘江平、副巡视员杨文俊出席仪式并为书屋揭牌。

北京市地方税务局第一党支部到中国人民银

行营业管理部、玉泉慧谷科技园开展“发挥税收职能作用 服务创新创业”主题党日活动。

北京市地方税务局与市检察院召开“两法”衔接工作座谈会，市检察院副检察长苗生明、市地税局副巡视员郭筑明到会并讲话。

北京市政路桥集团有限公司、北京建工集团有限责任公司、北京同和居饭店有限责任公司向北京税务博物馆捐赠税收文物。

北京市地方税务局组织开展北京市地税系统税收英语大赛赛前培训工作。

20 日

泰康人寿保险股份有限公司董事长陈东升一行到北京税务博物馆参观座谈，北京市地方税务局局长杨志强、总经济师沈永奇陪同参观。

22 日

北京市地方税务局制发《北京市地方税务局关于废止税收规范性文件的公告》（北京市地方税务局公告 2016 年第 4 号）。

23 日

北京市国家税务局纪检组长李斯成一行到市地税局就落实“两个责任”工作情况交流座谈，市地税局纪检组长张靖明参加座谈。

北京市地方税务局召开“营改增”工作部署视频会议，总经济师沈永奇到会并讲话。

24 日

北京市公车改革办公室、北京市政府采购中心、北京市财政局有关领导到市地税局就如何正确把握公车改革后的相关政策进行调研座谈，市地税局副巡视员杨文俊参加调研。

北京市地方税务局、北京市国家税务局联合召开“营改增”二手房业务需求会，研提过渡期及后续管理系统改造业务需求。

24 日—25 日

北京市地方税务局举办 2016 年第一期税收宣传培训班暨一季度税收宣传工作联席会。

25 日

北京市地方税务局与欧洲议员代表团就纳税服务、征管制度等内容交流座谈。

北京市地方税务局印发《北京市地方税务局税收减免管理实施办法》（京地税征科〔2016〕60 号）、《北京市地方税务局退税管理办法》（京地税征科〔2016〕61 号）、《北京市地方税务局欠缴税款管理办法》（京地税征科〔2016〕62 号）。

26 日

北京市地方税务局举办北京市地方税务系统第五届“友谊杯”桥牌赛。

28 日

北京市地方税务局召开“营改增”试点工作专题会，局长杨志强主持会议，总经济师沈永奇出席会议。

北京市地方税务局总经济师沈永奇一行参加国家税务总局关于二手房交易、不动产出租委托地税代征及发票问题研讨会。

29 日

北京市规划委纪检组长高翔、北京市工商局纪检组长刘国强到北京市地方税务局就派驻工作落实情况交流座谈，市地税局纪检组长张靖明参加座谈。

北京市地方税务局向北京市国家税务局移交 2015 年缴纳文化事业建设费缴费人明细清单及各区（分）局汇总表。

北京市地方税务局重点课题《北京市印花税收入能力估算》实现成果转化，由中国税务出版社正式出版发行。

30 日

北京市地方税务局党组书记刘江平主持召开 2016 年第 9 次党组会议，会议原则同意机关党委办公室提出的《中共北京市地方税务局党组关于在全系统开展思想作风纪律整顿活动实施方案》，市局机关第三次党员代表大会筹备工作安排。

财政部、国家税务总局联合召开全面推开“营改增”改革试点工作视频动员会，北京市地方税务局党组书记刘江平、总经济师沈永奇参加会议。

北京市地方税务局、北京市国家税务局、北京市住房城乡建设委、北京物业协会、北京市保障房建设中心、北京房地产中心共同召开“营改增”工作座谈会，对相关行业“营改增”衔接工作进行探讨。

北京市地方税务局、北京市国家税务局完成西站地区税源户主管税务机关集中调整工作。

31 日

北京市政府办公厅党组成员、副巡视员朱向东一行到北京市地方税务局就公文报送工作进行座谈指导，市地税局副局长王炜参加座谈。

北京市地方税务局机关 5 名干部赴北京市红十字血液中心参加义务献血，副巡视员周上序到现场慰问。

1—3 月

累计完成各项税费收入 1240.4 亿元，增收 184 亿元，同比增长 17.4%；完成地方公共财政预算收入 868.2 亿元，增收 107.6 亿元，同比增长 14.1%；完成税收收入 1177.9 亿元，增收 178.7 亿元，同比增长 17.9%，完成收入目标的 31.1%。

4 月

5 日

国家税务总局局长王军在办公厅《每日要情》上批示，志强同志：“批示很好，做得也好！4 月 1 日我向总理报告工作时，特别报告了这次‘营改增’工作中地税部门讲大局、讲风格的感人情怀，为你提出的各处协调、一户不差、一页不丢、一天不误的要求点赞！”

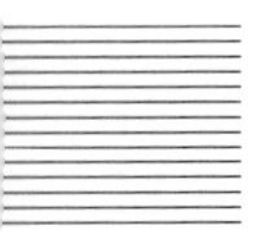

北京市地方税务局、北京市国家税务局联合召开“营改增”改革试点工作会议，两局领导班子成员出席会议。

北京市地方税务局总法律顾问选拔培训班开班仪式在中国政法大学举行，市地税局副局长王炜，中国政法大学继续教育学院院长刘守仁出席开班仪式并讲话。

6 日

北京市地方税务局局长杨志强主持召开 2016 年第 2 次局长办公会议，会议传达了财政部、国家税务总局联合召开的“营改增”动员部署视频会议精神；会议原则同意基层工作处提出的 2015 年市政府绩效考评整改措施和 2016 年绩效任务，办公室提出的 2015 年局内折子工程落实情况、2016 年市政府重点工作和北京市地税局折子工程，宣传教育处提出的《北京市地方税务局税收宣传管理办法》《北京市地方税务局第 25 个税收宣传月活动方案》，研究室提出的《2016 年北京市地方税收调研课题计划》。

7 日

中共北京市地方税务局机关委员会召开第三次党员代表大会，市直机关工委副书记景玉宝、国家税务总局人事司副巡视员刘艳霞出席会议并讲话。

8 日

北京税收法制建设研究会召开第一届第三次理事会暨中国“十三五”期间经济增长报告会，北京市法学会书记苗林、联络部主任罗正群，市地税局副局长王炜、副巡视员周上序，市国税局副局长高瑞君出席会议。

北京市地方税务局率先在海淀区开展委托技

术交易市场代征印花税试点工作，海淀区地税局与中国技术交易所签订委托代征协议，委托其代征中关村技术交易市场内技术交易合同的印花税。

11 日

北京市地方税务局咨询电话服务辅助平台话务员培训班在平谷区地税局举行开班典礼。

12 日

日本国税厅长官中原广一行到朝阳区地税局第八税务所、北京税务博物馆参观交流，国家税务总局国际税务司副巡视员俞书春，市地税局副局长王炜陪同参观。

13 日

北京市地方税务局党组书记刘江平主持召开2016 年第 10 次党组会议，会议传达学习了中央重要文件精神；会议原则同意计划财务处提出的北京市地税局 2016 年内部预算及“三代”手续费经费预算安排的建议，市局党组派驻朝阳区地税局工作组提出的总结报告、风险防控体系、问卷调查报告、整改建议及后续工作建议，监察处提出的《关于加强领导干部婚丧喜庆事项报备的通知》。

北京市地方税务局副局长王炜参加北京市推进京津冀协同发展新闻发布会。

14 日

北京市地方税务局召开全系统 2016 年一季度税收收入形势分析会，党组副书记、副局长朱元广到会并讲话。

18 日

北京市委副书记、市长王安顺到朝阳区“营改增”办税服务厅调研，北京市委常委、常务副市长李士祥，北京市财政局、市国税局、市地税局主要负责人陪同调研。

北京市地方税务局和中央财经大学联合举办的 2016 年税收分析培训班正式开班。

19 日

北京市地方税务局、北京市国家税务局联合召开服务“一带一路”护航基础建设企业“走出去”研讨会，市地税局副局长唐学军、市国税局总经济师蒙玉英到会并讲话。

21 日

北京市地方税务局党组书记刘江平、副巡视员周上序一行到西城区地税局调研指导“营改增”期间党员干部思想政治工作。

国家税务总局大企业司副司长杨峰一行到北京市地方税务局听取千户集团数据采集情况汇报，市地税局副局长刘健参加汇报会。

22 日

北京市经济信息化委副主任毛东军到北京市地方税务局进行交流座谈，就完善“互联网 + 税务”、利用大数据和地理信息技术对税源管理分析系统进行整合分析提出工作建议，市地税局总经济师沈永奇参加座谈。

工商登记信息资料查询系统在互联网地税局首页上线运行，实现税务部门对企业工商登记影像档案的在线查询、分卷浏览和导出下载等应用。

26 日

北京市地方税务局党组书记刘江平主持召开2016 年第 11 次党组会议，会议原则同意机关党委办公室提出的《关于在北京地税系统全体党员中开展“学党章党规、学系列讲话，做合格党员”学习教育实施方案》《关于评选表彰北京地税系统先进基层党组织、优秀共产党员、优秀党务工作者实施方案》，宣传教育处提出的《关于北京地税系统 2016 年“岗位大练兵　业务大比武”暨参加北京市第四届职业技能大赛活动实施方案》，人事处提出的《北京市地方税务局系统外借调人员管理办法》；会议听取了房山区地税局党组、密云区地税局党组关于2015年整体工作情况、2016年重点工作安排的报告。

27日

北京市地方税务局总经济师沈永奇参加北京市“营改增”改革情况新闻发布会。

北京市地方税务局与国家税务总局同步通过办税服务厅、官方网站对外发布2015年度纳税信用A级企业名单。

28日

北京市地方税务局召开全系统“两学一做”学习教育工作会，党组书记刘江平主持会议并对全系统“两学一做”学习教育工作进行部署，局长杨志强做《认真学习　依法行政　严防职务违法和犯罪　做合格共产党员》专题讲座，市局领导班子成员出席会议。

29日

北京市地方税务局局长杨志强、副巡视员郭筑明到市局机关监控室就电视监控设备改造工程情况进行调研。

1—4月

累计完成各项税费收入1776.2亿元，增收244.3亿元，同比增长16%；完成地方公共财政预算收入1288.4亿元，增收152亿元，同比增长13.4%；完成税收收入1683.8亿元，增收236亿元，同比增长16.3%，完成收入目标的44.4%。

5月

1日

北京市成功开具全面推开“营改增”后全国第一张生活服务业增值税专用发票，北京市委副书记、市长王安顺，国家税务总局党组书记、局长王军，北京市委常委、常务副市长李士祥，市地税局局长杨志强，市国税局局长李亚民共同见证。

全市“营改增”存量房交易和个人出租房委托代征增值税系统正式运行。

3日

北京市委常委、常务副市长李士祥到西城区地税局第二税务所调研“营改增”后二手房交易情况，市地税局局长杨志强、市国税局局长李亚民陪同调研。

原国家税务总局副局长张志勇就二手房交易“营改增”委托代征工作到东城区地税局第五税务所调研，市地税局党组书记刘江平、副局长王炜，市国税局副局长张占英、郑怀远，北京市东城区常务副区长陈之常参加调研。

4日

北京市地方税务局全体局领导到各区（分）局督导“营改增”工作落实情况。

北京市地方税务局团委、北京市国家税务局团委联合召开“北京税务青年志愿者联合服务队”成立大会，市地税局党组副书记、副局长朱元广，市国税局党组副书记、副局长张占英出席大会。

5日

北京市地方税务局召开“营改增”督导工作情况汇报会，市局全体局领导出席会议。

6日

北京市地方税务局党组书记刘江平主持召开2016年第12次党组会议，会议传达学习了2016年全国税务稽查工作会议精神；会议听取驻局纪检组监察处2016年一季度信访形势及问题分析的汇报，听取怀柔区地税局、昌平区地税局党组关于2015年整体工作情况、2016年重点工作安排的报告；会议还研究了直属稽查局联合纪检组工作事项。

10日—11日

出席第十届税收征管论坛（FTA）大会的税务官员到北京税务博物馆参观，原国家税务总局副局长张志勇、国家税务总局办公厅副主任付树林、国家税务总局国际税务司副巡视员王更生，市地税局副局长吕兴渭、王炜，市国税局总经济师蒙玉英陪同参观。

10 日

《税收天地》栏目制作组深入昌平区奥北社区，与社区居民共同录制“营改增”后存量房新政专题访谈节目。

11 日

北京市地方税务局局长杨志强到北京市公安局经侦总队交流座谈，双方就税警联合办公、打击税收违法犯罪、阻止欠税人出境等工作达成共识。

北京市地方税务局召开北京地税系统“问需求、优服务、促改革”专项活动动员会，副局长唐学军到会并讲话。

11 日—13 日

北京市地方税务局副局长王炜应邀出席第十届税收征管论坛（FTA）大会。

12 日

北京市地方税务局举办心理健康中心揭牌仪式，局长杨志强、副局长唐学军出席仪式。

北京市地方税务局召开市局重点联系企业税企见面会，副局长刘健到会并讲话。

13 日

北京税务博物馆召开面向社会开放参观的新闻发布会，并举行朝阳区中小学生社会大课堂教育基地揭牌仪式。新闻发布会由北京市地方税务局副局长、新闻发言人王炜主持，市地税局副局长吕兴渭、北京市朝阳区教委副主任姜继为共同为教育基地揭牌。

北京市地税系统累计征收各项税费收入2020.5 亿元，增收 298.3 亿元，同比增长 18.2%，各项税费收入突破 2000 亿元。

北京市地方税务局发布《北京市地方税务局关于北京阿森酒家有限责任公司等 16 户走逃失踪纳税人欠税情况的公告》（北京市地方税务局公告 2016 年第 6 号）。

14 日

北京市地方税务局局长杨志强受党组书记刘江平委托主持召开 2016 年第 13 次党组会议，会议传达学习了全市领导干部大会会议精神，国家税务总局资源税全面改革动员会议精神；会议原则同意机关党委办公室提出的《纪念建党 95 周年系列活动安排》，监察处提出的《中共北京市纪委派驻北京市地税局纪检组关于建立区域监督协作机制的意见（试行）》《北京市地税局机关内部廉政监督员管理办法（试行）》，人事处提出的《北京市地税局 2016 年补充录用公务员计划》《北京市地方税务局关于进一步加强政治规矩和工作规矩的实施意见（讨论稿）》。

16 日

北京市地税系统局处级领导干部“两学一做”学习教育与更新知识培训班开班，市局全体局领导、全系统处级领导干部参加培训。

北京市地税系统累计完成税收收入 1913.6 亿元，增收 294.1 亿元，同比增长 18.2%，提前 45 天实现税收收入目标过半。

17 日

北京市地方税务局与安永（中国）咨询有限公司就临时出入境人员税收征管相关问题进行交流座谈，市地税局副局长王炜到会并讲话。

北京市地方税务局机关团委与北京市地震局、全国人大会议中心团委联合组织机关青年干部开展“减少灾害风险，建设安全城市”参观体验活动。

北京市地税系统累计完成地方公共财政预算收入 1529.6 亿元，增收 240.8 亿元，同比增长

18.7%，提前44天实现地方公共财政预算收入目标过半。

19日

北京市地方税务局局长杨志强、副巡视员周上序到海淀区地税局温泉税务所检查指导工作。

20日

北京市委常委、常务副市长李士祥在《国税专报》第13期上批示，志强、亚民同志：“地税局主动作为，国地税密切合作推进‘营改增’实施，是大局意识的体现，是正在进行的‘两学一做’的具体体现，值得点赞！”

23日

北京市地方税务局党组书记刘江平主持召开2016年第14次党组会议，会议传达学习了《关于进一步规范北京市领导干部配偶、子女及其配偶经商办企业行为的规定（试行）》及相关会议精神；会议原则同意信息中心提出的追加中心数据库及电子资料库维护经费，工会提出的《北京市地税系统第九届运动会组织实施方案》；会议听取了平谷区地税局、开发区分局党组关于2015年整体工作情况、2016年重点工作安排的报告。

北京市地方税务局局长杨志强、党组书记刘江平、副局长吕兴渭、纪检组长张靖明到朝阳区地税局调研，北京市朝阳区区委书记吴桂英、区长王灏、区纪委书记宋铁建、常务副区长甘靖中、区委办主任张维刚参加调研。

24日

北京市地方税务局与北京电视台合作拍摄的系列税收微动漫视频在北京地税网站正式上线。

25日

北京市地方税务局召开绩效管理工作培训会，邀请国家税务总局办公厅副主任付树林作“绩效管理理论与实务”专题讲座，市局领导班子成员参加会议。

北京市地方税务局与普华永道咨询（深圳）有限公司北京分公司签订《2016—2017年度合作事项备忘录》，市地税局局长杨志强、副局长王炜、普华永道中国南部主管谭唐毓丽出席签字仪式。

北京市地方税务局召开全系统练兵比武暨参加北京市第四届职业技能大赛活动布置动员会，副局长唐学军到会并讲话。

北京市地方税务局发布《关于纳税人销售其取得的不动产和其他个人出租不动产增值税委托代征办税场所的公告》（北京市地方税务局公告2016年第8号）。

26日

北京市地方税务局召开重点调研课题《税收服务供给侧结构性改革研究》开题会，课题由市地税局与中国人民大学财政金融学院合作开展，市地税局局长杨志强为课题负责人。

北京市地方税务局发布《北京市地方税务局土地增值税清算管理规程的公告》（北京市地方税务局公告2016年第7号）。

27日

北京市地方税务局召开税务志编委会会议，审议通过《北京志·地方税务志（复审稿）》，市地方志办副主任谭烈飞，市志指导处处长运子微，市地税局编委会主任杨志强，常务副主任刘江平，副主任张靖明、王炜、杨文俊，主编王勇生参加会议。

北京市地方税务学会第三届三次会员大会召开，北京市地方税务局副巡视员杨文俊出席会议。

北京市地方税务局、北京市国家税务局联合召开“推进联合惩戒　助力诚信纳税”新闻发布会，市地税局副巡视员郭筑明，市国税局总审计师雷彤出席会议。

28 日

北京市地税系统第九届运动会启动仪式在奥林匹克森林公园举行，局长杨志强、党组书记刘江平、纪检组长张靖明、副局长唐学军、副巡视员郭筑明出席启动仪式。

30 日

北京市地方税务局局长杨志强主持召开2016年北京市地方税务局行政复议委员会第一次会议，党组书记刘江平，党组副书记、副局长朱元广，副局长刘健，纪检组长张靖明，副局长王炜，副局长唐学军，总经济师沈永奇，副巡视员郭筑明出席会议。

31 日

北京市地方税务局党组书记刘江平，党组副书记、副局长朱元广到顺义区地税局调研。

北京市地方税务局完成金税三期工程双轨运行税收票证期初数据初始化工作。

北京市地方税务局落实《财政部　国家税务总局　中国人民银行关于全面推开营业税改征增值税试点有关预算管理的通知》（财预〔2016〕74 号）精神，完成系统维护等相关工作，确保 6 月 1 日起，改征增值税、营业税收入的缴库（补缴）、退库按照中央与地方 50∶50 比例分享。

1—5 月

累计完成各项税费收入 2155. 1 亿元，增收 341 亿元，同比增长 18. 8%；累计完成地方公共财政预算收入 1568. 3 亿元，增收 242. 8 亿元，同比增长 18. 3%，完成全年收入目标的 52. 5%；累计完成税收收入 2048. 4 亿元，增收 329. 1，同比增长 19. 1%，完成全年收入目标的 54%。

6 月

1 日

国家税务总局国际税务司副司长王晓悦一行到北京市地方税务局调研指导工作，市地税局副局长王炜陪同调研。

北京市地方税务局纪检组长张靖明、总经济师沈永奇在金税三期工程双轨试运行首日到金税三期工程集中办公区检查指导工作。

北京市地方税务局金税三期工程系统实现双轨运行，开展全面测试、全面验证和全面演练工作。

2 日

北京市地方税务局党组书记刘江平主持召开 2016 年第 15 次党组会议，会议原则同意征管和科技发展处提出的《2016 年北京市地方税务局金税三期工程推广上线实施及本地保留软件升级改造项目立项申请》《2016 年北京市地方税务局“营改增”升级改造项目立项申请》，宣传教育处提出的北京市地税局与人民大学合作税务专业硕士研究生班学费支付问题相关工作建议，监察处提出的《对延庆区地方税务局违反政府采购有关规定问题的相关处理建议》《北京市地方税务局政府采购领域专项治理工作方案》；会议听取了顺义区地税局、大兴区地税局党组关于 2015 年整体工作情况、2016 年重点工作安排的报告；会议传达学习了北京市第二阶段公车改革部署会议精神。

联合纪检组召开直属稽查局纪检负责人座谈会，市局纪检组长张靖明到会并讲话。

3 日

北京市地方税务局举办北京市地税系统第九届运动会乒乓球比赛。

7 日

国家税务总局局长王军就税务总局《税务简报》（第 52 期）中刊载的《北京市地税局全力支持市国税局做好“营改增”纳税申报工作》批示，志强同志：“我为北京地税的大局意识和无私情怀点赞!”

北京市地方税务局局长杨志强、副局长王炜就非首都功能产业疏解工作到东城区地税局调研，东城区区长李先忠、常务副区长陈之常、副区长杨东宁参加调研。

北京市地方税务局局长杨志强、副局长刘健就干部队伍建设和大企业税收管理工作到第二直属税务分局调研。

北京市地方税务局党组书记刘江平，党组副书记、副局长朱元广，纪检组长张靖明，副局长唐学军到大兴区地税局与大兴区纪委书记吴问平，常务副区长邵恒，组织部长王清旺，宣传部长、统战部长沈洁进行座谈。

北京市地方税务局举办第1期税收调研团队专题讲座，副局长王炜到会并讲话。

北京市地方税务局召开存量房交易税收管理工作专题汇报会，总经济师沈永奇到会并讲话。

8日

SOHO中国董事长潘石屹一行到北京市地方税务局就相关涉税事项进行座谈，市地税局局长杨志强参加座谈。

北京市地方税务局召开《税收执法督察在依法治税中的作用研究》调研课题开题会，副局长吕兴渭到会并讲话。

12日

北京市委常委、常务副市长李士祥就国家税务总局《税务简报》(第52期)中刊载的《北京市地税局全力支持市国税局做好“营改增”纳税申报工作》批示：“很好。应予表扬和大力弘扬。”

北京市地方税务局召开巡查工作领导小组办公室成立会议，纪检组长张靖明到会并讲话。

13日

北京市地方税务局局长杨志强、总经济师沈永奇一行就民间投资养老机构税收优惠政策问题到乐成集团调研。

国家税务总局征管和科技发展司副司长陈洧一行到北京调研金税三期工程上线准备工作情况，北京市地方税务局总经济师沈永奇，市国税局副局长郑怀远陪同调研。

北京市地方税务局《驻局纪检组2016年信访举报和执纪审查基础工作质量检查实施方案》正式启动。

14日

北京市地方税务局局长杨志强主持召开2016年第3次局长办公会议，会议听取了督察内审处关于全国税务系统督察内审处长培训班有关情况的汇报，监察处关于对怀柔区地税局违反市局印花税征管规定有关问题立案调查情况的汇报。

北京市地方税务局党组书记刘江平主持召开2016年第16次党组会议，会议原则同意机关党委办公室提出的全系统先进基层党组织、优秀共产党员和优秀党务工作者名单；会议听取了西城区地税局、第二直属税务分局（西站分局）党组关于2015年整体工作情况、2016年重点工作安排的报告，票证管理中心关于《北京印花税票全册》案件侦破工作进展情况的报告。

15日

国家税务总局局长王军在《北京市打击发票违法犯罪活动工作简报》（第135期）上批示，志强同志：“抓得好！望加大打击力度!”

北京市政府专题会议审议通过《北京市深化国税、地税征管体制改革实施方案》。

16日

北京市地方税务局召开全系统基层制度建设和制度落实视频工作会，副巡视员周上序到会并讲话。

17日

国家税务总局副局长汪康一行到顺义区国地

税联合办税服务厅调研，市国税局局长李亚民，市地税局副局长唐学军，顺义区区长高朋，常务副区长于庆丰陪同调研。

北京市地方税务局局长杨志强、副巡视员郭筑明到中国人民大学就双方签订战略合作协议以来开展的有关工作进行交流座谈，人民大学校长刘伟、副校长查显友参加座谈。

北京市地方税务局局长杨志强，党组书记刘江平，党组副书记、副局长朱元广，副巡视员杨文俊一行到延庆区地税局调研，延庆区委书记李志军，区委副书记、区长穆鹏参加调研。

20 日

北京市人大常委会副主任、北京市总工会主席牛有成一行到北京市地方税务局就工会工作和工会经费税务代收工作调研，市地税局局长杨志强陪同调研。

北京市人大内务司法委员会副主任委员吕争鸣、全国人大代表阎建国一行到北京市地方税务局就律师业税收征管工作调研，市地税局副局长王炜参加调研。

21 日—24 日

北京市地方税务局与北京市国家税务局联合举办建筑业、房地产业、生活服务业、金融业“营改增”政策培训，182 个大企业集团财务负责人参加培训。

22 日

北京 2022 年冬奥组委财务和市场开发部部长朴学东一行到北京市地方税务局就冬奥组委工作开展情况、奥运相关税收政策进行深入沟通和交流，市地税局局长杨志强参加座谈。

北京市地方税务局举办《绩效管理理论与实践》视频讲座，副巡视员周上序授课。

23 日

北京农商行纪委书记杜淑华一行到北京市地方税务局就巡察办工作进行座谈，纪检组长张靖明参加座谈。

24 日

北京市地方税务局党组书记刘江平，党组副书记、副局长朱元广，首都综治办副主任许继慧一行到顺义区大孙各庄南聂庄村开展“两学一做”主题党日活动。

北京市地方税务局举办第 2 期税收调研团队专题讲座。

27 日

北京市地方税务局与北京市国家税务局举行互派挂职干部启动仪式，市地税局局长杨志强、市国税局局长李亚民签署了《中共北京市国家税务局党组　中共北京市地方税务局党组互派干部挂职、任职框架协议》，市国税局副局长张占英主持会议，市地税局党组副书记、副局长朱元广就两局互派挂职干部工作发表讲话。

北京市地方税务局党组书记刘江平主持召开 2016 年第 18 次党组会议，会议原则同意人事处提出的加强系统处级干部因私出国（境）管理相关工作建议。

28 日

北京市地方税务局局长杨志强，党组副书记、副局长朱元广一行到西城区地税局广安门内税务所调研。

北京税务博物馆中国税史研究中心正式成立，税务总局原副局长丘小雄、国务院发展研究中心原副主任陆百甫担任顾问，税务总局原副局长程法光担任理事长，税务总局原科研所所长曾国祥、中央财经大学教授孙翊刚等担任常务理事。

北京市地方税务局举办全系统政府采购业务专题视频培训会。

29 日

北京市地方税务局召开庆祝中国共产党成立

95周年表彰大会，局长杨志强主持会议，党组书记刘江平讲党课，党组副书记、副局长朱元广宣读了关于表彰全系统先进基层党组织、优秀共产党员和优秀党务工作者的决定，市局领导班子成员出席会议。

30日

普华永道公司向北京税务博物馆捐赠了83个国家和地区的557张印花税票及相关资料，普华永道中国南部主管谭唐毓丽女士，北京市地方税务局局长杨志强、副局长吕兴渭出席捐赠仪式。

国家税务总局财产和行为税司、国土资源部地籍管理司就“以地控税、以税节地”试点工作到北京市地方税务局开展联合调研，税务总局财产和行为税司巡视员周茵、市地税局总经济师沈永奇参加调研。

北京市地方税务局举办北京市地税系统第九届运动会羽毛球比赛。

北京市财政局、北京市地方税务局印发《关于调整我市资源税税率的通知》（京财税〔2016〕1130号），自2016年7月1日起实施资源税改革，调整铁矿、石灰石、大理岩、叶蜡石、石英岩、矿泉水、地下热水等七个税目的税率。

1—6月

累计完成各项税费收入2423.6亿元，增收320.2亿元，同比增长15.2%；累计完成地方公共财政预算收入1711.9亿元，增收181.5亿元，同比增长11.9%，完成全年收入目标的57.3%；累计完成税收收入2306.9亿元，增收310.1亿元，同比增长15.5%，完成全年收入目标的60.9%。

7月

1日

北京市地方税务局召开2016年专题党组务虚会议，会议分别从“队伍怎么带、任务怎么调、分析怎么做、业务怎么搞、征管怎么干、稽查怎么抓、形象怎么树”七个方面听取了分组务虚讨论的情况，研究了“营改增”后地税工作的重心。

北京市地方税务局与北京市审计局就内部审计和经责审计工作进行座谈，市地税局副局长吕兴渭参加座谈。

4日

北京市地方税务局举办北京市公安局派驻税警联合办公室工作启动仪式，市地税局局长杨志强，副局长王炜，副巡视员郭筑明，北京市公安局副局长、经侦总队总队长刘涛，政委时占平，经侦总队二大队大队长刘翔参加启动仪式。

4日—8日

北京市地税系统2016年办公室主任培训班在中共北京市委党校举行，北京市地方税务局局长杨志强与培训班学员座谈，市地税局副局长王炜、中共北京市委党校副校长吴兵出席开班仪式。

4日—15日

北京市地方税务局对怀柔区地税局、第一直属分局开展执法督察工作。

5日

财政部税政司司长王建凡一行到北京税务博物馆开展主题党日活动，北京市地方税务局副局长王炜参加活动。

北京市地方税务局纪检组长张靖明一行赴北京农商银行学习风险防控管理经验。

6日

北京市地方税务局组织开展“服务‘一带一路’战略　助力企业‘走出去’”在线访谈，此次访谈是市地税局、市国税局、专业税务服务机构首次联合开展的在线咨询服务活动。

7日

北京市地方税务局举办北京地税系统城六区局总法律顾问任命仪式，市地税局局长杨志强，纪检组长张靖明、副局长王炜、国家税务总局政策法规司副司长靳万军、北京市政府法制办副主任李富莹、市编办二处处长陈奇瑞、北京天驰君泰律师事务所律师王家本出席任命仪式。

北京市地方税务局总经济师沈永奇向北京市人大财经委（办）汇报北京市地方税务局2016年上半年收入完成情况。

8日

北京市地方税务局局长杨志强与百度公司百度百科高级产品运营师金夏萍一行进行座谈。

“新时期地方税费体系建设系列研讨会——地方税制体系建设研讨会”在北京税务博物馆召开，财政部税政司司长王建凡、国家税务总局财产和行为税司司长蔡自力、北京市地方税务局局长杨志强、中国人民大学财政金融学院学术委员会主任朱青参加研讨。

北京市地方税务局与北京市总工会联合召开北京市工会经费税务代收工作半年分析会，市地税局副局长唐学军、市总工会副主席王永浩出席会议。

11日

北京市地方税务局在北京市委党校二分校举行北京地税系统科级领导干部任职培训班开班仪式，市局副局长刘健、北京市委党校二分校校长助理朱绍茹出席开班仪式。

12日

北京市地方税务局局长杨志强一行赴市财政局座谈，就全年收入任务、7项非税收入等事宜进行交流。

13日

北京市地方税务局党组书记刘江平主持召开2016年第19次党组会议，会议学习了习近平总书记“七一”重要讲话精神；会议原则同意办公室提出的2016年北京市地方税务系统半年工作会议方案；会议听取了督察内审处关于金志雄同志经济责任审计情况报告。

14日

北京市地方税务局纪检组长张靖明为北京地税系统科级领导干部任职培训班授课。

18日

北京市地方税务局局长杨志强受党组书记刘江平委托，主持召开2016年第20次党组会议，会议学习传达了北京市2016年上半年经济形势分析会议精神；会议审阅了2016年上半年工作汇报片，听取了研究室、收入规划核算处、法制处、征管和科技发展处关于会议材料的报告；会议原则同意机关党委办公室提出的《北京市地方税务系统“两学一做”学习教育督导检查方案》，人事处提出的北京市地方税务局2016年接收安置军转干部分配计划表、2016年接收安置军转干部岗位信息表和2016年接收安置军转干部工作方案。

北京市地方税务局对全市设置综合办税服务厅的税务所开展执法督察工作。

19日

北京市检察院副检察长高祥阳、反贪局局长王向明一行到北京市地方税务局就预防职务犯罪进行座谈交流，双方就办案交流、执法协助、学习交流、干部挂职交流四方面工作达成一致意见，市地税局局长杨志强，党组副书记、副局长朱元广，纪检组长张靖明，总经济师沈永奇参加座谈。

北京市地方税务局局长杨志强主持召开上半年全系统绩效讲评会，副局长吕兴渭、副局长王炜、副局长唐学军、总经济师沈永奇、副巡视员周上序参加会议。

20 日

北京市地方税务局召开2016年直属稽查局特约监察员工作会，纪检组长张靖明到会并讲话。

北京市地方税务局、北京市残联、北京市财政局组织召开残疾人就业保障金审核征收情况座谈会。

21 日

北京市地方税务局召开北京市地方税务系统半年工作会议，会议传达学习了北京市2016年上半年经济形势分析会精神，局长杨志强作2016年上半年工作报告，党组副书记、副局长朱元广通报上半年收入情况、部署下半年组织收入工作，副局长王炜部署贯彻落实《北京市税收征收保障办法》相关工作，总经济师沈永奇部署贯彻落实《北京市深化国税、地税征管体制改革方案》相关工作、总结金税三期工程双轨运行情况、安排金税三期工程单轨运行工作，市局领导班子成员，各区（分）局、市局各处室、直属单位主要负责人，北京市国际税收研究会、北京市地方税务学会、北京税收法制建设研究会秘书长参加会议。

北京市地方税务局各项税费收入任务调整为3690亿元，同口径增长13.3%，地方公共财政预算收入任务调整为2500亿元，同口径增长9.8%。

22 日

北京市地方税务局召开北京地税系统调研团队成立会，市局局长杨志强、国家税务总局科研所科研组织处处长李平、北京市委研究室调研员冀淑萍出席会议。

25 日

北京市地方税务局社会保险费征收工作领导小组办公室向局长杨志强汇报有关浙江、厦门、广东、黑龙江四省市社会保险费征收工作考察情况。

26 日

北京市地方税务局局长杨志强一行到北京能源集团有限责任公司调研，副局长王炜参加调研。

北京市地方税务局副局长刘健参加第二批千户集团税收风险应对工作专题调研会。

27 日

北京市地方税务局局长杨志强受党组书记刘江平委托，主持召开2016年第21次党组会议，会议原则同意企业所得税管理处提出的成立北京市地方税务局社会保险费征收筹备机构的工作建议和职责分工，巡察办提出的《中共北京市地方税务局党组巡察工作实施办法（试行）》和《中共北京市地方税务局党组2016年专项巡察工作实施方案》，机关党办提出的落实党费收缴专项检查工作有关措施。

中国农业银行总行副行长王纬一行到北京市地方税务局就相关涉税问题进行座谈，市地税局局长杨志强、副巡视员郭筑明参加座谈会。

国家税务总局纳税服务司副司长于耀财一行到北京市地方税务局调研指导工作，市地税局副局长唐学军陪同调研。

28 日

北京市地方税务局召开党组理论中心组扩大学习会，邀请中组部党建研究所副所长赵湘江作“深入学习贯彻习近平总书记‘七一’重要讲话精神”专题辅导讲座，市地税局党组副书记、副局长朱元广主持会议，市地税局全体领导班子成员参加会议。

北京市地方税务局局长杨志强、副局长唐学军、副巡视员杨文俊到平谷区地税局调研北京地税咨询服务辅助平台建设工作，平谷区常务副区长姚忠阳陪同调研。

29 日

北京市地方税务局局长杨志强主持召开2016年重大税务案件审理委员会第1次会议。

北京市地方税务局召开军转干部座谈会，党组副书记、副局长朱元广到会并讲话。

北京市地方税务局纪检组长张靖明、总经济师沈永奇到怀柔区地税局就队伍建设、落实“两个责任”、党风廉政建设等方面调研，并参加了怀柔区地税局“两学一做”学习教育工作专题汇报会。

北京市地税系统第九届运动会台球比赛在海淀区云川台球俱乐部举行，北京市地方税务局副局长唐学军出席比赛。

北京市地方税务局召开全系统国际税收半年工作会暨外籍个人零申报工作推进会。

7 月

北京市地方税务局在《北京日报》《新京报》刊登《北京市地方税务局关于残疾人就业保障金征缴有关事项的通告》，在市地税局TAX861网站、北京地税官方微信、北京电视台财经频道《税收天地》栏目、北京人民广播电台等渠道宣传相关内容。

1—7 月

累计完成各项税费收入2739.4亿元，同口径增收322亿元，增长18.2%；累计完成地方公共财政预算收入1892.6亿元，同口径增收164.1亿元，增长15.2%，完成全年收入目标的75.7%；累计完成税收收入2594.7亿元，同口径增收313.9亿元，增长19.2%。

8 月

2 日

北京市地方税务局邀请中国社会科学院财经战略研究院院长助理、税收研究室主任、研究员张斌作《中国非税收入管理改革》专题辅导讲座。

3 日

重庆市地方税务局副局长徐德中一行到北京市地方税务局考察交流稽查工作，市地税局副巡视员周上序参加交流座谈。

北京市地方税务局邀请中国人民大学财政金融学院学术委员会主任、教授朱青作《关于社会保险费若干问题的探讨》专题辅导讲座。

4 日

国家税务总局所得税司副司长陈居奇、征管和科技发展司副司长苏小全一行到北京市地方税务局调研社会保险费征收筹备情况，市地税局副局长唐学军、总经济师沈永奇参加会议。

5 日

国家税务总局原副局长卢仁法、民间收藏家高志安向北京税务博物馆捐赠《税务干部系列教材》一套，北京市地方税务局副局长唐学军参加捐赠仪式。

中国海关博物馆馆长倪云一行到北京税务博物馆参观考察。

8 日

金税三期工程系统在北京市地方税务局成功上线运行。

10 日

北京市地方税务局召开巡察工作部署会，纪检组长张靖明、副巡视员郭筑明、副巡视员周上序到会并讲话。

11 日

北京市地方税务局局长杨志强、副巡视员杨文俊到中国建设银行就市地税局干部培训中心转制后续工作进行座谈。

12 日

北京市地方税务局局长杨志强主持召开残疾

人就业保障金抽样测算工作专题会议。

16 日

北京市政府审改办督查组副巡视员李晓鹏一行到北京市地方税务局对“简政放权　放管结合　优化服务”改革任务落实情况开展督查，市地税局副局长王炜就相关工作进行专题汇报。

重庆市地方税务局总会计师郑钢一行到北京市地方税务局调研，市地税局党组副书记、副局长朱元广参加调研。

17 日

北京市地方税务局、北京市财政局召开地税部门非税收入征收工作研讨会，市地税局总经济师沈永奇主持会议。

18 日

北京市地方税务局局长杨志强、副局长王炜、总经济师沈永奇就金税三期工程上线后房产交易缴税情况到昌平区地税局调研，并到昌平区委、区政府座谈，昌平区委书记侯君舒、区长张燕友参加座谈。

19 日

北京市地方税务局局长杨志强一行就开展战略合作事宜到同仁堂集团进行交流座谈，市地税局副局长吕兴渭，同仁堂集团董事长梅群、总经理高振坤参加座谈。

北京市地方税务局局长杨志强到社会保险费征收筹备处调研并与全体人员座谈。

北京市地方税务局组织全系统 2016 年行政管理岗位练兵比武暨职业技能大赛复赛第一次测试。

20 日

北京市地方税务局党组书记刘江平主持召开 2016 年第 22 次党组会议，会议原则同意宣传教育处提出的市局定制百度公司税收舆情监测预警服务合作方案即“基于百度大数据的人工舆情监测预警服务”，人事处提出的追加 2015 年度残保金预算并缴纳残保金的申请，会议还听取了 1—7 月市局督查工作情况报告、政府信息公开工作情况报告。

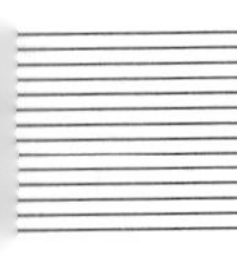

22 日

北京市地方税务局局长杨志强、副巡视员郭筑明针对现阶段稽查改革重点工作、办公用房情况到第四稽查局、第六稽查局进行调研。

北京市地方税务局局长杨志强、副局长刘健与京粮集团董事长王国丰就深化战略合作进行座谈。

24 日—25 日

北京市地方税务局召开全系统纪检干部业务培训会，北京市纪委第二纪检监察室主任李正斌、市地税局纪检组长张靖明分别以“坚持把纪律和规矩挺在前面，坚守党的纪律底线”和“正确认识权力，如何科学用权”为主题进行专题辅导。

25 日

北京市地方税务局、北京市国家税务局联合召开第四次合作工作会议，共同就深化国地税征管体制改革工作，四项在京试点工作，打造“北京样板”进行深入探讨。市地税局局长杨志强、副局长王炜、副巡视员郭筑明，市国税局局长李亚民、副局长郑怀远、总经济师蒙玉英、总审计师雷彤出席会议。

北京市地方税务局局长杨志强、副局长吕兴渭到门头沟区地税局就新形势下税源管理方式调研，与门头沟区地税局领导班子成员、部分科级领导干部深入交流；到税务档案馆调研，研究税务档案馆下一步工作发展，与门头沟区地方税务协会干部座谈，部署相关工作。

26 日

北京市地方税务局召开全系统金税三期工程推广工作总结大会，党组副书记、副局长朱元广主持会议，副局长王炜就金税三期工程工作作总结报告，副局长吕兴渭宣读先进集体和个人获奖名单，国家税务总局征管和科技发展司副司长杨培峰出席会议。

北京市地方税务局召开经济责任审计联席会议，副局长吕兴渭到会并讲话。

27 日

北京市政府召开收入研究专题会议，会议决定全市要确保完成全年增长 6.5% 以上的预算收入目标，北京市地方税务局收入任务为 2608 亿元，市地税局局长杨志强参加会议。

31 日

北京市地方税务局局长杨志强主持召开绩效管理工作专题汇报会，副巡视员周上序参加会议。

北京市地方税务局完成金税三期工程正式上线后首月记账工作，8 月共完成各项税费收入 179.4 亿元，税收收入 156.8 亿元，其他收入（不含工会经费）22.6 亿元。

8 月

北京市地方税务局完成 2016 年减免税统计调查工作，共调查企业 102.7 万户，个体工商户 37.7 万户，共计减免税款 375.6 亿元；完成 2016 年税收调查工作，共对 9037 户企业开展税收调查。

1—8 月

累计完成各项税费收入 2919.2 亿元，同口径增收 330.9 亿元，增长 17.1%；累计完成税收收入 2751.5 亿元，同口径增收 316.5 亿元，增长 17.7%；累计完成地方公共财政预算收入 2002.4 亿元，同口径增收 166.6 亿元，增长 14%，完成调整后收入进度的 76.8%。

9 月

1 日

北京市地方税务局副局长吕兴渭到中国青年政治学院拜访票证收藏家李明龙教授，调研文物征集工作。

北京市地方税务局、北京市高级人民法院召开税收担保物权和破产申请相关法律问题座谈会，市地税局副局长王炜参加会议。

北京市政府办公厅办公用房管理中心主任刘有大一行到北京税务博物馆参观，市地税局副巡视员周上序陪同参观。

2 日

北京市地方税务局、北京市国家税务局联合召开落实北京市深化国税、地税征管体制改革实施方案推进会，市地税局、市国税局领导班子全体成员，各区（分）地税局，市地税局各处室、直属单位主要负责人参加会议。

北京市地方税务局党组书记刘江平主持召开 2016 年第 23 次党组会议，会议原则同意资产管理处提出的进一步加强固定资产管理工作建议和《北京市地方税务局固定资产信息维护试行办法》，宣传教育处提出的拍摄制作 2017 年度电视栏目《税收天地》立项申请，人事处提出的 2016 年补充录用 92 名公务员名单、5 卷干部档案审核结果。

北京市地方税务局召开全系统组织收入工作动员部署会，局长杨志强主持会议，党组副书记、副局长朱元广对组织收入工作提出具体要求，局领导班子全体成员，各区（分）局，市局相关处室主要负责人参加会议。

6 日

北京市地方税务局党组书记刘江平主持召开市局绩效管理工作推进会，副巡视员周上序参加会议。

北京市地方税务局副局长吕兴渭就“营改增”后全市地税库存发票销毁工作到北京金隅北水环保科技有限公司调研。

7 日

北京市地方税务局局长杨志强主持召开2016年第4次局长办公会议，会议原则同意办公室提出的《北京市地方税务局督促检查工作办法》《2016年下半年系统督查工作计划》，征管和科技发展处提出的《北京市地方税务局延期缴纳税款管理办法》，会议还通报了残疾人就业保障金抽样测算有关情况。

北京市地方税务局召开全系统稽查工作推进会，副巡视员郭筑明到会并讲话。

8 日

北京市地方税务局党组书记刘江平、纪检组长张靖明、总经济师沈永奇到北戴河看望参与金税三期工程疗休养干部，并进行交流座谈。

广东省地方税务局副局长杨荣华一行就国地税联合办税服务厅建设、纳税信用等级评价、纳税服务投诉管理、咨询服务热线到北京市地方税务局交流座谈，市地税局副局长唐学军参加座谈会。

云南省地方税务局副局长李文才一行就贯彻落实《深化国税、地税征管体制改革方案》、地税部门征收基金和收费项目工作情况到北京市地方税务局交流座谈，市地税局副局长唐学军参加座谈会。

北京市地方税务局副局长刘健就落实税收保障办法、加强信息共享与协作到北京市文化局进行座谈交流。

9 日

北京市地方税务局副局长刘健就互联网经济发展特点到市网信办进行座谈。

12 日

北京市地方税务局发布《北京市地方税务局关于停止有奖发票兑奖事项的公告》（北京市地方税务局公告2016年第16号），北京市地方税务机关印制的刮开式有奖发票兑奖工作将于2016年9月29日起全面停止。

13 日

北京市公安局经侦总队政委时占平、副总队长侯民就派员常驻税警联合办公室工作情况到北京市地方税务局交流座谈，市地税局副巡视员郭筑明参加座谈。

18 日

北京市地方税务局党组书记刘江平主持召开巡察工作领导小组会议，局长杨志强、纪检组长张靖明参加会议。

北京市地方税务局总经济师沈永奇主持召开全市房地产交易税收服务及管理措施落实情况督导工作视频会。

19 日

北京市地方税务局与北京同仁堂集团有限责任公司签署《合作框架协议》《税收遵从合作协议》，并举行税收文物资料捐赠仪式，市地税局局长杨志强、党组书记刘江平、副局长吕兴渭，北京同仁堂集团董事长梅群、总经理高振坤、副总经理马保健出席签约仪式和捐赠仪式。

20 日—23 日

北京市地方税务局组织全系统征收管理岗位、纳税服务岗位、稽查岗位、行政综合岗位技能大赛复赛，副局长唐学军、总经济师沈永奇、副巡视员周上序到场巡考。

21 日

北京市地方税务局党组中心组召开“两学一做”学习教育专题研讨会，第一党支部全体成员参会。

北京市地方税务局与北京市财政局就土地使用费有关问题召开座谈会，市地税局沈永奇总经济师参加会议。

22 日

北京市地方税务局局长杨志强赴北戴河慰问参与金税三期工程疗休养人员，并进行交流座谈。

26 日

北京市地方税务局党组书记刘江平主持召开2016 年第 24 次党组会议，会议听取了《北京市地方税务系统“两学一做”学习教育督查工作报告》；会议原则同意机关党委办公室提出的开通北京地税党建微信公众号申请，督察内审处提出的成立北京市地方税务局内控机制建设领导小组和《北京市地方税务局贯彻落实〈国家税务总局关于进一步做好当前内控机制建设工作的通知〉的意见》。

北京市地方税务局召开党组中心组学习（扩大）会议，会议由党组书记刘江平主持，邀请中央党校党史部教授、博士生导师张太原作《党委会的工作方法》专题辅导报告。

27 日

北京市地方税务局党组书记刘江平，党组副书记、副局长朱元广到第一直属税务分局（第五稽查局）调研。

北京市地方税务局副局长唐学军一行就社会保险费移交相关工作到北京市人力资源和社会保障局进行交流座谈。

28 日

北京市地方税务局召开 2016 年第 2 次重大税务案件审理会，局长杨志强主持会议，副局长吕兴渭、总经济师沈永奇、副巡视员郭筑明参加会议。

北京市地方税务局召开全系统绩效指标编制视频培训会，副巡视员周上序到会并讲话。

29 日

北京市地方税务局召开新时期地方税费体系建设系列研讨会，国家税务总局纳税服务司司长邓勇、税收科学研究所所长李万甫，市地税局局长、北京税收法制建设研究会会长杨志强，北京税收法制建设研究会常务副会长王京华、秘书长张兴明，北京大学法学院教授刘剑文，中央财经大学财政税务学院党委书记樊勇，北京市律师协会税务法律专业委员会主任王朝晖，中汇盛胜（北京）税务师事务所管理合伙人石君，市地税局副局长唐学军、总经济师沈永奇参加研讨会。

30 日

北京市地方税务局召开全系统 2016 年纳税服务岗位培训班结业仪式，副局长唐学军参加仪式并讲话。

北京市地方税务局印发《北京市地方税务局关于开展 2016 年“敬老月”活动的通知》（京地税离〔2016〕228 号），决定 10 月在全系统开展以“敬老爱老　全民行动”为主题的敬老月活动。

1—9 月

累计完成各项税费收入 3158 亿元，同口径增收 404. 8 亿元，增长 19. 3%；累计完成税收收入 2913. 1 亿元，同口径增收 344. 9 亿元，增长18%；累计完成地方公共财政预算收入 2172. 7亿元，同口径增收 224. 5 亿元，增长 17. 3%，完成调整后收入进度的 83. 3%。

10 月

8 日

北京市地方税务局局长杨志强、副局长唐学军、副巡视员周上序就平谷区音乐产业、民俗旅游接待户纳税情况到平谷区地税局调研，平谷区常务副区长姚忠阳参加调研。

北京地税咨询服务平台 82012366 正式开通上线运行，北京市非紧急救助服务中心主任王传颂、北京市地税局局长杨志强、北京市国税局局长李亚民、平谷区代区长汪明浩、平谷区常务副区长姚忠阳、北京联通副总经理郭建利出席揭牌仪式。

北京税务博物馆微信公众号正式上线。

9日

北京市地方税务局召开巡察工作领导小组专项巡察汇报会，纪检组长张靖明出席会议。

10日

国家税务总局所得税司和中国残联教育与就业部在北京市地方税务局联合召开残疾人就业保障金征管情况集中调研座谈会，市地税局副局长王炜参加调研。

北京市机构编制委员会同意为北京市地方税务局增加1名总会计师领导职数（副局级）。

11日—14日

北京市地方税务局举办2016年全系统国际税收业务培训，全系统国际税收干部近70人参加培训。

12日—14日

北京市地方税务局举办全系统调研骨干培训班。

14日

国家税务总局局长王军在《北京市地方税务局绩效管理工作汇报》上批示："好！请总局绩效办认真总结和推广他们的经验。"

北京市地方税务局局长杨志强到离休老干部寇武振家中走访慰问。

14日—15日

北京市地方税务局参加市直机关工会组织的北京市直机关"和谐杯"乒乓球比赛，男队获得男子团体并列第三名，女队获得女子团体第一名的好成绩。

17日

北京市地方税务局党组书记刘江平主持召开2016年第25次党组会议，会议原则同意研究室提出的《中共北京市地方税务局党组关于发生系统性基层腐败窝案的反思》，机关党委办公室提出的关于北京市地税系统党组织关系垂直管理工作建议，计划财务处提出的关于干部培训中心转制进展情况的报告；会议同意推荐怀柔区地税局第一税务所和密云区地税局第一税务所为2015—2016年度全国青年文明号候选单位；会议还听取了市局巡察组关于平谷区地税局和第一稽查局巡察情况的报告。

北京市地税系统2016年业务骨干培训班正式开班。

17日—20日

北京市地方税务局局长杨志强、副局长唐学军一行到上海市地方税务局调研，双方就纳税服务工作、12366纳税服务热线建设、个人所得税管理和二手房交易税收征管等工作进行交流。

18日

北京市地方税务局举办巡察工作专题培训辅导，邀请中央巡视组正局级巡视专员李博授课。

19日

北京市地方税务局召开党组中心组扩大学习会，邀请国防大学战略教研部教授、少将、博士生导师徐焰作"纪念红军长征胜利80周年"专题辅导报告。

北京市地方税务局、北京市国家税务局联合召开国家税务总局重点稽查对象随机抽查工作动员会暨税企见面会，市地税局副巡视员周上序、市国税局总审计师雷彤、税务总局稽查局三处处长王磊参加会议。

20日

北京市地方税务局党组书记刘江平到退休老领导杨春萍家中走访慰问。

22 日

北京市委决定：免去朱元广同志中共北京市地方税务局党组副书记职务，调北京市国有企业监事会工作。

23 日—28 日

北京地税系统团委组织 25 名团干部赴瑞金干部学院参加团市委举办的“2016 年度党政机关事业单位共青团与青年工作骨干培训班”。

24 日

北京市地方税务局局长杨志强、副局长唐学军到北京工人疗养院调研，调研疗养院体检中心、康体中心，与北京市总工会副主席韩世春、王永浩座谈交流。

25 日

北京市地方税务局党组书记刘江平主持召开 2016 年第 26 次党组会议，会议贯彻落实《中共国家税务总局党组巡视工作领导小组关于印发〈国家税务局系统巡视工作规范（2.0 版）〉的通知》精神；会议听取了基层工作处关于 2016 年三季度绩效管理工作的报告，机关党委关于党费收缴专项检查工作情况；会议原则同意巡察工作办公室提出的《2016 年第二轮专项巡察工作实施方案》及《2017—2019 年三年专项巡察安排》，宣传教育处提出的制作 2017—2018 年度《北京地税》立项申请，督察内审处提出的《北京市地方税务局领导干部经济责任审计办法》，人事处会同宣教处提出的《北京市地税局优秀年轻干部培养选拔工作实施方案》《北京市地税局优秀中青年干部培训工作实施方案》和在系统优秀年轻干部培养选拔工作专题会议动员讲话、总结讲话，人事处提出的《北京市地税局 2017 年第一次考试录用公务员计划表》及 2017 年招录工作建议。

北京市地方税务局局长杨志强、副局长唐学军到大兴区调研，走访了西红门镇政府、北京汇商融通信息技术有限公司（小笨鸟），与大兴区代区长崔志成、副区长方健、副区长李强就农村集体土地入市等工作进行深入交流。

北京市地方税务局举办北京市第四届职业技能大赛税务行政管理师半决赛，副局长王炜到场巡考。

26 日

北京市地方税务局召开全系统组织收入工作专题会，局领导班子成员参加会议。

北京市地方税务局机关党委组织部分党员干部到军事博物馆参观“英雄史诗　不朽丰碑——纪念中国工农红军长征胜利 80 周年主题展览”。

27 日

北京市地方税务局党组书记刘江平、副巡视员周上序到海淀区地税局新落成的北部办公区调研。

28 日

北京市地方税务局局长杨志强、副局长王炜到朝阳区调研，走访了北京蜜莱坞网络科技有限公司，就网络直播平台运营与纳税情况进行了座谈交流。

北京市地方税务局在北京市总工会职工之家举办北京市第四届职业技能大赛税务行政管理师决赛，国家税务总局教育中心副主任刘艳霞、纳税服务司副司长于耀财，北京市总工会副主席韩世春，北京市直机关工会常务副主席谷民，北京市职业技能鉴定管理中心主任蔡仑，市地税局局长杨志强、党组书记刘江平、纪检组长张靖明、副局长王炜、副巡视员周上序出席大赛。

北京市地方税务局党组书记刘江平，党组副书记、副局长朱元广，纪检组长张靖明到丰台区调研，走访金唐国际金融大厦，了解丽泽商务区规划情况，参观丽泽金融商务区建设发展情况，与丰台区区长冀岩，区委常委张巨明，区委常委、常务副区长刘宇，区委常委、组织部部长肖辉利，区委常委、纪委书记李正斌，副区长周新春进行座谈交流。

31 日

北京市地方税务局召开党组中心组学习贯彻党的十八届六中全会精神专题会议，传达学习全会公报和《人民日报》社论，局领导班子成员参加会议。

京台税收法治建设论坛在北京召开，北京税收法制建设研究会会长杨志强出席活动并致辞，国家税务总局原副局长郝昭成、北京市台联党组书记王兰栋、北京市法学会党组书记苗林、北京市人民政府台湾事务办公室副主任于凤英出席论坛。

1—10 月

累计完成各项税费收入 3574.7 亿元，同口径增收 517.3 亿元，增长 21.5%；累计完成税收收入 3278 亿元，同口径增收 440.2 亿元，增长 20.1%；累计完成地方公共财政预算收入 2472.8 亿元，同口径增收 315 亿元，增长 20.9%，完成调整后收入进度的 94.8%。

11 月

1 日

北京市地方税务局、北京市国家税务局共同举办北京“六能”平台暨北京纳税人网上线启动仪式，国家税务总局纳税服务司司长邓勇，市地税局局长杨志强、副局长唐学军，市国税局局长李亚民、副局长郑怀远出席启动仪式。

北京市地方税务局印发《北京市地方税务局关于建立税种税源、费种费源分析工作机制的意见》（京地税收〔2016〕244 号），对加强税种税源、费种费源分析的重要意义、工作目标、工作原则、主要任务、职责分工和工作要求进行了明确。

2 日

北京市地方税务局党组书记刘江平、纪检组长张靖明、副巡视员杨文俊到延庆区地税局调研，听取该局 1—10 月整体工作情况汇报。

北京市地方税务局邀请清华大学国情研究院研究员、高级工程师、经济学博士鲁钰锋作《税收大数据管理和运用》专题讲座，市局副局长吕兴渭、唐学军，总经济师沈永奇，副巡视员周上序参加讲座。

2 日—4 日

北京市地方税务局举办巡察工作培训班，纪检组长张靖明作题为《“严”字当头“实”字兜底》的开班动员报告。

3 日

普华永道公司向北京税务博物馆捐赠了 77 个国家和地区的 156 枚印花税票。

4 日

北京市地方税务局局长杨志强、党组书记刘江平、纪检组长张靖明到海淀区就建设全国科技创新核心区、服务区域经济发展等方面调研，海淀区区委书记崔述强、区长于军、常务副区长孟景伟、区纪委书记肖韵竹参加调研。

北京市地方税务局党组书记刘江平主持召开 2016 年第 27 次党组会议，会议原则同意办公室提出的《北京市地方税务局 2017 年工作务虚方案》，基层工作处提出的《北京市地方税务局关于进一步加强税务所规范化建设工作的通知》，机关工会提出的《北京市地方税务局直属机关工会关于召开第四届会员代表大会换届选举筹备工作实施方案》，人事处提出的向国家税务总局纪检组推荐挂职锻炼人选名单。

7 日

北京市地方税务局与北京市政路桥集团签署《合作框架协议》《税收遵从合作协议》，市地税局局长杨志强、副局长王炜、副巡视员郭筑明，北京市政路桥集团董事长郝志兰、总经理裴宏伟、副董事长刘崇泽、财务总监肖慧宗出席签约仪式。

8 日

北京市政府第 133 次常务会议决定：免去朱元广北京市地方税务局副局长职务。

9 日

北京市地税系统纳税人满意度在全国地税系统 34 家单位中排名第 13 位。

10 日

《北京志地方税务志》经市地方志编委会审议通过终审，标志着《北京志地方税务志》将进入出版发行环节。

11 日

国家税务总局财务管理司副司长林雅献、北京市地方税务局和直属稽查局特约监察员一同参观北京税务博物馆，市地税局纪检组长张靖明陪同参观。

12 日

北京市地方税务局局长杨志强到中国嘉德国际拍卖有限公司与公司创始人陈东升、中国钱币博物馆馆长周卫荣座谈交流，双方在进一步做好税收文物史料保护、加强北京税收博物馆建设方面进行了深入沟通。

第一期税收英语沙龙在北京税务博物馆举行。

15 日

国家税务总局党组副书记、副局长王秦丰在北京市地方税务局呈报的《关于编写〈北京市地方税务局税务人员文明手册〉有关情况的汇报》上批示：“北京市地税局编写的《文明手册》内容全面，细致具体，十分有利于规范税务干部的日常言行。请江平、艳茹同志阅，并编发‘税务党建’。”

北京市地方税务局党组书记刘江平主持召开 2016 年第 28 次党组会议，会议传达了 2016 年全国税务系统司局级主要领导干部专题研讨班情况、《中国共产党北京市第十一届委员会第十一次全体会议决议》和中共中央政治局委员、北京市委书记郭金龙重要讲话精神；会议原则同意机关党委办公室提出的《2016 年北京市党风廉政建设责任制检查考核工作迎检方案》，人事处提出的北京市地税局贯彻落实税务系统数字人事改革试点相关工作建议，大企业税收管理处提出的《北京市地方税务局关于加强战略合作企业管理与服务的指导意见》，宣传教育处提出的《北京市地方税务局 2016 年考试录用公务员初任公共知识培训班培训方案》，机关工会提出的筹建马甸办公区图书阅览室和心理减压室相关工作建议。

北京市地方税务局共 925 名选民参加西城区第十六届人大代表换届选举投票。

16 日

北京市地方税务局召开 2016 年系统党建工作务虚会，市局党组书记刘江平主持会议。

北京市档案局检查组到北京市地方税务局开展 2016 年档案行政执法检查工作，市地税局总经济师沈永奇陪同检查。

北京市地方税务局在首钢技师学院举办 2016 年北京地税系统税务人员执法资格考试。

17 日

北京市地方税务局党组书记刘江平做客“首都之窗”政风行风热线直播间，以“树清风正气，做合格党员”为主题，全面介绍北京地税系统开展“两学一做”学习教育的背景情况、主要做法和特点，并回答网友问题。

17日—18日

北京市地方税务局副局长吕兴渭参加全国税务系统督察内审工作会议。

18日

北京市地方税务局承担的国家税务总局重点科研课题《个人所得税改革方案及征管条件研究》顺利结题。

21日

北京市地方税务局与阿里巴巴集团就城市服务、金融支付、信用等领域签订战略合作协议，市地税局副局长王炜、唐学军，总经济师沈永奇，阿里巴巴集团副总裁褚昱，蚂蚁金服城市服务事业部总经理林光宇出席签约仪式。

北京市地方税务局首次参与全国税务系统特别纳税调整重大案件联合会审。

22日

北京市人大常委会委员、财经委（办）主任王琪一行到北京市地方税务局开展预算初审会前沟通工作，市地税局副局长王炜、总经济师沈永奇出席会议。

25日

国家税务总局调整北京市地方税务局2016年中央级税收收入任务为1170亿元。

26日

第二期税收英语沙龙在北京税务博物馆举行。

28日

北京市地方税务局举办党风廉政警示教育案例展，全体局领导参观展览。

北京市地方税务局局长杨志强、副局长吕兴渭与中央财经大学副校长李俊生在税务博物馆建设、研究课题设定、挂职锻炼机制、学术成果运用等领域的深入合作进行座谈。

30日

北京市地方税务局局长杨志强、副巡视员杨文俊与中国建设银行党委组织部部长薛胜利、财会部总经理方秋月、原党校校长王博之、党校校长郭元析座谈交流，双方就市地税局干部培训中心转制收尾工作涉及的补充协议签订、产权证办理、经费保障等事项交换意见。

北京市地方税务局在东城区地税局以“信仰　责任　力量”为主题召开全系统共产党员先进事迹巡回报告会，市局党组书记刘江平出席会议并讲话。

11月

北京市地方税务局开展全系统组织收入督查工作，先后对丰台区、石景山区、大兴区、昌平区、东城区、西城区地税局进行实地督查，确保税收平稳运行。

1—11月

累计完成各项税费收入3753亿元，同口径增收562.4亿元，增长22.1%；累计完成税收收入3442.9亿元，同口径增收484.7亿元，增长21%；累计完成地方公共财政预算收入2584.9亿元，同口径增收342.2亿元，增长21.5%，完成调整后收入进度的99.1%。

12月

1日

国家税务总局局长王军在北京市地方税务局呈报的《“税银互动”助力创新创业　解决北京地区小微企业融资难问题》上批示：“志强同志，抓得好！”

中国注册税务师协会会长、原国家税务总局副局长宋兰一行到北京税务博物馆参观座谈，北京市地方税务局局长杨志强、副局长唐学军陪同参观。

北京市地方税务局党组书记刘江平就基层规范化建设、党风廉政建设到房山区地税局调研。

1 日—2 日

北京市地方税务局纪检组长张靖明参加全市局级领导干部学习贯彻党的十八届六中全会精神专题研讨班。

2 日

北京市地方税务局局长杨志强主持召开2016年第5次市局局长办公会议，会议原则同意征管和科技发展处提出的《北京市地方税务局贯彻落实〈北京市深化国税、地税征管体制改革实施方案〉工作方案》，数据管理处提出的《北京市地方税务局税收情报工作管理办法（试行）》，稽查处提出的《北京市地方税务局税务稽查随机抽查实施办法》，纳税服务处提出的纳税服务工作改进措施及关于办税服务厅监控指挥中心下一步工作安排，纳税服务中心提出的各区（分）局小呼中心并入北京地税咨询服务平台工作方案。

北京市地税系统“营改增”后库存发票销毁工作全面完成。

北京市地方税务局累计完成税收收入3450.5亿元，同口径增收486.9亿元，增长21.1%，提前29天完成国家税务总局下达的3450亿元税收收入任务。

5 日

北京市地方税务局党组书记刘江平主持召开2016年第29次党组会议，会议原则同意人事处提出的《北京地税系统稽查体制改革实施方案》《北京市地方税务局新任正处级领导干部报告工作暂行规定》、北京市地税局2016年接收安置军转干部名单、第6批共3卷干部档案审核结果，工会经费管理处提出的无线电频率占用费接收工作建议，计划财务处提出的《北京市地方税务局2017年预算（草案）》《关于2017年部门预算编制情况的报告》，资产管理处提出的《北京市地方税务局关于进一步规范和加强政府采购管理工作的意见》《北京市地方税务局政府购买税收服务管理办法（暂行）》，研究室提出的《北京市地方税务局与北京国家会计学院战略合作框架协议》《北京市地方税务局与首都经济贸易大学战略合作框架协议》，机关工会提出的《第三届工会委员会工作报告（草案）》《第三届经费审查委员会工作报告》《刘江平同志在大会上的讲话》《第四届会员代表大会议程》《第四届会员代表大会选举办法》《第四届会员代表大会日程安排》《第四届会员代表大会代表资格审查报告》《第四届会员代表大会工会“两委”委员候选人预备人选名单》《第四届会员代表大会会员代表名单》《第四届会员代表大会主席团名单》《第四届会员代表大会代表团分组名单》，会议研究并同意密云区地税局作为“首都环境保护先进集体”推荐对象、机关后勤服务中心魏欣作为“首都环境保护先进个人”推荐对象。

北京市地方税务局局长杨志强主持召开全系统组织收入工作专题会，会议传达了北京市代市长蔡奇、常务副市长李士祥对全年财政收入工作要求，对年底前组织收入工作进行了安排和部署。

北京市地方税务局局长杨志强、总经济师沈永奇到东城区地税局调研税收收入工作，东城区常务副区长陈之常参加调研。

6 日

北京市地方税务局局长杨志强、总经济师沈永奇到西城区地税局调研税收收入工作，西城区副区长王旭参加调研。

6 日—8 日

北京市十四届人大财政经济委员会第三十六

次（扩大）会议在北京会议中心召开，市局总经济师沈永奇代表市地税局在会上作2016年税收预计完成情况及2017年税收形势展望的工作报告。

7日

北京市地方税务局党组书记刘江平、纪检组长张靖明听取第一、第二、第三稽查局党风廉政建设和“两学一做”学习教育工作情况汇报。

8日

北京市地方税务局局长杨志强主持召开科技管理工作职责调整专题会议，党组书记刘江平、总经济师沈永奇参加会议。

北京市地方税务局局长杨志强、党组书记刘江平、纪检组长张靖明到第一、第二巡察组调研指导工作。

北京市地方税务局累计完成地方公共财政预算收入2609.4亿元，同口径增收347.5亿元，增长21.5%，提前23天完成市政府下达的2608亿元收入任务。

9日

2016年考试录用公务员初任公共知识培训班圆满落幕。

10日

全市各区（分）局完成了年终预对账工作。

12日

北京市地方税务局召开《建立健全“绿色税制”的国际借鉴研究》开题会，中国国际税收研究会会长王力、第一副会长张志勇、顾问郝昭成、副会长兼秘书长伊兵，市地税局局长杨志强、副局长王炜、总经济师沈永奇出席会议。

韩国国税厅代表团宣锡贤一行到北京市地方税务局访问，双方就中国非居民企业或个人转让财产所得税相关政策、计税方法和征管手段进行座谈。

13日

北京市地方税务局党组书记刘江平主持召开2016年第30次党组会议，会议原则同意机关党委办公室提出的《2016年北京地税系统党风廉政建设责任制检查考核工作方案》，征管和科技发展处提出的2016年北京市地方税务局党政机关个人所得税财政集中扣缴升级改造项目立项申请，宣传教育处提出的北京市地方税务局2017年度市局教育培训计划及经费预算安排，人事处提出的《北京市地方税务局绩效考评结果运用办法（试行）》《北京市贯彻推进领导干部能上能下若干规定（试行）的实施办法》《北京市地方税务系统2016年度考核奖励工作方案》。

北京市地方税务局全体局领导参观国家税务总局办公厅与北京市地方税务局公文联合展览。

14日

中国地方志指导小组成员、北京市地方志编委会常务副主任、《北京志》主编段柄仁和北京市地方志办党组书记、主任陈玲一行到北京税务博物馆参观座谈，市地税局党组书记刘江平、副局长王炜陪同参观。

北京市地方税务局党组中心组召开“两学一做”学习教育第三专题扩大学习研讨会，会议传达学习了北京市委《关于推进领导干部能上能下的若干办法》《关于深刻汲取吕锡文严重违纪违法案件教训　进一步深入学习贯彻党的十八届六中全会精神的通知》，第一党支部全体成员参加研讨会。

15日

北京市地方税务局召开全系统人事工作会议，研究部署优秀年轻干部培养选拔和数字人事改革试点工作，市局局长杨志强主持会议，全体局领导出席会议。

北京市地方税务局召开委托国税机关代征个

体工商户相关税费工作专题会，总经济师沈永奇到会并讲话。

16日

北京市地方税务局召开北京市地方税务局直属机关工会第四届会员代表大会，全体局领导出席会议。

大连市地方税务局总经济师梁兵一行到北京市地方税务局交流税务稽查工作，市地税局副巡视员郭筑明出席座谈会。

17日

北京团市委在北京税务博物馆举办2016年新青年城市体验营走进北京市地税局活动。

19日

北京市地方税务局局长杨志强、党组书记刘江平、总经济师沈永奇就组织收入和减免税工作情况到朝阳区地税局调研，朝阳区区委书记吴桂英，区委副书记、区长王灏，常务副书记、常务副区长甘靖中，区委常委、政法委书记、区委办主任张维刚，副区长李俊杰参加调研。

20日

北京市地方税务局召开全系统税收情报工作会议，总经济师沈永奇主持会议，局长杨志强到会并讲话。

21日

北京市地方税务局举办党政干部和涉密人员保密知识专题讲座，邀请北京交通大学国家保密学院教授毕颖、杜晔就保密法治、保密检查、经典案例、涉密要点进行讲解，全体局领导参加讲座。

19日—20日

北京市地方税务局举办2016年地税系统专（兼）职工会干部培训会，邀请中国劳动关系学院博士郭宇强、北京市工会干部学院研究员范韶华就机关工会工作、工会经费的管理与规范进行讲解。

22日

北京市地方税务局召开2016年企业所得税汇算清缴工作会，副局长王炜到会并讲话。

24日

第四期税收英语沙龙活动在北京税务博物馆举行。

26日

北京市地方税务局党组书记刘江平主持召开2016年第31次党组会议，会议传达了北京市委十一届十二次全会精神；会议原则同意机关党委办公室提出的《中共北京市地方税务局党组工作规则》《中共北京市地方税务局党组议事内容目录清单》《北京市地方税务局2016年度民主生活会方案》《2017年度北京市地方税务局外事出访计划》《北京市地方税务系统外事工作管理办法》、举办北京地税外事工作20周年成果展申请，机关后勤服务中心提出的《北京市地方税务局机关办公用房管理办法》和市局及所属办公区班车、停车泊位租用合同于2016年12月31日履行完毕后不再续约的建议，人事处提出的征管和科技发展处部分职责调整建议，开展2016年度市局局级领导班子和领导干部年度考核测评、干部选拔任用“一报告两评议”、基层党建工作评议等工作建议，开展2016年度处级领导班子、领导干部考核测评和干部选拔任用“一报告两评议”工作相关建议和《北京市地方税务系统国家工作人员宪法宣誓实施办法（试行）》《北京市地方税务局处级领导干部停职期间管理暂行办法》。

北京市地方税务局与北京市高级人民法院、丰台区法院共同召开依法行使税收代位权及破产中的税收问题座谈会，市地税局副局长王炜出席会议。

北京市地方税务局副局长唐学军就社会保险费征收主体调整工作到北京市财政局进行交流座谈。

27日

北京市地方税务局党组书记刘江平一行到第一直属分局检查考核党风廉政建设责任制落实情况。

28日

北京市地方税务局党组书记刘江平一行到丰台区地税局检查考核党风廉政建设责任制落实情况。

北京市地方税务局与北京蜜莱坞网络科技有限公司签订宣传合作协议，市地税局副局长唐学军出席签约仪式并讲话。

29日

北京市地方税务局召开2017年党组务虚会议，会议听取了全系统2017年工作务虚情况汇报，市局领导班子成员按照中共十八届六中全会、中央经济工作会议、北京市委十一届十二次全会精神，结合分管工作职责，全面总结2016年工作，客观分析工作中存在的问题，深入研究新形势下地税工作面临的压力和挑战，提出2017年工作思路。

北京市地方税务局印发《北京市地方税务局关于2016年度年终结账和报表编报有关事项的通知》（京地税收〔2016〕276号），按照《国家税务总局关于做好2016年度税收年报表编报工作的通知》（税总函〔2016〕692号）要求，安排2016年度年终结账和报表编报工作有关事项。

30日

国家税务总局副局长汪康、总经济师任荣发、总会计师王陆进一行到北京市地方税务局、北京市国家税务局调研，并看望慰问税务干部。

北京市地方税务局与北京市总工会召开2016年工会经费税务代收工作第四次联席会，北京市总工会副主席王永浩，市地税局副局长唐学军参加会议。

31日

全系统完成2016年年度结账工作。

12月

全系统完成2016年减免税申报核实工作，共核实24.9万条减免税申报数据，其中营业税、改征增值税20.5万条，个人所得税2.9万条，财产和行为税1万条，企业所得税5488条。

1—12月

累计完成各项税费收入3912.1亿元，同口径增收579.6亿元，增长21.6%；累计完成税收收入3587.8亿元，同口径增收500.9亿元，增长20.6%；累计完成地方公共财政预算收入2686.2亿元，同口径增收352.2亿元，增长20.9%，完成调整后收入进度的103%。